제2판

EU법 강의

박덕영 외 16인 공저

박영사

본서는 Yonsei-SERI EU센터의
재정적 지원을 받아 집필되었습니다.

제 2 판 머리말

EU법 전반에 관한 내용을 체계적으로 소개한 교재가 많지 않아, EU법의 기본적인 내용을 국내에 소개하고자 많은 분들의 도움을 받아 본서를 출간한 지 2년이 지났다. 그리 수요가 많지 않을 것으로 예상하였으나, 그 사이 한-EU FTA가 잠정 적용되기 시작하고 EU 재정위기 등으로 EU에 관한 관심이 많아졌는지 다수의 독자들이 관심을 가져주어 초판이 소진되었다. 초판의 소진에 맞추어 본서의 내용을 일부 보완하여 제 2 판을 출간하게 되었다.

가장 큰 변화는 초판에서 부족하다고 생각하였던 내용을 보완한 새로운 장의 추가이다. 우선 인권보호와 관련하여 기존의 홍성필 교수님의 원고가 주로 유럽인권재판소 차원의 인권보호체계를 다루고 있어서, EU 기본권헌장 등 EU 차원의 인권보호체계를 개괄하고자 법제연구원 이주윤 박사님께 이를 부탁드렸다. 또한 한국외국어대학교 최승필 교수님께 부탁드려 최근 핫이슈가 되고 있는 EU 환경법에 관한 장을 추가하였고, 서울대학교 석광현 교수님께 최근의 EU 국제사법 통일화에 관한 장의 집필을 부탁드려 새로이 추가하였다. 세 분 원고의 추가로 본서가 보다 짜임새 있고 종합적인 틀을 갖추게 되었다. 개정판의 새 원고를 집필해 주신 세 분 교수님께 감사의 말씀을 올린다.

기존 원고의 경우 초판에서 이미 리스본조약으로 인한 변화가 반영되어 내용적으로는 수정할 사항이 그리 많지 않아, 일부 오탈자를 수정하는 데 그쳤고, 새로운 장들이 추가되다보니 책이 두꺼워져 이번에는 양장본으로 출간을 하게 되었다. 개정판 출간을 허락해 주신 박영사 안종만 회장님과 조성호 부장님, 깔끔하게 편집을 해 주신 문선미 대리님께 다시 한 번 감사드린다.

2012년 한여름 밤의 올림픽을 즐기며
필진을 대표하여 박 덕 영 씀

머 리 말

EU는 미국, 중국과 더불어 국제사회의 3대 축의 하나라고 할 수 있다. 그러나 우리나라에서는 미국과 중국에 대한 연구는 매우 활발하지만, EU에 대한 연구는 그리 활발하지 못한 형편이다. EU는 중국에 이어 우리나라의 두 번째 무역대상국이며, 지난해 10월 한국과 EU는 한-EU FTA 협정문에 가서명하고, 서명과 비준절차를 남겨두고 있다. 최근에는 우리 정부도 EU에 대한 중요성을 충분히 인식하고 기본협정을 체결하는 등 많은 노력을 기울이고 있고, 일반인들의 EU에 대한 인식도 개선되고 있는 것으로 보인다.

연세대학교는 삼성경제연구소와 함께 2009년 3월부터 EU 집행위원회의 지원을 받아 Yonsei-SERI EU센터를 운영하고 있고, 연세대학교 법학연구원에서는 6개 연구센터의 하나로 EU법센터를 운영하고 있다. 본서는 Yonsei-SERI EU센터의 재정적 지원을 받아 법학연구원 EU법센터가 주도적으로 연구 작업을 수행하여 발간하게 되었다. 지난해 6월 EU법에 대한 인식의 확산을 목적으로 EU법에 대한 기본 교과서를 집필하기로 하고, 각 챕터별 17개 주제에 대한 전문가 섭외과정을 거쳐 원고 집필을 부탁드렸다. 그런데 각 개별 필자의 원고마감 시점을 앞두고 지난해 12월 1일 리스본조약이 발효하여 원고의 대폭 수정이 불가피하게 되었다. 다시 필자 분들께 리스본조약의 내용을 반영하도록 원고의 수정 집필을 부탁드렸고, 이로 인하여 책의 출간이 예정보다 다소 늦어지게 되었다. 번거롭고 까다로운 수차례의 요청을 모두 수용하여 옥고를 주신 모든 필자 분들께 진심으로 감사의 말씀을 드린다. 특히 강병근 교수님은 집필뿐만 아니라 전체 원고를 모두 읽고, 수정의견을 주셔서 본서의 질을 높이는 데 크게 기여해 주셨다.

15인의 필자가 공동 작업을 하다 보니 어려움도 적지 않았다. 우선 영미권이나 독일에서 공부하신 분들의 학문적 배경이 달라 용어사용의 통일화 작업이 쉽지 않았다. 상당부분 하나의 용어로 통일하였지만, 챕터에 따라서는 같은 용어가 달리 표현된 경우도 있음을 양해 바란다. 필자가 전반적인 편집자로서 일정한 역할을 수행하긴 하였으나, 개별 필진들이 따로 작업한 원고를 취합하여 단행본을 만들다보니 각 챕터 간의 유기적 연결이나 상호 인용 등에 부족한 점이 있음을 시인할 수밖에 없다. 독자 여러분의 너그러운 이해를 바란다.

본서가 나오기까지 여러 분들의 도움을 받았다. 한국의 출판시장을 고려한다면 Yonsei-SERI EU센터의 재정적 지원이 없이는 이 책은 처음부터 구상도 하지 못하였을 것이다. 본서의 출간을 위한 재정적 지원을 결정해 주신 Yonsei-SERI EU센터 운영위원장 김기정 교수님, 소장을 맡고 계신 고상두 교수님께 감사의 말씀을 올린다. 본서 출간의 연구보조원으로서 편집 작업과 연락을 맡아 준 연세대학교 대학원 국제법 전공 강승관 군, 초기 수행계획서 작성을 도와 준 권재원 군, 독자의 입장에서 최종원고를 읽고 수정의견을 제시해 준 대학원 한지희 양과 언더우드 국제학부 윤연종 군, 마지막으로 원고수정과 교정 작업을 도와 준 필자의 조교 이서연 양 등 본서의 출간과정에 참여해 준 모두에게 감사의 마음을 전한다.

끝으로 그다지 수익성이 있어 보이지 않는 본서의 출간을 결정하여 주신 박영사 안종만 회장님과 조성호 부장님께 심심한 감사의 말씀을 올린다. 본서가 보다 나은 책으로 출간될 수 있도록 꼼꼼하고 깔끔하게 편집해 주신 문선미 선생님께도 감사드린다. 책은 독자가 만들어 간다는 말이 있다. 미진한 부분에 대한 질책이나 개선을 위한 적극적인 제안을 주신다면 기꺼이 받아들이겠다. 아무쪼록 본서가 한국에서 EU에 대한 전반적인 인식 제고와 EU법의 이해에 조금이나마 보탬이 되기를 기대해 본다.

2010년 여름

저자를 대표하여 박 덕 영 씀

차례 개요

차　　례

제 1 장 EU의 성립과 발전

제 2 장 EU 주요기관의 기능과 역할

제 5 장 EU의 분쟁해결제도

제 6 장 EU 대외관계법

제 7 장 EU 시민권과 이주자의 지위

제 8 장 EU의 인권보호체계

제 9 장 유럽의 인권보호체제

제10장 EU 사회보장법

제11장 EU 단일시장

제12장 EU 공동통상정책

제13장 EU 회사법

제14장 EU 경쟁법

제15장 EU 민사법통일

제16장 EU 형사법통일

제17장 EU 국제사법

제18장 EU 환경법론

제19장 EU 지적재산권법

제20장 한-EU FTA 협정

제 1 장 EU의 성립과 발전

Ⅰ. 유럽공동체의 성립과 탄생 배경

유럽의 평화를 꿈꾸었던 유럽의 지식인들에게 가장 설득력있는 주장은 '유럽통합(European Unification)' 사상이었다. 유럽통합의 이상은 유럽의 여러 공국들이 이슬람과 본격적으로 맞닥뜨리게 된 8세기부터 서서히 싹트기 시작해 왔다. 제 1 차 세계대전은 유럽통합에 대한 신념을 보다 확고하게 해주었는데, 그 이유는 첫째 민족주의와 제국주의의 추진은 결국 유럽을 파멸로 이끌 것이 분명하다는 인식을 유럽의 정치인들이 공유하기 시작하였기 때문이다. 또한 경제적인 이유로 경제 지도자들이 유럽 차원에서 단일시장이 필요하다는 사실을 본격적으로 인식하였기 때문이다.[1)]

제 2 차 세계대전 이후, 유럽의 지속적 평화에 대한 열망은 더욱더 높아졌는데, 1950년 5월 9일[2)] 유럽통합의 기반을 다진 아버지들(Founding Fa-

1) 노명환·이선필, 「유럽통합사」(서울: 높이깊이, 2009), 10면; 보다 상세한 논의는 장홍, 「유럽통합의 역사와 현실」(서울: 고려원, 1994); 이규영, 「유럽통합과정과 지역협력」(서울: 집문당, 2009); EU통상연구회, 「EU의 통상정책과 법」(서울: 율곡출판사, 2000); 주벨기에대사관 겸 구주연합대표부 편, 「EU정책브리핑」, 제 2 판(서울: 외교통상부, 2007); 채형복, 「유럽연합법」, 개정판(서울: 한국학술정보, 2009) 등을 참조.

2) 이 날은 유럽연합의 탄생일로 간주되며, 이후 매년 5월 9일을 '유럽의 날(Europe Day)'로 기념하고 있다.

thers)[3] 중 하나로 당시 프랑스 외무장관이었던 로베르 슈망(Robert Schuman)[4]은 장 모네(Jean Monnet)[5]의 이론적 뒷받침 아래 유럽의 심화된 협력을 위한 선언(Schuman Declaration)을 발표하였다.[6] 슈망 선언은 현재 유럽연합(European Union, 이하 EU라 부름) 창립의 시작으로 간주되는데,[7] 슈망과 모네는 동 선언에서 "조직화되고 살아있는 유럽이 문명에 가져올 수 있는 공헌은 평화적 관계 유지에 필수불가결한 것이다"라고 천명하였다.[8] 특히 모네는 "유럽을 창설하는 것이 곧 평화를 창설하는 것이다(To create Europe is to create peace)"라는 강한 신념을 가지고 있었고, "우리는 국가연합을 형성하는 것이 아니라 시민을 통합하는 것이다"라는 그의 발언은 잘 알려져 있다.[9]

한편 이에 앞선 1946년 9월 19일, 통합된 유럽만이 평화를 보장해 줄 수 있다고 믿은 처칠 경은 취리히 대학에서 행한 '대학 젊은이들에게 보내는 연설(Speech to the Academic Youth)'에서 '유럽합중국(United States of Europe)'의 창설을 피력한 바 있다.[10]

---

3) http://europa.eu/abc/history/1945-1959/index_en.htm 참조. 프랑스의 슈망과 모네 이외에도, 유럽통합의 기초자들에는 독일의 아데나워(Konrad Adenauer) 수상, 영국의 처칠(Sir Winston Churchill) 수상, 이탈리아의 가스페리(Alcide de Gasperi) 수상, 독일의 할슈타인(Walter Hallstein) 교수(이후 최초의 유럽집행위원회의장 역임), 벨기에의 스팍(Paul Henri Spaak) 수상, 이탈리아의 정치가인 스피넬리(Altiero Spinelli) 등이 있다.

4) http://europa.eu/abc/history/foundingfathers/schuman/index_en.htm 참조.

5) http://europa.eu/abc/history/foundingfathers/monnet/index_en.htm; http://www.jean-monnet.net/usmain1.html 참조.

6) Paul Craig and Gráinne De Búrca, *EU Law: Text, Cases, and Materials*, 4th ed. (Oxford: Oxford University Press, 2008), pp. 3, 5; Damian Chalmers and Adam Tomkins, *Europe Union Public Law: Text and Materials*(Cambridge: Cambridge University Press, 2007), p. 9.

7) http://europa.eu/abc/symbols/9-may/index_en.htm 참조.

8) "The contribution which an organised and living Europe can bring to civilisation is indispensable to the maintenance of peaceful relations." 자세한 내용은 http://www.robert-schuman.eu/declaration_9mai.php; http://europa.eu/abc/symbols/9-may/decl_en.htm 참조.

9) "We are not forming coalitions of states, we are uniting men." 원문은 http://www.historiasiglo20.org/europe/monnet.htm 참조.

10) 연설문은 http://www.europa-web.de/europa/02wwswww/202histo/churchil.htm 참조 ("What is this sovereign remedy? It is to re-create the European Family, or as much of it as we can, and to provide it with a structure under which it can

아래에서는 왜 유럽공동체가 탄생하고 계속적으로 확대되어 왔는지 그 배경을 살펴보고, 설립조약과 개정조약 등을 기초로 하여 유럽연합이 현재까지 통합하고 발전해 온 역사[11] 및 EU 관련 각종 용어의 구분, 최근 발효한 리스본조약의 개요 등에 관하여 알아보도록 하겠다.[12]

---

dwell in peace, in safety and in freedom. We must build a kind of **United States of Europe**."); 통일된 유럽(European unity)에 대한 생각은 20세기 이전 1693년에 영국의 저명한 퀘이커교도(Quaker)인 William Penn이 유럽의회와 유럽의 모자이크 같은 국가의 종식을 요구하던 것으로 거슬러 올라갈 수 있다. 제 2 차 세계대전 중과 이후에도 유럽통합에 관한 견해는 지지를 받았으며, 현재 EU 이외에, 유럽차원 또는 유럽중심의 여러 가지 국제기구들, 예컨대 1948년 OEEC[Organization for European Economic Co-operation, 유럽경제협력기구/ 1960년 OECD(Organization for Economic Co-operation and Development, 경제협력개발기구)로 개명], 1949년 NATO(North Atlantic Treaty Organization, 북대서양조약기구), 1954년 WEU(Western European Union, 서유럽동맹), 1949년 유럽평의회(Council of Europe) 등이 설립되어 활동하고 있다. Craig and De Búrca, *supra* note 6, p. 4 참조; Chalmers and Tomkins, *supra* note 6, pp. 6-7.

11) http://www.historiasiglo20.org/europe/monnet.htm; http://europa.eu/abc/history/index_en.htm 참조.

12) EU조약에 관한 간단한 설명은 http://europa.eu/abc/treaties/index_en.htm#coal 참조. 보다 상세한 논의는 T. Christiansen & C. Reh, *Constitutionalizing the European Union*(NY: Palgrave Macmillan, 2009); A. Reinisch, *Essential Questions in EU Law*(Cambridge: Cambridge University Press, 2009); M. Cuthbert, *European Union Law 2009-2010*(NY: Routledge-Cavendish, 2009); Z. Horvath, *Handbook on the European Union*, 3rd(Budapest: Hvgorac, 2007); R. S. Chari & S. Kritzinger, *Understanding EU Policy Making*(London: Pluto Press, 2006); S. Weatherill, *EU Law* (Oxford: Oxford University Press, 2007); Kapteyn & VerLoren van Themaat, *The Law of the European Union and the European Communities*(NY: Wolters Kluwer, 2008); J. Farhurst, *Law of the European Union*(London: Longman, 2006); N. Foster, *EU Law*(Oxford: Oxford University Press, 2008); D. Chalmers & C. Hadjiemmanui *et al.*, *European Union Law*(Cambridge: Cambridge University Press, 2008) 참조.

Ⅱ. 유럽통합의 필요성

1. 유럽석탄철강공동체(ECSC)의 설립

1) ECSC의 탄생 배경

슈망은 1950년 선언에서 "석탄과 철강 생산의 공동 관리는 유럽연방의 첫 단계로서 경제적 발전의 공통된 근거를 제공하도록 즉시 준비하여야 한다"라는 연방주의적 견해를 표명하였다.[13] 동 선언에서 슈망은 다른 유럽국가의 참여 기회를 열어 둔 채, 단일 고등관청(High Authority)의 감독하에 프랑스와 독일의 석탄과 철강 자원을 공동으로 관리할 것을 제안하였는데, 이러한 계획은 경제적인 이유는 물론이고, 전쟁 이후 프랑스와 독일 간의 관계를 안정시키고, 독일군의 위협에 대한 프랑스인의 경계심을 완화하며, 석탄 생산에 대한 경쟁 관계를 피하기 위하여 제한적이긴 하지만 평화적 협력의 틀 안에 이들을 묶어두기 위한 시도를 의미하는 것이었다.[14]

1951년 4월 18일, 슈망의 계획을 기초로 하여 유럽공동체의 창립국인 독일, 프랑스, 이탈리아, 베네룩스 3국(네덜란드, 벨기에, 룩셈부르크)의 6개 국가는 파리조약[15]에 서명하였다.[16] 무엇보다 가장 먼저 유럽석탄철강공동체를 창설

---

13) "The pooling of coal and steel production should immediately provide for the setting up of common foundations for economic development as a first step in the federation of Europe." 선언문 내용은 http://www.robert-schuman.eu/declaration_9mai.php 참조.

14) Craig and De Búrca, *supra* note 6, p. 5; Koen Lenaerts and Piet Van Nuffel, *Constitutional Law of the European Union*, 2nd ed.(London: Sweet & Maxwell, 2005), p. 4.

15) 통상 Treaty of Paris라고 하나, 정식명칭은 유럽석탄철강공동체설립조약(Treaty Establishing the European Coal and Steel Community, 이하 ECSC설립조약)이다. 파리조약은 1952년 7월 23일에 발효하였고, 조약 규정에 따라 50년이 지난 2002년 7월 23일에 소멸하였다; 50년대와 달리 이제 석탄과 철강의 공동 관리는 더 이상 중요하지 않게 되었으며, 경제공동체의 한 영역으로 포함될 수 있기 때문에 별도의 추가 조치 없이 결국 사라지게 되었다. 따라서 ECSC설립조약에서 다루던 영역은 로마조약으로 이전되고, ECSC연구기금은 니스조약에 부속된 의정서를 통해 처리되었다.

16) Craig and De Búrca, *supra* note 6, p. 5; Josephine Steiner · Lorna Woods and Christian Twigg-Flesner, *Textbook on EC Law*, 8th ed.(Oxford: Oxford University

한 배경에는 당시 전쟁 및 무기와의 관련성 때문에 가장 필수적 산업으로 간주되던 석탄과 철강을 공동으로 통제하여, 어떤 국가도 과거와 같이 다른 국가를 상대로 하여 독자적으로 전쟁 무기를 제조할 수 없게 하려는 의도가 숨어 있었다.[17] 그리하여 미래의 전쟁은 생각할 수조차 없을 뿐만 아니라, 물리적으로도 불가능하게 하려는 목적을 가지고 있었다.[18] 한편, 독일의 경우 평화적인 국가로의 이미지 변신을 위한 정치적 의도(political will)를 가지고 프랑스와 함께 공동체 설립에 앞장섰다.

유럽공동체를 창설한 기초자들의 주된 관심사는 이외에도 유럽국가들 간의 무분별한 경쟁을 억제하고, 전후복구를 도우며, 소련의 유럽(그리스, 이탈리아와 동유럽)에 대한 영향력을 억제하여 공산화 위협에 대항하고, 미국과 경제적으로 경쟁하기 위하여 협력하는 것이었다.[19]

한편, 프랑스는 1950년 Pleven 계획에서 유럽군대, 공동예산과 공동기관을 갖는 유럽방위공동체(European Defence Community)의 설립을 제안하였고, 이에 관한 조약은 1952년 ECSC 6개 회원국에 의하여 서명되었으나, 이에 관한 비준절차는 느리게 진행되었다. 독일의 재무장 가능성을 염려한 프랑스 국내의회는 비준을 거부하였고, 결국 유럽방위 및 정치공동체의 설립 계획은 실패로 돌아갔으며, 유럽통합의 과정에 주요한 후퇴를 낳았다.[20] 무엇보다 유럽방위공동체와 유럽정치공동체[21]는 국가주권에 직접적이고 실제적인 위협이 될 여지가 많은 민감한 분야인데다, 당시에는 너무 시기상조의 논의였던 까닭으

Press, 2003), p. 3; Lenaerts and Van Nuffel, *supra* note 14, pp. 3-4.

17) http://europa.eu/abc/history/1945-1959/index_en.htm; Craig and De Búrca, *supra* note 6, p. 5.

18) Nigel G. Foster, *EU Law: 2007 and 2008*, 6th ed.(Oxford: Oxford University Press, 2007), p. 8.

19) *Ibid*.

20) Craig and De Búrca, *supra* note 6, pp. 5-6; Chalmers and Tomkins, *supra* note 6, p. 10; Lenaerts and Van Nuffel, *supra* note 14, p. 27.

21) 유럽정치공동체와는 별개로, 1970년 유럽의 외교 정책 조정을 담당하는 '유럽정치협력(European Political Co-operation)'이 도입되었고, 1992년 마스트리히트조약에 의하여 CFSP(Common Foreign and Security Policy, 공동외교안보정책)로 대체되었다. Craig and De Búrca, *supra* note 6, p. 9; Lenaerts and Van Nuffel, *supra* note 14, pp. 35-36.

로 아쉽게도 실패하였고, 여전히 그 논의가 진행 중에 있다.[22)]

2) ECSC설립조약의 주요 특징

ECSC는 정부간(intergovernmental) 및 초국가적(supranational) 성격을 함께 갖고 있는데, 먼저 각 회원국이 독립적이며 주권을 갖고 있고, 상위기구에 의하여 구속되지 않으며, 회원국 정부가 여전히 주요 참가자라는 점에서 정부간 기구의 성격을, 회원국이 권한을 양도하고 국가 통제로부터 초월한 공통된 기관을 설립하였다는 점에서 초국가적 또는 연방적 성격을 갖는다고 할 수 있다.[23)]

ECSC설립조약 제 2 조에 의하면, 동 조약의 목적은 석탄과 철강의 공동시장 형성을 통해 경제적 확장, 고용 증가 및 생활수준 향상에 기여하는 것이다. 공동시장 설립을 위해, 동 조약은 관세나 세금 없이 상품의 자유로운 이동을 가능하게 하고, 차별적 조치나 관행, 보조금 등을 금지하였다.

또한 ECSC는 법인격을 향유하며, 자신의 업무 수행을 위하여 4개의 기관을 설립하였다. 즉, 의사결정권한과 조약이행 책임을 갖는 행정기관인 고등관청(High Authority), 국내 의회의 대의원으로 구성되어 감독 및 권고 권한을 행사하는 의회(Assembly), 회원국 정부의 대표로 구성되며, 권고 및 일부 의사결정권한과 국가와 고등관청의 활동을 조정하는 역할을 수행하는 이사회(Council), 9명의 재판관으로 구성된 사법재판소(Court of Justice)가 그것이다.[24)]

2. 유럽원자력공동체와 유럽경제공동체의 설립

1) 유럽원자력공동체와 유럽경제공동체의 탄생 배경

1955년 6개 회원국 외무장관 회의에서 경제적 통합에 관한 합의가 이루어지고, 벨기에 스팍(Paul Henri Spaak) 수상이 주도하는 위원회는 1956년 유

---

22) http://countrystudies.us/germany/51.htm; http://en.wikipedia.org/wiki/European_Defence_Community.

23) Foster, *supra* note 18, pp. 16-17 참조; Lenaerts and Van Nuffel, *supra* note 14, p. 5.

24) http://europa.eu/legislation_summaries/institutional_affairs/treaties/treaties_ecsc_en.htm 참조; Craig and De Búrca, *supra* note 6, p. 5.

럽원자력공동체와 유럽경제공동체 설립에 관한 기본 계획을 담은 보고서를 발간하였다.[25)]

1957년 3월 25일, 독일, 프랑스, 이탈리아, 베네룩스 3국 등 6개 회원국은 로마조약[26)]에 서명하였다.[27)] 로마조약은 비록 정치적 동기에 의하여 채택되었지만, 경제적인 측면에 중점을 두고 있었다.[28)] 또한 Euratom의 창설은 냉전이라는 시대 배경 아래, 핵에너지를 국가의 통제와 시장경쟁에 맡기지 않고 공동 관리를 해야 한다는 의도와 관련이 있었다.

2) Euratom설립조약과 EEC설립조약의 주요 특징

로마조약의 주요 목적은 핵에너지의 공동시장을 설립하고, 회원국의 경제정책을 긴밀하게 하며, 공동체 내의 경제적 활동의 조화로운 발전을 장려하고, 회원국 간의 관계를 보다 가깝게 하는 것이었다. 그에 따라 무역장벽을 제거하고, 공동관세정책을 채택하며, 왜곡되지 않은 경쟁을 보장하고, 국내의 경제 및 통화정책을 점진적으로 조정하며, 재정 및 사회정책을 점차 일치시켜 나갔다. 별개의 법인격을 갖는 Euratom과 EEC는 ECSC와 마찬가지로 각각 4개의 기관을 두어 업무를 추진하였는데, 공동체의 이익을 대변하고 공동체 입법을 이사회에 제안할 독점적 권한을 가지며 조약과 이차적 법률의 이행을 감독하는 집행위원회(Commission), 회원국 정부대표로 구성되어 의사결정권한을 갖는 이사회(Council), 권고적 역할만 수행하는 의회(Parliamentary Assembly), 사법재판소(Court of Justice)가 그것이다.[29)]

---

25) http://europa.eu/legislation_summaries/institutional_affairs/treaties/treaties_eec_en.htm; Craig and De Búrca, *supra* note 6, p. 6; Chalmers and Tomkins, *supra* note 6, p. 11; Lenaerts and Van Nuffel, *supra* note 14, p. 6.

26) Treaties of Rome, 정식명칭은 유럽원자력공동체설립조약(Treaty establishing the European Atomic Energy Community) 및 유럽경제공동체설립조약(Treaty establishing the European Economic Community)이다. 이하에서는 각각 Euratom설립조약과 EEC설립조약이라 부른다. 로마조약은 1958년 1월 1일 자로 발효하였다.

27) Lenaerts and Van Nuffel, *supra* note 14, pp. 6-7.

28) Craig and De Búrca, *supra* note 6, p. 6.

29) http://europa.eu/legislation_summaries/institutional_affairs/treaties/treaties_euratom_en.htm; http://europa.eu/legislation_summaries/institutional_affairs/treaties/treaties_eec_en.htm; Craig and De Búrca, *supra* note 6, pp. 6-7; Chalmers and Tomkins, *supra*

3. 통합조약

위 세 공동체의 업무 수행을 용이하게 하기 위하여 1965년 4월 8일 브뤼셀에서 통합조약(Merger Treaty)[30]이 채택되었다. 통합조약은 세 개의 집행위원회(ECSC의 경우, 고등관청)와 세 개의 이사회를 통합하여 세 공동체가 단일 집행위원회와 단일 이사회에 의하여 운영되도록 규정하고 있다.[31] 통합조약에 앞서, 1957년 로마조약 채택 당시, '유럽공동체에 공통되는 일정기관에 관한 협약(Convention on certain institutions common to the European Communities)'에서 이미 의회와 사법재판소는 세 공동체가 공유하기로 결정하였다.[32] 그러나 통합조약은 세 조약이 갖고 있는 기관을 통합한 것이지, 조약 자체를 통합한 것은 아니며, 실제로는 기관통합조약이라고 할 수 있다.

Ⅲ. EU의 역사적 발전

1. EU의 양적 확대

1) 영국의 뒤늦은 가입

영국은 ECSC설립조약의 협상 테이블에 초대되어 주도적 역할을 하도록 요청받았으나, 주요 참가국으로서의 역할을 수행하지 않았으며, 또한 협상에 계속 관여하는 것을 꺼렸다.[33] 영국의 이런 행동을 설명하기 위해서는 먼저

---

note 6, pp. 11-12; Lenaerts and Van Nuffel, *supra* note 14, p. 8.

30) 통합조약은 1967년 7월 1일 자로 발효하였다; 통합조약은 1997년 암스테르담조약 제9조에 의하여 실체적 개정 없이 폐지되고 대체되었다. Craig and De Búrca, *supra* note 6, p. 6, fn. 20.

31) http://en.wikipedia.org/wiki/Merger_Treaty 참조; Lenaerts and Van Nuffel, *supra* note 14, p. 11.

32) Craig and De Búrca, *supra* note 6, p. 6; Steiner · Woods and Twigg-Flesner, *supra* note 16, p. 4; Lenaerts and Van Nuffel, *supra* note 14, p. 10.

33) Craig and De Búrca, *supra* note 6, p. 5; Foster, *supra* note 18, p. 8; 1960년 영국은 유럽공동체에 가입하는 대신, 노르웨이, 스위스, 오스트리아, 덴마크, 포르투갈, 스웨덴

그 당시 영국이 식민주의와 전쟁의 승리로 획득한 제국주의, 영연방 및 대서양동맹과 같은 다양한 경제적·사회적 연결고리를 갖는 역사적 유물을 갖고 있었다는 사실에 주목할 필요가 있다. 따라서 영국은 회원국 지위가 탐나지도 않으며 필요하지도 않다고 생각하였다. ECSC의 성공 이후, 핵의 평화적 사용을 위한 Euratom을 설립하기 위한 논의에 영국은 또다시 초대되었으나, 역시 거절하였다.[34)]

이러한 영국의 태도가 변하게 된 것은 1961년 Harold Macmillan의 보수당 정부가 회원국 가입신청을 하게 되면서부터였다. 영국의 경제적 쇠퇴, 수에즈 운하 위기, 식민지 국가들의 독립에 의하여 이전에 가지고 있던 영국 정부의 입장은 약해지게 되었고, 무엇보다 6개 회원국에서 일어나고 있는 빠른 속도의 경제적 부흥에 자극을 받았으며, 이들 국가가 향유하는 경제적 이득으로부터 이익을 얻고자 하는 것이 주된 신청 이유였다. 그러나 영국 경제는 회원국의 경제와 상당한 차이가 있었으며, 영국은 유럽대륙의 일부라기보다는 영연방 내에 있어야 한다고 본 프랑스의 샤를 드골(Charles de Gaulle) 대통령의 거부권 행사로 회원국 지위를 얻는 데 실패하였다.[35)] 사실 영국이 유럽 내의 미국의 영향력 행사에 장애가 될 수 있다는 우려가 큰 작용을 한 것으로 보인다.[36)]

1966년 Harold Wilson이 이끄는 노동당 정부는 영국이 “더 이상 독립적인 개체로서는 발전할 수 없다(No longer viable as an independent unit)”는 견해를 표명하였고, 1967년 두 번째로 회원가입신청서를 제출하였으나, 역시 드골 대통령의 반대로 좌절되었다.[37)]

Edward Heath의 보수당 정부는 드골 대통령이 권좌에서 물러난 1970년

과 함께 EFTA(European Free Trade Association, 유럽자유무역연합)를 통해 자유무역 및 경제통합의 개선을 꾀하였다. 이에 대한 내용은 다음의 홈페이지를 참조: http://www.efta.int/content/about-efta/history; Craig and De Búrca, *supra* note 6, p. 7.

34) Foster, *supra* note 18, pp. 8-9; Steiner·Woods and Twigg-Flesner, *supra* note 16, p. 4.

35) Foster, *supra* note 18, p. 9; Craig and De Búrca, *supra* note 6, p. 7; http://news.bbc.co.uk/hi/english/static/in_depth/uk/2001/uk_and_europe/1958_1969.stm; http://news.bbc.co.uk/onthisday/hi/dates/stories/november/27/newsid_4187000/4187714.stm; http://en.wikisource.org/wiki/DeGaulle's_Veto_on_British_membership_of_the_EEC(드골 대통령의 연설문).

36) Chalmers and Tomkins, *supra* note 6, p. 13.

37) Foster, *supra* note 18, p. 9.

에 세 번째 도전을 하였는데, 마침내 가입에 성공하였다. 영국은 1972년 1월 22일 아일랜드, 덴마크와 함께 가입조약에 서명하였고, 1973년 1월 1일부터 회원국의 지위를 향유하게 되었다.[38] 그러나 가입 이후에도 영국의 회원가입에 대한 여론은 분열되었고, 노동당 정부 아래 1975년에 실시한 회원국 가입에 대한 찬성 여부를 묻는 국민투표를 거친 후에야 비로소 영국의 회원국 지위는 온전히 승인되었다.[39]

영국은 유럽공동체 내에서 양면적 태도를 보이고 있는데, 한편으로 유럽의 중심이라는 입장을 취하는가 하면, 다른 한편으로 유로의 도입과 같은 분야에선 한발 빼는 듯한 인상을 주고 있다. 일부에서는 독일과 프랑스의 적극적인 통합론에 맞서서 영국이 이에 대한 속도조절을 해 왔기 때문에 유럽연합이 큰 문제없이 균형있게 이루어져 왔다고 보는 시각도 있다. 유럽연합에 대한 영국의 태도는 단지 통합 속도와 정도 차이의 문제이기 때문에 현재 영국 정부가 회원국을 탈퇴할 가능성은 전혀 없어 보인다.[40]

2) 회원국의 증가

6개의 회원국으로 출발한 유럽공동체(European Communities)[41]는 1973년 영국, 아일랜드, 덴마크의 가입으로 확대되기 시작하였다. 1981년 1월 1일, 그리스가 회원국이 되면서 공동체는 또 한 번 확대되었고, 1985년 덴마크로부

---

38) *Ibid.*; Craig and De Búrca, *supra* note 6, p. 7; Chalmers and Tomkins, *supra* note 6, p. 16; 덴마크, 아일랜드, 영국의 가입조약(Treaty of Accession of Denmark, Ireland and the United Kingdom; OJ L 73, 27.3.1972)에 의하여 회원국이 9개로 증가하였다. 이와 관련한 자세한 조약내용은 다음의 홈페이지에서 찾아볼 수 있다. http://eur-lex.europa.eu/LexUriServ/LexUriServ.do?uri=CELEX:11972B:EN:HTML.

39) Steiner · Woods and Twigg-Flesner, *supra* note 16, p. 4.

40) Foster, *supra* note 18, pp. 10-11. 실제로 영국 국내 정치에 있어서도 친EU 태도를 나타내는 그룹과 유럽회의론자들로 의견이 양분되어 있다. 단일 통화인 유로 가입에 영국이 적극적으로 나서지 못하는 것도 이러한 국내의 정치적인 요인이 강하다고 할 수 있다.

41) http://en.wikipedia.org/wiki/European_Communities; http://www.uta.fi/FAST/GC/eurgloss.html#epage(유럽공동체를 가리키는 술어로 European Communities, European Community 또는 EC를 사용하는데, European Communities는 ECSC, Euratom, EEC의 세 공동체를 포함하는 개념이다. 그러나 보통 단수형인 European Community 또는 EC를 주로 사용한다).

터 자치권을 획득한 그린란드는 공동체를 떠났으나, 1986년 1월 1일 스페인과 포르투갈이 공동체에 가입하였다.[42] 이들 3개 국가는 독재정치로 몸살을 앓다가 민주주의와 경제 상황이 회복되면서 회원 가입에 성공할 수 있었다.[43]

그 후 1995년 1월 1일, EFTA 회원국이던 오스트리아, 스웨덴, 핀란드가 공동체 회원국이 되었으며, 2004년 5월 1일에는 무려 10개의 국가(말타, 키프로스, 에스토니아, 라트비아, 리투아니아, 폴란드, 체코, 슬로바키아, 슬로베니아, 헝가리)가 가입하였으며, 2007년 1월 1일에 불가리아, 루마니아가 가입함으로써 2010년 6월 현재 EU는 27개의 회원국으로 구성되어 있다.[44]

3) 가입후보국과 미래후보국[45]

27개 회원국 이외에도, EU회원국이 되기 위하여 이미 가입신청을 하였거나 준비 중에 있는 국가들도 있는데, 이들은 크게 가입이 예상된 후보국과 미래후보국으로 구분될 수 있다.

EU이사회에 의하여 공식후보국으로 인정되는 국가는 2003년 2월 21일 가입신청을 한 크로아티아, 각각 2004년 3월 22일과 1987년 4월 14일에 신청한 마케도니아와 터키가 있다.[46] 2004년 6월 이후 공식후보국이 된 크로아티아는 2009년 7월 23일에 신청한 아이슬란드와 함께 가까운 미래에 가입이 예상되는 국가이다.[47]

마케도니아의 경우 2005년 12월에 공식후보국의 지위를 갖게 되었으며,[48] 1999년 12월에 정식후보국이 된 터키는 키프로스 문제, 이슬람국가라는 종교 문제, 지리적 위치, 경제적 상황, 여성 인권 문제 등을 이유로 한 기존

---

42) Craig and De Búrca, *supra* note 6, p. 8.

43) Chalmers and Tomkins, *supra* note 6, p. 16.

44) http://europa.eu/abc/european_countries/eu_members/index_en.htm; Steiner · Woods and Twigg-Flesner, *supra* note 16, p. 16.

45) EU의 회원국 확대에 관한 자세한 내용은 http://ec.europa.eu/enlargement/index_en.htm 참조.

46) http://en.wikipedia.org/wiki/Enlargement_of_the_European_Union.

47) http://ec.europa.eu/enlargement/candidate-countries/croatia/relation/index_en.htm; http://ec.europa.eu/enlargement/potential-candidates/iceland/relation/index_en.htm.

48) http://ec.europa.eu/enlargement/candidate-countries/the_former_yugoslav_republic_of_macedonia/relation/index_en.htm.

회원국의 반대로 가입이 많이 늦어지고 있다.[49]

잠재적 가입후보국에는 아이슬란드를 포함, 서부 발칸반도 국가들이 눈에 띄는데, 2008년 12월 15일에 가입을 신청한 몬테네그로, 2009년 4월 28일과 동년 12월 22일에 각각 신청한 알바니아와 세르비아가 있다.[50] 이외에 보스니아-헤르체고비나와 코소보도 여기에 해당한다.[51]

4) 회원국이 아닌 유럽국가

EU회원국들은 비회원국 중에서 노르웨이와 스위스의 회원 가입에 대해서는 긍정적 입장을 갖고 있지만, 이들 국가 내에서는 경제적 이득보다 손실이 많을 수 있음을 우려하여 반대가 우세한 편이다.

노르웨이는 세 차례(1962년 4월 30일, 1967년 7월 21일, 1992년 11월 25일)나 가입신청을 하였는데, 처음은 같이 신청한 영국에 대한 프랑스의 저지로 가입협상이 중단되었고, 나머지 두 차례는 비록 회원국 가입신청은 수락되었지만, 1972년과 1994년 실시된 국민투표(referendum)에서 좌절되어 가입조약을 비준하는 데 성공하지 못하였다.[52]

스위스의 경우, 1992년 EU와 EEA(European Economic Area)[53]협정에 서명

---

49) http://ec.europa.eu/enlargement/candidate-countries/turkey/relation/index_en.htm; http://en.wikipedia.org/wiki/Accession_of_Turkey_to_the_European_Union; Chalmers and Tomkins, *supra* note 6, pp. 38-39. 최근 터키는 매우 빠른 경제성장을 보이고 있어서 앞으로는 적어도 경제적 상황이 가입의 걸림돌이 되지는 않을 것으로 보인다.

50) http://ec.europa.eu/enlargement/potential-candidates/montenegro/relation/index_en.htm; http://ec.europa.eu/enlargement/potential-candidates/albania/relation/index_en.htm; http://ec.europa.eu/enlargement/potential-candidates/serbia/relation/index_en.htm.

51) http://ec.europa.eu/enlargement/potential-candidates/bosnia_and_herzegovina/relation/index_en.htm; http://ec.europa.eu/enlargement/potential-candidates/kosovo/relation/index_en.htm.

52) http://en.wikipedia.org/wiki/Norway_and_the_European_Union 참조; Craig and De Búrca, *supra* note 6, pp. 8, 19; Steiner·Woods and Twigg-Flesner, *supra* note 16, p. 4.

53) http://www.efta.int/content/eea/eea-agreement 참조; EEA협정은 역내시장 참여, 상품·노동자·서비스·자본의 자유로운 이동 보장을 내용으로 하고 있다; Craig and De Búrca, *supra* note 6, p. 20; Steiner·Woods and Twigg-Flesner, *supra* note 16, p. 15; Lenaerts and Van Nuffel, *supra* note 14, pp. 30-31.

하고, 5월 20일 EU회원국 가입신청서를 제출하였으나, 12월 6일에 실시된 국민투표에서 EEA 가입이 거부되었다. 그 결과, 스위스 정부는 EU회원국 가입협상을 중단하였다.[54)]

27개 EU회원국은 모두 동시에 유럽평의회 회원국[55)]에 속하는데, EU회원국이 아닌 20개국 중 8개 국가는 EU의 가입후보국 또는 미래의 후보국으로 있으며, 나머지 국가는 EU와 직간접적으로 협력 관계를 유지하고 있다.

5) EU 가입 요건과 필요성

2009년 리스본조약[56)]에 의하여 개정된 EU기능조약[57)] 제49조에 의하면, 동 조약 제 2 조[58)]에 규정된 가치, 즉 인간존엄, 자유, 민주주의, 평등, 법치주의, 소수자권리를 포함한 인권을 준수하고 이를 개선하도록 약속하는 모든 유럽 국가는 EU회원국이 되기 위하여 가입신청을 할 수 있다.[59)] 따라서 EU회원국이 되려는 국가는 위의 가치를 준수하여야 할 뿐만 아니라, 일단의 EU법 전체를 수락하여야 한다.[60)]

---

54) http://en.wikipedia.org/wiki/Switzerland_and_the_European_Union 참조.

55) http://www.coe.int/aboutcoe/index.asp?page=47pays1europe&l=en 참조. 2010년 2월 현재, 47개국으로 구성되어 있는 유럽평의회에는 27개의 EU회원국을 포함하여, 알바니아, 안도라, 아르메니아, 아제르바이잔, 보스니아-헤르체고비아, 크로아티아, 그루지야, 아이슬란드, 리히텐슈타인, 몰도바, 모나코, 몬테네그로, 노르웨이, 러시아, 산마리노, 세르비아, 스위스, 마케도니아, 터키, 우크라이나 등이 회원국이다.

56) 공식 명칭은 EU조약과 EC설립조약을 개정하는 리스본조약(Treaty of Lisbon amending the Treaty on European Union and the Treaty establishing the European Community)이며, 2009년 12월 1일 발효하였다.

57) 기존의 EC설립조약을 개명한 것으로서, 공식 명칭은 Treaty on the Functioning of the Union이며 통상적으로 EU기능조약 또는 간단히 줄여서 TFEU라고 한다.

58) "The Union is founded on the values of respect for human dignity, freedom, democracy, equality, the rule of law and respect for human rights, including the rights of persons belonging to minorities. These values are common to the Member States in a society in which pluralism, non-discrimination, tolerance, justice, solidarity and equality between women and men prevail."

59) 가입 절차는 http://ec.europa.eu/enlargement/the-policy/process-of-enlargement/index_en.htm 참조; Steiner·Woods and Twigg-Flesner, *supra* note 16, p. 16.

60) Craig and De Búrca, *supra* note 6, p. 30; Steiner·Woods and Twigg-Flesner, *supra* note 16, p. 16.

그리고 1993년 12월, 코펜하겐 유럽이사회에서 제안된 '코펜하겐 공식(Copenhagen Criteria)'에 의하면, 후보국은 위의 가치를 보장하는 안정된 기관, 시장경제체제, EU의 목적 준수를 포함한 회원국 의무를 수행할 능력을 가져야 한다.[61] 또한 1995년 마드리드 유럽이사회는 더 나아가 EU법과 규칙이 국내적으로 적절한 행정 및 사법기관에 의하여 효과적으로 이행되고 집행될 수 있어야 함을 분명히 하였다.[62]

그렇다면 점점 더 많은 국가들이 EU에 가입하기 위하여 주권의 일부를 포기하고 까다로운 가입조건을 맞추기 위하여 노력하며, EU 자신도 계속해서 확장 정책을 펴는 이유는 무엇일까? 그것은 EU에 가입한 국가들이 비회원국에 비하여 상대적으로 생활수준이 점차 향상되고 경제력이 증가하며, 역내시장 창설로 인하여 일자리가 창출되는 등 경제적 번영을 이룩하였기 때문이다. 그리고 이러한 EU의 확대는 EU 모든 회원국들에게 이득을 가져오는 경제성장의 자극제 역할을 수행하고 있다.[63]

2. EC시절의 질적 심화

1) 룩셈부르크 합의: 정부간주의 대 초국가주의

유럽공동체는 창립 후 첫 번째 위기를 맞게 되는데, 1965년 조약의 경과규정에 따라 이사회의 의사결정방식을 만장일치 대신 가중다수결로 변경하려는 시점에 프랑스 농산물시장의 보호를 위해 드골 대통령은 이에 강력히 반발하며, 여하한 이사회 모임과 회의에 참석을 거부하는 이른바 '빈 의자(Empty Chair)' 정책을 채택하였다.[64] 이러한 위기는 1965년 6월부터 1966년 1월까지, '룩셈부르크 합의(Luxembourg Compromise 또는 Luxembourg Accords)'로 알려진

61) Craig and De Búrca, *supra* note 6, p. 30.

62) http://ec.europa.eu/enlargement/the-policy/conditions-for-enlargement/index_en.htm.

63) http://europa.eu/pol/enlarg/index_en.htm.

64) 공동농업정책(Common Agricultural Policy: CAP)에 있어서의 견해 차이, 나아가 EEC 의장인 홀슈타인과 드골 프랑스 대통령 간의 대립으로 인하여 프랑스 대표가 약 6개월간 위원회에 참석하지 않은 사건을 말한다. 보다 자세한 내용은 http://www.ena.lu/ 참조.

비공식 협정에 도달하기까지 약 6개월 동안 지속되었다.[65]

룩셈부르크 합의에 의하여 회원국은 자국의 매우 중요한 이해관계가 달려있는 사안을 결정하는 경우, 만장일치를 요구함으로써 사실상 관련 국가에 거부권을 부여하였는데, 이는 정부간주의로의 회귀를 의미하는 것처럼 보일 뿐만 아니라, 결국 유럽통합의 속도를 저하시키는 역할을 하였다.[66]

2) 단일유럽의정서

룩셈부르크 합의로 지체되었던 유럽통합은 1985년 룩셈부르크 유럽이사회의 정치적 합의를 기초로 하여, 역내시장의 완성을 주된 목적으로 1986년 2월 17일 룩셈부르크와 동월 28일 헤이그에서 서명된 단일유럽의정서(Single European Act: SEA)[67]를 거치면서 도약의 전기를 마련하게 되었다.[68]

로마조약 이후, 첫 번째 주요한 개정을 담고 있는 SEA에 의하면, 역내시장 달성을 용이하게 하기 위하여 특히 과거 EC설립조약 제95조의 경우처럼 가중다수결로 채택하는 영역의 범위를 확대하였으며, EC설립조약 제252조의 협력절차의 도입을 통해 입법절차상 유럽의회의 권한을 증강시켰으며, 유럽의회에 새 회원국 가입과 제휴협정(Association Agreements) 체결에 있어 거부권을 부여하였다. 또한 공동체 권한이 미치는 영역을 확대하였는데, 사회정책, 연구 및 기술개발, 환경정책 및 공동외교정책 등이 여기에 해당한다.[69]

SEA에 대한 초기 평가는 공동체의 중요하고도 긍정적인 발전이라고 보는 시각과 통합 과정의 후퇴라고 보는 견해가 혼재되어 있었다. 그러나 결국 SEA는 공동체의 경제적 목적을 달성하는 과정에 촉진제가 되었고, 공동체 권한으로 새로 도입된 영역들은 사회와 경제의 불가피한 연관성으로 인하여 진

---

65) "when vital interests of one or more countries are at stake members of the Council will endeavour to reach solutions that can be adopted by all while respecting their mutual interests."; Craig and De Búrca, *supra* note 6, p. 8.

66) *Ibid.*; Chalmers and Tomkins, *supra* note 6, p. 14.

67) 1987년 7월 1일 자로 발효하였다.

68) Craig and De Búrca, *supra* note 6, p. 12.

69) *Ibid.*, pp. 12-13; Steiner · Woods and Twigg-Flesner, *supra* note 16, p. 5; Chalmers and Tomkins, *supra* note 6, pp. 19-20; Lenaerts and Van Nuffel, *supra* note 14, p. 44-45.

정한 의미의 단일시장 완성을 강화시키는 데 기여하였다.[70)]

3. EU성립 후의 통합 발전

1) 마스트리히트조약

1992년 2월 7일 EU를 창설하는 마스트리히트조약(Maastricht Treaty on European Union: TEU)[71)]이 서명되었는데, 이는 정치적 통합으로 가는 길을 열었다는 점에서 큰 의미가 있다. TEU의 탄생은 내적으로는 회원국들이 SEA에 의하여 획득한 발전을 좀 더 보완하기를 원했으며, 외적으로는 동유럽의 공산주의 붕괴와 독일 통일을 거치면서 공동체의 국제적 지위를 강화시키려는 사실과 관련이 있었다.[72)]

TEU의 주된 목적은 기관의 민주적 합법성과 효율성을 강화하고, 경제통화동맹(Economic and Monetary Union: EMU)을 설립하며, 공동체의 사회적 측면을 발전시키며, 공동외교안보정책을 설립하는 것이었다. 동 조약의 가장 중요한 특징은 법인격을 가지고 있지는 않지만, 삼주체제(Three-Pillar structure)로 구성되어 있는 EU를 설립하였다는 점인데, 제 1 기둥은 EEC,[73)] ECSC, Euratom으로 구성되어 있는 유럽공동체(European Communities: ECs)이고, 제 2 기둥은 공동외교안보정책(Common Foreign and Security Policy: CFSP), 제 3 기둥은 사법 및 내무 분야의 협력(Cooperation in the fields of Justice and Home Affairs: JHA)을 의미한다.

제 1 기둥은 회원국이 공동체 기관을 통해 주권을 공유하는 영역과 관련되어 있다면, 제 2 기둥은 SEA의 규정을 대체하여 회원국들로 하여금 외교정책에 있어 공동행동을 취하는 것을 허용하며, 제 3 기둥은 EU가 유럽시민

---

70) Craig and De Búrca, *supra* note 6, pp. 12-13.

71) 1993년 11월 1일 자로 발효하였다.

72) http://europa.eu/legislation_summaries/institutional_affairs/treaties/treaties_maastricht_en.htm; Craig and De Búrca, *supra* note 6, pp. 14-15; Steiner·Woods and Twigg-Flesner, *supra* note 16, p. 5.

73) 마스트리히트조약에 의하여 EEC는 EC로 개명되었는데, 이는 공동체 권한을 비경제적 영역까지 확대하고자 하는 회원국의 입장을 반영하는 것이다. Craig and De Búrca, *supra* note 6, p. 15.

(European Citizens)에게 자유, 안보, 사법 분야에 있어 수준 높은 보호를 제공하기 위하여 공동행동을 취하도록 하는데, 제 2 기둥과 제 3 기둥 모두 정부간 협력(intergovernmental cooperation)의 성격을 갖는다.[74)]

TEU는 과거 EC설립조약 제251조의 공동결정절차의 도입을 통하여 입법절차 중 의회의 참여를 증가시켰으며, 의회는 집행위원회에 법률안을 제안하도록 요청하고, 새 집행위원회 위원의 임명을 저지할 권한을 부여받았다. 또한 감사원(Court of Auditors)이 다른 4개의 기관(이사회, 집행위원회, 의회, 사법재판소)과 동등한 기관으로서의 지위를 갖게 되었고, 권한 행사에 있어 보충성의 원칙(Principle of Subsidiarity)을 적용하도록 하였다. 또한 유럽시민 개념이 도입되었으며, 경제화폐동맹 설립을 통해 단일화폐 도입의 근간을 마련하는 등, 계속해서 공동체 권한이 미치는 영역(예컨대 문화, 공중보건, 소비자보호, 교육 및 직업훈련 등)이 확대되었다.[75)]

2) 암스테르담조약

1997년 10월 2일, 15개 EU회원국들은 공동체 권한의 확대보다는 통합에 초점을 맞춘 암스테르담조약(Treaty of Amsterdam)[76)]에 서명하였다. 동 조약에서는 높은 수준의 고용을 달성하는 것이 EU 목적에 새롭게 포함되었고, EU 가입을 위한 조건이 TEU 제49조에 규정되었다.[77)]

암스테르담조약에 의하여 개정된 EC설립조약에 의하면, 제 1 기둥의 경우 공동의사결정이 적용되는 분야를 확대하였고, 개인의 권리·이해관계 및 안녕에 직접적으로 영향을 미치는 영역이 개선되었다. 제 2 기둥과 관련하여서는 이사회 사무총장을 CFSP의 고위대표로 임명하고, 비효율적인 만장일치의 의사결정방식에서 가중다수결을 적용할 수 있는 분야를 확대하였다. 또한 제 3 기둥에 속하던 비자, 망명, 이민 및 민사문제에 있어 사법협력 분야를 제 1 기

---

74) *Ibid.*, pp. 15, 17-18; Chalmers and Tomkins, *supra* note 6, pp. 25-27; Lenaerts and Van Nuffel, *supra* note 14, pp. 50-52. 본서 28면 도표 참조.

75) Craig and De Búrca, *supra* note 6, pp. 16-17; Steiner·Woods and Twigg-Flesner, *supra* note 16, pp. 6-7; Chalmers and Tomkins, *supra* note 6, pp. 27-29.

76) 1999년 5월 1일 자로 발효하였다.

77) Craig and De Búrca, *supra* note 6, p. 20.

등으로 흡수하였다. 따라서 제 3 기둥은 형사문제에 있어 경찰 및 사법협력(Police and Judicial Cooperation in Criminal Matters: PJCC)으로 변경되었다. 그리고 동 조약은 회원국이 일정한 조건 아래 '보다 긴밀한 협력(closer cooperation)'을 달성하기 위해 노력하도록 규정하였다.[78)]

암스테르담조약은 EU의 향후 회원국 확대를 처리하기 위한 제도적 개혁을 니스 유럽이사회로 미루어 두었다는 한계를 갖고 있었지만, EU를 구성하고 있는 기둥 간의 구별을 희석시키고, 특히 제 3 기둥의 경우 상당한 정도까지 초국가적 성격을 부여하였으며, 다양한 국가 집단들 간에 다양한 수준의 통합과 협력 방식을 허용하였다는 점에서 의미가 있다.[79)]

3) EU기본권헌장

1999년 쾰른 유럽이사회는 EU의 기본권헌장을 기초하기 위한 기구를 설립하였고, 2000년 12월 7일 'EU기본권헌장(Charter of Fundamental Rights of the European Union)'이 집행위원회, 의회, 이사회에 의하여 선언되었으며, 니스 유럽이사회에서 회원국들의 정치적 승인을 받았다. 그러나 동 헌장의 법적 성격 및 조약으로의 통합 가능성 문제에 관한 결정은 2004년 정부간 회의로 연기되었다.[80)]

EU기본권헌장은 EU시민과 EU에 거주하는 모든 사람들의 인권에 관한 전체 목록을 담고 있는 문서로, 2009년 12월 1일 리스본조약이 발효하면서 동 조약에 의하여 개정된 TEU 제 6 조 1항에 따라 법적 효력을 갖게 되었다.[81)]

---

78) *Ibid.*, pp. 21-24; Steiner · Woods and Twigg-Flesner, *supra* note 16, pp. 8-10; Chalmers and Tomkins, *supra* note 6, pp. 32-34; Lenaerts and Van Nuffel, *supra* note 14, pp. 59-61.

79) Craig and De Búrca, *supra* note 6, p. 25.

80) *Ibid.*, p. 26; Chalmers and Tomkins, *supra* note 6, p. 252.

81) Jooyun Lee, "Underlying Problems and Solutions relating to the Increasing Workload of the ECHR in view of Protocol No. 14," 「국제법학회논총」, 제54권 제 3 호 (2009. 12), 330면; Craig and De Búrca, *supra* note 6, pp. 412-414.

4) 니스조약

2000년 12월 11일 니스 유럽이사회의 동의를 거쳐, 2001년 2월 26일 EU 회원국들은 니스조약(Treaty of Nice)[82]에 서명하였다. 니스조약은 2004년 동유럽국가의 대거 가입을 앞두고 EU 확대를 준비하기 위하여 집행위원회 수와 구성, 이사회의 가중다수결, 가중다수결 표결의 확대, 강화된 협력에 관한 4가지 분야의 개정을 목표로 하였다. 니스조약에 의하여 개정된 EU조약에 의하면, 회원국 권리의 정지와 관련된 절차를 보다 구체화하였으며, 동 조항에 관하여 유럽사법재판소가 관할권을 갖게 되었다.[83]

니스조약은 유럽의회의 전체 의석수 및 국가별 할당을 조정하고, 조약상 공동결정절차의 적용 범위를 상당한 정도로 확대함으로써 의회의 권한을 확장시켰다. 또한 일심재판소의 권한을 매우 강화하였을 뿐만 아니라, 보다 긴밀한 협력에 관한 조항을 '강화된 협력(enhanced cooperation)'으로 개정하였다. 제 2 기둥 및 제 3 기둥하에서도 강화된 협력에 관한 조항이 도입 또는 개정되었다.[84] 니스조약이 지향하고 있는 제도적 개혁은 근본적 성격의 것이 아니라, EU 확대를 준비하기 위한 다분히 기술적이고 절차적인 것으로 볼 수 있다.[85]

5) 유럽미래회의

니스조약에 부속된 'EU 미래에 관한 선언(Declaration on the Future of the Union)'은 EU의 미래에 관한 보다 깊이 있고 광범위한 토론을 할 수 있는 정부간 회의의 개최를 요구하였다.[86] 그리하여 2001년 12월 15일 라켄 유럽이사회는 EU를 보다 민주적이고, 투명하며 효율적이 되도록 만들겠다고 천명한 'EU 미래에 관한 선언'(일명 Laeken Declaration)을 채택하였다.

---

82) 2003년 2월 1일 자로 발효하였다.

83) Craig and De Búrca, *supra* note 6, pp. 26-27, 30; Chalmers and Tomkins, *supra* note 6, p. 41.

84) Craig and De Búrca, *supra* note 6, pp. 27-30; Steiner · Woods and Twigg-Flesner, *supra* note 16, pp. 11-12; Lenaerts and Van Nuffel, *supra* note 14, pp. 64-65.

85) Craig and De Búrca, *supra* note 6, pp. 30-31.

86) Chalmers and Tomkins, *supra* note 6, pp. 42-43.

동 선언의 결과, 유럽이사회는 국내 정부, 국내 의회, 유럽의회와 집행위원회의 대표로 구성된 '유럽미래회의(Convention on the Future of Europe)'[87]라는 기구를 설립하였는데, 동 기구의 주된 목적은 EU의 헌법 초안을 작성하여 이사회가 이를 채택하도록 하는 것이었다. 2003년 유럽미래회의는 유럽헌법제정조약의 초안을 기초하여 그리스 테살로니키 유럽이사회에 제출하고, 동 초안에 관한 합의를 얻은 후 동년 7월 10일 그 업무를 종결하였다.[88]

6) 유럽헌법제정조약의 불발

2003년 개최된 정부간 회의에서 주된 의제로 헌법제정조약의 초안이 다루어지고, 2004년 6월 18일 정치적 합의에 도달한 후, EU회원국은 동년 10월 29일 로마에서 유럽헌법제정조약(Treaty Establishing a Constitution for Europe)[89]에 서명하였다.[90] 동 조약은 보다 긴밀한 협력과 계속적인 확대를 통해 나타난 오랜 통합 과정의 완성을 보여주는 것이었다. EU차원의 헌법 제정에 관한 논의는 이미 최초의 직접선거에 의하여 선발된 유럽의회로부터 시발되어, 조약의 개정을 거치면서 그 필요성이 보다 절실해지게 되었다.[91]

유럽헌법제정조약은 유럽의 역사와 유산을 회고하는 국내 헌법 양식의 서문에 뒤이어 4개의 부분으로 이루어져 있는데, 제 1 부는 EU를 규율하는 원칙, 목적 및 기관에 관하여 규정하고 있다. 제 2 부는 EU기본권헌장을, 제 3 부는 EU의 기능과 정책을 규율하는 규정을, 제 4 부는 조약의 발효, 개정 절차 및 이전 조약의 폐기에 관한 일반규정을 내용으로 하고 있었다.[92]

---

87) 이 회의체는 EU 회원국, 회원국의회, 유럽의회, EU집행위원회 대표로 구성되었다. 이러한 형식의 회의체를 구성하여 통과된 것이 기본권헌장(Charter of Fundamental Rights)이다.

88) http://europa.eu/scadplus/glossary/laeken_declaration_en.htm; Craig and De Búrca, *supra* note 6, pp. 31-33; Chalmers and Tomkins, *supra* note 6, pp. 70-73; Lenaerts and Van Nuffel, *supra* note 14, pp. 67-68.

89) 당시 25개 회원국 중, 국민투표를 실시한 스페인과 룩셈부르크를 포함한 18개 회원국의 비준을 얻었지만, 2005년 5월과 6월, 각각 프랑스와 네덜란드의 국민투표에서 부결됨으로써 비준은 실패하고 말았다.

90) Lenaerts and Van Nuffel, *supra* note 14, p. 69.

91) Chalmers and Tomkins, *supra* note 6, p. 57.

92) http://europa.eu/scadplus/constitution/introduction_en.htm; Craig and De Búrca, *supra*

그러나 유럽헌법제정조약은 2006년 11월 1일로 예정되어 있던 발효가 회원국들의 비준 실패로 무산된 후, 회원국 정부 및 국가대표는 2005년 6월 16일과 17일 유럽이사회에서 유럽의 미래에 관하여 '재고(再考)기간'을 갖기로 결정하였다.[93]

유럽헌법제정조약의 실패에는 동 조약 제정의 복잡한 과정에 대한 잘못된 준비와 운영, 특히 조약 비준의 완벽한 전략 부재와 EU에선 통합을, 국내에선 주권을 강조하는 정치가들의 이중적 행태 등을 원인으로 들 수 있겠다.[94]

Ⅳ. 리스본조약 개요

2009년 12월 1일 발효한 리스본조약은 앞에서 언급된 헌법제정조약이 2005년 프랑스와 네덜란드의 국민투표에서 부결되면서 마련된 개정조약이다. 원래 헌법조약은 앞서 언급한 2003년 7월 EU 정상회의에서 상정하였던 유럽헌법제정조약을 말한다. 이 헌법조약은 2005년 프랑스와 네덜란드의 국민투표에서 부결되면서 각국 비준절차가 지연되다가[95] 2007년 EU 정상회의에서 이를 폐기하는 대신 '개혁조약(Reform Treaty)'을 마련하는 작업이 개시되었다. 본 개혁조약은 이전의 헌법조약이 실패에 그친 점을 거울삼아서 폐기된 헌법조약 중 '유럽헌법'을 연상시키는 형식, 용어, 상징을 모두 제거하는 대신 SEA,

---

note 6, p. 34; Chalmers and Tomkins, *supra* note 6, pp. 76-77; Lenaerts and Van Nuffel, *supra* note 14, pp. 70-71.

93) Craig and De Búrca, *supra* note 6, p. 34.

94) Robert Podolnjak, "Explaining the Failure of the European Constitution: A Constitution-Making Perspective," *Collected Papers of Zagreb Law Faculty*, Vol. 57, No. 1(2007), pp. 5-6; Chalmers and Tomkins, *supra* note 6, pp. 83-84.

95) 헌법조약이 유럽연합을 창립했던 프랑스와 네덜란드 국민투표에서 부결되자 2005년 EU 정상회의에서는 1년간 숙려기간을 두기로 하였고 2006년 EU 정상회의에서는 이 기간을 더 연장하였다. 이 기간 동안, 헌법조약을 폐기하는 대신 이를 공동체의 이차적 법률로 채택하거나, 공동체 기관운영을 위한 절차규칙에 반영하거나, 공동체 기관 간 협정을 통해서 포섭하자는 쪽과 프랑스와 네덜란드가 헌법조약을 부결한 예는 마스트리히트조약에서 덴마크, 니스조약에서 아일랜드의 예와 다르지 않고 결국에는 헌법조약이 발효될 것이라고 보아서 벨기에와 룩셈부르크처럼 자국 헌법에 따른 비준절차를 진행하여 헌법조약을 통과시켰던 경우가 있었다.

TEU, 암스테르담조약, 니스조약처럼 기존의 개정조약과 유사하게 만들었다.[96)]

1. 탄생 과정

2003년과 2005년에 걸친 유럽헌법제정조약의 비준 실패로, 2007년 상반기 이사회 의장국으로 있던 독일은 6월 21일과 22일 브뤼셀 유럽이사회에서 합의 도출을 촉구하였고, 유럽의 지도자들은 EU헌법 대신, 기존의 EU조약과 EC설립조약을 개정한 개혁조약(Reform Treaty)을 완성하여 채택하기 위하여 정부간 회의를 개최하는 데 동의하였다. 정부간 회의에서 기초한 조약의 최종 문건은 리스본에서 열린 10월 18일과 19일의 비공식 유럽이사회에서 승인을 받았으며, 회원국들은 2007년 12월 13일 리스본조약(Treaty of Lisbon)[97)]에 서명하였다.[98)]

그러나 이 리스본조약이 서명된 이후의 과정도 그리 순탄하지는 않았다. 2008년 6월 12일에 이루어진 아일랜드 국민투표에서 동 조약이 다시 부결되었기 때문이다. 그 이유로 여러 가지를 들 수 있는데, 첫째 지나친 주권침해의 우려가 있었고, 둘째 세금이 증가하고 각종 규제가 강화될 것을 우려한 아일랜드 상공인들의 반대가 극심했기 때문이었다. 그러나 EU집행위원회 위원장이 아일랜드를 직접 방문하여 적극적으로 아일랜드 국민을 설득한 결과, 2009년 10월 2일 드디어 아일랜드 국민투표에서 찬성 67%, 반대 33%로 비준안이 통과되었다. 뿐만 아니라 동년 10월 10일 폴란드가 조약 비준안에 서명하였고, 마지막으로 체코도 동년 11월 4일에 이른바 '기본권 조항'에 대한 예외가 인정되자 신속하게 비준함으로써 리스본조약이 2009년 12월 1일 자로 발효되었다.[99)]

---

96) Michael Dougan, "The Treaty of Lisbon 2007: Winning Minds, Not Hearts," 45 *CMLR*(2008), pp. 618-821.

97) 리스본조약 제6조 1항에 따르면 동 조약의 발효를 위해서는 27개 모든 회원국들이 비준하여야 하며, 동조 2항에 의하여 마지막으로 비준한 국가의 비준일 다음 달 1일에 발효한다.

98) Craig and De Búrca, *supra* note 6, p. 34.

99) 이종규·양오석, "리스본조약 발효 이후 EU의 변화와 시사점," 「Issue Paper」(12월호), 2면.

2. 리스본조약의 주요내용

리스본조약이 발효된 2009년 12월 1일부터 유럽공동체(European Community)는 유럽연합(European Union)으로 대체되었으며, 유럽연합은 유럽공동체의 모든 권리와 의무를 승계하였다. 또한 TEU는 종래의 이름을 유지하되, 유럽공동체설립조약(Treaty Establishing European Community)은 EU기능조약(The Treaty on the Functioning of the European Union: TFEU)으로 명칭이 변경되었다.

리스본조약으로 인해 EU가 겪게 될 변화를 한마디로 표현하면 '통합의 심화(Deepening)와 확대(Enlargement)'이다. 리스본조약으로 인해 각 회원국들의 국가주권은 축소되고 EU차원에서 여러 사안들이 처리될 예정이다. 이와 같은 리스본조약의 특징은 사실상 일부 강대국 위주의 체제로 운영되었던 데 반해, 동 조약으로 인해 본격적으로 EU 중심체제로 개편된다는 것을 의미한다. 동 조약은 불분명한 상태였던 회원국과 EU 간의 권한과 범위를 상당 부분 명확하게 구분하였고, 의사결정 방식을 개선하여 민주성과 정당성을 제고하였으며, 공동외교안보 및 공동조세정책 등의 공동 책임을 명확하게 규정지었다는 데 의의가 있다.

1) 통합의 심화

리스본조약에서 눈여겨보아야 할 점은 바로 유럽이사회 의장 제도의 변화이다. 유럽이사회 의장은 6개월 임기의 순환의장국 제도 대신 2년 6개월 임기의 상임의장직으로 바뀌게 되었다. 의장의 주요 임무는 유럽이사회의 업무가 지속될 수 있도록 준비하는 것이며, 이사회 내에서 합의(concensus)를 이끌어내는 것이다. 현재 초대 이사회 의장으로 선출된 이는 반 롬푸이(Van Rompuy)이다.[100)]

또한 외교안보정책 고위대표직도 신설되었다. 외교안보정책 고위대표는 먼저 공동외교안보정책(CFSP) 분야를 대표하며, 해당 분야 업무의 조율을 담당한다. 이는 CFSP에 관련한 EU 행동의 지속성과 단일성을 보장하기 위함이

---

100) 유럽이사회 의장에 대한 자세한 설명은 http://www.consilium.europa.eu/uedocs/cms_data/docs/pressdata/en/ec/111298.pdf 참조.

다. 현재 초대 대표로 캐서린 애쉬튼(Catherine Ashton)이 선출되어 향후 5년간 활동하게 되었다.

뿐만 아니라 유럽의회의 권한도 강화되었다. 총 의원 수를 기존의 736명에서 751명으로 확대하였으며, 회원국별로 최소 6석에서 최대 96석으로 제한하였다. 그리고 이사회가 의결하는 입법·예산편성 등에 대해 공동으로 결정하는 권한을 부여받았으며, 사법·경찰·농업정책 등에 대해서도 그 권한이 확대되었다. 특히 반덤핑·세이프가드 등의 무역구제조치를 관장하는 공동통상정책 분야에서 그 역할이 강화되었다.

그리고 EU집행위원회의 효율성도 개선하고자 하였다. 현재는 각 회원국별로 1명씩 총 27명의 집행위원이 있지만, 동 조약에서는 2014년까지 전체 회원국 수의 3분의 2에 해당하는 규모로 축소되었다. 2014년 이후에는 순번제로 위원을 추천하게 된다. 나아가 유럽대외관계청(European External Action Service)을 신설하여 EU의 외교부 역할을 수행하도록 하였다.

리스본조약에 따른 EU의 전반적인 변화를 조약 발효 전과 발효 후 상태로 나누어 도식화하면 다음과 같다.[101]

<table>
<tr><th>구 분</th><th>내 용</th><th>리스본조약 발효 전</th><th>리스본조약 발효 후</th></tr>
<tr><td rowspan="4">주요기관</td><td rowspan="2">유럽이사회</td><td>이사회 국별 순회의장(6개월)</td><td>이사회 상임의장(2년 6개월)</td></tr>
<tr><td>공동외교안보 고위대표(5년),
대외관계집행위원(5년)</td><td>외교안보정책 고위대표(5년)</td></tr>
<tr><td rowspan="2">유럽의회</td><td>이사회에 비해 유럽의회의 권한이 제한</td><td>이사회와 공동으로 정책을 결정하는 영역이 약 70개로 확대(역내시장, 경제관련 사항, 공동통상정책 등)</td></tr>
<tr><td>의석 수 736석
회원국당 최소 5명-최대 99명 가능</td><td>의석 수 751석(의장 포함)
회원국당 최소 6명-최대 96명 가능</td></tr>
</table>

101) 이종규·양오석, 앞의 보고서, 12면.

	EU집행위원회	집행위원장 선출 방식 정상회의에서 지명→유럽의회 승인	집행위원장 선출 방식 정상회의에서 후보 추천→유럽의회 선출
		파견위원 27명 (회원국당 1명)	파견위원 18명 (국별 순번대로 파견)
의사결정 방식	정상회의·이사회 의사결정방식	가중다수결 제도	이중다수결 제도[102)] 적용시기: 2014년 11월 (단, 회원국의 요청 시 2017년 3월까지 현 가중다수결 제도 적용)
	만장일치 제도	공동외교안보, 다년간재정계획, 사회정책, 환경관련 예산, 조세, 국방 등은 만장일치제로 의사결정	조세 및 국방만 만장일치제 유지
회원국 권한	EU-회원국 간 권한 구분	불명확한 EU-회원국 권한	EU의 배타적 권한, 개별 회원국의 권한, EU와 회원국 간 공유권한 등으로 권한 구분을 명시
중앙은행	ECB관할범위	유로 지역만 관할	非유로 지역까지 관할
공동외교 안보/ 조세정책	조항 신설	–	공동외교안보정책에 대한 조항 삽입
	역내 조세차별 제거	–	타 회원국과 국내 상품 간 부가세 균형을 유지

2) 통합의 확대

EU통합의 확대는 유로화지역의 확대와 가입국의 확대라는 두 가지 측면

102) 2014년 11월부터 시행될 예정인 이중다수결 제도는, 적어도 한 법안이 통과되기 위해서 EU회원국의 55%(예를 들어 27개 회원국 중 최소 15개국)가 찬성하고 EU인구의 65%가 찬성해야 한다. 그러나 2014년 11월과 2017년 3월 사이에는 모든 회원국은 현재의 가중다수결 제도가 유지되어야 한다고 요구할 수 있다.

에서 살펴볼 수 있다. 1999년 출범 당시 11개 국가였던 유로지역은 현재 16개 국가로 확대되었으며, 유로화는 달러화에 이은 제 2 의 국제통화로 자리매김하였고, 결제 및 기준통화로 광범위하게 사용되고 있다. 특히 유로지역과 제 3 국 간, 또는 제 3 국 상호 간의 거래에서 국제무역 결제통화로 사용되고 있으며, 유럽뿐만 아니라 아프리카 지역에서도 기준통화로서의 역할을 담당하고 있다. 글로벌 금융위기를 거치면서 유로화는 안정성 측면에서 더욱 신뢰를 얻었으나, 최근 그리스 등의 금융위기로 인해 안정성 논란이 다시 언급되고 있는 실정이다.[103)]

한편 EU는 2004년 이후 12개국이 신규 가입함으로써 외연상 세계 제 1 의 경제공동체를 형성하게 되었다. 특히 리스본조약으로 인해 통합의 심화가 진행되면 신규회원국 가입에 대한 논의가 본격화될 전망이다. 현재로서는 회원국마다 차이는 있으나, 신규회원국 가입에 대한 긍정적인 여론이 형성되고 있다. 현재 크로아티아, 마케도니아, 아이슬란드의 가입 논의가 재개됨에 따라서 EU는 3년 이내에 30개 회원국 시대를 맞이할 가능성이 높아 보인다.

3) 리스본조약과 TEU, TFEU

기존의 EU조약과 EC설립조약을 한 개의 조약으로 통합하는 2004년의 유럽헌법제정조약과 달리, 리스본조약은 위 두 조약을 개정하는 형태를 띠고 있다. 총 7개의 조항으로 이루어진 리스본조약에 의하면, 제 1 조와 제 2 조는 각각 TEU와 EC설립조약의 개정문이며, 제 3 조에서 제 7 조까지는 최종조항을 규정하고 있다. 리스본조약의 원 명칭에서 알 수 있듯이, 동 조약은 TEU와 EC설립조약을 개정하고 있는데, 특히 EC설립조약의 명칭은 'EU기능조약(TFEU)'으로 바뀌게 된다.[104)]

유럽헌법제정조약이 비록 실패하였지만, 리스본조약의 공식적 출발점은 유럽헌법제정조약이며, 동 조약의 조항 중 상당 부분을 리스본조약에서도 발

---

103) 최근 그리스의 금융위기는 http://news.joins.com/article/740/4007740.html 참조.

104) 리스본조약 제 2 조 1항 참조(The title of the Treaty(Treaty establishing the European Community) shall be replaced by 'Treaty on the Functioning of the European Union').

견할 수 있다. 이제 EU는 법인격을 향유하게 되며, 기존의 공동체라는 표현을 EU로 대체하게 되었다.[105] 따라서 앞으로는 국제적인 공식 법률문서에 EC가 아니라 EU라는 명칭으로 표시되게 된다. 즉 리스본조약에 의해 개정된 TEU 제47조에 의하여 EU가 법인격을 갖게 되어 명실공히 EU의 시대가 도래한 것이다. 그동안은 EC가 없어지고 EU가 성립되었다는 표현은 옳지 않았지만, 리스본조약 발효 이후부터는 EC는 이제 역사 속으로 사라지게 된 것이다.

V. 결 론

리스본조약은 유럽의회와 국내의회의 역할을 강화하고, 유럽시민이 집행위원회에 새로운 정책 제안을 요청할 수 있도록 함으로써 자신의 목소리를 낼 수 있는 기회를 제공하며, 회원국과 EU의 권한 관계를 분명히 하는 등 보다 민주적이고 투명한 유럽을 만드는 것을 목표로 하고 있다. 또한 가중다수결을 더 많은 영역으로 확장시켜 의사결정과정을 보다 빠르고 효과적이며 효율적으로 운영하도록 하였으며, EU이사회 상임의장이라는 직책을 신설하여 보다 안정적이고 합리적인 기관 구성을 꾀하며, EU기본권헌장을 포함한 EU의 가치, 자유, 연대, 안보를 증진시키며, EU외교안보정책 고위대표를 새로 임명하여 세계무대에서 하나의 행위자로서 활동하고 결정하는 유럽을 지향하고 있다.[106]

향후 유럽연합이 어떠한 방식으로 통합을 더욱 발전시켜 나아갈지, 그리고 과연 몇몇 선각자들이 이전에 꿈꾸었던 유럽합중국으로 변모할 수 있을지는 계속해서 지켜보아야 할 문제이다. 아직까지는 여전히 연방을 향한 형성과정에 있는 자율적 성격의 법치공동체[107]라고 본다면, 리스본조약은 이를 향한 일종의 숨고르기이자 도약을 위한 발판이라고 볼 수 있겠다. 이하에서는 EU법의 각 분야에 대해 자세히 살펴보도록 한다.

---

105) Craig and De Búrca, *supra* note 6, pp. 34, 36.

106) http://europa.eu/lisbon_treaty/glance/index_en.htm 참조.

107) 김대순, 「국제법론」, 제15판(서울: 삼영사, 2010), 1401면.

EC와 EU[108]

유럽통합과 관련된 수많은 조약 및 협정, 그로 인해 탄생한 여러 기구들로 인해, EU법을 이해하는 데 있어 그 명칭을 둘러싸고 오해가 종종 일어난다. 가장 흔히 범하는 오류는 "1992년의 마스트리히트조약에 의하여 EU가 창설되면서, EC는 발전적으로 해체되었다"는 것인데, EC와 EU의 관계 등 용어들을 정확하게 이해하기 위해서는 EU 통합의 역사와 회원국과 EU간 정책결정상의 권한배분 관계에 대한 이해가 필요하다.

일반적으로 유럽연합이라고 불려지는 EU는 1992년 마스트리히트조약에 의해서 최초로 탄생되었고, 유럽의 통합은 동 조약에 의해 기존의 경제 분야 협력 이외에 외교안보, 내무사법 분야로 확대되어 소위 '3주 체제'를 형성함으로써 EU(European Union)로 통칭된다. **리스본조약 이전의 '3주체제'**를 간단히 도식화하면 다음과 같다.

EU

ECs	공동외교안보	내무사법
○ EC • 관세동맹/단일시장 • 농업/무역 • 구조정책 ○ Euratom ○ ECSC ○ 신규 또는 수정된 분야 • EU 시민권 • 교육, 문화 • 범유럽 네트워크 • 소비자 보호 • 연구개발 • 환경 • 사회정책 • 난민 및 비호(Asylum) • 이민 정책 등	○ 공동외교정책 • 협력, 공동입장 등 • 평화유지 • 인권 • 민주주의 • 인도적 원조 ○ 공동안보정책 • WEU 관련 정책 • 군축 • 유럽안보 체제 등 (중장기)	○ 사법당국간 협력 (민사 및 형사) ○ 경찰 협력 ○ 인종차별 철폐 ○ 마약, 불법무기 무역금지 ○ 조직범죄 퇴치 ○ 테러리즘 방지 ○ 아동 대상 범죄, 인신매매 퇴치

108) 박덕영, "EC, EU, EEA & EFTA," 「EU Brief」(2009년 10월호)의 내용을 요약 정리한 것이다.

1993년 EU가 성립된 이후에도 EC라는 명칭이 계속 사용되고 있었다. 예를 들어 리스본조약 이전에 OECD나 WTO 협상에 참석하는 유럽연합 대표는 EU가 아닌 EC라는 명칭으로 참석하며, 비 EU 국가들과 FTA 등을 체결할 때도 EC의 이름으로 체결하였다. 이렇게 EC라는 명칭이 혼용되었던 것은 EU의 정책결정에 대한 EU와 회원국 간의 권한관계와 법인격 문제 때문이었다.

그러나 이제는 리스본조약에 의하여 EU가 법인격을 갖게 됨에 따라 법적 활동을 함에 있어서도 EU라는 이름으로 행동할 수 있게 되었다. 리스본조약이 발효되기 이전에는 대외적으로 법적인 구속력을 갖는 조약을 체결할 경우 법인격이 있는 EC의 이름으로 하여 왔으나, 리스본조약이 발효한 2009년 12월 1일부터는 EU가 법인격을 가지게 되어 EU의 이름으로 조약을 체결하고 법률행위를 하게 되며,[109] 이제는 EC는 역사 속으로 사라지게 되었다.

109) TEU 제49조 참조. 예컨대, 과거에는 WTO에 부탁되는 무역 분쟁의 명칭이 *EC-Asbestos*처럼 EC의 이름으로 표기되어 있었으나, 2009년 12월 1일 이후에 부탁된 분쟁의 경우 *EU-Anti-Dumping Measures on Certain Footwear from China*처럼 EU의 이름으로 표시된다.

제 2 장 EU 주요기관의 기능과 역할

Ⅰ. 서　　론

2007년 12월 13일에 채택되고 2009년 12월 1일 자로 발효된 '리스본조약(Treaty of Lisbon, 또는 Lisbon Reform Treaty라 부름)'[1]은 유럽의회, 이사회, 집행위원회로 이루어진 유럽연합(European Union, 이하 EU라 부름)의 기관 구성에 관하여 근본적인 변경을 가하고 있지는 않다.[2] 그러나 이러한 기관들이 보다 효율적이며 일관성과 투명성을 가지고 운영되기 위해 몇 가지 중요한 요소들을 도입하고 있다.

먼저 리스본조약에 의하여 개정된 'EU조약(Treaty on European Union)' 제13조 1항에 의하면, EU는 유럽의회(European Parliament), 유럽이사회(European Council), 이사회(Council), 유럽집행위원회(European Commission), EU사법재판소(Court of Justice of the European Union), 유럽중앙은행(European Central Bank), 감사원(Court of Auditors)의 7개 '기관(institutions)'으로 구성된다고 규정하고 있다. 특히 '유럽이사회'와 '유럽중앙은행'이 리스본조약에 의하여 EU의 공식 기

1) http://europa.eu/lisbon_treaty/index_en.htm 참조; http://eur-lex.europa.eu/en/treaties/index.htm(EU조약 사이트).

2) EU기관 및 기구에 관한 설명은 http://europa.eu/about-eu/institutions-bodies/index_en.htm 참조.

관(institution)으로 부상한 점이 눈에 띈다.[3] 또한 동 조약은 EU의 기관이 EU의 가치를 진작시키고, 그 목표를 증진시키며, 그 자신과 EU 시민 및 회원국의 이익을 달성하며, 그 정책과 행동의 일관성, 효율성 및 연속성을 보존하는 것을 목표로 한다고 규정한다.[4] 그리하여 EU기관은 서로 충실히 협력해야 하며,[5] 특히 유럽의회, 이사회, 집행위원회는 공동의 합의로 협력을 위해 구속력을 가진 기관간협정(inter-institutional agreements)을 체결할 수 있다.[6]

EU기관에 관한 규정은 제13조에서 시작하여 제19조까지 이어지고 있는데, 여기서는 유럽의회, 유럽이사회, 이사회, 유럽집행위원회, 유럽사법재판소에 관하여 각각 규정하고 있다.[7] 또한 유럽의회, 이사회, 집행위원회는 권고적 권한을 가진 경제사회위원회와 지역위원회에 의해 보조를 받는다.[8] 한편 리스본조약에 의하여 EC설립조약으로부터 개정된 'EU기능조약(Treaty on the Functioning of the European Union)'[9]의 경우, 제223조 내지 제287조에 이들 EU의 7개 기관에 관해 자세한 규정을 두고 있다.

---

3) 리스본조약에 의하여 개정되기 이전의 EC설립조약 제 7 조에 의하면, 유럽공동체에 수탁된 업무는 다음 5개의 기관에 의하여 수행되었다: 유럽의회(European Parliament), 이사회(Council), 집행위원회(Commission), 사법재판소(Court of Justice)와 감사원(Court of Auditors). 이들 기관은 동 조약에 의해 부여된 권한의 범위 내에서 행동하여야 한다. EU기관의 보다 구체적인 업무와 역할에 관해서는 EC설립조약 제189조 내지 제248조에 규정하고 있었다; 또한 EU기관은 특수한 지위, 즉 EC설립조약 제232조에 따라 유럽사법재판소에 부작위소송을 제기할 권한을 갖고 있다. Koen Lenaerts and Piet Van Nuffel, *Constitutional Law of the European Union*, 2nd ed.(London: Sweet & Maxwell, 2005), p. 389.

4) 리스본조약에 의하여 개정된 EU조약 제13조 1항 1문 참조.

5) http://europa.eu/legislation_summaries/institutional_affairs/decisionmaking_process/l10125_en.htm; 이러한 기관 간의 협력원칙은 '충실한 협력의 원칙(principle of sincere cooperation)' 또는 '충실의 원칙(principle of loyalty)'이라고 부른다; 리스본조약에 의하여 개정된 EU조약 제13조 2항 2문.

6) 김대순, "2007년 EU 리스본조약의 개관," 「국제법학회논총」, 제53권 제 1 호(2008. 4), 161면; EU기능조약 제295조 참조.

7) 리스본조약에 의하여 개정된 EU조약 제13조 3항; 유럽중앙은행, 감사원에 관해서는 EU기능조약의 관련 규정을 참고하면 된다.

8) 리스본조약에 의하여 개정된 EU조약 제13조 4항 참조.

9) EU조약과 EC설립조약을 한 개의 조약으로 통합하는 2004년의 유럽헌법제정조약과 달리, 리스본조약은 기존 조약을 개정한 형태의 EU조약과 EU기능조약으로 구성되어 있다. 김대순, 앞의 논문, 146, 163면.

한편, EU기관의 업무와 관련하여, 입법기관, 행정기관, 사법기관으로 구성되어 있는 전통적 형태의 정부 기관과는 구별해야 한다. EU의 주요기관들을 단순히 국내적 개념의 엄격한 권력분립원칙에 맞추어 구분할 수는 없는데, 이는 각 기관의 업무가 상호 연계되어 있으며, 의무의 상당 부분을 서로 공유하고 있기 때문이다.[10] 특히 입법 기능과 관련하여 유럽의회의 역할이 문제인데, 이는 과거 유럽공동체의 기본 구조가 개별 회원국을 대표하는 이사회와 공동체 이익을 대변하는 집행위원회를 중심으로 구성되어 있기 때문이다.[11] 그러나 공동체 기관의 권한은 결코 고정적이지 않고 조약 개정과 오랜 시간에 걸친 기관들 사이의 정치적 권력 균형을 통해 계속해서 변경되어 왔다.[12]

또한 EU가 국제기구와 연방기관의 혼성적 성격을 보유하고 있긴 하지만, 여전히 회원국들의 동의를 바탕으로 조약에 기초한 기구로서 회원국들이 주권(sovereignty)을 완전히 포기하고 있지 않는 사실도 간과할 수 없다.[13] EU 전문가들은 2004년의 유럽헌법제정조약이 실패하고, 2007년 리스본조약으로 명칭이 변경되고, 일부 개혁이 포기된 것은 유럽헌법제정조약이라는 명칭이 주는 이미지로부터 EU가 역내적으로 마치 정부기관인 양 역할을 하게 되고, 개별 국가의 헌법과 유사한 유럽헌법이 제정되어 회원국과 시민들에게 작용하게 될 것을 우려한 유럽 시민과 국내 정치인들의 거부감이 작용한 것으로 보고, 유럽통합의 의미가 약화된 데 대해 비판하였다.

---

10) Paul Craig and Gráinne De Búrca, *EU Law: Text, Cases, and Materials*, 4th ed. (Oxford: Oxford University Press, 2008), p. 38.

11) Trevor C. Hartley, *European Union Law in a Global Context: Text, Cases and Materials*(Cambridge: Cambridge University Press, 2004), p. 19.

12) Craig and De Búrca, *supra* note 10, p. 38; Josephine Steiner · Lorna Woods and Christian Twigg-Flesner, *Textbook on EC Law*, 8th ed.(Oxford: Oxford University Press, 2003), p. 19.

13) http://europa.eu/institutions/index_en.htm; 여기서 이른바 공유주권(pooling sovereignty)이라는 개념이 도출되는데, 이는 회원국들이 자신이 창설한 기관에 입법권한의 일부를 위임하여 공동의 이해관계가 있는 특정한 문제에 대한 결정을 유럽차원에서 민주적으로 행해지도록 만든 체제를 의미한다.

Ⅱ. EU기관

1. 유럽의회

유럽 시민을 대표하고, 이들의 직접선거에 의하여 선출된 유럽의회(European Parliament)는 이사회, 집행위원회와 함께 EU의 공동 입법기관 중의 하나이다. EU기능조약 제289조와 제294조에 규정되어 있는 이들 기관의 입법절차에 관해서는 후에 자세히 설명하겠다.[14)]

EU의 공식조약본과 달리 독일어판은 각 조항마다 제목을 달고 있다.[15)] 유럽의회(Europäische Parlament, Parlement européen)에 관해서는 EU기능조약 제223조 내지 제234조에 규정되어 있는데,[16)] 독일어판에 의하면 각 조항의 구성은 다음과 같다.

조 항	내 용
제223조	통일된 선출과정 및 의원에 관한 내규
제224조	정 당
제225조	간접법안제출권
제226조	조사위원회
제227조	청 원 권
제228조	옴부즈만

14) 개정되기 이전의 입법절차는 EC설립조약 제251조, 제252조 참조.

15) EU의 독일어판 조약문은 Carl Sartorius, *Sartorius* Ⅱ, *Internationale Verträge, Europarecht*(München: C.H.Beck, 2009); *Europa-recht: Europäische Union, EG-Vertrag, Charta der Grundrechte, Gerichtsbarkeit, Europarat-Satzung, EMRK, Ausführungsgesetze*, 22. Aufl.(München: DTV-Beck, 2007); Rolf Schwartmann, *Völker- und Europarecht: Mit WTO-Recht und Zusatztexten im Internet*, 6. Aufl.(Heidelberg: C.F. Müller, 2009) 참조.

16) 개정되기 이전의 유럽의회에 관한 규정은 EC설립조약 제189조 내지 제201조 참조.

제229조	일반 및 특별회기
제230조	집행위원회, 이사회와 유럽이사회에 대한 감사권
제231조	투표권 및 정족수
제232조	절차규칙 및 의사록
제233조	연례일반보고서
제234조	집행위원회에 대한 불신임

한편, 유럽의회의 역사는 1951년 ECSC설립조약 당시 상대적으로 무력한 총회(Assembly)에서 시작하여 오늘날에 이르러 상당한 권한을 갖게 된 기관으로의 점진적 변형 과정으로 설명된다. 유럽의회는 원래 실질적인 입법 기능 대신, 권고 및 감독 권한을 행사하도록 의도된 기관이었다.[17] 그러나 1979년 이후 5년 임기의 유럽시민의 보통선거(universal suffrage)를 통한 의원의 직선제, 1986년 SEA에 따라 입법절차 중 '공동협력절차(co-operation procedure)'와 '동의절차(assent procedure)'의 도입과 1992년 TEU에 따른 '공동결정절차(co-decision procedure)'제도의 시행이 있어 왔고, 이후에도 암스테르담조약과 니스조약을 통해 계속해서 그 권한이 확장되고 강화되어 왔다.[18] 오늘날, 유럽의회는 실질적인 입법, 예산 및 감독 권한을 행사하고 있다.[19]

그럼에도 불구하고, 유럽의회의 역할과 관련하여 EU의 민주적 정당성(democratic legitimacy) 또는 민주적 결핍(democratic deficit)에 대한 논의는 진행 중이고, 비판에 대한 해결 역시 풀리지 않고 있다. 비밀주의, 책임성 및 대표성 등은 단지 유럽의회의 권한을 증가시킨다고 해서 풀릴 수 있는 문제가 아니다. 많은 사람들이 유럽의회의 권한이 어떠하든지 간에 국내 의회가 공동체의 적절한 민주적 중심체로 남아있어야 한다고 주장하고 있는 것이 현

17) Steiner · Woods and Twigg-Flesner, *supra* note 12, p. 21.

18) 그러나 유럽의회는 일반적으로 국내의회가 갖고 있는 법률안 제출권을 가지고 있지 않다. 또한 비록 EC설립조약상 첫 번째 '기관'으로 소개되고 있지만, 공동결정절차가 적용되지 않는 입법권 행사에 있어서는 이사회가 의회보다 더 많은 권한을 소지하고 있다; Lenaerts and Van Nuffel, *supra* note 3, pp. 399-401.

19) Craig and De Búrca, *supra* note 10, p. 58.

실이다.[20)]

1) 구 성

유럽의회의 공식 소재지는 매년 24일간의 본회의(plenary session)를 개최하는 스트라스부르이지만, 사무국은 룩셈부르크와 브뤼셀에 위치하며, 집행위원회와 이사회와의 연락을 용이하게 하기 위해 보충회기와 위원회모임 및 정당 행사는 또 하나의 소재지인 브뤼셀에서 열린다.[21)]

회원국 국내의회에서 천거된 의원들로 구성되던 방식에서 1979년에 최초로 직접선거가 실시되었고, 2009년 6월 보통선거를 통해 제 7 대 의회가 구성되었다. 제 7 대 의회는 EC설립조약 제189조에 의하여 27개국 출신의 736명의 의원으로 구성되어 있다.[22)] 니스조약과 함께 채택된 'EU의 확대에 관한 선언(Declaration No. 20 on the Enlargement of the European Union)'[23)]에 의하면, 유럽의회의 구성과 관련하여 각 회원국 별로 최고 독일의 99명에서 최소 말타의 5명으로 할당된 의원의 수를 배정받고 있다. 그러나 유럽의회 의원의 구성이 각 회원국의 인구 비례에 따라 책정된 것이 아니기 때문에 그 대표성은 비판받아 왔다.[24)] 리스본조약에 의하면, 유럽의회의 의원 수는 의장을 제외하

---

20) *Ibid.*, pp. 58-59; Hartley, *supra* note 11, pp. 41-43.

21) http://www.cafebabel.com/eng/article/2047/the-two-seat-parliament-farce-must-end.html 참조; 유럽의회의 공식소재지인 프랑스의 스트라스부르는 과거 동 지역을 사이에 두고 전쟁을 치렀던 독일과 프랑스의 화합의 상징으로 간주되기도 한다. 그러나 EU의 거의 모든 주요 기관들이 벨기에의 브뤼셀에 소재하고 있는 상황에서 스트라스부르에 유럽의회를 따로 두는 것과 관련하여 비용, 관료주의, 환경문제 등 여러 면에서 비판이 제기되었다. 그러나 EU의 공식 소재지를 변경하기 위해서는 '유럽공동체 및 유럽경찰청의 기관, 특정 기구 및 부서의 소재지에 관한 의정서(Protocol(No. 8) on the location of the seats of the institutions and of certain bodies and departments of the European Communities and of Europol(1997))' (a)항에 따라 만장일치로 행동하는 이사회의 동의를 거쳐 조약을 개정하여야 하는데, 프랑스의 Sarkozy 대통령은 동 문제는 협상이 불가능한 사안으로 프랑스에 위치한 소재지를 양보할 의도가 없음을 밝혔다; http://www.eupolitix.com/no_cache/latestnews/news-article/newsarticle/sarkozy-slated-over-strasbourg-seat/ 참조.

22) http://www.europarl.europa.eu/news/public/documents_par_theme/901/default_en.htm (유럽의회 홈페이지) 참조.

23) http://europa.eu/eur-lex/en/treaties/dat/C_2001080EN.007001.html 참조.

24) Craig and De Búrca, *supra* note 10, p. 59.

고 750명을 초과할 수 없도록 규정되어 있다.[25)]

다른 한편, 1979년 이후 직접선거가 실시되었음에도 불구하고, 통일된 선거 절차가 제대로 확립되지 못한 데 대한 비판이 존재하였다. 따라서 암스테르담조약에 의하여 개정된 EC설립조약 제190조 4항은 모든 회원국들에 적용되는 획일적인 선거 절차 또는 공통된 원칙에 기초한 절차를 도입할 수 있다는 사항을 규정하였는데,[26)] 이는 EU기능조약 제223조 1항에 그대로 반영되어 있다.

유럽의회 의원은 국적이 아닌 자신이 속한 정당에 따라 착석하게 된다. 유럽의회에는 현재 7개의 정당이 존재하는데, 중도우파인 유럽국민당(European People's Party(Christian Democrats))이 최고 우위를 섬하고 있으며, 그 뒤를 이어 중도좌파 성향의 유럽사회당(Progressive Alliance of Socialists and Democrats), 그리고 유럽자유당(Alliance of Liberals and Democrats for Europe)이 지지를 받고 있다.[27)] 또한 무소속 의원도 존재하는데, 제 7 대 의회에서는 27명의 의원이 이에 해당되며, 현재까지 어느 한 정당이 다수당의 지위를 차지한 경우는 없었다.[28)]

유럽의회에는 20개의 상임위원회가 존재하는데, 이들 위원회는 집행위원회가 제출한 법률안 초안을 검토하고 그에 따른 개정안을 제안하기 때문에 의회의 업무에 있어 매우 중요한 집단이다.[29)]

2) 기능과 권한

리스본조약에 의하면, 유럽의회는 이사회와 공동으로 입법 및 예산에 관한 권한을 행사하며, 조약에 규정된 정책 통제와 자문 기능을 수행하며, 집행위원장을 선출한다.[30)] 즉 유럽의회의 권한은 입법 권한, 예산에 관한 권

25) http://europa.eu/lisbon_treaty/glance/institutions/index_en.htm 참조; 리스본조약에 의하여 개정된 EU조약 제14조 2항.

26) Craig and De Búrca, *supra* note 10, pp. 59-60.

27) http://www.europarl.europa.eu/parliament/public/staticDisplay.do?id=45&pageRank=4 및 http://europa.eu/institutions/inst/parliament/index_en.htm 참조.

28) http://en.wikipedia.org/wiki/European_parliament.

29) http://www.europarl.europa.eu/sides/getLastRules.do?language=EN&reference=TOC(유럽의회 절차규칙(Rules of Procedure of the European Parliament) 45-46항 참조).

30) http://europa.eu/lisbon_treaty/glance/institutions/index_en.htm 참조; 리스본조약에 의

한, 감독 권한, 해임 및 임명 권한으로 크게 네 가지이다. 유럽의회가 집행위원회 구성원들의 임명과정에 참여하게 되면서 이러한 권한이 보다 증가하게 되었다.[31)]

먼저 입법 권한에 관해 언급하면, 이미 앞에서도 강조했다시피 유럽의회의 지위가 시간이 흐름에 따라 상당히 강력해졌다고 말할 수 있다. 단지 권고적 역할에 머무르던 단계에서, 단일유럽의정서(SEA)로 EC설립조약 제252조에 구현된 공동협력절차를 도입하고, TEU로 동 조약 제251조에 규정된 공동결정절차[32)]를 통해 입법 절차에서 유럽의회가 이사회와 동등한 지위의 동반자로서 기능하도록 발전하였다.[33)] 특히 리스본조약을 통해 전반적으로 유럽의회의 권한이 증가된 것으로 평가되고 있는데, 이는 소규모 수정된 '공동결정절차(보통입법절차(ordinary legislative procedure)로 명칭이 변경됨)'[34)]에 의한 입법행위가 보다 많은 영역으로 확대된 것으로 입증된다.

리스본조약의 발효로 3개의 기둥으로 구성되어 있던 EU의 기둥은 폐기되고 그 자신이 법인격을 갖게 되는데,[35)] 과거 EU 제 2, 제 3 기둥에서의 유럽의회의 역할은 다소 제한되어 있었다. 먼저 제 2 기둥인 '공동외교안보정책(Common Foreign and Security Policy)'과 관련하여, 의장국(Presidency)은 관련 정책의 주요한 측면에 관하여 유럽의회와 상의하고, 의회의 견해를 고려하도록 규정되어 있었다. 또한 동 정책의 전개 상황에 대해 의회는 정기적으로 보고받으며, 이사회에 질문을 제기하고 권고를 제출하며, 연례 토론회를 개최할 수 있었다.[36)] 그러나 리스본조약에 의하여 개정된 EU조약 제36조에 의하면, '의장국'이 아니라 '외교안보정책 고위대표'가 유럽의회와 상의하도록 개정되었다. 제 3 기둥인 '형사사건에서 경찰 및 사법협력(Police and Judicial Cooperation

---

하여 개정된 EU조약 제14조 1항.

31) Craig and De Búrca, *supra* note 10, p. 65; Hartley, *supra* note 11, p. 40.

32) 공동결정절차에 관한 자세한 설명은 http://ec.europa.eu/codecision/index_en.htm 및 http://www.europarl.europa.eu/parliament/public/staticDisplay.do?id=46&pageRank=3&language=EN 참조.

33) Craig and De Búrca, *supra* note 10, p. 61.

34) EU기능조약 제294조 참조.

35) 리스본조약에 의하여 개정된 EU조약 제47조 참조.

36) EU조약 제21조.

in Criminal Matters)'과 관련하여서도 유럽의회는 위에서 언급한 것과 동일하게 질문을 제기하고 고지를 받을 권리를 가지고 있었는데, 이사회가 조치를 취하기 전에 유럽의회의 조언을 구하도록 함으로써 제 2 기둥에 비해 보다 강력한 권한을 가지고 있었다.[37] 그러나 리스본조약에 의하여 개정된 EU조약에는 관련 규정이 존재하지 않는다.

유럽의회는 입법 절차에서 자신의 권한을 보호하기 위하여 자주 소송 절차를 사용하여 왔는데, 유럽사법재판소는 취소소송에서 유럽의회의 원고적격을, 이후에는 피고적격까지 인정하였다.[38] 그리하여 EC설립조약 제230조, 즉 현재 EU기능조약 제263조는 유럽의회의 완전한 원고적격(full *locus standi*)을 규정하고 있다.[39]

또한 유럽의회와 이사회는 공동으로 EU의 한해 수입과 지출을 결정하는 예산에 관한 권한을 가지고 있다.[40] 이사회가 농업이나 국제조약에 관련된 지출과 같은 '필수 지출예산(compulsory expenditure)'에 대해서 최종 권한을 갖고 있는 반면, 유럽의회는 이사회와 긴밀한 협조하에 결정한다는 전제로 '비필수 지출예산(non-compulsory expenditure)'에 대해 권한을 가지고 있었다.[41] 그런데 리스본조약은 필수 지출예산과 비필수 지출예산으로 구분되어 있는 기존의 시스템을 폐지함으로써, 유럽의회와 이사회가 함께 모든 예산을 결정하도록 하여 양 기관 간의 새로운 균형을 창출하였고,[42] 보통입법절차에 의해 규율된 영역에 대한 모든 국제조약 체결 시 유럽의회의 동의를 구하도록 하였다.[43] 이러한 유럽의회의 권한 확대는 보다 민주적이고 투명한 EU를 형성하는 데

---

37) EU조약 제39조 1항.

38) Case 302/87 *European Parliament v. Council(Comitology)* [1988] *ECR* 5615; Case C-70/88 *European Parliament v. Council(Chernobyl)* [1990] *ECR* I-2041; Case C-187/93 *European Parliament v. Council(Transfer of Waste)* [1994] *ECR* I-2857; Case 294/83 *Parti écologiste "Les Verts" v. European Parliament* [1986] *ECR* 1339; Steiner · Woods and Twigg-Flesner, *supra* note 12, pp. 23-24.

39) Craig and De Búrca, *supra* note 10, p. 62.

40) http://www.europarl.europa.eu/parliament/public/staticDisplay.do?id=46&pageRank=5&language=EN.

41) Craig and De Búrca, *supra* note 10, p. 64.

42) EU기능조약 제310조 1항 2문, 제314조 참조.

43) EU기능조약 제218조 6항 2문.

기여할 것으로 보인다.[44)]

유럽의회는 EU의 활동에 대해 주요한 감독 기능을 가지고 있다. EU기능조약 제226조와 제227조에 규정되어 있는 유럽시민의 청원권, 조사위원회, 그리고 유럽사법재판소에 대한 재판청구권, 재정적 통제 등이 유럽의회가 타 기관의 활동을 감독하는 대표적 예들이다.[45)] 이외에 EU기능조약 제228조는 의회의 옴부즈만 임명에 대한 규정을 두고 있는데, 옴부즈만은 우호적 해결을 목적으로 EU 시민이 공동체 기관 및 기구를 상대로 제출한 청원서를 처리하게 된다.[46)] 옴부즈만 제도는 그 도입 이후 상당한 성공을 거둔 것으로 평가되고 있다. 2000년에 채택된 'EU기본권헌장(Charter of Fundamental Rights of the European Union)' 제43조에도 옴부즈만 제도에 관한 규정을 두고 있으며, 옴부즈만이 제출하는 연례보고서는 개인청원과 그 처리 방식에 관하여 그 양과 질에 있어 중요한 정보를 담고 있다.[47)]

또한 유럽의회는 집행위원회의 임명과 해임에 관여함으로써 집행위원회에 대해 민주적 통제권을 행사한다. 예컨대 EU기능조약 제234조에 의해 의회는 집행위원회에 대해 불신임의결권을 가지는데, 재적의원 과반수 출석에 출석의원 2/3 이상의 찬성으로 그 사임을 요구할 수 있다. 의회는 집행위원회에 서면 또는 구두로 질문할 수 있으며, 집행위원회, 유럽이사회, 이사회는 의회의 의견을 청취해야 한다.[48)]

2. 유럽이사회

1) 구　성

회원국의 국가 및 정부수반(Heads of State or Government of the Member

---

44) http://europa.eu/lisbon_treaty/index_en.htm 참조.

45) http://www.europarl.europa.eu/parliament/public/staticDisplay.do?id=46&pageRank=8&language=EN.

46) http://www.ombudsman.europa.eu/home/en/default.htm 참조.

47) Craig and De Búrca, *supra* note 10, p. 64.

48) http://www.europarl.europa.eu/parliament/public/staticDisplay.do?id=46&pageRank=9&language=EN; EU기능조약 제230조 참조.

States), 유럽이사회 의장(President of the European Council) 및 집행위원장(President of the Commission)으로 구성되는 유럽이사회(European Council)[49]는 입법권을 행사할 수 없다.[50]

EU를 대외적으로 대표하게 되는 유럽이사회 의장은 임기가 2년 6개월인데 한 차례 재선이 가능하며 유럽이사회의 가중다수결에 의하여 선발되는데, 유럽집행위원장과 달리 유럽의회의 승인은 필요하지 않다.[51]

유럽이사회에 대한 언급은 단일유럽의정서(SEA)가 최초이며, 이후 EU조약 제 4 조[52]와 리스본조약에 의하여 개정된 EU조약 제15조에 관련규정이 제정되었다. EU이사회가 존재하는데도 불구하고, 최고위급 차원의 정상회의가 필요한 이유는 특별히 중대하고 중요한 문제에 대해 대표들 간에 합의가 이루어지지 않는 경우, 정상들 간의 조정을 통해서만 결정이 가능하기 때문이다.[53] 또한 유럽이사회의 결정은 이제 조약에서 달리 규정한 경우를 제외하고는 컨센서스(consensus)로 채택한다.[54]

유럽이사회(Europäische Rat, Conseil européen)에 관해서는 EU기능조약 제235조 내지 제236조에 규정되어 있는데, 제235조에서는 절차상 문제 및 절차규칙을, 제236조는 이사회 구성과 이사회 의장국에 대한 결정을 다루고 있다.

---

49) 이사회(Council, 혹은 EU이사회(Council of the European Union)), 유럽이사회(European Council) 및 유럽평의회(Council of Europe)는 그 명칭에 있어 혼동이 있을 수 있으나, 엄연히 다른 기관들이므로 주의하여야 한다.

50) 리스본조약에 의하여 개정된 EU조약 제15조 1항, 2항.

51) 리스본조약에 의하여 개정된 EU조약 제15조 5항, 6항; 2009년 11월 19일 'EU 대통령'이라고도 불리는 최초의 유럽이사회 의장에 벨기에 수상 반 롬푸이(Herman Van Rompuy)가 선출되었다; http://ec.europa.eu/news/eu_explained/091120_en.htm.

52) 동 조항에 의하면 1년에 2차례 회동하도록 되어 있지만, 실제로는 각 의장국 회기마다 2번씩, 즉 1년에 최소 4번씩은 모임을 갖는다. Craig and De Búrca, *supra* note 10, p. 55; 또한 1988년 이후, 유럽이사회 본회의에는 유럽의회 의장도 참석하고 있다. *Ibid*., p. 58; 리스본조약에 의하여 개정된 EU조약 제15조 3항에 의하면, 유럽이사회 의장의 주재 아래 6개월 마다 2번씩은 회동하도록 개정하였다.

53) Craig and De Búrca, *supra* note 10, pp. 55-56.

54) 리스본조약에 의하여 개정된 EU조약 제15조 4항.

2) 기능과 권한

유럽이사회는 다른 기관들이 운영되는 기준을 확립하고, 공동체정책의 속도와 틀을 설정하는 데 있어 핵심적 역할을 수행한다. 조약의 주요한 변경을 가져온 정부간회의, 즉 유럽이사회를 통해서 공동체와 EU 자체의 발전을 가져오고, 공동체 구조 개혁 및 정책 개발의 중심이었다. 또한 대외관계에 있어서도 중요한데, 세계무역기구와의 협상과 같은 중요한 국제협상을 검토하고, 일반국제문제에 대한 선언을 채택하는 일을 담당하고 있다. 그리고 새 회원국의 공동체 가입 문제도 검토하는데, 불가리아와 루마니아의 가입을 지지한 것을 예로 들 수 있다.[55] 조약의 관련조항을 살펴보면, 리스본조약에 의하여 개정된 EU조약 제15조 1항에 의해 유럽이사회는 EU의 발전에 필요한 원동력을 제공하고, 그로부터 야기되는 일반적 정치적 방향과 우선순위를 명확히 해야 한다. 또한, EU기능조약 제121조 2항은 유럽이사회 회원국과 공동체 경제정책의 조정과 같이 일반적으로 정치적으로 민감한 문제에 대해 유럽이사회에 권한을 부여하고 있다.

요컨대, 현실적으로 유럽이사회의 검토 없이는 유럽공동체 안팎의 어떠한 중요한 발전도 이루어지지 않는다고 할 수 있다. 물론 이사회의 결의가 법적 구속력을 가지고 있지는 않지만, 공동체의 다른 기관들이 고려하는 특정 정책의 틀을 규정하기 때문에 매우 중요한 의미를 가진다.[56]

3. EU이사회

1) 구　　성

1951년 ECSC설립조약에 의하여 창설되어 개별 회원국의 이익을 대변하는 EU이사회(Council of the European Union)는 주된 의사결정기관으로서, 각 회원국의 장관급 위원들로 구성된다.[57] 따라서 이사회의 위원들은 공직자가

55) http://europa.eu/european-council/glance/index_en.htm 참조; Craig and De Búrca, *supra* note 10, pp. 56-57.

56) Craig and De Búrca, *supra* note 10, pp. 57-58.

57) *Ibid*., p. 53; Hartley, *supra* note 11, p. 29; 리스본조약에 의하여 개정된 EU조약 제16

아닌 정치인들이 맡게 된다.[58]

이사회(Rat, Conseil)에 관해서는 EU기능조약 제237조 내지 제243조에 규정되어 있는데,[59] 독일어판에 의하면 각 조항의 구성은 다음과 같다.

조 항	내 용
제237조	이사회의 소집
제238조	다수결원칙 및 가중다수결
제239조	투표권 이전
제240조	상설대표위원회, 사무국 및 절차규칙
제241조	간접법안제출권
제242조	위원회의 법적 지위에 관한 규정
제243조	봉급 및 수당의 결정

EC설립조약 제204조에 따르면 이사회는 보통 1년에 약 80차례 회동을 갖는데, 이사회 회의는 주제에 따라 회원국의 장관이 달라지며, 이사회의 절차규칙[60]에 의해 규율을 받는다.[61] 의제에 따라 10개의 이사회조직(configuration)이 존재하는데, 경제 및 재정문제(Economic and Financial Affairs, 보통 줄여서 ECOFIN이라 부름), 총괄(General Affairs), 외무(Foreign Affairs), 사법 및 내무(Justice and Home Affairs, 보통 줄여서 JHA라 부름), 고용, 사회정책, 보건 및 소비자문제(Employment, Social Policy, Health and Consumer Affairs), 교통, 원거리

조 2항.

58) Craig and De Búrca, *supra* note 10, p. 48.

59) 개정되기 이전의 이사회에 관한 규정은 EC설립조약 제202조 내지 제210조 참조.

60) http://europa.eu/legislation_summaries/institutional_affairs/institutions_bodies_and_agencies/l14576_en.htm 참조.

61) 만약 이사회가 경제 및 재정문제에 관하여 토론하고자 한다면, 그 회의는 회원국의 재무장관들이 참석하게 되며, 이는 재무이사회라고 불리게 될 것이다; Steiner·Woods and Twigg-Flesner, *supra* note 12, p. 25; 리스본조약에 의하여 개정된 EU조약 제16조 6항.

통신 및 에너지(Transport, Telecommunications and Energy), 농어업(Agriculture and Fisheries), 환경(Environment), 교육, 청소년 및 문화(Education, Youth and Culture), 경쟁(Competitiveness) 이사회가 그것이다.[62]

EU기능조약 제240조 1항에 의하면, 이사회의 업무는 EU에 파견된 회원국들의 대사로 구성된 상설대표위원회(Committee of Permanent Representatives, 주로 불어식 표현인 COREPER(Comité des Représentants Permanents)로 부름)[63]에 의하여 기초되며, 동 위원회는 이사회에 할당된 업무를 수행한다. COREPER는 공식적으로 실질적인 결정을 채택할 권한을 가지고 있지 않고, 단지 이사회의 부수적 기관으로서 활동하여야 하지만, 관행상 실질적인 의사결정 장소로서 발전하여 왔다.[64] 또한 COREPER의 업무를 뒷받침하는 약 250개의 위원회와 실무반(committees and working groups)은 집행위원회가 제출한 법률안을 검토하는 일을 맡고 있다.[65] 이외에 이사회는 자신의 사무국을 가지고 있는데, 사무국은 이사회, COREPER 및 실무반에 직접적인 행정적 지원을 제공하고 있다.[66]

2) 기능과 권한

EU이사회는 유럽의회와 공동으로 입법 및 예산에 관한 권한을 행사하며, 조약에 규정된 정책 형성 및 조정 기능을 수행한다.[67] 이사회의 의사결정은

---

62) http://www.consilium.europa.eu/showPage.aspx?id=1847&lang=EN; 리스본조약에 의하여 개정된 EU조약 제16조 7항; EU기능조약 제240조; Craig and De Búrca, *supra* note 10, pp. 48-49; Lenaerts and Van Nuffel, *supra* note 3, pp. 412-414.

63) 동 위원회에 관한 보다 자세한 설명은 http://europa.eu/scadplus/glossary/coreper_en.htm 참조.

64) Craig and De Búrca, *supra* note 10, p. 50; Hartley, *supra* note 11, p. 30; Steiner · Woods and Twigg-Flesner, *supra* note 12, pp. 28-29.

65) Craig and De Búrca, *supra* note 10, p. 50; Lenaerts and Van Nuffel, *supra* note 3, pp. 422-424.

66) 리스본조약이 발효하기 이전인 2009년 11월 30일까지 EU의 외교안보정책 고위대표(High Representative for the Common Foreign and Security Policy, 소위 Mr/Ms CFSP로 부름)이기도 하였던 EU이사회의 사무총장(Secretary-General of the Council of the European Union)은 외교안보정책의 조정자로서 중요한 임무를 담당하였다; Craig and De Búrca, *supra* note 10, p. 51.

67) 리스본조약에 의하여 개정된 EU조약 제16조 1항; EU기능조약 제290조-제291조 참조.

조약의 관련 규정에 따라 만장일치(unanimity),[68] 가중다수결(qualified majority 또는 QMV)[69] 또는 단순다수결(simple majority)[70]로 진행된다. 리스본조약에 의하면, 이제 EU이사회의 의사결정은 여전히 만장일치를 필요로 하는 외교, 방위 및 조세정책과 같이 조약에서 달리 규정된 경우를 제외하고, 대체로 가중다수결로 결정하도록 규정하고 있다. 우선 2014년 10월 31일까지 가중다수결 방식은 집행위원회의 제안에 의해 채택되어야 하는 행위의 경우 회원국 과반수의 찬성과 회원국 인구비례에 따라 할당된 표 중 최소 255표를, 기타 결정의 경우 회원국 2/3 이상의 찬성과 최소 255표를 얻어야 통과된다. 여기서 두 경우 모두 찬성한 회원국 인구는 전체 인구의 최소 62%를 넘어야 한다.[71] 또한, 2014년 11월 1일부터는 소위 '이중다수결투표(double majority voting)'로 알려진 가중다수결로 결정하는데, 이는 회원국 최소 55%의 찬성(27개 회원국 기준 15개 회원국)과 회원국 전체 인구의 최소 65%의 찬성으로 통과되는 방식이다.[72] 새로 도입된 이러한 표결방식은 EU 입법절차를 보다 효율적이고 투명하게 만들 것인데,[73] EU이사회의 법률안 심의와 표결과정은 공개되도록 규정하고 있다.[74]

또한 EU이사회는 EU기능조약 제241조에 규정된 대로 집행위원회의 입법제출권을 명확하게 함으로써 입법과정에 혁신적인 역할을 수행하며, 유럽의회

---

68) 리스본조약에 의하여 개정된 EU조약 제48조 6항; EU기능조약 제140조 3항, 제155조 2항, 제207조 4항, 제223조 2항, 제292조 참조.

69) EU기능조약 제238조; Hartley, *supra* note 11, p. 31; Steiner · Woods and Twigg-Flesner, *supra* note 12, pp. 27-28; Lenaerts and Van Nuffel, *supra* note 3, pp. 417-420.

70) EU기능조약 제150조, 제160조, 제238조 1항, 제240조 2항 2문, 3항, 제241조, 제242조, 제245조, 제247조, 제337조 참조; 여기서 '단순다수결'이란 '구성원의 과반수(a majority of its component members)'를 의미한다. EU기능조약 제238조 1항.

71) 경과규정에 관한 의정서(Protocol(No. 36) on Transitional Provisions) 제 3 조 3항 참조 (벨기에 12표, 불가리아 10표, 체코 12표, 덴마크 7표, 독일 29표, 에스토니아 4표, 아일랜드 7표, 그리스 12표, 스페인 27표, 프랑스 29표, 이탈리아 29표, 키프로스 4표, 라트비아 4표, 리투아니아 7표, 룩셈부르크 4표, 헝가리 12표, 몰타 3표, 네덜란드 13표, 오스트리아 10표, 폴란드 27표, 포르투갈 12표, 루마니아 14표, 슬로베니아 4표, 슬로바키아 7표, 핀란드 7표, 스웨덴 10표, 영국 29표, 총 345표).

72) 리스본조약에 의하여 개정된 EU조약 제16조 3항 · 4항.

73) http://europa.eu/lisbon_treaty/index_en.htm 참조.

74) 리스본조약에 의하여 개정된 EU조약 제16조 8항.

와 함께 EU의 예산을 감독하고,[75] EU를 대신하여 국제조약을 체결한다.[76] 이사회는 공동외교안보정책을 입안하고, 유럽이사회가 명확히 한 일반 지침과 전략을 기초로 이를 한정하고 이행하는 데 필요한 결정을 내린다.[77]

3) 의 장 직

리스본조약에 의하여 개정된 EU조약 제16조 9항에 따라 외무이사회(Foreign Affairs configuration)를 제외한 EU이사회 조직의 의장직(Presidency)은 유럽이사회가 가중다수결로 결정한다.[78] EU이사회 의장직은 업무의 연속성을 목적으로 미리 정해놓은 3개의 회원국 그룹이 18개월씩 맡게 되는데, 한 회원국씩 6개월간 돌아가며 외무이사회를 제외한 의사회 모든 조직을 주재하며, 나머지 2개 회원국은 공동 책임하에 의장을 보필하게 된다.[79] 리스본조약이 발효하기 이전에는 한 회원국이 6개월마다 돌아가며 의장국[80]을 맡아 EU이사회의 의제를 책임지며, 6개월간 모든 회의를 주재하였다. 또한 회원국간의 입법 및 정치적 결정을 증진시키며, 절충안을 중개하였다.[81]

이사회 의장직은 그 동안 다음의 이유로 매우 중요한 역할을 담당하였다. 먼저 점차 강력한 중앙집권화된 운영이 필요해졌고, 복잡한 공동체 의사결정구조으로 인해 기관들 간의 조정이 필요하게 되었으며, EU 권한의 범위가 확대되면서 이사회 내에서의 강력한 리더쉽도 또한 필요해졌다. 또한 공동

75) EU기능조약 제314조.

76) EU기능조약 제218조; Lenaerts and Van Nuffel, *supra* note 3, p. 411.

77) Craig and De Búrca, *supra* note 10, pp. 51-53; 리스본조약에 의하여 개정된 EU조약 제26조 2항.

78) EU기능조약 제236조 (b)항; 외무이사회는 외교안보정책 고위대표가 주재한다. 리스본조약에 의하여 개정된 EU조약 제18조 3항.

79) 이사회의 의장직 행사에 관한 유럽이사회 결정에 관련한 EU조약 제16조 9항에 관한 선언(Declaration on Article 16(9) of the Treaty on European Union concerning the European Council decision on the exercise of the Presidency of the Council) 참조.

80) 2010년 상반기 현재 의장국은 스페인이며, 하반기는 벨기에가 맡게 되어 있었다. Council Decision of 1 January 2007 determining the order in which the office of President of the Council shall be held(2007/5/EC, Euratom); http://eur-lex.europa.eu/LexUriServ/LexUriServ.do?uri=OJ:L:2007:001:0011:0012:EN:PDF 참조.

81) http://www.se2009.eu/en/the_presidency/how_the_presidency_works; Craig and De Búrca, *supra* note 10, p. 49; Hartley, *supra* note 11, p. 30.

체 정책의 발전에 있어 보다 혁신적인 활동을 하려는 이사회의 갈망이 의장국으로 하여금 솔선수범하도록 요청하였다.[82]

또한 EU기능조약은 공동외교안보정책과 유럽중앙은행의 운영과 같이 다양한 문제와 관련하여, EU의장직에 특정한 의무를 부여하고 있다.[83] 이제 EU 이사회의 의장국 대신 유럽이사회 의장이 유럽이사회 회의를 주재한다는 사실도 주목할 필요가 있다.[84]

4. 집행위원회

1) 구 성

유럽의회 및 이사회와 마찬가지로 1951년 ECSC설립조약에 의하여 창설되어,[85] 전체로서 EU의 일반이익(general interest)을 대변하고 조약의 감시자(watchdog)인 유럽집행위원회는 회원국으로부터 독립적이며,[86] 유럽의회와 이사회에 새로운 유럽법을 제안하는 역할을 맡고 있다.[87]

리스본조약에 의하여 유럽공동체집행위원회(Commission of the European Communities)는 '유럽집행위원회(European Commission)'로 그 명칭을 변경하고,[88] 2014년 11월 1일부터는 기존에 각 회원국당 1명의 위원으로 구성되던

82) Craig and De Búrca, *supra* note 10, p. 49.

83) EU기능조약 제219조 1항, 제284조 1항, 제134조 3항.

84) 리스본조약에 의하여 개정된 EU조약 제15조 3항; EC설립조약 제 4 조 참조.

85) 한편 1999년 3월 15일 유럽공동체가 출범한 지 42년 만에 역사상 초유의 일이 벌어지게 되는데, 당시 집행위원장의 이름을 따서 'Santer 집행위원회'라 불리던 유럽집행위원회 총 20명의 위원들이 '집행위원회의 부패, 방관된 운영 및 족벌주의에 관한 주장(Allegations regarding Fraud, Mismanagement and Nepotism in the European Commission)'이라는 독립적인 전문가위원회의 보고서가 발간된 직후 집단 사임한 사건이 발생하였다. Vaughne Miller and Richard Ware, *Research Paper 99/32: The resignation of the European Commission*(London: House of Commons Library, 1999), pp. 4, 6-7; Craig and De Búrca, *supra* note 10, pp. 39, 45-46; http://www.wsws.org/articles/1999/mar1999/ec-m17.shtml 참조.

86) 리스본조약에 의하여 개정된 EU조약 제17조 1항, 3항; EU기능조약 제245조.

87) 리스본조약에 의하여 개정된 EU조약 제17조 2항; EU기능조약 제294조 2항.

88) 리스본조약에 의하여 개정된 EU조약 제13조 1항.

방식을 전체 회원국 수의 2/3로 집행위원회를 구성하도록 변경한다.89) 집행위원회에 관해서는 EU기능조약 제244조 내지 제250조에 규정되어 있는데,90) 독일어판에 의하면 각 조항의 구성은 다음과 같다.

조 항	내 용
제244조	윤 번 제
제245조	집행위원회의 공적 의무 및 해임
제246조	임기 중 교체
제247조	해 임
제248조	집행위원장의 책임 배분
제249조	절차규칙 및 연례보고
제250조	다수결원칙

리스본조약에 의하여 개정된 EU조약 제17조 7항에 의하면, 가중다수결로 행동하는 유럽이사회는 집행위원장 후보를 지명하여 유럽의회의 승인을 받아야 하며, 이후 EU이사회는 집행위원장 후보와 공동 합의에 의해 가중다수결로 집행위원회 위원 후보 목록을 채택한다. 집행위원장, 외교안보정책 고위대표 및 위원 후보들은 전체로서 다수결로 유럽의회의 승인을 받아야 하며, 승인 후 가중다수결로 행동하는 유럽이사회에 의해 임명된다.91) 또한 집행위원이 자신의 업무를 더 이상 수행할 수 없거나 심각한 직권남용이 있는 경우, 단순다수결로 행동하는 이사회 또는 집행위원회의 신청에 의해 유럽사법재판

89) 집행위원회 임기는 이전과 마찬가지로 5년이다. 리스본조약에 의하여 개정된 EU조약 제17조 3항, 5항; 리스본조약 이전 각 회원국별 1인씩 총 27명으로 구성되는 집행위원회 위원의 임기는 5년이며, 갱신될 수 있었다. EC설립조약 제213조 1항, 제214조 1항 참조.

90) 개정되기 이전의 집행위원회에 관한 규정은 EC설립조약 제211조 내지 제219조 참조.

91) http://ec.europa.eu/commission_barroso/index_en.htm(2009년 10월 31일 자로 임기가 종료되지만, 새 집행위원회가 꾸려질 때까지 운영되는 집행위원회의 구성); Hartley, *supra* note 11, pp. 22-23, 35-36.

소가 그 해임을 결정할 수 있다.[92)]

'집행위원회'라는 용어는 집행위원단(College of Commissioners)과 집행위원회 업무를 담당하는 브뤼셀의 상설관료집단(permanent Brussels bureaucracy)이라는 두 가지 의미로 사용되고 있다.[93)] 먼저 집행위원단은 매주 회의를 개최하는데, 이 회의에서 매우 중요한 문제들이 다루어진다.[94)] 또한 집행위원회에서 근무하고 브뤼셀의 관료집단을 형성하는 관리에는 집행위원(Commissioner), 정책, 대외관계, 일반서비스 및 대내서비스로 구성된 4그룹의 총국(Directorates General, 일명 DG라 부름)을 책임지는 총국장(Director General), 그 산하에 국장(Director) 및 부서장(Head of Division or Unit)이 있다.[95)]

집행위원장(President of the Commission)은 실제로 매우 중요한 직책인데, 집행위원회는 위원장의 정치적 지도 아래 행동할 것이 요구되며, 위원장은 집행위원회가 협력관계를 기반으로 일관되고 효율적으로 행동할 것을 보장하기 위하여 내부 조직에 대해 결정할 권한을 갖는다. 또한 집행위원회의 전반적인 정책의 형성, 이사회와 의회와의 협상 및 공동체의 미래 지향점에 대한 결정에 있어 중요한 역할을 수행한다.[96)]

또한, 집행위원장은 집행위원회 회원 중 부집행위원장들(Vice-Presidents)을 선발하는데,[97)] 리스본조약에 의하여 도입된 새로운 직책으로 부집행위원장 중의 하나가 되는 '외교안보정책 고위대표(High Representative of the Union for Foreign Affairs and Security Policy)'의 경우 유럽이사회가 집행위원장의 동의를 얻어 가중다수결로 임명하며, 이사회에서는 EU의 공동외교안보정책을 대표하고 집행위원회에서는 EU의 대외관계를 책임지게 된다.[98)] 무엇보다 유럽집행위원장에게 동료 위원과 외교안보정책 고위대표를 파면할 수 있는 권한을 부

92) EU기능조약 제247조.

93) Craig and De Búrca, *supra* note 10, p. 38.

94) *Ibid.*, p. 40.

95) *Ibid.*, pp. 41-42; Lenaerts and Van Nuffel, *supra* note 3, pp. 438-439.

96) Craig and De Búrca, *supra* note 10, pp. 40-41; EU기능조약 제248조.

97) 리스본조약에 의하여 개정된 EU조약 제17조 6항.

98) 리스본조약에 의하여 개정된 EU조약 제18조; 2009년 11월 19일 'EU 외무장관'이라고도 불리는 최초의 외교안보정책 고위대표에 영국 출신의 애쉬튼(Catherine Ashton) 무역담당 EU집행위원이 선출되었다; http://ec.europa.eu/news/eu_explained/091120_en.htm.

여하였기 때문에 그 지위는 보다 강력해질 것이다.[99)]

2) 기능과 권한

집행위원회는 기본적으로 유럽의회와 이사회 결정의 이행을 책임지는 집행기관으로서의 역할을 수행하지만, 입법 및 사법적 권한도 지니고 있다.

먼저 집행위원회는 위에서 잠시 설명한 바와 같이 입법 절차에서 중심적 역할을 담당하고 있는데, 즉 법률안제출권(right of legislative initiative)을 행사한다. 집행위원회는 이사회와 유럽의회에 법률안을 제출할 수 있는 권한을 가지게 되어서, 집행위원회가 전체로서의 공동체 통합의 원동력으로서 작용하는 것을 가능하게 하였다.[100)]

둘째, 집행위원회는 중대한 행정적 책임을 맡고 있는데, 국내기관과 함께 공동으로 EU차원의 정책과 법률이 이행될 것을 보장한다. 또한 회원국 내에서 규칙이 일관되고 적절히 적용되도록 보장하기 위하여 일반적 감독기능도 수행하고 있다.[101)]

셋째, 집행위원회는 집행기관으로서의 역할을 담당하는데, 특히 중요한 것이 재정집행과 대외관계에 관한 업무이다. 즉 공동체 예산 지출의 상당부분을 차지하는 농업 원조와 관련하여 권한을 행사하며, EU기능조약 제207조 3항을 근간으로 EU를 대신하여 WTO와 같은 국제기구에서 한 목소리를 내고, 국제조약의 협상을 책임진다.[102)]

넷째, 리스본조약에 의하여 개정된 EU조약 제17조 1항을 근거로 집행위원회는 두 가지 종류의 사법적 권한을 행사하는데, 먼저 회원국이 공동체법을 위반한 경우 EU기능조약 제258조에 따라 유럽사법재판소에 소송을 제기할 수 있다. 또한 경쟁정책이나 국가원조와 관련하여, 집행위원회는 관련 위반

---

99) http://europa.eu/lisbon_treaty/glance/institutions/index_en.htm; 리스본조약에 의하여 개정된 EU조약 제17조 6항.

100) Craig and De Búrca, *supra* note 10, p. 43; Hartley, *supra* note 11, pp. 19, 24; Steiner·Woods and Twigg-Flesner, *supra* note 12, pp. 30-31.

101) Craig and De Búrca, *supra* note 10, p. 44; Steiner·Woods and Twigg-Flesner, *supra* note 12, pp. 31-32; 리스본조약에 의하여 개정된 EU조약 제17조 1항.

102) Craig and De Búrca, *supra* note 10, pp. 44-45.

행위의 조사 및 시원적 결정 권한을 갖는다.[103)]

이 외에 EU기능조약 제249조 1항에 의해 집행위원회는 원활한 업무 수행을 위한 절차규칙[104)]을 채택하도록 규정하고 있다.

5. EU 사법재판소

1951년 ECSC설립조약에 의하여 창설된 EU사법재판소(Court of Justice of the European Union: CJEU)는 EU법률이 모든 회원국에서 동일한 방법으로 해석되고 적용되도록 보장하는 일을 맡고 있다.[105)] EU사법재판소에 관해서는 EU기능조약 제251조 내지 제281조에 규정되어 있는데,[106)] 각 조항의 구성은 다음 표와 같다.

조 항	내 용	조 항	내 용
제251조	사법재판소의 판결부	제252조	법률고문관(Advocate-Generals)
제253조	재판관, 법률고문관, 행정처장의 임명, 임기 및 절차규칙	제254조	재판관의 구성 및 절차규칙
제255조	패널의 구성과 권한	제256조	일반재판소와 관할권, 항소 및 선결적 부탁절차의 회부
제257조	전문재판소	제258조	집행위원회의 신청에 따른 조약(의무)위반소송[107)]
제259조	다른 회원국의 신청에 따른 조약(의무)위반소송	제260조	판결의 효력과 집행 및 벌금

103) EU기능조약 제105조, 제106조 3항, 제108조; Craig and De Búrca, *supra* note 10, p. 45; Steiner·Woods and Twigg-Flesner, *supra* note 12, p. 31.

104) http://europa.eu/legislation_summaries/institutional_affairs/institutions_bodies_and_agencies/o10004_en.htm.

105) 리스본조약에 의하여 개정된 EU조약 제19조 1항.

106) 개정되기 전의 유럽사법재판소에 관한 규정은 EC설립조약 제220조 내지 제245조 참조.

107) 일반적으로 국내에서는 '(의무)이행강제소송(enforcement action 또는 infringement proceeding)'으로 번역하고 있지만, 이것은 행정법상의 '의무이행소송(Verpflichtungs-

第261조	재량심사 및 강제조치	第262조	지적재산권 영역에 대한 소송
第263조	취소소송	第264조	취소소송 및 판결의 효력
第265조	부작위소송	第266조	판결 준수 의무
第267조	선결적 부탁절차	第268조	손해배상소송
第269조	회원국권리의 정지에 관한 제한적 관할권	第270조	직원 소송
第271조	유럽투자은행, 유럽중앙은행과 관련된 일정 소송의 관할권	第272조	중재조항에 따른 관할권
第273조	중재합의에 따른 관할권	第274조	회원국 재판소의 관할권
第275조	공동외교통상정책에 관한 무관할권 및 예외	第276조	회원국의 경찰 및 법집행 서비스에 관한 무관할권
第277조	부수적 규범통제	第278조	집행 부정지효 및 정지효
第279조	가 조 치	第280조	판결의 이행
第281조	EU사법재판소규정		

1) 구성 및 권한

리스본조약은 유럽공동체사법재판소(Court of Justice of the European Communities)라는 공식 명칭을 'EU사법재판소(Court of Justice of the European Union)'로, 일심재판소(Court of First Instance)를 '일반재판소(General Court)'로 변경하였다. 따라서 리스본조약에 의하여 개정된 EU조약에 의하면, 룩셈부르

klage)'의 개념과 혼동을 초래할 우려가 있다. 독일의 경우, EU기능조약 제258조와 제259조를 단순히 '**조약위반소송(Vertragsverletzungsverfahren)**'으로 부르며, 동 소송의 성격을 회원국의 조약상 의무 위반을 확인하는 '**확인소송(Feststellungsklage)**'으로 보고 있다. 이러한 확인소송에서 나온 확인판결(Feststellungsurteil)은 그 성격상 집행가능성이 없음에도 불구하고, EU기능조약 제260조 2항, 3항에 따른 제재가능성(해당국이 판결을 이행하기 위하여 필요한 조치를 취하지 않은 경우 집행위원회의 소송제기, 해당국에 대한 이행강제금 부과)과 결합됨으로써 결과적으로 동 판결을 준수하도록 강제되고 있다. Alexander Thiele, *Europarecht*, 7. Aufl.(Altenberge: Verlag Niederle Media, 2010), pp. 166-170.

크에 소재한 EU사법재판소는 사법재판소(Court of Justice), 일반재판소(General Court) 및 전문재판소들(specialised courts)로 이루어지게 된다.[108] 이 외에 EU 기관에 근무하는 직원들 간의 소송을 다루는 EU행정법원(European Union Civil Service Tribunal)[109]도 존재한다.[110]

한편, 소송과정에서 소송 신청에 사용된 EU의 23개 공용어 중 하나가 해당 사건의 언어가 되며, 구두변론은 필요에 따라 EU의 여러 공용어로 동시통역이 이루어진다.[111]

(1) 사법재판소

사법재판소는 리스본조약 이전과 마찬가지로 회원국당 1명의 재판관으로 구성되며,[112] 6년 임기의 재판관 임명에는 회원국 정부의 공동 합의(common accord)가 필요하다.[113]

---

108) 리스본조약에 의하여 개정된 EU조약 제19조 1항; EU기능조약 제256조 1항 참조.

109) 리스본조약 이전 행정법원은 일심재판소에 부속된 소재판부(chamber)의 형태로 2004년 11월 2일 자 이사회 결정(2004/752/EC, Euratom: Council Decision of 2 November 2004 establishing the European Union Civil Service Tribunal, OJ L 333, 9. 11. 2004, pp. 7-11)으로 설립되었으며, 재선이 가능한 6년 임기로 이사회에 의하여 임명된 7명의 재판관으로 구성되어 있다. 동 법원은 EU기능조약 제270조(EC설립조약 제236조)에 의하여 재판관할권을 가지며, 특히 유럽사법청(Eurojust), 유럽경찰청(Europol), 유럽중앙은행(European Central Bank), 유럽상표청(Office for Harmonisation in the Internal Market, 보통 OHIM로 부름)에 근무하는 직원에 관한 소송에 있어서도 관할권을 가지고 있었다; http://curia.europa.eu/jcms/jcms/T5_5230/ 참조; 총 13개의 조항으로 이루어진 EU기능조약에 부속된 'EU사법재판소규정에 관한 의정서(Protocol No. 3 on the Statute of the Court of Justice of the European Union)' 제 1 부속서 참조.

110) http://europa.eu/institutions/inst/justice/index_en.htm; Craig and De Búrca, *supra* note 10, p. 66.

111) http://curia.europa.eu/jcms/jcms/Jo2_7024/; EU는 모든 회원국의 언어를 공용어로 채택하고 있는데, 현재 23개의 공용어 중 EU기관의 실무어(working language)로 사용되고 있는 것은 영어, 불어, 독어이다. http://ec.europa.eu/stages/information/faq_en.htm 참조; EU실무가들은 EU의 확대로 발생한 EU의 23개 공용어로 인한 행정적 재정적 비효율성과 낭비, 예컨대 EU 행정직원 중 상당수를 차지하는 통역과 번역 담당직원 필요에 대해 거센 비판을 하기도 한다; Trevor C. Hartley, *The Foundations of European Community Law*, 6th ed.(Oxford: Oxford University Press, 2007), p. 66.

112) 리스본조약에 의하여 개정된 EU조약 제19조 2항; http://curia.europa.eu/jcms/jcms/Jo2_7026/ 참조.

113) EU기능조약 제253조.

64개 조항으로 구성되어 있는 EU사법재판소규정(Statute of the Court of Justice of the European Union)[114)]은 EU사법재판소의 구성 및 조직과 소송절차를 자세히 다루고 있으며, 사법재판소는 EU기능조약 제253조에 따라 이사회의 승인을 받아 절차규칙(Rules of Procedure)을 채택한다.

사법재판소는 EU사법재판소규정에 규정된 규칙에 따라, 전원재판부(full Court), 13명의 재판관으로 이루어진 대재판부(Grand Chamber), 혹은 3명 또는 5명의 재판관으로 이루어진 소재판부(Chamber)로 나누어지는데,[115)] 계류된 사건 중 거의 대부분은 소재판부에 의해 처리된다.[116)] 재판소의 심리(deliberation)는 비밀주의 원칙에 따라 통역관이 없는 상황에서 이루어지는데, 일반적으로 재판관들은 불어로 심의(deliberation)를 진행한다.[117)]

사법재판소의 관할권은 EU기능조약 제258조 내지 제279조와 리스본조약에 의하여 개정된 EU조약 제19조 3항에 규정되어 있으며,[118)] 주로 다루는 소송의 유형을 선결적 부탁절차(references for preliminary rulings),[119)] 조약(의무)위반소송(actions for failure to fulfil obligations 또는 infringement proceeding),[120)] 취소소송(actions for annulment),[121)] 부작위소송(actions for failure to act),[122)] 손해배상소송(actions for damages),[123)] 항소(appeals), 재심(reviews)으로 구분할 수 있는데, 자세한 내용은 관련 부분에서 참고하면 된다.

---

114) EU기능조약 제281조; 리스본조약에 부속된 EU사법재판소규정에 관한 의정서 참조.

115) EU기능조약 제251조; EU사법재판소규정 제16조.

116) Craig and De Búrca, *supra* note 10, p. 67.

117) Margot Horspool and Matthew Humphreys, *European Union Law*, 4th ed.(Oxford: Oxford University Press, 2006), pp. 102-103; Robert A. Jones, *The Politics and Economics of the European Union: An Introductory Text*, 2nd ed.(Cheltenham: Edward Elgar Publishing Limited, 2001), p. 157; http://curia.europa.eu/jcms/jcms/Jo2_10739/?hlText=working+language.

118) http://curia.europa.eu/jcms/jcms/Jo2_7024/#competences 참조; Craig and De Búrca, *supra* note 10, p. 67.

119) 독일어로는 Vorabentscheidungsverfahren으로 표기한다.

120) 독일어로는 Vertragsverletzungsverfahren으로 표기한다.

121) 독일어로는 Nichtigkeitsklage로 표기한다.

122) 독일어로는 Untätigkeitsklage로 표기한다.

123) 독일어로는 Schadenersatzklage로 표기한다.

(2) 일반재판소

리스본조약에 의하여 일반재판소로 개명되기 전 일심재판소(Court of First Instance, 보통 CFI로 부름)는 단일유럽의정서에 의해 도입된 조약 개정에 따라, 1988년 10월 24일 자 유럽공동체 일심재판소 설립에 관한 이사회결정(Council Decision of 24 October 1988 establishing a Court of First Instance of the European Communities)을 통해 1989년에 설치되었다.[124] 유럽사법재판소의 업무 부담을 경감시키기 위해 창설된 CFI는 원래는 부차적이고 종속적인 지위를 가지고 있었고, EC설립조약에도 유럽사법재판소에 부속된 것으로 규정되어 있었다. 그러나 니스조약을 통한 개정 이후, EC설립조약 제220조, 리스본조약에 의하여 개정된 EU조약 제19조 1항에 규정된 바와 같이 사법재판소와 일반재판소는 각각의 관할권 내에서 조약의 해석과 준수에 있어 법이 준수되도록 보장하는 동일한 임무를 가진 기관으로 인정되었다.[125]

현재 일반재판소를 구성하는 재선 가능한 6년 임기의 재판관[126] 역시 회원국당 1명씩 총 27명으로 이루어져 있는데, 리스본조약에 의하여 개정된 EU조약 제19조 2항에 의하면 일반재판소는 회원국당 "최소(at least)" 1명의 재판관으로 구성된다고 규정되어 있는 점에서 사법재판소와는 구별된다. 일반재판소는 단독재판관, 3명 또는 5명의 재판관으로 이루어진 소재판부, 13명의 대재판부 혹은 전원재판부가 심리를 하는데, 소송 사건 중 80%이상이 3명의 재판관으로 구성된 소재판부에 의해 처리된다.[127]

일반재판소의 관할권은 EU기능조약 제256조에 규정되어 있으며, 소송의 유형을 자연인 또는 법인이 제기한 직접소송, 집행위원회를 상대로 하는 회원국의 소송, 국가원조 또는 덤핑과 관련한 이사회에 대한 회원국의 소송, 손해배상소송, 계약 관련 소송, 공동체상표에 관한 소송, EU행정법원 결정에 대한 항소심, 공동체품종보호사무소(Community Plant Variety Office) 또는 유럽화학물질관리청(European Chemicals Agency) 결정에 대한 소송으로 구분할 수 있는

---

124) Steiner·Woods and Twigg-Flesner, *supra* note 12, p. 36.

125) Craig and De Búrca, *supra* note 10, p. 68.

126) http://curia.europa.eu/jcms/jcms/Jo2_7035/ 참조; EU기능조약 제254조.

127) http://curia.europa.eu/jcms/jcms/Jo2_7033/ 참조; Craig and De Búrca, *supra* note 10, p. 68.

데,[128] 자세한 내용은 관련 부분에서 참고하면 된다.

(3) 전문재판소와 패널

니스조약에 의하여 삽입된 EC설립조약 제225a조에 따라 일심재판소에 부속된 사법패널(Judicial Panels)은 유럽사법재판소와 일심재판소의 가중한 업무량을 덜기 위하여 설립된 것이었다.[129] 이러한 기존의 사법패널을 대신하는 전문재판소(specialised courts)는 보통입법절차에 따라 행동하는 유럽의회와 이사회가 특정 분야에서 제기된 소송의 일심재판소로서 기능하도록 하기 위하여 일반재판소에 부속된 형태로 설립할 수 있다.[130]

한편, 리스본조약에는 EU사법재판소의 재판관과 법률고문관의 임명에 '패널(panel)'의 자문을 거치도록 하는 규정을 두고 있는데, EC설립조약의 사법패널과는 구분되는 직책으로 패널은 재판관과 법률고문관 후보의 업무 수행의 적합성에 견해를 표명하며 7명으로 구성된다.[131]

(4) 법률고문관

EC설립조약 제222조에 의하면, 유럽사법재판소는 8명의 법률고문관(Advocate-General)[132]으로부터 지원을 받는다고 규정하고 있었다. 리스본조약에 의하여 법률고문관의 구성은 8인에서 11인으로 증가되었으며, 그 중 6명은 독일, 프랑스, 이탈리아, 스페인, 영국과 폴란드 출신으로 상임법률고문관(permanent Advocate-General)이 되며, 나머지 5명은 이전과 마찬가지로 순번제로 운영된다.[133]

---

128) *Ibid.*, pp. 68-69; http://curia.europa.eu/jcms/jcms/Jo2_7033/.

129) Craig and De Búrca, *supra* note 10, p. 69.

130) EU기능조약 제257조.

131) EU기능조약 제253조, 제254조, 제255조; 김대순, 앞의 논문, 160면.

132) http://curia.europa.eu/jcms/jcms/Jo2_7026/ 참조; 8명의 법률고문관 중 5명은 큰 국가(독일, 프랑스, 영국, 이탈리아, 스페인) 출신으로, 3명은 나머지 회원국 중 순차적으로 돌아가며 임명한다. Steiner·Woods and Twigg-Flesner, *supra* note 12, p. 34; Lenaerts and Van Nuffel, *supra* note 3, p. 451.

133) 2007년 10월 18일 리스본에서 채택된 '사법재판소 내 법률고문관 수에 관한 EU기능조약 제222조에 관한 선언(Declaration ad Article 222 of the Treaty on the Functioning of the European Union on the number of Advocates-General in the Court of Justice)' 참조; http://www.consilium.europa.eu/uedocs/cmsUpload/ds00866.en07.pdf.

EU기능조약 제252조 2문에 따라 법률고문관은 공개된 법정에서 자신의 관여가 필요한 소송에 '이유를 붙인 의견서(reasoned submissions)'를 제출하는 것을 주된 의무로 하고 있는데, 이러한 법률고문관의 의견은 재판관이 판결을 내리기 전에 제출된다. 동 의견이 재판정을 구속하지는 않지만, 상당한 영향력을 가지고 있으며 사실상 대부분의 사건에서 사법재판소는 그 의견을 받아들이는 편이다. 법률고문관의 의견은 독립적이고 공평한 권고를 구성하도록 의도되었으나, 관행상 사건의 모든 측면에 적용되는 법에 대한 포괄적이고 이유 있는 설명의 형태를 띠고 있다.[134)]

2) 역　　할

EU사법재판소는 공동체설립조약의 해석자로서 공동체가 가진 권한의 한계를 판단하여 왔다.[135)] 또한 사법재판소는 '법치주의(rule of law)'를 수호하기 위하여 공동체 기관과 회원국이 공동체 영역에 속하는 분야에서 행동할 때 자신들을 구속하는 공동체법의 일부로서 헌법적 성격을 가진 원칙들을 발전시켜 왔으며, 공동체법 우위의 원칙(primacy), 직접 효력(direct effect), 국가책임(state liability)과 같은 EU법의 기본적이고 주요한 원칙들도 창조하였다.[136)]

사법재판소는 어떤 면에서는 법을 통하여 '정치적' 역할을 수행했다고 볼 수 있는데, 이는 회원국의 국내무역장벽을 철폐시킨 역내시장 창설이 좋은 예가 된다. 한편 동 재판소의 역할을 고정된 관점이 아니라 역동적인 관점에서 파악하는 것이 중요하며, 실제적으로 사법재판소가 항상 모든 정책 영역에서 일관되게 사법적극주의에 따라 활동한 것은 아니었다.[137)] 동 재판소의 사법적 극주의와 관련하여 학자들 간에 찬반의견이 나누어지는데, 법률고문관 Jacobs

---

134) Steiner·Woods and Twigg-Flesner, *supra* note 12, p. 35; Craig and De Búrca, *supra* note 10, p. 70.

135) *Ibid.*, p. 72.

136) *Ibid.*, pp. 72-73; 사법재판소가 모든 회원국의 원칙과 전통으로부터 실체법을 발전시키고 있다는 점에서 관행과 절차상 대륙법체제를 따르고 있는 것처럼 보인다. 또한 판결의 일관성을 추구하고 있기는 하지만, 영미법체계의 선례구속의 원칙은 적용되지 않으며, 언제든 새로운 사실에 근거하여 이전 판결로부터 자유로울 수 있다. Steiner·Woods and Twigg-Flesner, *supra* note 12, p. 35.

137) Craig and De Búrca, *supra* note 10, p. 73.

는 사법재판소가 공동체와 회원국 간의 균형을 유지하고, 사법심사의 헌법적 원칙을 발전시키는 데 있어 필수적 역할을 다하였다고 주장하였다.[138]

또한 EU사법재판소는 리스본조약에 의하여 개인의 구금과 관련한 선결적 부탁절차의 경우 신속히 행동하도록 하는 절차를 도입하였으며,[139] 경찰 및 형사공조에 관련된 사항이 아닌 '자유, 안보 및 사법지대(Area of Freedom, Security and Justice, 일명 AFSJ로 부름)'에 대한 심사를 할 수 있게 됨으로써 그 재판관할권이 확대될 전망이다.[140]

6. 유럽중앙은행

TEU에 부속된 의정서에 의하여 1998년 6월 1일 자로 설립된 유럽중앙은행(European Central Bank, Europäische Zentralbank, Banque centrale européenne, 일명 ECB로 부름)[141]은 독일 프랑크푸르트에 소재하고 있으며, 1999년 1월 1일 자로 도입된 EU의 단일통화(official currency)인 유로(euro)화[142]를 관리하며, 2010년 현재 27개 회원국 중 유로를 사용하고 있는 16개 회원국의 시민을 위해 물가안정(price stability)을 보장하며, EU의 경제 및 화폐정책의 틀을 짜고 이행하는 데 책임을 지며 법인격을 가지고 있다.[143]

---

138) *Ibid.*, pp. 74-75; 사법재판소의 사법적극주의에 대한 비판은 Patrick Neill, *The European Court of Justice: A Case Study in Judicial Activism*(London: European Policy Forum, 1995) 및 Trevor C. Hartley, "The European Court, Judicial Objectivity and the Constitution of the European Union," *Law Quarterly Review*, Vol. 112(1996), pp. 95-109 참조.

139) EU기능조약 제267조 3문.

140) EU기능조약 제276조.

141) http://www.ecb.int/home/html/index.en.html 참조.

142) 1995 Madrid European Council Conclusions A. I . 2 참조; 유로 도입에 관한 이사회 규칙(Council Regulation(EC) No. 974/98 of 3 May 1998 on the introduction of the euro) 서문 2항 및 제 2 조 참조; EC설립조약 제 4 조 참조.

143) EU기능조약 제127조; 리스본조약에 부속된 유럽중앙은행체제 및 유럽중앙은행 규정에 관한 의정서(Protocol No. 4 on the Statute of the European System of Central Banks and of the European Central Bank) 제 2 조, 제 3 조; http://europa.eu/institutions/financial/ecb/index_en.htm; http://www.ecb.int/ecb/orga/tasks/html/index.en.html; Lenaerts and Van Nuffel, *supra* note 3, pp. 464-465.

유럽중앙은행에 관해서는 EU기능조약 제282조 내지 제284조에 규정되어 있는데, 독일어판에 의하면 각 조항의 구성은 제282조 업무와 목적, 법인격, 독립성 및 자문권, 제283조 조직 구조, 제284조 참가권 및 연례보고서로 이루어진다.

유럽중앙은행체제와 유럽중앙은행 규정에 의하여 설립된 유럽중앙은행체제(ESCB)는 유로 채택 여부와는 관계없이 ECB와 EU회원국의 중앙은행 27개로 구성된다.[144] ECB의 주요한 업무인 물가안정을 유지하는 것과 관련하여, ECB와 회원국의 중앙은행 및 ECB의 의사결정기관[145] 중 어느 것도 유럽공동체 기관이나 기구, 회원국 정부 및 기타 어떠한 기관으로부터 지시를 구하거나 받아서는 안 된다는 독립성의 원칙은 매우 필수적이다.[146]

7. 감 사 원

1) 구 성

감사원(Court of Auditors)은 1975년 7월 22일 브뤼셀조약(공식명칭은 'Treaty amending Certain Financial Provisions'이지만, 보통 Second Budgetary Treaty 또는 Treaty of Brussels로 부름)[147]에 의하여 설립되었으며, 1992년 마스트리히트조약(TEU)에 의하여 공동체 기관으로 승격하였고, 룩셈부르크에 소재하고 있다.[148]

감사원(Rechnungshof, Cour des comptes)에 관해서는 EU기능조약 제285조

---

144) http://www.ecb.int/ecb/orga/escb/html/index.en.html; EU기능조약 제282조 1항; 유럽중앙은행체제 및 유럽중앙은행 규정에 관한 의정서 제 1 조.

145) ECB의 의사결정기관은 집행이사회(Executive Board), 운영이사회(Governing Council), 일반이사회(General Council)로 이루어져 있다; 의사결정기관의 업무와 관련하여서는 유럽중앙은행체제 및 유럽중앙은행 규정에 관한 의정서 제9.3조, 제10조, 제11조, 제12조, 제44조, 제45조, 제46조 참조.

146) EU기능조약 제130조; 유럽중앙은행체제 및 유럽중앙은행 규정에 관한 의정서 제 7 조.

147) 동 조약은 1977년 6월 1일 자로 발효하였으며, 감사원은 동년 10월부터 운영에 들어갔다.

148) Trevor C. Hartley, *The Foundations of European Community Law*, 5th ed.(Oxford: Oxford University Press, 2003), p. 84; http://eca.europa.eu/portal/page/portal/aboutus/abouttheeca/history; Steiner · Woods and Twigg-Flesner, *supra* note 12, p. 33.

내지 제287조에 규정되어 있는데,[149] 각 조항의 구성은 제285조 업무 및 구성, 제286조 감사위원의 요건 및 임명과 해임, 제287조 회계감사로 이루어진다.

유럽감사원은 현재 총 27명, 즉 각 회원국으로부터 1명의 위원으로 구성되어 있는데,[150] 유럽의회의 자문을 거쳐 가중다수결로 행동하는 이사회가 각 회원국의 제안에 따라 작성된 의원 명부를 채택한다.[151] 또한, 재선이 가능한 6년 임기의 감사위원은 자신의 업무수행에 있어 독립성이 보장되며, 유럽사법재판소의 결정에 의해서만 그 직으로부터 파면될 수 있다.[152]

2) 기능과 권한

유럽감사원은 EU 기금이 적절히 징수되고, 합법적·경제적으로 의도된 목적에 맞게 사용되고 있는지를 감독한다. 감사원의 목적은 세금납부자들이 자신이 낸 세금으로부터 최대한의 가치를 얻는 것을 보장하는 것으로, EU 기금을 다루는 개인과 조직에 대해 회계감사권을 갖는다.[153]

한편, 감사원은 자신이 행동할 수 있는 법적 권한을 가지고 있지 않고 '유럽부패방지사무국(European Anti-Fraud Office, 보통 OLAF라 부름)'[154]과 긴밀한 관계를 유지하고 있는데, 만약 감사위원이 부패 혹은 부정행위를 발견하는 경우 OLAF가 행동할 수 있게 이 사실을 고지하여야 한다.[155]

감사원은 매 회계연도가 끝난 직후 다수결로 채택된 연례보고서를 작성하여, 다른 공동체 기관에 전달하고, 각 기관의 답변과 함께 공보(Official Journal)에 출간한다.[156] 보통 감사원 보고서는 극히 비판적인 태도를 취하여 집행위원회와는 불편한 관계에 있으며, 반(反)공동체적 기관으로 비난받기도

149) 개정되기 이전의 감사원에 관한 규정은 EC설립조약 제246조 내지 제248조 참조.

150) http://eca.europa.eu/portal/page/portal/aboutus/PresidentandMembers; EU기능조약 제285조 2문.

151) EU기능조약 제286조 2항.

152) EU기능조약 제286조 2항, 3항, 6항; Craig and De Búrca, *supra* note 10, p. 76; Hartley, *supra* note 142, p. 84.

153) http://eca.europa.eu/portal/page/portal/aboutus/abouttheeca/treatymandate; EU기능조약 제287조 1항, 2항.

154) http://ec.europa.eu/dgs/olaf/index_en.html 참조.

155) http://europa.eu/institutions/inst/auditors/index_en.htm.

156) EU기능조약 제287조 4항.

한다.[157)]

암스테르담조약 이후, 감사원은 EC설립조약 제230조, EU기능조약 제263조에 따라 취소소송의 원고적격을 부여받았다.[158)] 또한 EU기능조약 제287조 4항에 의해, 감사원은 이사회의 승인을 받아 절차규칙을 기초한다.

Ⅲ. 기타 EU기구

1. 경제사회위원회

1957년 로마조약(Treaties of Rome, EEC설립조약과 Euratom설립조약을 말함)에 의하여 설립된 경제사회위원회(European Economic and Social Committee 혹은 EESC로 부름)[159)]는 리스본조약에 의하여 개정된 EU조약 제13조 4항과 EU기능조약 제300조 1항에 따라 유럽의회, 이사회와 집행위원회의 업무를 보조하는 역할을 맡는다. 또한 EESC는 사용자, 노동자, 기타 시민단체(civil society)를 대변하는 자문기구(advisory body)의 지위를 갖는다. EESC는 집행위원회, 이사회 및 유럽의회에 경제 및 사회 정책에 관한 결정에 앞서 조언을 제공하고, 해당 기관의 요청 혹은 자신의 판단으로 관련 문제에 대한 견해를 제시한다.[160)]

경제사회위원회(Wirtschafts- und Sozialausschuss, Comité économique et social)에 관해서는 EU기능조약 제301조 내지 제304조에 규정되어 있는데,[161)] 각 조항의 구성은 제301조 구성, 제302조 위원의 임명, 제303조 위원장, 행정관, 절차규칙 및 회의소집, 제304조 자문권으로 이루어진다.

---

157) Craig and De Búrca, *supra* note 10, p. 77.

158) *Ibid*.

159) http://www.eesc.europa.eu/index_en.asp 참조.

160) http://europa.eu/institutions/consultative/eesc/index_en.htm 참조; Craig and De Búrca, *supra* note 10, pp. 77-78; Steiner · Woods and Twigg-Flesner, *supra* note 12, p. 32; Lenaerts and Van Nuffel, *supra* note 3, p. 458; EU기능조약 제300조 2항, 제304조.

161) 개정되기 이전의 경제사회위원회에 관한 규정은 EC설립조약 제257조 내지 제262조 참조.

브뤼셀에 소재지를 두고 있는 경제사회위원회는 유럽 내에 보다 민주적이고 참여적인 사회를 진작시키는 EU와 시민들 간의 다리가 되고 있다. 동 위원회는 인구 비례를 반영하여 현재 344명의 위원으로 이루어져 있는데, 이사회는 집행위원회의 자문을 구한 후, 재선가능한 5년의 임기로 회원국 정부의 제안에 따라 작성된 위원 명부를 채택한다.[162] EESC는 전통적으로 특별히 영향력을 가진 기구는 아니었지만, 그 지위는 EU의 정당성(legitimacy)을 높이는 데 있어 시민사회로부터 많은 관심을 받으며 향상되어 왔다.[163]

2. 지역위원회

1992년 마스트리히트조약(TEU)에 따라 1994년에 설립된 지역위원회(Committee of the Regions 혹은 CoR로 부름)[164]는 유럽의 지역 및 지방당국의 대표들로 구성된 자문기구인데, 부분적으로는 공동체가 상당히 중앙집권화되고 있다는 견해에 기인하여 창설되었다. 따라서 유럽의회, 이사회와 집행위원회는 지역정책, 환경, 교육 및 교통과 같은 지역 및 지방정부와 관련된 문제에 관한 결정을 채택하기에 앞서, 지역위원회의 자문이 요구된다.[165]

유럽지역위원회(Ausschuss der Regionen, Comité des régions)에 관해서는 EU기능조약 제305조 내지 제307조에 규정되어 있는데,[166] 각 조항의 구성은 제305조 구성 및 위원의 선발과 임명, 제306조 위원장, 절차규칙 및 회의소집, 제307조 자문권으로 이루어진다.

브뤼셀에 소재한 지역위원회는 현재 경제사회위원회와 동일하게 회원국 간의 인구 비례를 반영하여 344명의 위원으로 구성되어 있으며,[167] 이사회는

---

162) Craig and De Búrca, *supra* note 10, p. 78; EU기능조약 제301조, 제302조; 위원 목록에 관해서는 http://eescmembers.eesc.europa.eu/eescmembers.aspx?culture=en 참조.

163) Craig and De Búrca, *supra* note 10, p. 78.

164) http://www.cor.europa.eu/pages/HomeTemplate.aspx 참조.

165) http://europa.eu/institutions/consultative/cor/index_en.htm 참조; Craig and De Búrca, *supra* note 10, pp. 78-79; Steiner·Woods and Twigg-Flesner, *supra* note 12, p. 32; EU기능조약 제300조 1항, 3항, 제307조.

166) 개정되기 이전의 지역위원회에 관한 규정은 EC설립조약 제263조 내지 제265조 참조.

167) 위원 목록에 관해서는 http://cormembers.cor.europa.eu/cormembers.aspx?culture=en

재선가능한 5년의 임기로 회원국 정부의 제안에 따라 작성된 위원 명부를 채택하는데, 위원들은 흔히 지방정부의 장 혹은 시장과 같이 선출된 지방 혹은 지역 정치인들로 이루어져 있다.[168] 지역위원회의 업무에 있어 3개의 주요한 원칙들이 작동하는데, 보충성(subsidiarity), (시민과의) 근접성(proximity), 공동협력(partnership)이 그것이며, 이러한 원칙들은 법률안 제안 과정에 기여한다.[169] 또한 리스본조약의 발효로 지역위원회는 '보충성 및 비례성 원칙의 적용에 관한 의정서(Protocol No. 2 on the Application of the Principles of Subsidiarity and Proportionality)' 제 8 조에 따라 EU사법재판소에 소송을 제기할 권한을 갖는다.

3. 유럽투자은행

유럽투자은행(European Investment Bank, Europäische Investitionsbank, Banque européenne d'investissement, 일명 EIB로 부름)[170]은 EU의 장기대출은행으로서 1957년 로마조약에 의하여 창설되었다.[171] EIB에 관해서는 EU기능조약 제308조 내지 제309조에 규정되어 있는데,[172] 각 조항의 구성은 제308조 법인격, 회원 및 규정, 제309조 유럽투자은행의 업무로 이루어진다.

비영리은행인 EIB의 업무는 EU회원국의 통합, 균형있는 발전, 경제적 및 사회적 결합에 기여하는 것으로, 중소기업 지원, 환경지속성, 연구·개발 및 혁신, 교통, 에너지와 같은 EU의 이해관계에 필요한 사업을 위해 공공영역은 물론 사적영역에 자금을 빌려준다. 또한, 유럽투자은행은 법인격을 향유하며 재정자립기관이다.[173] 이 외에 소규모 사업체를 원조하기 위하여 1994년에 설

참조; EU기능조약 제305조.

168) EC설립조약 제300조 3항; http://europa.eu/institutions/consultative/cor/index_en.htm.

169) Craig and De Búrca, *supra* note 10, p. 79; http://www.cor.europa.eu/pages/PresentationTemplate.aspx?view=folder&id=be53bd69-0089-465e-a173-fc34a8562341&sm=be53bd69-0089-465e-a173-fc34a8562341.

170) http://www.eib.europa.eu/ 참조.

171) http://europa.eu/institutions/financial/eib/index_en.htm.

172) 개정되기 이전의 유럽투자은행에 관한 규정은 EC설립조약 제266조 내지 제267조 참조.

173) EU기능조약 제308조, 제309조; http://www.eib.europa.eu/about/index.htm?lang=en; Lenaerts and Van Nuffel, *supra* note 3, p. 468.

립된 유럽투자기금(European Investment Fund, 일명 EIF라 부름)은 유럽투자은행과 함께 EU의 재정기관을 구성한다.[174]

4. EU 산하의 전문기구

EU 산하에 전문화되고 분권화된 수개의 전문기구들(Agencies)은 회원국들과 시민들을 지원하기 위하여 설립되었는데, 지방분권에 대한 열망을 만족시키고, 법적·기술적 및 과학적 성격의 새로운 업무를 처리하기 위한 목적을 가지고 있다. EU의 전문기구는 크게 다음 5가지의 집단으로 나누어지는데, 공동체 전문기구(Community agencies),[175] 공동외교안보정책 전문기구(Common Foreign and Security Policy agencies),[176] 형사문제에 있어 경찰 및 사법협력 전문기구(Police and judicial cooperation in criminal matters agencies),[177] 행정 전문기구(Executive agencies)[178] 및 Euratom 전문기구(EURATOM Agencies and bodies)[179]로 분류할 수 있다.[180]

EU 전문기구에 관하여 조약에는 명문으로 된 규정이 없지만, 그 역할은 점점 더 중요해지고 있다. EU 전문기구는 공동체 목적을 달성하기 위하여 이차적 연원에 의하여 창설되었다. 대부분의 전문기구의 역할 중 상당 부분은 관련 정보를 수집하고, 공동체와 회원국 기구 간의 조정을 용이하게 하는 것이다. 한편 유럽상표청이나 유럽항공안전기구(European Aviation Safety Agency)와 같이 일부 기구의 경우 개별적 결정 권한을 가지고 있으나, 이것은 직접적 권한이 아닌 집행위원회에 의하여 부여된 권한이다.[181]

---

174) http://www.eif.org/; http://europa.eu/institutions/financial/eif/index_en.htm 참조; 한편, EIB와 EIF는 EIB Group을 구성하는데, EIB는 EU회원국이 소유하며, EIF는 최대주주인 EIB, 유럽집행위원회, 기타 유럽재정기관이 주식을 소유하고 있다. http://www.eib.europa.eu/about/group/index.htm.

175) 자세한 사항은 http://europa.eu/agencies/community_agencies/index_en.htm 참조.

176) 자세한 사항은 http://europa.eu/agencies/security_agencies/index_en.htm 참조.

177) 자세한 사항은 http://europa.eu/agencies/pol_agencies/index_en.htm 참조.

178) 자세한 사항은 http://europa.eu/agencies/executive_agencies/index_en.htm 참조.

179) 자세한 사항은 http://europa.eu/agencies/euratom_agencies/index_en.htm 참조.

180) http://europa.eu/agencies/index_en.htm 참조.

181) Craig and De Búrca, *supra* note 10, p. 79.

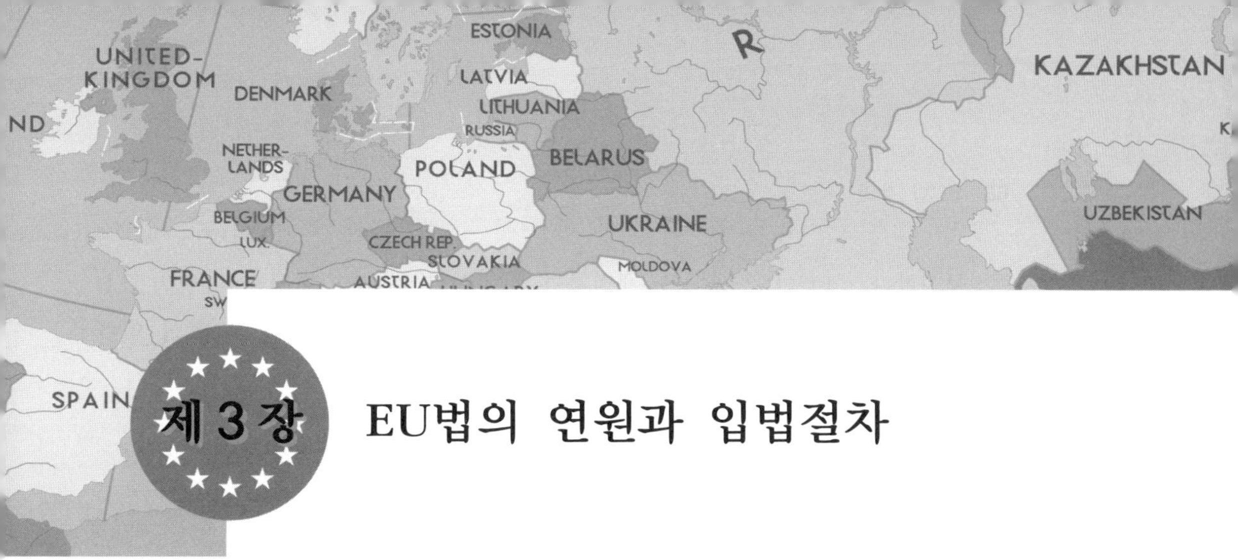

제 3 장 EU법의 연원과 입법절차

Ⅰ. 서　　론

법의 연원(sources of law)이란 첫째, 특정한 법규로서 실질적으로 권리나 의무로서의 규칙을 찾아볼 수 있는 법의 근거라는 실질적 연원(material sources)의 의미와 둘째, 입법절차와 권한을 규율하는 근거라는 형식적 연원(formal sources)의 의미를 동시에 갖는다.[1)]

좁은 의미의 EU법의 연원은 보통 일차적 연원(primary sources)으로 간주되는 설립조약과 회원국이 부여한 권한에 의하여 EU기관이 제정한 이차적 연원(secondary sources)으로 구분된다. 넓은 의미의 EU법의 연원은 EU법질서의 모든 규칙을 포함하는데, 여기에는 위에서 언급한 일차적 연원과 이차적 연원 이외에, 부수적 연원으로 제 3 국과 체결한 조약, 유럽사법재판소(리스본조약에 의하여 'EU사법재판소'로 명칭이 변경됨)의 판례법 및 법의 일반원칙이 포함된다.[2)] 또한 이러한 모든 법적 원칙은 공동체법리(*acquis communautaire*)의 일부

1) 김정건 외, 「국제법」(서울: 박영사, 2010), 3-4면 참조.

2) http://europa.eu/legislation_summaries/institutional_affairs/decisionmaking_process/l14534_en.htm 참조; EU법의 연원을 일차적, 이차적 및 보충적 법률의 연원으로 구분하기도 한다. 일차적 법률은 유럽공동체와 유럽연합설립에 관한 조약을 말하며, 이차적 법률은 EC설립조약 제249조를 기초로 하여 제정된 법률(legal instruments), 동 조항에 규정되지 않은 일방적 행위와 국제조약 및 기관간 협정을 가리키며, 보충적 법률(supple-

를 형성한다.[3] EU법의 연원을 제정자가 누구인가에 따라 회원국의 행위, EU의 법적 행위(legal acts of the Union)와 EU사법재판소가 정립한 EU법의 일반원칙, 제 3 국과의 조약으로 나누기도 한다.[4]

Ⅱ. EU법의 연원

1. 일차적 연원

1) 설립조약 (Founding Treaties)

EU법의 주된 일차적 연원은 유럽공동체와 유럽연합을 설립한 조약, 즉 1951년의 파리조약(Treaty of Paris),[5] 1957년의 로마조약(Treaties of Rome)[6]과 1992년의 마스트리히트조약(Maastricht Treaty on European Union: TEU)이다.[7] 이러한 조약들은 법적 성격상 국제조약에 해당하지만, 설립조약에 의하여 탄생한 ECSC, EEC, Euratom, EC, EU는 국제기구도 연방기구도 아닌 혼성적 성

---

mentary law)이란 조약에 규정되지 않은 EU사법재판소의 판례를 통해 발전한 국제법 또는 법의 일반원칙을 의미한다고 본다. Nigel G. Foster, *EU Law: 2007 and 2008*, 6th ed.(Oxford: Oxford University Press, 2007), p. 31; 학자에 따라 EU법의 연원을 일차법, 불문법, 이차법(및 제 3 의 법)으로 구분하여, 법의 위계상 최상위의 지위를 갖는 일차법(primäres Unionsrecht)은 설립조약, 의정서 및 선언, 가입조약, EU가 체결한 국제조약, 불문법인 법의 일반원칙을 포함하며, 이차법(sekundäres Unionsrecht)은 EU 기관이 제정한 입법행위인 규칙, 지침, 결정 및 권고와 의견을 의미한다고 본다. Alexander Thiele, *Europarecht*, 7. Aufl.(Altenberge: Verlag Niederle Media, 2010), pp. 102, 108; http://europa.eu/scadplus/glossary/community_law_en.htm 참조.

3) Trevor C. Hartley, *The Foundations of European Community Law*, 6th ed.(Oxford: Oxford University Press, 2007), p. 84; http://europa.eu/scadplus/glossary/community_acquis_en.htm 참조.

4) 김대순, 「국제법론」, 제14판(서울: 삼영사, 2008), 1331면; EU기능조약 제288조.

5) 정식명칭은 유럽석탄철강공동체설립조약(Treaty establishing the European Steel and Coal Community)이다.

6) 정식명칭은 유럽원자력공동체설립조약(Treaty establishing the European Atomic Energy Community)과 유럽경제공동체설립조약(Treaty establishing the European Economic Community)이다.

7) http://eur-lex.europa.eu/en/treaties/index.htm 참조.

격의 '초국가적 기구(supranational organisations)'로서, EU법은 국제법상 "하나의 새로운 법질서(a new legal order)"를 구성한다.[8] 또한 위 설립조약들은 근본적인 헌법적 연원(fundamental constitutional sources)이며, '헌법적 헌장(constitutional charter)'이라 불린다.[9]

동 설립조약들은 EU기관들이 EU의 다양한 정책을 이행하기 위한 형식적 및 실체적 규칙을 규정하고 있다. 다시 말해, 공동체와 회원국 사이에 권한을 배분하고 EU기관의 행위에 법적 기초를 제공하는 형식적 규칙과 EU 정책의 범위를 정하고, 이와 관련한 EU기관의 행위의 틀을 규정하는 실체적 규칙을 담고 있다.[10]

2) 기타 관련 조약

유럽공동체와 EU설립조약을 개정하는 조약, 설립조약의 특정 부분에 변화를 가하는 추가조약 및 회원국들의 가입조약이 여기에 해당한다. 먼저 개정조약(Amending Treaties)에는 1986년의 단일유럽의정서(Single European Act: SEA), 1997년의 암스테르담조약(Treaty of Amsterdam), 2001년의 니스조약(Treaty of Nice)과 2007년의 리스본조약(Treaty of Lisbon)이 있다. 그리고 추가조약(Additional Treaties)에는 1965년의 통합조약(Treaty on the merger of the executive institutions), 1970년의 브뤼셀조약(Treaty amending Certain Budgetary Provisions), 1975년의 브뤼셀조약(Treaty of Brussels amending Certain Financial Provisions)과 1976년의 유럽의회의 직접보통선거에 관한 의정서(Act concerning the election of members of the European Parliament by direct universal suffrage)가 있다. 또한 6개 회원국에서 시작한 유럽공동체가 27개 회원국으로 증가하면서 체결된 회원국들의 가입조약(Accession Treaties)[11]이 이에 포함된다.[12]

---

8) 김대순, 앞의 책, 1278-1279, 1338면; Case 26/62 *'Van Gend en Loos'(NV Algemene Transport- en Expeditie Onderneming van Gend & Loos v. Netherlands Inland Revenue Administration)* [1963] *ECR* 1 at 12.

9) Foster, *supra* note 2, p. 32.

10) http://europa.eu/legislation_summaries/institutional_affairs/decisionmaking_process/l14530_en.htm.

11) 관련 조약은 http://eur-lex.europa.eu/en/treaties/index.htm#accession 참조.

12) http://eur-lex.europa.eu/en/treaties/index.htm 참조.

3) 의정서 및 선언

유럽공동체와 EU설립조약에 부속된 의정서(protocols)와 선언(declarations) 역시 EU법의 일차적 연원에 속한다고 할 수 있다. 리스본조약의 경우 37개의 의정서와 65개의 선언이 부속되어 있는데,[13] 동 의정서와 조약의 부속서(Annexes)는 조약과 불가분의 일부를 형성한다고 규정하고 있다.[14] 따라서 의정서의 경우, 조약과 마찬가지로 법적 구속력을 가지나, 선언의 법적 효력에 관해서는 명문 규정이 존재하지 않는다.[15] 그러나 2001년 유럽사법재판소는 영국 항소법원이 제기한 선결적 부탁절차에서, 선언은 해석의 목적상, 그리고 무엇보다 조약의 인적범위를 결정하기 위해 해당 조약(가입조약)과 관련된 문서로서 고려되어야 한다고 판결한 바 있다.[16]

2. 이차적 연원

1) EU의 입법행위

(1) EU기능조약

리스본조약에 의하여 개정된 EU기능조약 제288조(EC설립조약 제249조)에 의하면, EU가 자신의 권한(competences)[17]을 행사하기 위하여 채택할 수 있는 다양한 입법행위를 열거하고 있는데, 여기에는 규칙(Regulation, Verordnung, Règlement), 지침(Directive, Richtlinie, Directive), 결정(Decision, Beschluss, Déci-

---

13) 의정서와 선언 내용은 http://eur-lex.europa.eu/JOHtml.do?uri=OJ:C:2008:115:SOM:EN:HTML 참조.

14) 리스본조약에 의하여 개정된 EU조약 제51조; EC설립조약 제311조와 비교.

15) 국제법상 선언은 그 성격상 법적 구속력을 가지지 않는 것으로 간주된다.

16) Case C-192/99 *The Queen v. Secretary of State for the Home Department, ex parte: Manjit Kaur, intervener: Justice* [2001] *ECR* Ⅰ-01237.

17) EU와 회원국의 권한(EU의 배타적 권한(농어업, 공동통상정책, 관세동맹, 통화정책, 경쟁법), 공유권한(역내시장, 환경, 소비자보호 등), 조정권한(경제정책, 실업정책, 비유로권의 통화정책), 회원국의 배타적 권한(방위정책, 세금))에 관해서는 Paul Craig and Gráinne De Búrca, *EU Law: Text, Cases, and Materials*, 4th ed.(Oxford: Oxford University Press, 2008), pp. 88-105 참조; EU기능조약 제 2 조 내지 제 6 조.

sion),[18] 권고와 의견(Recommendation and Opinion, Empfehlung und Stellungnahme, Recommendation et Avis)이 해당된다.[19]

위 조항에 규정된 규칙, 지침과 결정 사이에는 형식적인 법적 위계가 없다.[20] 또한 입법행위는 'EU 공보(Official Journal of the European Union)'에 발간되어야 하며, 규칙에 발효일이 명기된 경우에는 해당 날짜에, 특정 날짜가 표시되어 있지 않은 경우에는 발간일로부터 20일째 되는 날에 효력을 갖는다.[21]

EU기능조약은 EU 권한의 합법적 행사를 위해 또 하나의 중요한 절차적 요건을 부여하고 있는데, '이유를 달 의무(duty to give reasons)'가 그것이다. 행정적 성격의 '결정'은 물론이고, 규칙과 지침에도 동 입법행위가 기초로 하고 있는 근거를 밝혀야 한다는 사실에 주목할 필요가 있는데, 이는 EU사법재판소의 사법심사에서도 중요하다.[22]

(2) 규　　칙

EU기능조약 제288조 2문과 3문에 의하면, 규칙(Regulation)은 일반적용성(general application)과 온전히 전체로서 법적 구속력을 가지며, 모든 회원국에서 직접 적용된다.[23] 유럽의회와 이사회가 공동으로, 또는 집행위원회 단독으로[24] 채택하는 규칙은 모든 사람을 수범대상으로 하고 있는 점에서 지침, 결정과 구분된다.

---

18) EC설립조약 독일어판에서는 EU의 이차적 법률인 '결정(Entscheidung)'과 공동외교안보정책을 수행하기 위한 법적 수단인 '의결(또는 결의, Beschluss)'을 구분하고 있었다(영어로는 구별없이 decision을 사용). 그러나 리스본조약이 채택되면서 독일어판 역시 구별 없이 Beschluss를 사용하고 있다. EC설립조약 독일어판 제249조와 EU기능조약 독일어판 제288조 비교; Thiele, *supra* note 2, p. 119.

19) 학자에 따라 Regulation을 '명령', Directive를 '준칙'으로 번역하기도 한다.

20) Thiele, *supra* note 2, pp. 120-121; Craig and De Búrca, *supra* note 17, p. 83.

21) EU기능조약 제297조 1항; Craig and De Búrca, *supra* note 17, p. 83.

22) EU기능조약 제296조 2문; Craig and De Búrca, *supra* note 17, p. 87.

23) 이차적 법률의 적용과 효력 문제에 관해서는 아래 내용 참조.

24) 이차적 법률을 채택하는 주체에 따라, 해당 법률은 Regulation(EC) No ../.. of the European Parliament and of the Council … 또는 Commission Regulation(EC) No ../.. 와 같이 표기된다.

(3) 지　　침

EU기능조약 제288조 4문에 의하면, 지침(Directive)은 달성해야 하는 결과와 관련하여, 그것이 정하는 각 회원국에게 구속력이 있는데, 그 형식과 수단은 각 회원국이 결정한다. 유럽의회와 이사회가 공동으로, 또는 집행위원회 단독으로 채택하는 지침은 회원국을 수범대상으로 삼고 있는데, 모든 회원국을 대상으로 하는 것은 아니며 회원국에게 지침의 형식과 수단을 결정할 재량이 주어진다. 따라서 지침은 특정 영역에 대한 법률을 조화시키거나 복잡한 법률적 변경을 도입할 경우에 특히 유용하다.[25)]

(4) 결　　정

EU기능조약 제288조 5문과 6문에 의하여 결정(Decision)에 관한 규정이 개정되었는데, 결정은 전체로서 구속력을 가지며, 수범대상을 특정하는 결정은 그 대상에만 구속력이 있다.[26)] 각각 이사회와 집행위원회 단독으로, 또는 유럽의회와 의사회가 공동으로 채택하는 결정은 회원국 또는 EU 시민에 권리 또는 의무를 부여한다. 경쟁법이나 국가원조에 관한 법률 위반의 경우에는 결정을 사용하도록 조약에 규정하고 있다.[27)]

(5) 권고와 의견

EU기능조약 제288조 7문에 의하면, EU기관이 채택한 권고와 의견(Recommendation and Opinion)은 법적 구속력을 갖지 아니한다. 권고는 기관이 자신의 견해를 알리고 수범대상(회원국, 다른 기관 또는 시민)에게 어떠한 법적 의무도 부과함이 없이 행동 양식을 제안하는 것이며, 의견 역시 수범대상에게 법적 의무를 부여하지 않고 기관이 특정 문제에 대해 자신의 견해를 표명하는 행위이다.[28)] 권고와 의견은 법적 구속력 대신, 선언적 성격과 윤리적 구속력을 가지고 있으며, 일명 연성법(soft law)으로 불린다.[29)]

---

25) Craig and De Búrca, *supra* note 17, p. 85.

26) 김대순, "2007년 EU 리스본조약의 개관," 「국제법학회논총」, 제53권 제 1 호(2008. 4), 151면.

27) Craig and De Búrca, *supra* note 17, p. 86; EU기능조약 제105조 2항, 제108조 2항.

28) http://eur-lex.europa.eu/en/droit_communautaire/droit_communautaire.htm 참조.

29) Linda Senden, *Soft law in European Community Law*(Oxford: Hart Publishing Co.,

EU기능조약의 위 조항은 권고와 의견이 직접효력을 갖는 것을 배제하도록 규정하고 있지만, 사법심사에서까지 자유로운 것은 아니다. 예를 들어, 국내재판소는 권고와 의견의 해석이나 효력에 관하여 유럽사법재판소에 소송을 제기할 수 있기 때문이다.[30] 또한 EU기능조약에는 EU기관이 권고 또는 의견을 제시하도록 하는 명시적 규정이 존재한다.[31]

2) 기타 입법행위

EU는 공동외교안보정책을 수행하기 위하여 입법행위를 할 수 있는데, 즉 '일반지침(general guidelines)'을 정하고, EU가 취해야 하는 행동(actions)과 입장(positions) 및 여기에 언급된 결정의 이행을 위한 협정을 규정하는 '결정(decisions)'을 채택한다.[32] 한편, 리스본조약의 채택으로 삼주체제(三柱體制)가 사라짐으로써 제 2 기둥인 공동외교안보정책의 공동행동(joint action)과 공동입장(common position) 및 제 3 기둥인 형사문제에 있어 경찰 및 사법협력의 결정, 골격결정(framework decision), 공동행동 및 공동입장에 관한 규정은 더 이상 존재하지 않는다.[33]

또한 유럽사법재판소는 EC설립조약 제249조에 규정된 입법행위는 열거(exhaustive)가 아닌 예시적(illustrative provision) 성격을 가지며, 법적 효과를 갖는 것으로 의도된 기관의 모든 조치는 그 성격이나 형식에 관계없이 사법심사의 대상이 된다고 결정하였다. 이러한 행위는 EC설립조약 제249조에 규정된 특정한 행위에서 기인한 것이 아니므로, '특별한 법률행위(legal act *sui generis*)'라 부르기도 한다.[34]

2004), p. 159.

30) Craig and De Búrca, *supra* note 17, p. 86; Case C-322/88 *Grimaldi v. Fonds des Maladies Professionelles* [1989] *ECR* 4407.

31) EU기능조약 제97조, 제117조, 제127조, 제207조 3항, 제167조 5항.

32) 리스본조약에 의하여 개정된 EU조약 제25조.

33) EU조약 제12조, 제34조 참조.

34) Hartley, *supra* note 3, pp. 103-104; Case 22/70 *Commission v. Council* [1971] *ECR* 263 (*European Agreement on Road Transport* Case).

3. 국제조약

EU법의 연원인 국제조약(international agreements or treaties)[35]은 국제적 차원에서 제3국 또는 국제기구와 체결한 조약 및 EU 차원에서 회원국 사이에 채택된 조약 모두를 포함한다.[36] 먼저 제3국 또는 국제기구와 체결한 조약은 EU 또는 EU와 회원국이 공동으로 가입할 수 있는데, EU가 체결한 조약은 EU의 기관과 회원국을 구속한다.[37] 이러한 유형의 조약은 세 가지 형태로 구분할 수 있는데, 준회원협정(Association agreements), 협력협정(Cooperation agreements), 무역협정(Trade agreements)[38]이 그것이다.[39] 또한 회원국 사이에 체결한 조약은 EU 활동과 긴밀히 관련이 있는 문제를 해결하거나 유럽특허협약(Convention for the European Patent for the common market)과 같이 유럽차원에서 통일된 법을 창설하기 위한 목적을 가진다.[40]

4. EU법의 일반원칙

EU법체계는 설립조약과 이차적 연원만으로는 모든 사항을 다 아우를 수 없고, 사법재판소의 해석이 필요하며, 국내법과 마찬가지로 불문법적 요소가 필요하다. 그리하여 EU사법재판소는 설립조약과 이차적 연원은 전체적 설립

35) 국제법상 조약의 개념에 관해서는 1969년 비엔나조약법협약 제2조 및 김정건 외, 앞의 책, 33-38면 참조.

36) EU가 체결한 국제조약은 http://eur-lex.europa.eu/RECH_accord.do?ihmlang=en&mode=rep 참조.

37) EU기능조약 제216조, 제217조; EU의 조약 체결 과정에 관해서는 동 조약 제218조 참조.

38) 예컨대 WTO조약의 경우, 회원국과 EU가 공동으로 가입한 '혼합협정(mixed agreement)'으로서(WTO설립조약 제XI조 1항 참조), 유럽사법재판소는 GATT의 경우 EC가 배타적으로 체결 권한을 갖지만, 서비스와 지적재산권 보호에 관한 국제협정(GATS와 TRIPs)을 체결할 권한은 EC와 회원국이 공동으로 갖는다고 판시한 바 있다. *Opinion 1/94 on the WTO Agreement* [1994] *ECR* I-5267; Craig and De Búrca, *supra* note 17, pp. 97-98 참조.

39) EU기능조약 제218조 6항; http://eur-lex.europa.eu/en/droit_communautaire/droit_communautaire.htm 참조.

40) http://eur-lex.europa.eu/en/droit_communautaire/droit_communautaire.htm 참조.

조약의 체계에 따르고, 공동체에 필요한 결과를 달성하기 위하여 조약 서문과 아래 조항들에 규정된 원칙에 비추어 해석되고 적용되어야 한다고 결정해 왔다.[41)]

우선 리스본조약에 의하여 개정된 EU조약 제 4 조 3항(회원국의 조약준수 의무), 제19조 1항(EU사법재판소의 법준수의무), EU기능조약의 전문, 제 8 조(남녀 평등), 제18조(국적을 근거로 한 차별금지)에 EU를 운영하는 기본적 원칙과 목적이 규정되어 있다.[42)]

EU법의 불문법(unwritten sources of law) 또는 보충적 연원(supplementary sources)을 형성하는 'EU법의 일반원칙(General Principles of EU Law)'은 사법재판소의 결정을 통해 발전하여 왔다.[43)] 동 재판소의 판결은 우선 전통적 법해석의 원칙에 따라 조약 및 EU기관의 행위에 대한 유권해석(authoritative interpretation)은 물론이고, 조약의 규정에서 암시될 수 있는 기본적 원칙을 확립하는 역할을 담당한다. 또한 직접효력, EU법 우위의 원칙 및 국가책임(state liability)과 같은 EU법의 일반원칙을 승인하고 발전시키는 기능을 수행하였다.[44)] 이 외에 비례(proportionality),[45)] 사법심사권(right to judicial review),[46)] 법적 특권

---

41) Foster, *supra* note 2, pp. 32-33.

42) *Ibid.*, p. 34.

43) http://europa.eu/legislation_summaries/institutional_affairs/decisionmaking_process/l14533_en.htm.

44) Foster, *supra* note 2, p. 29; Thiele, *supra* note 2, p. 108.

45) 리스본조약에 의하여 개정된 EU조약 제 5 조 1항에 의하면, EU의 권한 행사(use of competences)는 '보충성과 비례성의 원칙(principles of subsidiarity and proportionality)'에 의하여 규율된다. 또한 EU기관은 '보충성과 비례성의 원칙의 적용에 관한 의정서(Protocol No. 2 on the application of the principles of subsidiarity and proportionality)'에 규정된 대로 두 원칙을 적용하여야 하는데, 동 조약 제 5 조 4항에 의하면 비례성의 원칙이란 유럽연합의 행동 범위와 형태가 "조약의 목적을 달성하기 위하여 필요한 정도를 초과해서는 안 된다(shall not exceed what is necessary to achieve the objectives of the Treaties)"는 원칙을 말한다; 비례성의 원칙에 관한 대표적인 판례로는 Case 11/70 *Internationale Handelsgesellschaft* [1970] *ECR* 1125, Case 178/84 *Commission v. Germany* [1987] *ECR* 1227, Case 181/84 *R v. Intervention Board for Agricultural Produce(IBAP)* [1985] *ECR* 2889를 들 수 있다.

46) 대표적인 판례로는 Case 222/84 *Johnston v. Chief Constable of the Royal Ulster Constabulary* [1986] *ECR* 1651, Case 222/86 *UNECTEF v. Georges Heylens and others* [1987] *ECR* 4097, Case 17/74 *Transocean Marine Paint Association v.*

(legal privilege),[47] 법적 안정성(legal certainty),[48] 소급효금지(non-retroactivity),[49] 합법적 기대(legitimate expectation)[50]와 같은 원칙들도 유럽사법재판소에 의해 확인되고 적용된 일반원칙에 포함된다.

리스본조약에 의하여 개정된 EU조약 제 6 조 1항에 의하면, EU는 2000년에 채택된 'EU기본권헌장(Charter of Fundamental Rights of the European Union)'에 규정된 권리, 자유, 원칙을 승인하며, 동 헌장은 리스본조약과 동일한 법적 효력을 가진다. 또한 EU는 유럽평의회(Council of Europe) 회원국들이 채택한 '유럽인권협약(Convention for the Protection of Human Rights and Fundamental Freedoms)'에 가입하여야 하며, 유럽인권협약 및 회원국에 공통인 헌법적 전통(constitutional traditions common to the Member States)으로부터 기인하는 기본권(fundamental rights)은 EU법의 일반원칙을 구성한다.[51] 이러한 기본권 보장에 관한 EU의 신념은 그동안 EU사법재판소가 수차례의 판결에서 보여준 바 있으며, 리스본조약의 해당 조항은 동 재판소의 판결을 명시적으로 규정하고 있다.[52]

Commission [1974] *ECR* 1063, Joined Cases 33/79, 59/79 *Kuhner v. Commission* [1980] *ECR* 1677을 들 수 있다.

47) 대표적인 판례로는 Case 136/79 *National Panasonic v. Commission* [1980] *ECR* 2033, Case T-30/89 *Hilti Aktiengesellschaft v. Commission* [1990] *ECR* Ⅱ-163, Case C-36/92 *SEP v. Commission* [1994] *ECR* Ⅰ-1911을 들 수 있다.

48) 대표적인 판례로는 Case 43/75 *Gabrielle Defrenne v. Société anonyme belge de navigation aérienne Sabena* [1976] *ECR* 455, Case 262/88 *Barber v. Guardian Royal Exchange Assurance Group* [1990] *ECR* Ⅰ-1889를 들 수 있다.

49) 대표적인 판례로는 Case 80/86 *Criminal proceedings against Kolpinghuis Nijmegen BV* [1987] *ECR* 3969, Joined Cases 106/63, Case 107/63 *Töpfer v. Commission* [1965] *ECR* 405를 들 수 있다.

50) 대표적인 판례로는 Case 88/76 *Société pour l'exportation des sucres SA v. Commission* [1977] *ECR* 709, Case 112/77 *Töpfer v. Commission* [1978] *ECR* 1019, Case 81/72 *Commission v. Council* [1973] *ECR* 575를 들 수 있다.

51) 리스본조약에 의하여 개정된 EU조약 제 6 조 2항·3항.

52) EU의 인권보장에 관해서는 Craig and De Búrca, *supra* note 17, pp. 379-427 참조.

5. EU법의 위계

EU법과 국내법의 관계에서 자세히 살펴보겠지만, EU법은 회원국의 국내법보다 우선한다. 독일법상 법우위의 개념은 상위법우선의 원칙을 의미하는 'Geltungsvorrang(효력의 우위(precedence in validity) 또는 위계적 우위(hierarchical supremacy), 영어로는 supremacy와 대응되는 개념)'과 'Anwendungsvorrang(적용의 우위(precedence in application), 영어로는 primacy와 대응되는 개념)'으로 구분된다.

독일법학자들은 EU법우위의 원칙은 효력의 우위가 아니라 적용의 우위를 의미한다고 주장한다. 따라서 EU법과 충돌하는 국내법은 무효도 위법도 아니고, 단지 그 적용에 있어서만 EU법이 우선한다는 것이다. 두 개념의 결정적인 차이점은 Geltungsvorrang은 충돌된 상위법이 폐지되더라도 하위법은 무효이므로 다시 부활하지 않는다는 원칙인 데 반해, Anwengungsvorrang은 충돌된 상위법(EU법)이 폐지되는 경우 하위법(국내법)은 계속해서 존재하고 있었기 때문에 다시 적용된다는 것이다. 또한 지금까지 유럽사법재판소가 한 번의 판결(Case No.14/68)을 제외하고는 supremacy 대신 primacy 또는 precedence라는 용어를 사용해 왔으며, 유럽헌법제정조약과 리스본조약의 선언에서도 primacy를 사용하고 있음을 주목할 필요가 있다.[53)]

---

53) Michael Schweitzer, *Staatsrecht Ⅲ: Staatsrecht, Völkerrecht, Europarecht*, 9. Aufl. (Heidelberg: C. F. Müller, 2008), pp. 18-19; Werner Schroeder, *Grundkurs Europarecht*(München: Verlag C. H. Beck, 2009), p. 80; Hans Georg Fischer, *Europarecht: Grundkurs*, 2. Aufl.(München: Carl Heymanns Verlag, 2008), p. 83; Kay Hailbronner and Georg Jochum, *Europarecht* Ⅰ(Stuttgart: Kohlhammer, 2005), pp. 183-184; Steffen Detterbeck, *Öffentliches Recht*, 6. Aufl.(München: Verlag Franz Vahlen, 2008), pp. 521-522; Helge Sodan and Jan Ziekow, *Grundkurs Öffentliches Recht*, 2. Aufl.(München: Verlag C. H. Beck, 2007), pp. 419-420; Thiele, *supra* note 2, pp. 122-123; Armin von Bodgandy, "Constitutional Principles," in Armin von Bodgandy and Jürgen Bast(eds.), *Principles of European Constitutional Law*(Oxford: Hart Publishing Co., 2006), pp. 3-52 참조; Emilia Drumeva, "Primacy of the EU Law in the National Constitutional Space: Reflections," in Ingolf Pernice and Evgeni Tanchev(eds.), *Ceci n'est pas une Constitution: Constitutionalisation without a Constitution?*(Baden-Baden: Nomos, 2009), p. 102; Roman Kwiecień, "The Primacy of European Union Law over National Law Under the Constitutional Treaty,"

유럽사법재판소의 1963년 *Van Gend en Loos* 판례에서 시작하여 1964년 *Costa v. ENEL* 판례 이후 발전한 'EU법우위의 원칙(Primacy of Union Law)'은 리스본조약 이전 헌법제정조약에는 명문 규정을 두고 있었지만,[54] 리스본조약에서는 동 조약에 부속된 '우위에 관한 선언(Declaration No. 17 concerning Primacy)'에 관련 조항을 두고 있다.

한편, 위에서 살펴본 EU법의 연원들 사이의 위계 관계를 살펴보면, 일차적 연원인 유럽공동체와 유럽연합을 기초한 설립조약과 불문법인 법의 일반원칙이 가장 상위에 있고, 국제조약과 국제관습법이 그 다음을 차지하며, 이차적 연원인 규칙·지침·결정이 제 3 순위에 있고, 최하위에 이행입법이 존재한다.[55]

German Law Journal, Vol. 6, No. 11, 2005, p. 1485; Franz C. Mayer, "Supremacy – Lost?: Comment on Roman Kwiecień," *German Law Journal*, Vol. 6, No. 11, 2005, pp. 1498-1499; Giulio Itzcovich, "Fundamental Rights, Legal Disorder and Legitimacy: The Federfarma Case," *Jean Monnet Working Paper No. 12/08*, p. 6, fn. 5; Tor-Inge Harbo, "The Function of a European Basic Law: a Question of Legitimacy," *Webpapers on Constitutionalism and Governance beyond the State No. 2/2007*, p. 4, fn. 12; Frank Hoffmeister, "Constitutional Implications of EU Membership: A View from the Commission," *WHI - Paper 10/08*, p. 2.

54) 제 I -6조: "The Constitution and law adopted by the institutions of the Union in exercising competences conferred on it shall have **primacy** over the law of the Member States."

55) Thiele, *supra* note 2, p. 120. http://www.ena.lu/에서 The hierarchy of sources in European Union Law 부분 참조; 국제조약은 일차법과 이차법 사이에 놓이게 되는데, 그 이유는 국제조약이 EU기관의 행위에 의하여 체결되기 때문에 이차법인 것처럼 보이지만, 다른 한편으로 EC설립조약 제300조 7항(EU기능조약 제216조 2항)에 따라 공동체(EU)기관과 회원국에 구속력을 가지고 있으며, EU기관이 이차법을 제정할 때 국제조약을 준수하여야만 하기 때문에 결국 일차법과 이차법 사이에 위치하는 것이다. Schweitzer, *supra* note 53, p. 157.

Ⅲ. EU법의 효력

1. 직접효력과 직접적용

'직접효력(direct effect)'과 '직접적용(direct applicability)'은 EU법우위의 원칙과 함께 EU사법재판소가 확립한 EU법의 기본 원칙 중 하나이다. 특히, EU법의 직접효력 원칙은 원칙적으로 설립조약, 이차적 법률과 국제조약을 포함한 모든 구속력있는 EU법에 적용된다.[56)]

한편 리스본조약 어디에도 직접효력과 직접적용의 명시적 정의를 찾아볼 수 없지만, 유럽사법재판소는 판결에서 직접효력이란 EU법이 개인에게 직접적으로 권리와 의무를 부여하여, 개인이 회원국의 재판소에서 이를 원용할 수 있는 것을 의미하며,[57)] 직접적용은 국제법이 회원국의 국내법상 다른 이행입법을 필요로 하지 않고 자동적으로 구속력을 가지는 것이라고 언급하여 왔다.[58)] 다시 말해, 직접효력은 권리 이행에 관한 사법적 발전을 의미하는 것인데 반해, 직접적용은 수용(incorporation)의 방법과 관련된 술어이다. 또한 직접효력은 모든 형태의 EU법에 적용될 수 있는 반면, 직접적용은 특정한 유형에만 적용될 수 있다. 예를 들어, 지침은 수범대상에게만 적용될 수 있기 때문에 직접적용성을 갖지 않으며, 대부분의 경우 국내입법을 통하여 국내법으로 변형되어야 한다. 그러나 지침은 직접효력은 가질 수 있다.[59)]

그동안 유럽사법재판소는 EC설립조약(괄호 안은 EU기능조약의 관련규정)의

56) Craig and De Búrca, *supra* note 17, p. 268.

57) Case 26/62 *Van Gend en Loos* [1963] *ECR* 1: "The European Economic Community constitutes a new legal order of international law for the benefit of which the states have limited their sovereign rights. … Community law not only imposes obligations on individuals but is also intended to confer upon them rights which become part of their legal heritage …"; 직접효력의 개념은 '국내재판소에서의 문제의 규정에 대한 개인 청원자의 즉각적인 법적 집행가능성(immediate enforceability by individual applicant of those provisions in national courts)'으로 이해된다. Craig and De Búrca, *supra* note 17, p. 273.

58) Foster, *supra* note 2, p. 35.

59) *Ibid.*, p. 37.

다음 조항들이 직접효력을 갖는다고 판결한 바 있는데, 제12조(제18조) 국적을 근거로 한 차별금지, 제25조(제30조) 관세 및 관세와 동일한 효력을 갖는 과세 금지, 제28조(제34조)·제29조(제35조) 수량금지, 제39조(제45조) 노동자의 이동의 자유, 제43조(제49조) 설립에 관한 권리, 제50조(제44조) 서비스 이동의 자유, 제81조(제101조) 담합행위의 금지, 제82조(제102조) 지배적 지위의 남용 금지, 제88조(제108조) 국가원조, 제95조(제114조) 수입상품의 과세 차별금지, 제141조(제157조) 남녀평등에 관한 조항들이 바로 그것이다. 그 중에서도 제39조, 제43조, 제50조, 제81조에 대해서는 '완전한 직접효력(full direct effect)'을, 제12조와 제95조에 대해서는 '수직적 직접효력(vertical direct effect)'을 인정하였다.[60] 한편 설립조약의 조항들이 직접효력을 갖기 위해서는 *Van Gend en Loos* 판결에서 제시된 일정한 조건을 준수하여야 하는데, 이에 대해서는 규칙의 법적 효력과 관련하여 자세히 살펴보도록 하겠다.

2. 규칙과 결정의 법적 효력

1) 규칙의 법적 효력

앞에서 잠시 언급한 바 있는 EU기능조약 제288조에 의하면, 규칙(Regulation)은 직접적용성을 가진다. 규칙의 직접적용성은 EC설립조약의 준비문서(*travaux préparatoires*)가 존재하지 않는 관계로 조약을 기초할 당시의 의도는 알 수 없으나, 국제법이 국내법체계에 적용되는 방식과 관련이 있다. 다시 말해, 규칙의 경우 회원국의 국내법으로 특정한 이행 또는 변형입법의 절차를 거치지 않고 직접 회원국 내에서 법적 효력을 가지며, 자기집행적(self-executing)[61] 성격을 갖는다.[62]

만약 규칙이 즉각적으로 회원국 법률의 일부가 되고, 해당 규정이 충분히 분명하고 정확하며, 개인 소송당사자와 관련이 있다면, 동 규정이 국내재

60) http://europa.eu/legislation_summaries/institutional_affairs/decisionmaking_process/l14547_en.htm 참조; 이들 개념에 관해서는 이하 '지침의 법적효력' 부분 참조.

61) 이주윤, "독일 국내법상 국제법의 지위," 「법학연구」, 제27집(2007. 8), 436면.

62) Craig and De Búrca, *supra* note 17, pp. 84, 278; Thiele, *supra* note 2, p. 110.

판소에서 개인에 의해 원용되고 집행되지 못할 이유는 없게 된다.[63] 그러나 한편 규칙의 직접적용성과 관련하여, 유럽사법재판소는 회원국이 국내 입법을 통해 규칙에서 다루어지지 않은 다양한 관련 문제들을 규율할 수 있는바, 일부의 경우 규칙이 적극적으로 국내이행조치를 요구할 수도 있다고 판단하였다. 물론, 회원국이 이행조치를 통해 규칙의 내용에 적대적 영향을 미칠 수 있음에 상당한 우려를 표명하였다.[64]

규칙의 직접효력과 관련하여서는 두 가지 견해가 나뉘고 있는데, 먼저 모든 규칙은 직접효력을 가진다는 주장이 있다. 예를 들어, 유럽사법재판소는 1971년 이탈리아 재판소가 제기한 선결적 부탁절차에서, "규칙은 직접적 효력을 가지며, 회원국 재판소가 보호하여야 하는 개인적 권리를 창출할 수 있다(Regulations have direct effect and are as such, capable of creating individual rights which national courts must protect)"라고 판결하였다.[65] 또한 직접효력은 때때로 직접적용의 하부개념으로, 직접적용은 직접효력의 전제조건으로 간주되기도 한다. *Grad* 사건에서 유럽사법재판소는 개인이 국내재판소에 '결정(decision)'을 원용할 수 있는 능력(즉, 직접효력)은 규칙의 직접적용성에서 얻어질 수 있는 것과 동일한 결과를 낳을 수 있다고 언급하였다.[66]

한편, 동 재판소가 처음으로 직접효력에 대해 언급한 *Van Gend en Loos* 판결에서 언급된 일정한 조건을 완료하여야 규칙이 직접효력을 가질 수 있다

---

63) Craig and De Búrca, *supra* note 17, p. 278.

64) *Ibid.*, p. 278; Case 50/76 *Amsterdam Bulb BV v. Produktschap voor Siergewassen* [1977] *ECR* 137; Case C-403/98 *Azienda Agricola Monte Arcosu Srl v. ERSAT* [2001] *ECR* 103.

65) Case 43/71 *Politi s.a.s. v. Ministry for Finance of the Italian Republic* [1971] *ECR* 1039.

66) Case 9/70 *Franz Grad v. Finanzamt Traunstein* [1970] *ECR* 825: "Although the effects of a Decision may not be identical with those of a provision contained in a Regulation, this difference does not exclude the possibility that the end result, namely the right of the individual to invoke the measure before the courts, may be the same as that of a **directly applicable provision of a Regulation**. Therefore, in each particular case, it must be ascertained whether the nature, background and wording of the provision in question, are capable of producing **direct effects** in the legal relationships between the addressee of the act and third parties."; Foster, *supra* note 2, p. 37.

고 주장하는 학자도 있다. 영국의 Foster 교수는 EC설립조약 제249조에 규정된 규칙의 직접적용성과는 대조적으로, 유럽사법재판소가 문제의 법 규정이 직접효력이 있다고 선언하기 위해서는 특정한 요건이 충족되어야 한다고 설명한다. Van Gend en Loos라는 네덜란드의 한 무역회사가 네덜란드 당국이 부과한 수입관세가 EEC조약 제12조와 제13조를 위반한 부당한 처사라고 소송을 제기한 사건에서, 유럽사법재판소는 공동체법은 개인에게 의무뿐만 아니라 공동체의 법적 유산의 일부인 권리도 부여할 수 있다고 판결하였다.[67] 공동체법의 특정한 규정이 회원국의 국내재판소에서 그의 불이행 또는 부적절한 이행을 이유로 직접 적용되기 위해서는, 당해 규정은 "분명하고 정확하며(clear and precise), 회원국 당국에 어떠한 재량도 허용하지 않으며(leave no discretion to the authorities of the Member State), 무조건적이며(unconditional), 공동체 또는 회원국에 의한 추가적 이행을 필요로 하지 않아야(require no further implementation by either the Community or the Member State)" 한다.[68]

---

67) Case 26/62 *Van Gend en Loos* [1963] *ECR* 1: "Community law not only **imposes obligations on individuals** but is also intended to **confer upon them rights** which become part of their legal heritage. These rights arise not only where they are expressly granted by the treaty but also by reason of obligations which the treaty imposes in a clearly defined way upon individuals as well as upon the Member States and upon the institutions of the Community. … The wording of Article 12 contains a **clear and unconditional** prohibition which is not a positive but a negative obligation. This obligation, moreover, is **not qualified by any reservation on the part of states** which would make its implementation conditional upon a positive legislative measure enacted under national law. … The implementation of Article 12 does **not require any legislative intervention** on the part of the states. The fact that under this Article it is the Member States who are made the subject of the negative obligation does not imply that their nationals cannot benefit from this obligation. … According to the spirit, the general scheme and the wording of the EEC treaty, Article 12 must be interpreted as producing **direct effects** and creating individual rights which national courts must protect."

68) Thiele, *supra* note 2, p. 103; 직접효력의 조건에 관한 자세한 검토는 Craig and De Búrca, *supra* note 17, pp. 275-277 참조; 직접효력의 조건은 *Van Gend* 판결 이후 점차 느슨해졌는데, 현재의 입장은 다음과 같이 정리할 수 있다: 문제의 조약 규정이 충분히 분명하고 정확하며 무조건적이며, 개인에게 권리를 부여할 의도를 가지고 있다면 해당 규정은 직접효력을 갖게 될 것이다. 그런데 이러한 요건은 분명히 사법재판소에 상당한 정도의 재량의 여지를 남기고 있는 것이다. *Ibid.*, p. 277.

이러한 직접효력의 요건은 *Van Gend* 판결을 시작으로 이후 수차례 판결에서 언급되어 왔는데, 조약 규정이 직접효력을 갖는지의 문제는 이처럼 강제적(compelling) 성격의 것이 아니다.[69] 따라서 직접적용성이 있는 규칙이 반드시 직접효력을 가지고 있는지에 대한 대답 역시 직접효력은 자동적(automatic) 성격을 갖는 것이 아니기 때문에 부정적이어야 한다고 보고 있다. 또한 Foster 교수는 규칙은 물론이고, 조약 규정을 포함한 모든 개별 조항은 재판소가 제시한 위의 공식을 만족시켜야 한다는 사실을 강조한다.[70] 이러한 입장은 이탈리아 지역행정재판소가 제기한 선결적 부탁절차에서도 입증되었다. 유럽사법재판소는 일반적으로 규칙은 직접효력을 가지지만, 규칙이 개인에 의한 이행이 가능한 직접효력을 반드시 갖는 것은 아니라고 결정하였다.[71]

2) 결정의 법적 효력

EU기능조약 제288조에 따라 결정(Decision)은 특정한 수범대상에게만 구속력을 가진다. 규칙과 달리, 결정은 보통 일반적 조치가 아닌 특정한 대상을 지향하고 있다는 점에서 개별적 성격을 갖는다. 위에서 살펴본 바와 같이, *Grad* 사건에서 유럽사법재판소는 조금의 주저함도 없이 결정이 직접효력을 가질 수 있음을 판단한 바 있다.[72] 동 재판소는 적절한 경우 결정이 국내재판소에서 개인에 의해 원용될 수 있다고 판단하기 위하여 '유효성의 원칙(principle of *effet utile* or effectiveness)'에 의존하였다고 언급하였다.[73]

---

69) Craig and De Búrca, *supra* note 17, p. 278.

70) Foster, *supra* note 2, pp. 35-37.

71) Case 230/78 *Eridania v. Minister of Agriculture and Forestry* [1979] *ECR* 2749: "The fact that a Regulation is directly applicable does not prevent the provisions of that Regulation from empowering a Community institution or a Member State to take implementing measures. … However, the **direct applicability** of the measure empowering the Member State to take the national measures in question will mean that the **national courts may ascertain** whether such national measures are in accordance with the content of the Community Regulation."; Foster, *supra* note 2, p. 37.

72) Craig and De Búrca, *supra* note 17, p. 279.

73) Case 9/70 *Franz Grad v. Finanzamt Traunstein* [1970] *ECR* 825, para. 5: "It would be incompatible with the binding effect attributed to **Decisions** by Article 189 to

3. 지침의 법적 효력

1) 직접효력

EU사법재판소가 조약 규정의 직접효력을 인정한 주된 이유는 조약의 근본 목적과 조약이 창설하고자 하는 체제의 성격이 만약 조약의 명확한 규정에 영향을 받는 개인에 의해 국내적으로 집행될 수 없다면 심하게 훼손될 수 있기 때문이었다.[74)]

EU기능조약 제288조에 의하면 규칙·결정과는 달리, 지침(Directive)의 국내이행은 특별히 조약에 의하여 정해진다. 지침은 보통 다양한 분야에서 회원국의 다른 법률을 통합하고 조정하기 위하여 EU기관에 의하여 '조화의 법률(instruments of harmonisation)'로서 제정된다. 그리하여 지침의 규정은 복잡하고 민감한 문제에 대한 회원국 사이의 타협을 의미하며, 일정한 재량적 권한이 회원국에게 주어진다. 결국 지침의 실제 목적이 적절하게 보장된다면 회원국 내에서 이행조치가 동일할 필요는 없는 것이다.[75)]

위에서 살펴본 대로 회원국에게 일정한 재량을 부여하며, 추가 이행조치를 필요로 하는 성격의 지침이 만약 일반적인 목적만을 규정하고 있다면, 적절한 국내 사법 집행의 허용을 위해서는 반드시 명확할 필요는 없다. 따라서 직접효력의 요건을 지침의 이러한 특징과 조화시키는 것은 어려울 것이다. 그러나 유럽사법재판소가 조약 규정의 직접효력 개념을 형성하는 데 기초가 된 법적 통합과 유효성이라는 목적은 지침의 경우에도 동일하게 적용될 수 있다.[76)]

---

exclude in principle the possibility that persons affected may invoke the obligation imposed by a Decision. Particularly in cases where, for example, the Community authorities have by means of a Decision imposed an obligation in a Member State or all the Member States to act in a certain way, the **effectiveness**(*L'effet utile*) of such a measure would be weakened if the nationals of that State could not invoke it in the courts and the national courts could not take it into consideration as part of Community law."

74) Craig and De Búrca, *supra* note 17, p. 279.

75) *Ibid*.

76) *Ibid*., p. 280; Thiele, *supra* note 2, p. 114.

지침의 직접효력과 관련하여 주요한 판례인 *Van Duyn* 사건에서, 재판소는 지침이 원칙적으로 직접효력을 가질 수 있다고 판단하였다. 그러한 근거로서, 첫째, 지침은 구속력이 있으며, 개인이 이를 원용할 수 있는 경우 보다 효과적으로 집행될 수 있다는 기능적 접근법을 들고 있다. 둘째, EC설립조약 제234조(EU기능조약 제267조)는 국내재판소로 하여금 지침을 포함한 공동체 조치에 관하여 유럽사법재판소에 문제를 회부하는 것(소위, 선결적 부탁절차)을 허용하고 있는데, 이는 지침이 국내재판소에서 개인에 의해 원용될 수 있음을 전제로 한다고 해석되어질 수 있다. 셋째, 회원국은 지침을 이행할 의무가 있는데, 그 의무의 이행으로 개인은 국내이행법률에 의존할 수 있어야 한다. 이는 회원국이 지침을 이행하지 않음으로 인하여 지침의 구속력이 인정되지 않는 일이 발생하지 않도록 하여야 한다는 금반언(estoppel)적 주장을 근거로 삼고 있다.[77)]

또한 위 사건에서 문제의 지침은 회원국으로 하여금 공공정책 등을 근거로 비국적인의 이동을 제한하는 것을 허용하고 있는데, 재판소는 문제의 지침이 해당 제한조치가 개인의 개별적 행동에 기초해야 한다고 규정함으로써 지침이 국가에 부여된 재량적 권한을 제한하였다고 판결하였다.[78)]

---

77) Case 41/74 *Yvonne van Duyn v. Home Office* [1974] *ECR* 1337, para. 12: "It would be incompatible with the binding effect attributed to a **Directive** by Article 189 to exclude, in principle, the possibility that the obligation which it imposes may be invoked by those concerned. In particular, where the Community authorities have, by Directive, imposed on Member States the obligation to pursue a particular course of conduct, the useful effect of such an act would be weakened if individuals were prevented from relying on it before their national courts and if the latter were prevented from taking it into consideration as an element of Community law. Article 177, which empowers national courts to refer to the court questions concerning the validity and interpretation of all acts of the Community institutions, without distinction, implies furthermore that these acts may be invoked by individuals in the national courts. It is necessary to examine, in every case, whether the nature, general scheme and wording of the provision in question are capable of having direct effects on the relations between Member States and individuals."; Craig and De Búrca, *supra* note 17, pp. 280-281.

78) Case 41/74 *Yvonne van Duyn v. Home Office* [1974] *ECR* 1337, para. 6: "These provisions impose on Member States a precise obligation which does not require the adoption of any further measure on the part either of the Community

그러나 지침의 특정 규정이 충분히 분명하고 국내재판소에 의해 직접적으로 적용될 수 있을 정도로 명확한 것인지의 문제가 남아 있는데, 이것은 지침의 규정에 따라 개별적으로 다양할 수 있다.[79]

이후 전부는 아니지만 대부분의 사건에서, 유럽사법재판소는 재량의 존재가 반드시 지침이 개인에 의해 직접적으로 원용되는 것을 막는 것은 아니라고 판결하였다. 이것은 예를 들어, 회원국이 온전히 이행에 관한 재량을 행사하거나, 국가가 특정 재량행위를 행사하지 않기로 결정하거나, 분명하고 명확한 의무가 지침의 다른 부분과 분리될 수 있는 경우 해당될 수 있다.[80] 재판소는 종종 처음엔 직접효력을 인정하지 않은 규정에 대해 이후 판례에서는 회원국에 의무를 부여하기에 충분히 분명하다고 판결하기도 하였다.[81]

한편 *Van Duyn* 사건 이후의 판례를 살펴보면, EC설립조약 제249조에 지침의 직접적용성을 규정하지 않아 지침이 자동적으로 국내법의 일부가 되지는 않지만, 이행을 위해 마련된 기간이 만료되고 회원국이 적절히 이행을 하지 않은 경우에는 지침이 규칙과 비슷한 효력을 갖게 될 수도 있음을 알 수 있다.[82] 또한 유럽사법재판소는 심지어 이행기간이 지나기 전에도 지침이

---

institutions or of the Member States and which leaves them, in relation to its implementation, no discretionary power."; Craig and De Búrca, *supra* note 17, p. 281.

79) *Ibid.*

80) Case C-441/99 *Riksskatteverket v. Soghra Gharehveran* [2001] *ECR* Ⅰ-1477; Case C-303/98 *SIMAP v. Conselleria de Sanidad y Consumo de la Generalidad Valenciana* [2000] *ECR* Ⅰ-7963; Joined Cases C-453/02 *Finanzamt Gladbeck v. Edith Linneweber*, C-462/02 *Finanzamt Herne-West v. Savvas Akritidis* [2005] *ECR* Ⅰ-1131; Case C-346/97 *Braathens Sverige AB v. Riksskatteverket* [1999] *ECR* Ⅰ-3419; Case C-292/02 *Meiland Azewijn BV v. Hauptzollamt Duisburg* [2004] *ECR* Ⅰ-7905; Joined Cases C-465/00, C-138/01, C-139/01 *Rechnungshof v. Österreichischer Rundfunk and Others* [2003] *ECR* Ⅰ-4989; Case C-476/01 *Criminal proceedings against Felix Kapper* [2004] *ECR* Ⅰ-5205.

81) Craig and De Búrca, *supra* note 17, p. 281; Case C-236/92 *Comitato di Coordinamento per la Difesa della Cava and others v. Regione Lombardia and others* [1994] *ECR* Ⅰ-483, Case C-365/97 *Commission v. Italy* [1999] *ECR* Ⅰ-7773.

82) Case 8/81 *Ursula Becker v. Finanzamt Münster-Innenstadt* [1982] *ECR* 53; Case C-141/00 *Ambulanter Pflegedienst Kügler GmbH v. Finanzamt für Körperschaften I in Berlin* [2002] *ECR* Ⅰ-6833.

효력을 가지고 있음을 분명히 하였는데, *Inter-Environnement Wallonie* 사건에서 회원국은 이행기간 중 지침에 규정된 결과에 심각한 손상을 야기할 만한 어떠한 조치도 취하지 못하도록 판결하였다.[83)]

2) 수직적 및 수평적 직접효력

먼저 '수직적 직접효력(vertical direct effect)'이란 개인이 국내재판소에서 EU법을 준수하거나 이행하지 않은 '회원국'을 상대로 소송을 제기할 수 있는 경우를 말하며, '수평적 직접효력(horizontal direct effect)'은 개인이 국내재판소에서 EU법을 준수하지 않은 '다른 개인'을 상대로 권리를 주장할 수 있는 경우를 의미한다.[84)] 유럽사법재판소는 1986년 *Marshall* 사건에서 지침은 수평적 직접효력이 아닌 수직적 직접효력, 즉 개인이 아닌 국가만 피고로 원용할 수 있다고 결정하였다.[85)]

이와 관련하여 여러 가지 논거들이 제시되었는데, 우선 해당 조약의 문맥상, 지침의 구속력은 오직 수범대상으로 삼고 있는 국가에 대해서만 미친다는 것이다. 법치주의(rule of law) 주장도 지침의 수평적 직접효력을 부인하고 있는데, 지침은 통보 또는 발간 이전까지는 존재하는 것이 아니며, 이행기간을 포함하고 있기 때문에 기본적인 법치주의 원칙을 제한한다는 것이다. 지침의 수평적 효력은 규칙과 지침 사이의 구별을 무의미하게 만들 수 있다는 주

---

83) Case C-129/96 *Inter-Environnement Wallonie ASBL v. Région wallonne* [1997] *ECR* I-7411; Craig and De Búrca, *supra* note 17, p. 282; Thiele, *supra* note 2, p. 115.

84) http://sixthformlaw.info/01_modules/mod2/2_3_2_eu_sources/08_doctrine_of_direct_effect.htm; http://www.eurofound.europa.eu/areas/industrialrelations/dictionary/definitions/horizontaldirecteffect.htm 참조.

85) Case 152/84 *M. H. Marshall v. Southampton and South-West Hampshire Area Health Authority(Teaching)* [1986] *ECR* 723, para. 48: "With regard to the argument that a *Directive* may not be relied upon against an **individual**, it must be emphasized that according to Article 189 of the EEC Treaty the binding nature of a Directive, which constitutes the basis for the possibility of relying on the Directive before a national court, exists only in relation to '**each Member State to which it is addressed**'. It follows that a Directive may not of itself impose obligations on an individual and that a provision of a Directive may not be relied upon as such against such a person."

장도 있다. 이는 회원국 내에서 이행되지 않았음에도 불구하고 지침이 법적 효력을 가질 수 있게 됨으로써 직접적용성이 있는 규칙과 그렇지 않은 지침의 구분을 모호하게 하는 것이다. 또한 마지막으로 법적 안정성(legal certainty)과 관련하여, 지침의 핵심적 목적이 명확하고 사법 집행이 가능한 경우에도 자주 국내 이행조치에서 상당 부분 구체화될 수 있는 여지를 남겨 두고 있기 때문에 문제가 있다는 것이다.[86)]

지침이 수평적 직접효력을 가질 수 없다는 원칙은 필수적으로 사적 영역과 공적 영역 간의 구별을 요구하였다. 유럽사법재판소는 지침의 완전한 수평적 직접효력을 지지하는 학자들의 거센 비판과 법률고문관들이 제출한 여러 의견에도 불구하고, 계속해서 지침은 수직적 직접효력만을 가져야 한다고 판시하였다.[87)]

3) 확장된 수직적 직접효력

지침을 집행하여야 하는 '국가'의 개념은 점차 확대되어 왔다. 예를 들어 *Marshall* 사건에서 유럽사법재판소는 원고가 보건당국(Health Authority)에 대하여 지침의 규정을 원용할 수 있다고 판결하였는데, 이는 보건당국이 '공공당국(public authority)', 즉 국가기관(organ of the State)으로 고려되었기 때문이다.[88)]

재판소는 국내재판소뿐만 아니라 국가기관 및 국내행정부서 역시 비록 정확한 범위를 정하는 것은 어렵지만, 관행상 지침의 규정을 적용할 의무가 있다고 판결하여 왔다.[89)] 공공계약체결의 입찰절차와 관련된 *Costanzo* 사건에

---

86) Craig and De Búrca, *supra* note 17, pp. 283-284.

87) *Ibid.*, p. 284.

88) Case 152/84 *M. H. Marshall v. Southampton and South-West Hampshire Area Health Authority(Teaching)* [1986] *ECR* 723, paras. 49, 50: "In that respect it must be pointed out that where a person involved in legal proceedings is able to rely on a **Directive as against the State** he may do so regardless of the capacity in which the latter is acting, whether employer or public authority. … It is for the national court to apply those considerations to the circumstances of each case; the court of appeal has, however, stated in the order for reference that the respondent, Southhampton and South-West Hampshire Area Health Authority (Teaching), is a **public authority**."; Craig and De Búrca, *supra* note 17, p. 284.

89) *Ibid.*, p. 285.

서 지역당국인 밀라노 시가 직접적으로 지침 규정에 구속되는지가 문제되었는데, 재판소는 지방자치단체와 같은 분권화된 당국을 포함한 모든 행정기관은 해당 규정을 준수할 의무가 있다고 결정하였다.[90)]

또한 1990년 *Foster* 사건에서 유럽사법재판소는 영국가스(British Gas)라는 회사를 국가기관으로 간주하였는데, 동 사건은 단지 국가의 일정한 통제력하에 공공서비스를 제공할 책임이 있는 기관이라도 공공기관의 범주에 포함된다고 판결하였다. 그러나 동 판결에서 국가기관의 개념에 어느 정도의 국가 통제력으로 국가 권한을 대리할 수 있는지는 분명하지 않다.[91)] 이후 판례들은 *Foster* 사건에서 고안된 느슨한 기준을 적용하는 문제를 국내재판소의 손에 맡겨 두었지만, 최근 들어 유럽사법재판소는 특정한 기관들이 분명히 위 기준에 만족하므로 지침을 원용할 수 있다고 판단하였다.[92)]

---

90) Case 103/88 *Fratelli Costanzo SpA v. Comune di Milano* [1989] *ECR* 1839, para. 31: "It would, moreover, be contradictory to rule that an individual may rely upon the provisions of a **Directive** which fulfil the conditions defined above in proceedings before the national courts seeking an order against the administrative authorities, and yet to hold that those authorities are under no obligation to apply the provisions of the Directive and refrain from applying provisions of national law which conflict with them. It follows that when the conditions under which the Court has held that individuals may rely on the provisions of a Directive before the national courts are met, **all organs of the administration**, including decentralized authorities such as municipalities, are obliged to apply those provisions."

91) Case C-188/89 *A. Foster and others v. British Gas plc* [1990] *ECR* Ⅰ-3313, paras. 18, 20: "… the Court has held in a series of cases that unconditional and sufficiently precise provisions of a Directive could be relied on against organizations or bodies which were subject to the authority or control of the State or had special powers beyond those which result from the normal rules applicable to relations between individuals. … It follows from the foregoing that a body, whatever its legal form, which has been made responsible, pursuant to a measure adopted by the State, for providing a **public service** under the **control of the State** and has for that purpose special powers beyond those which result from the normal rules applicable in relations between individuals is included in any event among the bodies against which the provisions of a Directive capable of having direct effect may be relied upon."

92) Craig and De Búrca, *supra* note 17, pp. 286-287.

4) 간접효력

유럽사법재판소는 지침의 수평적 직접효력에 대한 가능성은 부인하였음에도 불구하고, 국내법을 지침의 입장에서 해석하도록 요구하는 '조화로운 해석(harmonious interpretation) 또는 간접효력(indirect effect)의 원칙'을 발전시킴으로써 지침의 적용과 효율성을 촉진하였다.[93] 이와 관련해서 대표적 판례인 *Von Colson* 사건에서 재판소는 명시적으로 국내재판소를 공동체 의무의 이행을 책임지는 국가기관으로 확인하였으며, 문제가 된 독일재판소로 하여금 실질적이고 효과적인 구제를 제공하기 위하여 국내법을 지침의 요건과 합치되게 해석하도록 장려하였다.[94] 동 사건은 또한 간접효력 원칙은 지침 규정이 직접효력의 정당화요건(명확성, 정확성, 무조건성)을 충족할 것을 요구하는 것은 아니라는 점을 분명히 하였다.[95]

간접효력 원칙은 수년간에 걸쳐 다양한 방법을 통해 강화되어 왔는데, 유럽사법재판소는 동 원칙을 EC설립조약 제10조의 의무로부터 기인한 조약에 내재되어 있는 것 또는 국내재판소뿐만 아니라 국내법을 해석하고 적용할 모든 권한 있는 당국에 적용되는 완전한 요건으로 선언하였다.[96]

또한 *Von Colson* 사건 이후 *Marleasing* 사건에서는 이행되지 않은 지침이 사인 간의 사건에서도 국내법 해석에 영향을 주기 위하여 원용될 수 있음을 확인하였으며, 조화로운 해석의 의무는 지침과 특정한 관련이 있는 법률은 물론이고, 전체로서의 국내법 체제에 적용된다고 판결하였다.[97] 한편 수많은

93) *Ibid.*, p. 287.

94) Case 14/83 *Sabine von Colson and Elisabeth Kamann v. Land Nordrhein-Westfalen* [1984] *ECR* 1891, paras. 26, 28: "… It follows that, in applying the national law and in particular the provisions of a national law specifically introduced in order to implement Directive No. 76/207, national courts are **required to interpret their national law in the light of the wording and the purpose of the Directive** in order to achieve the result referred to in the third paragraph of Article 189. … It is for the national court to interpret and apply the legislation adopted for the implementation of the Directive in conformity with the requirements of Community law, in so far as it is given discretion to do so under national law."

95) Craig and De Búrca, *supra* note 17, p. 288.

96) *Ibid.*

97) Case C-106/89 *Marleasing SA v. La Comercial Internacional de Alimentacion SA*

법률고문관들이 간접효력 원칙은 이행기간이 만료되기 이전에 적용되어야 한다고 주장하였는데, 유럽사법재판소는 조화로운 해석 의무는 비록 이행기간이 만료되기 이전이라도 국가로 하여금 지침이 추구하는 결과에 영향을 미칠 수 있는 어떠한 조치도 취하지 못하게 하는 것이라고 판시하였다.[98)]

5) 부수적 수평적 직접효력

유럽사법재판소는 판례를 통해, 특정한 경우 이행되지 않은 지침이 사인 간에 원용될 수 있는 제한된 형태의 수평적 효력, 즉 '부수적 수평적 직접효력(incidental horizontal direct effect)'을 가질 수 있음을 시사한 바 있다.[99)] *CIA Security* 사건에서 재판소는 예방적 통제를 통해 상품의 자유로운 이동을 보장하는 것을 목적으로 하는 해당 지침을 이행하는 국내 규정은 집행위원회에 통고되어야 하는데, 이러한 통고의무의 위반은 중대한 절차적 결함에 해당하며, 그 결과 문제의 국내 규정은 개인에게 적용할 수 없는 것으로 지침을 해석하는 것이 통제의 효율성을 강화하는 것이라고 판결하였다. 따라서 유럽사법재판소는 해당 지침의 규정에 따라 통고되지 않은 국내규정의 적용을 거부해야 하는 국내재판소에서 개인이 문제의 지침 조항을 원용할 수 있다고 결론을 내렸다.[100)]

[1990] *ECR* Ⅰ-4135; Craig and De Búrca, *supra* note 17, pp. 288-289.

98) Case C-212/04 *IKonstantinos Adeneler and Others v. Ellinikos Organismos Galaktos (ELOG)* [2006] *ECR* Ⅰ-6057, para. 123; Craig and De Búrca, *supra* note 17, pp. 291-292.

99) *Ibid.*, p. 296.

100) Case C-194/94 *CIA Security International SA v. Signalson SA and Securitel SPRL* [1996] *ECR* Ⅰ-2201, paras. 48, 55: "… The **effectiveness** of Community control will be that much greater if the Directive is interpreted as meaning that breach of the obligation to notify constitutes a substantial procedural defect such as to render the technical regulations in question inapplicable to individuals. … Articles 8 and 9 of Directive 83/189 are to be interpreted as meaning that **individuals may rely on** them before the national court which must decline to apply a national technical regulation which has not been notified in accordance with the Directive."; Craig and De Búrca, *supra* note 17, p. 297.

6) 국가책임

개인이 지침 규정을 집행할 수 있는 또 하나의 방법은 유럽사법재판소가 *Francovich* 사건에서 확인한 '국가책임(state liability)'[101] 이론에 따라, 지침을 이행하지 않은 국가의 부작위로 발생한 손해에 대하여 국가를 상대로 손해배상 소송을 제기하는 것이다. 이는 지침이 적절히 이행되었다면 개인에게 부과되었을 의무를 국내재판소에서 원용하는 대신에, 국가를 상대로 소송을 진행하는 것을 말한다.[102]

Ⅳ. EU법의 입법절차

1. 입법의 필요성

EU법을 제정하여야 하는 이유는 첫째, 조약에 규정된 목적을 달성하고, 둘째, 조약은 상대적으로 EU 행위의 광범위한 기본 틀만을 제공하고 있어 구체적인 부분에 관한 법이 필요하며, 셋째, EU가 작동하는 것을 가능하게 하

101) '국가책임'을 원용하기 위해서는 일정한 조건이 충족되어야 하는데, 이에 관해서는 Craig and De Búrca, *supra* note 17, pp. 334-338 참조.

102) Joined Cases C-6/90, C-9/90 *Andrea Francovich and Danila Bonifaci and others v. Italian Republic* [1991] *ECR* I-5357, paras. 33, 34, 35: "The full **effectiveness** of Community rules would be impaired and the **protection of the rights** which they grant would be weakened if individuals were unable to obtain redress when their rights are infringed by a breach of Community law for which a Member State can be held responsible. The possibility of obtaining redress from the Member State is particularly indispensable where, as in this case, the full effectiveness of Community rules is subject to prior action on the part of the State and where, consequently, in the absence of such action, individuals cannot enforce before the national courts the rights conferred upon them by Community law. It follows that the principle whereby **a State must be liable for loss and damage caused to individuals** as a result of breaches of Community law for which the State can be held responsible is inherent in the system of the Treaty."; Craig and De Búrca, *supra* note 17, p. 300.

며, 넷째, 역내시장 완성과 같은 EU의 목적을 달성하기 위해서이다.

2007년의 리스본조약 이전에는 EU 행위를 채택하기 위하여 5개의 입법절차가 존재하였는데, 협의절차(consultation procedure), 협력절차(cooperation procedure),[103] 공동결정절차(codecision procedure),[104] 동의절차(assent procedure) 및 조정절차(conciliation procedure)가 그것이다. 관련 입법절차가 무엇이든 간에, EU의 의사결정기관인 유럽집행위원회, 유럽의회, EU이사회가 관련되는데, 원칙적으로 집행위원회가 법률안을 제출하고, 이사회가 결정을 내리며, 유럽의회의 참여는 절차에 따라 차이를 보인다.[105]

이러한 복잡하고 다양한 입법절차와 관련하여 민주주의와 효율성이라는 두 가지 관점에서 비판이 제기되었고,[106] 유럽헌법제정조약과 리스본조약을 거치면서 개선·변경되어 현재 2개의 입법절차, 즉 '보통입법절차(ordinary legislative procedure)'와 '특별입법절차(special legislative procedure)'가 마련되었다.

2. 입법절차의 법적 기초

EU법의 법적 기반은 EU 입법기관이 이차적 법률을 제정하도록 권한을 부여하고, 자세한 입법절차를 규정하며, 입법과정에서 기관 및 기구에 부여하

103) EC설립조약 제252조 참조.

104) 동 절차에 관한 자세한 설명은 http://ec.europa.eu/codecision/index_en.htm; EC설립조약 제251조; Craig and De Búrca, *supra* note 17, pp. 113-117 참조.

105) http://europa.eu/legislation_summaries/institutional_affairs/decisionmaking_process/l10119_en.htm; http://europa.eu/institutions/decision-making/index_en.htm 참조.

106) 유럽의회의 입법과정에의 관여 정도와 관련하여 '민주적 결핍'이라는 비판은 오래전부터 제기되어 왔으며, 다양한 입법절차의 혼재로 각 입법과정에 참여하는 기관의 '업무 효율성'과 관련한 문제도 꾸준히 논의되었다. 비록 발효하지는 못했지만, 유럽헌법제정조약에서는 이러한 문제를 해결하기 위하여 동 조약 제Ⅰ-34조 1항과 제Ⅲ-396조에 의하여 공동결정절차를 '유럽법과 골격법(European laws and framework laws)'을 제정하기 위한 보통입법절차로 대체하였으며, 동 절차의 범위를 농어업, 망명 및 이민법 등으로까지 확대하였다. Craig and De Búrca, *supra* note 17, p. 139 참조; 한편, 그동안 입법절차가 많아지게 된 것은 EU의 수많은 발전의 산물로 볼 수 있다. 즉, 민주적 결핍, 회원국의 증가, EU의 새로운 정책 영역의 이동과 확장, 이사회에서의 회원국 의사결정방식의 변경 등이 이러한 사실에 기여하였다. Foster, *supra* note 2, pp. 20-22.

는 역할을 결정하는 조약 규정에 있다. 따라서 법적 기반의 선택은 EU법의 내용에 영향을 미치는 기관의 상대적 권한과 능력에 있어 근본적 고려 사항이며, 어떤 입법절차가 어느 기관에 의하여 적용될지는 특정한 조약 규정에 의존한다.[107)]

EU의 입법기관을 형성하는 집행위원회, 의회와 이사회는 EC설립조약에 따라 다양한 구성으로 행동해 왔는데, 이미 앞에서도 잠시 언급한 바와 같이 집행위원회 단독으로[108)] 유럽의회의 간섭 없이 이사회와 집행위원회만, 의회의 권고에 따라 이사회, 집행위원회가 함께 그리고 의회와 협력하여 이사회, 집행위원회가 함께 행동한 것이 그것이다.[109)]

3. 입법절차

1) 보통입법절차

EU기능조약 제289조 1항에 의하면, 보통입법절차는 집행위원회의 법률안 제출에 의하여 유럽의회와 이사회가 공동으로 규칙·지침 및 결정을 채택하는 것으로 구성된다. EC설립조약 제251조의 공동결정절차가 다소 변경되고 개명된 보통입법절차의 구체적 내용에 관해서는 EU기능조약 제294조에 규정되어 있다.

보통입법절차는 크게 5단계로 구성되어 있는데, 법률안제출, 제 1 독회, 제 2 독회, 조정, 제 3 독회가 그것이다. 가장 먼저 유럽집행위원회는 유럽의회와 EU이사회에 법률안을 제출한다.[110)] 유럽의회는 제 1 독회에서 자신의 입장을 채택하여 이사회에 통보하는데, 이사회가 이를 승인하면 법률로 채택되고, 그렇지 않은 경우 이사회 자신의 입장을 채택하여 그 이유와 함께 유럽의회

107) *Ibid.*, p. 23; Craig and De Búrca, *supra* note 17, p. 110; 한편 조약이 입법행위를 특정하지 않은 경우, 해당 기관이 적절한 절차와 비례성의 원칙에 따라 사안별로 결정해야 한다. EU기능조약 제296조 참조.

108) 집행위원회에 독자적으로 입법권한을 부여하는 것은 매우 드문 경우인데, EU기능조약 제106조 3항(EC설립조약 제86조 3항)에 따르면, 유럽집행위원회는 필요에 따라 회원국에 적절한 지침 또는 결정을 제정할 수 있다.

109) Craig and De Búrca, *supra* note 17, pp. 110-112; Hartley, *supra* note 3, p. 37.

110) EU기능조약 제294조 2항.

에 통보하여야 한다.[111] 이사회의 통보 후 3개월 이내에, 유럽의회는 이사회의 입장을 승인하거나 구성원의 다수결로 거부 및 개정안을 제안한다. 가중다수결로 행동하는 이사회는 개정안을 접수한 후 3개월 이내에 이를 승인하거나, 그렇지 않은 경우 이사회의장은 유럽의회의장과 합의하여 조정위원회(Conciliation Committee) 모임을 소집하여야 한다.[112]

조정위원회는 6주 이내에 이사회 위원 또는 대리인의 가중다수결과 의회를 대리하는 위원의 다수결로 제 2 독회의 유럽의회와 이사회의 입장을 기초로 하여 공동문건(joint text)에 합의하도록 하는 임무를 맡는다. 집행위원회도 이러한 과정에 참여하여야 하며, 조정위원회가 공동문건을 승인하지 않으면 제출된 법률안은 채택되지 않은 것으로 간주된다.[113] 만약 조정위원회가 승인하였다면, 다수결로 행동하는 유럽의회와 가중다수결로 행동하는 이사회는 공동문건에 따라 채택하기 위하여 6주의 승인 기간을 갖는다. 이 역시 실패한다면, 제출된 법률안은 채택되지 않은 것으로 간주되며, 입법절차에 필요한 3개월과 6주는 유럽의회 또는 이사회의 요청에 의하여 각각 최대 1개월과 2주간 연장된다.[114] 특별조항에 의하면, 일단의 회원국의 발의(on the initiative of a group of Member States), 유럽중앙은행의 권고 또는 EU사법재판소의 요청에 의하여 보통입법절차가 개시된 경우에는 EU기능조약 제294조의 2항, 6항의 2문, 9항은 적용되지 아니한다.[115]

리스본조약에 의하여 보통입법절차는 새로운 영역으로 확장되었는데, 이는 유럽의회가 단순히 권고적 권한 또는 관련이 전혀 없던 분야에 대해서도 이사회와 동일한 정도의 입법권한을 가지게 되었다는 것을 의미한다. 새로 확장된 영역에는 이민, 형사 사법협력(Eurojust, 범죄예방, 교도소 기준 및 죄와 벌의 일치), 경찰 협력(Europol), 무역정책 및 농업의 일부 분야가 포함된다. 따라서 이제 유럽의회는 거의 모든 입법과정에서 자신의 역할을 갖게 된 것이다.[116]

---

111) EU기능조약 제294조 3-6항.

112) EU기능조약 제294조 7-8항.

113) EU기능조약 제294조 10-12항.

114) EU기능조약 제294조 13-14항.

115) EU기능조약 제294조 15항.

116) http://europa.eu/lisbon_treaty/glance/democracy/index_en.htm.

2) 특별입법절차

EU기능조약 제289조 2항에 따르면, 동 조약에 규정된 특정한 경우에 이사회의 참여로 유럽의회 또는 유럽의회의 참여로 이사회가 규칙·지침 및 결정을 채택하는 것은 특별입법절차에 해당한다.[117] 특별입법절차는 이사회가 법률안 채택에 앞서 유럽의회(와 경우에 따라서는 경제사회위원회, 지역위원회 또는 유럽중앙은행)의 구속력 없는 권고가 필요한 예외적인 경우를 제외하고, 의회는 이사회 조치에 대한 동의권 또는 반대로 이사회는 의회 조치에 대한 동의권을 갖는다.[118] 한편, 특별입법절차에 따라 채택된 입법행위는 이를 채택한 기관의 의장이 서명하여야 한다.[119]

3) 위임입법절차

국내법상 입법부가 행정부에 구체적 이행조치를 위임하듯이, EU법에도 유럽의회와 EU이사회가 집행위원회에 그러한 권한을 부여할 수 있다. 이때 유럽집행위원회에 의해 이행된 위임행위를 감독하는 위원회조직을 *Comitology* 라고 부르는데, 여기서 나온 *Comitology* 원칙[120]에 의하면 오직 *Comitology* 위원회만이 집행위원회의 이행조치를 감독할 권한을 갖고 있었고, 유럽시민에 의하여 선출된 유럽의회는 어떠한 통제장치도 가지고 있지 않았다. 의회는 이

117) 특별입법절차가 규정되어 있는 조항은 EU기능조약 제19조 1항, 제21조 3항, 제22조, 제23조, 제25조, 제64조 3항, 제77조 3항, 제81조 3항, 제86조 1항, 제87조 3항, 제89조, 제113조, 제115조, 제118조, 제126조 14항, 제127조 6항, 제153조 2항, 제182조 4항, 제192조 2항, 제194조 3항, 제203조, 제218조 6항, 제308조, 제311조, 제312조 2항, 제314조, 제333조 2항, 제349조, 제352조 등이 있다; Thiele, *supra* note 2, p. 140.

118) EU기능조약 제25조, 제86조 1항, 제218조 6항, 제312조 2항, 제352조 참조.

119) EU기능조약 제297조 1항.

120) 동 원칙은 '집행위원회에 부여된 이행권한 행사의 절차를 규정하는 1987년 7월 13일 자 이사회결정(Council Decision 87/373/EEC of 13 July 1987 laying down the procedures for the exercise of implementing powers conferred on the Commission)', '집행위원회에 부여된 이행권한 행사의 절차를 규정하는 1999년 6월 28일 자 이사회결정(Council Decision 1999/468/EC of 28 June 1999 laying down the procedures for the exercise of implementing powers conferred on the Commission)', '1999년 6월 28일 자 이사회결정을 개정하는 2006년 7월 17일 자 이사회결정(Council Decision 2006/512/EC of 17 July 2006 amending Decision 1999/468/EC)'에 규정되었다.

러한 제도가 투명성과 민주적 통제를 제대로 구현하지 못한다고 주장하였고, 수년간에 걸친 노력 끝에 공동결정절차에 따라 채택된 법률의 이행에 대해 이사회와 의회가 동일한 지위에서 집행위원회를 감독하도록 하는 중요한 개혁이 이루어졌다.[121]

리스본조약에 의하여 개정된 EU기능조약 제290조 1항에 의하면, 입법행위는 집행위원회에 권한을 위임하여 입법행위의 일정한 '비필수적요소(non-essential elements)'를 보충하거나 개정하기 위하여 일반적용성을 가진 '비입법행위(non-legislative acts)'를 채택하게 할 수 있다. 권한 위임의 목적, 내용, 범위, 기간은 입법행위에 명확히 규정되어야 하며, 해당 영역의 필수적 요소는 위임된 권한의 대상이 아닌 입법행위로 남겨두어야 한다.[122] 위임행위에는 조건이 붙을 수 있는데, 유럽의회 또는 이사회가 위임을 철회하거나 유럽의회 또는 이사회가 입법행위에 명시된 기간 내에 반대 의사를 표시하지 않은 경우 발효하는 것을 조건으로 삼을 수 있다.[123]

또한 규칙, 지침 또는 수범대상을 특정하지 않은 결정의 형태로 채택된 비입법행위는 이를 채택한 기관의 의장이 서명하여야 한다. 모든 회원국을 대상으로 하는 규칙과 지침, 수범대상을 특정하지 않은 결정은 EU 공보에 발간되어야 하며, 발효일이 명기된 경우에는 해당 날짜에, 특정 날짜가 표시되어 있지 않은 경우에는 발간일로부터 20일째 되는 날에 효력을 갖는다. 기타 지침과 수범대상을 특정하는 결정은 대상자에게 통보하여야 하며, 통보와 함께 효력을 갖는다.[124]

이러한 위임입법절차는 EU기관의 권력균형에 영향을 미쳤는데, 이사회와 유럽의회의 권한은 약화되고 집행위원회의 권한은 증가되었다고 볼 수 있다.[125]

---

121) http://europa.eu/scadplus/glossary/comitology_en.htm; Craig and De Búrca, *supra* note 17, pp. 118-123 참조.

122) EU기능조약 제290조 1항 2문·3문; Thiele, *supra* note 2, p. 111.

123) EU기능조약 제290조 2항.

124) EU기능조약 제297조 2항.

125) Craig and De Búrca, *supra* note 17, p. 140.

4) 국내의회의 역할: 보충성의 원칙

리스본조약의 핵심적 개혁 중의 하나는 국내의회가 EU기관들과 함께 EU의 업무에 참여할 수 있는 범위를 확대함으로써 국내의회에 보다 큰 권한을 부여하였다는 점인데, 가장 중요한 점은 보충성의 원칙[126)]을 시행하는 새로운 권한과 관련이 있다.[127)] 국내의회는 보충성의 원칙이 준수되지 않았다고 믿는 EU의 입법행위를 정지시킬 수 있는데, 먼저 회원국 국내의회의 3분의 1이 제안된 입법행위가 보충성의 원칙과 합치되지 않는다고 결정하는 경우, 집행위원회는 이를 검토하여 유지·조정 또는 철회 여부를 결정한다. 그리고 대다수 회원국의 국내의회가 반대에 동의하지만, 집행위원회가 그 제안을 계속 유지하기로 결정하는 경우, 집행위원회는 그 이유를 설명하여야 하며, 결국 그 제안을 유지할지 여부는 유럽의회와 이사회의 결정에 달려있다.[128)]

그러나 이러한 규정이 얼마나 보충성의 원칙을 강화시킬 수 있을지는 여전히 의심스럽다. 국내의회는 문제의 조치가 보충성을 위반하였다는 이유를 첨부한 견해를 제출하여야 하는데, 이것이 쉬운 작업은 아닐 것이기 때문이다. 또한 27개 회원국의 의회가 EU 조치와 관련하여 집행위원회가 검토하도록 이유를 단 견해를 제시하는 것은 훨씬 어려울 것이다. 그러나 만약 회원국 중 강대국의 의회에서 해당 문제의 견해를 제출하였다면, 집행위원회는 아마도 그러한 견해를 보다 심각하게 고려할 수는 있을 것이다.[129)]

---

126) 리스본조약에 의하여 개정된 EU조약 제 5 조 3항 참조; 동 조항에 따르면, 보충성의 원칙이란 EU의 배타적 권한(exclusive competences)에 속하지 않은 영역에 대하여는 회원국에 의하여 제안된 행위의 목적이 충분히 달성될 수 없고, 제안된 행위의 범위와 효력상 EU 차원에서 보다 잘 달성될 수 있는 경우에 한하여 EU가 행동하여야 한다는 원칙을 말한다; Hartley, *supra* note 3, p. 113

127) 리스본조약에 의하여 개정된 EU조약 제 5 조 3항, 제12조; EU기능조약 제69조, 제352조 2항; 'EU에서 국내의회의 역할에 관한 의정서(Protocol No. 1 on the role of national parliaments in the European Union)' 제 3 조 참조.

128) http://europa.eu/lisbon_treaty/glance/democracy/index_en.htm; 보충성과 비례성의 원칙의 적용에 관한 의정서 제 6 조, 제 7 조 참조; Craig and De Búrca, *supra* note 17, p. 140.

129) *Ibid.*, pp. 140-141.

제 4 장 EU법과 회원국 국내법의 관계

Ⅰ. 서　　론

유럽경제공동체(European Economic Community: EEC)를 창설하는 로마조약은 전형적인 국제조약이지만 여러 차례 개정을 거치면서 현재 헌법적 성격을 많이 갖게 되었다. 이를 두고서 ECJ(European Court of Justice)는 공동체를 새로운 국제법 질서(new order of international law)라고 하거나[1] EEC조약은 비록 형식상 국제조약이지만, 법치에 근거한 공동체의 헌법이라고 하였다.[2] 결국 EEC조약은 국제조약의 형식이지만 헌법의 지위를 가지며 공동체가 수행하는 입법 활동의 근거가 된다. 리스본조약 이후 EU는 독자적인 법인격을 갖

1) Case 26/62, *N.V. Algemene Transporten Expeditie Onderneming Van Gend en Loos v. Neder-Landse Tariefcommissie*, [1963] *ECR* 1, [1963] *CMLR* 105, 129(이하 *Van Gend en Loos* 사건) 관련 부분은 다음과 같다. “We must conclude from this that the Community constitutes a new legal order in international law, for whose benefit the States have limited their sovereign rights, albeit within limited fields, and the subjects of which comprise not only the member-States but also their nationals.”

2) 1991년 12월 14일 ECJ Opinion 1/91, [1991] *ECR* Ⅰ-06079, “Opinion delivered pursuant to the second subparagraph of Article 228 (1) of the Treaty. — Draft agreement between the Community, on the one hand, and the countries of the European Free Trade Association, on the other, relating to the creation of the European Economic Area,” para. 1.

고,[3] EU법 질서상 공동체 기관과 회원국간 권한이 배분되어 있지만 공동체의 권한이 엄밀히 제한되어 있지 않고, 입법 근거가 명확하지 않더라도 유연성조항을 활용하여 공동체는 자신의 활동 범위를 확장할 수 있다.[4] 공동체 조약의 변경 혹은 집행은 회원국과 공동체 기관이 긴밀히 관여하는데 공동체 기관은 공동체의 권한을 확장하려 하고 회원국은 그러한 확장을 차단하려고 하면서 양자 간에 정치적 긴장이 조성되기도 한다.

EU법과 회원국 국내법의 관계는 EU 설립조약과 그 조약을 근거로 제정된 이차적 법률이 회원국 국내법 보다 우위에 있다는 원칙을 근간으로 하는데 이러한 법원칙이 발달하게 된 계기는 ECJ가 일종의 헌법재판소로서 EU법과 회원국 국내법의 관계에 대해서 사법심사 기능을 수행하였기 때문이다.[5] 아래에서는 EU법과 회원국 국내법의 관계, 그리고 일반 국제공법과 관련해서 EU법이 갖는 독자성을 ECJ 판결례를 중심으로 살펴보고자 한다.

Ⅱ. EU법 적용의 근거

1. EU법의 국내법 치환

TFEU 제288조에 따르면 규칙(regulation)은 '일반적으로 적용되며(shall have general application)', '전체가 구속력이 있고 모든 회원국에서 직접 적용된다(binding in its entirety and directly applicable in all Member States)'고 하였다. 사실, 회원국은 규칙에서 특별히 정한 경우 혹은 국내법 제도의 특성상 필요하지 않다면 규칙을 시행하기 위하여 형식적으로 특별한 조치를 취할 필요는 없다. 그러나 TFEU 제288조에 규정하는 지침(directive)은 '대상이 된 회

3) TEU 제47조에서는 다음과 같이 규정하고 있다. "The Union shall have legal personality."

4) TFEU 제352조.

5) TFEU 제263조에 따라서 EU재판소는 공동체 기관의 입법행위의 적법성 여부를 심사할 수 있고, 회원국 또는 공동체 기관이 제소한 사건에 대해서 관할권을 가지며, 자연인 혹은 법인이 일정한 사항에 대해서 제기한 소송에 대해서도 관할권을 갖는다.

원국 각자에 대해서 지침에서 달성하고자 하는 결과 면에서 구속력이 있지만, 형식과 방법은 회원국 기관에 맡기고 있다.[6] 지침은 모든 회원국을 대상으로 하지는 않고, 형식과 방법의 선택도 조약 규정이나 지침자체에 엄밀히 한정할 수 있다.[7] 원칙적으로 지침은 회원국에게 재량권을 주어서 회원국이 지침이 제시하는 틀 속에서 자국 내에서 세부적으로 시행하는 데 필요한 입법을 하거나 일정 기간 내에 지침에서 의도한 사항에 맞도록 기존의 국내법을 개정해서 공동체법을 국내법으로 치환(transposition)해야 한다.[8] 따라서 회원국의 기존 국내법이 지침을 충분히 국내적으로 시행할 수 있다면 별도의 조치를 취하지 않아도 된다.

지침이 국내법으로 시행되려면, 기존 행정 체제와 조화롭게 운영되어야 할 것이고, 시행 방법·재원·시한을 고려해야 하며, 지침 내부의 복잡하고 기술적인 규정을 국내적으로 시행하는 방법이 강구되어야 할 것이다. 또한 EU 차원에서 지침이 채택될 때 정치적 타협으로 인하여 모호하고 명확하지 않은 규정을 둔 경우 국내에서 시행할 때 이를 명확히 해석해야 할 것인지의 여부를 판단해야 할 것이며, 지침을 기술적으로 시행할 때 국가의 정책을 반영해야 할 것이다.[9] 영국 정부의 경우 EU회원국 중 EU법을 국내법으로 잘 반영하고 있다는 평가를 받는데 영국의 국내법인 1972년 EC법 제2(2)조에 근거한 소관 부서의 행정입법(Statutory Instrument) 중 약 10%가 EU법에 근거하고 있고, 시행입법을 마련할 때 주로 관련 EU법을 글자 그대로 옮기는 방식을 선

---

6) "Binding, as to the result to be achieved, upon each Member State to which it is addressed, but shall leave to the national authorities the choice of form and methods."

7) Case 48/75, *The State v. Jean Noël Royer*, [1976] *ECR* 497, [1976] 2 *CMLR* 619, 621.

8) 지침이 나오기까지 회원국 간 흥정과 타협이 있지만 지침이 국내법으로 치환될 때 23개 회원국 언어로 번역하는 과정에서 불일치가 발생하거나, 회원국 내부의 의사결정이 복잡하거나, 치환과정 일체를 관장하는 EU법 전문가가 없다는 점으로 인하여 실제로 내용이 모호해지거나 예정했던 수준 이하로 혹은 과도하게 시행입법될 수 있다. H. Xanthanki, "The Problem of Quality in EU legislation: What on Earth is Really Wrong?" 38 *CMLR*(2001) 651.

9) Gary Lynch-Wood and Robert Thomas, "Transposing European Union Law in the United Kingdom: Administrative Rule-making, Scrutiny and Better Regulation," 14 *EPL*(2008) 182.

호하고 있다.[10)]

2. EU법 우위의 원칙

공동체와 회원국이 입법권한을 공유하는 경우 공동체 차원에서 제정된 법령과 회원국 차원의 법령이 서로 중첩되고 충돌할 가능성이 있다. 법적 안정성과 실체적 정의를 이루기 위해서는 규범 간의 충돌을 피해야 하는데 이때 적용되는 원칙이 공동체법의 우위 원칙이다.

공동체법과 회원국법이 충돌하는 경우 공동체법이 우선한다는 원칙은 오랜 역사를 갖고 있다. 오늘날 대부분의 연방제 국가에서 연방법이 주법에 우선하도록 하여 연방헌법질서를 유지한다. 그런데 연방제 국가라 할지라도 '보충성 원칙'에 의하여 주법을 연방법보다 우선할 수도 있다. 연방법 혹은 주법 중 어느 한쪽에 우선하는 경우도 있겠지만 법정책적으로 이 양자 간의 중간 영역에서 주법 혹은 연방법의 우위를 정할 수도 있다. 유럽연합법에서 공동체법의 우위 원칙은 1957년 로마조약에서 규정하지 않았고 ECJ가 창조해 낸 것이다.[11)]

Costa v. ENEL 사건에서 ECJ는 1958년 이후 제정된 국내법이 EC조약보다 우선해서 적용될 수 있는지의 여부를 다루었다.[12)] 이 사건에서 이탈리아 법원은 이원론적 입장에서 공동체법을 일반법과 동일하게 보고 새로 제정된 국내법이 공동체법의 제한을 벗어날 수 있다는 입장을 취하였다. 즉, 신법 우선의 원칙을 적용한 것이었다. 이에 ECJ는 EC조약은 일반 국제조약과 다르다고 하면서 "공동체에서 발원한 규정과 더 일반적으로는 조약의 내용 및 정신이 각 회원국법에 통합된 결과 회원국은 자신들이 상호주의 입장에서 수락한 법제도보다 사후의 일방조치를 우선할 수 없다. 공동체법의 집행력이 사후 제정된 국내법을 존중하여 국가마다 달라진다면 조약 제5(2)조에서 정한 목적을

---

10) *Ibid.*, pp. 186-187.

11) Eric Stein, "Lawyers, Judges, and the Making of a Transnational Constitution," 75 *AJIL* 1, 10-16(1981).

12) Case 14/64, *Costa v. Ente Nazionale per l'Energia Elettrica(Enel)*, [1964] *ECR* 585, [1964] *CMLR* 425(이하 *Costa/Enel* 사건).

달성할 수 없게 될 것이다"라고 하였다.[13)]

EC조약이 국내법보다 우위에 있다고 해서 모든 공동체법이 회원국의 헌법보다 우위에 있다고 하는 것은 적절하지 않고, 오히려 경우에 따라서는 공동체법이 우위에 있지 않는 경우도 있을 것 같아 보이지만 ECJ는 한번도 이러한 취지의 소위 '상대적' 우위를 인정해 본 적이 없다.

Internationale Handelsgesellschaft 사건에서 ECJ는 공동체의 이차적 법률과 회원국 헌법의 규범적 서열관계에 대해서 판단하였다.[14)] ECJ는 "공동체법은 그 자체의 성격으로 인하여 어느 형식의 국내법 규칙이든 이들의 구속을 받는 경우 공동체법으로서의 성격을 상실하게 되고, 공동체의 법적 기초가 의심받게 된다"고 하면서, "따라서 회원국 내에서 공동체 조치가 갖는 유효성 또는 그 효과는 공동체 규칙이 해당 회원국의 헌법상 기본권 또는 국가의 헌법 구조 원칙에 반한다는 주장의 영향을 받지 않는다"라고 하였다.[15)] 이것만 본다면 ECJ는 공동체법이 회원국법보다 '절대적'인 우위에 있다는 입장을 갖고 있다.

공동체법의 우위 원칙에 따르면 구속력 있는 공동체법은 회원국의 헌법을 포함하여 어떠한 유형의 국내법 보다 우월하고 모든 회원국 기관을 구속

---

13) "The integration into the laws of each member state of provisions which derive from the community, and more generally the terms and the spirit of the treaty, make it impossible for the states, as a corollary, to accord precedence to a unilateral and subsequent measure over a legal system accepted by them on a basis of reciprocity. Such a measure cannot therefore be inconsistent with that legal system. The executive force of community law cannot vary from one state to another in deference to subsequent domestic laws, without jeopardizing the attainment of the objectives of the treaty set out in article 5(2) and giving rise to the discrimination prohibited by article 7."

14) Case 11/70, *Internationale Handelsgesellschaft mbH v. Einfuhr- und Vorratsstelle für Getreide und Futtermittel* [1970] *ECR* 1125.

15) "The law stemming from the treaty, an independent source of law, cannot because of its very nature be overridden by rules of national law, however framed, without being deprived of its character as community law and without the legal basis of the community itself being called in question. Therefore the validity of a community measure or its effect within a member state cannot be affected by allegations that it runs counter to either fundamental rights as formulated by the constitution of that state or the principles of a national constitutional structure."

하는데, 이러한 원칙은 설립 조약 규정에만 한정되지 않으며 규칙이 직접 적용된다는 점에서 잘 드러난다.[16] 공동체법이 이와 충돌하는 회원국의 국내법보다 우위에 있다면 자동적으로 해당 국내법이 무효가 되는지 아니면 관할 국가기관의 공식적 선언이 있어야만 해당 국내법이 무효가 되는지의 여부가 문제될 수 있다. ECJ는 *Simmenthal* Ⅱ 판결에서 이러한 사항을 다루었다.[17] *Simmenthal* Ⅱ 판결은 국내법제도상 *Simmenthal* Ⅰ 판결을 어떻게 집행할 것인지의 여부에 관한 것이었다.

Simmenthal Ⅰ 사건에서 문제된 사안은 이탈리아 가축법과 보건법상 수입품에 부과하는 검역비용이었다.[18] 이 사건에서 Simmenthal은 수입업자로서 이탈리아행정법원에 검역비용반환청구소송을 제기하면서 문제된 이탈리아 국내법은 수량제한과 동일한 효과를 야기하였고, 따라서 이는 공동체법을 위반하는 부당한 조치라고 주장하였다. ECJ는 Simmenthal에게 유리한 판결을 내렸다. 이탈리아 헌법에 의하면 국내법은 이탈리아 의회 또는 최고법원에 의해서만 폐지될 수 있었다. 결국 이러한 헌법체제에서 국내법원의 하급심 법원은 이탈리아 의회 또는 최고법원에서 공동체법에 반하는 국내법의 효력에 영향을 미치는 조치를 취할 동안 해당 국내법이 공동체법을 위반하더라도 적용해야 한다고 주장할 수 있다. 하지만 ECJ는 이와 반대되는 입장에서 회원국 법원이 공동체법을 즉각 이행해야 할 의무를 부담한다고 판단하였다. ECJ는 "공동체법이 직접 적용된다는 것은 공동체 규칙이 발효일자부터 유효한 동안 모든 회원국에서 완전히 동일하게 적용된다는 점을 의미한다"라고 판시하였다.[19]

공동체법과 국내법이 충돌하는 경우 공동체법 우위의 원칙에 의하면 회원국 법원은 공동체법과 충돌하는 국내법의 무효를 선언하는 것이 논리적인

---

16) *Costa/Enel* 사건, [1964] *ECR* 585, [1964] *CMLR* 425, 456.

17) Case C-106/77, *Amministrazione delle Finanze dello Stato v. Simmenthal SpA*, [1978] *ECR* 629 [1978] 3 *CMLR* 263, 283, para. 22(이하 *Simmenthal* Ⅱ 사건).

18) Case 35-76, *Simmenthal SpA v. Ministero delle Finanze italiano* [1976] *ECR* 1871(이하 *Simmenthal I* 사건).

19) "The direct applicability of community law means that its rules must be fully and uniformly applied in all the member states from the date of their entry into force and for so long as they continue in force."

것처럼 보인다. 그러나 ECJ는 "공동체법의 우선원칙에 따르면 공동체 조약 및 직접 적용되는 공동체 기관의 조치와 회원국 국내법의 관계상 이들 규정과 조치가 발효되면 이와 상충되는 현행 국내법이 자동적으로 적용되지 않게 될 뿐만 아니라, 이들이 각 회원국 영역 내에서 적용되는 법질서의 핵심 부분이 되어서 우선 적용되는 한, 공동체 규정과 양립될 수 없는 새로운 입법조치는 채택될 수 없다"고 판시하였다.[20)]

ECJ는 공동체법의 우위 원칙이 적용되는 결과 기존의 국내 조치가 '무효'로 되지 않고 공동체법과 충돌되는 한도에서 '적용되지 않는다'고 하였다. 그러나 공동체법과 양립하지 않는 한도에서 새로운 입법조치는 '유효하지 않다'고 판단하였다. 그러면 공동체법과 충돌하는 내용을 가진 신법을 회원국이 제정하는 경우 ECJ가 *Simmenthal* 사건에서 해당 신법은 '무효'로서 '부존재(non-existent)'가 된다는 원칙을 정했는지에 대해서 ECJ는 *Simmenthal* 사건에서 기존의 국내법과 사후에 새로이 제정되는 국내법을 구분하지 않았다고 하면서 회원국의 신법과 공동체법이 불일치하더라도 해당 국내법 규칙은 '부존재'하게 되지 않는다고 판시하였다.[21)] 결국 국내법원은 해당 국내법 규칙이 공동체법 발효 이전에 제정되었든 아니면 나중에 제정되었든 상관없이 해당 규칙을 적용하지 않을 의무만 부담하는 것이다. 따라서 공동체법에 반하는 회원국 국내법규칙은 위반되는 한도에서만 적용되지 않을 뿐이고 공동체법이 규율하지 않는 다른 영역에서는 유효하게 적용될 수 있을 것이다. 하지만 공동체법 우위 원칙이 적용되는 결과 공동체법에 양립할 수 없는 국내법 규칙이 있으면 해당 회원국 입법자들은 법적 안정성을 위하여 공동체법과 충돌하

---

20) "In accordance with the principle of the precedence of community law, the relationship between provisions of the treaty and directly applicable measures of the institutions on the one hand and the national law of the member states on the other is such that those provisions and measures not only by their entry into force render automatically inapplicable any conflicting provision of current national law but — in so far as they are an integral part of, and take precedence in, the legal order applicable in the territory of each of the member states — also preclude the valid adoption of new national legislative measures to the extent to which they would be incompatible with community provisions."

21) Joined cases C-10/97 to C-22/97, *Ministero delle Finanze v. IN.CO.GE.'90 Srl and others*, [1998] *ECR* 6307, para. 21.

는 국내법 규정을 개정하거나 폐지해야 할 것이다.[22]

최근 실패했던 헌법조약에서는 공동체법이 회원국법보다 우위에 있다는 점을 명문으로 규정하였지만[23] 리스본조약에서는 이를 삭제하고 정부간 회의(Inter-governmental Conference: IGC)[24] 선언으로 우위 원칙(Principle of Supremacy)이 ECJ의 판례법을 통해서 발달된 점을 명시하면서 특히 각료 이사회 법무실(Council Legal Service)의 의견(Opinion)을 선언에 담았다.[25] 유럽연합 회원국의 실행을 보면 영국 법원은 EU법의 우위를 인정하고 있다.[26] 1972년 EC법에 따른 시행입법을 마련할 때 EU법에서 정한 의무보다 더 많은 사항을 규정해서 위임 입법한 경우 해당 시행법령의 효력에 대해서 영국의 제 1 심 법원은 1972년 법 제2(2)조를 좁게 해석해서 시행법령이 무효라고 했지만 항소법원에서는 EU법상 지침의 경우 회원국에게 재량권을 인정하고 있기에 EU법상 의무와 관련해서 시행입법하는 경우 해당 EU법에서 정한 것보다 더 많은 의무를 소관 행정부서가 입법할 수 있다고 판단한 바 있다.[27]

---

22) TEU 제4(3)조 "The Member States shall facilitate the achievement of the Union's tasks and refrain from any measure which could jeopardise the attainment of the Union's objectives."

23) 헌법조약 제 I -6조.

24) IGC는 EU가 초국가적 조직체가 아니라 정부간 성격의 조직체라는 점을 여실히 보여준다. IGC는 EU설립조약에 근거하지 않았지만 유럽 통합 과정의 일부로서, 최근 수년간 중요한 의사결정을 이루어냈다. IGC는 EU기관이 아니지만 여기에서 EU회원국 정부간 교섭이 이루어지며, 2007년 9번째 IGC에서는 리스본조약의 세부사항을 확정한 바 있다.

25) 리스본조약에 부속한 제17호 선언(Declaration concerning Primacy)에서 언급된 각료이사회 법무실 의견[11197/07(JUR 260)]에 따르면 우위 원칙은 공동체법의 근간이 되는 원칙으로서 *Costa/Enel* 사건 판결에서 시작한다. 비록 *Costa/Enel* 사건 판결이 내려졌던 1964년 7월 당시에는 설립 조약에서 '우위'에 대해서 언급하지 않았고 의견이 제시된 2007년에도 마찬가지이지만 우위원칙과 EU재판소의 기존 판례법은 전혀 바뀌지 않았다고 하였다.

26) 영국 최고법원(UK House of Lords)은 부당해고에 대한 배상청구권을 차별하는 국내법령은 객관적으로 정당화되지 않으면 남녀동등대우에 관한 공동체 지침을 위반한다고 판단하였다. *R. v. Secretary of State for Employment Ex p. Equal Opportunities Commission,* [1995] 1 *A.C.* 1, [1995] 1 *CMLR* 391, 406.

27) *Oakley v. Animal Ltd.*, [2006] 2 *WLR* 294.

3. EU법의 직접효력과 간접효력

직접 적용과 직접효력 원칙은 우위 원칙과 유사하면서도 다르다. EU법이 회원국 내에서 직접 적용되는 근거는 TFEU 제288조의 규칙이 '모든 회원국에 직접 적용된다(directly applicable in all Member States)'는 구절에서 찾을 수 있다. 따라서 직접 적용될 수 있는 규칙과 회원국이 시행입법해야 하는 지침은 구별된다. 직접효력 원칙은 우위 원칙처럼 조약에서 규정하지 않고 있기에 그 성격에 대해서 혼란이 있었다. ECJ는 직접효력이 공동체법의 기본 원칙이고 이에 따라서 공동체법의 효과가 제고된다고 하였다.[28)]

직접효력 원칙은 일반적으로 공동체법이 명확하고, 분명하며, 조건을 부기하지 않아서 공동체 기관이나 국내 기관이 추가적으로 조치를 취하지 않아도 된다면 국내 기관에서 사인(私人)이 공동체법을 원용할 수 있다는 것을 의미한다. 이는 공동체법을 '이원론'이 아니라 '일원론'의 관점에서 보는 것이다. 따라서 이원론자들이 주장하듯이 주권국가 혹은 EU집행위원회가 국제적 수준에서만 청구할 수 있다는 점을 배척하고, 공동체법과 국내법이 통합되었다고 보는 일원론자들의 견해를 지지하는 것이다. 직접효력 원칙은 EU법이 헌법적 질서를 형성하고, 현재의 EU법으로 발전할 수 있도록 하는 데 많은 공헌을 하였다. 이런 점에서 직접 적용 원칙과 같이 설립 조약에서 명시하지 않았지만 공동체법이 직접효력을 갖는다는 원칙은 직접 적용의 경우보다 훨씬 더 중요하다고 할 수 있다.

직접효력 원칙에 의하면 공동체법이 모든 회원국법보다 우위에 있게 되는데, 지침은 언뜻 보기에 회원국 기관의 추가 조치를 필요로 한다는 점에서 회원국이 일정한 권한을 보유하고 직접효력을 가질 수 없는 것처럼 보인다. 그런데 만약 공동체법이 직접효력을 갖지 않는다면 회원국이 국내법에서 지침을 시행하지 않음으로써 이익을 얻게 될 것은 쉽게 예상할 수 있기에 ECJ

---

28) *Van Gend en Loos* 사건에서 ECJ는 EC조약 제12조(현재 TFEU 제30조)에서는 다른 회원국에서 수입되는 상품에 부과하는 관세를 높이지 않도록 하는 것은 명확하고 무조건적(clear and unconditional)이고, 이는 새로운 법질서로서 당사국간 상호 의무를 형성하는 데 그치지 않고 개인에게도 권리와 의무를 부과한다고 하였다. *Van Gend en Loos* 사건, [1963] *CMLR* 130.

는 지침도 직접효력을 충분히 갖는다는 법원칙을 발전시켰던 것이다. 그러나 초창기에 ECJ는 지침의 직접효력에 대해서 매우 조심스러운 입장을 취해서 *Van Duyn* 사건에서도 지침이 직접효력을 갖는다고 선언하지 않고 "지침에서 부과하는 의무사항을 관련자들이 원용할 여지를 원칙적으로 배제한다면 … 지침이 갖는 구속력과 양립하지 않게 될 것"이라고 하였다.[29] 지침의 직접효력은 회원국이 해당 지침에서 정한 사항을 기한 내에 국내적으로 시행하지 않으면서 개인의 권리 주장에 반대할 수 없다는 점을 근거로 하기도 한다.[30] 자신의 불법행위를 근거로 국제의무를 위반할 수 없다는 것은 조약법에 관한 국제공법 원칙으로 확립되어 있다. 어느 당사국도 자국의 실체법이나 절차법 규정을 근거로 조약 규정의 효력을 약화시킬 수 없기 때문이다. 직접효력의 근거로서 금반언 이론은 논란의 여지가 있지만 직접효력 원칙은 확립되어 있다.[31]

지침은 사인과 회원국 간의 관계에서 '수직적' 효과를 갖기에 사인은 본국을 상대로 한 소송에서 지침을 원용할 수 있다. 하지만 '수평적' 효력은 갖지 않기에 사인간 소송에서 다른 사인을 상대로 지침의 직접효력을 원용할 수 없다.[32] ECJ는 지침의 수평적 효력을 보정하기 위하여 소위 '간접효력'이라는 해석 방식을 활용하고 있다. 즉, ECJ는 회원국 법원이 공동체법을 기준으

29) "It would be incompatible with the binding effect attributed to a directive … to exclude, in principle, the possibility that the obligation which it imposes may be invoked by those concerned" Case 41/74, *Van Duyn v. Home Office*, [1974] *ECR* 1337, [1975] 1 *CMLR* 1, 16(이하 *Van Duyn* 사건).

30) Case 148/78, *Pubblico Ministero v. Ratti*, [1979] *ECR* 1629, [1980] 1 *CMLR* 96, 109-110. "따라서 지침에서 정한 기한 내에 시행조치를 취하지 않은 회원국은 지침에서 정한 의무를 자신 스스로 이행하지 않은 점을 들어 개인에 대항할 수 없다(Therefore a member-State which has not adopted, within the specified time limit, the implementation measures prescribed in the directive cannot raise the objection, as against individuals, that it has not fulfilled the obligations arising from the directive.)" Case 8/81, *Becker v. Finanzamt Munster-Innenstadt*, [1982] *ECR* 53, [1982] 1 *CMLR* 499, 512.

31) Case C-213/89, *The Queen v. Secretary of State for Transport ex parte Factortame Ltd.*, [1990] *ECR* I-2433 [1990] 3 *CMLR* 1, 29-30(이하 *Factortame* 사건).

32) Case C-91/92, *Faccini Dori v. RECReb Srl,* [1994] *ECR* I-3325 [1995] 1 *CMLR* 665, 690(이하 *Faccini Dori* 사건).

로 자국 법을 해석하도록 함으로써 간접적으로 사인간 수평적 효력이 가능하도록 하였다. 국내법 제도에서 지침이 '간접효력'을 갖는 경우는 관련 지침이 충분히 명확하거나 정확하지 않은 경우, 또는 조건이 붙어서 회원국 내에서 독자적으로 효과를 낼 수 없는 경우, 또는 시행입법이 없는 지침이 사인에 대해서 집행될 수 없거나, 대안으로 추가수단이 되는 것을 의미한다. 간접효력의 독자적 지위에 반대하는 견해에 따르면 간접 효과는 설립 조약 규정 TEU 제4(3)조[33] 또는 동등성과 유효성에 관한 공동체법의 일반원칙[34]에서 당연하다. 이런 점에서 '간접효과'는 설립조약에 따른 실체적 의무와 성질상 다를 바 없다.[35]

설립조약에서는 지침에서 회원국은 제한적이나마 재량권을 행사할 수 있고, 지침의 시행은 회원국 기관의 조치에 달려있었지만, 지침의 직접효력으로 인해서 지침의 시행이 회원국의 조치와 상관없게 되면서 지침이 규칙과 유사해졌다. ECJ 자신도 규칙과 지침을 구별하지 않고서, 지침의 시행입법 기한을 정지시킴으로써 회원국에게 절차적 자율성을 줄이는 정도에서만 지침의 특성을 고려한 바 있다.[36] 또한 직접효력이 인정되면서 개인들이 공동체법을 근거로 해서 회원국을 상대로 제소하는 기회가 많아졌고, 이때 공동체법의 우위원칙이 적용되었다. 지침의 직접효력으로 ECJ만 공동체법을 운용하는 것이 아니라 회원국 법원과 개인도 공동체법을 활용하게 되었다. 직접효력의 정의상

33) "Pursuant to the principle of sincere cooperation, the Union and the Member States shall, in full mutual respect, assist each other in carrying out tasks which flow from the Treaties. The Member States shall take any appropriate measure, general or particular, to ensure fulfillment of the obligations arising out of the Treaties or resulting from the acts of the institutions of the Union. The Member States shall facilitate the achievement of the Union's tasks and refrain from any measure which could jeopardise the attainment of the Union's objectives."

34) 회원국 내에서 구제 및 절차규칙에 적용되는 동등성(equivalence) 혹은 비차별성(non-discrimination)은 유사한 국내법상 권리보다 공동체법에서 부여하는 권리를 집행하는 것이 더 어렵지 않아야 하고, 유효성(effectiveness)은 공동체법에 따른 권리를 집행하는 것이 사실상 불가능하거나 지나치게 어렵지 않아야 한다는 원칙을 말한다.

35) Michael Dougan, "When Worlds Collide! Competing Visions of the Relationship between Direct Effect and Supremacy," 44 *CMLR*(2007) 946.

36) Case C-208/90, *Emmott v. Minister for Social Welfare*, [1991] *ECR* I -4269.

개인은 공동체법만 있으면 자신의 권리를 구현할 수 있어야 하기에 추가로 시행입법이 필요 없어야 하겠지만 현실상 지침에서 부여하는 권리가 시행되려면 실제로 더 많은 것이 필요하다. 직접효력의 법원칙에 따라서 직접효력이 있으려면 회원국 법원이 집행할 수 있는 '권리'와 '의무'가 있어야 한다. 그런데, EU법상 직접효력과 구제조치의 관계 혹은 권리(rights)와 구제(remedies) 간의 관계에 회원국의 법질서가 개입하는 것은 분명하지만 이들 양자 간의 관계는 그다지 명확하지 않다.[37] 공동체법이 직접효력을 갖는 경우 공동체법은 개인에게 권리를 부여하고 회원국 법원에 대해서는 그러한 권리를 보호하는데 필요한 강제관할권을 부여한다. 하지만 간접효력은 회원국 국내법의 제한을 받기에 공동체법상 구제 개념을 확충하기 위하여 다른 방도를 모색해야만 하였다.[38]

Ⅲ. EU법의 독자성: *Kadi* 사건

1. 도 입

2008년 9월 3일 ECJ는 *Kadi and Al Barakaat* 사건(이하 *Kadi* 사건)에 대한 항소심 판결을 내렸다.[39] *Kadi* 사건은 EC법과 국제법 간의 관계 그리고 기본권을 다루는 판결로서 매우 중요한데, 이 사건에서 일심재판소(Court of First Instance: CFI)는 EC가 테러 방지를 위한 유엔안보리 결의(UN Security

---

37) 양자를 가장 간단한 형태로 구분해보면 개인의 권리는 EU법의 소산이고, 구제는 회원국법이 부여한다. van Gerven, "Of Rights, Remedies and Procedures," 37 *CMLR* (2000) 502.

38) *Von Colson* 사건 판결에 따르면 회원국 법원은 국내법상 재량권을 가져야만 공동체법을 시행하기 위한 자국법을 해석·적용할 수 있다. Case 14/83, *Von Colson v. Land Nordrhein-Westfalen,* [1984] *ECR* 1891 [1986] 2 *CMLR* 430, 453, para. 28(이하 *Von Colson* 사건), Case C-106/89, *Marleasing SA v. La Comercial Internacional de Alimentacíon SA*, [1990] *ECR* Ⅰ-4135, [1992] 1 *CMLR* 305, 322-323(이하 *Marleasing* 사건).

39) Joined Cases C-402/05, P & C-415/05 P, *Kadi & Al Barakaat International Foundation v. Council and Commission* [2008] *ECR* Ⅰ-6351. 한편 CFI는 리스본조약 발효에 따라서 'General Court'의 이름을 갖게 되었다. TEU 제19조 참조.

Council Resolution: UNSCR)에 따라서 민간단체에 대해서 경제적 제재를 가하는 규칙을 제정할 수 있다고 판시하였다.[40] EC는 직접 유엔헌장의 구속을 받지 않지만, EC설립조약에서 국제법을 존중해서 UNSCR을 이행하도록 하였다는 점과 CFI는 UNSCR을 이행하기 위한 EC 규칙이 EC가 보호하지 않지만 *'jus cogens'*의 보호를 받는 기본권과 양립하는지 여부를 심사할 권한이 있다는 점이 CFI의 판단 근거였다.

하지만 항소심에서, ECJ는 법률자문관(AG)인 Maduro의 의견에 따라서 CFI가 취한 입장을 배척하였다. ECJ는 UNSCR은 국제법에서만 구속력을 갖는다고 판시하면서, ECJ는 EC의 인권 기준을 근거로 문제된 규칙을 완전히 사법심사할 수 있다고 하면서, 이들 규칙이 변론권(the right to a hearing), 사법적 보호를 받을 권리(the right to judicial protection), 재산권(the right to property)을 침해했다고 판단하였다.

2. 유엔안보리결의의 배경

탈레반 정권이 붕괴되기 전, 유엔안보리(UN Security Council: UNSC)는 결의 1267(1999)과 결의 1333(2000)으로써 모든 회원국이 탈레반과 그 사업체가 소유·관장하는 자금과 그 밖의 금전적 재원을 동결하도록 요구하였다. 또한 UNSC는 결의 1267로써 국가들이 필요한 이행조치를 취하도록 하기 위하여 제재위원회(Sanctions Committee)를 설치하기로 결정했다. 제재위원회의 임무는 개인이나 단체의 명부를 작성해서 결의에 따라서 이들의 자금이 동결되도록 하는 것이었다. EC 차원에서 이들 결의를 이행하기 위하여 EU Council(이하 Council)은 공동외교안보정책(Common Foreign and Security Policy: CFSP)에 따라서 공동입장(Common Positions)을 채택했고,[41] EC조약 제60조와 제301조를[42]

---

40) Case T-315/01 *Kadi v. Council and Commission* [2005] *ECR* Ⅱ-3649, Case T-306/01 *Yusuf and Al Barakaat International Foundation v. Council and Commission* [2005] *ECR* Ⅱ-3533.

41) Council Common Position No. 1999/727/CFSP, O.J. L 294/1(1999)(concerning restrictive measures against the Taliban); Council Common Position No. 2001/154/CFSP, O.J. L 57/1(2001)(concerning additional restrictive measures against the

근거로 2건의 규칙(Regulation)을 마련하였다.[43)]

탈레반 정권이 붕괴된 후 UNSC는 결의 1390(2002)과 결의 1453(2002)을 채택해서 자금을 동결시키면서 직접 빈 라덴(Usama bin Laden)과 알카에다(Al-Qaeda) 조직원을 결의의 적용 대상으로 삼았다. 이 두 건의 결의도 EU 차원에서 이행하기 위하여 Council은 두 건의 CFSP 공동입장을 채택했고[44)] 이를 시행하기 위한 규칙도 채택하였다.[45)] 이때 Council은 EC조약 제60조와 제301조, 제308조를 근거로 하였다.[46)] 제재위원회는 여러 차례 제재 대상자 목록을 수정하고 보충하였고 그때마다 이들 수정사항은 공동체 규칙에 반영되었다.

이 사건의 청구인인 Kadi는 사우디 아라비아 국적, Yusuf는 스웨덴 국적을 가졌으며 양자 모두 제재 위원회가 작성한 목록에 등재되었기에 공동체의 시행규칙 명단에도 포함되었다. 이들은 CFI에 자신들의 기본권인 공정한 재판

Taliban and amending Council Common Position 96/746/CFSP).

42) Consolidated Version of the Treaty Establishing the European Community, O.J. C321E/37(2006)(이하 EC조약) EC조약 제301조는 다음과 같다. "Where it is provided, in a common position or in a joint action adopted according to the provisions of the Treaty on European Union relating to the common foreign and security policy, for an action by the Community to interrupt or to reduce, in part or completely, economic relations with one or more third countries, the Council shall take the necessary urgent measures. The Council shall act by a qualified majority on a proposal from the Commission." EC조약 제60(1)조는 다음과 같다. "If, in the cases envisaged in Article 301, action by the Community is deemed necessary, the Council may, in accordance with the procedure provided for in Article 301, take the necessary urgent measures on the movement of capital and on payments as regards the third countries concerned."

43) Council Regulation(EC) No. 337/2000, O.J. L 43/1(2000), Council Regulation(EC) No. 467/2001, O.J. L 67/1(2001).

44) Council Common Position No. 2002/402/CFSP, O.J. L 139/4(2002), Council Common Position of No. 2003/140/CFSP, O.J. L53/62(2003).

45) Council Regulation(EC) No. 881/2002, O.J. L 139/9(2002), Council Regulation(EC) No. 561/2003, O.J. L 82/1(2003).

46) EC조약 제308조는 다음과 같다. "If action by the Community should prove necessary to attain, in the course of the operation of the common market, one of the objectives of the Community, and this Treaty has not provided the necessary powers, the Council shall, acting unanimously on a proposal from the Commission and after consulting the European Parliament, take the appropriate measures."

을 받을 권리, 사유재산권, 효과적인 사법심사를 받을 권리가 침해되었다고 하면서 관련 규칙을 폐지해 달라는 취지의 청구를 제기하였다.[47] 이와 유사한 청구가 여러 건 접수되었다.[48]

3. EC의 안보리결의 이행 권한

CFI는 공동체가 비국가 행위자(non-state actor)를 상대로 경제 제재를 취할 권한이 있는지의 여부에 대해서 판단하였다. 문제가 된 규칙은 EC조약 제301조, 제60조, 제308조를 근거로 한 것이었다.

제301조에 따르면 공동체는 CFSP의 목적을 달성하기 위하여 필요한 조치를 취하기 위하여 제 2 기둥의 권한을 제 1 기둥으로 이전시킴으로써 정부간 조치와 공동체 조치를 상호연결할 수 있다. 제301조에 근거한 조치는 두 단계를 거치는데, 첫 번째 단계에서 Council은 CFSP에 따라서 만장일치로 공동입장 혹은 공동행위(joint action)를 취하여 공동체가 따라야 할 기준을 설정한다. 두 번째 단계에서 Council은 가중다수결로써 CFSP에서 정치적으로 추구하는 목적을 담은 조치를 규칙의 형태로 마련하고 이러한 규칙은 공동체법으로서 회원국에 대해서 구속력을 갖는다. EC조약에서는 CFSP에 따른 공동입장 혹은 공동행위를 공동체법으로써 시행하도록 하는 총칙 규정을 두고 있지 않지만, 제 1 기둥과 제 2 기둥간 전환시 경제 제재에 대해서는 유일하게 명시하고 있다. 제301조에서는 경제 제재를 “하나 혹은 그 이상의 제 3 국과 갖는 경제관계를 일부 혹은 전면적으로 중단하거나 감축하는 것(partial or complete interruption or reduction of economic relations with one or more third countries)”으로 정의하고 있다. 2000년 이래, Council은 제301조를 넓게 해석하여 개인 및 비국가적 행위자를 대상으로 다수의 제재를 채택했었다. Council은 유고연방공화국(Federal Republic of Yugoslavia: FRY) 정부의 계속적인 인권 침해에 대해서

47) *Kadi* 사건, [2005] *ECR* Ⅱ-3649, para. 59; *Yusuf* 사건, [2005] *ECR* Ⅱ-3533, para. 190.

48) Case T-362/04, *Minin v. Commission*, [2007] *ECR* Ⅱ-2003, Case T-253/02, *Ayadi v. Council,* [2006] *ECR* Ⅱ-2139, Case T-49/04, *Hassan v. Council,* [2006] *ECR* Ⅱ-52; Case T-47/03, *Sison v. Council*, [2007] *ECR* Ⅱ-2047.

제재조치를 취하였고,[49] 2000년 민주주의가 회복되어 새로운 대통령이 선출된 후 FRY에 대한 제재는 철회하였지만 FRY의 대통령이었던 Milosevic가 민주주의를 위협하는 존재였기에 그와 그 측근에 대해서는 제재조치를 유지하였다.[50]

Kadi 사건의 CFI는 UNSCR을 근거로 한 공동체 입법 방식이 적법하다고 하면서, 탈레반이 아프카니스탄의 대부분을 지배하고 있던 당시 관련 조치의 효과와 인도적 측면을 고려할 때 제60조와 제301조를 근거로 EC 기관이 제3국의 영역 중 일부를 물리적으로 통제하는 단체나 개인, 그리고 그 정부 기관을 실효적으로 통제하는 사람들과 이들이 연계되어서 재정지원을 하는 개인 및 단체를 상대로 제재를 부과할 수 있다고 판단하였다.[51] 따라서 CFI는 제60조와 제301조를 근거로 공동체는 국가와 그 국가의 지도자뿐만 아니라 이들과 연계되거나 직접·간접으로 이들의 통제를 받는 비국가적 행위자에 대해서도 경제 제재를 부과할 수 있다고 해석한 것이다. 하지만 탈레반 붕괴 이후의 사정은 달리 보았다. *Kadi* 사건에서 문제된 규칙은 과거보다 한 단계 더 나아가서 집권정부와 무관하거나 특정 영역과 연관이 없는 개인을 대상으로 제재를 부과하였다.

CFI는 이러한 상황에서 제재 대상이 된 개인과 제3국은 실질적으로 연관관계가 없기에 제301조와 제60조를 근거로 해서 공동체가 제재를 가할 수 없다고 판단하였다.[52] 또한 CFI는 제308조 자체도 문제되는 규칙의 법적 근거가 될 수 없는데, 그 이유는 테러행위자에 대해서 경제적 제재를 부과하는 것이 공동체가 지향하는 목적 중의 하나가 될 수 없다고 보았기 때문이다.[53] 문제된 제재는 공동체와 제3국 간의 관계에 관한 사항이 아니기에 공동통상정책(Common Commercial Policy)에 해당되지 않았고, 그러한 규칙이 역내 시장의 경쟁을 왜곡되는 경우를 차단하기 위하여 필요한 것도 아니라고 판단하였다.

CFI는 국제평화와 안보유지가 공동체의 목적 중 하나라는 주장도 배척하

49) Council Regulation(EC) No. 1294/1999, O.J. L 153/63(1999).
50) Council Regulation(EC) No. 2488/2000, O.J. L 287/19(2000).
51) *Kadi* 사건, [2005] *ECR* Ⅱ-3649, para. 90.
52) *Kadi* 사건, [2005] *ECR* Ⅱ-3649, paras. 93-97; Case T-306/01, *Yusuf* 사건, [2005] *ECR* Ⅱ-3533, paras. 128-33.
53) *Kadi* 사건, [2005] *ECR* Ⅱ-3649, para. 124.

였다. 이 영역은 EU의 두 번째 기둥에 해당된다고 판단하였다. 하지만, CFI는 제301조와 제60조 그리고 제308조를 함께 적용할 경우 Council이 문제의 규칙을 채택할 수 있다고 판단하였다. 그 이유로서 첫째, CFI는 제60조와 제301조는 Council이 EC가 아니라 EU의 목적을 달성하기 위하여 조치를 취할 수 있는 특별규정이라고 보았다. 둘째, TEU 제 3 조에서 EU는 제도상 단일한 체제를 갖추고서 대외 활동 전체의 일관성을 유지하도록 하고 있기에,[54] EC의 권한 배분으로 인해서 공동체의 목적을 충분히 달성할 수 없게 되듯이, EC조약 제60조와 제301조에 따른 경제적 제재를 통해서 EU 전체가 CFSP의 목적을 달성하지 못할 수도 있다고 보았다. 따라서 EC조약 제60조와 제301조가 갖는 특별한 사정상 EC조약 제308조가 추가적으로 TEU 제 3 조에서 규정하는 일관성을 달성하기 위한 법적 근거가 될 수 있다고 판단하였다.[55]

ECJ에 제기된 항소심에서, 법률자문관인 Maduro는 제308조를 원용하는 것이 적법하지 않다고 하면서, EC조약 제60조와 제301조만 갖고서도 법적 근거가 충분하다는 의견을 제시하였다. Maduro는 제301조와 제60조의 본문에서, 공동체가 이들 규정을 근거로 제 3 국과 하는 경제관계를 중단하거나 감축할 수 있을 뿐 어떠한 형태의 조치로써 규제할 것인지, 누구를 대상으로 해서 누가 수범자가 될 것인지에 대해서는 아무런 규정도 하지 않았다는 의견을 제시하였다.[56] 그에 따르면, 제 3 국내에 소재하는 단체를 대상으로 하는 제재를 채택하면 공동체와 그러한 제 3 국간의 경제관계가 손상될 것이 분명하다고 하였다.[57] 또한, Maduro는 CFI처럼 제301조를 제한적으로 해석하면 공동체는 현재 국제평화와 안전을 위협하는 변형된 형태의 위협에 대처할 수 없다고 하였다.[58] 이에 대해서 ECJ는 법률자문관인 Maduro의 논리가 설득력이

54) TEU 제3(1)조의 규정은 다음과 같다. “The Union shall be served by a single institutional framework which shall ensure the consistency and the continuity of the activities carried out in order to attain its objectives while respecting and building upon the acquis communautaire.”

55) *Ibid.*, paras. 127-128.

56) Opinion of Advocate General Maduro, Case C-402/05, *Kadi v. Council,* para. 12(ECJ Jan 16, 2008).

57) *Ibid.*, para. 13.

58) *Ibid.*, para. 14.

없다고 판단하였다.[59] ECJ는 EC조약 제60조와 제301조가 제 3 국을 통치하는 정권과 연계되지 않기에 이들 조문만 갖고서 문제된 제재를 채택할 수 없다고 하였다. 문제된 규칙의 대상과 목적으로서 핵심적인 사항은 국제테러와 투쟁하는 것이고 제재 대상 목록에 등재된 개인이 소재하는 제 3 국과 공동체의 경제관계에 영향을 미치려는 것이 아니라고 하였다.

ECJ는 CFI와 다른 입장에서 문제의 제재는 EC조약 제60조, 제301조, 제308조를 근거로 해서 채택될 수 있다고 하였다. 첫째, ECJ는 비록 제60조와 제301조가 공동체가 취하는 경제제재와 CFSP의 목적달성을 연결해 주지만, 다른 EC조약 규정에까지 확장할 수 없다고 판단하였다. 제308조에 따른 조치는 공동체가 지향하는 목적 중 하나이지만 CFSP의 목적에 포함되는 것으로 간주할 수 없다고 하였다.[60] 또한, ECJ는 제308조를 활용할 경우 EU설립조약 작성자들이 의도하였던 EU 내 기둥 상호 간의 성격에 배치될 수 있다고 하면서 기둥간 권한을 전환하는 기능을 규정에서 명시하지 않은 다른 EC조약 규정에까지 확장할 수 없다고 판단하였다.[61] 마지막으로, ECJ는 'Opinion 2/94'를 원용하면서, EC조약 제308조는 EU제도의 기초가 되는 권한의 핵심사항이지만, 공동체의 목표와 활동을 정의하고 있는 틀을 벗어나서 공동체 권한의 범위를 확장하는 근거가 될 수 없다고 판단하였다.[62] 그러나 ECJ는 비록 EC조약 제60조와 제301조가 국가를 상대로 한 제재만 허가하고 있지만, 일정 조건하에서 제308조를 근거로 적용 대상을 확장할 수 있다고 판단하면서, 문제된 규칙이 제308조를 근거로 해서 내려진 것은 옳았다고 판단하였다.[63] EC조약 제60조와 제301조를 통해서 공동체가 CFSP를 이행하기 위하여 경제제재를 부과하는 한도에서 이는 공동체 목표를 묵시적으로 표현한 것으로서, 공동체 문서를 효과적으로 활용함으로써 그러한 조치를 채택할 수 있다

59) Joined Cases C-402/05 P & C-415/05 P, *Kadi v. Council,* para. 169.

60) *Ibid.*, paras. 197-201.

61) *Ibid.*, para. 202.

62) *Ibid.*, para. 203.

63) *Ibid.*, paras. 211-216. '다른 조건'으로 제시된 사항은 '경제·금융(economic and financial)' 조치에 한정하고(para. 213), 마스트리히트조약에 의해 제60조와 제301조가 도입되기 이전에 유럽 내 정치적 협력을 도모하기 위한 결정을 시행하기 위한 조치로써 활용되었던 관행에 부합해야 한다는 것(para. 215)이다.

고 하였다.[64] ECJ는 제308조에 따른 조치가 공동체 목적을 달성하는 데 기여하고, 공동시장의 운영과도 관련을 갖기에, 제60조, 제301조, 제308조를 근거로 해서 문제된 규칙을 채택할 수 있다고 판단하였다.[65]

4. EC법과 유엔안보리결의의 관계

ECJ가 판단하기에 공동체는 문제된 제재를 취할 권한이 있었기에, 다음으로 고려해야 할 사항은 공동체 법질서상 UNSCR이 갖는 효력이었다. 국제법상, 유엔헌장은 회원국의 국내법보다 우선하기에 UNSCR도 우위성을 갖는다.[66] 하지만 CFI는 EC가 유엔 회원국 지위를 갖지 않고 안보리 결의의 대상도 아니기에 국제공법에 의하여 공동체법이 유엔헌장의 제한을 받지 않고 공동체법 자체에 의하여 유엔헌장의 구속을 받는다고 판단하였다.[67]

CFI는 유엔헌장의 우위를 EC조약 제307(1)조와 제297조, 그리고 '대체이론(theory of substitution)'을 판단 근거로 삼았다. CFI는 제307(1)조에 따라서 EU회원국들이 EC조약에 따른 의무를 부담하기 이전에 이미 체결한 국제조약은 여전히 구속력을 갖는다고 하면서, EC조약 체결 당시 회원국들은 유엔헌장의 의무를 부담하고 있었다고 판단하면서, EC가 소속 회원국이 부담하는 유엔헌장상의 의무를 준수해야 한다고 판단하였다. 또한 CFI는 대체이론을 근거로 해서도 유엔 헌장의 우위를 찾았다. 이 이론에 따르면, 공동체는 EC조약에 따라서 소속 회원국들이 체결한 국제협정에서 다루는 분야에 대해서 이들 회원국으로부터 사전에 권한을 이양 받았기에 해당 협정 규정이 공동체를 구속한다는 것이다. 따라서 유엔헌장에 따른 회원국의 의무를 이행하는 데 필요한 권한이 공동체에 부여된 한도에서 회원국과 공동체에 연속적으로 영향을 미치게 되었다는 것이다. 즉, 회원국은 국제공법에 따라서 공동체 자신이 유엔 헌장에 맞게 그러한 권한을 행사하도록 할 의무를 부담하고, 공동체는 유

64) *Ibid.*, para. 226.

65) *Ibid.*, paras. 227-236.

66) Case T-315/01, *Kadi* 사건, [2005] *ECR* Ⅱ-3649, paras. 182-184.

67) *Ibid.*, paras. 192, 203-204.

엔헌장이 규율하는 분야에서 이전에 회원국이 행사하였던 권한을 이어받았기에 그 규정의 구속을 받는다는 것이다.[68]

CFI는 EC조약 제297조에 의해서도 유엔헌장이 우위성을 갖는다고 판단하였다.[69] CFI는 공동체가 유엔헌장의 구속을 받기에 공동체법을 근거로 문제된 규칙의 유효 여부에 대해서 심사할 수 없다고 결론 내렸다. 그 이유는 문제된 규칙은 UNSCR을 이행하기 위한 것인데 이를 심사하게 되면 부수적으로 UNSCR을 심사하게 되어서 이는 유엔헌장의 우위성을 위반한다는 것이다. 그러나 CFI는 UNSCR도 *jus cogens*의 강행규정을 준수해야 한다고 하면서 문제된 제재가 이러한 강행규정에 부합하는지의 여부를 검토하였다. 이로써, CFI는 유엔헌장이 공동체법보다 우위에 있다고 하면서도 유엔헌장에 따른 안보리결의는 국제공법질서에 내재하는 최고의 원칙인 *jus cogens*에 구속되도록 하였다.

EC조약 제307(1)조와 제297조는 일정 조건하에서 공동체 회원국이 국제법상의 의무를 이행하기 위하여 공동체법을 벗어나는 행위를 취할 수 있다고 해석되기에 이례적인 규정이지만, 이렇다고 해서 공동체가 헌법적인 기본원칙을 적용하지 않아야 한다는 의무를 부과하는 것은 아니다. EC조약 제307(2)조에서는 공동체 회원국이 체결했던 기존의 국제협정이 공동체법과 양립하지 않는 경우, 관련 회원국은 "양립하지 않는 사항을 제거하기 위한 적절한 모든 조치를 다해야 한다(shall take all appropriate steps to eliminate the incompatibilities established)"고 하였다. ECJ는 제307(2)조는 기존의 국제협정으로 인하여 공동체 법질서를 저해하지 않도록 최선의 노력을 다하는 쪽으로 해석하면서, 제307(2)조는 회원국이 헌법적인 기본 원칙을 벗어나도록 하는 포괄적인 권한을 부여하는 것이 아니라고 판단하였다.[70] ECJ의 판단에 따르면 EC조약

---

68) *Ibid*., paras. 198-203.

69) EC조약 제297조는 다음과 같다. "Member States shall consult each other with a view to taking together the steps needed to prevent the functioning of the common market being affected by measures which a Member State may be called upon to take … in order to carry out obligations it has accepted for the purpose of maintaining peace and international security."

70) Joined Cases C-402/05 P & C-415/05 P, *Kadi v. Council*, paras. 304-307.

제307조는 기본권보다 우선할 수 없고, EC조약 제220조에 따른 기능을 수행할 때 기본권이 보호되도록 해야 한다. ECJ와 법률자문관 Maduro는 제307조를 근거로 공동체 법질서의 근본인 기본권보호에 대해서 이의제기할 수 없으며, 유엔법을 이행하는 공동체 조치는 사법심사의 대상이 된다고 하였다.[71) ECJ는 EU조약 제6(1)조에 의해서도, 공동체는 인권 및 기본적 자유와 같은 EU법질서의 근간이 되는 기본 원칙을 위반할 수 없다고 판단하였다.[72) 결국, EC조약 제297조나 제307조를 근거로 해서 TEU 제6(1)조에서 정한 공동체 법질서의 근간이 되는 원칙을 위반할 수 없다는 것이다. ECJ는 비록 UNSCR에 기초한 의무사항이 공동체 법규범의 일부로 포함된다고 해도, EC조약 제300(7)조에 의하여 공동체의 이차적 법률에 우선할 뿐이고 공동체 조약 자체나 기본권 보호와 같은 제 1 차적인 법원보다 우선하지 않는다고 판단하였다.[73)

5. 유럽인권재판소 판결의 효과 및 적법절차보장

Kadi 사건에서 ECJ는 UNSCR의 법적 지위와 관련해서 유럽인권재판소(European Court of Human Rights: ECtHR)의 *Behrami* 사건의 판결을 원용하지 않았는데, 그 이유는 첫째, 양 사건의 법적 쟁점과 사실관계가 근본적으로 다르고, 둘째, EC 법질서는 이념적으로 독자성을 갖기 때문이라고 하였다.[74) *Behrami* 사건에서 문제된 행위는 직접 유엔에 귀속되는 것으로 판단되었지만, *Kadi* 사건에서 EC는 UNSCR을 이행하는 주권자로서 행위하였고, *Kadi* 사건에서 문제된 UNSCR은 상세하고 특정인을 대상으로 하여서 성질상 국내 행정 행위와 유사하였기에 사법심사의 필요성이 더 컸다고 할 수 있다. 유럽

---

71) *Ibid.*, para. 304.

72) *Ibid.*, para. 303. TEU 제6(1)조의 규정은 다음과 같다. “The Union is founded on the principles of liberty, democracy, respect for human rights and fundamental freedoms, and the rule of law, principles which are common to the Member States.”

73) *Ibid.*, paras. 307-309.

74) *Ibid.*, para. 282.

인권협약(European Convention on Human Rights: ECHR)은 일차적으로 국가간 협정으로서 국제적 수준에서 체약 당사국 간의 의무를 규정하는 것인 반면, EC조약은 독자적인 법질서를 구축하고, 그 안에서 국가와 개인들이 직접 권리와 의무를 가지며 이를 근거로 해서 ECJ는 기본권 준수가 '헌법적 보장(constitutional guarantee)'을 받도록 해야 한다고 판단하였다.[75)]

ECJ가 다루었던 마지막 쟁점은 유엔이 마련한 제재 장치에서 인권 보호에 적합한 절차를 마련하고 있기에 ECJ가 공동체법에 따른 사법심사를 자제해야 하는지의 여부였다. ECJ는 유엔이 마련한 절차는 비록 문제된 제재가 채택된 이후 보강되었지만 그렇다고 해서 UNSCR이 사법심사에서 일반적으로 면제될 수 없다고 판단하였다. ECJ는 유엔의 제재 절차는 본질적으로 사법적 성격을 갖기보다 정부간 조치로서 외교적 성격을 갖기에 관련 개인은 공정한 심리를 받거나 관련 증거를 열람할 권리를 갖지 못하고, 따라서 제재조치의 대상이 된 개인의 기본적인 절차적 권리가 보호받지 못하며, 제재 위원회는 제재 목록에서 삭제를 거부할 경우에도 거부사유를 제시할 의무를 부담하지 않는다고 하였다.[76)]

6. 보호대상인 인권의 침해 여부

1) CFI의 판단

CFI에 따르면, 유엔헌장이 공동체법보다 우위에 있기에 공동체법에서 보호하는 기본권을 이유로 UNSCR을 사법심사할 수 없지만, 관련 제재조치가 *jus cogens*와 양립하지 않는다면 사법심사의 대상이 된다. 따라서 CFI는 문제된 조치를 시행하는 공동체 규칙이 *jus cogens* 요건을 충족하는지의 여부를 판단하였다.

CFI는 UNSC의 권한은 국가로부터 나오고 국가는 국제법의 구속을 받기에[77)] UNSC는 *jus cogens*의 구속을 받고 청구인이 주장하는 권리는 *jus cogens*

---

75) *Ibid.*, paras. 316-317.

76) *Ibid.*, paras. 321-326.

77) *Kadi* 사건, [2005] *ECR* Ⅱ-3649, para. 231.

의 일부라고 판단하였다. *Kadi* 사건에서 청구인은 문제된 규칙에 의해 공정한 재판을 받을 권리(the right to a fair hearing), 재산권(the right to property), 효과적인 사법 심사를 받을 권리(the right to an effective judicial review)를 침해당했다고 주장하였다.

재산권과 관련해서, CFI는 자의적인 재산 박탈은 *jus cogens*에 반한다고 하였다.[78] 그러나 CFI는 문제된 조치는 국제공동체를 위한 공익적 목적을 추구하고, 자금 동결은 임시적인 보전조치로서 재산권 자체에 대해서 그리고 금전적 자산 활용에 영향을 미치지 않으며, UNSCR에서는 제재 제도를 재심하는 절차를 마련하고 있고, 관련 당사자가 국적국을 경유해서 제재 위원회에 대해서 의견을 제시할 수 있는 절차도 있었기 때문에 자의적인 박탈이 아니라고 하였다.[79] 또한, CFI는 문제된 규칙에서 기본비용(식품비, 집세, 의료비 등)에 충당하기 위한 자금은 동결하지 못하도록 하고 있고 굴욕적이거나 비인간적인 대우도 금지하고 있는 점을 강조하였다.[80]

재판받을 권리와 관련해서, CFI는 공동체에서 하는 절차와 안보리 제재 위원회에서 하는 절차를 구분하였다. EU 차원에서 Council이 제재 조치를 담은 규칙을 채택하는 것과 관련해서 청구인의 변론권(the right to be heard)은 침해되지 않았는데, 그 이유는 Council이 UNSCR 이행과 관련해서 아무런 재량권도 갖지 않기 때문이라고 하였다. 제재 위원회 절차와 관련해서 청구인은 자신에게 불리하게 제출된 증거자료에 대해서 반박할 기회를 제한 당했지만, 문제된 조치는 청구인의 재산 활용을 제한하는 사전예방적 조치이기에 수인 가능한 제한이라고 판단하였다.[81]

사법적 구제권과 관련해서 CFI는 국제평화와 안보에 대한 위협에 대처하거나 이를 해소하기 위한 조치가 적절한지를 판단하기 위하여 해당 위협의 존재 여부를 검증하는 것은 사법적 판단 영역에 속하지 않는다고 판결하였다. CFI는 안보리 제재 위원회의 결정에 반하는 조치에 대해서 판결을 내리는 독

78) *Ibid.*, paras. 241-242.
79) *Ibid.*, paras. 247-249.
80) *Ibid.*, para. 239.
81) *Ibid.*, paras. 273-274.

립적인 국제재판소가 설치되지 않았기에 사법적 구제를 받을 가능성이 없다는 점을 인정하면서도, 이러한 흠결이 *jus cogens*에 반하는 것은 아니라고 판단하였다. CFI는 세계인권선언 제 8 조와 시민적·정치적 권리에 관한 국제 규약 제14조에서 인정하는 재판청구권은 절대적이지 않다면서, 국가의 존망에 영향을 미치는 국가비상사태에 의하여 제한될 수 있고, 그처럼 이례적인 상황이 아니더라도, 국가들이 국가면제이론에 따라서 관할권면제를 인정하면 제한된다고 판단하였다. CFI는 UNSCR은 유엔 회원국 법질서에서 관할권면제사항이기에 청구인의 재판청구권이 제한된다고 판단하였다. 이러한 제한은 유엔헌장 제 7 장에 따라서 안보리가 내리는 결정이 갖는 성격과 유엔이 추구하는 합법적 목적에 근거한다는 것이다.[82)]

2) ECJ의 판단

법률자문관 Maduro는 국제평화와 안전을 유지하는 목적이 있다고 해도 법원이 심사권을 행사할 수 없는 것은 아니라는 의견을 제시하였다. 그에 따르면 테러와 관련해서 사법부의 역할은 고도의 위험성이 존재한다는 주장의 실질적인 내용을 평가해서, 해당 조치가 안보위험의 성격과 해당 조치로 인한 개인의 기본권 침해의 정도가 비례성을 유지하는지를 판단하는 것이라고 하였다.[83)] 또한 Maduro는 ECJ가 세계적으로 다른 국제기관과 긴밀하게 협력하면서 활동하고 있지만 공동체 사법부가 보호할 것으로 기대되는 기본가치를 외면할 수 없다는 의견을 제시하였다.[84)] ECJ는 법률자문관 Maduro의 의견에 따라서 EC 기본권 기준을 근거로 유엔 제재 조치를 사법심사했고 결론적으로 문제된 조치가 EC기준에 미달하기에 폐지되어야 한다고 판단하였다.

ECJ는 효과적인 사법적 보호는 회원국 헌법에 공통적으로 존재하는 전통에 근거하는 공동체법의 일반원칙이고 ECHR 제 6 조와 제13조, 그리고 EU기본권헌장(EU Charter of Fundamental Rights) 제47조에 규정되어 있다고 하였

---

82) *Ibid.*, paras. 287-290.

83) Opinion of Advocate General Poiares Maduro, Case C-402/05 P, *Kadi v. Council*, para. 35.

84) *Ibid.*, para. 44.

다.[85] ECJ는 사법적 보호 원칙상 공동체 기관은 제재 명부에 등재된 관련 당사자에게 해당 사실을 알려야 하고 이것을 단초로 당사자가 권리 보호에 나서거나 법원의 사법심사를 촉진할 수 있다고 판단하였다.[86] ECJ는 제재 대상인 자금을 동결하기 위한 조치는 잠행성이 매우 중요하지만 그렇다고 해서 문제된 경제 제재조치가 사법심사에서 면제되는 것은 아니라고 하였다.

Council은 UNSCR을 이행하는 규칙을 채택하는 것과 동시에 또는 상당한 기한 내에 청구인에게 불리하게 작용한 증거를 제공했어야 하는데, 그렇게 하지 않은 점에 대해서 ECJ는 청구인의 방어권, 특히 변론권이 침해되었다고 판단하였다. 또한, ECJ는 자산 동결의 근거가 되는 증거를 조사할 수 없었기에 적절한 심사를 할 수 없었고, 이 결과 효과적인 사법적 구제를 받을 권리도 침해되었다고 판단하였다. ECJ는 문제된 규칙이나 CFSP 공동입장 어느 것도 증거를 통보하는 절차를 두지 않았고, 어느 시기에도 청구인에게 해당 증거에 대해서 통보한 적이 없었다고 Council은 판단하였다. 그러나 ECJ는 소송진행 중에 관련 정보가 청구인에게 제공되면 침해된 권리가 회복되는지에 대해서 판단하지 않고서 청구인의 권리가 침해되어 회복되지 않은 상태에 있다는 점만 지적하였다.[87]

재산권과 관련해서 ECJ는 재산권은 절대적이지 않고, 공익목적상 비례성 기준에 따라서 제한될 수 있다고 하였다.[88] ECJ는 국제평화와 안보를 유지하기 위하여 테러와 투쟁할 때 효과적인 조치를 채택하는 것이 매우 중요하고, 현저한 사유가 있다면 부수적으로 선의의 제 3 자에게 실질적으로 피해가 가더라도 그러한 조치는 정당하다고 하였다. 따라서 테러에 대항하기 위한 수단으로써 자산을 동결하는 경우라도 비례성을 유지해야 하는 것이다. ECJ는 문제된 규칙은 적법 절차 기준을 위반함으로써 청구인의 재산권을 침해했다고 판단하였다. Kadi와 관련해서 문제된 규칙이 채택되면서 Kadi가 관할 기관에 이의를 제기할 기회를 주지 않았기에 Kadi의 재산권이 부당하게 침해되었다

85) Joined Cases C-402 & 415/05 P, *Kadi v. Council,* para. 335.

86) *Ibid.*, para. 337.

87) *Ibid.*, para. 350.

88) *Ibid.*, para. 355.

는 것이다.[89)]

7. 소 결

Kadi 사건에서 CFI와 ECJ는 공동체법의 국제적 지위에 대해서 전혀 다른 입장을 취하였다. CFI는 헌법적 차원의 접근이 아니라 국제적 차원의 접근을 취함으로써 유엔법과 공동체법간 위계질서를 정하고, 유엔법의 우위성을 극대화함으로써 공동체법의 헌법적 측면을 붕괴시켰다면 ECJ와 법률자문관 Maduro는 공동체 법질서상 국제법상의 의무가 갖는 효과는 공동체법에서 정한 조건에 따라서 결정되어야 하고 EC조약의 어느 규정도 기본권을 침해할 수 없다고 하였다.

이 사건에서 ECJ는 국제협정으로 인하여 공동체 조약에서 정한 권한 배분이 영향 받지 않기에 공동체 법질서는 독자성을 갖는다고 판단하였다.[90)] ECJ는 UNSCR 이 특히 중요하다는 점을 인정하면서도 국제법상 사법심사에서 면제된다고 보지 않았으며, UNSCR 이행이 ECJ의 법질서에 부합해야 하고, CFI가 판단하였듯이 ECJ의 법질서가 UNSCR에 부합해야 하는 것은 아니라고 판단하였다.[91)] 이 점에서 ECJ 판결은 유엔의 우위성과 양립하지 않는다. 또한, ECJ는 CFI와 달리 안보측면에 큰 의미를 두지 않았다. 비록 공동체가 국제법을 준수해야 하고, UNSCR을 특별히 중시해야 하지만 그렇다고 해서 UNSCR을 이행하기 위한 공동체 조치가 기본권과 양립하는지의 여부에 대해서 심사할 때 해당 조치가 특별한 지위를 갖는다고 판단하지 않았다. 결국, ECJ는 Kadi와 Barakaat의 금융자산을 동결처리한 점에서 규칙 881/2002은 무효라고 판단하였다. 그러나 Council이 침해 사항을 구제할 수 있도록 해당 규칙이 3개월간 효력을 유지하도록 하였다.[92)]

---

89) *Ibid.*, paras. 367-370.

90) *Ibid.*, para. 282.

91) *Ibid.*, paras. 298-309.

92) *Ibid.*, para. 376.

Ⅳ. 권리 구제

1. 구제제도의 기본 개념

EU법과 회원국 국내법의 관계 중 가장 곤란한 문제는 공동체법을 집행하는 것은 결국 회원국 법원인 점이다. 회원국 법원의 입장에서 볼 때 EU법은 자국법이 아니고, 그러한 EU법을 거스르는 국가 기관을 상대로 해서 EU법을 집행해야 하는 어려운 상황에 처하게 된다. 결국 공동체법의 집행은 충분하지 않고 회원국에 따라서 다양하게 집행되었고 이러한 점을 타개하기 위하여 ECJ는 공동체법에 따른 구제방식을 발전시키게 되었다. 우선 ECJ는 공동체법의 우위와 직접효력에 관한 법리를 정립하였다. 그 후, 공동체법을 위반하는 회원국법이 집행되지 않도록 회원국 내에서 허용되는 가처분을 활용하였고, 마지막으로 ECJ의 권한과 정치적 입지가 공고해지면서 개인의 권리 구제를 위하여 공동체법을 더 적극적으로 개발하여 직접효력을 가진 공동체법 위반을 이유로 회원국이 국가책임을 부담하도록 하였다. EU회원국은 공동체 법질서가 효과적으로 기능하도록 협력할 의무를 부담한다. 따라서 회원국의 법제도 내에 공동체법의 직접효력을 통해서 얻게 된 개인의 권리를 보호하기 위해 적합한 관할 법원이 지정되어야 하고, 절차규칙이 마련되어야 할 것이다.

공동체법의 비차별 원칙에 의하여 각 회원국은 자국의 특수한 사정을 근거로 공동체법의 적용을 회피할 수 없다. 특히 회원국의 국내법 원칙상 국가는 책임이 없다거나 의회의 입법권 행사는 사법심사의 대상이 될 수 없다는 것은 인정되지 않는다. 그런데 회원국은 공동체법에 근거한 권리로 인하여 국익이 위협받는 경우, 근거법과 상관없이 국내법을 차별 없이 적용함으로써 권리 구제를 제한할 수 있었기에 사실 비차별 원칙은 EU법과 회원국의 국내법의 관계에 큰 영향을 미치지 않았다.

실효성 원칙에 따르면 회원국 법원은 '직접적이고 즉각적인 보호(direct and immediate protection)'를 부여할 책임을 부담하거나,[93] 국내법상 공동체법

---

93) Case 13/68, *Salgoil v. Foreign Trade Ministry of Italy*, [1968] *ECR* 453 [1969] *CMLR*

에 따른 권리 확보가 '사실상 불가능하거나 매우 어렵게 되지(virtually impossible or excessively difficult)' 않아야 하며,[94] 규칙에서 정한 권리가 '각각의 경우에 효과적으로 보호 받도록(effectively protected in each case)' 해야 할 책임이 회원국에게 있다.[95] 따라서 신청인의 권리 구제를 위하여 국내법에서 정하는 제소적격, 구제관련 증거, 소급효, 포기, 관할권, 제척기한이 실질적으로 공동체 권리를 침해해서는 아니 된다.

공동체법이 충분한 효과를 갖지 못하도록 하는 국내법을 폐지해 달라는 신청이 제기된 당시 해당 공동체법을 집행할 권한을 가진 법원에게서 필요한 모든 사항을 할 권한을 박탈하는 국내법은 국내법원이 폐지해야 한다.[96]

ECJ는 '남녀동등대우에 관한 지침'[97]에서 '효과적인 사법 보호(effective judicial protection)' 원칙을 도출하였다. *Vol Colson* 사건에서 ECJ는 남녀동등대우 지침의 내용에서 특별히 제재 사항을 규정하지 않아서 고용자가 차별대우한 구직자를 고용하도록 해야 할 의무를 회원국이 부담하지 않는다고 판단하였다. 하지만 이 지침에서 사법절차를 강조하고 있는 점을 감안할 때, 어떠한 제재든지 '실제로 효과적인 사법보호(real and effective judicial protection)'를 보장해야 할 것이며, 고용자에 대해서도 실제로 억제효과를 갖도록 해야 할 것이라고 판단하였다.[98]

ECJ는 효과적인 사법 보호가 남녀동등대우 지침의 문안보다 더 나아가

181, 196.

94) Case 199/82, *Amministrazione delle Finanze dello Stato v. San Giorgio SpA,* [1983] *ECR* 3595 [1985] 2 *CMLR* 658, 689, para. 15(이하 *San Giorgio* 사건).

95) Case 179/84, *Bozzetti v. Invernizzi SpA*, [1985] *ECR* 2301 [1986] 2 *CMLR* 246, 262, para. 18.

96) *Simmenthal* Ⅱ 사건, [1978] *ECR* 629 [1978] 3 *CMLR* 263, 283, para. 22. *Simmenthal* Ⅱ 사건은 회원국의 구제와 공동체법의 우위에 관한 사항을 다루고 있는데, 이 사건에서 문제된 점은 공동체 규칙과 나중에 제정된 이탈리아 법이 충돌하였을 때 이탈리아 법원이 그러한 충돌을 해소하기 위하여 특별헌법재판소의 판결을 구해야 하는지의 여부였다.

97) Directive 76/207 on the Implementation of the Principle of Equal Treatment for Men and Women as Regards Access to Employment, Vocational Training and Promotion, and Working Conditions, 1976 O.J. (L 39) 40.

98) *Von Colson* 사건, [1986] 2 *CMLR* 430, 452-453, para. 24.

공동체법에 따른 권리를 침해하는 경우 효과적인 사법적 구제를 받는 것이 개인의 기본권이라고 선언하게 되었다.[99] ECJ의 실효성 원칙이 결부된 사건들은 공동체법을 시행해야 할 책임이 있는 회원국이 편의적으로 공동체법을 위반한 경우로서 잘못 부과된 과징금을 돌려주지 않으면 국가에 이익이 되는 사건들이었다. 예컨대, 개인이 공동체법을 위반하여 부과된 납입금의 반환을 청구하는 경우, 공동체법상 납입하지 않아도 되는 금전에 관한 청구, 공동체를 위하여 회원국이 수금한 금전의 환급을 청구하는 경우들이 있다.[100]

원래 EU법은 공동체법이 제대로 준수되도록 하기 위하여 회원국법에서 기존에 정한 것 이외에 회원국 법원에서 활용될 수 있는 구제를 창설하지 않는다는 것이 기본입장이었다.[101] 따라서 공동체법에서는 구제방식을 규정하지 않고, 회원국에 대해서도 새로운 구제방식을 마련하도록 요구하지도 않는다. 다만, 공동체법은 당사자들이 회원국 국내법원에서 가능한 구제절차와 동일한 구제 절차를 활용하도록 할 뿐이다.

2. 가처분권

ECJ는 공동체법을 위반하여 부과된 세금을 납입자가 보전 받지 못한다면 이는 회원국이 부당이득을 취하는 것과 마찬가지라고 판단하였다. 따라서 이 경우 개인의 보전 받을 권리는 회원국 국내법이 아니라 EU법을 근거로 해야 할 것이다. ECJ는 개인이 불법 납입한 금전을 반환받을 권리는 공동체법이 갖는 직접효과의 결과라고 하였다.[102] 이렇게 되자 일부 회원국은 공동체법에 근거한 권리를 차별하는 국내법을 제정하였다. 이에 ECJ는 공동체법을 근거로

99) *Johnston* 사건에서 ECJ는 남녀동등대우 지침의 '사법통제요건(requirement of judicial control)'이 공동체가 가입하지 않은 ECHR에서 볼 수 있는 일반 헌법원칙이라고 하였다. Case 222/84, *Johnston v. Chief Constable of the Royal Ulster Constabulary*, [1986] *ECR* 1651 [1986] 3 *CMLR* 240, 262, para. 19.

100) Thomas Eilmansberger, "The Relationship between Rights and Remedies in EC Law: In Search of the Missing Link," 41 *CMLR*(2004) 1218-1223.

101) Case 158/80, *Rewe-Handelsgesellschaft Nord mbH v. Hauptzollamt Kiel*, [1981] *ECR* 1805 [1982] 1 *CMLR* 449, 483, para. 45.

102) *San Giorgio* 사건, [1985] 2 *CMLR* 658, 688.

회원국 법원이 다른 국가기관이 공동체법을 위반하는 국내법을 적용하지 못하도록 가처분을 내리는 법원칙을 발전시켰다. 이러한 사항을 처음 다룬 것이 *Factortame* 사건 판결이다.[103] 이 사건에서 영국법원은 의회의 조치를 무효 처리하고 국왕(행정부)을 상대로 가처분을 내릴 수 있는지 그리고 내릴 수 있다면 언제 그렇게 할 수 있는지에 대해서 ECJ에 본안전 판단을 구하였다.[104] ECJ는 이미 10여 년 전에 판시되었지만 잘 활용되지 않았던 *Simmenthal* 사건의 논지를 활용하였다. 이에 따르면 회원국 법원은 공동체 규칙이 완전히 적용되고 효과를 갖는 데 방해가 되는 국내법을 무효로 하기 위하여 필요한 조치를 취할 권한을 갖는 법원의 권한을 박탈하는 모든 국내법을 무효로 해야 한다.[105]

Factortame 사건에서 ECJ는 *Simmenthal* 사건 판결에서 관련된 부분을 거의 그대로 재인용하면서, 국내법원이 공동체법에 반하는 국내법의 효력을 정지하는 가처분을 내리려고 해도 국내법의 제한 때문에 그렇게 할 수 없다면 공동체법에 근거하는 권리의 실효성이 손상될 것이라는 점만 추가하였다.[106] 이 사건에서 ECJ는 가처분을 내리는 조건을 명시하지 않았고 관할 법원의 재량권을 현저히 제한하거나 주권자에 속하는 사항이기에 법원이 판단할 수 없다는 규칙에 대해서만 공동체법을 근거로 이의제기할 수 있다고 하였다.[107] ECJ는 이 사건을 통해서 권리 구제에 관한 공동체법을 국내법에까지

---

103) *Factortame* 사건, [1990] 3 *CMLR* 1.

104) *R. v. Secretary of State for Transport ex parte Factortame Ltd.*(2), [1990] 2 *A.C.* 85 (House of Lords); 이미 ECJ는 영국의 1988년 법에 따른 국적 및 거주 요건이 EC법에 반한다고 판단하였다(Case C-221/89, *R. v. Secretary of State for Transport ex parte Factortame Ltd.*, [1991] *ECR* I-3905 [1991] 3 *CMLR* 589, 630). 이 판결 후 집행위원회는 영국을 상대로 EC조약 제169조(현 TFEU 제258조) 절차를 개시하여 영국이 자국법에 따른 국적요건 적용을 중지하라는 잠정명령을 얻어 냈다(Case C-246/89R, *Commission v. United Kingdom(Re. Nationality of Fisherman)*, [1989] *ECR* 3125 [1989] 3 *CMLR* 601). 나중에 ECJ는 영국에 불리한 확정판결을 내렸다(Case C-246/89, *Commission v. United Kingdom(Re. Nationality of Fisherman)*, [1991] *ECR* I-4585 [1991] 3 *CMLR* 706).

105) *Simmenthal* II 사건, [1978] 3 *CMLR* 263, 283, para. 22.

106) *Factortame* 사건, [1990] 3 *CMLR* 1.

107) *Ibid.*, paras. 29-30.

확장시키면서 공동체법의 우위 원칙을 재확인하였지만 그 원칙의 한계를 명확히 구분하지 않아서 권리구제는 국내법 기준에 의해서 판단할 수밖에 없었다.

Factortame 판결의 논지를 확장한 것이 *Zuckerfabrik* 판결이다.[108)] 이 사건에서는 공동체 규칙을 근거로 회원국 국내법상 세금이 부과되었지만 납세자는 공동체 규칙이 다른 공동체법 원칙에 배치되기에 관련 국내세법이 적용될 수 없다고 주장하였다. 이에 회원국 법원이 공동체 규칙의 적용을 차단할 수 있는지, 그렇게 할 수 있다면 언제 할 수 있는지의 여부가 문제되었다. ECJ는 회원국 법원이 판단하기에 공동체 조치가 유효한지에 대해서 심각한 의문이 제기되어서 ECJ에 본안전 판단을 요구한 경우, 개인 청구인에게 심각하고 회복불가능한 손해발생의 위협이 있는 경우, 공동체의 이익을 감안해서 개인 청구인에게 담보금을 예납하도록 한 경우에는 공동체 규칙의 적용을 중지하는 가처분을 내릴 수 있다고 판단하였다.[109)]

ECJ는 국내법이 공동체법에 위반되는 경우 혹은 공동체의 이차적 법률의 효력이 문제되는 경우, 양쪽 모두 공동체법을 근거로 하는 분쟁이기에 어느 경우든지 동일하게 개인은 회원국 법원에서 임시적인 법적 보호를 받아야 한다고 판단하였다.[110)] 이 사건 판결은 *Factortame* 사건보다 한 단계 더 나아가 개인의 권리를 보호하기 위하여 공동체법에 대해서 이의제기할 수 있고, ECJ 판결이 내려지기까지 개인의 권리를 보호하기 위하여 가처분을 내릴 수 있다는 점이 특색이다.

3. 회원국의 불법행위 책임

공동체법과 회원국 국내법의 관계에서 ECJ는 포괄적으로 공동체법 위반시 구제제도를 마련하는 데 주안점을 두었을 뿐, 회원국의 '비계약' 책임 혹은

---

108) Joined Cases C-143/88 & C-92/89, *Zuckerfabrik Suderdithmarschen AG v. Hauptzollamt Itzehoe,* [1991] *ECR* I-415 [1993] 3 *CMLR* 1.

109) *Ibid.*, [1993] 3 *CMLR* 1, 83-84, para. 29.

110) *Ibid.*, [1993] 3 *CMLR* 1, 82, para. 19.

불법행위 책임에 대해서 공동체법상 구제가 가능한지 여부를 명확히 하지 않았다. ECJ는 개인이 회원국의 공동체법 위반으로 인해서 손해를 입게 되는 경우, 피해자와 관련해서는 해당 회원국이 국가 책임에 관한 '국내법' 규정에 따라서 결과에 책임을 진다고 하거나,[111] 회원국의 불법행위책임에 관한 근거 규정을 마련하기 위하여 설립조약 개정을 제안하기도 하였다.[112] 국가책임에 관한 회원국간 기준이 매우 다양하기에, ECJ가 회원국법에 공통된 법의 일반 원칙을 찾기는 어렵다. 이탈리아, 독일, 벨기에, 아일랜드, 룩셈부르크, 영국의 경우는 의회의 입법행위로 인하여 국가의 불법행위책임이 발생하지도 않았다.[113]

ECJ는 *Francovich* 사건에서 입법 부작위에 대한 국가책임 원칙을 마련하였다. ECJ는 해당 지침에서 체불임금수급권과 보장 내용에 대해서 규정하고 있지만 회원국은 고용주가 보증기관에 보증금을 납입하도록 하거나 국가 스스로 보증의무를 부담할 수 있었기 때문에 보증의무자가 확정되지 않았다고 판단했다. 따라서 ECJ는 이탈리아의 채무부담을 추궁하는 대신 피용자가 국가의 불법행위책임을 이유로 제소하는 이론을 발전시켰다. ECJ의 논리에 따르면 그러한 구제수단이 없으면 해당 지침의 수혜자를 구제할 수 없다는 것이었다. 하지만 그러한 논리의 법적 근거는 명확하지 않았다. ECJ가 원용한 EC조약 제10조(현 TFEU 제4(3)조)는 공동체법 위반으로 인한 불법적인 결과를 무효화시킬 회원국의 의무 그리고 회원국의 책임인 공동체법 위반으로 인하여 개인에게 발생한 손실 및 손해를 전보할 의무의 근거가 되었다.[114] 이러한 전제에서 ECJ는 개인이 전보 받을 권리가 직접 공동체법을 근거로 한다고 판단하면서, 첫째, 문제된 지침에서 부여하는 개인의 권리를 확인할 수 있어야 하고, 둘째, 지침을 국내적으로 시행할 회원국의 의무 위반과 개인이 입은 손해 간

---

111) Case 60/75, *Carmine Antonio Russo v. Azienda di Stato per gli interventi sulmercato agricolo(AIMA),* [1976] *ECR* 45, para. 9.

112) Court of Justice, Suggestions of the Court of Justice on European Union, 2 *Bulletin of the European Communities*, Supp. 9/75, 18-21.

113) Edward T. Swaine, "Subsidiarity and Self-interest: Federalism at the European Court of Justice," 41 *Harv. Int'l L. J.* (2000) 1, 30, footnote 139.

114) Joined Cases C-6/90 & 9/90, *Andrea Francovich and Another v. The Republic (Italy)*, [1991] *ECR* 1, [1993] 2 *CMLR* 66, 112, para. 21(이하 *Francovich* 사건).

에 인과관계가 있어야 한다는 점을 조건으로 명시하였다. 일단 이 조건만 충족하면 제 2 차로 비차별 원칙 그리고 실효성 원칙이 회원국법에 적용되는 것이다. 비록 회원국들의 반대가 있었지만,[115] *Francovich* 사건 판결은 지침을 포함한 공동체법 일체에 대해서 회원국이 위반하는 경우를 대상으로 하였고, EC조약 제288조(현 TFEU 제340조) 절차에 따른 공동체 기관의 불법행위 책임에도 적용되었다.

Francovich 사건의 국가책임 기준에 따르면 국가의 공동체법 위반과 손해의 인과관계는 '직접적(direct)'이어야 하고, 그 위반이 '상당히 심각해야(sufficiently serious)' 한다. ECJ는 공동체 기관 또는 회원국의 공동체법 위반이 '상당히 심각'한지의 여부를 판단할 때, 관할 법원은 위반된 법 규정이 어느 정도 명료하고 정확한지, 해당 법 규정에서 회원국 기관 혹은 공동체 기관의 재량사항으로 인정한 조치가 있는지, 공동체법에 반하는 회원국 내 조치 혹은 관행이 누락·채택·유지되도록 하는 데 공동체 기관의 입장이 어느 정도 기여했는지를 고려해야 한다고 판단하였다.[116] 결국, 회원국 법원이 위 요소들을 고려한 후 신청인의 주장이 사실이라고 입증되면 공동체법 위반이 명확하고, 충분히 심각하다고 해야 할 것이다.[117]

4. 회원국 재량권의 축소

원래 공동체법 중 지침의 특징은 회원국에게 재량권을 부여한 것이었다. 그런데, 직접효력 원칙으로 인하여 회원국의 재량권이 거의 사라졌다. 간접효력도 이러한 추세에 기여를 하였다. 원래 간접효력은 지침 채택 이후 해당 지침을 국내법으로 시행입법하는 회원국 입법자의 의도를 최대한 반영한다는

---

115) *Francovich* 사건에서 이탈리아, 독일, 네덜란드, 영국은 모두 입법부작위로 인한 국가책임은 국내법에서 다룰 사항이라고 주장하였다. 나중에 *Brasserie du Pêcheur* 사건에서 독일, 네덜란드, 그리고 아일랜드는 *Francovich* 사건 판결을 확장하는 데 반대하였다. Joined Cases C-46/93 & C-48/93, *Brasserie du Pecheur SA v. Germany,* [1996] *ECR* I-1029 [1996] 1 *CMLR* 889, 904-911(이하 *Brasserie du Pecheur* 사건).

116) *Brasserie du Pêcheur* 사건, [1996] 1 *CMLR* 889, 990, para. 57.

117) *Ibid*., para. 56.

논리를 근거로 했었다.[118] ECJ는 나중에 지침을 시행입법하는 것이 아닌 국내법에도 만약 해당 지침 이전에 제정될 수 있었던 경우에는 지침의 간접효력을 인정하였다.[119] 또한, ECJ는 지침을 국내적으로 시행할 의무가 회원국에게 발생하지 않아도 지침이 통지되었던 때부터 회원국은 지침을 위반하지 않아야 하기에 회원국 법원은 지침의 간접효력을 반영해서 조치를 취해야 한다고 판시하였다.[120] 결국, 지침에서 정하는 시행입법 기간은 간접효력과 관련해서는 무의미해졌다.[121] 공동체 지침이 회원국에게 입법 표준이 되면서 사실상 회원국이 공동체법을 국내적으로 시행입법할 때 재량의 여지가 거의 없어졌다. 즉, 공동체 기관은 관행적으로 지침에서 달성할 결과를 규칙과 유사한 방식으로 자세하고 상세히 규정하기에 회원국은 시행입법할 때는 부차적인 입법 형식 이외에는 재량의 여지가 별로 없다.

ECJ가 손해배상에 관한 법원칙을 발달시키면서 공동체법의 유형에 상관없이 국가책임이 적용되어서 지침의 특징이 더욱 사라졌다. *Francovich* 사건 판결로 직접효력 원칙 이론은 흔적만 남을 정도로 적용기준이 완화되었다.[122] 그렇지만 여전히 지침의 '수평적' 직접효력은 인정되지 않는다. 이로써, '수직적' 직접효과이든 아니면 '수평적' 직접효과이든 그 근거가 되는 문제는 동일한데도 개인은 피고 측의 신원에 따라서 구제 받을 가능성이 달라지기에 지침의 수평적 직접효력을 제한하는 것에 대해서 반대의 소리가 높아졌다. *Francovich* 판결에 따르면 개인은 지침이 회원국법으로 시행입법 되지 않아서 충분히 명확하지 않고 무조건적이지 않기에 이를 직접 원용할 수 없어도 국가책임을 추궁할 수 있다.[123] ECJ는 *Faccini Dori* 사건에서 수평적 직접효력을 부인하였지만, 국가책임 법리로 인해서 수평적 직접효력을 논할 필요가

---

118) Case 80/86, *Officier van Justitie v. Kolpinghuis Nijmegen*, [1987] *ECR* 3969 [1989] 2 *CMLR* 18, 27, paras. 12-3(이하 *Kolpinghuis Nijmegen* 사건).

119) *Marleasing* 사건, [1992] 1 *CMLR* 305, 322-323, para. 9.

120) Case C-129/96, *Inter-Environnement Wallonie ASBL v. Région Wallonne*, [1997] *ECR* Ⅰ-7411, para. 41.

121) *Kolpinghuis Nijmegen* 사건, [1989] 2 *CMLR* 18, 27, para. 16.

122) Case C-271/91, *Marshall v. Southampton and South West Hampshire AHA*, [1993] *ECR* Ⅰ-4367 [1993] 3 *CMLR* 293, 326, para. 38(이하 *Marshall* Ⅱ 사건).

123) *Brasserie du Pêcheur* 사건, [1996] 1 *CMLR* 889, 985, paras. 21-23.

없었다.[124)]

ECJ는 회원국 법원이 관할권 내에서 공동체법 규정을 적용할 경우 해당 공동체법에 근거한 개인의 권리가 충분히 효력을 갖고 보호받을 수 있도록 만전을 기해야 한다고 하면서,[125)] 공동체법의 직접효력은 설립조약을 충분히 그리고 완전히 시행하기 위한 최소한의 조건이고, *Francovich* 사건 판결의 전보 권리는 개인의 권리에 관한 사항이라고 하였다.[126)] *Francovich* 판결 이후 ECJ의 다른 판결에 수평적 직접 효과가 있다는 평가가 끊이지 않았고,[127)] 실제 ECJ는 순수한 사인간 소송에서 공동체법을 원용할 수 있다는 취지의 판단을 내리기도 하였다.[128)]

ECJ는 판례를 통하여 유효성 원칙과 비차별 원칙을 넓게 적용하면서 사실상 새로운 구제방식을 창설하게 되었다. 국가책임 법리상 ECJ는 직접효력 여부를 검토할 이유가 없어졌다. 효과적인 사법 보호 개념과 권리 구제에 관한 공동체 법원칙으로 인해서 회원국의 재량권은 상당히 제한되었다. 즉, ECJ는 '충분한(full)' 금전 배상은 국내법상 최고액 한도나 이제제한에 구속받지 않고, 국내법상 배상에 최고한도를 두어도 판결 후 이자 지급액에 대해서는 제한을 둘 수 없다고 판단하였다.[129)] 한때 회원국은 지침에 이르기 위한 수단을 자율적으로 선택할 수 있는 것으로 간주되었지만, 이제는 회원국 법원이 지침 규정을 근거로 해서 개인의 권리가 충분할 정도로 정확하다고 결정되면

---

124) *Faccini Dori* 사건, [1995] 1 *CMLR* 665, 690-1, para. 28.

125) *Francovich* 사건, [1993] 2 *CMLR* 66, 113-4, para. 33.

126) *Brasserie du Pêcheur* 사건, [1996] 1 *CMLR* 889, 985, paras. 21-22.

127) Norbert Reich, "Horizontal Liability in EC Law: Hybridization of Remedies for Compensation in Case of Breaches of EC Rights," 44 *CMLR*(2007), 741.

128) Case C-194/94, *C.I.A. Security International SA v. Signalson SA and Another*, [1996] *ECR* I-2201, [1996] 2 *CMLR* 781. 이 사건에서 ECJ는 벨기에 정부가 기술적 규제의 시행을 통보하고 지연시킬 수 있도록 한 지침을 위반하였기에 해당 보안회사가 기술적 규제의 적용대상이 아니라고 판단하였다. Case C-443/98, *Unilever Italia SpA v. Central Food SpA*, [2000] *ECR* 7535, [2001] 1 *CMLR* 21. 이 사건에서 ECJ는 Directive 83/189에서 정한 기술규제의 절차적 요건을 위반한 국내 조치는 '심각한 절차적 흠(substantial procedural defect)'이기에 회원국의 공동체법 위반 규정은 사인간 소송에서 적용되지 않는다고 판단하였다.

129) *Marshall* II 사건, [1993] 3 *CMLR* 293, 325, paras. 31-33.

법원에 청구하는 것을 막을 수 없는 것으로 해석되고 있다.[130)]

ECJ가 권리 구제에 관한 공동체 판례법을 발전시키면서 회원국의 구제에 관한 국내법 규범들이 실체법 영역과 절차법 영역의 구분이 없이 매우 유사해지고 있다.[131)] 유럽에서 회원국 국내법이 일치되기는 어렵지만, 적어도 공동체법을 위반하는 회원국과 관련해서 국가책임의 법리가 발전하면서 회원국 국내법에 따른 구제방식에 영향을 미쳤고, 이로써 여러 국가의 관련 국내법이 일치될 수 있는 계기가 마련되었다.

V. 결 론

EU설립조약은 회원국의 주권과 권한을 구속하지만 이에 그치지 않는다.[132)] 분명 EU는 국제기구이지만 연방의 성격을 다분히 갖고 있다. 이는 EU법과 회원국 국내법의 관계에서 '헌법화(constitutionalisation)' 현상으로 나타난

---

130) *Ibid.*, para. 38.

131) Case C-188/95, *Fantask A/S v. Industriministeriet(Erhvervsministeriet),* [1997] *ECR* Ⅰ-6783 [1998] 1 *CMLR* 473, 516, para. 47; 한편, *Peterbroeck* 사건과 *van Schijndel* 사건에서 ECJ는 EC조약 제234조(현 TFEU 제267조)에 따른 본안전 판단을 구하는 절차를 활용할 수 있는지의 여부와 관련해서 회원국 국내법상 소송 당사자가 국내 법원에서 공동체 문제를 제기할 수 있는 시한을 정한 규칙이 공동체법에 합치하는지의 여부를 다루었다. ECJ는 *Peterbroeck* 사건에서 그러한 시한이 법적 확실성이나 원활한 소송 수행 원칙에 비추어 정당하지 않기에 공동체법을 위반한다(Case C-312/93, *Peterbroeck Van Campenhout & Cie SCS v. Belgium,* [1995] *ECR* Ⅰ-4599 [1996] 1 *CMLR* 793, 799, para. 21)고 하였지만, *van Schijndel* 사건에서는 국내법상 시한을 둔 것은 공동체법에서 수소법원이 적극 관여해야만 하도록 강제하지 않은 이상 민사소송의 당사자 주도 법리에 따라서 정당하다(Case C-430/93, *Van Schijndel v. Stichting Pensioenfonds voor Fysiotherapeuten,* [1995] *ECR* Ⅰ-4705 [1996] 1 *CMLR* 801, 827-828, paras. 21-23)고 판시하였다. 이로써 동일한 국내법 규정을 두고서 상반되는 판단이 내려지자 이들 판결이 많은 관심을 끌었는데, *Peterbroeck* 사건은 조세부과에 대한 이의 신청과 관련해서 사법심사를 제한하는 것이 공동체법에 반한다고 판단한 것이고, *van Schijndel* 사건에서는 민사소송에서 법원이 소극적으로 관여한다는 측면이 반영되었다고 해석할 수 있다. van Gerven, "Of Rights, Remedies and Procedures," 37 *CMLR* (2000) 532-533.

132) Eva Julia Lohse, "Fundamental Freedoms and Private Actors-towards an 'Indirect Horizontal Effect'," 13 *EPL*(2007) 176.

다. 헌법화라 함은 공동체 설립 조약인 EC조약이 주권국가를 구속하는 법체제에서 EC 영역 내 공적 분야와 사적 분야를 가리지 않고 모든 법인 및 법적 실체에 대해서 사법적(司法的)으로 집행될 수 있는 권리와 의무가 수직적으로 통합된 법적 체제로 발전하는 과정을 말한다.[133] 결국, 헌법화는 공동체 설립 조약, 이차적 법률 그리고 ECJ 판례법 원칙이 회원국 국내법 제도에 투영되고 회원국 법원에 제기된 소송절차에서 법으로 적용되는 과정을 말한다. 이러한 현상은 설립 조약에서 예정했던 것은 아니지만 예상할 수 없었던 것도 아니다. 하지만 이는 무엇보다도 ECJ가 판결을 통해서 EU법이 회원국 국내법제도 내에서 차지하는 위치를 일관성 있게 자리매김하려는 의지가 있었고, 회원국 국내법을 해석하고 적용하는 해당 국가법원이 ECJ 판결을 받아들이고 문제되는 사항에 대해서 다시 의문을 제기함으로써 양자가 끊임없이 공동체 통합을 위한 대화를 했었기에 가능하였다.[134]

ECJ 판례법에서 드러나는 헌법화에는 우위원칙, 직접효과 및 간접효과 원칙을 근간으로 한다. 1962년부터 1979년까지 ECJ는 헌법 원칙으로서 EC법 우위와 직접효과 원칙을 수립하였다. 우위원칙에 따르면 EC법 규범과 충돌하는 어떠한 회원국 국내법에 대해서든지 EC 규범이 우선하고,[135] 모든 EC 규범이 발효하는 순간부터 회원국 국내법 중 EC 규범과 충돌하는 규정은 자동적으로 적용되지 않는다.[136] 우위 원칙에 따라서 회원국 공기관은 EC법을 이행하지 못한 이유로서 국내법을 원용할 수 없고, 회원국 법원은 EC법과 자국법이 충돌하는 경우 전자에 유리하게 판단해야 한다. 이 점에서 ECJ는 일원론 입장에서 공동체 법질서를 정립하고 이원론 원칙인 *lex posteriori derogat leggi priori*(신법우선의 원칙)는 적용되지 않게 되었다.[137] 직접효과 원칙에 따

133) Alec Stone Sweet, "Constitutional Dialogues in the European Community" in Anne-Marie Slaughter, Alec Stone Sweet, and J.H.H. Weiler, *The European Court and National Courts-Doctrine and Jurisprudence: Legal Change in Its Social Context*, (Hart Publishing, Oxford, 2000), p. 305.

134) Andrea Biondi, "How to Go Ahead as an EU Law National Judge," 15 *EPL*(2009), 225.

135) *Costa/Enel* 사건, [1964] *ECR* 585, [1964] *CMLR* 425.

136) Case 70/77, *Simmenthal* II 사건, [1978] *ECR* 1453 [1978] 3 *CMLR* 670, 688-690.

137) 일원론에 따르면 국제법과 국내법은 단일 규범 체제를 이루고, 국제법이 국내법보다

르면 EC법 규정은 개인에게 권리를 부여하고, 회원국 공기관은 이를 존중해야 하며, 회원국 법원은 이를 보호해야 한다. ECJ는 설립 조약 규정[138]과 지침이 직접효력이 있다고 판단하였다.[139] 규칙의 직접효력은 EEC조약에서 명시하고 있지만 회원국의 시행조치가 공동체 규칙의 직접효력에 장애가 되면 조약을 위반하는 것이라고 하여 직접적용성을 강화하였다.[140] 1983년에 간접효과 원칙이 확립되면서 회원국 법원은 EC법에 맞도록 자국 법을 해석하게 되었다.[141] ECJ는 지침이 국내법 규정으로 수용되지 않았거나 잘못 수용된 경우라도 회원국 법원은 기존 국내법을 해당 지침에 맞도록 해석해야 한다고 판결하였다.[142] 이 원칙에 따라서 회원국 법원은 EC법을 국내적으로 시행하기 위한 조치가 없더라도 해석을 통해서 국내법 내에서 적용할 수 있게 되었다. EC법은 국내법의 재해석 과정을 통해서 국내법 규칙의 모습으로 사법인(즉, 비정부 실체) 간의 법적 분쟁에 적용될 수 있게 되었다. 따라서 간접효력은 ECJ 판례법상 EC법의 직접효력 원칙이 개인과 정부실체 간의 분쟁에만 적용되면서 야기되는 흠결을 보충할 수 있게 되었다. 이후, 1990년에 ECJ는 정부책임에 관한 공동체 법원칙을 선언하였다.[143] 이에 따르면 회원국 법원은 자국 정부가 지침을 제대로 시행조치하지 않거나 적용하지 못한 결과 개인에게

우선한다. 이원론에 따르면 국제법과 국내법은 서로 다른 법질서에 존재하고, 개별 국가의 헌법이 양자의 관계를 규율한다. 유럽 국가들은 예외가 있지만, 전통적으로 이원론의 입장을 따랐다. 즉, 조약 법은 주권 국가의 입법부가 법의 형식으로 '비준'하면 조약 규정이 국내법 규정으로 바뀐 뒤에야 비로소 국내법 법질서에서 효력을 가질 수 있었다. 일단 국내법 규정으로 바뀌면, 조약법과 국내법은 동일한 법적 지위를 갖는데, 그 이유는 둘 다 동일한 입법 행위로 제정되었기 때문이다. 개별 국가의 법원은 이 두 가지 입법 행위의 관계를 신법 우선의 원칙으로 규율하였다. 이에 따르면 동일한 지위에 있는 법 규범 간에 충돌이 있으면 판사가 가장 최근에 제정된 법을 적용하여 분쟁을 해결하는 것이다. 따라서 조약 규정과 그 조약 규정이 비준된 후 제정된 법과 충돌하면 판사는 조약법을 적용하지 않게 된다.

138) *Van Gend en Loos* 사건 [1963] *CMLR* 105.

139) *Van Duyn* 사건, [1974] *ECR* 1337, [1975] 1 *CMLR* 1.

140) Case 39/72, *Commission of the European Communities v. Italy,* [1973] *ECR* 101 [1973] *CMLR* 439, 457, paras. 24-25.

141) *Von Colson* 사건, [1986] 2 *CMLR* 430.

142) *Marleasing* 사건, [1992] 1 *CMLR* 305.

143) *Francovich* 사건, [1993] 2 *CMLR* 66.

피해를 야기한 경우 해당 회원국의 책임을 판단할 수 있게 되었다. 회원국 법원은 이 경우 해당 회원국이 개인의 손실을 배상하도록 명령할 수 있다.

요컨대, ECJ 판례법상 EU법의 우위 원칙은 ECJ와 회원국 법원이 동반자로서 EU법과 회원국 국내법의 헌법적 '법치' 공동체를 해석하는 중요한 원칙이다. 이러한 특정한 관계에서, 회원국 법원은 EU법이 적용되는 분쟁에서 공동체 질서의 대리인으로서 공동체의 재판관이 되는 것이다. ECJ는 회원국 판사들이 EC법이 나중에 제정된 국내법과 충돌할지라도 우선해서 판단하도록 하고, EC법 해석과 관련해서 ECJ에 의견조회를 한 후, 국내법 규칙이 EC법에 맞도록 해석하고 위반되는 경우에는 해당 국내법의 적용을 거부할 수 있는 권한을 부여하였다. TFEU 제263조 제 4 단락에서는 어떠한 자연인 혹은 법인이든지 자신에게 직접적이고 개별적으로 관련되는 입법행위에 대해서 그러한 행위가 시행조치를 수반하지 않더라도 직접성이 있으면 ECJ에 제소할 수 있도록 하였다. 또한 TEU 제19(1)조에 따르면 회원국은 EU법이 적용되는 분야에서 효과적인 법적 보호가 가능하도록 충분한 구제조치를 마련해야 한다. 따라서 개인의 권리 보호와 관련된 사항이 ECJ에서 더 많이 다루어질 것이다. *Kadi* 사건은 EU법의 이러한 경향을 잘 보여주고 있다.

제 5 장 EU의 분쟁해결제도[1)]

I. 서 론

유럽연합은 이제까지보다 더 긴밀한 유럽인의 연합을 창설하여 유럽을 갈라놓았던 벽들을 제거함으로써 유럽연합 회원국 전체의 경제적·사회적 발전의 달성을 목표로 하고 있다. 이러한 목표를 달성하기 위하여 계속적인 경제팽창, 균형 잡힌 무역의 실현, 공정한 경쟁의 확보 등을 공동의 행동을 통하여 실현하고자 한다.[2)] 이러한 유럽연합의 목표를 실현하기 위한 공동의 행동은 유럽연합의 역내입법이나 유럽연합이 역외국가와 체결하는 조약의 형태로 실현되는 것이 일반적이다. 이러한 점에서 볼 때 유럽연합은 법에 의한 지배를 전제로 하는 법공동체라고 할 수 있다.

이러한 유럽연합이 추구하는 목표를 실현하기 위하여 채택되는 법규들은 그것이 유럽연합 차원에서뿐만 아니라 회원국의 국내적 차원에서 실효적으로

1) 본 글은 졸저, 「유럽연합 사법제도론」(진원사, 2007), "유럽공동체법에 있어서 선결적 부탁절차의 역할," 「홍익법학」, 제 6 집(2005), "유럽공동체법상 회원국에서의 유럽공동체법 이행확보제도에 관한 연구," 「홍익법학」, 제 7 집(2006), "유럽공동체법상 직접취소 소송제도의 재검토," 「홍익법학」, 제 8 권 제 1 호(2007), "유럽공동체법상 부작위소송에 대한 재검토," 「중앙법학」, 제 9 집 제 4 호(2007) 등에 게재된 글을 발췌 요약하고, 리스본조약의 내용을 추가한 것임을 밝혀 둔다.

2) 유럽연합조약(Treaty on European Union) 서문 참조. 본 글에서는 유럽연합과 유럽공동체를 대체적으로 같은 의미로 사용한다.

집행되어야 제대로 실현될 수 있음은 명백한 사실이다. 모든 규범은 그것의 규범력에 따라 수범자들이 자발적으로 준수할 것이 요구된다. 그렇지만 그러한 자발적인 준수가 제대로 이루어지지 않는 경우에는 제도적으로 규범의 집행을 실효적으로 확보하는 방안이 마련되어야 하는 것이 일반적이다.

국내법 체제에서는 국내법이 자발적으로 준수가 되지 않는 경우에 그에 대한 구제를 제대로 하기 위하여 매우 정치한 형사, 민사, 행정, 헌법의 사법제도를 가지고 있는 것이 일반적이다. 그렇기 때문에 국내법은 대체적으로 엄격하게 그 관할 범위 내에서 효력을 실효적으로 발하게 된다. 반면에 국제법의 경우에는 국제규범이 자발적으로 준수되지 않는 경우에 그것의 규범력을 제도적으로 확보하는 것이 그다지 용이하지 않은 경우가 많이 있다. 국제사회에 보편적으로 적용될 수 있는 사법제도의 결여로 인한 결과라고 할 수 있다. 유럽연합의 경우는 엄밀하게 말하면 국제법적인 토대를 근거로 하여 등장한 법공동체이면서도 일반 국제법상의 규범을 집행하기 위한 제도적인 틀에 비하여 매우 진전되고 획기적인 사법제도를 가지고 있고 그를 통하여 유럽연합법의 집행을 담보하고 있는 상황이다.

이러한 유럽공동체법의 집행력을 담보하기 위한 사법제도는 두 가지 측면을 가지고 있다. 하나는 유럽연합 자체의 사법제도에 의한 유럽연합법의 집행력을 확보하는 방법이며, 다른 하나는 회원국의 국내사법제도를 이용하여 유럽연합법의 집행력을 담보하는 것이다. 전자의 경우는 유럽연합법 일반의 집행력을 담보하는 데 이용될 수 있는 반면에 후자의 경우는 유럽연합법 가운데 일정한 효력을 갖는 법규의 집행력을 담보할 수 있다는 차이점이 있다. 아래에서는 유럽연합법의 집행을 실현하기 위한 사법제도와 아울러 회원국의 국내사법제도가 공동체법의 집행을 실현하는 수단으로 이용될 수 있는 경우에 대하여 살펴보기로 한다.

Ⅱ. EU 사법부의 구성

최근 리스본조약을 통해 개정된 유럽연합조약(이하 TEU)은 EU사법재판소

(Court of Justice of the European Union, 이하 CJEU)에 사법재판소(Court of Justice), 일반재판소(General Court) 및 특별재판소(Specialized Courts)를 포함하는 것으로 규정하고 있다.[3] 과거의 유럽사법재판소(European Court of Justice)는 사법재판소(Court of Justice)로, 유럽일심재판소(European Court of First Instance)는 일반재판소(General Court)로 명칭이 변경되고 과거의 사법패널(judicial panel)을 대체하는 특별재판소를[4] 일반재판소에 부속하여 둘 수 있도록 하고 있다.

1. 사법재판소

사법재판소(Court of Justice)는 회원국의 합의에 의하여 임명되는 회원국당 1명의 재판관으로 구성된다. TFEU에는 사법재판소 재판관의 임명과 관련하여 제255조가 정하는 패널의 협의 절차가 추가되었다. 하지만 재판관 수와 관련하여서는 이전과 마찬가지로 회원국당 1명의 재판관을 두도록 하고 있다.[5] 재판관들의 임기는 6년으로 중임 가능하며 재판관들은 매 3년마다 13명 혹은 14명씩 교체된다.[6] 재판관은 나머지 재판관과 법률자문관(Advocate-General)의 일치된 의견에 의하여 해임될 수 있는 경우를 제외하고 누구에 의하여서도 해임되지 않는다. 재판소의 장은 재판관들의 비밀 투표에 의하여 3년의 임기로 선출된다. 사법재판소는 소재판부(chamber), 대재판부(Grand Chamber), 전원재판부(full Court)의 형태로 재판을 담당할 수 있다. 소재판부는 3명 혹은 5명의 재판관으로 구성되며 대개 판단을 함에 있어서 어려움이 많지 않거나 중요도가 떨어지는 사건을 심리한다. 니스조약 이후에는 부에 의한 재판이 원칙이 되고 전원재판부에 의한 재판은 예외가 되었다. 또한 회원국이나 공동체 기관

3) 유럽연합조약(Treaty on European Union(이하 TEU)), 9 May 2008, 2008 O.J.(C 115), 제19조.

4) 유럽연합기능조약(Treaty on the Functioning of the European Union(이하 TFEU)), 9 May 2008, 2008 O.J.(C 115), 제257조.

5) TEU 제19조.

6) Protocol(No 3) on the Statute of the Court of Justice of the European Union (Protocol(No 3)), 9 May 2008, 2008 O.J.(C 115), 제 9 조.

이 당사자가 된 소송에서 그들이 요구하면 최소한 13명의 재판관으로 구성되는 대재판부에서 사건을 심리한다.[7]

사법재판소에는 재판관을 지원하기 위하여 재판관 이외에 8명의 법률자문관을 두고 있다.[8] 규정에는 없지만 법률자문관은 유럽연합의 큰 나라 국민이 1명씩 통상적으로 포함된다. 이들은 재판관과 동일한 지위를 가진다. 따라서 그들의 임명, 해임, 신분상의 지위 등은 재판관에게 적용되는 사항이 그대로 적용된다. 법률자문관은 재판소의 행정적 업무를 논의하는 경우에는 직접 참여하지만 분쟁사건의 심리에는 참여하지 않는다. 법률자문관의 기본적 임무는 재판소에 제기된 사건에 대하여 이유를 설시한 판단 의견서를 제출하는 것이다. 이들이 제출하는 의견은 재판소를 구속하지는 않지만 재판관들은 판결을 할 때 그 의견서를 주의 깊게 살피는 것이 일반적이며, 이 의견서는 판결문과 함께 판결집에 공표된다.

2. 일반재판소

일반재판소(General Court)는 유럽단일법(Single European Act)에 의하여 개정된 바에 따라 1989년에 설치된 유럽일심재판소(European Court of First Instance)의 후신이다. 일반재판소를 설치한 이유는, 사실관계는 복잡하지만 정치적으로나 헌법적인 중요성이 덜한 사건으로부터 받는 사법재판소의 업무부담을 덜어주기 위한 것이었다. 일반재판소의 재판관은 최소 회원국당 1명씩의 재판관으로 구성되는데 현재 27명으로 구성되어 있다.[9] 일반재판소의 재판관을 임명하는 절차나 임기는 사법재판소의 그것과 동일하다. 일반재판소에도 법률자문관을 둘 수 있다. 일반재판소는 특별히 어렵거나 중요한 사건의 경우 전원재판부를 구성하며, 단독재판부나 3명 혹은 5명의 재판관으로 구성되는 재판부에서 재판을 한다. 일반재판소의 판결에 대하여서는 법률문제에 한하여 사법재판소에 상소할 수 있다. 리스본조약으로 개정된 TEU에 따르면 유럽연

7) Porotocol(No 3), *supra* note 3, 제16조.

8) TFEU 제252조.

9) Protocol(No 3), *supra* note 3, 제48조.

합 회원국당 최소 1명의 재판관을 두도록 하고 있는 유럽일심재판소와 관련된 규정에 따르되 일반재판소의 재판관 수는 사법재판소규정으로 정하도록 하고 있고, 재판관의 임명에 제255조가 규정하고 있는 패널 협의 절차를 거치도록 하고 있다.[10)]

3. 특별재판소

유럽의회와 이사회는 통상입법절차(ordinary legislative procedure)에[11)] 따라 특정 영역에서 제기된 사건의 일정 유형을 일심 단계에서 심리 판단하는 일반재판소에 부속된 특별재판소(Specialized Court)를 설치할 수 있다. 유럽의회와 이사회는 위원회의 제안에 따라 사법재판소와 협의를 거친 후 혹은 사법재판소의 요청에 따라 위원회와 협의를 거친 후 규칙의 형식으로 이러한 행위를 한다. 특별재판소의 재판관은 이사회에 의하여 만장일치로 임명된다.[12)]

Ⅲ. 유럽연합 재판소의 관할권

유럽연합 재판소가 행하는 사법적 행위에는 판결(judgment), 선결적 평결 및 의견(opinion)의 세 가지 유형이 있다. 앞의 두 가지 경우는 뒤의 장에서 자세히 설명하기로 한다. 의견은 유럽연합이 조약을 체결하는 경우 당해 조약이 유럽공동체설립협정과 양립하는지 여부를 사법재판소에게 문의하면 그에 대하여 의견을 제시하는 것을 말한다. 이 경우 사법재판소의 의견은 표면상으로는 권고적인 성격이지만 사실상의 구속력을 가진다. 만약 사법재판소의 의

10) TEU 제19조; TFEU 제254조.

11) 위원회의 제안에 따라 유럽의회와 이사회가 공동으로 규칙, 지침 혹은 결정을 채택하는 것을 통상입법절차라고 말하고, 조약들의 규정에 따라 이사회의 참여하에 유럽의회가 혹은 유럽의회의 참여하에 이사회가 규칙, 지침 혹은 결정을 채택하는 것을 특별입법절차(special legislative procedure)라고 한다. 이러한 입법절차에 따라 채택된 것을 입법행위(legislative acts)라고 한다(TFEU 제289조 참조).

12) TFEU 제257조.

견이 양립성에 대하여 부정적인 판단을 하면 유럽연합은 체결하고자 하는 조약을 수정하거나, TEU 혹은 TFEU의 규정을 개정한 이후에만 당해 조약을 체결할 수 있기 때문이다.

1. 사법재판소

TEU에 따르면 사법재판소(Court of Justice)는 회원국, 유럽연합 기구, 자연인 혹은 법인에 의하여 제기된 소송 사건에 대한 판결, 회원국의 국내법원이 유럽연합법의 해석 혹은 유럽연합 기구가 채택한 행위의 유효성에 대하여 요청하는 경우 그에 대한 선결적 평결, 기타 협정이 정하는 사례들에 대한 판결을 행할 권한이 있다고 규정하고 있다.13)

원칙적으로 사법재판소는 사법재판소규정이 사법재판소의 관할사항으로 유보한 사건에 대하여서 일심 재판관할권을 갖는다. 일반재판소가 예외적으로 선결적 부탁사건을 다룰 수 있다고 허용된 경우를 제외하고는 원칙적으로 선결적 부탁사건은 사법재판소가 관할하는 사건이다. 또한 제258조에 따른 의무이행강제소송은 사법재판소의 관할에 전속적으로 속한다. 일심 재판관할권이 아닌 상소심 재판관할권과 관련하여서는 다음과 같다. 일반재판소를 일심재판소로 하여 판결된 사건의 경우, 그와 관련한 법률문제에 대하여서는 사법재판소에 상소가 가능하다. 또한 극히 예외적으로 특별재판소의 판결에 대하여 이루어진 일반재판소에 대한 상소 사건의 경우 유럽연합법의 단일성 일체성을 심각히 위협하는 예외적인 경우를 제외하고는 일반재판소의 판결에 대하여 사법재판소로 상소하는 것은 인정되지 않는다.14)

2. 일반재판소

일반재판소(General Court)는 유럽일심재판소의 후신으로 그의 관할권이 일부 확대된 것이라고 할 수 있다. TFEU 제256조는 사법재판소규정에 따라

13) TEU 제19조.

14) TFEU 제256조.

사법재판소에 유보된 사건, 제257조에 의하여 설립되는 특별재판소 사건을 제외하고 직접취소소송사건, 부작위소송사건, 비계약상의 손해배상사건 혹은 계약상의 소송사건, 직원소송사건, 유럽연합과 체결된 계약상의 중재조항에 따른 소송사건 등의 일심재판소로 사건을 심리 판단할 수 있는 관할권을 가지며, 특별재판소의 판결에 대하여 제기된 소송을 심리 판단할 수 있는 관할권을 갖고 있다. 또한 니스조약에 반영된 바처럼 특정 분야에 대하여 선결적 평결을 할 수 있는 관할권을 가질 수 있는데 이 경우에도 유럽연합법의 단일성 일체성에 영향을 줄 수 있는 원칙에 관한 결정을 하여야 하는 경우에는 그것을 사법재판소에 회부할 수도 있다. 일반재판소에서 이루어진 선결적 평결에 대하여서는 유럽연합법의 단일성 일체성에 심각한 위협을 제공할 수 있는 경우에 사법재판소에서 재심(review)할 수도 있다.[15)]

3. 특별재판소

특별재판소의 재판관할권 범위는 그것을 설치하는 규칙에 의하여 결정된다. 대개 특별재판소는 직원소송과 같은 과거 사법패널이 담당했던 사건을 담당할 것이다. TFEU 제257조에 따르면 특별재판소를 설립하는 규칙이 사실문제에 대하여서도 일반재판소에 상소할 수 있음을 규정하고 있지 않은 한 법률문제에 한하여 일반재판소에 상소할 수 있다고 규정하고 있다.

Ⅳ. 의무이행강제소송

1. 의무이행강제소송 개관

의무이행강제소송(Enforcement Action)은 회원국이 공동체법상의 의무 이행을 해태하는 경우 그에 대하여 유럽연합의 위원회나 다른 회원국이 의무이행을 강제하는 방법이다. 이렇게 의무 이행을 강제하는 데 있어서 두 차원

15) TFEU 제256조.

의 절차가 진행될 수 있다. 첫 번째 절차는 위원회에 의한 행정적인 절차이고 두 번째 절차는 CJEU를 통하여 이루어지는 사법적 절차이다. 회원국이 공동체법상의 의무 이행을 해태하는 경우 의무이행강제소송을 통하여 그러한 의무의 이행을 강제할 수 있는 주체는 위원회와 다른 회원국이다. TFEU 제258조는 위원회는 회원국이 협정상의 의무 이행을 해태하는 것으로 여겨지는 경우, 당해 회원국에게 입장을 소명할 수 있는 기회를 부여한 후에 이유를 첨부한 의견서를 발부하여야 한다고 규정하고 있고, 이어서 당해 회원국이 위원회가 정한 기간 내에 의견서의 내용을 준수하지 않으면 그 문제를 CJEU에 제기할 수 있다고 규정하고 있다. 또한 제259조는 회원국은 타 회원국이 협정상의 의무를 해태하는 것으로 여겨지는 경우 그 문제를 CJEU에 제기할 수 있다고 규정하고 있다. 이 경우 회원국은 타 회원국을 상대로 소송을 제기하기 전에 그 문제를 먼저 위원회에 제기하여야 한다. 이러한 회원국의 문제제기를 받은 위원회는 당해 회원국에게 구두 및 서면으로 입장을 소명할 수 있는 기회를 제공한 연후에 이유를 첨부한 의견서를 발한다. 만약 위원회가 문제제기를 받고나서 3개월이 지나도록 의견서를 발하지 않으면 위원회에 의한 의견서 절차를 거치지 않고 바로 회원국은 CJEU에 소를 제기할 수 있다.

이러한 소제기의 결과 CJEU가 문제되는 회원국이 공동체법상의 의무 이행을 해태하고 있음을 확인하면, 당해 회원국은 CJEU의 해당 판결을 이행하기 위하여 필요한 조치를 채택하여야 한다. 당해 회원국이 이러한 조치를 취하지 않은 것으로 위원회가 판단하는 경우 위원회는 당해 회원국에게 소명의 기회를 부여한 후 당해 회원국이 판결을 준수하지 않은 부분을 특정하는 이유가 첨부된 의견서를 발하여야 한다. 그리고 당해 회원국이 위원회가 정한 기간 내에 판결을 이행하기 위한 필요한 조치를 취하지 않는 경우 위원회는 CJEU에 그 문제를 제기할 수 있다. 이때 위원회는 상황에 따라 적절한 경우 당해 회원국이 지불하여야 할 총 금액 혹은 벌과금을 특정하여야 한다. 또한 CJEU도 당해 회원국이 재판소의 판결을 이행하지 않음을 알게 되면 그에 대하여 벌과금을 부과할 수 있다.[16] 아래에서는 주로 제258조 절차와 관련하여 설명한다.

16) TFEU 제260조 참조.

2. 회원국의 의무위반의 근거가 되는 규범

제258조와 제259조에 의하여 규율되는 의무이행강제소송은 회원국이 협정상의 의무를 불이행하는 경우에 이용되는 사법절차이며 이러한 사법절차를 집행하기 전단계로 위원회에 의한 행정적인 절차를 예정하고 있다. 이러한 행정적·사법적인 이행강제절차가 개시되기 위한 전제조건인 회원국의 의무 이행 해태는 회원국이 협정상의 규정을 위반하는 경우, 협정에 근거하여 채택된 공동체 입법을 위반한 경우, 유럽연합이 체결한 조약 규정을 위반한 경우 및 유럽연합과 역외국가가 체결한 조약에 의하여 설립된 기구의 행위로부터 발생하는 의무 이행을 해태하는 경우 모두를 포함한다. 즉 유럽연합의 법질서에 해당하는 규범으로부터 발생하는 의무 이행을 해태하면 모두 의무이행강제소송의 대상이 될 수 있다고 보아야 한다.[17] 다만 유럽연합이 체결한 조약이 소위 혼합협정(mixed agreements)인 경우에는 약간의 문제가 생긴다. 즉, 순수한 의미의 혼합조약은 조약이 규율하는 사항의 일부는 유럽연합의 관할권에, 나머지 일부는 회원국의 관할권에 복종하는 경우 공동체와 회원국이 역외 국가를 상대로 공동으로 조약을 체결하는 경우이기 때문에 당해 조약 전부로부터 발생하는 의무에 대하여 의무이행강제소송을 제기할 수 있는지 의문인 것이다. 원칙적으로 보면 혼합조약의 경우에는 유럽연합의 관할권에 해당하는 사항과 관련한 의무 이행 해태가 있는 경우에 한하여 의무이행강제소송이 이루어질 수 있다고 보아야 할 것이다.[18]

3. 의무 이행 해태의 주체

회원국만이 의무이행강제소송의 대상이 된다. 회원국의 집행부인 행정부가 의무 이행을 해태하는 경우뿐만 아니라 입법부 혹은 사법부의 경우도 포

17) T. C. Hartley, *The Foundations of European Community Law*, 5th ed.(Oxford, 2003), pp. 306-310.

18) *Ibid.*, pp. 307-308; D. Wyatt and A. Dashwood, *European Community Law*, 3rd ed. (Sweet & Maxwell), 1993, p. 110.

함된다. 연방국가인 회원국의 경우 해당국의 지방정부가 공동체법상의 의무 이행을 해태하는 경우에도 이에 해당한다. 회원국의 국내헌법상 권한 배분의 원리 등은 의무 이행의 해태와 관련한 항변의 근거가 되지 못한다.[19]

4. 의무이행강제소송의 단계

위원회에 의한 경우이든 회원국에 의한 경우이든 의무 이행을 해태하고 있는 회원국에 대하여 의무 이행을 강제하기 위하여서는 두 단계의 절차를 거쳐야 한다. 처음의 절차가 위원회에 의한 행정적인 절차이고 다음의 절차가 CJEU에 의한 사법적 절차이다.

1) 행정적 절차

행정적 절차는 두 단계로 나뉜다. 위원회는 첫째 당해 회원국이 자신의 입장을 정당화하는 기회를 부여하는 차원에서 소명의 기회를 부여하여야 한다. 회원국에 의한 소명에도 불구하고 위원회가 여전히 만족을 못하는 경우, 위원회는 그 문제에 대하여 이유를 첨부한 의견서를 발할지 여부를 결정하여야 한다. 이러한 의견서의 기능은 분쟁의 대상이 되는 문제를 명확히 하는 데 있다. 실제에 있어서 위원회가 특정 회원국이 공동체법을 위반하고 있다는 사실을 알게 되면 비공식적으로 유럽연합 본부에 파견된 회원국의 대표에게 문제를 제기하고 그에 대하여 위원회와 당해 회원국의 기관 간에 논의를 하는 것으로 절차가 시작된다.

이러한 비공식적 절차에 의하여서 위원회가 만족스러운 결과에 도달하지 않으면 위원회는 당해 회원국에게 공식적인 통지를 할 것인지 여부를 결정한다. 이러한 공식적 통지서는 분쟁의 대상이 되는 문제를 획정하고 당해 회원국에게 자신의 입장을 방어할 기회를 제공하는 기능을 한다. 위원회는 공식적 통지서에 대한 답을 하기 위하여 필요한 합리적 기간을 회원국에게 부여하여야 한다. 공식적 통지서가 보내진 뒤에도 또다시 위원회와 회원국 간에 문제의 해결을 위한 논의의 기회가 제공된다. 이러한 논의를 통하여서도 문제가

---

19) Case 100/77, *Commission v. Italy*, [1978] *ECR* 879, para. 21.

해결될 가능성이 없으면 위원회는 이유를 첨부한 의견서를 발할지 여부를 결정할 수 있다.

협정의 규정은 의견서를 발하여야 한다(shall)고 규정하고 있지만 위원회가 의무적으로 의견서를 발할 필요는 없다고 본다. 왜냐하면 위원회가 특정 회원국이 공동체법상의 의무 이행을 해태하고 있다고 여기는(considers) 경우에 의견서를 발할 수 있다고 규정하고 있는데 이러한 "여기는"이라는 용어는 위원회에게 판단에 있어서 재량을 인정하는 것으로 볼 수 있기 때문이다. 또한 위원회가 의무 이행을 해태하는 회원국에 대하여 CJEU에 소를 제기할 의무를 부과하지 않고 소를 제기할 수 있는 권한을 갖도록 협정이 규정하고 있는 것도 이러한 의견서 발부의 재량성의 근거라고 할 수 있다.[20]

이유를 첨부한 의견서에는 위원회가 문제되는 회원국이 의무 이행을 해태하고 있다고 믿게 된 이유에 대한 일관된 진술이 포함되어 있어야 한다. 이러한 의견서의 내용에 기초하여 뒤에 이루어질 수 있는 사법절차의 내용도 정하여지게 된다. 이러한 의견서에 제시되어 있지 않은 사항에 대하여서는 나중에 사법절차를 진행하더라도 CJEU는 판단하지 않는다. 이러한 의견서가 발하여진 경우에도 공식적 통지서가 보내진 경우와 마찬가지로 당해 회원국에게 의견서에 따른 이행을 하도록 하기 위하여 합리적 기간이 부여된다.

이러한 행정적 절차를 통하여 위원회에 의하여 이루어진 조치는 구속력을 갖지 않는다. 따라서 이러한 행정적 절차를 통하여 취하여진 조치는 취소소송의 대상이 되지 않는다.[21]

2) 사법적 절차

문제되는 회원국이 의견서에 정하여진 기일 내에 그에 정하여진대로 이행을 하지 않으면 위원회는 그 문제를 CJEU에 제기할 수 있는 권한을 갖는다. 이렇게 사법적인 절차가 개시되면 CJEU는 처음부터 문제되는 회원국이 의무 이행을 해태하였는지 여부를 판단한다. 위원회가 그에 대하여 판단한 바는 재판소를 전혀 구속하지 않는다. 이러한 사법절차의 진행에 있어서 문제되

20) D. Wyatt and A. Dashwood, *supra* note 18, p. 112.

21) Case 48/65, *Lütticke v. Commission* [1966] *ECR* 19 참조.

는 회원국은 다른 회원국이나 위원회 등의 유럽연합 기관도 의무 이행을 해태하고 있기 때문에 그에 대한 보복으로 의무 이행을 해태하고 있다는 항변과 같은 것은 제기할 수 없다.[22] 또한 문제되는 회원국은 다른 회원국들도 똑같이 행동하고 있는데 왜 자신만 문제 삼느냐고 항변할 수도 없다.[23]

Ⅴ. 직접취소소송

1. 직접취소소송의 개념

과거 유럽공동체설립협정 제230조는 권고(recommendation)나 의견(opinion)이 아닌 유럽의회와 이사회가 공동으로, 혹은 이사회가, 혹은 위원회가 혹은 유럽중앙은행이 채택한 행위의 적법성(legality)과 유럽의회가 제 3 자에 대하여 법적 효과를 발생시킬 의도로 채택한 행위의 적법성을 심사할(review) 수 있는 권한을 ECJ에게 부여하고 있었다. 그러나 TFEU 제263조는 권고나 의견이 아닌 입법행위(legislative acts), 권고나 의견이 아닌 이사회, 위원회, 유럽중앙은행의 행위, 제 3 자에게 법적 효력을 발생시킬 의도인 유럽의회나 유럽이사회의 행위, 제 3 자에게 법적 효력을 발생시킬 의도인 기타 기구 등의 행위를 취소소송 대상 행위로 규정함으로써 취소소송 대상 행위의 범위를 확대하고 있다. 직접취소소송(Direct Annulment Action)을 통하여 적법성 판단의 대상이 될 수 있는 것은 공동체의 행위(acts)에 한정되며, 회원국의 독자적인 행위는 직접취소소송을 통한 사법심사의 대상이 되지 못한다.

이러한 적법성 심사는 우선 회원국, 유럽의회, 이사회, 위원회에 의하여 제기될 수 있으며, 유럽중앙은행, 감사법원 및 지역위원회(Committee of the Regions)의 경우는 그들의 고유권한을 보호할 목적으로 이러한 심사를 제기할 수 있다고 하고 있다. 뿐만 아니라 자연인이나 법인도 본인에게 발하여진 행

---

22) Case 90, 91/63, *Commission v. Luxembourg and Belgium* [1964] *ECR* 625, p. 631; Case 78/76, *Steinike und Weinlig* [1977] *ECR* 595, para. 21 참조.

23) Case 52, 55/65, *Germany v. Commission* [1966] *ECR* 159, pp. 170-172.

위, 자기에게 직접적(direct)·개별적(individual) 이해관계가 있는 행위, 시행조치를 필요로 하지 않는 것으로서 자기에게 직접적 이해관계가 있는 규제적 행위에 대하여 취소소송을 제기할 수 있다고 규정하고 있다. 이러한 공동체 기관의 행위에 대한 사법심사는 공동체 기관의 행위가 권한의 부재, 필수적 절차 위반, 협정 혹은 협정의 적용과 관련한 법규 위반, 혹은 권한 남용에 의하여 채택된 경우 그러한 공동체 행위의 적법성을 심사하고자 하는 의도에서 마련된 것이다.

제263조에 의하면 이러한 직접취소소송은 조치가 공표된 날로부터 혹은 원고에게 고지된 날로부터, 혹은 고지가 없는 경우에는 원고가 알게 된 날로부터 2개월 이내에 제기되어야 한다. 직접취소소송의 제기에 따라 CJEU가 심리한 결과 공동체의 행위가 취소를 요청하는 사유에 해당하는 경우에는 해당 행위를 무효로 선언하여 그 효력을 인정하지 않아야 한다.

이 직접취소소송은 협정이 규정하고 있는 특정 원고들이 유럽공동체의 행위가 유럽공동체법이 보장하는 기본적인 법적 원리에 합치하지 않는 경우 그 적법성을 CJEU 앞에서 직접 다툴 수 있도록 보장함으로써 유럽공동체에서의 법의 지배를 확보하고자 하는 데 주된 목적이 있다. 그러한 점에 있어서 유럽공동체법을 근거로 하여 회원국이나 유럽공동체의 행위를 회원국의 국내법원에서 그 효력을 다투는 국내사법제도와 차이가 있으며, 회원국의 국내법원을 통하여 CJEU에 제기되는 선결적 부탁절차와도 차이가 있다. 이 제도는 공동체가 구체적인 행위를 한 경우에 그 행위의 적법성에 대한 판단을 구한다는 점에서 유럽공동체가 하여야 할 행위를 행하지 않는 경우에 이용될 수 있는 부작위소송과도 다르다. 뿐만 아니라 유럽공동체 회원국이나 유럽공동체 기관이 유럽공동체법상의 의무를 이행하지 않는 경우에 이용될 수 있는 이행강제소송과도 본질적으로 다르다. 즉 유럽공동체법이 제공하는 직접취소소송은 보통의 국가들이 인정하고 있는 행정법상의 일반적인 취소·무효소송 및 기관소송으로서의 성질을 가지고 있다. 다만 일반적으로 국가들이 인정하고 있는 행정법상의 취소 혹은 무효소송에 비하여 유럽공동체가 허용하고 있는 직접취소소송은 그 소송을 제기할 수 있는 원고적격자를 상대적으로 제한하는 데 약간의 차이점이 있다고 할 수 있다.

2. 직접취소소송의 원고적격

리스본조약에 따르면 자신의 특권을 보호할 목적으로 취소소송을 제기할 수 있는 주체로 감사법원과 유럽중앙은행에 추가하여 지역위원회(Committee of the Regions)도 포함시키고 있다. 또한 사인의 원고적격을 확대하여, 본인에게 발하여진 행위(act)(결정에 한정되지 않음), 자기에게 직접적(direct)·개별적(individual) 이해관계가 있는 행위, 시행조치를 필요로 하지 않는 자기에게 직접적 이해관계가 있는 규제적 행위(regulatory act)와 관련하여 사인이 취소소송을 제기할 수 있도록 허용하고 있다. 이전에는 자신에게 발하여진 결정이나 규칙의 형식으로 발하여진 조치나 제 3 자에게 발하여진 결정의 경우에는 자신과 직접적·개인적 이해관계가 있을 때에 한하여 취소소송을 제기할 수 있는 것과는 차이가 있다. 이러한 점은 사인의 취소소송 제기 가능성을 상당 부분 확대한 것으로 판단된다. 다만 기타 기구들의 설립 규정에는 사인이 이러한 기구들이 채택한 행위에 대하여 취소소송을 할 수 있는지 그 조건을 정할 수 있다.[24)]

1) 특권적 원고적격자

회원국, 유럽의회, 이사회 및 위원회는 뒤에서 언급하는 취소소송의 대상이 되는 어떠한 행위에 대하여서도 제한없이 취소소송을 제기할 수 있는 가장 광범위한 원고적격을 갖는 주체라고 할 수 있다. 따라서 이들은 형식적·실질적 의미의 모든 규칙, 지침 및 다른 사람에게 발하여진 결정을 포함한 모든 유형의 결정에 대하여서도 취소소송을 제기할 수 있다. 유럽의회는 원래 유럽경제공동체조약에 취소소송을 제기할 수 있는 기관으로 명시적으로 규정되어 있지 않았기 때문에 취소소송을 제기할 수 있는 원고적격을 갖는 기관으로 여겨지지 않았으나 CJEU의 판례에 의하여 제한적으로 자신의 고유권한과 관련한 사항에 대하여 취소소송을 제기할 수 있는 권한을 갖는 것으로 인정받게 되었고,[25)] 이어서 협정에 명시적으로 규정되면서 회원국, 이사회, 위원

---

24) TFEU 제263조.

25) Case C-70/88, *European Parliament v. Council,* [1990] *ECR* I -2041.

회처럼 무제한적으로 취소소송을 제기할 수 있는 원고적격을 갖게 되었다. 협정은 또한 유럽중앙은행, 감사법원 및 지역위원회에게도 자신의 고유권한을 보호하기 위한 목적 범위 내에서 원고적격을 갖도록 규정하였다.

즉 유럽공동체 회원국, 이사회, 위원회, 유럽의회는 자신과 관련한 특정한 소익이 존재하지 않더라도 뒤에서 언급하는 공동체의 행위가 유럽공동체법에 위반되어 채택되는 등의 경우에 그에 대한 취소를 구할 수 있는 소송을 CJEU에 직접 제기할 수 있다. 뿐만 아니라 유럽중앙은행, 감사법원 및 지역위원회도 자신의 고유한 권한과 관련한 공동체 행위의 유효성이나 적법성을 다투기 위하여 CJEU에 소송을 제기할 수 있는 원고적격을 갖는다. 그러한 점에서 뒤에서 언급하는 일반 사인과는 차이점이 있다. 이러한 점 때문에 통상적으로 이들을 특권적 원고적격자라고 부른다.

2) 비특권적 원고적격자

자연인이나 법인과 같은 사인은 앞에서 언급한 특권적 원고적격 보유자와는 달리 제한된 범위 내에서 취소소송을 제기할 수 있는 원고적격을 갖는다. 사인이 원고적격을 갖는 경우는 세 가지의 경우로 나누어 볼 수 있다. 첫째, 사인 자신에게 발하여진 행위에 대하여 둘째, 당해 사인이 직접적·개별적으로 이해관계(direct and individual concern)를 갖는 행위[26]에 대하여 셋째, 시행조치를 필요로 하지 않는 자기에게 직접적 이해관계가 있는 규제적 행위에 대한 것이 그것이다.

여태까지의 CJEU의 법리에 따르면, 사인의 경우는 어떠한 경우에도 회원국을 수범자로 발하는 지침에 대하여서는 취소소송을 제기할 수 있는 원고적격을 갖지 못한다. 다만 규칙의 경우와 마찬가지로 지침도 형식만 지침이지 실질적으로는 결정의 성질을 가지고 있는 경우에 협정의 명시적인 규정은 없

26) 과거에는 규칙의 경우와 제 3 자에게 발하여진 결정에 대하여 이러한 요건하에서 취소소송을 제기할 수 있도록 하고 있었다. 특히 규칙과의 관계에서는 형식적으로는 규칙이지만 실질적으로는 결정의 내용을 담고 있는 것으로 판단되는 경우에, 사인이 문제되는 법형식이 규칙이어서 취소소송을 제기할 수 없으면 불합리하기 때문에 형식과는 관계없이 사인에 의한 사법통제를 확보할 수 있도록 하여야 한다는 이념에서 이러한 내용이 들어간 것이었다.

으나 직접취소소송의 대상이 될 수 있는지에 대한 의문이 생긴다. 이에 대하여 CJEU는 어떠한 경우에도 지침은 사인에 의한 직접취소소송의 대상이 될 수 없다는 입장을 견지하고 있다.[27] 이러한 사인의 원고적격과 관련하여서 문제되는 것은 어떠한 요건을 충족한 경우 직접적·개별적 이해관계를 갖는 것으로 볼 수 있는가 하는 것이다.

(1) 직접적 이해관계

특정인에게 발하여진 결정의 경우에는 당연히 결정의 수범자에게 직접적인 이해관계나 뒤에서 언급할 개별적 이해관계가 발생하므로 그와 관련하여서는 협정 규정은 특별히 사인이 자신에게 발하여진 결정에 대하여 직접적 그리고 개별적 이해관계를 갖는 경우에 한하여 취소소송의 원고적격을 갖는다고 규정하고 있지 않다.

직접적 이해관계(direct concern)를 갖는다는 의미는 어떠한 조치가 특정의 방식으로 특정인의 법적 지위에 영향을 미친다는 것을 의미한다. 즉 어떠한 조치가 특정인에게 발생하는 효과의 직접적인 원인을 구성하는 경우에 직접적 이해관계가 있다고 할 수 있다. 어떠한 조치가 제 3 자에 의하여 이행되어야 하는 경우에도 그러한 제 3 자의 이행 여부에 재량이 개입할 수 없이 자동적으로 이행되는 경우에는 직접적 이해관계를 가질 수 있다. 다만 제 3 자가 재량에 의하여 특정한 방식으로 이행한 결과 특정인이 영향을 받은 경우에는 그 특정인은 직접적 이해관계를 갖는 자로 여겨지지 않는다.

Alcan v. Commission 사건[28]은 직접적 이해관계와 관련하여 CJEU의 매우 명확한 입장을 보여주는 고전적인 판례이다. 동 사건은 유럽공동체법 제도에 따라 벨기에 정부가 1968년분 가공되지 않은 알루미늄 수입 쿼터를 1968년 10월 요청하고 연이어서 1968년 12월 쿼터 인상요청을 한 데 대하여 쿼터 허가 결정을 할 수 있는 권한을 가진 위원회가 그에 대하여 1969년 5월 거부

27) Case T-99/94 *Asocarne v. Council*, [1994] *ECR* Ⅱ-871, para. 17. 이 사건에서 유럽공동체 일심재판소는 "제173조(현행 제230조) 제 4 문은 사인이 지침이나 지침의 형식을 갖는 결정에 대하여 공동체 사법부에 직접소송을 제기할 수 있는 규정을 두고 있지 않다"라고 판시하고 있다.

28) Case 69/69, [1970] *ECR* 385.

결정을 하자 Alcan 등의 알루미늄 제련회사들이 쿼터허가 거부 결정의 취소를 구하면서 문제가 된 것이다. 이 사건에서 위원회가 벨기에 정부에게 쿼터를 허가하는 경우 그 쿼터에 기하여 벨기에 정부가 그 쿼터를 구체적으로 실행하는 데 재량권을 가질 수 있다는 점 및 위원회의 1968년분 쿼터에 대한 결정이 1969년 5월까지는 채택되지 않은 점에 비추어 볼 때, 만약 위원회의 쿼터 허가가 주어지더라도 벨기에 정부는 허가된 쿼터를 시행하지 않았을 수 있을 것이라는 점에 근거하여 CJEU는 Alcan과 같은 기업은 직접적 이해관계를 갖는 자로 볼 수 없다고 판단하였다. 반면에 *Piraiki-Patriaiki v. Commission* 사건에서[29] 원고는 특정 기간 동안 그리스로부터 면사 수입을 제한하는 프랑스의 쿼터시스템을 허가하는 위원회 결정의 취소를 구하는 소송을 제기하였는데, 그에 대하여 위원회는 동 결정에 기하여 프랑스가 쿼터를 시행하지 않을 수도 있기 때문에 원고는 그 결정에 대하여 직접적 이해관계를 갖지 않는다고 주장하였지만 CJEU는 그러한 위원회의 주장을 받아들이지 않았다. CJEU가 그렇게 판단한 이유는 프랑스가 동 결정이 채택되기 전에 이미 그리스로부터 수입되는 면사에 대하여 수입제한 조치를 취하고 있었고 동 결정은 이러한 프랑스의 수입제한을 보다 강화하는 조치를 허가하여 달라는 프랑스의 요청에 기하여 채택된 것이라는 이유 때문이다. 결국 프랑스가 위원회의 결정에 따라 강화된 쿼터시스템을 시행할 것인지 여부와 관련된 논의는 그야말로 이론적으로만 이루어질 수 있는 것으로 프랑스가 문제되는 결정에 따라 조치를 취할 것은 의심할 여지없이 분명하기 때문이라는 것이다. 이러한 판례들의 입장에 의하면 유럽공동체법상 결정의 수범자가 공동체법상 결정을 시행하는 데 있어서 법률상 재량권을 갖지 못하는 경우나 혹은 과거의 행동에 비추어 신뢰보호적 차원에서 사실상 재량권을 행사한다는 것이 불합리한 경우 결정의 직접적인 수범자는 아니나 그러한 결정의 영향을 받는 사인은 동 결정에 대하여 직접적 이해관계를 갖는 자로 보아야 한다는 것이다.

(2) 개별적 이해관계

CJEU 판례에 따르면, 어떠한 조치에 대하여 개별적 이해관계(individual

29) Case 11/82, [1985] *ECR* 207.

concern)를 갖기 위하여서는 개별적 이해관계를 갖는다고 주장하는 자를 그 조치가 발하여진 상대방과 똑같은 정도로 모든 다른 사람과 구별할 수 있을 만큼의 개별성을 갖추고 있다고 인정할 수 있어야 한다고 한다.[30] 대개의 경우 개별적 이해관계가 있음을 입증하기 위하여서는 자신을 포함한 일부의 극히 제한된 폐쇄적 집단에게 법적인 효과가 발생함을 보여주어야 한다.

결정이나 규칙 형식의 조치가 일반적인 문언으로 규정되어 있어서 이론적으로는 개방적인 범주의 대상을 규율하는 것으로 나타나기는 하지만 실제로 조치의 효력이 미치는 사람들이 소규모라면 개별적 이해관계 요건을 충족하는지 의문이다. 이러한 경우 CJEU는 항상 원고적격을 부인하고 있다. 예를 들어 *KSH v. Council and Commission* 사건[31]에서 녹말을 원료로 하여 생산되는 포도당원을 규율하는 규칙 형태의 조치와 관련하여 포도당원을 생산하는 생산업자가 문제되었다. 이론상으로는 그러한 생산업자는 일반적인 형태로 규율되어 있으나 실제로는 한정된 매우 적은 수의 생산업자들만이 문제되었으며, 그와 관련한 산업을 영위하기 위하여서는 대규모 자본투여가 필요하고 아울러 관련 기술이 특허에 의하여 보호받는 까닭에 생산업자의 숫자가 늘어나는 것도 기대하기가 곤란한 상황이어서 관련 공동체 기관이 문제되는 생산업자들을 확인할 수 있는 것으로 추정되었다. 이러한 상황임에도 불구하고 CJEU는 해당 조치는 실질적 의미의 규칙이기 때문에 사인은 그것을 취소할 원고적격을 갖지 못한다고 판단하였다.

또한 *Spijker v. Commission* 사건에서[32] CJEU는 제 3 자에게 발하여진 결정과 관련하여 위의 사례와 동일한 판단을 하였다. 동 사건에서는 위원회가 중국으로부터 수입되는 솔을 베네룩스 3국이 수입하지 못하도록 하는 결정을 발한 것이 문제되었다. 그 결정이 대상으로 하는 사인은 개방형 범주로 규정된 솔 수입업자였다. 하지만 실제적으로 베네룩스 3국에서 중국산 솔을 수입하는 업자는 오직 하나뿐이었다. 이에 더하여 결정을 채택한 배경에는 실제 그 수입업자를 규율하려는 의도가 있었다는 것도 알려진 사실이었다. 이러한

30) Case 26/86, *Deutz and Geldemann* v. *Council,* [1987] *ECR* 941, para. 9.

31) Case 101/76, [1977] *ECR* 797.

32) Case 231/82, [1983] *ECR* 2559.

전제에서 동 사건에서 법률자문관은 신청인이 원고적격을 갖는다고 판단하였지만 CJEU는 법률자문관의 의견과 달리 기존의 이론을 적용하여 신청인은 개별적 이해관계를 갖고 있지 않다는 이유로 원고적격을 부인하였다.

규칙의 형태 혹은 결정의 형태로 채택되었다는 것과 관계없이, 비록 규정의 형식은 추상적이지만 해당 조치가 실제로 특정의 폐쇄적인 범주의 사인에게만 적용되는 경우가 있다. 이 경우 과연 개별적 이해관계 요건을 충족하는지 의문이다. 이와 관련하여 CJEU는 규칙 형태인 경우와 결정 형태인 경우를 다르게 다루고 있는 듯하다. 먼저 규칙 형태의 경우에는 과연 그 규칙이 진정한 의미에 있어서 규칙인지 아니면 결정을 위장한 것인지에 대하여 판단을 한다. 이러한 판단을 함에 있어서, 규칙의 형태로 조치가 취하여진 경우 CJEU는 그 조치의 수범자가 폐쇄적인 범주에 해당하는 경우 개별적 이해관계를 갖는 자로 보아야 하는지와 관련하여 규정의 추상성을 우선시하는 판결을 하는 경우[33]와 규율 대상 범위의 폐쇄성을 우선시하는 판결을 하는 경우[34] 등 일관된 입장을 보여주지 못하였다. 하지만 90년대를 지나면서 CJEU는 추상적인 규정을 갖는 규칙 형태의 조치가 취하여진 경우, 진정한 의미에 있어서 실질적인 규칙인지 아닌지를 판단하기보다는 규칙이 규율하는 대상이 폐쇄적인 범주의 사인인지 여부에 따라 그 성질을 판단하는 방향으로 입장을 정하고 있는 것으로 보여진다. 즉 조치의 형식은 추상적인 문언에 따른 규칙이라 하더라도 그 내용이 명확히 확정 가능한 폐쇄적인 범주의 사인에게만 적용되면 그것은 실질적으로 결정이고 그와 관련하여 문제되는 사인은 개별적 이해관계를 갖는 원고적격자로 인정된다는 것이다.[35]

반면에 결정의 형태로 제 3 자에게 발하여진 조치의 경우에는 그것이 실

---

33) Case 64/69, *Compagnie Française Commerciale et Financière v. Commission,* [1970] *ECR* 221. 규칙이라는 형태로 공동체의 행위가 채택되었고 그것이 규율하는 대상을 추상적으로 규정하고 있으면 그것은 진정한 규칙이라고 보는 입장이다. 따라서 그러한 조치에 대하여서는 사인이 취소소송을 제기할 수 있는 원고적격을 갖지 못한다.

34) Case 100/74, *CAM v. Commission,* [1975] *ECR* 1393. 규칙의 형태로 공동체의 행위가 채택되고 그 문언이 추상적이라 하더라도 그 규칙의 적용 대상 범위가 폐쇄적으로 정하여질 수 있는 성질의 것이라면 그것은 실질적으로는 결정이기에 그에 대하여 사인도 취소소송을 제기할 수 있다고 본다.

35) 예를 들어, Case C-309/89, *Codorniu v. Council,* [1994] *ECR* Ⅰ-1853.

질적으로 규칙이라고 보는 경우는 없다. 결정의 형태로 발하여진 경우에는 언제나 올바른 형태로 발하여진 것으로 보는 것이 CJEU의 일관된 입장이다. 결정이 특정한 수범자에게 발하여진 경우 그러한 결정이 제 3 자에게도 직접적이고 개별적인 이해관계를 갖는다고 판단되면 CJEU는 그에게 동 결정의 취소를 구할 수 있는 원고적격을 부여한다. 이 경우 수범자가 아니면서 결정의 영향을 받는 자가 폐쇄적인 범주의 사인이라면 그들은 당연히 개별적 이해관계를 갖는 자로 원고적격을 갖는다. 문제되는 경우는 전체적으로는 개방적 범주의 사인들이 결정의 영향을 받지만 이러한 개방적 범주의 사인 중 일부를 폐쇄적 범주의 사인으로 분리하여 낼 수 있는 경우이다. 이 경우 CJEU는 개별적 이해관계를 갖는 원고적격자로 인정하고 있는 것으로 보여진다.[36)]

3. 직접취소소송 대상행위

TFEU 제263조 제 1 문은 권고나 의견과 같이 법적 구속력이 없는 행위를 사법심사 대상 행위에서 배제하고 있다. TFEU 제288조는 권고나 의견이 아닌 입법행위, 권고나 의견이 아닌 이사회, 위원회, 유럽중앙은행의 행위, 제 3 자에게 법적 효과를 발생시킬 의도를 가진 유럽의회 및 유럽이사회의 행위, 제 3 자에게 법적 효과를 발생시킬 의도를 가진 기타 기관 등의 행위에 대하여 사법심사를 할 수 있다고 규정하고 있다. 따라서 제288조에 규정된 법적 구속력을 갖는 규칙, 지침, 결정은 입법행위로서 취소소송의 대상 행위라고 일응 볼 수 있다.

TFEU 제288조에 의하면 규칙은 회원국에서 전면적으로 직접적용성을 갖는 공동체 입법형식으로서 본질적으로 그 성질이 국내법상 입법에 해당하는 것이라고 할 수 있다. 이러한 규칙은 추상적이면서 일반적으로 표현되는 대상에 대하여 적용되는 성질을 갖는다.[37)] 즉 규칙은 객관적으로 정의되는 상황에

36) Case 106-7/63, *Toepfer v. Commission,* [1965] *ECR* 405.

37) Joined Cases 16 and 17/62, *Producteurs de Fruits v. Council,* [1962] *ECR* 471, p. 478.

적용되는 법 형식으로서의 특성을 갖는다.[38] 규칙은 유럽공동체의 업무 중 중요도가 높고 획일적이고 보편적인 규제를 하여야 할 필요성이 있는 경우에 일반적으로 채택되는 입법 양식이다. 이러한 규칙은 일반적인 적용성(general application)을 갖는 국내법상의 입법에 해당하는 공동체법 형식이라고 할 수 있다. 규칙은 그것이 전체로서(in its entirety) 회원국에서 직접적용(directly applicable)되는 성질을 갖는다.

지침은 유럽공동체의 규율체계를 회원국 간에 어느 정도 통일할 필요성이 있으나 획일적으로 통일할 필요까지는 없는 경우에 채택되는 입법 형식이다. 지침은 유럽공동체 회원국에게 최소한의 기준을 주고 그에 따라 회원국이 독자적으로 규율체계를 수립하더라도 공동체의 일체성이 저해되지 않는 경우에 이용된다. 따라서 지침은 회원국을 수범자로 하여 채택되는 법형식이 된다. 즉 규칙 및 결정은 회원국뿐만 아니라 사인을 수범자로 하여 채택될 수 있다는 점에서 지침과 구별된다. 지침이 채택되는 경우, 지침은 회원국에게 지침에 의하여 실현하고자 하는 목적을 제시하고 그러한 목적을 실현하는 구체적인 방법은 회원국에게 일임한다. 회원국은 결국 지침이 추구하는 목적을 국내적인 수단에 의하여 실현할 의무를 부담하게 되는 것이다. 지침이 채택되는 경우 회원국은 대체적으로 지침이 정하는 기간 내에 국내적인 조치, 예를 들어 입법이나 행정조치 등에 의하여 지침이 요구하는 목표를 달성하기 위한 조치를 취하여야 할 의무를 부담하게 된다.

결정은 회원국과 사인 모두를 수범자로 할 수 있는 법 형식으로 일반적인 사항에 대하여서 발하여지기보다는 개별적이고 구체적인 사안의 경우에 해당 문제를 해결하기 위하여 특정인이나 특정 회원국에게 발하여지는 것이다. 규칙이 국내 입법에 비견된다면 결정은 국내법상 행정행위에 해당하는 것으로도 볼 수 있는 성질의 것이다. 일부 입법의 경우에는 실질적으로는 결정의 형태로 발하여져야 할 사항이 규칙의 형태로 발하여지는 경우도 있다.[39]

---

38) Case 6/68, *Zukerfabrik Watenstedt v. Council,* [1968] *ECR* 409, p. 415.

39) 예를 들어 반덤핑관세 부과조치. 반덤핑관세 부과조치는 개별적 구체적인 성질을 띠는 것이어서 결정의 형태를 취하면 충분한 것으로 여겨지지만 형식적으로 규칙의 형태를 취하고 있다.

이러한 유형의 규칙은 형식적으로는 규칙이지만 실질적으로는 결정에 해당하는 것으로 사인에 의하여서도 그 적법성과 관련한 사법심사의 대상이 될 수 있는 가능성이 있게 된다.

뿐만 아니라 TFEU 제288조에 규정된 법 형식은 아니지만 이사회나 위원회에 의하여 법적 효력을 발휘할 의도로 채택된 소위 특수한 행위(act *sui generis*)의 경우도 취소소송의 대상이 되는지 의문이기는 하나 CJEU는 이와 관련하여 법적 효력을 갖는 행위이면 그것이 제288조상의 형태를 갖지 않더라도 취소소송의 대상이 될 수 있다고 판단하고 있다.[40] 또한 제 3 자에게 법적효력을 발생시킬 목적으로 채택된 유럽의회의 행위도 명문상 취소소송의 대상이 된다. 즉 법적 구속력을 갖고 취소소송을 제기하는 자의 법적 지위에 명백한 변화를 야기하는 방법으로 이해관계에 영향을 미치는 모든 법적 조치는 취소소송의 대상이 된다고 할 수 있다.[41]

리스본조약 체결 전에는 앞에서 언급한 효과를 갖는 이사회와 유럽의회에 의하여 공동으로 채택되는 행위, 이사회, 위원회 혹은 유럽중앙은행에 의하여 채택되는 행위, 제 3 자에게 법적 효력을 발생시킬 의도로 유럽의회가 채택한 행위는 취소소송의 대상이 되는 행위가 되었다. 다만 유럽중앙은행, 감사법원이나 사인이 취소소송을 제기할 수 있는 대상 행위는 제한이 있었다. 유럽중앙은행이나 감사법원은 자신의 고유한 권한(prerogatives)을 침해하는 행위에 대하여서만 취소소송을 제기할 수 있었다. 사인의 경우는 앞에서 언급한 바처럼 자신에게 발하여진 결정에 대하여서 취소소송을 제기할 수 있지만 규칙의 형태로 되어 있는 조치이거나 제 3 자에게 발하여진 결정의 경우에는 직접적·개별적 이해관계를 갖고 있는 경우에만 취소소송의 대상으로 삼을 수 있었다. 특히 사인이 취소소송을 제기하는 경우에 있어서 취소의 대상으로 삼고 있는 행위는 모든 형식적 의미에 있어서 결정이 포함될 수 있었으며, 규칙의 경우에 있어서 취소소송의 대상이 되는 경우를 예정하고 있는 경우는 규칙이 형식적으로는 규칙이라는 이름으로 되어 있으나 실질적으로는 결정으로

40) Case 22/70, *Commission v. Council,* [1971] *ECR* 263; Case C-366/88, *France v. Commission,* [1990] *ECR* I-3571.

41) Case 60/81, *IBM v. Commission,* [1981] *ECR* 2639, para. 9.

서의 성질을 가지고 있는 경우를 규율하기 위한 것이라고 보아야 했다. 따라서 형식적으로나 실질적으로 규칙으로서의 성격을 가지고 있는 규칙은 특권적 원고적격자에 의하여 사법심사가 될 수 있는 가능성은 별론으로 하고 사인에 의한 취소소송의 대상은 될 수 없었다. 이러한 점을 염두에 두면 사인에 의하여 취소소송의 대상이 되는 규칙은 실질적 의미에 있어서 결정이라고 보아야 했다. 이러한 의미에 있어서 실질적 의미의 규칙과 결정을 구분하는 기준은 어떠한 공동체 행위가 추상적인 대상을 규율하기 위하여 발하여진 경우인지 아니면 구체적으로 거명된 사인이나 어떤 방법으로 특정 가능한 사인에게 발하여진 조치인지에 따랐다. 전자는 취소소송의 대상이 되지 않는 실질적 의미의 규칙인 데 반하여 후자는 비록 규칙이라는 형식을 갖추고 있더라도 취소소송의 대상이 될 수 있는 실질적인 의미의 결정이라고 할 수 있다.

리스본조약은 제263조에 입법행위(legislative acts),[42] 권고나 의견이 아닌 이사회, 위원회, 유럽중앙은행의 행위, 제 3 자에게 법적 효력을 발생시킬 의도인 유럽의회나 유럽이사회(European Council)[43]의 행위, 제 3 자에게 법적 효력을 발생시킬 의도인 기타 기구 등의 행위를 취소소송 대상 행위로 규정함으로써 취소소송 대상 행위를 확대하였다. 특히 과거에는 없던 유럽이사회의 행위 중 제 3 자에게 법적 효력을 발생할 것을 의도한 것과 기타 기관(bodies, offices or agencies)들의 행위로 제 3 자에게 법적 효력을 발생할 것을 의도한 행위가 포함된 것이 큰 차이점이라고 할 수 있다.

4. 취소사유

취소소송에서 문제되는 행위를 취소 무효화시키기 위하여서 원고는 문제되는 행위가 위법함을 입증하여야 한다. 위법한 행위가 되는 근거 사유를 프랑스 행정법상의 사유에 기초하여 규정하고 있다. 협정은 그 사유로 네 가지

---

42) 입법행위는 통상입법절차 혹은 특별입법절차에 의하여 채택되는 행위를 말한다.

43) 유럽이사회는 회원국의 국가수반 혹은 정부수반, 위원회 위원장, 유럽이사회 위원장으로 구성된다. 유럽이사회 위원장은 회원국의 국내 직책을 맡을 수 없다. 유럽이사회는 6개월에 두 차례 위원장에 의하여 소집된다(TEU 제15조 참조).

를 규정하고 있는데 이 네 가지 사유는 그 의미상 명백히 구별되지는 않는다. CJEU도 어떠한 공동체 행위를 취소하는 사유를 언급함에 있어서 네 가지 사유 중 어디에 명확히 해당하는지 엄격하게 판단하지 않는 것이 일반적인 관행이다. 일반적으로 권한의 부재가 취소사유가 되는 경우는 행위를 채택한 기관이 협정이 부여한 권한을 유월하여 조치를 취한 경우이고, 필수적인 절차 위반의 대표적인 예는 유럽의회와 협의하여야 할 의무가 있음에도 불구하고 그러한 협의를 거치지 않고 행위 하는 경우 등이 해당한다. 협정 위반 등의 사유는 나머지 세 가지 사유를 다 포함하는 가장 광범위한 취소 사유라고 할 수 있다. 마지막으로 권한 남용을 근거로 하는 경우는 행위를 하도록 부여된 권한을 그것이 부여된 목적에 합치하는 방식으로 행사하지 않고 다른 목적을 위하여 행사하는 경우에 해당할 수 있다.[44)]

TEU 및 TFEU 또는 그 적용과 관련한 법 규칙을 공동체 행위가 위반하는 경우가 가장 포괄적이며 광범위한 취소사유라고 할 수 있는데 여기서 말하는 취소근거사유로서 언급된 TEU 및 TFEU는 유럽공동체 자체를 설립한 가장 기본적인 규범체계 그 자체라고 할 수 있다. 다만 협정의 적용과 관련한 법 규칙이 무엇인지는 약간의 검토가 필요하다. 이러한 법 규칙은 통상적으로 사용되는 공동체법을 의미한다고 볼 수 있는데 그에는 유럽공동체의 규칙, 지침, 결정을 포함하는 구속력 있는 역내입법과 유럽공동체와 다른 국제법 주체와 체결한 조약이 포함된다고 판단된다.[45)] 취소소송의 판단대상이 되는 공동체의 어떠한 행위가 협정의 규정을 위반하거나 그러한 행위의 근거가 되는 다른 공동체법 규정을 위반한다고 판단되는 경우에 해당 공동체 행위의 적법성을 문제 삼을 수 있다. 이에 더하여 유럽공동체가 체결한 조약과 공동체가 채택한 조치가 서로 양립하지 않는 경우에도 해당 공동체 행위는 공동체법 위반성이 문제되는 것이 분명하다. 이러한 경우에 있어서 CJEU는 협정의 적용과 관련한 법규칙이 명시적 혹은 묵시적으로 국제조약의 규칙을 언급하고 있거나 문제되는 국제조약이 회원국 및 유럽공동체에서 직접효력을 갖는 경우에만 그러한 국제조약을 공동체 행위의 취소를 구할 수 있는 근거 규범으

44) D. A. Wyatt and A. Dashwood, *supra* note 24, p. 131.
45) P. J. G. Kapteyn and P. VerLoren van Themaat, *supra* note 33, p. 464.

로 원용할 수 있다는 입장을 견지하고 있다.[46)]

5. 판결의 효력

TFEU 제264조는 제263조에 의한 소송이 충분한 근거가 있으면 CJEU는 문제되는 행위를 무효로(void) 선언하여야 한다고 규정하고 있다. 이행강제소송의 경우에 있어서는 의무 이행을 해태하는 회원국에 대하여 CJEU가 판결의 이행을 위하여 필요한 조치를 요구할 수 있는 데 반하여 취소소송의 경우에는 단지 문제되는 조치의 무효를 선언할 수 있을 뿐이다. 원칙적으로 CJEU에 의한 무효선언은 대세적으로 효력이 미칠 뿐만 아니라 소급효도 갖는다. 즉 취소소송에 의하여 무효가 선언된 행위는 그 행위가 채택된 시점에 소급하여 효력을 상실하고 그러한 무효효는 누구에게나 발생한다.

다만 문제되는 행위가 규칙이라면 CJEU는 필요한 경우 무효로 선언된 규칙의 효력이 결정적으로(definitive) 무효가 되는지를 진술할 수 있다.[47)] 이러한 규정을 둔 이유는 규칙을 무효화함으로써 발생하는 규제의 공백으로 인하여 생기는 혼란을 방지하기 위한 것이다. 이에 따라 일부 사건에서 CJEU는 규칙을 무효 선언하면서도 다른 대체 입법이 채택될 때까지 그 효력을 유지시킨 경우가 있다.[48)]

무효로 선언된 행위를 행한 공동체 기관은 CJEU의 판결을 준수할 의무를 부담할 뿐만 아니라 그의 행위로 인하여 피해를 입은 당사자가 있는 경우에는 그에 대하여 손해배상을 할 책임을 부담할 수도 있다.

---

46) Case C-280/93, *Germany v. Council,* [1994] *ECR* I-4973.

47) 리스본조약은 이러한 효력을 규칙에만 한정하고 있지 않다(TFEU 제264조).

48) Case 264/82, *Timex v. Council,* [1985] *ECR* 849, para. 32.

Ⅵ. 부작위소송

1. 제소권자

1) 특권적 제소권자(privileged applicants)

가장 포괄적으로 부작위소송(Action for Failure to Act)을 제기할 수 있는 자는 회원국과 다른 공동체기관이다. TEU 제13조는 협정이 부여하고 있는 과업을 수행하도록 하기 위하여 유럽공동체 기관으로 유럽의회, 유럽이사회, 이사회, 위원회, 재판소, 유럽중앙은행 및 감사법원을 둔다고 하고 있다. 따라서 문언만 보면 제265조가 말하는 다른 공동체 기관에는 이러한 일곱 개의 기관이 모두 포함될 수 있다고 해석될 수도 있다. 하지만 재판소는 공동체의 기관이기는 하나 부작위소송 제도를 운영하여야 하는 기관으로서 부작위소송을 이용할 수 있는 주체는 되지 않는다고 보아야 할 것이다.[49] 따라서 가장 포괄적으로 부작위소송을 제기할 수 있는 주체는 회원국, 유럽의회, 유럽이사회, 이사회, 위원회, 유럽중앙은행, 감사법원이라고 할 수 있다. 또한 유럽연합의 기타 기관(bodies, offices or agencies)의 부작위에 대하여서도 동일한 조건으로 부작위소송을 제기할 수 있다고 추가적으로 규정하고 있다.[50] 참고로 감사법원(Court of Auditors)은 유럽연합의 기구(institutions)로 규정되어 있기 때문에[51] 유럽연합의 기타 기관에는 해당하지 않는 것으로 보여진다. 이 점에서 취소소송을 제기할 수 있는 주체를 명시적으로 언급하고 있는 제263조 규정과 차이가 있다.

TEU에 의하여 지금의 협정이 만들어지기 전에 유효하였던 유럽경제공동체조약 제175조는 부작위소송에 대하여 규정하면서 이사회와 위원회가 동 조약을 위반하여 행위를 하지 않는 경우에 회원국과 다른 공동체 기관은 그 위반을 확정하기 위하여 CJEU에 소송을 제기할 수 있다고 규정하고 있었다. 따

49) T. C. Hartley, *supra* note 17, p. 390.
50) TFEU 제265조.
51) TEU 제13조.

라서 부작위소송의 제소권자 및 제소의 상대방에 유럽의회가 포함되는지 의문이 있었다. 왜냐하면 부작위소송의 제소 상대방에 현재의 협정과는 달리 유럽의회가 명시적으로 규정되어 있지 않았기 때문이다. 하지만 동 조약의 문언은 제소권자로 회원국과 공동체의 다른 기관(the other institutions of the Community)이라고 되어 있었기 때문에 해석상으로도 부작위소송을 제기할 수 있는 주체에 유럽의회가 포함된다는 데 문제가 없었다.[52)]

2) 비특권적 제소권자 (non-privileged applicants)

자연인과 법인도 제한된 범위 내에서 부작위소송을 제기할 수 있다. 자연인이나 법인이 부작위소송을 제기할 수 있는 경우는 공동체 기관이 자신에게 법적 구속력을 결여하는 권고(recommendation)나 의견(opinion)이 아닌 기타의 공동체 행위를 발하지(address) 않는 경우라고 규정되어 있다. 이러한 조건은 문언 상으로만 보면, 취소소송의 경우에 있어서 자연인이나 법인의 제소권을 인정하는 조건보다 더 엄격한 것으로 보여진다. 왜냐하면 취소소송제도를 규정하고 있는 제263조는 자신이 아닌 제 3 자에게 발하여진 공동체 행위 혹은 이행조치를 포함하지 않는 직접적 이해관계가 있는 규제적 행위의 경우, 그것에 대하여 자신이 직접적(direct)·개별적(individual) 이해관계(concern)를 갖는 때 혹은 개별적 이해관계를 갖는 때에는 그에 대하여 취소소송을 제기할 수 있는 자격을 부여하고 있기 때문이다.[53)]

하지만 실질적으로 보면 부작위소송이나 취소소송은 모두 동일한 목적을 실현하기 위한 권리 구제 수단임에 틀림없다. 전자는 현실적으로 협정을 위반하여 행위가 실행되지 않아서 발생하는 문제를 해결하기 위한 제도이고 후자는 협정을 위반하는 등의 사유로 구체적인 행위가 취하여진 경우에 발생하는 문제를 해결하기 위한 제도라는 점에 비추어 볼 때 양 제도는 사실상 동일한 목적을 달성하기 위한 동일한 구제제도라는 것이다. 따라서 해석상으로는 부작위소송을 제기할 수 있는 자연인 및 법인의 범위는 취소소송을 제기할 수 있는 자연인 및 법인의 범위와 동일한 차원에서 결정되어야 할 것으로 보여

---

52) Case 13/83, *Parliament v. Council* [1985] *ECR* 1513, para. 17.

53) 이에 대한 자세한 사항은 *supra*, Ⅴ. 2. 참조.

진다. 즉 만약 협정에 따라 공동체 기관이 행위를 하였다면 그것이 비록 자신에게 발하여지는 것이 아니더라도 그에 대하여 직접적 개별적 이해관계를 가질 수 있는 경우라면 그러한 사인은 부작위소송을 제기할 수 있는 자격을 갖는다고 보아야 할 것이다.[54)]

2. 제소의 상대방

TEU와 TFEU가 체결되기 전까지는 유럽의회가 제소의 상대방이 될 수 있는지와 관련하여 의문이 있었다. 왜냐하면 앞에서 언급한 바처럼 유럽경제공동체조약 제175조 제 1 문단은 부작위소송을 제기할 수 있는 상대방으로 이사회와 위원회만을 규정하고 있었고, 반면에, 유럽경제공동체조약 제175조 제 3 문단은 공동체기관(an institution of the Community)이 자연인이나 법인에게

---

54) H. G. Schermers and D. Waelbroeck, *Judicial Protection in the European Communities*(Kluwer Law, 1992), p. 257; P. J. G. Kapteyn and P. VerLoren van Themaat, *Introduction to the Law of European Communities*, 3rd ed.(Kluwer Law, 1998), p. 468; T. C. Hartley, *supra* note 23, pp. 401-402. 이에 대하여 반대견해도 있다(D. Wyatt and A. Dashwood, *supra* note 24, p. 137). 이와 관련하여 CJEU는 명확하지는 않지만 초기에는 반대 견해에 가까운 입장을 취하는 것으로 보였다. 예를 들어, *Lord Bethell v. Commission* 사건(Case 246/81, [1982] *ECR* 2277)에서 원고는 원고 자신이 아닌 제 3 자 즉 항공운송업자를 대상으로 위원회가 구속력 있는 법적 조치를 취할 것을 의도하는 부작위소송을 제기하였다. 소송의 이유는 유럽의 항공운송업자들이 부정경쟁행위를 하고 있는데 그것을 방지하기 위한 적극적인 조치를 위원회가 행하지 않는다는 것이었다. 이와 관련하여 CJEU는 원고는 항공기 이용자이자 항공운송이용자협회의 주요한 구성원으로 위원회의 행위에 간접적인 이해관계를 갖기는 하지만 위원회가 취할 법적인 조치의 잠재적인 수범자로(potential address) 명확하게 인정되지 않는다는 이유로 심리를 거부하였다. 하지만 CJEU도 지금은 자연인이나 법인의 부작위소송 제기권과 관련하여 취소소송상의 그것과 같은 조건으로 판단하고 있는 것으로 보여진다(Case C-68/95, *T. Port GmbH & Co. KG v. Bundesanstalt für Landwirtschaft und Ernährungm* [1996] *ECR* I-6065). 특히 *ENU v. Commisson* 사건(Case C-107/91, [1993] *ECR* I-599)에서 ENU가 위원회에게 유럽원자력공동체조약 제53조에 따라 결정을 발하여 줄 것을 요청하였으나 아무런 행위를 하지 않자 협정 제232조와 동일한 내용을 갖는 유럽원자력공동체조약 제148조에 따라 부작위소송을 제기하자 CJEU는 위원회가 발할 결정의 대상은 우라늄 공급기관이어서 ENU는 동 결정의 수범자가 아니기 때문에 부작위소송을 제기할 수 있는 원고적격을 갖지 못한다고 주장하였음에도 불구하고, CJEU는 ENU는 동 결정에 대하여 직접적 개별적 이해관계를 갖는 자이므로 부작위소송을 제기할 수 있다고 판단하였다.

행위를 발하지 않는 경우에 부작위소송을 제기할 수 있다고 규정하고 있었기 때문이다. 유럽경제공동체조약 제175조 제 3 문단에 언급된 공동체 기관에는 유럽의회가 포함되므로 자연인이나 법인의 경우에는 유럽의회에 대하여서도 부작위소송을 제기할 수 있는 것으로 보여지는 부분이 있다. 하지만 이러한 해석은 제175조 제 1 문단의 규정, 즉 회원국과 공동체의 다른 기관은 이사회와 위원회에 대하여서만 부작위소송을 제기할 수 있다는 규정과 불일치한다.

이와 관련하여 유럽연합조약 체결 전에 취소소송을 제기할 수 있는 제기권자에 과연 유럽의회가 포함되는지와 관련하여 CJEU가 내린 판결과[55] 같은 유추가 똑같이 적용될 수 있는지 의문이었다. 또한 유럽경제공동체조약 제173조는 취소소송의 상대방으로 유럽의회를 언급하고 있지 않았지만 유럽의회가 취한 행위일지라도 그것이 제 3 자에게 법적인 효과를 미치는 경우라면 그에 대하여 취소소송을 제기할 수 있다고 CJEU가 판단한 바 있는데 이러한 법리가 부작위소송에도 그대로 적용될 수 있는지 의문이었다.[56] 즉, 이러한 취소소송과 관련한 CJEU의 법리가 부작위소송에도 그대로 적용된 사례가 없어서 유럽의회의 부작위가 부작위소송의 대상이 될 수 있는지 의문이었던 것이다. 하지만 유럽의회도 분명히 공동체의 기관임에 명백하기 때문에, 유럽의회가 부작위소송의 상대방으로 될 수 있다는 점이 명시적으로 규정되어있지 않다는 이유로, 유럽의회를 제소상대방에서 배제할 이유는 없었을 것이다.

그러나 이제는 그와 관련한 문제는 입법에 의하여 명백하게 해결되었다. 현재의 협정에 의하면 유럽의회, 유럽이사회, 이사회, 위원회 및 유럽중앙은행이 제소의 상대방이 될 수 있다. 재판소는 성질상 부작위소송의 주체가 될 수 없을 뿐만 아니라 상대방도 될 수 없음이 명백하다. 감사법원에 대하여서는 언급이 없으나, 취소소송에 관한 제263조도 감사법원을 제소 상대방으로 명시적으로 언급하고 있지 않은 점에 비추어보아, 감사법원을 상대로 부작위소송

55) 유럽의회는 원래는 유럽경제공동체조약에 취소소송을 제기할 수 있는 기관으로 명시적으로 규정되어 있지 않았기 때문에 취소소송을 제기할 수 있는 원고적격을 갖는 기관으로 여겨지지 않았으나 CJEU의 판례에 의하여 제한적으로 자신의 고유권한과 관련한 사항에 대하여 취소소송을 제기할 수 있는 권한을 갖는 것으로 받아들여지게 되었다 (Case C-70/88, *European Parliament v. Council,* [1990] *ECR* I -2041).

56) Case 294/83, *Les Verts v. Parliament,* [1986] *ECR* 1339.

을 제기하는 것은 불가능하다고 보여진다. 또한 부작위소송제도는 공동체 기관의 행위를 강제하기 위한 제도인 만큼 공동체 기관과는 전혀 관계없는 자연인이나 법인에 대하여서도 부작위소송을 제기할 수 없다.

제소권자가 부작위소송을 제기할 때 상대방은 협정상 행위 의무를 부담하는 자이어야만 한다. 따라서 협정이 특정의 공동체 기관에게 특정한 권한을 부여하고 있는 경우에는 문제되는 당해 기관만을 상대로 소송을 제기하여야 하는 점은 명확하다. 다만 어떠한 구체적인 행위를 하기 위하여서 공동체 기관간의 협력절차가 요구되는 경우에 누구를 상대로 부작위소송을 제기하여야 하는가 하는 문제가 발생한다. 유럽공동체의 한 기관은 예비적인 행위를 하고 이어서 다른 기관이 최종 행위를 하는 경우가 이러한 경우에 해당할 것이다. 이 경우 만약 선행되는 예비적 행위가 어떤 기관에서 이루어지지 않아 다른 기관이 최종적인 행위를 할 수 없는 경우인데도 불구하고 최종적인 행위를 하여야 하는 기관을 상대로 부작위소송을 제기하면 당해 기관은 부작위에 대한 책임이 없다고 주장할 것이고 이는 결국 부작위소송의 상대방을 잘못 선택한 것이 될 것이다. 즉, 원칙적으로 하나의 구체적이고 완결적인 행위를 만들어내기 위하여 공동체 기관 상호 간의 협력이 필요하더라도 이러한 협력이 이루어지는 단계들이 개별적 행위로 구분될 수 있는 경우에는 구분되는 개별적 행위를 하여야 하는 기관을 상대로 부작위소송을 제기하여야 할 것이다. 하지만 예를 들어, 이사회와 유럽의회의 공동결정절차(co-decision)에 의하여서만 공동체 입법이 채택될 수 있는 경우처럼 어느 한 기관의 행위가 별도로 구분될 수 없는 경우에는 행위를 하여야 할 공동의 기관을 상대로 부작위소송을 제기하여야 할 것이다.

3. 제소 절차

CJEU에 부작위소송을 제기하기 위하여서는 먼저 협정상의 의무에 반하여 부작위 상태에 있는 기관에게 요구되는 행위를 할 것을 요청하는 것이 선행되어야 한다. 이러한 절차를 두는 이유는 부주의에 의하여 부작위 상태에 있을 수도 있는 해당 기관에게 자신의 입장을 정하고 협정상 요구되는 행위를 사법적 판단을 받기 전에 행할 수 있는 기회를 주는 데 있다. 또한 이러한 행위를 하도록 요청함으로써 부작위소송에서 판단 대상이 되는 행위를 확정하고 동시에 부작위소송과 관련한 소송상의 제척기간을 기산할 수 있는 기산점을 정할 수 있게 된다. 이러한 행위 요청을 한 날로부터 2개월이 경과한 후에도 해당 기관이 자신의 입장을 정하지 않고 여전히 부작위 상태로 있으면 그로부터 2개월 이내에 해당 기관을 CJEU에 취소소송과 유사한 방법으로 제소할 수 있다.[57)]

부작위소송의 제기를 위한 전제 요건이 되는 부작위 상태에 있는 기관에게 입장을 정하라고 요청할 수 있는 기간에 대한 제한 규정은 없다. 그렇다고 하여 요청을 제기하여야 하는 시간적인 한계가 무제한인 것으로 해석되지는 않는다. 결국 부작위 상태에 있는 기관에 대하여 입장을 정하라고 하는 요청이 법적 안정성과 공동체 행위의 연속성이라는 점을 감안하여 비합리적으로 지연되어서는 안 된다고 판단된다.[58)]

이러한 부작위소송을 제기하기 위하여 선행되어야 하는 행위의 요청은 공식적이고 구체적이고 특정적인 것이어야 한다. 따라서 단순히 "충분하고 적절한 조치를 취할 것(to take sufficient and appropriate measures)"과 같은 방식으로 요청하는 것은 이러한 부작위소송을 제기하기 위한 전단계의 요청으로는 부족하다.[59)] 이러한 부작위소송을 제기하기 위한 전 단계로서 요구되는 요청에 대하여 협정상의 의무를 위반하여 부작위상태에 있던 해당 기관이 자신의 입장을 표명하지 않으면 그로부터 2개월 이내에 부작위소송을 제기할 수 있으나 이러한 요청에 대하여 해당기관이 입장을 정하여 그 표명을 하면 부작위소송을 제기할 수 없다. 이 경우 부작위로 있던 기관의 입장은 구체적으로 어떠한 형식적인 결정의 형태일 필요는 없고 입장을 정하는 서면 통보의 형태라도 충분하다.

---

57) 취소소송의 경우에는 취소대상인 공동체 행위가 공표된 후 혹은 원고에게 문제되는 행위가 통보된 후 혹은 공표나 통지가 없는 경우에 당사자가 공동체 행위를 알게 된 후부터 2개월 이내에 취소소송을 제기할 수 있다고 제263조가 규정하고 있다.

58) H. G. Schermers and D. Waelbroeck, *supra* note 54, p. 253; P. J. G. Kapteyn and P. VerLoren van Themaat, *supra* note 54, p. 467.

59) H. G. Schermers and D. Waelbroeck, *supra* note 54, p. 251.

4. 제소사유

취소소송의 경우에는 제263조가 네 가지의 취소 대상이 되는 행위가 위법한 것이 되기 위하여 필요한 사유를 언급하고 있다. 이러한 사유는 프랑스 행정법상의 취소사유에 근거한 것이라고 일반적으로 이해되고 있다. 비록 그 의미가 명백히 구별되지는 않고, CJEU도 어떠한 특정 사유에 근거하여 공동체의 행위를 취소하는지 명백히 밝히지 않는 경향은 있지만 그래도 협정은 권한의 부재(lack of competence), 필수적인 절차의 위반(infringement of essential procedural requirement), 협정이나 협정의 적용과 관련한 법규 위반(infringement of this Treaty or of any rule of law relating to its application) 및 권한의 남용(misuse of powers)을 취소사유로 열거하고 있다.[60] 반면에 제265조는 부작위소송을 제기하기 위한 사유로 문제되는 기관이 TEU와 TFEU 협정을 위반하여(infringement of the Treaties) 부작위상태로 있는 경우에 부작위소송을 제기할 수 있다고만 규정하고 있다. 부작위의 성질상 취소소송에서의 취소사유인 필수적 절차의 위반이나 권한의 부재는 부작위소송을 제기하기 위한 사유가 될 수 없음은 명백하다. 그러나 권한의 남용은 협정의 위반과 마찬가지로 부작위소송을 제기할 수 있는 근거 사유가 될 수 있다고 판단된다. 그리고 공동체 기관의 부작위로 인하여 기본적 인권에 대한 침해 우려가 있는 경우 등과 같이 법의 일반원칙(general principles of law)을 위반하는 경우에도 부작위소송을 제기할 수 있다고 보여진다.[61]

5. 부작위소송의 대상

부작위소송의 대상은 공동체의 기관이 특정한 행위를 하여야 할 의무가 있음에도 불구하고 요구되는 행위를 하지 않는 경우이다. 공동체 기관에게 요구되는 행위의무의 내용은 구체적으로 문제되지 않는다. 구체적으로 어떠한 대외적인 결정을 하여야 할 의무가 있지 않고 단지 협정이 공동체 기관 내부

---

60) 이에 대하여 자세한 사항은 *supra*, Ⅴ. 4. “취소사유” 부분 참조.

61) H. G. Schermers and D. Waelbroeck, *supra* note 54, pp. 252-253.

적으로 어떠한 행위를 할 것을 의무적으로 요구하고 있는 경우에도 그러한 행위를 하지 않으면 부작위소송을 제기할 수 있다. 예컨대 위원회가 직접적으로 공동체 입법을 행할 수 있는 권한은 없지만 공동체 입법을 위한 제안(proposal)을 할 것이 요구되는 경우 그러한 제안을 하지 않으면 부작위소송의 대상이 될 수 있다.[62] 따라서 공동체 기관에게 어떠한 행위를 하여야 할 의무가 부과되어 있는 것이 아니라 행위 여부에 대한 재량권이 행사될 수 있는 경우에는 행위를 하지 않는다고 부작위소송을 제기할 수는 없다. 또한 공동체 기관이 행위를 하여야 할 특정 의무를 부담하는 것이 아니라 어떤 사안에 대하여 포괄적이고 일반적인 의무만을 부담하고 있는 경우에도 부작위소송의 대상이 되지 못한다. 왜냐하면 그러한 경우에는 CJEU가 구체적으로 판단할 수 있는 대상 행위가 존재하지 않기 때문이다.[63]

부작위소송은 공동체 기관에 의한 처분이 있은 경우에는 이용될 수 없는 절차이다. 적극적인 처분뿐만 아니라 소극적인 거부 처분이 있는 경우에도 처분이 있었던 것이므로 부작위소송의 대상은 되지 못한다. 처분에 대한 적법성 및 유효성 심사는 취소소송 절차에 의하여 다루어질 수 있을 뿐이다.[64] 따라서 부작위소송의 대상이 되는 것은 당해 기관이 입장을 정하지 않은 경우(definition of position)이다. 따라서 소극적인 거부 처분에도 해당하지 않는 행위의 부존재가 있는 경우에 부작위소송은 이용될 수 있을 뿐이다. 따라서 문제되는 기관이 어떠한 방법으로든 입장을 정하게 되면 그에 대하여서는 부작위소송을 제기할 수 없게 된다. 문제의 상황은, 예를 들어, 어떤 자연인이 공동체 기관에게 행위를 할 것을 요청하였는데 공동체 기관이 아무런 행동을 할 의사가 없음을 행위 요청자에게 통보하는 경우이다. 이 경우 공동체 기관은 행위 요청에 대하여 아무런 행위를 할 의사가 없다는 입장을 정하였기 때문에 그에 대하여 부작위소송을 제기하는 것은 불가능하다. 동시에 행위 요청자인 자연인에게 어떠한 법적 구속력을 갖는 결정을 발한 바도 없기 때문에 취소소송을 제기할 수 있는 대상도 존재하지 않

62) *Ibid.*, pp. 248-249.

63) *Ibid.*, p. 250.

64) T. C. Hartley, *supra* note 17, p. 388.

는다.[65)] 즉 법적 구속력이 없는 거부 처분을 한 경우에는 취소소송 및 부작위소송 모두 제기할 수 있는 방법이 없다.

취소소송이나 부작위소송과 관련하여 공동체 기관이 제소권자인 경우에는 문제되는 공동체 기관이 법적 구속력 없는 어떠한 행위를 통하여 입장을 정하면 양 소송제도는 모두 이용이 불가능해진다. 또한 이러한 상황은 자연인이나 법인이 제소권자인 경우에 있어서 요청된 행위가 결정인지 아니면 규칙인지에 따라 약간의 차이를 가져온다. 예를 들어, 어떤 자연인이 위원회에게 특정의 결정(decision)을 발하여 줄 것을 요청하였는데 그에 대하여 위원회가 결정을 발하는 것을 거부하였다면 그에 대하여 문제되는 자연인은 부작위소송을 제기할 수는 없지만 취소소송을 제기할 수는 있다. 왜냐하면 요청된 결정이 채택되었다면 채택된 결정에 대하여서는 취소소송을 제기할 수 있는 길이 있으므로 그러한 결정을 채택하는 것을 거부하는 결정도 마찬가지로 취소소송의 대상이 되어야하기 때문이다. 하지만 규칙(regulation)의 경우에는 문제가 다르다. 즉 자연인이 위원회에게 어떤 규칙을 채택하여 줄 것을 요청하였는데 위원회가 그러한 요청을 거부하면 그에 대하여서는 문제되는 자연인은 그 거부 처분에 대한 취소소송을 제기할 수 없다. 왜냐하면 결정과 달리 규칙은 문제되는 특정 자연인을 대상으로 발하여지는 것이 아니라 일반적인 대상을 당사자로 하여 발하여지는 것이기 때문이다.[66)]

취소소송의 경우에 있어서 취소 대상이 되는 행위는 권고나 의견이 아닌

---

65) Case 48/65, *Lütticke v. Commission* [1966] *ECR* 19. 이 사건은 원고가 위원회로 하여금 독일을 상대로 유럽경제공동체조약 제169조상의 의무이행강제소송을 제기하도록 하기 위하여 유럽경제공동체조약 제173조에 따른 취소소송과 제175조에 따른 부작위소송을 제기한 경우이다. 이 사건 진행 전에 위원회는 독일이 원고가 주장하는 바와 같이 의무이행강제소송을 제기할 정도로 협정상의 의무 위반을 하고 있는 것으로 보여지지 않는다는 취지의 통지를 원고에게 보냈다. 이에 대하여 원고는 제173조에 근거하여 이 통지의 취소를 구하는 한편 예비적으로 제175조에 근거하여 위원회가 독일의 의무 위반에 대하여 제169조상의 소송을 제기하지 않는 것은 위법하다고 주장하는 소송을 제기하였다. 이에 대하여 CJEU는 우선 전자의 주장과 관련하여 동 통지는 법적 구속력을 갖는 것이 아니므로 제173조상의 소송을 제기할 수 없으며, 후자와 관련하여서도 이미 독일을 상대로 소송을 제기하지 않겠다는 입장을 분명히 정하여 통보하였으므로 제175조상의 소송도 제기할 수 없다고 판시하였다.

66) T. C. Hartley, *supra* note 17, p. 387.

공동체 행위라고 제263조는 규정하고 있다. 반면에 제265조는 특권적 제소권자가 부작위소송을 제기할 수 있는 경우와 관련하여 단순히 행위를 하지 않는(fail to act) 경우라고만 규정하고 있다. 따라서 문언상으로는 공동체 기관이 구속력을 갖는 규칙(regulation), 지침(directive), 결정(decision) 등을 포함하는 어떠한 형태의 행위만 하더라도 그에 대하여 부작위소송을 제기할 수는 없다. 따라서 반대로 해석하면 규칙 등과 같이 구속력 있는 공동체 입법을 행하지 않는 경우뿐만 아니라 권고나 의견과 같이 구속력 없는 행위를 행하지 않는 경우 더 나아가 입법안 제안이나 예산안의 제출과[67] 같은 행위를 협정을 위반하여 행하지 않는 경우에도 회원국이나 공동체 기관에 의한 부작위소송은 제기될 수 있다.[68] 또한 공동체 기관이 요구되는 행위 양식이 아니라 다른 유형의 행위 양식으로 행위를 하는 경우에는 이미 행하여진 행위에 대한 취소소송을 제기하여야 하지 부작위소송을 제기하여서는 안 된다.[69]

자연인이나 법인은 자신에게 발하여진 결정 및 제 3 자에게 발하여진 결정이나 규칙의 형식으로 발하여진 조치 중 자신이 직접적 개별적 이해관계를 가지고 있는 경우에는 그에 대하여 일정한 조건이 갖추어지면 취소소송을 제기할 수 있다. 반면에 제265조는 자연인과 법인의 경우와 관련하여 앞에서 언급한 바처럼 제263조와는 다르게 규정하고 있다. 그에 따르면 우선 권고나 의견을 행할 것을 공동체 기관에게 요구하기 위하여 부작위소송을 제기할 수는 없다. 여기서 말하는 권고나 의견은 형식적인 의미에서 판단되어서는 안 되고 실질적인 의미에서 판단되어야 한다. 따라서 명칭은 권고나 의견이더라도 법적 구속력을 갖는 행위라면 부작위소송을 제기할 수 있는 대상이 될 수

67) Case 377/87, *Parliament v. Council*, [1988] *ECR* 4017.

68) D. Wyatt and A. Dashwood, *supra* note 18, p. 136; T. C. Hartley, *supra* note 17, pp. 390-391. 만약 특권적 제소권자가 부작위소송을 제기할 수 있는 행위 대상이 취소소송을 제기할 수 있는 행위 대상과 동일한 것이어서 법적 구속력이 있는 행위만을 의미하는 것이라면 제232조는 비특권적 제소권자와 관련한 제232조 제 3 문단의 명문의 규정, 즉 권고와 의견을 제외한 공동체 기관의 행위에 대하여서 부작위소송을 제기할 수 있다는 규정을 두지 않았을 것이다. 물론 이러한 해석은 취소소송과 부작위소송은 동일한 사항을 구제하기 위한 사법제도라는 측면에서 일체성을 갖는다는 원칙과는 상충하는 면이 있다. 왜냐하면 취소소송에 의하여 구제될 수 있는 범위보다 부작위소송에 의하여 구제될 수 있는 범위가 더 넓기 때문이다.

69) H. G. Schermers and D. Waelbroeck, *supra* note 54, p. 258.

있다고 보아야 할 것이다. 또한 권고나 의견 이외에 자신에게 공동체 기관이 행위를 발하지 않는 경우에 자연인이나 법인도 부작위소송을 제기할 수 있다고 제265조는 규정하고 있는데 이와 관련하여서는 엄격하게 해석할 필요 없이 앞에서 언급한 바처럼 취소소송의 경우와 마찬가지의 방법으로 해석하는 것이 타당하다고 판단된다. 또한 사인에게 발하여질 여지가 전혀 없는 지침을 발하여줄 것을 요구하는 부작위소송은 있을 수 없다고 보아야 한다. 이는 취소소송의 경우에 있어서도 공동체 기관이 아닌 자연인이나 법인이 공동체 지침의 취소를 구하는 것을 허용하지 않는 입장과도 일치한다. 실질적 의미에 있어서 규칙은 일반적인 성질을 갖는 것이어서 특정인에게만 발하여지지 않는다. 이렇게 보면 규칙을 채택하지 않는다는 이유로 공동체 기관을 상대로 자연인이나 법인이 부작위소송을 제기하는 것도 곤란하다고 보여진다.[70)]

6. 판결의 형식

취소소송이 성공하는 경우에 CJEU는 문제되는 행위가 무효라는 판결을 한다. 이러한 무효 판결에 의하여 취소소송 당사자는 자기가 원하는 목적을 달성한다. 하지만 부작위소송의 경우에 CJEU는 부작위 상태가 협정을 위반하고 있음을 확인하는 판결을 한다. CJEU는 소송 당사자가 원하는 조치를 공동체 기관을 대신하여 채택할 수 있는 권한을 갖지 못한다. 다만 제266조는 부작위 상태에 있는 기관은 판결에 따라 필요한 조치를 취할 것이 요구된다고 규정하고 있다. 따라서 판결에 의하여 문제되는 기관은 행위를 하여야 할 의무를 부담하게 된다. 하지만 여전히 당해 기관은 어떠한 형태의 행위를 할 것인지 그 행위의 내용은 무엇으로 할 것인지 등에 대하여 재량권을 갖는다.

---

70) D. Wyatt and A, Dashwood, *supra* note 18, p. 138.

Ⅶ. 선결적 부탁절차

1. 개 관

선결적 부탁(preliminary reference)제도는 어느 나라의 국내법에도 유래가 없는 유럽공동체에 고유한 사법제도라고 할 수 있다. 회원국이라는 전통적인 주권국가를 그대로 둔 상태에서 유럽공동체라는 국제기구적인 법공동체가 설립되고 그러한 법공동체에서 회원국과 유럽공동체라는 서로 독립된 법 주체 간에 통일적인 법의 지배를 가장 효율적으로 확보하기 위하여 고안된 추가적인 사법제도가 바로 선결적 부탁제도라고 할 수 있다. 이에 대하여 TFEU 제267조는 다음과 같이 규정하고 있다.[71)]

> CJEU는 다음에 대하여 선결적 평결(preliminary ruling)을 내린다:
> (a) 협정들(TEU와 TFEU)의 해석;
> (b) EU기구와 기타 기관의 행위의 유효성과 해석;

71) 원문은 다음과 같다.

The Court of Justice of the European Union shall have jurisdiction to give preliminary rulings concerning:

(a) the interpretation of the Treaties;

(b) the validity and interpretation of acts of the institutions, bodies, offices or agencies of the Union;

Where such a question is raised before any court or tribunal of a Member State, that court or tribunal may, if it considers that a decision on the question is necessary to enable it to give judgment, request the Court to give a ruling thereon.

Where any such question is raised in a case pending before a court or tribunal of a Member State against whose decisions there is no judicial remedy under national law, that court or tribunal shall bring the matter before the Court.

If such a question is raised in a case pending before a court or tribunal of a Member State with regard to a person in custody, the Court of Justice of the European Union shall act with the minimum of delay.

> 이러한 문제가 회원국의 법원이나 재판소에 제기된 경우에 당해 법원이나 재판소가 이 문제에 대한 결정이 스스로 판결을 하기 위하여 필요하다고 여기는 경우에는 그에 대하여 CJEU에게 선결적 평결을 부탁할 수 있다. 이러한 문제가 국내법상 그의 결정에 대하여 더 이상의 사법적 구제수단이 없는 회원국의 법원이나 재판소에 계속되어 있는 경우에는 당해 법원이나 재판소는 그 문제를 CJEU에 제기하여야 한다.

이하에서는 본 조항이 유럽공동체의 사법제도로 어떻게 운용되고 있으며 실제에 있어서 유럽공동체의 통합을 위하여 어떠한 기여를 하였는지를 살펴보고자 한다.

2. 선결적 부탁제도의 의의

이 제도는 유럽공동체가 처음 태동하던 시점부터 존재하던 사법제도인데 최초의 입법자들이 이러한 제도를 고안한 이유는 유럽공동체의 독립된 사법체계와 유럽공동체 회원국의 사법체계가 병존하는 현실적 상황을 해결하기 위하였으리라 짐작된다. 즉 유럽공동체는 통일된 법공동체이어야지만 그가 추구하는 유럽통합이라는 목표를 달성할 수 있는데, 공동체적 차원과 회원국 차원의 서로 분리된 독자적인 사법제도를 유지하게 되면 공동체법의 해석 적용에 있어서의 보편성을 확보할 수 없게 되기 때문에 그러한 점을 해결할 수 있는 제도적인 장치가 요구되었던 것이다. 이러한 요구에 부응한 제도가 바로 선결적 부탁제도라고 할 수 있다.

3. 선결적 부탁의 대상

TFEU 제267조는 CJEU는 두 가지의 경우에 선결적 평결(preliminary ruling)을 할 수 있다고 규정하고 있다. 즉, TEU와 TFEU의 해석과 EU 기구와 기타 기관이 한 행위의 유효성과 그에 대한 해석과 관련하여 CJEU는 유럽연합 회원국 법원 등의 선결적 부탁이 있으면 그에 대하여 선결적 평결을 행할 수 있다.

TEU와 TFEU는 유럽연합 자체의 헌법과[72] 같은 가장 기본적인 법질서로서 그 규정에 대한 해석이 특정 회원국의 국내법원에서 문제되는 경우에 당해 국내법원은 경우에 따라 임의적 혹은 의무적으로 선결적 부탁을 하여야 한다. 이와 관련한 선결적 부탁은 당해 조항의 해석과 관련하여서 이루어질 수 있을 뿐만 아니라 당해 조약 규정이 회원국에서 어떠한 효력을 갖는가와 관련하여서도 이루어진다. 예를 들어 1963년도의 소위 *Van Gend en Loos* 사건은[73] 유럽경제공동체설립조약 제12조 규정의 회원국 내에서의 효력과 관련한 선결적 부탁에 따라 이루어진 선결적 평결로 유럽공동체설립협정 규정에 대하여 최초로 직접효력(direct effect)을 인정한 평결이라고 할 수 있다.

공동체기관의 행위의 유효성 및 그에 대한 해석과 관련하여서 선결적 부탁이 가능한데 공동체기관의 행위는 규칙, 지침, 결정과 같이 구속력이 있는 행위뿐만 아니라 권고나 의견 등도 포함한다. 뿐만 아니라 공동체기관에는 이사회나 위원회뿐만 아니라 유럽이사회, 유럽의회, 감사법원, 유럽중앙은행 등도 포함된다. 공동체기관의 행위의 해석에 관하여서만 선결적 부탁을 하도록 하여 해석의 통일성을 확보하고자 하는 데 그치지 아니하고 공동체기관이 한 행위의 유효성 여부에 대한 판단과 관련하여서도 선결적 부탁을 하도록 함으로써 공동체기관의 행위가 회원국 영역 전체에서 일관된 효력을 갖도록 함과 동시에 통일적인 내용으로 적용될 수 있도록 하였다. 즉, 앞에서 언급한 TEU와 TFEU의 규정이 회원국에서 어떠한 효력을 갖는지에 대하여 선결적 부탁을 할 수 있음과 마찬가지로 공동체기관의 행위가 회원국내에서 갖는 효력, 예를 들어 공동체 역내입법의 직접효력 유무에 대한 판단도 선결적 부탁의 대상이 된다.[74]

이에 더하여 유럽공동체가 역외국가와 체결한 조약도 대외적으로 유럽공동체 자체의 행위이기는 하나 대내적으로는 유럽공동체 기관 중 어느 하나의

---

72) Case 294/83, *Les Verts v. European Parliament*, [1986] *ECR* 1339.

73) Case 26/62, *Van Gend en Loos v. Nederlandse Administratie der Belastingen*, [1963] *ECR* 1.

74) D. Wyatt and A. Dashwood, *supra* note 18, p. 143.

행위이므로 그에 대하여서도 선결적 부탁이 가능하고 더 나아가 혼합협정과 같이 유럽공동체와 회원국의 전부 혹은 일부가 일방 당사자가 되고 역외국가가 타방 당사국이 되는 조약의 경우와 관련하여서도 선결적 부탁이 가능하다는 것이 CJEU의 일관된 입장이다.[75] 많은 경우에 있어서 혼합협정의 체결과 관련한 회원국과 유럽공동체의 체결권한의 분배 문제는 TFEU 제218조 제11항상의 CJEU의 의견(Opinion) 부여절차를 통하여 사법적으로 심사하며 그 조약의 효력이나 해석이 회원국의 국내법원에서 문제되는 경우 선결적 부탁의 대상이 될 수 있다. 이에 더하여 과거 GATT와 같은 경우에는 법적으로는 공동체의 기관이 전혀 관여하지 않았음에도 불구하고 선결적 부탁의 대상으로 인정받은 경우도 있다.[76]

또한 유럽공동체가 체결한 공동체조약이든 혼합협정이든 관계없이[77] 이러한 조약에 의하여 설립된 조약상의 기구가 행한 결정의 해석 적용과 관련한 사항도 선결적 부탁의 대상이 된다. 예를 들어 연합협정(Association Agreement)들은 협정의 시행과 관련한 제도적인 틀을 일반적으로 가지고 있는데 이러한 제도상의 기구들이 행한 결정들도 선결적 부탁의 대상이 된다는 것이 CJEU의 입장이다.[78]

제267조의 규정에 의하면 법의 일반원칙(general principles of law)은 선결적 평결의 대상으로 규정되어 있지 않다. 하지만 TEU와 TFEU의 규정의 해석이나 공동체기관의 행위의 유효성 및 그에 대한 해석에 대하여 선결적 평결을 하여야 하는 경우 CJEU는 그와 관련하여 법의 일반원칙을 해석할 수 있는 권한을 갖는다고 본다.

---

75) Case 40/72, *Schroeder v. Germany,* [1973] *ECR* 125; Case 87/75, *Bresciani v. Amministrazione Italiana delle Finanze*, [1976] *ECR* 129; Case 65/77, *Razanatasimba*, [1977] *ECR* 2229; Case C-241/87, *Maclaine Watson v. Commission and Council,* [1990] *ECR* Ⅰ-1797 등.

76) Joined Cases C-267-269/81, *Amministrazione delle Finanze dello Stato v. S.P.I. and S.A.M.I.* [1983] *ECR* 801.

77) 유럽공동체와 역외국가가 체결한 조약을 공동체조약이라고 명명하고 유럽공동체와 회원국의 전부 혹은 일부가 일방 당사자가 되고 역외국가가 타방 당사국이 되어 체결한 조약을 혼합협정이라고 한다.

78) 예를 들어, Case C-192/89, *Sevince*, [1990] *ECR* Ⅰ-3461.

4. 선결적 부탁을 하는 법원

선결적 부탁은 회원국의 법원 등이 판결을 내리기 위하여 공동체법의 해석 적용을 할 필요성이 있는 경우에 이루어진다. 국내적인 상소절차를 통하여 판결의 보정이 이루어질 수 있는 경우에는 당해 법원에 대하여 임의적으로 선결적 부탁을 할 수 있도록 하고 있으며 국내적으로 종국적인 판결을 하는 법원의 경우는 공동체법의 해석 적용이 문제되는 경우에 의무적으로 선결적 부탁을 하도록 하고 있다. 선결적 부탁제도는 이러한 점에 있어서 국내법원에서 다투는 분쟁당사자가 주도권을 쥐고 이용할 수 있는 제도가 아니라 당해 국내법원이 주도권을 쥐고서 이용하는 제도라고 할 수 있다. 이러한 선결적 부탁에 근거한 선결적 평결도 그것이 바로 분쟁당사자 간의 분쟁을 직접적으로 해결하기 위한 것이라기보다는 당해 국내법원이 분쟁 사건에 대하여 판결을 내리는 데 도움을 주기 위한 절차라고 할 수 있다.[79]

판결을 위하여 공동체법을 해석 적용하여야 하는 임무를 부담하는 이러한 법원이나 재판소는 제267조에 의하면 두 가지 유형으로 분류된다. 첫 번째 유형은 제267조 제 2 문에 해당하는 것이며, 두 번째 유형은 제 3 문에 해당하는 것이다. 전자는 임의적 재량적인 선결적 부탁에 해당하는 것이며 후자는 의무적 선결적 부탁에 해당하는 것이다.

1) 재량적인 경우

국내법원에서 공동체법에 대한 문제가 제기되고 그 문제에 대한 결정이 당해 국내법원이 판결을 함에 있어서 필요한 경우에 국내법원은 CJEU에 선결적 부탁을 할 수 있다. 선결적 부탁을 할 수 있는 권한을 가진 회원국의 법원이나 재판소의 개념에 대하여 CJEU는 비교적 넓게 해석하여 사법적 기능(judicial function)을 수행하는 회원국의 모든 기관은 이에 해당한다고 본다.[80] 따라서 그 명칭이 무엇이든 사법적 기능을 수행하는 기관은 선결적 부탁을 요청할 수 있는 법원 등에 해당한다. 어느 기관이 법적 권리와 의무에 대하여

---

79) T. C. Hartley, *supra* note 17, pp. 69-70.

80) D. Wyatt & A. Dashwood, *supra* note 18, p. 144.

구속력 있는 결정을 할 수 있는 권한을 가지고 있으면 당해 기관은 사법적 기능을 수행한다고 인정할 수 있을 것이다. 이러한 점을 염두에 두면 당해 기관이 법에 의하여 설립되고, 상설기구이며, 그 관할권이 의무적인 것이며, 또한 법규(rules of law)를 적용하는 기관이면서 동시에 분쟁당사자와는 독립된 기관이면 사법적 기능을 수행하는 기관으로 볼 수 있다.[81)] 또한 당해 기관은 국가제도의 한 부분으로 인정받을 정도로 공식적인 기관이어야 한다.[82)] 당해 기관이 사법적 기능을 수행하는 기관으로 인정받기 위하여서는 그 기능이 순수하게 권고적이거나, 조사만 하는 기능을 수행하거나 조정하는 기능만 수행하거나 입법적 기능이나 집행적 기능을 수행하는 것이어서는 안 된다.

하지만 CJEU는 이론적으로는 권고적인 기능을 수행하지만 실질적으로는 그러하지 않은 기관도 제267조 제 2 문상의 법원 등에 해당할 수 있다고 보고 있다. 예를 들어 네덜란드법상으로는 사법심사(judicial review)는 최종적으로 왕에 의하여 이루어지고 네덜란드의 사실상의 최고행정법원인 Raad van State는 왕에 대하여 자문의 역할을 하는 기관이기 때문에 엄격하게 법적으로 보면 Raad van State는 권고적 기능만을 수행하는 것으로 보이지만 CJEU는 제267조상의 법원 등으로 인정하였다. 왜냐하면 Raad van State는 사법적 기능을 수행하는 위원회를 내부에 가지고 있고 실제로 사법적인 기능을 수행하였기 때문이다.[83)] 또한 *Vassen v. Beamtenfonds Mijnbedrijf* 사건에서도[84)] CJEU는 네덜란드법에 의하면 법원이나 재판소가 아닌 사회보장재판소(social security tribunal)는 비록 구속력 있는 판단을 하는 곳은 아니지만 대심절차(adversarial procedure)에 의하여 법규를 적용하여 분쟁을 해결하는 상설적 기구이므로 선결적 부탁을 할 수 있는 법원이나 재판소로 인정하였다. 또한 당해 기관이 사법적 기능 이외의 다른 기능을 수행한다고 하여 선결적 부탁을 할 수 있는 지위를 상실하는 것도 아니다.[85)] 하지만 사인 간의 계약에 의하여 선임된 중재인은 선결적 부탁을 요청할 수 있는 법원이나 재판소에 해당하지

81) T.C. Hartley, *supra* note 17, pp. 278-279.
82) *Ibid.*, p. 279.
83) Case 36/73, *Nederlandse Spoorwegen*, [1973] *ECR* 1299.
84) Case 61/65, [1966] *ECR* 261.
85) Case 14/86, *Pretore de Salò v. Persons Unknown*, [1987] *ECR* 2545.

않는다.[86)]

선결적 부탁을 할 수 있는 법원은 회원국의 법원이어야 한다. 문제가 되는 경우는 회원국의 부속령(Dependencies)에 소재하는 법원의 경우도 이에 해당하는지 여부이다. TEU와 TFEU가 적용되는 영역 내에 소재하는 법원의 경우는 비록 그 영역이 회원국의 본질적 구성부분이 아니더라도 분명히 제267조가 규정하고 있는 법원에 해당함이 틀림없다. 또한 TEU와 TFEU 전체가 아니라 일부만이 적용되는 지역에 소재하는 법원의 경우도 제267조가 말하는 법원에 해당한다. 왜냐하면 그러한 규정과 관련하여서 통일적인 해석이 담보되어야 하기 때문이다. 하지만 연합조약 등에 의하여 유럽공동체와 특수한 관련을 맺고 있다고 하더라도 공동체 회원국이 아닌 국가의 법원은 어떠한 경우에도 선결적 부탁을 요청할 수 있는 권한이 없다.

정식의 소송절차가 아닌 중간절차(interlocutory proceeding)의 경우도 선결적 부탁의 대상이 된다. 이러한 절차가 비록 간소하고 시간적인 급박함이 요구되기는 하지만 그러한 사실이 선결적 부탁을 배제하는 사유로 기능하지는 못한다.

제267조에 의하여 선결적 부탁을 요청할 수 있는 권한이 있는 법원에 대하여 회원국의 국내법이 그러한 권한을 박탈할 수는 없다.[87)] 하급심 법원의 판결에 대하여 국내의 상급법원이 공동체법과 배치되게 판단하도록 사건을 환송하는 경우에도 당해 하급심 법원은 제267조에 근거하여 CJEU에 선결적 부탁을 할 수 있다. 결국 국내법상의 기판력은 유럽공동체법과 관련하여서는 적용되지 않는다고 볼 수 있다.[88)] 공동체법과 관련한 모든 문제에 대하여서는 CJEU가 최종 판단권한을 갖도록 하는 방향으로 선결적 부탁제도도 운영되어야 하는 것이다.

2) 의무적인 경우

제267조의 제 3 문은 법원이나 재판소의 판결에 대하여 국내법상 더 이상의 구제수단이 없는 경우 당해 법원이나 재판소는 반드시 공동체법상의 문제

---

86) Case 102/81, *Nordsee v. Reederei Mond*, [1982] *ECR* 1095.

87) Case 166/73, *Rheinmühlen*, [1974] *ECR* 33.

88) T.C. Hartley, *supra* note 17, pp. 282-283.

에 대하여서 선결적 부탁을 하도록 의무화하고 있다. 제267조 제3문의 문언을 엄격하게 해석하면 공동체법상의 문제가 국내법원에서 제기되면 판결을 위하여 필요한지 여부를 판단할 필요성 없이 선결적 부탁을 하여야 한다고 해석할 수 있지만 일반적으로 제3문의 경우도 제2문의 경우와 같이 해석하는 것이 보통이다.[89)]

이 규정의 해석과 관련하여 두 입장이 대립하고 있다. 하나는 추상적 이론(abstract theory)이며 다른 하나는 구체적인 이론(concrete theory)이다.[90)] 전자는 당해 법원의 판결에 대하여 절대적으로 상소의 가능성이 없는 경우에만 제267조 제3문상의 법원 등에 해당한다는 입장이다. 반면에 후자는 문제되는 당해 사건과 관련하여 더 이상의 상소 가능성이 있는지 유무에 따라 제267조 제3문상의 법원 등에 해당하는지 여부를 결정하여야 한다는 입장이다. 이러한 두 입장은 회원국의 국내법상의 소송절차가 일정한 경우에만, 예를 들어 소송가액이 일정액을 초과하는 경우에만, 최고법원에로의 상고를 허용하고 있는 경우에 대단히 중요한 차이점을 가져온다.

제267조 제3문의 문언을 엄격하게 보면 추상적 이론을 지지하는 것으로 보인다. 왜냐하면 구체적인 사건에 있어서 상고 가능성을 염두에 두고 있었다면 일반적인 의미를 갖는 "decisions"라는 복수를 표시하는 용어를 입법자는 선택하지 않았을 것이기 때문이다. 또한 국내법상 일부 경미한 사건에 대하여 상고를 허용하지 않는 이유는 소송비용의 측면에서나 남상고의 방지를 위한 측면이 있는데 이러한 경우에까지 CJEU에 선결적 부탁을 행할 의무를 부과하면 국내소송법상의 정책목적이 저해되는 면도 있기 때문이다.

하지만 공동체 사법제도의 목적은 국내 소송법적인 정책 목표와는 달리 공동체법의 통일적인 해석을 유지하는 데 있다고 할 수 있다. 만약 공동체법과 관련한 법적용이 선결적 부탁절차를 통하여 CJEU에 의하여 통일적으로 이루어지지 않으면 이러한 궁극적인 목적은 저해될 것이 분명하다. 이러한 견지에서 CJEU는 오히려 구체적 이론의 입장을 지지하고 있다.[91)] 이러한 입장에

89) *Ibid.*, p. 293.

90) *Ibid.*, p. 283.

91) 예를 들어, Case 6/64, *Costa v. ENEL*, [1964] *ECR* 585.

의하면 제267조 제 3 문상의 법원은 당해 회원국 내에서의 최고법원(highest court)이 아니라 당해 사건을 심리하는 데 있어서 최종법원을 의미한다.

구체적으로 문제되는 회원국의 국내법원의 예들 가운데 하나는 영국의 항소법원(Court of Appeals)이다. 추상적 이론을 적용하면 영국의 항소법원은 제267조 제 3 문상의 법원에 해당하지 않는다. 하지만 구체적 이론에 입각하면 입장이 달라진다. 영국의 항소법원의 판결에 대하여서는 항소법원 혹은 대법원(House of Lords)이 상고를 허가하는 경우에만 대법원에 상고할 수 있다. 만약 항소법원이 상고를 스스로 허가하는 경우라면 어느 이론에 의하더라도 항소법원은 제267조 제 3 문의 법원에 해당하지 않는다. 그렇지만 항소법원이 상고를 허가하지 않는 경우에는 결론이 달라질 수 있다. 이 경우에 만약 구체적 이론이 옳다면 두 가지의 해결방법을 제시할 수 있다. 선결적 부탁이 필요함에도 선결적 부탁을 항소법원이 하지 않는 경우에는 반드시 항소법원은 대법원에의 상고를 허가하거나 대법원이 반드시 상고를 허가하여 주어야 하는 것이다.

의무적으로 선결적 부탁을 하여야 하는 법원 등은 그의 결정에 대하여 사법적 구제(judicial remedy)가 이루어질 수 없는 경우에 한하기 때문에 결정의 성격이 사법적 구제에 해당하지 않는, 예를 들어 사면권 행사와 같은 왕의 대권 행사는 이에 해당하지 않는다.

또한 앞에서 언급한 바처럼 중간절차가 제267조 제 2 문에 근거한 선결적 부탁의 대상이 되는 것은 분명하지만 중간절차의 경우가 제 3 문에도 해당하는지 의문이다. 설령 중간절차상의 잠정명령(interim order)에 대하여 상소의 가능성이 전혀 없다고 하더라도 각 당사자가 소송을 제기할 권리를 여전히 보유하고 있거나 사건의 실체에 대한 소송을 할 수 있는 경우라면 제267조 제 3 문에 해당하지 않는다는 것이 CJEU의 입장이다.[92] 왜냐하면 선결적 부탁에 의하여 확보하려고 하는 것은 회원국에서 공동체법상의 규칙과 다른 국내판례가 수립되는 것을 막기 위한 것이므로 본 소송을 통하여 이를 확보할 수 있다면 충분하다는 것이다.

---

92) Case 107/76, *Hoffman-La Roche v. Centrafarm*, [1977] *ECR* 957.

5. 선결적 부탁의무가 면제되는 경우

특정 법원 등이 제267조 제3문에 따라 선결적 부탁을 의무적으로 하여야 하는 경우에 형식적으로 해당한다고 하더라도 실질적으로 일정한 요건을 충족하면 선결적 부탁의 의무로부터 면제된다. 이러한 의무의 면제는 CJEU의 판결에 의하여 확립된 원칙이라고 할 수 있다.

1) 명확성의 원칙 (*acte clair* doctrine)

기왕의 해석이 존재하지 않더라도 공동체법의 적용이 너무나 명백하여 공동체법에 대한 해석을 얻을 합리적인 필요성을 못 느끼는 경우에는 회원국의 국내법원은 공동체법과 관련하여 선결적 부탁을 행할 의무를 부담하지 않는다.[93] 이 경우에 당해 법원이 이러한 결정을 내리기 전에 다른 회원국의 법원과 CJEU도 동일한 결론에 이를 것이라는 확신을 가져야만 한다. 이러한 확신을 얻기 위하여 회원국의 국내법원은 공동체법의 특수성과 공동체법이 제기하는 특수한 문제들을 특히 염두에 두어야 한다.

일부의 법률가들에게는 너무나 당연하게 보이는 법 규정이라 하더라도 또 다른 시각을 가진 법률가들에게는 완전히 다른 의미를 가질 수 있는 것이 일반적이다. 특히 공동체법과 관련하여서 CJEU는 상당히 정책지향적인 판단을 하는 경향이 있는데 이러한 입장은 전통적인 법률주의를 중시하는 국내법원의 입장과는 차이가 나며 그로 인하여 조문의 해석에 있어서도 다른 입장을 취할 수 있는 가능성이 있음을 염두에 두어야 한다.

2) 선례의 원칙 (doctrine of precedent)

회원국의 국내법원에서 문제되는 공동체법의 문제가 이미 기존의 CJEU 판결에 의하여 다루어진 경우에는 회원국의 국내법원은 선결적 부탁을 할 의무로부터 면제된다. 다만 이 경우에도 회원국의 국내법원은 자발적으로 CJEU

---

93) 위원회도 이 원칙을 인정하고 있으며(European Parliament, Question 608/78, 31 Jan 1979, OJ 1979, C28/9) 회원국의 국내법원도 전반적으로 이 원칙을 수락하고 있다. CJEU도 1982년에 이 원칙을 승인하였다(Case 283/81, *CILFIT*, [1982] *ECR* 3415).

로 하여금 새로이 판단할 기회를 부여하기 위하여 선결적 부탁을 할 수는 있다. 그렇다고 CJEU가 기존의 선결적 평결에 구속되는 것은 아니다. 기존에 내려진 평결이 있더라도 그에 대한 새로운 선결적 부탁이 이루어지면 CJEU는 그에 대하여 기존의 입장과는 다른 판단을 할 수도 있다.

Ⅷ. 결 론

이상에서 유럽연합법상 입법들의 이행을 확보하는 데 필요한 주요한 사법제도에 대하여서 간략히 살펴보았다. 유럽공동체법의 이행을 집행하는 데 있어서 유용한 사법제도는 크게 두 가지로 나누어 볼 수 있을 것 같다. 하나는 유럽연합재판소를 통하여 직접 통제하는 방법이 그것이고 다른 하나는 회원국의 국내법원을 통하여 통제하는 것이 그것이다.

앞에서 살펴본 바와 같이 CJEU에 의한 사법통제 중 의무이행강제소송이나 부작위소송의 경우는 문제를 제기할 수 있는 주체가 상대적으로 제한되어 있거나 혹은 문제를 제기할 수 있는 경우가 제한되어 있어서 실제에 있어서 이행강제절차로서 중요한 비중을 차지하지 못한다. 반면에 직접취소소송제도는 앞의 두 제도에 비하여 상대적으로 그 효과의 면에 있어서 차이가 있음이 사실이다. 하지만 직접취소소송의 경우도, 리스본조약이 사인의 직접취소소송 제기가능성을 일부 완화하여 규정하고 있기는 하지만, 여전히 사인에게 소권을 부여하는 경우는 극히 제한된 요건을 충족하는 경우에 한정된다. 따라서 회원국이나 다른 사인이 공동체법상의 의무 이행을 제대로 하지 않는 경우에 그에 대한 완전한 의무이행확보제도로서 미흡한 점이 있다. 결국 가장 확실하고 효과적인 공동체법의 이행강제방법은 회원국의 국내법원과 선결적 부탁제도를 통한 것이라고 할 수 있다. 그렇게 함으로써 법의식이 강한 일반 시민이 유럽연합에서의 법의 지배를 감시할 수 있도록 하고 그 결과 유럽연합법의 이행이 보다 잘 확보될 수 있을 것이다.

제 6 장 EU 대외관계법

Ⅰ. 들어가는 말

오늘날 국제사회에서 EU가 차지하는 역할과 위상의 중대성에 대해 의심을 품을 사람은 별로 없을 것이다. 인구 5억의 EU는 미국과 유사한 GNP 규모를 과시하고 있고, 국제금융질서 내에서 유로화(貨)의 위상도 높다. EU는 (리스본조약 발효 이전 시기 제 2 의 기둥(the second pillar)이라 불렸던) 공동외교안보정책(common foreign and security policy, 이하 "CFSP")을 통해 외교안보 분야에서도 그 존재감의 강화를 시도하고 있다. 2009년 12월 1일 발효한 리스본조약(Treaty of Lisbon)에서 유럽이사회 의장(President of the European Council) 직과 외교안보정책 고위대표(High Representative of the Union for Foreign Affairs and Security Policy)직을 신설하여 대외적으로 통일된 EU의 정책의 전개를 예정하고 있는 것이 그 좋은 예일 것이다.

EU의 대외적 위상강화와 더불어 EU의 대외적 법인격, 특히 조약체결에 관한 법리 역시 발전되어 왔다. EC설립조약인 로마조약은 공동통상정책(common commercial policy)과 제휴협정(association agreement) 등 두 주제에 대해서만 EC의 조약체결권한을 명시적으로 규정하였다. 로마조약의 발효 이후, EC가 다른 분야에서도 조약체결권한을 갖는지에 대해 논란이 전개되었는데 이 문제는 1971년의 *ERTA* 판결을 통해 심층적으로 논의되었다. 이 판결을 통해 유럽사법재판소는 비록 EC설립조약에 명문의 규정이 없다 하더라도 EC 기관이 취한 역내 조치(이른바 제2차 입법)에 근거하여 대외 조약을 체결할 수 있음을 인정하였다.[1)] 1977년의 1/76 판결에서는 한 걸음 더 나아가 EC조약에 의해 특정한 권한이 EC기관에 부여된 경우에는 설령 EC가 역내 입법조치를 취하지 않은 경우에도 대외적 조약을 체결할 수 있다고 판시하였다.[2)] EC의 조약체결권을 확대한 일련의 판결을 통해 묵시적 대외권한이론(doctrine of implied external competence)[3)]이 정립되었는데, 이는 EC의 권한 및 기능 확대에 따른 자연스러운 현상이었다.

EU가 갖는 독특한 성격, 즉 통상의 국가와 국제기구 사이의 절충적 성격(a hybrid conglomerate situated somewhere between a State and an intergovernmental organization)[4)]은 EU 대외관계법, 그 중에서도 특히 조약법에 투영되어 있다. 이른바 '혼합협정(mixed agreement)'은 EU라는 국제법 실체가 갖는 이중

---

1) "(The Community's authority to enter into international agreements) arises not only from express conferment by the Treaty — as is the case with Articles 113 and 114 for tariff and trade agreements and with Article 238 for association agreements — but may equally flow from other provisions of the Treaty and from measures adopted, within the framework of those provisions, by the Community institutions." [1971] *ECR* at p. 274.

2) "This is particularly so in all cases in which internal power has already been used in order to adopt measures which come within the attainment of common policies. It is, however, not limited to that eventuality. Although the internal Community measures are only adopted when the international agreement is concluded and made enforceable, as is evidenced in the present case by the proposal for a regulation to be submitted to the Council by the Commission, the power to bind the Community *vis-à-vis* third countries nevertheless flows by implication from the provisions of the Treaty creating the internal power and in so far as the participation of the Community in the international agreement is, as here, necessary for the attainment of one of the objectives of the Community." [1977] *ECR* at p. 755.

3) EC의 대외적 조약체결 권한을 설립조약상의 명문의 근거가 있는 경우에 한정하지 않고, EC의 목적 달성에 필요한 경우에는 묵시적으로 부여된다는 해석은 1949년 국제사법재판소가 내린 UN 복무 중에 입은 손해에 대한 배상(Reparation for injuries suffered in the service of the United Nations)에 대한 권고적 의견을 연상시킨다.

4) Allan Rosas, "Mixed Union — Mixed Agreements," in Martti Koskenniemi(ed.), *International Law Aspects of the European Union*(Kluwer Law International), p. 125.

적·복합적 성격을 보여주고 있다. 혼합협정에 대한 분석을 통해 EU가 갖는 독특한(*sui generis*) 법적 성격을 파악할 수 있다.[5)]

EU의 대외관계법에 대한 설명은 EU조약법을 중심으로 하지만, 일반 국제법상의 대외관계와 마찬가지로 EU의 대외관계 역시 대외적 합의, 즉 조약만으로 구성되는 것은 아니다. 1990년대 이후 EU의 틀 내에서도 이라크, 북한 등에 대한 제재(sanctions) 부과가 중요한 외교현안으로 등장하였는데 이 장에서는 이 문제에 대해서도 간단히 살펴본다.

리스본조약 발효 이전의 EU는 이른바 '세 개의 기둥(three pillars)'으로 구성되었는데, 이 중 두 번째 기둥이 공동외교안보정책이다. 이 기둥은 첫 번째 기둥의 중심은 EC의 틀 밖에 놓여있지만, 외교·안보·군사 등 이른바 'high politics'를 다룸으로써 EU의 대외관계에서 중요한 역할을 차지한다. 이 장에서는 주로 EC 기둥하에서 대외관계, 특히 EU의 조약법을 중심으로 살펴보면서 필요한 경우 CFSP에 대해서도 언급한다.

이 장에서는 먼저 리스본조약 발효 이후 EU 대외관계법의 내용을 개관하고(Ⅱ), 국제법주체·행위자로서의 EU, 즉 EU의 법적 성격에 대해서 살펴보고(Ⅲ), EU의 대외적 권한을 고찰한 후(Ⅳ), 대외관계에서 EU와 회원국 간의 권한 배분을 논의하면서 특히 EU에 독특한 혼합협정에 관해 알아본다(Ⅴ). 이어 EU의 조약체결절차를 기술하고(Ⅵ), 조약의 EU 내 법적 효력 및 지위에 관해 살핀다(Ⅶ). 다음으로 근래 상당한 관심을 끌었던 EU의 경제적 제재조치에 관해 논의한 후(Ⅷ), 간략한 결어를 제시하면서 글을 맺는다(Ⅸ).

독자의 양해를 구할 사항은 리스본조약의 발효 이후 용어가 EU로 통일되었지만, 현재의 EU를 파악하기 위해서는 그 (부분적) 전신(前身)인 EC에 대한 고찰이 필수적이라는 점이다. 특히 EU의 대외관계법에 관한 대부분의 판례와 실행은 리스본조약 발효 이전 시기 EC에 관련된 것이었다. 이 글에서 TEU(Treaty on European Union)는 리스본조약 발효 이전 시기의, TEU-L은 리스본조약 발효 이후의 EU조약을 지칭한다. TEC는 리스본조약 발효 이전의 EC설립조약(Treaty Establishing the European Community), TFEU는 리스본조약 발효 이후 EU의 기능에 관한 조약(Treaty on the Functioning of the European

5) 혼합협정에 대한 상세한 설명은 아래 제 5 절(Ⅴ) 참조.

Union)을 가리킨다.

Ⅱ. 리스본조약 발효 이후 EU의 대외관계법 개관

리스본조약을 통해 EU 대외관계법은 상당한 체계화를 이루었다. 이 조약의 발효 이전 EC의 대외관계에 관한 조항들은 별다른 체계성 없이 TEC의 여러 곳에 산재해 있었고, 다만 EU의 외교안보공동정책에 관한 조항들이 TEU 제 7 관(Title 7)에 규정되어 있었다.

2004년 헌법조약은 EU의 대외관계를 통합적으로 규정하였지만, 리스본조약에서는 역시 영국 등의 이의제기로 CFSP와 기타 대외관계에 관한 사항이 TEU-L과 TFEU로 나뉘어 규정되었다. 즉 TEU-L은 제 5 부에서 'EU의 대외적 행동에 관한 일반 규정 및 CFSP에 관한 구체적 규정(General Provisions on the Union's External Action and Specific Provisions on the Common Foreign and Security Policy)'을 두고 있고, TFEU 제 5 부에서는 'EU에 의한 대외적 행동(External Action by the Union)'에 관해 규정하고 있다.[6] 리스본조약하에서도 CFSP는 정부간(intergovernmental) 성격을 강하게 유지하고 있고 이러한 성격은 CFSP에 관한 의사결정절차에 반영되어 있다.[7] 결국 리스본조약 발효 이후에도 EU의 이중적 성격은 대외관계에서도 유지된다고 평가할 수 있을 것이다.

이러한 한계에도 불구하고 리스본조약 발효 이전 시기에 비해 체계화가 진전된 것도 사실이다. 예를 들어 이전에는 CFSP의 목표는 TEU 제131조에, 공동통상정책의 목표는 TEC 제177조에, 발전협력(development co-operation)의 목표는 TEC 제177조에 분산되어 규정되어 있었다.[8] 리스본조약 발효 이후에

---

6) Jan Wouters, Dominic Coppens and Bart de Meester, "The European Union's External Relations after the Lisbon Treaty," in Stefan Griller and Jacques Ziller (eds.), *The Lisbon Treaty, EU Constitutionalism without a Constitutional Treaty* (Vienna: Springer, 2008)(이하 "Wouters, Coppens and De Meester"), p. 187.

7) TEU-L 제24조 1항.

8) *Ibid.*, p. 147.

는 EU 대외행동·정책을 일관하는 목표가 TEU-L 제3조 5항에 다음과 같이 규정되었다.

> "대외관계에서 EU는 자신의 가치와 이익을 지지하고 증진한다. EU는 평화, 안보, 지구의 지속가능한 개발, 민족 간의 연대와 상호존중, 자유롭고도 공정한 교역, 빈곤의 퇴치와 인권, 특히 아동인권의 보호, UN헌장상의 원칙에 대한 존중을 포함한 국제법의 엄격한 준수와 발전에 기여한다."

이러한 목표는 TEU-L 제21조 2항에서 8개의 상세한 목표를 통해 부연되고 있다.[9)]

또한 'EU외교안보정책 고위대표'직과 '유럽대외관계국(European External Action Service)'의 신설을 통해 EU 대외정책의 통일성과 일관성을 추구하고 있다. 고위대표직은 원래 '헌법조약'하에서는 'EU외무장관(Union Minister for Foreign Affairs)'이라는 명칭을 가지고 있었으나 영국 등 EU의 연방국가성에 강한 우려와 회의를 지닌 국가들의 입장을 고려하여 현재와 같이 완화된 명칭이 채택되었다.

고위대표는 이사회와 집행위원회 두 기관 모두에 관여함으로써 이중적(dual) 지위를 갖는다. 즉 고위대표는 유럽이사회가 특정다수제 표결에 의하여 임명하는데 이때 집행위원회 위원장의 동의가 필요하다. 이사회 내에서 고위대표는 리스본조약 발효 이전에 CFSP 고위대표의 지위를 차지한다. 동시에 고위대표는 집행위원회 내에서 대외관계담당위원(Commissioner for External Relations)직을 수행하며 집행위원회 부위원장 중의 한 명이 된다.[10)] 유럽대외관계국은 고위대표를 보좌하기 위해 설치되는데 이사회 및 집행위원회의 일반사무국(General Secretariat)의 직원 및 회원국의 외교부에서 파견된 직원들로 조직된다.[11)]

리스본조약에 의한 EU 대외관계법의 체계화는 특히 TFEU에서 좀 더 명확

---

9) *Ibid.*
10) TEU-L 제17조 4항; *Ibid.*, pp. 151-152.
11) TEU-L 제27조 3항.

히 드러난다. 이 조약은 제5부를 신설하였는데, 그 세부 내용은 다음과 같다.

	내 용	해당조문
제1관	EU의 대외적 행동에 관한 일반 규정	제205조
제2관	공동통상정책	제206조-제207조
제3관	제3국과의 협력 및 인도적 지원 제1장 발전협력 제2장 제3국과의 경제·재정 및 기술 협력 제3장 인도적 지원	 제208조-제211조 제212조-제213조 제214조
제4관	제한적 조치	제215조
제5관	국제협정	제216조-제219조
제6관	EU와 국제기구, 제3국 간의 관계 및 EU 사절단	제220조-제221조
제7관	연대조항	제222조

절을 바꾸어 국제법주체로서의 EU에 관한 법적 논의를 살펴보도록 한다.

Ⅲ. 국제법주체·국제적 행위자로서의 EU

27개 회원국으로 구성된 EU는 경제·통상 등 이른바 'low politics'의 분야뿐만 아니라 외교·안보 분야, 즉 'high politics'에서도 적극적인 활동을 지향하고 있다. 이런 점에서 볼 때 EU가 오늘날의 국제사회에서 주요한 국제적 행위자(international actor)로 등장한 것은 분명한데, 문제는 국제법주체이론의 관점에서 EU를 어떻게 파악할 수 있는가이다. 어떠한 실체가 국제적 행위자로 활동한다고 해서 이 실체가 바로 국제법주체로 인정되는 것은 아니다. 리스본조약 발효 이전 시기 EU의 국제법적 주체성에 대해 많은 논의가 있었던 것은 이러한 사정을 반영하며, EU라는 국제적 행위자를 국제법주체로 인정할 경우에도 이를 어떠한 유형의 국제법주체로 파악할 것인지는 리스본조약 체제하에서도 계속 논의의 여지를 남기고 있다. 이 절에서는 먼저 EU라는 독특한 법주체를 일반국제법상 어떠한 범주에 포섭해야 할지의 문제를 고찰하고, 이어 EU의 국제법주체성에 대해 살펴본다.

EU라는 매우 독특한 법주체를 일반국제법상 유형론(typology)에 대해서는 많은 논쟁이 있어 왔다. EU를 국가연합(confederation)으로 파악하는 입장이 있는가 하면, 연방(federation, federal union)으로 보는 견해도 있으며, 국제기구(international organization)로 해석하기도 한다.

1. 국제기구로 파악하는 입장

먼저 EU를 국제기구로 파악하는 견해에 대해 살펴본다. 국제기구 또는 국제조직은 무한한 다양성을 보이고 있지만 일반적으로 "공동의 목적을 달성하기 위한 여러 국가의 결합으로서 보통 조약에 입각하여 창설되며 그 기능을 수행하기 위한 기관(organ)을 가지고 이 기관을 통하여 개개의 구성국의 의사와는 별개의 단체의 의사를 표명하며 단체의 이름으로 행동하는 것"으로 정의되고 있다. 상당수의 학자들은 EC를 국제기구로 범주화하고 있으며, 조약 실행을 보더라도 권한조항 등에서 EC를 "국제기구(international organization)" (1982년 UN해양법협약 제 9 부속서), "지역적 경제통합기구(regional economic integration organization)"(교토의정서 제25조 4항, UN사막화방지협약 제36조 3항) 등의 표현을 사용하고 있다.

이러한 견해와 실행의 타당성 여부는 결국 국제기구를 어떻게 정의하느냐에 달려 있다. 통상적인 국제기구와 EU 간의 중대한 차이는 후자가 "통상적인 협력 및 정책 조정의 목적 이외에도 기존에 국가가 보유하던 주권으로부터 발생하는 권능의 상당 부분을 회원국으로부터 양도(transfer) 받아 권한을 행사"하는 초국가적(supranational) 주체라는 점이다.[12] 국제기구라는 범주는 국가주권의 공동이양(pooling of sovereignty)을 통해 성립된 (부분적으로) 주권적 주체인 EU를 설명하기에는 너무 약하고 부드러운 범주이다.

---

12) 이성덕, "혼합조약(Mixed Agreements)의 조약법상 문제점에 관한 연구," 「국제법학회논총」, 제41권 제 2 호(1997), 124면.

2. 연방으로 파악하는 입장

다음으로 EU를 연방으로 파악하는 입장에 대해 살펴보도록 한다. "지역적인 차원의 통합기구인 세 유럽공동체는 제한된 범위에서나마 연방국가적 원리(federative principle)에 기초하고 있다"는 견해는 널리 공유되고 있다.[13] 특히 연방제적 원리는 유럽사법재판소에 의하여 강력하게 주창되고 있다. 이 재판소는 유럽공동체를 설립하는 조약을 유럽공동체의 "헌법장전(constitutional charter)"이라고까지 부른 바 있다.[14]

전통적인 국제법의 입장은 국가의 권리와 의무에 관한 1933년 몬테비데오 협약(Montevideo Convention on Rights and Duties of States) 제 2 조가 규정하고 있듯이 연방국가 자체만을 국제법의 주체로 파악하고 연방을 구성하는 지방(支邦)의 국제법적 주체성을 부정한다("The federal state shall constitute a sole person in the eyes of international law"). 일부 연방국가의 경우 일정한 요건하에 지방의 조약체결능력을 인정하기도 하지만, 이 경우에도 이들 조약은 연방 자체가 체결하는 조약에 비해 규범적 서열이 낮으며 체결례도 그리 많지 않다. 다만 캐나다와 같이 지방의 수가 많지 않고 또한 퀘벡 문제에서 알 수 있듯이 지방의 권한에 세심한 배려를 해야 하는 국가의 경우에는 연방이 체결하는 조약에 이른바 연방조항(federal clause), 연방 유보(federal reservations), 연방선언(federal declarations) 등의 기제를 통해 연방헌법구조에서 발생하는 문제를 해결하려 하고 있다.[15]

연방국가의 이러한 노력에도 불구하고 일반국제법의 기본적인 입장, 즉

---

13) 김대순, 「국제법론」, 제 4 판, 148면.

14) Case 294/83 *Parti Ecologiste 'Les Verts' v. European Parliament* [1986]. 쇼(Shaw)가 주장하고 있듯이 EC조약 제 5 조 등의 적극적 해석을 통하여 "the Court has constructed a system which comes close to the power conventionally held by the supreme court in a federal system, namely the power to invalidate state legislation which contravenes the federal constitution"하는 단계에까지 이르렀다. Jo Shaw, *Law of the European Union,* 2nd ed.(1996), pp. 18-19.

15) 연방조항의 대표적인 예는 1972년 세계문화유산 및 자연유산 보호에 관한 협약(Convention on the Protection of World Cultural and Natural Heritage) 제34조에서 찾아볼 수 있다. 이 조항을 통해 연방국가에 특유한 문제, 즉 연방과 지방 간의 권한 분배를 해결하려 하고 있다.

국제적인 차원에서는 오로지 연방 자체만이 국제법의 주체이고 연방과 지방 간의 권한 배분은 전적으로 국내적인 문제로서 이는 (국제법의 입장에서 볼 때) 단순한 사실(mere facts)에 불과하다는 견해에는 변화가 없다. 이러한 해석에 따를 경우 연방국가의 경우 조약의 체결·이행 주체는 오직 연방국가이고 연방을 구성하는 지방은 조약을 체결하거나 이행할 수 없게 된다. 아래에서 보다시피 혼합협정이 광범위하게 체결되고 이 조약의 국제법적 타당성이 EU, EU회원국 및 이들과 조약을 체결하는 제 3 국에 의하여 널리 인정되고 있다는 사실은 EU를 연방으로 인정하기 어렵게 만든다. 연방은 EU의 독특한 법구조를 설명하기에는 너무 강한 개념범주인 것이다.

3. 국가연합으로 파악하는 입장

다음으로 국가연합설에 대하여 간략히 고찰한다. 국가연합(confederation, Staatenbund)을 어떻게 개념정의할 것인지는 결코 용이한 문제가 아니다. 전통적인 이론에 의하면 국가연합은 "연방국가의 경우는 연방 자체가 국제법상의 주체이며, … 국가연합의 경우는 국가연합 자체는 국제법의 주체가 아니며 또 국가공동체의 구성원이 되지 못한다"[16]거나 "연방국가는 국제법상 하나의 국가로 간주되지만, 국가연합은 하나의 국가가 아니며 그 구성국들은 여전히 각기 하나의 독립국가로 간주된다"[17]는 점 등에서 연방국가와 구별된다.

사실 국가연합은 한국에서는 낯익은 개념이다. 남북한 통일방안을 둘러싸고 국가연합과 연방 간의 구분에 대해 많은 논의가 있었고, 특히 국가연합과 연방국가 간의 준별이 핵심적인 쟁점이었다. 그럼에도 불구하고 이들 개념의 발생사 및 현대 사회에서의 변천에 대해서는 논의가 부족했던 것이 사실이다. 지금까지는 이들 양 개념을 엄격히 구분하고 또한 단일한(monolithic) 국가연합유형 또한 단일한 연방국가유형이 존재하는 것처럼 논의가 행해져 왔던 것도 사실이다. 일단 기존의 논의에 따르면, 국가연합은 연방과의 비교를 통해 그 개념이 규정되고 있다. 김명기 교수는 양 개념 간의 차이점을 국제법주체

16) 김명기, 「국제법원론(상)」, 168-169면.
17) 김대순, 「국제법론」, 제 4 판, 147면.

성, 결합의 근거, 대내적 통치권, 대외적 통치권, 국가의 국제책임, 병력의 보유, 존속의 안정성 등 7개의 관점에서 논하고 있는데,[18] 이 중 핵심적인 징표는 역시 국제법주체성이라 할 수 있으며 존속의 안정성(다분히 정치학적·사회학적 구분징표)을 제외한 나머지 구분기준은 대체로 국제법주체성에 대하여 파생적인 지위에 있다고 볼 수 있을 것이다.

국가연합설의 장점은 EU를 구성하는 회원국의 주권적 지위를 인정하는 데 있다. EU가 연방제적 요소를 부분적으로 가지고 있고 또한 일부에서는 EC·EU의 연방으로의 전환을 강력히 희망하는 것도 사실이지만, 현 단계에서 EU가 그 회원국의 주권을 모두 흡수하였다고 보는 것은 지나친 견해일 것이다. EU의 급속한 연방화에 대하여 회원국들로부터 상당한 반발이 존재한다는 것은 주지의 사실이다. 1994년 브룬너(*Brunner*) 사건에서 독일연방헌법재판소가 EC를 "주권국가들로 구성된 제한적 '연합' 또는 '결합'(a limited 'confederation' or 'association' of sovereign states('Staatenverbund'))"[19]이라고 판시하여 EC를 국가연합 또는 그에 가까운 것으로 규정한 것도 바로 이러한 배경에서 나왔다.

국가연합설의 문제점은 전통국제법 이론상 국가연합 자신이 국제법의 주체로 등장한 예가 없다는 것이고, 보다 근본적인 문제점은 이 개념의 실정성(positivity)이 약해 과거 역사에 출현하기는 하였지만 현재에는 그 예를 찾기 힘들다는 것이다. 딘스타인(Dinstein) 같은 학자는 오늘날 국가연합은 단지 이론상 존재할 뿐이라고 단언한다. 미국, 독일, 스위스 등 국가연합의 가장 유명한 세 사례는 결국 연방으로 전환하는 중간과정에 불과하였다. 국가연합 창설의 주된 목적, 즉 회원국들에 의한 주권의 유지는 오늘날 국제기구에 의하여 충족되고 있다.[20]

---

18) 김명기, 앞의 책, 168-172면.

19) 상세한 논의에 관해서는 Jo Shaw, *Law of the European Union*, 3rd ed.(Palgrave Macmillan, 2000), p. 64 참조.

20) Yoram Dinstein, *International Law*, vol. 5(1979), §754. Joseph W. Weiler, "The External Legal Relations of Non-Unitary Actors: Mixity and the Federal Principle," in David O'Keefe and Henry G. Schermers, *Mixed Agreements*(Deventer: Kluwer Law and Taxation Publishers, 1983), p. 68에서 재인용. 다만 주의할 점은 국가연합의 실정성이 완전히 사라진 것은 아니라는 점이다. 보스니아-헤르체고비나의 예에서 알 수 있듯이 연방과 국가연합의 성격을 공유하고 있는 국제법주체가 엄연히 존재한다.

이상의 논의를 종합하자면, EU는 통상적인 국제기구와는 구별되고 연방과 국가연합의 성격을 복합적으로 지니고 있는 국제법 실체라고 볼 수 있을 것이다. 기존의 유형론은 EU라는 독특하고 복합적인 성격의 국제법 실체의 특질을 제대로 잡아내기에는 상당히 부족하다. 결국 EU설립조약과 제 2 차 입법, ECJ의 판례법, EU기관들의 관행 등을 종합적으로 고려하여 EU의 실상과 작동방식을 구체적으로 파악할 수밖에 없다.

Ⅳ. EU의 대외적 권한

EU 대외관계법에 관한 논의의 출발점은 먼저 EU 자체가 국제법상의 인격을 지니고 있는가의 문제이다. 리스본조약 발효 이전 시기 TEC 제281조가 "(EC는) 법인격을 보유한다(The Community shall have legal personality)"고 규정하였다. 이어 제282조는 "개별 회원국 내에서 공동체는 이들 회원국의 국내법상 법인에게 부여되는 가장 광범위한 법적 능력을 향유한다. 공동체는 특히 부동산과 동산을 획득 또는 처분할 수 있고 소송의 당사자가 될 수 있다. 이 목적상 위원회가 공동체를 대표한다"고 정하고 있다.[21] TEC 제291조는 EC 자신과 유럽중앙은행 등이 개별 회원국의 영역 내에서 특권과 면제를 향유함을 명정하였다. 리스본조약 발효 이후 TEU-L 제47조를 통해 EU가 법인격을 가

국가연합에 대한 논의는 1991년 구소련의 붕괴 이후 창설된 독립국가연합(Commonwealth of Independent States)의 국제법적 성격을 둘러싸고 치열하게 전개되기도 하였다. 즉, 독립국가연합의 국제법적 범주화와 관련하여 지역적 국제기구(regional international organization)로 보는 견해와 국가연합으로 파악하는 견해가 대립하였다. 국가연합 개념은 독일통일과정에서 일시적으로 등장하기도 하였다. 1989년 베를린 장벽의 갑작스러운 붕괴에 신속히 대처하기 위해 당시 서독의 헬무트 콜 수상이 발표한 10조 강령(Ten-Point Program)에서 국가연합안을 독일문제의 잠정적 해결책으로 제시한 바 있다. 국가연합은 사이프러스 문제, 한국 통일방안과 관련해서도 거론되고 있어 그 실정성을 완전히 부정하고 역사적·이론적 의의만 인정하는 것은 재고의 여지가 있다.

21) 원문은 다음과 같다. "In each of the Member States, the Community shall enjoy the most extensive legal capacity accorded to legal persons under their laws; it may, in particular, acquire or dispose of movable and immovable property and may be a party to legal proceedings. To this end, the Community shall be represented by the Commission."

짐을 규정하였다. 이 조항이 가지는 의미를 리스본조약 발효 이전 시기의 ECJ의 판례법을 통해 간략히 고찰해 보자.

UN헌장에는 UN 자체의 법인격 보유에 대해 아무런 규정이 없었던 데 비해, TEC 제281조는 EC의 법인격 보유를 명시적으로 규정하고 있다. 제282조의 경우에는 UN헌장 제104조, 제291조는 UN헌장 제105조와 유사한 내용을 담고 있다. EC조약 제281조는 EU법 전체에 중요한 의미를 지니고 있는 조항으로서 ECJ는 *Costa* 판결(1964) 등을 통해 제281조를 EC법체계의 독자성과 우월성의 근거로 적극적으로 활용하였다.[22] 제281조, 제282조, 제291조 등의 해석과 관련하여 유의할 점은 이들 조항은 EC의 일반적 법인격과 회원국의 영역 내에서의 법인격을 언급하고 있을 뿐, EC의 국제적 법인격을 규정하고 있는 것은 아니라는 점이다. ECSC와 Euratom설립조약에서 ECSC와 Euratom이 대외관계에서도 법인격을 보유함을 명시적으로 규정하고 있는 것과 대조를 이룬다.[23] ECJ는 *ERTA* 판결을 통해 제281조가 EC에 국제적 법인격을 부여하고 있다고 판시하였는데 이는 1960년대 ECJ를 특징지었던 사법적극주의의 한 단면이라고 볼 수 있을 것이다.[24]

리스본조약 발효 이후 과거 EC를 포함한 EU 전체가 법인격을 가짐을 명시적으로 규정함으로써 EU가 국제적인 차원에서 법인격을 가진다는 점에 별다른 의문을 제기할 수 없다. EU의 대외적 행동은 첫째, 제3국 또는 국제기구 등과 조약의 체결, 둘째, 제3국이나 개인에 대한 제재,[25] 반덤핑 관세의 부과와 같은 통상조치, 일반적인 CFSP상의 조치 등과 같이 국제적인 차원에서 EU가 일방적으로 취하는 행동으로 크게 구분할 수 있다.[26]

22) Paul Craig and Grainne de Burca, *EU Law: Text, Cases and Materials*, 4th ed. (Oxford University Press, 2008), pp. 169-170.

23) ECSC조약 제6조 2항("In international relations, the Community shall enjoy the legal capacity it requires to perform its functions and attain its objectives"); Euratom조약 제101조 1항("The Community may, within th limits of its powers and jurisdiction, enter into obligations by concluding agreements or contracts with a third State, an international organization or a national of a third State").

24) *Ibid.*, p. 170.

25) 이에 관해서는 아래 Ⅶ. 참조.

26) Damian Chalmers, Gareth Davies and Giorgio Monti, *European Union Law*, 2nd ed.(Cambridge: Cambridge University Press, 2010), pp. 632-633.

EU의 대외적 권한은 TEU-L, TFEU 등 설립조약 자체에 의해 명시적으로 부여된 것과 조약, EC 기관의 실행 등에 의해 묵시적으로 추론되는 것으로 나눌 수 있고, 또한 EU의 대외적 권한은 EU가 배타적으로 보유하는 것과 EU 회원국들과 공유하는 것으로 구분할 수 있다. 아래에서는 먼저 EU의 대외적 권한을 명시적·묵시적 권한으로 나누어 살펴보고, 다음으로 절을 바꾸어 EU의 배타적·공유 대외적 권한을 고찰한다. 후자의 고찰과 관련해서는 EU의 독특한 법현상인 혼합협정에 대해 상세한 논의를 행한다.

1. EU의 명시적 대외 권한

이 권한은 다시 조약체결권, 국제적 차원에서 협조를 증진할 권한, 국제기구와 협력할 권한으로 나눌 수 있다.[27] TEU-L과 TFEU는 일방적 제재조치 등에 대해서도 명문의 규정을 두고 있는데 이에 대해서는 절을 바꾸어 별도로 고찰한다.

1) 조약체결권

이미 위에서 언급한 바와 같이 EU는 공동통상정책, 제휴협정 등에 관하여 배타적 조약체결권을 명시적으로 부여받고 있다. 이 이외에도 TFEU에는 EU에 의한 조약체결이 예정된 조항이 산재해 있다. 예를 들어 통화 또는 외환체제(monetary or foreign exchange regime)에 관한 조약(제219조 3항), 연구·기술개발 등의 분야에서 다년도 골격 프로그램(multiannual framework programme)을 실행할 때 국제기구 또는 제 3 국과의 협력을 위한 조약(제186조), 환경 분야에서 제 3 국 및 권한 있는 국제기구와 협력을 위한 조약(제191조 4항) 등의 조항에서는 EU가 관련 국제기구 또는 제 3 국과 조약을 체결할 수 있음을 명시적으로 규정하고 있다.[28]

---

27) 이러한 분류방법은 I. MacLeod, I. D. Hendry and Stephen Hyett, The External Relations of the European Communities(Oxford University Press, 1996), pp. 45-47에서 차용한 것이다.

28) MacLeod, Hendry and Hyett, *op. cit.*, pp. 45-46.

또한 TEU-L 제37조는 CFSP 분야에서 EU가 제 3 국 또는 국제기구와 조약을 체결할 수 있음을 규정하고 있다.

TFEU는 제218조를 비롯한 여러 조항에서 '조약(agreements)'이라는 용어를 사용하고 있지만 그 정의를 제시하지는 않고 있다. ECJ는 1/75의견에서 이 용어가 "그 공식적 명칭에 관계없이 국제법 주체들이 체결하고 법적 구속력을 갖는 모든 합의(any undertaking entered into by entities subject to international law having binding force, whatever its formal designation)"라고 광범위하게 규정하고 있다.[29] 이러한 개념 정의는 국제법상 널리 통용되는 조약의 정의, 특히 1969년 조약법에 관한 비엔나협약상의 그것과 대단히 유사하다. 조약 명칭과 관련하여 일반적으로 사용되는 조약(treaties), 협약(conventions), 선언(declarations), 협정(agreements), 의정서(protocols), 교환각서(exchange of notes) 외에도 EU 틀 내에서는 "understandings, agreed minutes, decisions, acts" 등의 용어가 사용되고 있어 혼란을 가중시키고 있다. 주어진 합의가 국제법상 구속력 있는 조약인지 아니면 법적 구속력을 결여한 정치적 합의에 불과한지를 판정하는 제 1 차적 척도는 당사자의 의도이다.[30]

대외관계에서 조약을 체결한 권한에는 일방적으로 의무를 부담하는 권한도 포함한다. 아울러 EU의 대외적 권한에는 법적 구속력 없는 합의를 채택하는 것도 포함된다.[31] *France v. Commission* 사건에서 당시 EC와 미국간 경쟁법 적용에 관한 독점금지합의와 관련하여 집행위원회가 (조약체결절차를 규정하고 있는) TEC 제300조의 틀 밖에서 다른 국가와 구속력 있는 문서를 채택할 수 없다고 판시하였다.[32] 그러나 협상과정을 통하여 법적 구속력 없는 합의를 채택할 의사를 분명히 한 경우, 법적 구속력이 결여된 방침(Guideline) 등을 채택하는 것은 TEC 제300조(TFEU 제218조)에 대한 위반이 아니다.[33]

29) Opinion 1/75(Understanding on a Local Cost Standard) [1975] *ECR* 1359-1360; Case C-327/91 *France v. Commission* [1994] *ECR* Ⅰ-3641.

30) MacLeod, Hendry and Hyett, *op. cit.*, p. 76.

31) *Ibid.*, p. 46.

32) Case C-327/91 *France v. Commission* [1994] *ECR* Ⅰ-3641; Case C-189/97 *European Parliament v. Council* [1999] *ECR* Ⅰ-4741; Craig and de Burca, *op. cit.*, p. 196.

33) Case C-233/02 *French Republic v. Commission*(Guidelines on Regulatory Co-operation and Transparency Concluded with the USA) [2004] *ECR* Ⅰ-2759; Craig and de

2) 국제적 차원에서 협력을 증진할 권한

교육,[34] 직업훈련,[35] 청년, 문화 및 공중보건의 분야에서 EU와 회원국은 제 3 국 및 권한 있는 국제기구와 협력을 증진하도록 규정되어 있다. 교육 및 문화 분야와 관련해서는 특히 유럽평의회(Council of Europe)와의 협력이 언급되고 있다.

3) 국제기구와 협력할 권한

TFEU조약에 따르면 집행위원회는 UN과 그 전문기구의 기관, 유럽평의회(Council of Europe), 유럽안보협력기구(Organization for Security and Cooperation in Europe), 경제개발협력기구(OECD)와 모든 측면에서 적절한 관계를 유지해야 한다. 집행위원회는 또한 여타 국제기구와도 적절한 관계를 유지해야 한다.[36]

EU와 다른 국제기구 간의 협력관계는 여러 방식으로 설정된다. EU는 다른 국제기구와 조약을 체결하기도 하고, 유럽위원회는 EU와 여타 국제기구 간의 행정적 협력(administrative cooperation)에 관한 약정을 체결하기도 한다. 행정적 협력은 양자의 공통관심사에 대해 협의한다든지, 정보와 문서를 교환한다든지, 공동 작업반(joint working groups)을 설치하는 등의 형태로 진행된다. 행정적 협력은 (집행위원회가 아니라) EU 자신의 명의로 또한 법적 구속력을 보유한 합의의 형태와 언어를 사용하여 체결되는 경우도 있지만, TFEU 제220조하에서 체결된 '행정적 협정(administrative agreements)'은 (EU 전체가 아니라) 집행위원회와 관련 국제기구의 사무국만을 구속하는 합의로 파악하는 것이 타당할 것이다.[37] 국제법상의 용어를 사용하자면 기관간 약정(inter-agency agreement)에 유사한 것이다.

EU는 다른 국제기구와 조약체결, 행정적 협력의 방식 이외에 외교적 관

Burca, *op. cit.*, p. 196.

34) TFEU 제165조 3항.

35) TFEU 제66조 3항.

36) TFEU 제220조.

37) MacLeod, Hendry and Hyett, *op. cit.*, p. 167.

계를 설정하기도 한다. EU의 사절권(*jus legationis*)이라고도 할 수 있는 이 권한을 행사하여 유럽위원회는 UN, 식량농업기구, OECD 등에 대표부(delegations)를 설치하였다. 국제기구들 중에는 브뤼셀에 연락사무소(bureaux de liaison)를 설치한 예가 있지만, 아직까지 공식적으로 EU에 외교대표를 신임·파견한 적은 없다.[38)]

EU는 또한 다른 국가 등과 협력하여 국제기구를 창설할 수도 있고, 다른 국제기구의 회원이나 옵서버가 되기도 한다. 과거 EC가 국제기구의 창설에 참여할 수 있음은 내륙수로 항행선박의 폐선을 위한 기금에 관한 협정초안 사건[39)]에서 명시적으로 인정되었다. EU가 회원으로서 참여하고 있는 국제기구의 대표적인 예로서는 FAO, WTO, 여러 상품협정, 북서태평양어업기구(North-West Atlantic Fisheries Organization)를 비롯한 어업 관련 국제기구, 유럽부흥개발은행(European Bank for Reconstruction and Development) 등을 들 수 있다. UN, ILO, UNCTAD, OECD, 유럽평의회 등에 EU는 옵서버로 참여하고 있다.[40)]

2. EU의 묵시적 대외 권한

이 문제는 특히 EU의 조약체결권한을 중심으로 논의되었다. 즉 설립조약에 명문의 규정이 없는 경우에도 EU의 조약체결권한이 인정될 것인지 또한 인정된다면 그 범위는 어디까지인지를 둘러싸고 상당 기간 논쟁이 전개되었다.[41)] 이 문제(EC의 묵시적 대외적 권한의 인정 여부와 인정 시 그 범위)는 주로 ECJ의 판례법을 통해 그 해결이 시도되었는데, 이에 의하면 공동통상정책 및 제휴협정 이외의 분야에서도 공동체의 대외적 권한이 묵시적으로 인정되지만

38) *Ibid.*, pp. 168-169.

39) Opinion 1/76(Re Draft Agreement for a Laying Up Fund for Inland Waterway Vessels) [1977] *ECR* 741.

40) MacLeod, Hendry and Hyett, pp. 176-207.

41) 이 문제에 대한 상세한 논의에 관해서는 Piet Eeckhout, *External Relations of the European Union: Legal and Constitutional Foundations*(Oxford: Oxford University Press, 2004), ch. 3 참조.

그 구체적 범위에 대해서는 불명확성이 여전히 남아 있었다. 결국 이 문제는 마스트리히트조약 등을 통해 입법적으로 해결되어 이 조약에서는 종전 묵시적으로 인정되거나 그 범위가 불명확하였던 권한을 명시적으로 규정하기에 이르렀다.[42] 실천적으로 볼 때 이 문제는 상당 부분 입법적인 해결을 본 셈인데,[43] 그럼에도 불구하고 리스본조약 발효 이전 시기 이 문제를 둘러싸고 논란이 계속되었다. TFEU는 제216조를 신설하여 다시금 이 문제의 입법적 해결을 시도하였다. 이 조항은 다음과 같이 규정하고 있다.

> "(TEU-L과 TFEU가) 그렇게 규정하고 있거나 또는 조약의 체결이 EU정책의 틀 내에서 (TEU-L과 TFEU에) 규정된 목적 달성에 필요하거나 법적 구속력이 있는 EU 입법에 규정되어 있거나 또는 공동 규칙에 영향을 미치거나 그 범위를 변경할 개연성이 있는 경우, EU는 하나 또는 그 이상의 제 3 국 또는 국제기구와 조약을 체결할 수 있다."[44]

외견상 이 조항에 의해 EU의 조약체결권한에 관한 논쟁이 종식된 듯이 보이지만, 이 규정에 대해서도 비판적 시각이 존재한다. 따라서 EU의 묵시적 대외권한에 관한 판례법의 변천을 살펴보는 것은 EU에 대한 심층적 이해 및 조약상의 관련 규정의 해석과 관련하여 도움이 될 것이다.

이 문제는 UN을 비롯한 일반 국제기구의 묵시적 권한 이론과도 상당한 유사성을 갖는데, EU의 묵시적 권한은 EU 내부에서 입법적 조치 등이 이미 채택된 경우, EU 내부적으로 입법적 권한이 존재하지만 아직 행사되지 않은 경우, 내부적 권한을 부여하는 조약 규정에 대외적 권한이 함축되어 있는 경우 등으로 나누어 살펴볼 수 있다.

---

42) *Ibid.*, p. 48.

43) *Ibid.*, p. 53.

44) "The Union may conclude an agreement with one or more third countries or international organizations where the Treaties so provide or whether the conclusion of an agreement is necessary in order to achieve, within the framework of the Union's policies, one of the objectives referred to in the Treaties, or is provided for in a legally binding Union act or is likely to affect common rules or alter their scope."

이 문제에 관한 EU 판례법은 1971년의 *ERTA*('European Road Transport Agreement'의 약자. 프랑스어 약어를 따라 AETR이라고도 함) 판결을 기점으로 EU의 묵시적 조약체결권한과 그 권한의 배타성을 폭넓게 인정하는 사법적극주의적 입장을 취했지만, 1994년 GATS와 TRIPs에 관한 1/94 의견, 내국민 대우에 대한 OECD 결정에 관한 2/94 의견을 전후하여 EU의 묵시적 대외권한 및 그 배타성에 대한 신중한 접근을 취하고 있다.[45] 이하에서는 먼저 EU에 대해 묵시적 조약체결권한이 인정되는 경우를 고찰하도록 한다.

1) EU 내부에서 입법적 조치 등이 이미 채택된 경우

EU설립조약에서 공동체 자신에게 조약체결권이 명시적으로 부여되지 않았더라도 EU가 내부적 차원에서 입법적 조치 등을 취한 경우에는 EU는 해당 분야에서 대외적 권한을 행사할 수 있다. 이러한 법리는 *ERTA* 사건을 통하여 명확하게 표현되었다. 사건의 배경을 간단히 살펴보면 다음과 같다. EEC의 6개 회원국 중 5개 국가와 다수의 EEC 비회원국이 국제도로운송 종사자의 휴식 등 사회적 측면에 관한 1962년 조약(ERTA)에 서명하였지만, 이 조약은 발효하지 않았고 조약에 대한 협상이 1967년에 재개되었다. 한편 EC 내부에서 같은 주제에 대해 작업이 진행되어 이사회 명령(Council Regulation) 543/69가 채택되었다. 이 규정이 채택된 지 1년 후에 EEC 회원국들과 비회원국들 간에 ERTA에 대한 협상이 종결되었는데, 집행위원회는 이사회에 의한 이 조약체결이 EC조약 제71조(종전 제75조)하의 EC의 권한을 침해한다고 주장하며 ECJ에 이 조약체결의 취소를 구하는 소송을 제기하였다.

ECJ는 이 사건에 대한 판결에서 다음과 같이 판시하였다. "(EC설립)조약이 규정하고 있는 공동정책을 실시하기 위하여 공동체가, 그 형식 여하를 불문하고, 공동규칙(common rules)을 규정한 조항들을 채택할 경우, 회원국들은 단독으로 또는 집단적으로 이들 공동규칙에 영향을 주는 의무를 제 3 국에 대하여 부담할 수 없게 된다."[46] 공동체가 특정 분야에서 내부적 조치를 채택하

---

45) Craig and de Burca, *op. cit.*, p. 179.

46) 영어 원문은 다음과 같다. "Each time the Community, with a view to implementing a common policy envisaged by the Treaty, adopts provisions laying down

면, 이 분야에서 대외적 행동을 취할 권한이 원칙적으로 공동체에 묵시적으로 인정된다는 것이다.[47] 특히 *ERTA* 사건에서와 같이 내부적 조치가 국제조약의 협상·체결 권한을 공동체에 부여하는 경우(이사회 명령 543/69 제 3 조)에는 별다른 의문의 여지가 없을 것이다. 조약체결권한을 공동체에 부여하지 않는다고 하더라도 내부적 조치가 '공동규칙' 또는 공동체 회원국의 국내입법의 조화(harmonization)에 해당하는 경우, 대외적으로 행동할 권한이 공동체에 인정되고 더 나아가 이러한 공동체의 권한은 배타적(exclusive)이다.[48]

2) EU 내부적으로 입법적 권한이 존재하지만 아직 행사되지 않은 경우

ERTA 사건은 EU의 대외적 권한에 관한 명시적 조약규정은 없지만 EU가 내부적 권한에 기초하여 입법적 조치 등을 취한 경우 묵시적으로 대외적 권한을 인정하였다. 이 판결 이후 ECJ는 한 걸음 더 나아가 EU 내부적으로 입법적 권한이 부여되었지만 아직 이 권한이 행사되지 않은 경우에도 EU의 대외적 권한을 묵시적으로 인정하였다. ECJ는 1976년의 *Kramer* 사건에서 EU의 조약체결권한이 설립조약에 명시적 조항이 없는 경우에도 묵시적으로(implicitly) 인정될 수 있음을 명확히 선언하면서, EU 내부적 차원에서 명시적으로 부여된 권한이 묵시적으로 대외적 조약체결권한까지 부여하는 것으로 해석하는 것이 형평 및 실효성의 관념에 부합할 수 있다고 판시하였다.

EU가 내부적으로 입법권한을 행사하지 않은 경우에도 EU에 묵시적 조약체결권한이 인정된다는 법리가 명확하게 지지를 받은 것은 내륙수로 항행선박의 폐선을 위한 기금에 관한 협정초안 사건에서였다. 이 사건은 라인강과 모젤강에서 항행하는 상품운송선의 수가 너무 많아 이를 폐선(laying-up, 불어로는 'immobilisation')하기 위한 기금의 설립에 관한 것이었다. 문제는 비회원국인 스위스의 선박들이 이 강들을 사용하였기 때문에 필연적으로 비회원국과

---

common rules, whatever forms these may take, the Member States no longer have the right, acting individually or even collectively, to undertake obligations with third countries which affect those rules." Case 22/70 *Commission v. Council* [1970] *ECR* 263 para. 17.

47) MacLeod, Hendry and Hyett, *op. cit.*, p. 49.

48) *Ibid.*

의 조약이 체결되어야만 했다는 것이다. 이와 같이 특정한 목적을 달성하기 위해 EU설립조약이 EU에 내부적 권한을 부여하고 또한 EU에 의한 국제조약에의 참여가 당해 목적 달성을 위해 필수적인('necessary for the attainment of one of the objectives of the Community')[49] 경우, 비록 이 내부적 권한이 입법적 차원 등에서 행사되지 않았다 하더라도 EU에 대해 당해 분야에서의 대외적 권한이 인정된다고 ECJ는 판시하였다.[50]

이 사건은 이른바 '평행성의 원칙(principle of parallelism)'을 천명한 것으로 널리 해석되었다. 이 원칙에 따르면 EU의 대외적 권한은 그 대내적 권한과 범위가 같거나 또는 평행적(co-extensive or parallel)이어야 한다.[51] 그러나 ECJ는 1990년대의 일련의 판결을 통해 평행성의 원칙의 적용범위를 제한적으로 해석하였다. ECJ는 WTO 틀 내의 GATS에 관련된 사건에 대한 의견을 통해 EC가 내부적 입법조치를 미리 취하지 않더라도 그 대외적 권한이 배타적으로 인정될 수 있음을 다시금 인정하였다. 그러나 이러한 법리는 라인강 항행(*Rhine Navigation*) 사건과 같이 제 3 국(당해 사건에서는 스위스)이 관여되어 있기 때문에 EC 내부에만 적용되는 규정 또는 지침만 가지고는 (달리 말해 제 3 국도 구속하는 국제조약의 체결 없이는) 당해 분야에서의 EC의 목적을 달성할 수 없는 경우에만 한정되어 적용된다고 판시하였다.[52] 이와 같은 사정이 EC 조약에서 규정하고 있는 서비스 분야에는 존재하지 않기 때문에 ECJ는 1/94 의견을 통해 GATS의 협상·체결과 관련하여 EC가 배타적 권한을 가져야 한다는 집행위원회의 의견을 배척하였다.

---

49) Opinion 1/76(Re Draft Agreement for a Laying Up Fund for Inland Waterway Vessels) [1977] *ECR* 741 para. 4.

50) Craig and de Burca, *op. cit.*, p. 176.

51) MacLeod, Hendry and Hyett, *op. cit.*, p. 51.

52) *Ibid.*, p. 53. 이와 같이 제한적인 해석은 C-476/98 *Commission v. Germany* (Open Skies) [2002] 사건에서 재확인되었다("where the internal competence may be effectively exercised only at the same time as the external competence(Opinion 1/94, para. 89), the conclusion of the international agreement thus being necessary in order to attain objectives of the Treaty, that cannot be attained by establishing autonomous rules," para. 83).

3) 내부적 권한을 부여하는 조약 규정에 대외적 권한이 함축되어 있는 경우

EU조약상의 일부 조항은 비록 EU 내부의 문제에 대해서만 언급하고 있지만 사항의 성질상 이 내부적 권한의 행사가 없었어도 당연히 공동체에 대외적 권한이 인정되어야 한다. *Kramer* 사건이 대표적인 예인데, 이 사건에서는 EU의 공동어업정책(common fisheries policy)이 문제되었다. 해양생물자원의 보존 등에 관해서는 EU회원국만이 아니라 제 3 국의 참여가 있어야만 당해 분야에서의 EC의 목적을 달성할 수 있음은 자명하다. 비록 EU설립조약에서 공동어업정책과 관련하여 내부적 조치만 언급하고 있다하더라도 이 정책의 목적을 달성하기 위해서는 EU차원에서 제 3 국 등과 조약을 체결할 필요성을 쉽게 인정될 수 있는 것이다. 유사한 필요성이 EU의 경쟁 분야에서도 인정될 수 있다.[53] 이 판결은 결국 대외적 조약체결권한이 EU의 내부적 권한을 보충하는 것으로 보았기 때문에 '보충성의 원칙(principle of complementarity)'을 선언한 것으로 해석된다.[54]

지금까지 EU의 대외적 권한이 명시적으로 또한 묵시적으로 부여되는 경우를 살펴보았다. 문제의 핵심은 결국 묵시적 권한이 어떠한 경우에 어느 정도로 인정되는가 하는 것이다. ECJ의 판례법은 1970년 초부터 1990년대 초까지 사법적극적인 입장을 취했지만, 1992년 6월 TEU에 대한 덴마크의 비준부결을 전환점으로 전면화된 EU의 급속한 통합에 대한 회의적 입장은 우리가 다루고 있는 문제에도 상당한 영향을 끼쳤다. 그 결과 대외관계에서 EU의 묵시적 권한과 그 배타성을 제한적으로 해석하려는 경향이 뚜렷해졌다.

---

53) *Ibid.*

54) Alan Dashwood and Joni Heliskoski, "The Classic Authorities Revisited," in Alan Dashwood and Christophe Hillion(eds.), *The General Law of E.C. International Relations*(London: Sweet & Maxwell, 2000), pp. 9-11.

V. 대외관계에서 EU와 회원국 간의 권한 분배

앞의 절에서 EU의 대외적 권한이 인정·부여되는 근거에 대하여 살펴보았다. EU의 임무확대(mission creep)와 더불어 그 대외적 권한도 점차 확대되었으며 그에 대한 반발로 EC·EU의 묵시적 대외권한이 인정되는 범위를 제한하려는 경향이 명확해졌음을 살펴보았다.

이 절에서는 대외관계에서 EU와 회원국 간의 권한 분배 또는 관할권에 대해서 알아보도록 한다. 위에서도 지적한 바와 같이 EU법의 우위의 원칙이 관철되는 범위 내에서는 EU는 연방국가와 유사한 특성을 띤다. 연방제 국가에서 항상 발생하는 어려운 문제가 연방 자체와 지방(支邦) 간의 관할권 분배이다. EU와 연방제 국가 간의 유사성에 착목한 두 제도 간의 비교연구도 어렵지 않게 볼 수 있다. 연방제 국가에서와 마찬가지로 EU의 경우에도 EU에 배타적으로 전속하는 권한, EU와 회원국이 공유하는 권한, 회원국에 전속하는 권한으로 3분할 수 있다. 문제는 이들 세 부류 간의 경계선이 분명치 않다는 데 있다. 독일 기본법과 같이 명문의 규정을 통해 이 문제의 해결을 시도하는 경우에도 관련 조항의 해석과 관련하여 상당한 논란이 발생한다. 리스본조약 발효 이전에 EU는 이 문제에 대해 별다른 규정을 두지 않고 단지 ECJ의 판례법, 관련 EU기관의 실행 등에 기초하여 해결하였는데 상당한 어려움이 있었음은 어렵잖게 짐작할 수 있다. 2009년 12월 발효한 TFEU 제 1 부 제 1 관에서는 EU와 회원국 간의 관할권의 경계에 관한 규정을 두고 있는데, 이는 EC 시절에 비해 진일보한 것으로 평가될 수 있다. 이하에서는 이 문제를 대외관계에 초점을 맞춰 살펴본다.

1. EU의 배타적 대외 권한

특정 분야에서 EU의 대외적 권한이 인정된다고 하여 바로 EU에 배타적·전속적 권한이 부여됨을 의미하는 것은 아니다. 전자의 문제는 EU권한의 존재 여부(existence), 후자는 (그 존재가 인정된) EU권한의 배타성 여부(nature)로 나누어 고찰하기도 한다. 예를 들어 설명하자면, *Kramer* 사건과 같이 공동어업정책과 관련된 사항에 대한 EU의 권한은 배타적이지만, 1/94 의견과 같이 GATS에 대해서는 EC의 대외적 권한이 인정되지만 이는 EU의 전속적 권한이 아니라 회원국과 함께 공유하는 권한(shared powers)이다.

이 두 문제, 즉 EU의 대외적 권한 인정 여부와 그 권한의 배타성 여부는 개념적으로 명확히 구분되는 것이지만, EU의 판례법과 실행을 살펴보면 한때 두 문제가 상당 부분 겹쳤음을 알 수 있다. ECJ의 사법적극주의가 강하게 작동했던 초기 판례법에 따르면 특정 분야에 EC의 대외적 권한이 인정된다는 사실로부터 바로 EU의 배타적 권한이 인정되곤 하였다. 이와 더불어 '선취의 법리(doctrine of preemption)'가 개발되었는데, 이에 따르면 일단 EC가 대내적 또는 대외적으로 권한을 행사하면 그 분야는 EC에 의해 '선점'되고 개별 회원국은 이 분야에서 권한 행사가 차단되었다.[55] 1990년대의 일련의 판결 이후 ECJ는 선취의 법리로부터 상당한 거리를 두기 시작하였고 이제는 대외적 분야에 있어 EU와 회원국 간의 권한의 공유가 규범으로 자리잡았다.[56] 그러면 EU의 배타적 권한이 인정되는 경우를 먼저 살펴보도록 한다. ECJ의 관련 판례에 따르면 EU의 대외적 권한의 배타성 여부의 판단기준은 EC설립조약의 규정에만 국한되지 않고 '이들 규정의 적용을 위해 EU기관들이 채택한 조치들의 범위'들도 고려해야 한다.[57]

1) EU설립조약상의 조항으로부터 배타성이 도출되는 경우

ECJ는 EU설립조약상 공동체가 공동통상정책, 공동어업정책과 관련하여 배타성을 보유한다고 판시한 바 있다. 경쟁정책 분야에서도 EU가 대외적 권한을 배타적으로 보유한다고 해석하는 것이 타당할 것이다.[58]

---

55) 이에 대한 비판적 견해로는 Dashwood and Heliskoski, *op. cit.*, p. 6.
56) Craig and de Burca, *op. cit.*, pp. 176-177.
57) Opinion 2/91, para. 9.
58) MacLeod, Hendry and Hyett, *op. cit.*, pp. 56-57.

2) EU기관들이 채택한 조치의 범위로부터 배타성이 도출되는 경우

EU설립조약에 규정된 분야에서 EU가 내부적 조치를 취할 뿐만 아니라 이 내부적 조치가 EC의 '공동규칙(common rules)'을 설정하는 경우, 이 분야에서 EU의 권한은 배타적으로 되며 개별 회원국은 이 공동규칙에 영향을 줄 수 있는 조치를 취할 수 없다. 이것이 이미 살펴본 'ERTA 원칙'이다. 이 원칙은 EU법의 근본원칙인 '회원국의 국내법에 대한 EU법의 우위성의 원칙'의 적용에 불과하다. 만약 개별 회원국들이 EU의 공동규칙에 위배되는 국제조약을 체결함으로써 EU법의 규제를 회피할 수 있다면, EU의 내부적 법질서는 유지될 수 없을 것이다.[59)]

다만 ERTA 원칙의 구체적 적용범위와 관련해서는 논란의 여지가 있는데 이 문제에 대한 일반적인 기준은 다음과 같다. EU의 내부적 조치가 특정 주제 또는 분야를 빈틈없이 완전하게 규율하였을 때는 당연히 EU에 대해 배타적 권한이 인정된다. 내부적 조치가 관련 주제 또는 분야를 (완전히는 아니지만) 대부분 규율하고 있어 개별 회원국의 독자적 조치가 공동체의 내부적 규칙을 해할 우려가 있을 경우에도 EU에 배타적 권한이 인정된다. 이러한 해석을 뒤집어서 보면, 특정 분야에 EU의 입법조치가 있다고 해서 그 사실만으로 EU의 배타적 권한이 인정되는 것은 아니다. 예를 들어 1/94 의견에서 지식재산권과 관련하여 ECJ는 이 분야에 EU의 입법이 있음에도 불구하고 개별 회원국의 권한이 병존할 수 있다고 판시하였다. 또한 EU의 관련 입법이 '최소한의 기준(minimum requirements)'을 규정하고 있는 경우 개별 회원국은 이 기준보다 더 높은 기준을 설정하는 국제조약을 체결할 수 있다.[60)]

3) 대외적 권한이 내부적 입법조치의 명시적 권한 부여로부터 도출되는 경우

금융서비스, 공공조달(public procurement) 등의 분야에서 EU가 채택한 조치들은 제3국과 조약을 체결할 권한을 EU에 부여하는 경우가 많다. 1/94 의견에 따르면, "EC가 그 내부적 입법조치에 비회원국 국민의 처우에 관련된

59) *Ibid.*, pp. 58, 60.

60) Opinion 2/91, paras. 20, 21.

조항을 포함하거나 또는 그 기관에 비회원국과 협상할 권한을 명시적으로 부여한 경우, EC는 이들 입법조치에 의해 규율되는 분야에서 배타적 대외적 권한을 획득한다."[61] 이와 같이 광범위한 취지의 판결에도 불구하고 (위 의견이 상정하고 있는 경우에) EU가 개별 회원국의 권한을 배제하고 진정으로 배타적 대외적 권한을 확보하는지는 설립조약의 관련 조항과 개별 입법조치의 취지, 조항들을 면밀히 분석한 후 판단하여야 한다.[62]

4) 내부적 권한이 동시에 대외적 권한과 결합되어야만 실효적으로 행사될 수 있는 경우

특정한 목적을 달성하기 위해 EU설립조약이 EU에 내부적 권한을 부여하고 또한 EU에 의한 국제조약에의 참여가 당해 목적 달성을 위해 필수적이라면, 비록 이 내부적 권한이 입법적 차원 등에서 행사되지 않았다 하더라도 EU에 대해 당해 분야에서의 대외적 권한이 인정됨은 위에서 이미 살펴보았다. 이러한 경우 EU에 대해서 인정되는 대외적 권한은 배타적으로 행사된다.

TFEU는 216조에서 EU의 조약체결권한에 관해 규정하였을 뿐만 아니라 제 3 조 2항에서는 EU가 배타적 조약체결권한을 갖는 경우를 규정하고 있다. 이는 그동안의 판례법을 정리한 것으로 "조약체결이 EU입법에서 규정되거나 EU가 그 내부적 권한을 행사하기 위해 필요하거나 또는 그 체결이 공동 규칙에 영향을 미치거나 그 범위를 변경할 개연성이 있을 때"는 EU가 조약체결에 대한 배타적인 권한을 가짐을 명정하고 있다. 이들 조항을 보면 위에서 언급한 EU의 조약체결권한에 대한 복잡한 논의가 상당 부분 정리되었음을 알 수 있다. 다만 이들 조항의 해석과 관련해서 일정 부분 추상성과 불명확성은 여전히 남아 있고, 또한 이들 조항이 기존의 판례법과 실행의 틀을 넘어선 것

61) 영어원문은 다음과 같다. "Whenever the Community has included in its internal legislative acts provisions relating to the treatment of nationals of non-member countries, it acquires exclusive external competence in the spheres covered by those acts." Opinion 1/94, para. 95; MacLeod, Hendry and Hyett, *op. cit.*, p. 60.

62) *Ibid.*

이 아닌가 하는 의문도 제기되고 있다.[63)]

2. EU와 회원국 간에 공유된 대외 권한 — 혼합협정을 중심으로

위에서도 언급한 바와 같이 EU와 회원국 간의 권한 분배와 관련하여 초기에는 선취의 법리에 의해 EU가 대내외적으로 특정 분야에서 일단 권한을 행사하면 그 분야는 EU에 의해 배타적으로 '선점'된다는 견해가 강했지만, 1990년대 이후 EU에 의한 권한의 배타적 독점이 아니라 EC 및 회원국에 의한 권한의 공유가 점차 일반원칙으로서 수용되고 있다. ECJ의 판례법에 따르면 EU 및 회원국 간에 관할권의 공유가 인정되는 경우는 다음과 같다.[64)]

첫째, 개발협력(development cooperation)과 같이 EU설립조약상 EU와 회원국의 권한 공유가 예정되어 있는 경우가 있다. 둘째, ERTA 원칙을 반대해석하면, EU가 내부적 입법조치를 통해 특정 분야에서 공동규칙을 설정할 권한이 있음에도(즉 그 분야에서 배타적 대외적 권한을 획득할 수 있는데도) 아직 그러한 입법조치를 취하지 않은 경우에도 권한은 공유된다. 셋째, 특정 조약이 EU의 배타적 권한에 속하는 사항과 회원국의 배타적 권한에 속하는 사항을 함께 규율하는 경우가 있다. 넷째, EU의 대외적 권한이 최소기준을 정하는 내부 규칙으로부터 도출되는 경우에도 권한은 공유된다. 이 경우 최소기준 내에서는 EU가 배타적 권한을 갖지만 회원국들은 제3국과 이 기준을 상회하는 합의를 체결할 수 있기 때문이다. 다섯째, 지식재산권과 같이 EU권한과 회원국의 권한이 실질적으로 평행하게 존재하는 경우 권한의 공유를 인정할 수 있다.

EU와 회원국간 권한의 공유와 관련하여 논의되어야 하는 EU에 독특한 제도가 혼합협정이다. 혼합협정에 대해서는 다양한 정의가 존재하지만, 핵심적인 개념징표는 EU와 EU회원국이 조약이 규율하고 있는 사항(subject-matter)에 대해 권한을 공유하기 때문에 양자가 함께 조약에 참여한다는 사실이다.[65)]

---

63) Wouters, Coppens and De Meester, *op. cit.*, p. 167.

64) *Ibid.*, pp. 63-66.

65) 혼합협정에 대한 상세한 논의에 관해서는 Delano Verwey, *The European Community,*

혼합협정의 유형론에 대해 상세히 논하였던 Schermers에 따르면 혼합협정은 '국제기구와 회원국의 전부 또는 일부가 일방당사자가 되고 하나 또는 복수의 제 3 국이 타방당사자가 되는데, 국제기구나 회원국이 개별적으로는 완전한 집행 권한을 보유하지 않는 조약'으로 정의된다.[66)]

혼합협정은 다양한 기준에 따라 구분된다. 어떤 학자들은 형식적 의미의 혼합협정과 실질적 의미의 혼합협정을 구분하여, 전자는 "조약의 관할사항에 대하여서는 전혀 고려함이 없이 혼합협정으로 체결되는 조약에 회원국뿐만 아니라 그들이 설립한 국제기구가 조약의 당사자가 되"는 경우로, 후자를 "국제기구와 그 회원국의 전부 또는 일부가 조약의 당사자가 되는 경우에 있어 그들 전부가 한 당사자가 되어 조약상의 권리 의무를 각자 자기의 권한에 따라 분담하는 경우만을" 의미하는 것으로 규정한다.[67)]

국제기구 이외에 그 회원국의 전부가 일방당사자로서 조약에 참여하는 경우를 "완전 혼합협정"(complete mixed agreements)으로, 그 회원국의 일부만이 일방당사자로서 조약에 참여하는 경우를 "불완전 혼합협정"(incomplete mixed agreements)으로 구분하기도 한다.[68)]

매우 정교한 혼합협정의 유형론(typology)을 제시하고 있는 로사스(Rosas)의 이론을 고찰해 보자.[69)] 그에 따르면 먼저 평행적 권한(parallel competence)

---

the European Union and the International Law of Treaties(The Hague: T.M.C. Asser Press, 2004), ch. 4 참조.

66) Henry G. Shermers, "A Typology of Mixed Agreements," in David O'Keefe and Henry G. Schermers, *Mixed Agreements*(Deventer: Kluwer Law and Taxation Publishers, 1983), pp. 25-26. 영어원문은 다음과 같다. 'any treaty to which an international organization, some or all of its Member States and one or more third States are parties and for the execution of which neither the organization nor its Member States have full competence.' MacLeod 등도 유사하게 'an agreement to which one or more of the Communities and the Member States are, or may become, parties, and which contains provisions some elements of which fall within Community competence, and some of which fall within the competence of the Member States'라고 정의하고 있다. MacLeod, Hendry and Hyett, *op. cit.*, p. 143.

67) 이성덕, 앞의 논문, 125면.

68) Allan Rosas, "Mixed Union — Mixed Agreements," in Martti Koskenniemi(ed.), *International Law Aspects of the European Union*(Kluwer Law International), p. 133.

69) *Ibid.*, pp. 128-132.

과 공유적 권한(shared competence)을 구분할 필요가 있다. 전자는 EU가 그 회원국들을 포함한 여타 체약당사자와 전적으로 동일한 자격에서 특정 조약에 참여하는 경우를 지칭하며, 이 경우 EU의 조약참여가 당해 조약에 참여하는 EU회원국들의 권리·의무에 직접적인 영향을 끼치지 않는다. 유럽부흥개발은행 설립협정(Agreement establishing the European Bank for Reconstruction and Development)과 같이 협정에의 참여가 국가들뿐만이 아니라 EU에도 개방되어 있는 조약이 평행적 권한의 적절한 예일 것이다.[70)]

공유적 권한은 주어진 조약에 규정된 권리·의무가 EU와 EU회원국에 분속(分屬)되는 경우인데 이는 다시 "공존적(coexistent)" 권한과 "경합적(concurrent)" 권한으로 구분될 수 있다. 전자, 즉 공존적 권한은 다시 수평적(horizontal) 공존적 권한과 수직적(vertical) 공존적 권한으로 나눌 수 있다. 특정 조약이 한 장(chapter)에서는 상품교역(EU의 권한에 속함)을 다루고, 다른 장에서는 군사방위 문제(EU회원국의 권한에 속함)를 다루는 경우와 같이, 실질적으로 두 개의 조약이 단일한 문서에 포함되어 있는 경우가 공존적 권한에 기초한 혼합협정이다. 수직적(vertical) 권한의 배분은 EU가 조약의 실체적 내용의 주된 부분에 대해 합의할 권한을 가지고 있는데, 이 실체적 조항들의 이행을 위해 EU회원국들의 조약 참여가 필요한 경우에 이루어진다. 1/78 판결이 다루었던 국제원자력기구의 핵물질의 물리적 보호에 관한 협약(IAEA Convention on the Physical Protection of Nuclear Material)의 경우, 당해 협약이 규정하고 있는 형벌적 제재, 범죄인인도 등의 사항에 관해서는 EU회원국의 조약참여가 필수적이었다. 다만 주어진 조약에의 EU회원국의 참여가 단지 "보조적(ancillary)"인 데 그칠 경우에는 혼합협정이 아니라 EU 단독조약("공동체조약"으로 불림)의 형태로 체결되어야 한다. 실제에 있어 수직적 권한의 배분이 이루어져 당해 조약이 혼합협정의 형태를 취해야 할 경우와 회원국의 참여가 보조적인 데 불과하여 EU 단독조약으로 체결되어야 하는 경우를 구분하기가 반드시 쉽지는 않을 것이다.

어떤 조약이 EU의 배타적 권한에 속하지 않고 또한 조약의 실체적 내용을 각각 EU 및 EU회원국의 권한으로 구분할 수 없는 경우, 즉 "진정으로

---

70) *Ibid.*, p. 129.

(EU와 EU회원국에) 공유되는 권한(truly shared competences)"의 경우를 가리켜 "경합적(concurrent)" 권한이라고 지칭한다. EU조약을 보면, 경제·통화정책에 관한 협정, 환경협정, 개발협력에 관한 협정의 경우 EU만이 아니라 EU회원국도 협상을 전개하고 조약을 체결할 수 있도록 하고 있다.

혼합협정에 대해서는 다양한 평가가 가능하다. EU의 권한 확대·강화를 통해 진정한 연방의 달성을 지향하는 사람들의 입장에서 보면, 혼합협정은 유럽통합의 측면에서 일종의 후퇴(a retrogression in terms of European integration)[71]로 파악될 수 있다. 뿐만 아니라 조약관계를 복잡하게 만들고 조약의 협상, 체결, 이행 등의 제 단계에서 불확실성을 야기한다.

다른 각도에서 보면, 혼합협정은 "공동체조약 아니면 회원국조약"이라는 양자택일적인 해결방법을 지양하고 EU의 현실에 즉응한 절충책일 수도 있다. 혼합협정을 연방국가의 조약법 및 실행(특히 연방과 지방(支邦) 간의 조약체결권한 배분)과 정밀하게 비교·분석한 후 와일러(Weiler)는 혼합협정이 '(EC와 같은) 비단일제 실체에 의한 대외적 법률관계의 운영을 위한 추가적 선택지(an additional option for the conduct of external legal relations by non-unitary entities)를 제공하는 것'으로 적극적으로 평가하고 있다.[72] 혼합협정이 이론적으로 상당한 문제를 야기하는 것은 사실이지만, 실제에 있어 EU와 회원국들은 다양한 국제조약에 실효적으로 또한 성공적으로 함께 참여하고 있음을 기억해야 할 것이다.[73]

Ⅵ. EU의 조약체결절차

리스본조약 발효 이전에는 EC 기둥하에서 체결되는 경우 TEC 제300조상의 절차를 따랐고, 다른 기둥(제 2 및 제 3)하에서 조약체결 시에는 구 TEU 제

71) Weiler, *op. cit.*, p. 82.

72) *Ibid.*, p. 83. 대시우드 역시 유사한 평가를 내리고 있다. Allan Dashwood, "Opinion 2/00, Cartagena Protocol on Biosafety," 39 *Common Market Law Review*(2002), pp. 367-368.

73) MacLeod, Hendry and Hyett, *op. cit.*, p. 144.

24조상의 절차를 따랐는데, 리스본조약하에서는 TFEU 제218조상의 절차로 통합되었음에 유의할 필요가 있다. 제219조는 EU의 통화정책에 관련된 조약 체결에 대한 특칙을 정하고 있는데, 이에 대한 상세한 고찰은 생략하고 제218조에 규정된 절차를 고찰하도록 한다.

제218조 1항에 따르면, 제207조(공동통상정책에 따른 조약체결절차)의 규정 내용을 해함이 없이 EU와 제 3 국 또는 국제기구 간의 조약은 제218조 2항 이하에 규정된 절차에 따라 교섭·체결되어야 한다. 제218조에 따르면 이사회가 협상개시를 허가하고, 협상지침을 채택하며, 조약서명을 허가하고 조약 자체를 체결한다(2항). 조약체결절차는 위원회(조약이 배타적 또는 일차적으로 CFSP에 관련된 경우에는 외교안보정책 고위대표)가 이사회에 권고를 행함으로써 개시된다. EU 단독협상관 또는 협상팀 대표는 이사회가 임명한다(3항). 또한 이사회는 협상수행자에게 지침을 주고 협상팀과 협의를 수행할 특별위원회(special committee)를 임명할 수 있다(4항). 이사회는 협상수행자의 제안에 기초해 조약서명을 허가하고 필요할 경우 당해 조약의 발효 이전에 잠정적용을 허가한다(5항).

이사회는 협상수행자의 제안에 기초해 조약을 체결하는 결정을 채택한다. 조약이 전적으로 CFSP에 관한 것인 경우를 제외하고는 이사회는 다음과 같은 절차를 따른다. 첫째, ① 제휴협정, ② EU에 의한 유럽인권협약 가입에 관한 조약, ③ 협력절차를 조직하여 특정한 조직적 골격(즉, 국제기구)을 수립하는 조약, ④ EU에 대해 중대한 예산적 부담을 지우는 조약, ⑤ 통상적 입법절차가 적용되는 분야를 규율하거나 유럽의회의 동의가 요구되는 특별입법절차가 적용되는 분야를 규율하는 조약에 관해서는 유럽의회의 동의를 얻은 후에 조약체결에 관한 결정을 채택해야 한다. 기타의 경우에는 단지 유럽의회와 협의만 행하면 된다(6항).

조약체결에 관한 이사회의 의사결정은 특정다수결에 의한다. 다만, EU조치의 채택을 위해 전원일치가 요구되는 분야를 규율하는 조약, 제휴협정, 제 3 국과의 경제·재정 및 기술협력에 관한 제212조상의 조약, EU에 의한 유럽인권협약 가입을 위한 조약의 경우에는 전원일치가 요구된다(8항). 이사회가 그 의장(President)으로 하여금 EU의 기속에 대한 동의 의사를 표명하게 하는 것이 일반적이지만, 집행위원회의 위원 또는 기타 집행위원회나 이사회의 간부로 하여금 이 의사를 표시하게 하더라도 무방하다.[74] EU가 체결하는 조약도 서명만으로써 국제협정의 기속력에 대한 동의 의사가 표시되는 약식조약과 이 의사가 유럽 의회의 관여(협의 또는 동의)를 통해서 표시되는 정식조약으로 구분할 수 있다.[75]

다음으로 조약체결에 대한 유럽의회의 역할에 대해 살펴보도록 한다. EC를 창설한 로마조약은 조약체결과 관련하여 유럽의회에 매우 제한적인 권리만을 인정하고 있었다. 즉 제휴협정(EC조약 제310조)의 체결 시 의회의 동의를 얻도록 하고 있었을 뿐, 기타 조약의 체결과 관련하여 의회의 관여권한을 인정하지 않았다. 로마조약 발효 후 의회는 조약체결에 대한 자신의 권한을 요구하였고 다른 기관들이 이를 수용하여 이른바 '룬스-베스터테르프 절차(Luns-Westerterp Procedure)' 등을 통하여 의회의 협의권한 등이 비공식적으로 인정되기에 이르렀다. 조약체결에의 의회의 관여권한은 유럽통합조약을 통해 드디어 명시적으로 인정되었고 EC조약 제300조상의 절차도 이 조약을 통해 구체적으로 규정되었다.[76]

리스본조약하에서 유럽의회의 권한이 강화되어 의회는 조약체결의 "모든 단계에서 즉각적으로 또한 충분히 정보를 제공받아야 한다(shall be immediately and fully informed at all stages of the procedure)."[77] 더 중요한 것은 리스본조약하에서 공동통상정책 분야의 조약체결에 유럽의회의 동의가 필요하게 되었다는 사실이다.[78]

EU가 체결하는 조약은 그 기원을 EU법질서의 밖에 두고 있고 또한 부분적으로는 비회원국의 행위라는 점에 비추어 볼 때 'EU법상 비정상적인 법원(an anomalous source of Community law)'으로 볼 수도 있다. 그럼에도 불구하고 EU재판소가 반복적으로 확인하고 있다시피 EU가 체결하는 국제조약은 'EU법의 불가분의 구성부분(an integral part of Community law)'이다.[79] 따라서

74) MacLeod, Hendry and Hyett, *op. cit.*, p. 92.
75) *Ibid.*, pp. 92-93.
76) *Ibid.*, pp. 98-100.
77) TFEU 제218조 10항.
78) Wouters, Coppens and De Meester, *op. cit.*, p. 185.
79) Hartley, *op. cit.*, p. 158.

조약체결이라는 우회적 방식을 통해 기존의 EU법질서가 영향 받을 가능성이 존재한다. 이러한 가능성 때문에 TFEU 제218조 11항에서 "회원국, 유럽의회, 이사회 또는 집행위원회는 체결이 예정된 협정이 이 조약의 규정과의 양립가능성(compatibility)에 관해 사법재판소의 의견을 구할 수 있다. 사법재판소의 의견이 부정적일 경우, 당해 협정이 개정되거나 (TEU-L 및 TFEU가) 개정되지 않는 한 이 협정은 발효할 수 없다"고 규정하고 있다. 실제로 이 조항의 적용범위는 상당히 넓어 관련 국제조약이 내용적·실체적으로 EU설립조약과 양립가능한지의 여부만이 아니라, EU 또는 EU기관이 조약을 체결할 권한이 있는지, 있다고 하더라도 이 권한이 EC조약에 따라 행사되었는지 등의 절차적 문제도 사법재판소의 심사 대상이 된다.[80]

Ⅶ. 조약의 EU 내 법적 효력 및 지위

EU가 체결한 조약의 법적 효력 문제는 다음의 두 각도에서 살펴볼 수 있다. 첫째, 이 조약의 국제적 차원의 효력으로서 이는 '약속은 지켜져야 한다(*pacta sunt servanda*)'는 원칙으로 집약될 수 있다. 둘째, 이 국제조약의 EU법질서 내의 지위로서 이미 위에서 언급한 바와 같이 EU가 체결한 국제조약은 EU법의 불가분의 부분을 구성한다.[81]

TFEU 제216조 2항은 "EU에 의해 체결된 협정은 공동체기관과 회원국을 구속한다"고 규정하고 있다.[82] 주지하다시피 EU 자체는 법인격을 보유하고 있지만 공동체의 기관, 예를 들어 이사회나 집행위원회는 독자적인 법인격을 결여하고 있다. 따라서 국제조약이 공동체기관을 구속한다는 규정은 EU법상

---

80) MacLeod, Hendry and Hyett, *op. cit.*, pp. 111-112.

81) Case 181/73 *Haegeman* [1974] *ECR* 449, para. 5; Opinion 1/91(EEA Agreement I) [1991] *ECR* 6079, para. 37; Craig and de Burca, *op. cit.*, p. 202; MacLeod, Hendry and Hyett, *op. cit.*, p. 122.

82) 영어원문은 다음과 같다. "Agreements concluded under the conditions set out in this Article shall be binding on the institutions of the Community and on Member States."

의 규칙(공동체 목적 달성을 위해 충실히 협력할 공동체기관의 의무를 표현하는)으로 파악하는 것이 타당할 것이다.[83)]

제216조 2항에 따르면 EU가 체결한 조약은 회원국에 대해서도 구속력을 보유한다. 이는 EU가 단독으로 체결한 조약의 경우에도 타당한데, 그렇다면 EU의 조약 상대방인 비회원국은 당해 조약의 이행을 EU가 아니라 회원국에 직접 요구할 수 있다는 의미인가? 이에 대해서는 의견이 엇갈리는데 좀 더 타당한 견해는, 회원국은 EU 단독으로 체결한 조약상의 의무 이행에 대해 제3국과의 관계에서 EU와 연대책임을 지는 것이 아니라, 단지 EU가 그 의무를 이행하도록 보장하는(예를 들어 이사회의 구성원으로서 조약상의 의무 이행에 필요한 내부적 입법을 위해 필요한 조치를 취하는 등) 책임을 지는 데 그친다고 보는 것이다.[84)] 대외적인 관계에서는 어디까지나 EU 자신이 조약의 적절한 이행을 위한 책임을 지는 것이다.[85)]

EU법을 위반하여 체결된 조약의 효력에 대해서도 여러 의견이 존재하지만, 대체로 1969년 조약법에 관한 비엔나협약 제46조 및 1986년 국가와 국제기구간 및 국제기구 상호 간의 조약법 제46조에 규정된 법원칙(중대한 내부규칙에 대한 명백한 위반의 경우에만 무효 인정)의 타당성이 수용된다. EU법 전반 및 조약체결에 관련된 규정의 복잡성에 비추어 볼 때, EU법을 위반하여 조약이 체결되었다 하더라도 그 하자가 제3자에게 '명백하다'고 하기 어려운 경우가 적지 않을 것이다. 따라서 EU법을 위반하여 조약이 체결되었다 하더라도 국제적인 차원에서는 이 조약이 효력을 보유한다고 봐야 할 경우가 많을 것이다.[86)]

다음으로 EU가 체결한 조약의 EU법질서 내의 효력과 지위에 대해서 살펴보도록 한다. 이미 여러 번 언급한 바와 같이 EU가 체결한 조약은 EU법질서의 일부를 형성한다. 이러한 언명의 구체적 의미는 다음과 같다. 첫째, EU가 체결한 국제조약은 EU법질서의 일부를 구성하므로 일정한 조건을 충족시

83) MacLeod, Hendry and Hyett, *op. cit.*, p. 125.

84) *Ibid.*, pp. 126-127.

85) 유럽사법재판소는 쿠퍼베르그(*Kupferberg*) 판결에서 이와 같이 판시하였다.

86) MacLeod, Hendry and Hyett, *op. cit.*, p. 131.

키는 경우 이 조약은 개인이 국내법원에서 직접 원용할 수 있는 권리와 의무를 창설할 수 있다. 이는 '직접적용성(direct applicability)' 또는 '직접효력(direct effect)'의 문제로서 관련 조약 규정이 그 이행을 위하여 사후적인 조치를 필요로 하지 않는 명확하고 구체적인 의무를 포함하고 있을 경우 당해 조약 규정이 관련 개인에게 직접 권리와 의무를 부여한다고 할 것이다.[87] 반대로 조약이 추후 협상 또는 입법적 조치를 위한 틀을 설정하는 데 그치거나 조약의 목적을 달성하기 위해 당사국의 국내법상의 조치가 필요한 경우에는 직접 효력이 없다고 할 것이다.[88]

직접효력은 다시 수직적 직접효력(vertical direct effect)과 수평적 직접효력(horizontal direct effect)으로 나눌 수 있는데, 전자는 사인과 국가기관 간의 수직적 관계에서 직접 원용가능성을 가리키는 데 비해, 후자는 사인 대 사인 간의 관계에서의 원용가능성을 의미한다. EU의 2차법규와 관련해서는 수평적 직접효력 문제가 치열한 논쟁의 대상이 되는 데 비해, EU가 체결한 조약의 수평적 효력문제에 관해서는 아직 논의가 매우 드문 형편이다. 당사국의 국내법 체계 내에서 개인이 직접 원용할 수 있는 권리나 의무를 창설하려는 의도로 체결되는 조약이 매우 드물다는 현실에 비춰보면 이러한 현실은 별반 놀랍지 않을 것이다.[89]

둘째, EU가 체결한 조약이 '위원회(committees)'나 '평의회(councils)' 등을 창설하고 이들 조약상의 기관이 법적 구속력 있는 결정을 내리기도 하는데, 이들 결정 역시 EU법질서의 일부를 형성한다.[90] 셋째, TFEU 제218조 11항은 조약 체결 전의 단계에서 유럽사법재판소가 조약에 대한 사법적 심사를 행할 수 있음을 보았는데, EU가 체결한 조약이 EU법질서의 일부를 형성하는 만큼 체결 후에도 조약의 체결과 관련된 절차적 하자라든가 조약 체결 후 관련 2차법규와 조약 간의 양립가능성 등의 문제에 대하여 사법적 심사가 가능

87) *Ibid.*, p. 135; Craig and de Burca, *op. cit.*, p. 207.

88) MacLeod, Hendry and Hyett, *op. cit.*, p. 136.

89) *Ibid.*, pp. 136-137. Case 270/80 *Polydor Ltd. v. Harlequin Record Shops* [1982] *ECR* 329에서 EC가 체결한 조약의 수평적 직접효력 문제가 제기되었지만 재판소는 이 문제를 다루지 않았다. *Ibid.*, p. 137 n. 71.

90) *Ibid.*, 138.

하다.[91)]

EU법질서 내에서 조약의 지위 또는 위계(hierarchy)에 대해서 간략히 언급하도록 한다. 먼저 *Costa v. ENEL* 사건(1964) 이후 확립된 원칙에 따라 EU의 제 1 차법규 및 제 2 차법규는 회원국의 국내법에 우위를 향유한다. EU가 체결한 조약 역시 EU법질서의 일부를 형성하므로 EU가 체결한 조약들은 회원국의 국내법과의 관계에서 우선적 효력(primacy)이 인정된다.[92)] 다음으로 EU가 체결한 조약은 EU설립조약보다는 하위에 있지만 EU가 채택한 제 2 차법규에 비해서는 상위의 지위에 있다.[93)]

EU가 체결한 조약의 EU법질서 내 효력과 관련하여 추가적으로 언급할 것은 GATT·WTO 관련 협정의 직접효력 보유 여부의 문제이다.[94)] 위에서 살펴본 바와 같이 이 문제는 관련 조약 내용의 "정신, 전반적 체계 및 구체적 내용(the spirit, the general scheme and the terms)"에 비춰 판단해야 한다.[95)] 1972년의 *International Fruit Company* 사건에서 유럽사법판소는 GATT의 직접효력과 관련하여 '그 조항들이 갖는 고도의 유연성(great flexibility of its provisions),' GATT가 부과하는 의무로부터의 이탈가능성, 이들 의무로부터의 일방적인 탈퇴의 권한 등이 존재함을 들어 GATT가 EU 시민들에게 직접 권리와 의무를 부여하지 않는다고 판시하였다.[96)] 이러한 입장은 1999년 *Portugal*

---

91) *Ibid.*, pp. 138-140.

92) Wouters, Coppens and de Meester, *op. cit.*, p. 187.

93) *Ibid.*, pp. 191-192; *International Fruit Company* 사건에서 Mayras 법무관(Advocate General)은 이 문제에 대해 다음과 같은 의견을 피력하였다. "There is no doubt that as the Court has consistently asserted the precedence of Community law over the national laws of Member States it cannot but recognize the superiority of the Community's international agreements over the measures adopted by its institutions." Joined Cases 21-24/72 *International Fruit Company NV v. Produktschap voor Groenten en Fruit* [1972] *ECR* 1219 at 1233-4. MacLeod, Hendry and Hyett, *op. cit.*, p. 134 n. 60에서 재인용.

94) 이 문제에 대한 상세한 논의에 관해서는 Panos Koutrakos, *EU International Relations Law*(Oxford and Portland: Hart Publishing, 2006), ch. 7; Eeckhout, *op. cit.*, ch. 9 참조.

95) Joined Cases 21-24/72 *International Fruit Company NV v. Produktschap voor Groenten en Fruit* [1972] *ECR* 1219, para. 20.

96) Craig and de Burca, *op. cit.*, p. 208.

v. Council 사건에서 재천명되었는데, 특히 EU의 주요 교역상대국(예를 들어, 미국) 가운데 WTO협정의 국내적 직접적용성을 인정하지 않는 국가가 있다는 사실, 즉 상호성(reciprocity)의 결여가 중요한 '정책적' 이유로 언급되었다.[97] 이 판결에 대해서는 상당한 논란이 존재하는데, 전라북도학교급식조례재의결무효확인 사건에 대한 대법원의 판결[98]과 관련하여 상당한 시사점을 던져준다.

Ⅷ. EU에 의한 경제적 제재조치

지금까지 우리는 EU의 대외관계를 조약에 초점을 맞춰 살펴보았다. 조약체결이 EU의 대외관계에서 차지하는 압도적 중요성은 명백하지만, EU라는 국제적 행위자의 대외적 행동과 관련하여 조약만이 유일한 내용이 아님도 분명하다. EU의 대외적 행동 중에서 근래 상당한 주목을 받은 것이 바로 EU에 의한 경제적 제재조치, 그중에서도 특히 국가가 아니라 개인을 대상으로 한 이른바 'smart sanctions'이다. *Yusuf* 사건 및 *Kadi* 사건에서 UN안전보장이사회의 구속력 있는 결의에 기초하여 EU가 취한 제재조치(명령(regulation)의 형태를 취하였음)의 합법성이 문제되었는데, CFI는 우회적인 추론을 통해(특히 ICJ 로커비 사건에서와 마찬가지로 구속력 있는 UN안보리 결의의 우위성을 인정하여) 이들 조치가 개인의 재산권, 공정한 청문에의 권리 및 실효적인 사법적 구제에의 권리 등을 침해하지 않았다고 판시하였다.[99] 그러나 ECJ는 *CFI* 판결에 대한 항소심에서 독자적인 법질서로서의 EU법체계가 국제조약에 의해 침해되어서는 안 됨을 강조하면서 또한 기본적인 인권의 보호가 EU법의 일반원칙을 구성함을 재확인하면서 국제조약에 의해 부과된 의무가 EU조약상의 '헌법적 원칙(constitutional principles)'을 위반해서는 안 된다고 판시하였다.[100]

---

97) C-149/96, *Portugal v. Council* [1999], para. 43.

98) 대법원 2005. 9. 9. 선고 2004추10 판결.

99) Wouters, Coppens and De Meester, *op. cit.*, pp. 193-194.

100) Yassin Abdullah and Al Barakaat International Foundation v. Council and Commission, OJ C285 of 08. 11. 2008, p. 2.

리스본조약 발효 이전 시기에 TEC는 제301조와 제60조를 두어 EU에 의한 경제적 제재조치 채택의 법적 근거를 마련하였다. 제301조는 TEC와 TEU를 연결하는 형태로 규정되었는데, 이 조항은 "공동외교안보정책에 관련된 TEU상의 조항에 따라 채택된 공동입장 또는 공동행동이 EC가 제 3 국과의 경제관계를 부분적 또는 전면적으로 중단 또는 축소하는 행동을 취할 것을 규정하는 경우, 이사회는 필요한 긴급한 조치를 취해야 한다. 이사회는 집행위원회의 제안에 기초하여 특정다수로 결정한다"고 규정하였다.[101] 제60조는 '제 3 국에 관련된 자본의 이동 및 지급에 관한 필요한 긴급조치(necessary urgent measures on the movement of capital and on payments)'에 관해 규정하였고, 특히 2항은 EC가 아니라 개별회원국이 "중대한 정치적 이유가 있고 또한 긴급성을 요하는 경우" 제 3 국에 대해 일방적 금융제재조치를 취할 수 있다고 하였다.[102]

EU의 대외관계에서 중요한 함의를 갖는 경제적 제재조치의 법적 근거와 관련하여 리스본조약 발효 이전에는 다음과 같은 두 가지 면에서 비판이 제기되었다. 첫째, TEC의 관련 조항은 '제 3 국'에 대한 제재를 언급하고 있을 뿐 제 3 국의 '자연인 또는 법인'에 대해서는 어떠한 문언도 없는데, 이런 상황하에서 이른바 'smart sanctions'가 EU법상 정당화될 수 있는가 하는 문제제기가 있었다. 둘째, EU가 'smart actions'를 취할 경우 제재의 대상이 되는 자연인 또는 개인에 대하여 충분한 사법적 보호가 부여되는지에 대해 상당한 의문이 존재하였다.[103] *Yusuf* 사건과 *Kadi* 사건에서 이 문제가 집중적인 조명을 받았음은 이미 위에서 언급하였다.

리스본조약은 이러한 문제들을 상당 정도 입법적으로 해결하였다. 이 조약은 TEC 제301조를 TFEU 제215조로 대체하였는데, 2항에서 이사회가 "자연

---

101) "Where it is provided, in a common position or in a joint action adopted according to the provisions of the Treaty on European Union relating to the common foreign and security policy, for an action by the Community to interrupt or to reduce, in part or completely, economic relations with one or more third countries, the Council shall take the necessary urgent measures. The Council shall act by a qualified majority on a proposal from the Commission."

102) Wouters, Coppens and De Meester, *op. cit.*, pp. 192-193.

103) *Ibid.*, p. 193.

인 또는 법인 및 집단 또는 비국가적 실체에 대하여(against natural or legal persons and groups or non-state entities)" 제재조치를 결정할 수 있도록 하고 있다. 두 번째 문제와 관련해서도 TFEU는 제275조 2항을 신설하여 유럽사법재판소가 "TEU 제 5 부 제 2 장에 기초하여 이사회가 채택한 자연인 또는 법인에 대한 제한적 조치에 관한 결정의 적법성"을 심사할 수 있도록 하고 있다. CFSP에 관련된 사항에 대해 ECJ의 관할권으로부터 면제를 인정하는 원칙에 대한 예외를 설정한 것이다.[104)]

Ⅸ. 결 어

지금까지 EU의 대외관계법이라는 대단히 복잡다기한 주제를 개략적으로 살펴보았다. EU의 대외관계법은 'EU법 중에서도 가장 논란이 많은 분야(one of the most contested fields of EU law)'로 지칭되기도 할 만큼 쉽지 않은 주제이다.[105)] 이 문제에 관한 유럽사법재판소의 판례법(case law)은 '복잡하고, 어렵고, 세부적인'(complex, difficult and detailed) 성격을 갖는 것으로 평가된다.[106)]

이 장에서 우리는 EU라는 국제적 행위자가 갖는 이중적·복합적 성격, 즉 국가연합적(intergovernmental) 성격과 연방국가적(federal) 성격은 그 대외관계에도 그대로 투영되고 있음을 확인하였다. EU 대외관계법이 'EU의 법적 정체성에 대한 시금석(litmus test of EU legal identity)'의 역할을 한다는 평가[107)]도 바로 이러한 맥락에서 나오는 것이다. 이러한 상황은 리스본조약이라는 '이정표(milestone)'가 세워진 후에도 근본적인 변화를 보이지 않고 있다.

자세히 살펴보면 리스본조약이 유럽통합에서 '중대한 전환점'이라는 평가는 다소 과장된 것이라는 느낌을 지우기 어렵다. 외견상 '기둥 체제(pillar system)'가 사라졌지만, 위에서 살펴본 바와 같이 이 체제는 실질적으로 엄존한다. 유

104) *Ibid.*, pp. 193-195.
105) Chalmers, Davies and Monti, *op. cit.*, p. 646.
106) Craig and de Burca, *op. cit.*, p. 182.
107) Chalmers, Davies and Monti, *op. cit.*, p. 631.

사한 평가가 EU외교안보정책 고위대표직의 신설에 대해서도 가능하다. 개별 회원국의 외교안보문제에 대한 주권을 중시하는 영국과 같은 국가의 입김이 강하게 작용하여 외교경험이 깊지 않고 국제무대에서 권위가 결여된 애쉬턴(Ashton)이 초대 고위대표직에 부임하였다. 리스본조약하에서 새롭게 구성된 EU 지도부, 특히 유럽이사회 의장과 외교안보정책 고위대표의 한계는 근래 그리스 등을 강타한 유럽금융위기를 통하여 명확히 표출되었다.[108)]

물론 이러한 언명이 27개 주권국가들이 결합하여 진행하고 있는 획기적 실험의 의의를 과소평가하는 것은 아니다. 이 장의 초두에서 언급하였듯이 이미 EU는 국제무대에서 중요한 행위자로 자리잡았고, 리스본조약 발효 이후 관할권의 확대에 따라 그 존재감과 위상은 증대될 것으로 예상된다. 다만 주권의 공동이양을 통해 창출된 매우 독특한(*sui generis*) 실체인 EU의 진화가 단선적인 발전의 경로를 밟을 수 없음은 자명하다 할 것이다. 특히 EU가 그 관할권을 경제 등 이른바 'low politics'에서 외교안보 등 개별회원국의 주권이 강하게 부가되는 'high politics'의 영역으로 확장함에 따라 EU와 회원국간의 갈등과 긴장은 고조될 것으로 예상된다. 따라서 좀 더 차분하고 냉정한 시각으로 이 거대한 실험을 관찰해야 할 것이다.

---

108) Steven Erlanger, "Europe Debt Crisis is Political Test for Bloc," *New York Times* (2010. 2. 5.).

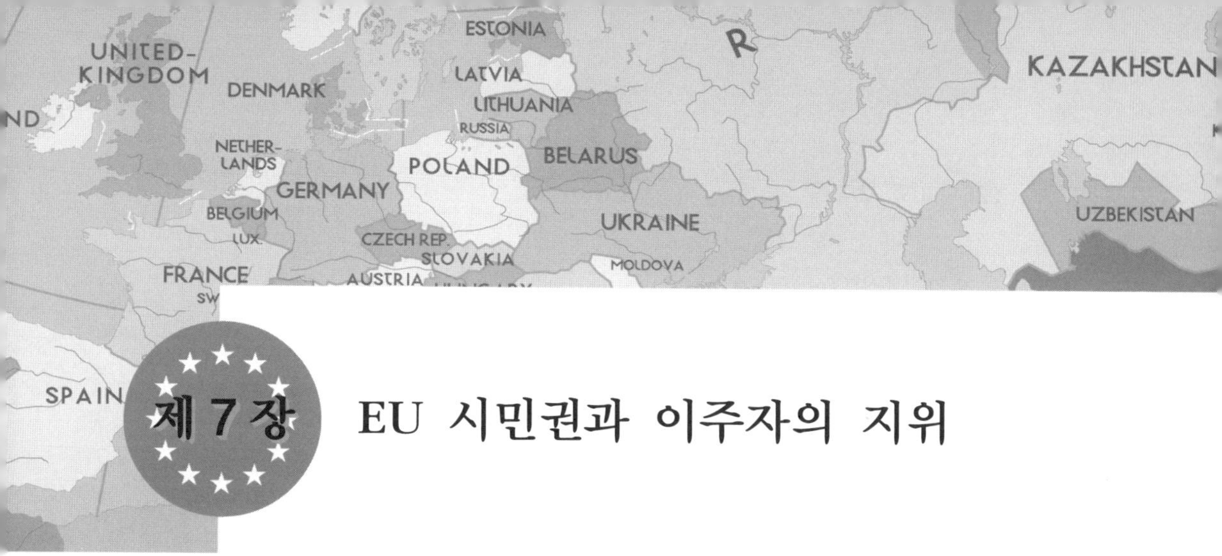

제 7 장 EU 시민권과 이주자의 지위

Ⅰ. EU 시민권 및 이민법제의 개요

유럽연합은 전통적인 주권 – 영토 – 인민의 관계를 수정하는 새로운 원리들을 도입했다. 전통적인 국민국가의 모델에서는 국민과 외국인은 확연히 구별되며 그들의 권리는 동일하지 않다. 또 국가는 다른 나라의 간섭을 받지 않고 국경을 넘는 인간의 이동을 통제한다. 그러나 유럽연합의 회원국 국민은 국가에의 소속을 넘어 연합의 성원으로서의 지위를 가지며, 그의 국적국이 아닌 다른 회원국에 이주할 때에도 일반 외국인과 달리 많은 자유를 누린다. 또 유럽연합의 회원국 중에서 특히 솅겐(Schengen)협약의 당사국들은 전통적으로 행사해 온 국경 관리의 주권을 제한받는다. 이 장에서는 유럽연합의 이러한 면모를 다음의 세 주제를 중심으로 논의한다. 첫째는 법제화된 유럽연합의 시민권(citizenship)이다. 둘째는 유럽연합 회원국 국민이 누리는 역내 거주·이전의 자유이다. 세 번째는 역내외 출입국관리 및 연합의 외부에서 들어오는 제3국인에 대한 처우이다.

각 회원국의 국민의 지위를 상회하는 유럽연합의 시민권 개념이 처음으로 법제화된 것은 1992년 마스트리히트(Maastricht)에서 체결된 유럽연합조약(Treaty on European Union: TEU)에서 였다. 이 조약이 선언한 목표의 하나인 연합시민권(citizenship of the Union)의 도입은 그 조약에 의해 개정된 유럽공동체설립조약(Treaty Establishing the European Community)을 통해 이루어졌다. 개정과 함께 그 명칭이 유럽경제공동체설립조약(Treaty Establishing the European Economic Community)에서 유럽공동체설립조약으로 바뀐 동 조약은 제 2 부(Part Two)에 6개 조문을 도입하여 유럽연합 시민의 지위와 권리를 규정했다.[1)] 유럽공동체설립조약은 2007년에 체결되어 최근 발효한 리스본조약(Treaty of Lisbon)에 의해 「유럽연합의 기능에 관한 조약」(Treaty on the Functioning of the European Union: TFEU, 이하 EU기능조약으로 약칭함)으로 개칭되었으며, 유럽연합시민권은 동 조약 제20조-제25조에 규정되어 있다. 아울러 리스본조약과 함께 발효한 유럽연합기본권헌장(Charter of Fundamental Rights of the European Union)은 제 5 편(Title V)의 8개 조문(제39조-제46조)에서 EU기능조약의 시민권 조항과 대체로 중복되는 권리들을 규정하고 있다.[2)]

그러나 시민권을 넓게 정의하면 "시민권"과 "시민"에 대해 명시적으로 규정하는 조문 및 조약 이곳저곳에 분산된 몇 개의 개별 조항 외에도 많은 관련 규칙을 살펴야 한다. 실제로 시민의 권리를 열거하는 조약 제20조 2항은 열거된 권리가 예시적임을 밝히고 있다. 시민권을 정의할 때 널리 인용되는 마샬(T. H. Marshall)의 강론에서는 시민권의 내용을 시민적(civil, 또는 자유권적), 정치적(political), 사회적(social) 권리로 구분한다.[3)] 여기에서 다루는 유럽연합시민권이 그러한 여러 차원의 권리를 모두 포함한다고 본다면 명시적으

1) 김대순, "유럽연합조약(Treaty on European Union)에 나타난 '연합의 시민권'(Citizenship of the Union) 개념에 관한 연구," 「유럽연구」, 제 4 호(1996), 163-191면. 이는 김대순, 「EU법의 연구 — 마스트리히트 이후를 중심으로」(서울: 삼영사, 2007), 제 1 장에 재수록되어 있다.

2) 2004년에 무산된 유럽헌법제정조약(Treaty Establishing a Constitution for Europe)은 시민권에 관한 규정을 더욱 체계화하고자 했다. 여기에서는 기본권과 연합시민권(Fundamental Rights and Citizenship of the Union)에 대한 총설적 규정을 앞에 두고, 제 2 부에 설치한 기본권헌장(Charter of Fundamental Rights of the Union)에서 시민권에 수반되는 권리를 열거했다. 기본권헌장에 세부적으로 열거된 시민권 조항은 리스본조약에 의해 EU기능조약 시민권 규정 속에 삽입되었고, 기본권헌장은 EU기능조약과는 별개로 발효함으로써 중복이 발생했다. 유럽헌법제정조약에서 규정하는 연합시민권에 대해서는 채형복, 「유럽헌법론」(서울: 높이깊이, 2006), 90-108면을 참조.

3) T. H. Marshall, "Citizenship and Social Class," in Bryan Turner and Peter Hamilton (eds.), *Citizenship: Critical Concepts*, Vol. 2(London: Routledge, 1994).

로 시민권을 규정하는 조항 외에도 일반적 차별금지(이는 상기 6개조와 함께 조약 제 2 부에 포함되어 있다), 사회정책, 교육, 공중보건 등 여러 조항을 모두 살펴야 한다. 또 시민권의 지평이 문화적 권리, 환경권 등으로까지 확대되고 있는 만큼 문화와 환경을 규율하는 조항들도 시민권의 이름 아래 논해야 마땅하다. 다양한 관심과 여러 학문 분야에 펼쳐진 논의를 포괄하면 시민권은 실정법으로 보장되는 인권 전반으로까지 넓혀지게 되는바, 그렇게 되면 유럽연합기본권헌장은 물론 유럽연합의 인권 법제 전체를 다루어야 한다. 더욱이 우리가 시민권으로 번역하고 있는 시티즌십(citizenship)의 의미를 법적 지위에 국한하지 않고 정치적 참여와 실천, 정체성과 연대의 경험으로까지 확대하면 유럽연합 시티즌십의 지시대상은 무한히 넓어진다. 논의의 범위를 그렇게 넓히는 것은 본 장의 취지에 부합하지 않을 뿐만 아니라 정치공동체의 성원과 외인을 구별하는 것을 요체로 삼는 시티즌십 개념의 유용성을 감소시킬 수 있다. 유럽연합시민권에 대한 본 장의 해설은 시민권을 '조직화된 정치공동체에 소속된 성원의 법적 지위'로 좁게 정의하는 데에서 출발하되 논의의 범위를 더욱 제한하여 조약상의 시민권, 즉 EU기능조약과 유럽연합기본권헌장이 명시적으로 규정하는 "시민"의 지위에 국한한다.[4)]

연합시민권에 수반되는 권리로서 조약과 헌장이 명시적으로 규정하는 것 중 하나는 역내에서 자유롭게 이동하고 거주할 수 있는 권리이다.[5)] 이는 시민권의 중요한 일부이고 개념적으로도 시민권에서 파생하는 권리이지만, 유럽공동체 및 유럽연합의 역사에서는 시민권에 선행하여 발전했다. 즉 거주·이전의 자유는 유럽경제공동체(EEC)가 탄생할 때부터 생산요소의 자유로운 이동의 일환으로 추구된 사람의 자유이동(free movement of persons)에서 유래한다. 사람의 자유이동을 넓게 보면, 노동자의 자유이동(free movement of workers)은 물론 설립의 권리(right of establishment)와 서비스의 자유이동(free movement of

---

4) 법적 지위로서 유럽연합시민권에 대하여는 김은경, "유럽연합시민권의 법적 개념과 그 의미," 「유럽연구」, 제17권(2003), 305-326면을, "법적 측면을 뛰어넘어 사회적 통합과 관련된 제반 이슈 영역으로 확장되는" 시민권의 면모에 관심이 있다면 한국유럽학회 유럽시민권연구단의 공동연구 「통합유럽과 유럽시민권」(서울: 높이깊이, 2004)을 참조.

5) 유럽연합의 법문이 "회원국들의 영토 내에서 자유롭게 이동하고 거주할 수 있는 권리"로 표현한 것을 본 장에서는 우리에게 익숙한 용어인 거주·이전의 자유로 부르기로 한다.

services)에 수반되는 인적 이동이 모두 포함된다. 사람의 자유이동은 비록 시장 통합의 차원에서 시작되었으나, 1992년 개정된 유럽공동체설립조약이 시민권을 선언하기 전에, 그리고 거주·이전의 자유를 시민권의 요소로서 규정하기 전에 이미 유럽공동체 입법과 유럽사법재판소의 판결을 통해 일반적인 권리로 발전하고 있었다. 그러나 시장에 뿌리를 둔 발생사적 배경은 지나간 역사에 그치는 것이 아니라 여전히 작용하고 있다. 명시적으로 시민권에 관련된 조약의 규정들이 정치적 권리를 주로 언급하는 반면, 조약은 사람의 자유이동을 서비스 및 자본의 자유이동과 함께 별도의 장절에서 규율하고 있는 데에서 이를 볼 수 있다. 유럽연합법을 해설하는 학자들도 사람의 자유이동을 시민권과 별도로 논하는 강학상의 태도를 보이는 경향이 있다.[6] 본 장에서도 사람의 자유이동을 중심으로 하는 역내 이주자의 법적 지위를 시민권과 구분하여 해설하고자 한다.[7]

본 장의 세 번째 주제인 출입국관리와 제 3 국인(third-country national: TCN)에 대한 처우는 연합시민권 및 역내 인적 이동의 자유와는 전혀 다른 경로를 통해 법제화되었다. 원래 출입국관리와 이민정책은 유럽(경제)공동체의 관할대상이 아니었다. 이는 각국의 주권에 방임되었다가 1985년 체결된 솅겐협정(Schengen Agreement)을 계기로 정부간(inter-governmental) 협력 사안으로 발돋움했다. 1990년에는 솅겐협약(Schengen Convention)이 솅겐협정의 시행을 위해 체결되었다. 이렇게 형성된 솅겐법제는 법적으로는 유럽공동체와 무관했다. 그러나 TEU에 의해 유럽연합이 탄생하고 기존의 유럽공동체들(European Communities) 외에 두 개의 다른 기둥, 즉 공동외교안보정책(Common Foreign and

6) 널리 읽히는 교과서의 저자 웨더릴(Stephen Weatherill)은 사람의 자유이동을 시민권의 일환으로 해설하고 싶은 충동을 느끼지만, 시장이라는 토대로부터 진화한 그 권리를 시민권과 별개로 다루는 것이 "시장적 시민(market citizen)"을 넘어 기본권의 구축을 향해 발전하는 유럽연합법의 가능성과 한계를 명확히 이해하게 해준다고 말한다. Stephen Weatherill, *Cases and Materials on EU Law*, 8th ed.(Oxford: Oxford University Press, 2007), p. 423. 반면 사람의 자유이동을 시민권이라는 제목 아래 다루는 교과서도 있으며 향후에는 그런 강학상의 태도가 지배적이 될 것이라 전망된다. 그러한 예로는 Josephine Steiner and Lorna Woods, *EU Law*, 10th ed.(Oxford: Oxford University Press, 2009), chap. 21.

7) EU 단일시장을 구성하는 4개의 자유(four freedoms)의 일환으로서 사람의 자유이동은 본서 제11장에서도 다루고 있다.

Security Policy: CFSP)과 법무내무협력(Justice and Home Affairs: JHA)의 기둥이 설치되자 출입국관리는 법무내무협력의 일환으로서 연합의 사안이 되었다. 이어 1999년 암스테르담조약의 발효와 함께 셍겐법제(Schengen acquis)는 유럽연합의 법제 속에 편입되었다. 동시에 암스테르담조약은 "자유, 안전, 정의의 지대(area of freedom, security and justice)"를 창설한다고 선언하면서 유럽공동체설립조약 제 3 부 제 4 편(Title Ⅳ)에 "사증(visas), 비호(asylum), 이민, 사람의 자유이동에 관한 기타 정책" 관련 규정을 삽입했다. 이는 세 개의 기둥 중 법무내무협력에 속했던 이민·출입국 문제가 첫째 기둥인 유럽공동체의 관할권 내로 진입하였음을 시사한다.[8] 자유·안전·정의의 지대를 지향하는 규정은 현재 EU기능조약 제 3 부 제 5 편을 구성하고 있다.[9]

본 장에서는 이상의 3개 주제를 중심으로 유럽연합법을 해설한 후 그것이 가지는 함의, 즉 유럽연합시민권과 유럽연합의 이민법제가 과연 주권적 국민국가의 원리를 초월하는 것인지, 기존 원리를 수정한다면 얼마나 수정하는 것인지를 간략히 논한다.

Ⅱ. EU 시민권

본 장이 해설의 대상으로 삼는 협의의 조약상의 시민권은 전술한 대로 EU기능조약 제20조-제25조와 유럽연합기본권헌장 제39조-제46조가 규정하고 있다. 이를 시민권의 요건과 시민권에 수반되는 권리의 순서대로 풀이한다.

1. EU 시민권의 요건

EU기능조약은 유럽연합의 시민이 되는 요건에 대해 다음과 같이 규정할 뿐이다. "한 회원국의 국적을 가지는 자는 연합의 시민이 된다"(제20조 1항).

8) 김대순, 앞의 책, 79면.

9) "Area of Freedom, Security and Justice"는 유럽연합을 그와 같은 공간으로 만들겠다는 뜻이므로 security는 안보보다는 안전으로, justice는 법무 또는 사법이 아닌 정의로, area는 영역이 아닌 지대로 번역하는 것이 담겨진 의미에 합치한다.

유럽연합의 시민이 되기 위해서는 회원국 국적자임으로 족하며 별도의 요건을 갖출 필요가 없다. 같은 조항은 "연합의 시민권은 회원국 국적에 부가적이며 회원국 국적을 대체하지 아니한다"는 점을 부가하고 있는데 이는 1997년 개정 이후부터 줄곧 조약 속에 선언된 원칙으로서, 합의된 원리를 확인하는 의미를 가질 뿐이다.

회원국의 국적을 가지기 위한 요건은 각 회원국의 고유한 권한에 속한다. 유럽연합 차원에서는 국적부여의 요건을 조화롭게 하기 위한 장치가 존재하지 않는다. 국적과 관련된 국제적 공조는 유럽연합 회원국 전부가 포함되어 있는 유럽평의회(Council of Europe) 차원의 노력이 오히려 두드러진다. 유럽평의회는 1963년 이래 몇 차례에 걸쳐 국적에 관한 협약 체결을 주도했는바 가장 일반적인 내용의 조약으로는 1997년의 유럽국적협약(European Convention on Nationality)이 있다. 그러나 유럽연합 회원국 중 단지 11개국만이 이 협약의 당사국이다.[10] 그 밖에도 국적과 관계된 몇 개의 국제협약이 있으나 이런 모든 장치들은 가입이 선택적일 뿐만 아니라 규율의 대상과 정도도 제한되어 있다. 따라서 최소한도의 보편적 인권 기준 및 국가와 국적자 사이의 진정한 유대(genuine connection)가 있어야 한다는 국제법상의 원칙을 준수하는 것을 제외하면 자국민의 범위를 정하는 각국의 권한은 제한을 받지 않는 것이 세계의 현실이며 이는 유럽연합 회원국에도 타당하다.

유럽연합의 시민권이 통일적 기준을 결여한 각국 국적법에 의거해 부여되다 보니 유럽연합 시민이 되는 사람과 배제되는 사람의 구별이 회원국에 따라 달라지게 될 뿐만 아니라 연합의 인적 구성이 개별 회원국의 정책에 의해 결정되는 문제가 있다. 특히 2000년대에 연합에 가입한 동유럽 국가들의 국적법에는 민족주의적 요소가 두드러졌다.[11] 에스토니아와 라트비아는 인구

---

10) Council of Europe Treaty Series No. 166. 2010년 1월 말 현재 당사국은 19개국으로서 그에 포함되는 11개 유럽연합 회원국은 불가리아, 체코공화국, 덴마크, 핀란드, 독일, 헝가리, 네덜란드, 포르투갈, 루마니아, 슬로바키아, 스웨덴이다. 유럽국적협약의 내용에 대한 상세한 해설로는 석동현, "1997년 유럽국적조약의 해설," 「법조」 제573호(2004. 6), 148-186면을 참조하라.

11) Rainer Bauböck, Bernhard Perching and Wiebke Sievers(eds.), *Citizenship Policies in the New Europe*(Amsterdam: Amsterdam University Press, 2007) 참조.

중 러시아계를 국민으로부터 배제했고, 반대로 루마니아는 유럽연합 역외에 있는 몰도바의 국민 중 루마니아계를 자국민으로 편입하는 전략을 취했다. 배제의 전략은 유럽연합 가입의 조건을 이루는 소수민족 보호에 배치되며,[12] 역외 거주자를 국민으로 편입하는 전략은 유럽연합의 인적 경계를 무원칙하게 확대하는 것이어서 우려를 자아냈다. 그러나 다소의 정치적 압력을 제외하고는 유럽연합이 해당 국가의 국적법을 좌지우지할 수는 없었다.[13] 다양한 국적부여의 기준 때문에 발생하는 시민권의 지나친 외연 확대는 서유럽 회원국에서도 종종 문제된다. 한 중국인 모녀의 사건은 이를 잘 보여준다. 쿤찬 주(Kunqian Catherine Zhu)라는 이름을 가진 문제의 어린이는 2000년 첸(Catherine Chen)이라는 이름을 가진 중국인 어머니로부터 북아일랜드 벨파스트(Belfast)에서 출생했다. 첸은 유럽에 연고가 없었으나 어머니가 임신 6개월 때 영국에 입국했고 출산 2개월 전 북아일랜드 벨파스트로 거처를 옮겼다. 당시 아일랜드 국적법은 영국령인 북아일랜드를 포함하는 아일랜드 섬 어느 곳에서 출생하더라도 국적을 부여하고 있었다. 어린이 쿤찬 주는 이에 의해 아일랜드 국적을 취득했다. 모녀는 이어 영국으로 거처를 옮겼는데, 이들이 지나치게 관대한 아일랜드 국적법에 기대어 유럽시민의 자격을 악용한다고 판단한 영국 정부는 모녀에게 장기거주를 허용하지 않았다. 그러자 첸은 딸이 유럽연합 시민이며 자기는 유럽연합 시민인 아동을 보살피는 부모 자격으로 아동과 함께 유럽연합 회원국 어디에도 거주할 수 있음을 주장하면서 이의를 신청했고 영국 이민상소청(Immigration Appellate Authority)은 유럽사법재판소에 선결적 판결(preliminary ruling)을 부탁했다. 이에 대해 유럽사법재판소는 쿤찬 주가 적법하게 아일랜드 국적을 취득했다면 그와 그의 모는 유럽공동체법이 정하는 요건에 따라 유럽연합 역내 어디에서도 거주할 수 있다고 판정했다.[14]

---

12) Commission of the European Communities, *2001 Regular Report on Estonia's Progress towards Accession*, 13 November 2001, SEC(2001) 1747, pp. 21-22.

13) 루마니아는 유럽연합의 반발을 의식해서 국적신청 수리 건수를 줄였다가 유럽연합에 가입한 후에 법을 개정하여 다시금 신청을 용이하게 했다. Constantin Iordachi, "Romanian Citizenship Offer to Moldovans: Exaggerated Fears in the European Union," *EUDO Citizenship Observatory*, 12 May 2009, http://eudo-citizenship.eu/docs/Press%20Statement%20EUDO%20-%20Romania%20Moldova%2012%20May%202009%20FINAL.pdf.

14) Case C-200/02 *Kunqian Catherine Zhu and Man Lavette Chen v. Secretary of State*

유럽연합 시민이 될 수 있는 자격을 정하는 것은 회원국에 방임되어 있지만 각 회원국은 누가 그 나라의 국적자인지, 그럼으로써 유럽연합 시민이 되는지를 명확히 통보해야 한다. 이는 영국과 관련해 특히 중요한 의미를 갖는다. 국적제도에서 중세적 요소와 제국적 요소를 오래도록 간직해 온 영국은 유럽 대륙 국가처럼 국민과 외국인의 준별이 뚜렷하지 않다. 완전한 국민인 영국시민(British citizens) 외에 속령시민(British dependent territories citizens), 영국신민(British subjects) 등 여러 범주가 법제화되어 있는데 유럽연합과의 관계에서는 영국시민 외에는 단지 일부만을 영국 국적자로 정의한다.[15]

2. EU 시민권의 내용

EU기능조약과 유럽연합기본권헌장은 유럽연합 시민의 권리로서 다음을 예시적으로 열거한다.

1) 거주·이전의 자유

연합의 시민은 "회원국들의 영토 내에서 자유롭게 이동하고 거주할 권리를 가진다"(EU기능조약 제20조 2항 a호; 유럽연합기본권헌장 제45조 1항). 자세한 논의는 사람의 자유이동을 다루는 다음 절로 미룬다.

2) 선거권과 피선거권

연합의 시민은 "그가 거주하는 회원국에서 당해국 국민과 같은 요건하에 유럽의회(European Parliament) 의원 선거와 지방선거(municipal elections)에서 투표하고 후보로 출마할 권리를 가진다."[16] 유럽연합이 탄생한 후 이사회(Council)는 두 개의 지침(directive)을 발하여 각 회원국이 따르도록 했다. 하나(93/109/EC)는 유럽의회 선거에 관한 것이고, 다른 하나(94/80/EC)는 지방선거

---

for the Home Department [2004] *ECR* I-9925. 아일랜드는 이 사건이 진행 중일 때 국적법을 개정하여 출생지주의에 의한 국적 취득의 요건을 엄격히 했다.

15) 이철우, "이중국적의 논리와 유형," 정인섭 엮음, 「이중국적」(서울: 사람생각, 2004), 239면.

16) EU기능조약 제20조 2항 b호; 헌장 제39조 1항 및 제40조.

에 관한 것이다.[17)]

유럽의회의원은 1976년 이후 회원국 국민의 직접·보통선거에 의해 선출되게 되었다. 그러나 국적국이 아닌 다른 회원국에 거주하면서도 선거권과 피선거권을 행사할 수 있게 된 것은 1993년 유럽연합의 시민권이 법제화된 이후이다. 직접·보통선거에 의한 의원 선출이 제도화된 이후 유럽경제공동체설립조약은 통일된 절차에 관한 안을 만들도록 유럽의회에 명했다(현재는 EU기능조약 제223조 1항). 또 연합시민권의 법제화 이후에는 이사회로 하여금 정해진 입법절차에 의해 만장일치로 절차 규정을 마련하도록 하고 있다(조약 제22조). 직접·보통선거가 법제화된 1976년에 이미 일정한 통일 원칙이 유럽의회의원직접보통선거법규(Act concerning the election of the representatives of the European Parliament by direct universal suffrage)라는 이름의 이사회 결정(decision)으로 채택된 바 있다. 그러나 이는 직접·보통선거를 실시하는 데 주안점이 있는 것이지 회원국 선거법을 통일하는 데 목적이 있는 것은 아니다. 그동안 비례대표제의 의무적 도입 등 통일 원칙이 조금 늘어나기는 했지만 절차의 많은 부분은 각국의 선거법에 일임되어 있다. 공통 규정에 의해 국적국과 거주국에서 모두 투표권을 가짐으로써 발생할 수 있는 이중투표는 금지되지만, 다양한 회원국 선거법에 의해 발생하는 불균등한 권리 행사까지 시정되지는 않고 있다. 예를 들어, 프랑스는 해외 거주기간에 관계없이 모든 재외국민의 선거권 행사를 허용하지만 아일랜드는 장기 해외거주 국민의 선거권 행사를 제한한다. 따라서 유럽연합 역외에 영주하는 프랑스 국민은 재외국민선거를 통해 유럽연합의원을 선출하는 데 참여할 수 있지만 아일랜드인은 그렇지 못하다.[18)]

지방선거에 관한 지침(94/80/EC)도 마찬가지이다. 유럽의회 선거에 관한 지침(93/109/EC)이 그러하듯이 연합시민권 규정이 회원국 선거법의 조화

---

17) 본 장에서 언급하는 유럽연합 입법의 원문은 http://eur-lex.europa.eu에서 접근가능하다.

18) 이철우, “영토와 인민의 대립과 통일: 재외국민참정권의 변증법,” 「법과 사회」 제34호, 2008, 282-283면. 이는 EU 역외에 거주하는 연합시민이 회원국인 국적국의 선거법에 의해 유럽의회 선거권을 행사하는 문제로서, 다른 회원국에 거주하는 연합시민의 선거권과는 구별되지만, 국적에 따라 연합시민의 정치적 권리가 차등화되는 점을 보여주는 좋은 사례이다.

(harmonization)를 전제하지 않으며 선거에 관한 공동체의 입법은 시민권 조항의 목적을 달성하기 위해 필요한 한도에 머물러야 함을 명언하고 있다. 지침의 목적은 회원국의 국민과 다른 회원국 국적의 거주자 사이에 평등한 참여를 보장하기 위한 것에 불과하다. 동 지침은 다른 회원국 국민이 참여할 수 있는 지방선거를 "기초지방정부단위(basic local government unit)"의 선거라 정의하면서 그에 해당하는 각 회원국 선거의 종류를 부칙에서 열거하고 있다. 부칙은 회원국이 늘어날 때마다 개정되어 왔다.

한편 연합은 개별 회원국에 특별한 사정이 있는 경우 다른 회원국 국민의 선거 참여를 제한할 수 있도록 허용한다(EU기능조약 제22조 제1·2항). 다른 회원국 국적의 유권자가 자국민 유권자의 20%를 초과하는 경우에는 5년을 상한으로 하는 최소 거주 기간을 지정하고 이를 경과한 사람에게만 선거권 행사를 할 수 있도록 하는 예외를 인정하고 있다(지침 93/109/EC 제14조; 지침 94/80/EC 제12조). 현재 그런 예외를 인정받은 나라는 룩셈부르크가 유일하다.[19)]

3) 외교적 보호와 영사보호

"모든 연합시민은 그의 국적국이 대표부를 두지 않은 제3국의 영토 내에서 다른 회원국의 외교 당국 또는 영사 당국의 보호를 당해국 국민과 동일한 조건으로 받을 수 있다"(조약 제23조, 헌장 제46조). EU기능조약은 그러한 권리를 실효성 있게 하기 위해 이사회로 하여금 지침을 발하여 회원국간 조정과 협력을 기하도록 하는 규정을 도입했다. 지금까지는 이사회 결정 95/553/EC가 기본적 준칙을 제시해 왔다.

4) 의안제출요구권

리스본조약에 의해 새로이 도입된 제도 중 가장 특기할 만한 것의 하나는 연합시민에 의한 의안제출 요구이다. 개정된 유럽연합조약은 다음과 같이

---

19) Report from the Commission to the European Parliament and to the Council on granting a derogation pursuant to Article 19(1) of the EC Treaty, presented under Article 12(4) of Directive 94/80/EC on the right to vote and stand as a candidate in municipal elections, 22 August 2005, http://eur-lex.europa.eu/LexUriServ/LexUriServ.do?uri=CELEX:52005DC0382:EN:NOT.

규정한다. "상당수의 회원국 국민인 1백만 명 이상의 시민은 유럽집행위원회로 하여금 그 권한의 틀 내에서 조약의 시행을 위해 연합의 법적 조치가 필요하다고 간주하는 사안에 관해 적절한 의안을 제출하게 할 수 있다"(제11조 4항). EU기능조약은 여기에서 말하는 최소 몇 개국의 국민이 참여해야 하는가 등의 절차와 요건을 정하는 규칙(regulation)을 채택하도록 의회와 이사회에 명하고 있다(제24조).

유럽연합조약은 "연합의 기능은 대의민주주의에 기초한다"고 명언하면서, 시민이 유럽의회에 의해 직접 대표된다는 점, 유럽이사회(European Council)에서 회원국을 대표하는 국가원수 또는 정부수반, 이사회(Council)에서 회원국을 대표하는 정부는 당해국의 의회 또는 국민에 대해 책임을 진다는 점을 적시하고 있는데(제11조 제1·2항), 의안제출요구권은 이러한 대의민주주의를 보정하는 의미를 갖는다. 즉 유럽의회의 입법 기능이 제한되어 있고 관료주의에 물들기 쉬운 집행위원회가 입법을 발동하며 중요한 사안이 이사회에서 정부간 협의에 의해 결정되는 유럽연합 통치구조의 문제점으로 지적되는 민주주의의 결핍(democratic deficit)을 시정하기 위한 방안이다.

5) 청 원 권

"연합의 모든 시민은 유럽의회에 청원할 수 있다"(EU기능조약 제24조). 나아가 조약과 기본권헌장은 이 권리를 "회원국에 거주하는 자연인과 회원국에 등록된 사무소를 가진 법인"에 연장하고 있다(조약 제227조; 헌장 제44조). 따라서 유럽의회에의 청원권은 시민만이 누리는 권리는 아니다.

6) 옴부즈만에의 소청권

옴부즈만은 유럽의회에 의해 선임되며, 의회와 임기를 같이 한다. 연합의 시민은 연합의 기구, 기관, 부서의 부당한 행정에 대해 옴부즈만에 소청할 수 있다. 옴부즈만은 소청을 수리하면 조사를 실시하며 부당한 행정이 발견되면 해당 기구, 기관, 부서에 견해(views)를 요청하며 해당 단위기관 및 유럽의회에 보고서를 제출한다(조약 제24조; 제228조; 헌장 제24조). 조약과 헌장은 옴부즈만에의 소청권을 회원국에 거주하는 자연인과 등록 사무소를 가진 법인에게도 연장한다.

7) 서면질의권

연합의 시민은 유럽연합의 기구, 기관, 부서에 서면질의를 작성, 제출할 권리를 가진다. 서면은 유럽연합조약이 열거하는 23개 언어 중 어느 것으로 작성해도 무방하며, 같은 언어로 답변을 받을 권리가 있다(EU기능조약 제24조; 유럽연합조약 제55조 1항). 기본권헌장은 이를 시민의 권리가 아닌 모든 사람의 권리로 선언하고 있다(제41조 4항).

8) 문서정보접근권

유럽연합기본권헌장은 유럽연합의 기구, 기관, 부서의 문서정보에 접근할 권리를 규정하고 있는데 권리의 주체로서 연합의 시민과 회원국에 거주하는 자연인 및 등록 사무소를 가진 법인을 병렬적으로 열거하고 있다(제42조).

9) 좋은 행정을 누릴 권리

위에서 보듯이, 조약 제 2 부와 헌장 제 5 편에서 명시적으로 시민의 권리로 선언하는 것 중 거주·이전의 자유, 참정권, 외교적 보호 및 영사보호를 받을 권리, 발안권은 시민만이 누리는 권리이지만 나머지는 연합시민이 아닌 사람도 누릴 수 있다. 그 중에는 연합 내 거주하는 자연인과 등록 사무소를 둔 법인에게 연장되는 것도 있지만, 아예 모든 사람의 권리로서 선언된 것도 있다. 그 중 하나가 좋은 행정을 누릴 권리이다. 여기에는 자기에게 부정적 영향을 미칠 개별적 처분에 앞서 자기의 견해를 청취하도록 요청할 권리, 자기에 대한 정보에 접근할 수 있는 권리, 행정 당국이 내린 결정에 대해 이유의 설명을 요구할 권리, 연합에 대한 손해배상청구권이 포함된다(유럽연합기본권헌장 제41조).

유럽연합기본권헌장 규정의 대부분은 성질상 시민만이 누릴 수 있는 일부를 제외하면 보편적 인권으로서 모든 사람이 누리는 권리에 관한 것이다. 좋은 행정을 누릴 권리도 모든 사람의 권리이지만 이를 특별히 시민의 권리에 관한 제 5 편에 포함시킨 것은 자유권이나 사회적 권리에 비해 정치 및 통치작용과 관계된 권리가 보다 고유한 시민권의 요소라는 전통적 관념과 무관하지 않은 것으로 보인다.

Ⅲ. 사람의 자유이동과 거주·이전의 자유

유럽연합의 시민이 역내에서 거주·이전의 자유를 누린다는 것이 마치 한국 사람이 대한민국 어느 곳으로나 이주하고 거주할 헌법상의 권리를 가지는 것과 같은 것이라 생각해서는 안 된다. 앞에서 언급했듯이, 사람이 회원국 국경을 넘어 자유로이 이동할 수 있다는 것은 시장을 통합하기 위한 경제적 목적에서 발생한 권리이다. 사람의 자유이동은 1957년 로마조약 체결 당시부터 경제공동체의 기반이 되는 제도적 요소로 자리잡았으며, 지금은 EU기능조약 제 3 부 제 4 편의 중요한 부분을 이루고 있다. 사람의 자유이동은 단일시장을 만들어내는 4개의 자유(four freedoms) 가운데 상품의 자유이동을 제외한 나머지, 즉 노동자의 자유이동, 설립의 권리, 그리고 부분적으로 서비스의 자유이동에 수반되는 인적 이동을 포괄한다. 이는 시장에서 행위하는 경제주체의 자유이동이자 생산요소로서 노동력의 자유이동을 의미한다. 그렇지만 자유로이 이동할 수 있는 주체의 범위는 점진적으로 넓어져 왔으며 시민권 개념에 논리적으로 수반되는 보편적 거주·이전의 자유로 발전하고 있는 것 또한 사실이다. 이는 자유이동의 개별 영역에서 누적적으로 제정되어온 규칙과 지침을 개정 또는 폐지하고 시민권으로서의 거주·이전의 자유를 일반적으로 보장하기 위한 새로운 입법이 제정되는 점에서 볼 수 있다. 본 절에서는 시장 참여자로서의 사람의 자유이동을 노동자의 이동과 설립의 권리 및 서비스의 이동으로 나누어 살펴보고 그것이 어떻게 일반적 거주·이전의 자유로 발전해가고 있는가를 개관한다.

1. 노동자의 자유이동

노동자는 경제주체 및 생산요소로서 이동하는 사람의 가장 지배적인 존재형태이다. EU기능조약 제45조 1항은 "노동자의 이동의 자유는 연합의 역내에서 확보된다"고 선언한다. 그렇다면 이동의 자유를 누리는 노동자는 어떤 범위의 사람까지를 포함하는가? 그들의 자유이동을 보장하기 위해 주어지는 권리는 무엇인가?

1) 노동자의 의미

자유이동의 주체가 되는 노동자가 되기 위해 어떤 요건을 갖추어야 하는지에 대해서 조약과 이차적 입법(secondary legislation, 규칙, 지침, 결정을 통칭)은 침묵하고 있다. 그 기준은 판례에 의해 마련되어 왔다. 노동자는 타인에 고용되어 노동의 대가로 급여를 받는 사람을 의미하지만 고용의 형태와 급여의 크기에 따라 노동자에 해당하는지가 의문시될 수 있다. 고전적 판례로 널리 원용되는 레빈(Levin) 사건은 중요한 기준을 제시했다. 영국 여성 레빈은 비회원국 국민인 남편과 함께 네덜란드에서 시간제 노동에 종사하면서 최저임금에 미치지 못하는 수준의 급여만으로 생활했다. 네덜란드 당국은 레빈이 노동자에 해당하지 않으며 단지 비회원국 국민인 남편의 체류를 위해 네덜란드에 머무를 뿐이라 판단했다. 그러나 선결적 판결을 부탁받은 유럽사법재판소는 시간제 고용 및 최저임금 이하의 급여가 반드시 노동자로서의 지위를 부정하는 것은 아니라고 판시했다. 다만 그 노동이 "실효성을 가진 진정한 활동"이어야 하며 "주변적이고 부수적인" 것이어서는 안 된다고 부언했다.[20] 비교적 최근의 사건을 소개하자면, 벨기에에서 양호보조원으로 수습을 받던 룩셈부르크 여성의 지위가 문제되자 유럽사법재판소는 수습생이라도 노동자로서의 지위가 부정되지 않는다고 판시한 바 있다.[21]

2) 보장되는 권리

첫째, 회원국 국민은 다른 회원국의 고용주로부터 받은 고용의 청약에 대해 승낙할 수 있다(EU기능조약 제45조 3항 a호).

---

20) Case 53/81 *D. M. Levin v. Staatssecretaris van Justitie* [1982] *ECR* 1035.

21) Case C-10/05 *Cynthia Mattern and Hajrudin Cikotic v. Ministre du Travail et de l'Emploi* [2006] *ECR* I-3145.

둘째, 고용계약의 체결을 위해 다른 회원국을 자유로이 이동할 수 있다(동조 동항 b호).

셋째, 당해 회원국의 노동법규에 따라 취업을 위해 그 회원국에 체류할 수 있다(동조 동항 c호).

넷째, 고용이 해지된 후에도 집행위원회의 규칙이 정하는 요건에 따라 당해 회원국에 체류할 수 있다(동조 동항 d호).

다섯째, 다른 회원국 노동시장에서 근로조건과 관련하여 국적을 이유로 차별받지 아니한다(제45조 2항).

조약은 이러한 권리의 구체적 실현을 위해 필요한 입법 절차를 규정하고 있다(제46조-제48조). 이미 유럽공동체는 규칙과 지침으로써 공통의 규범을 마련해 왔다. 가장 대표적인 것은 규칙(Regulation) 1612/68/EEC로서 피고용 자격, 고용과 처우의 평등, 가족에 대한 처우, 공동체 기구들이 행하여야 할 조치 등을 규정하고 있다. 그밖에도 개별 사안을 다루는 여러 지침들이 제정되었다. 파편적으로 제정된 이차적 입법은 2004년에 제정된 시민권 지침(Citizenship Directive, 2004/38/EC)에 의해 개정되거나 대체되었다. 시민권 지침은 연합시민의 일반적 권리로서 입국과 체류를 보장하기 때문에 과거처럼 구체적인 경제적 행위에 연계된 입국과 체류의 요건을 따질 필요는 상대적으로 적어졌다. 그러나 뒤에서 보듯이 노동자와 그의 가족은 입국과 체류에서 보다 안정된 지위를 누린다. 출입국과 체류 이외의 사안, 즉 동등한 근로조건의 보장 등에서는 규칙 1612/68/EEC를 비롯해 시민권 지침 이전에 제정된 입법이 여전히 중요한 준거가 된다.

3) 침해의 주체와 양태

규칙 1612/68/EEC는 조약이 규정하는 권리를 보다 상세하게 규정하면서 이를 침해하는 조치와 행위를 금지한다. 금지의 대상에는 국가의 입법과 행정에 의한 침해만이 아니라 사적 주체의 각종 침해 행위도 포함된다. 4개의 자유에 관한 조약 규정과 규칙(regulation)은 모두 수평적 직접효력(horizontal direct effect)을 가지며 국가 및 공공단체와 사인(私人)을 모두 규율한다. 국적에 따른 차별적 근로기준을 정하는 단체협약 및 개별적 계약은 무효가 된다

(규칙 1612/68/EEC 제7조 4항).

사적 주체에 의한 침해를 보여주는 흥미로운 사례로서 축구선수 보스만(Bosman)의 사건을 들 수 있다. 1995년 이 사건에 대한 유럽사법재판소의 결정이 있기 전까지 유럽축구연맹(UEFA)과 소속 협회들은 구단과 선수의 계약이 종료된 후에도 그 선수를 고용하려는 다른 구단은 원 소속 구단에 훈련·개발비 명목의 이적료를 지급하도록 강제하고 있었다. 아울러 유럽축구연맹은 각국 1부 리그와 유럽 대회에 출장하는 외국 선수가 팀당 3인을 넘지 못하고 그 국가에서 5년 이상 활동한 외국 선수에 한해 2인까지 추가할 수 있다는 소위 "3+2"의 제한을 두고 있었다. 벨기에 선수 보스만은 벨기에 구단과의 계약이 종료한 후 프랑스 구단으로 이적하고자 했으나 좌절되어 결국 선수 생활을 끝내야 했다. 그는 원 구단과 벨기에축구협회 및 유럽축구연맹을 제소했고, 벨기에 법원은 유럽사법재판소에 선결적 판결을 제청하였다. 이에 유럽사법재판소는 그와 같은 이적료 규정이 노동자의 자유이동에 어긋나며, 외국 선수 규제 역시 같은 조약 조항 및 "외국 국적자의 고용을 그 비율을 정하여 제한하는 규정"을 배제하는 규칙 1612/68/EEC에 반한다고 결정했다. 재판부는 프로 또는 준프로 스포츠 선수의 이적이 노동자의 자유이동이 적용되는 사안이라는 이전의 판례를 확인했다. 또 벨기에축구연맹의 규정이 보스만의 프랑스 입국을 방해한 것은 아니지 않느냐는 의문에 대해 자유이동의 침해에는 다른 회원국에의 입국을 방해하는 것뿐만 아니라 국적국을 떠나는 것을 방해하는 것도 포함된다고 언명했다. 이 결정은 세계 축구계의 이적료 제도에 일대변혁을, 그리고 오늘날 목격되는 유럽 축구의 지구화 및 다국적화를 가져온 혁명적 사건이었다.[22]

---

22) Case C-415/93 *Union royale belge des sociétés de football association ASBL v. Jean-Marc Bosman, Royal club liégeois SA v. Jean-Marc Bosman and others* and *Union des associations européennes de football v. Jean-Marc Bosman* [1995] *ECR* I - 4921. 노동자의 자유이동은 유럽연합 회원국 국민이 누리는 권리이다. 그렇다면 박지성, 이청용을 비롯한 비회원국 국민도 제한 없이 출장하는 현재의 경기 운영 실태는 어떻게 조성된 것일까? 재판부는 판단하지 않았으나 선결적 판결의 대상으로 요청받은 쟁점 중에는 경쟁법 위반 여부가 포함되어 있었다. 법률자문관(advocate-general)의 의견서에서는 위와 같은 축구연맹 규정들이 조약이 규정하는 경쟁원칙(현 101조)에 반하는 사업자 간의 담합이라고 판단했으며, 유럽집행위원회는 그러한 견지에서 개선조치를

4) 예외적 권리제한

(1) 공무에 대한 접근제한

취업과 근로조건에서 모든 회원국 노동자는 차별을 받지 않지만 여기에는 예외가 있다. 공무(public service)에 속하는 직역은 다른 회원국 노동자에게 개방하지 않거나 제한할 수 있다(제45조 4항). 이렇게 제한을 허용하는 것은 개별 회원국에 의해 남용될 여지가 적지 않다. 예컨대 벨기에는 국가와 공공단체 종사자는 벨기에 국적을 가져야 한다는 국내법에 따라 철도역무원, 간호사, 야경원, 공용시설의 정원사 등에도 벨기에 국민만을 임용했다. 이를 문제삼아 집행위원회가 제소하자 유럽사법재판소는 다른 회원국 노동자에 대한 차별이 허용되는 공무의 정의는 각 회원국 국내법에 일임되는 것이 아니라 공통된 공동체 기준에 따라야 한다고 하면서 “공법이 부여하는 권력 행사에의 참여,” “국가 또는 공공기관의 일반 이익을 보호하기 위한 의무,” “국가에의 충성을 수반하는 특별한 관계,” “국적이라는 유대의 토대를 이루는 권리와 의무의 상호성” 등을 고려해 직능의 공무성을 판단해야 한다는 기준을 제시했다.[23] 유럽사법재판소는 독일의 한 주 정부가 중등학교 수습교사를 공무원으로 정의하여 외국인의 임용을 불허한 것에 대해 같은 기준을 적용하여 수습교사직이 예외가 허용되는 공무에 해당하지 않는다고 판시했다.[24]

명했다. 국적에 따라 출장 선수를 제한하는 것을 노동자의 자유이동의 문제로 접근하면 비회원국 국민에 대한 규제는 계속할 수 있지만 경쟁법의 문제로 접근하면 비회원국 국민의 고용을 제한하는 담합은 금지되는 것이다. 이철우, “세계, 유럽, 국민국가의 교차점에서: 유럽에서 프로축구선수의 이동을 중심으로,” 「스포츠와 법」, 제 4 권(2003), 93-135면. 그러나 프로축구가 경제활동에 그치는 것이 아니라 문화적 정체성을 확립하는 기능도 가지고 있으므로 외국선수의 제한은 필요하다는 의견도 강하여 실제로 많은 협회가 비회원국 국적의 선수에 대해서는 모종의 제한을 두고 있으며, 국제축구연맹(FIFA)은 경기 시작 때는 적어도 팀당 6명 이상의 자국민 선수를 출장시켜야 한다는 소위 “6+5” 규칙을 권장하면서 유럽연합 당국과 협의 중에 있다.

23) Case 149/79 *Commission v. Belgium* [1980] *ECR* 3881; Case 149/79 *Commission v. Belgium*(Ⅱ) [1982] *ECR* 1845.

24) Case 66/85 *Deborah Lawrie-Blum v. Land Baden-Württenberg* [1986] *ECR* 2121.

(2) 공공질서, 공공안전, 공중보건을 이유로 하는 제한

조약이 보장하는 노동자의 자유로운 입국과 체류의 권리는 공공질서(public policy), 공공안전(public security), 공중보건(public health)을 이유로 제한할 수 있다(제45조 3항).[25] 이에 기초한 제한은 많은 분쟁을 야기해 비교적 풍부한 판례의 축적을 가져왔다. 반두인(*Van Duyn*) 판결은 초기의 대표적 사례이다. 사이언톨로지(Scientology) 교도인 네덜란드인 반두인은 영국의 사이언톨로지 교단에 근무하기 위해 영국에 입국하려 했으나 사이언톨로지 종교 활동이 사회적으로 유해하다고 판단한 영국 정부에 의해 입국을 거부당했다. 그는 노동자의 자유이동을 규정하는 조약 조항 및 공공질서 등을 이유로 자유이동을 제한할 때에는 종사하려는 업무의 일반적 성격이 아닌 노동자 개인의 행동에 기초해야 한다는 지침 64/221/EEC의 조항을 원용하면서 영국 정부의 입국 불허 결정을 다투었다. 선결적 판결을 부탁 받은 유럽사법재판소는 해당 교단에서 활동하는 것 자체가 개인적 행동을 판단하는 근거가 되며 설사 사이언톨로지 교파가 영국에서 불법화되지 않았다 해도 사회적 유해성을 이유로 다른 회원국 국민의 입국을 거부할 수 있다고 판시했다.[26] 그러나 그 후의 판결에서는 권리 제한의 요건을 보다 엄격하게 해석한다. 매춘 자체는 처벌하지 않으나 호객 행위를 처벌하는 벨기에가 매춘을 이유로 두 프랑스 여성에 대해 거주허가를 내어주지 않은 사건에서, 유럽사법재판소는 공공질서를 이유로 자유이동을 제한할 때 자국민의 행위를 판단하는 기준과 다른 기준을 적용하는 것 자체가 불허되지는 않지만, 상이한 기준을 적용하게 되면 문제가 된 행위가 입국이나 거주의 제한을 정당화할 만큼 심각한 것이 아니라고 간주할 만한 근거가 된다고 판시했다.[27]

---

25) 영미법에서는 공공정책(public policy)이라는 개념이 대륙법에서 말하는 공공질서(ordre public)에 비견되는 의미로 사용되는데 유럽연합의 법문을 해당국의 언어로 번역할 때 양자는 동일한 의미를 가진다.

26) Case 41/74 *Yvonne van Duyn v. Home Office* [1974] *ECR* 1337. 이 사건은 유럽경제공동체에 가입한 영국의 법원이 처음으로 선결적 판결을 부탁한 사례라는 점에서 주목되었을 뿐만 아니라 사인(私人)이 회원국 정부를 상대로 지침을 원용할 수 있다는, 이른바 지침의 수직적 직접효력(vertical direct effect)을 인정했다는 점에서 더욱 중요하다.

27) Cases 115&116/81 *Rezguia Adoui and Dominique Cornuaille v. Belgium* [1982] *ECR* 1665.

5) 자유이동의 확대와 제한

(1) 신회원국 노동자에 대한 제한

유럽연합이 확대됨에 따라 노동력의 자유이동이 보장되는 노동시장의 규모는 놀라울 정도로 커져왔다. 그런데 노동자의 자유이동은 경제적 사정이 좋지 않은 회원국의 노동자가 사정이 좋은 나라로 대거 이동해 해당 국가 노동자의 일자리를 빼앗고 노동시장의 질서를 교란할 위험을 내포한다. 이를 방지하기 위해 연합에 가입하기를 희망하는 나라에게는 엄격한 기준을 충족할 것을 요구하는 한편 회원으로 받아들인 후에도 일정한 과도기를 두어 자유이동에 제한을 가한다. 2004년에는 "2+3+2" 원칙이 도입되었다. 이에 따르면, 새로 가입하는 10개국 중 키프러스와 몰타를 제외한 나머지 8개국 국민에 대해서는 기존 15개 회원국이 2년간 자국법에 의해 유입을 통제할 수 있도록 하고 그 후 3년간, 즉 2009년 4월 30일까지 이를 연장할 수 있으며, 그에 이은 2년간은 노동시장이 심각히 교란될 경우에 한해서만 유입을 규제할 수 있다. 이 제도는 불가리아와 루마니아에게도 적용이 된다. 따라서 아무리 늦어도 2014년 1월 1일부터는 27개국 노동시장은 완전 개방된다. 현재 2004년 전에 회원국이 된 15개국 중 독일과 오스트리아만이 2004년 가입한 8개국 노동자에게 취업허가를 요구하며 나머지 회원국은 노동시장을 개방하고 있다. 불가리아와 루마니아의 국민은 이보다 많은 제한을 받고 있으나 계속해서 장벽이 제거되고 있다.[28)]

(2) 유럽경제지대로의 확대

1992년 유럽경제공동체의 12개 회원국은 유럽자유무역연합(EFTA)의 6개 회원국과 유럽경제지대(European Economic Area: EEA) 창설을 위한 조약을 체결했다. 그 중 스위스가 국민투표 끝에 불참을 결정하여, 유럽경제지대는 17개국을 회원국으로 1994년 출범했다. 그 후 유럽자유무역연합의 회원국 중 오스트리아 핀란드, 스웨덴은 유럽연합의 회원국이 되었다. 1996년에는 리히텐슈

---

28) "Free Movement of Labour in EU27," published 15 May 2008, updated 25 November 2009, http://www.euractiv.com/en/socialeurope/free-movement-labour-eu-27/article-129648.

타인이 가입하여 유럽경제지대는 18개국으로 증가했으며 2000년대 들어 12개국이 유럽연합에 새로이 가입함으로써 유럽경제지대는 30개국으로 늘어났다.

유럽경제지대는 단일시장의 확대를 목적으로 한다. 유럽공동체의 단일시장을 이루는 4개의 자유는 유럽경제지대 전체로 확대된다. 따라서 노르웨이, 아이슬랜드, 리히텐슈타인의 국민도 유럽연합 회원국 국민과 마찬가지로 자유이동의 권리를 누린다.

(3) 제휴협정 당사국 국민으로의 확대

2005년 유럽사법재판소는 흥미로운 결정을 내렸다. 러시아 국적자로서 스페인에서 프로축구선수로 활동하던 이고르 시무텐코프(Igor Simutenkov)가 스페인축구연맹을 상대로 제기한 소송 중 스페인 법원이 부탁한 선결적 판결이었다. 보스만 결정이 있은 후 스페인축구연맹은 유럽경제지대 회원국 국민은 규제로부터 제외했지만 그 밖의 외국인은 팀당 3명만이 경기에 출장할 수 있도록 제한하고 있었다. 비회원국 국민으로 등록된 시무텐코프는 러시아와 유럽공동체 사이에 체결된 동반자협정(EC-Russia Partnership Agreement)을 원용하면서 회원국 국민과 동등한 자격을 요구했으나 거부되었다. 동 협정에서는 유럽공동체 회원국에서 합법적으로 고용된 러시아인은 근로조건에서 회원국 국민과 차별되어서는 안 된다고 규정하고 있었다. 유럽사법재판소는 그와 같은 협정이 적용되는 비회원국 국민에 대해 차별이 금지됨을 인정했다.[29)]

이런 성격의 협정은 유럽연합과 인근국 사이에 널리 체결되어 있다. 이를 제휴협정(association agreement)이라 부른다. 당사국 국민이 유럽 노동시장에서 어떻게 취급되는지는 각 제휴협정마다 다르다.

2. 설립의 권리와 서비스의 자유이동

설립(establishment)은 스스로 사업을 개설하거나 그에 수반되는 행위를 하는 것을 의미한다. 서비스는 금전적 대가를 받고 역무를 제공하는 것을 의미

---

29) Case C-265/03 *Igor Simutenkov v. Ministerio de Educación y Cultura and Real Federación Española de Fútbol* [2005] *ECR* I-2579.

한다. 설립의 주체는 자연인뿐만 아니라 법인도 포함되지만 이주자의 권리를 중심으로 하는 본 장에서는 자연인의 설립 행위만을 살핀다. 서비스에는 사람의 이동과 무관한 것이 많지만 여기에서는 자연인의 이동을 수반하는 경우만을 언급한다.

1) 설립 행위의 양태

조약은 적용 대상인 설립 행위로서 대리사무소(agency), 지사(branch), 자회사(subsidiary)의 설치, 회사를 비롯한 사업체(undertaking)의 설립, 자영업자(self-employed person)의 행위를 예시적으로 열거하고 있다(제49조).

2) 서비스 제공의 양태

조약은 서비스의 양태로서 공업적 성격의 활동, 상업적 성격의 활동, 직능인(craftsman)으로서의 활동, 전문직(profession)으로서의 활동을 예시적으로 열거한다. 동시에 서비스는 상품, 자본, 사람의 자유이동에 관한 규정에 규율되지 않는 행위라고 정의한다(제57조). 이처럼 서비스를 잔여범주로 정의하는 것은 1957년 로마조약 때부터 존속해 온 문언인바 이는 개념상 혼동을 준다. 여기에서 말하는 사람의 자유이동은 노동자의 자유이동 및 설립 행위에 수반되는 사람의 이동일 터인즉 서비스도 사람의 이동을 수반할 뿐만 아니라 설립 행위와의 구별이 늘 분명한 것이 아니기 때문이다. 변호사가 다른 회원국에 사무소를 차리고 영업을 하는 경우 이는 서비스의 제공인가 설립 행위인가? 판례는 양자의 구별을 행위의 시간적 지속성에서 찾는다. 즉 설립은 비교적 장기적으로 다른 회원국에 자리를 잡는 것을 수반하는 데 반해 서비스의 제공은 단기적이고 지속성이 적다는 것이다.[30] 서비스의 자유이동과 노동자의 자유이동 중 어디에 속하는지가 애매한 경우도 있다. 보스만 결정에 선행하는 두 개의 스포츠 관련 사건에서는 스포츠 선수의 이동이 노동자의 자유이동과 서비스의 자유이동의 두 측면을 모두 가지고 있는 것으로 보았다.[31]

---

30) Case C-55/94 *Reinhard Gebhard v. Consiglio dell'Ordine degli Avvocati e Procuratori di Milano* [1995] *ECR* I-4165.

31) Case 36/74 *B. N. O. Walrave and L. J. N Koch v. Association Union cycliste*

이미 지적했듯이 다른 회원국에 입국하고 체류할 수 있는 권리가 일반적인 시민의 권리로 발전하는 만큼 각인이 어떤 경제적 기능을 수행하는가의 구별은 출입국 및 체류와 관련해서는 상대화된다. 그러나 노동자, 사업자, 서비스 제공자의 구별은 경제적 기능의 수행과 관련해 어떤 처우를 받느냐의 문제와 관련해 여전히 중요하다.

3) 보장되는 권리

회원국 국민은 다른 회원국에서 설립의 행위를 하는 것에 대해 제한을 받지 아니한다(EU기능조약 제49조). 조약은 설립의 권리를 증진하고 보장하기 위한 입법의 절차와 사안을 규정하고 있다(제50조).

회원국 국민은 다른 회원국에서 당해 국가의 국민과 동등한 조건하에 일시적으로 서비스를 제공할 수 있다(제57조). 서비스 제공에 대해 제한을 하는 경우 그 제한은 국적 및 거주에 따른 구별 없이 적용되어야 한다(제61조).

위와 같은 권리의 제한은 간접적으로 이루어질 수 있는바 판례는 합법적 제한과 위법한 침해를 구분하는 기준을 마련해 왔다. 예컨대, 이탈리아는 주거용 주택의 구입, 건축, 수리를 위해 국가가 저리의 대출을 제공하는 제도를 도입하면서 수혜자를 이탈리아 국민에 한정했다. 집행위원회의 제소를 수리한 유럽사법재판소는 그것이 이탈리아에서 역무를 제공하려는 다른 회원국 국민의 설립의 권리를 침해한다고 판정했다.[32] 서비스의 자유이동과 관련해서는 범죄피해자구조청구권을 국민에게만 부여하는 것이 조약 위반이라는 흥미로운 결정이 있다. 프랑스에 관광을 갔다가 강도를 당한 영국인이 범죄피해자구조청구권을 행사하지 못하는 것에 대해 유럽사법재판소는 서비스의 자유이동은 서비스 제공자의 자유이동뿐만 아니라 서비스 구매자의 자유이동을 뜻하기도 하며 범죄피해자구조청구권을 국민에게만 부여하는 것은 다른 회원국 출신의 서비스 구매자의 자유이동을 침해하는 것이라 판시했다.[33]

---

internationale, Koninklijke Nederlandsche Wielren Unie and Federación Española Ciclismo [1974] *ECR* 1405; Case 13/76 *Gaetano Donà v. Mario Mantero* [1976] *ECR* 1333.

32) Case 63/86 *Commission v. Italy* [1988] *ECR* 29.

33) Case 186/87 *Ian William Cowan v. Trésor Public* [1989] *ECR* 195.

4) 학위와 자격증의 상호승인 및 전문직 서비스의 허용

자영업을 하거나 서비스를 제공하는 사람이 다른 회원국에서 영업을 하는 경우 그가 출신국에서 취득한 학력과 자격증을 영업 소재지에서 인정받는 것은 매우 중요하다. 학력과 자격증의 상호승인을 위한 가장 포괄적인 이차적 입법은 '전문자격의 승인을 위한 지침'(2005/36/EC)이다. 이는 고등교육 학위의 상호승인을 위해 발해진 지침 89/48/EEC, 이를 보완하는 92/51/EEC, 상공업종사자의 자격에 관한 지침 1999/42/EC를 통합하는 한편, 의사(93/16/EEC), 간호사(77/452/EEC), 치과의사(78/686/EEC), 수의사(78/1026/EEC), 산파(80/154/EEC), 건축가(85/384/EEC), 약사(85/432/EEC, 85/433/EEC)에 관한 지침을 한 데 모았다.

변호사 업무와 관련해서는 변호사설립 지침(Lawyers' Establishment Directive) 98/5/EC와 변호사서비스 지침(Lawyers' Services Directive) 77/249/EEC가 있다. 한 회원국에서 변호사 자격을 취득한 회원국 국민은 다른 회원국에서 자격시험을 치를 수 있고, 설립 지침 또는 서비스 지침에 따라 본인이 자격을 취득한 나라의 변호사 직함을 사용하면서 다른 회원국에서 개업하거나 일시적으로 서비스를 제공할 수 있다. 다른 회원국에서 개업함이 없이 일시적으로 서비스만을 제공하는 변호사도 원칙적으로는 그 나라에서 설립한 변호사와 같은 조건으로 활동할 수 있지만 송무의 수행을 위해서는 허가를 얻거나 그 나라에 등록된 변호사와 공동으로 해야 한다는 제한을 둘 수 있다(지침 77/249/EEC 제 3 조-제 5 조). 개업하는 경우에는 변호사 자격을 취득한 국가의 법, 국제법, 유럽공동체법 뿐만 아니라 개업지 국가의 법과 관련한 자문을 할 수 있되, 송무를 수행할 때에는 개업지 국가의 변호사 자격을 취득한 사람과 공동으로 업무를 수행할 수 있도록 제한을 가할 수 있다(지침 98/5/EC 제 4 조-제 5 조).

5) 예외적 권리 제한

(1) 공적 권한의 행사에 대한 제한

설립의 권리도 노동자의 자유이동과 마찬가지로 공적 권한(official authority)의 행사를 수반하는 활동과 관련해서는 보장되지 아니한다(EU기능조약 제51조). 이 조항은 서비스의 자유이동에 준용된다(제62조).

변호사의 직무가 가지는 공공성을 이유로 법률시장의 개방에 저항하는 행태는 초기의 유럽경제공동체에서 당연히 예상할 수 있는 일이었다. 1970년대 전반기까지 벨기에에서는 변호사 자격을 국민에게만 수여하고 있었고 법률서비스에 관한 공동체의 이차적 입법은 아직 제정되지 않았다. 이런 상황에서 벨기에에서 모든 과정을 이수했음에도 불구하고 국민이 아니라는 이유로 변호사 자격을 취득하지 못한 네덜란드인이 벨기에를 상대로 제소한 사건에 대한 선결적 판결에서 유럽사법재판소는 변호사가 공무를 수행한다는 이유로 다른 회원국 국민에 대해 변호사 직무 수행을 제한할 수 있는지의 여부는 변호사 직무에 속한 활동을 개별적으로 판단하여 제한이 가능한 것과 그렇지 않은 것을 구별해야 할 것이며 일부 공적 성격을 갖는 행위가 있다 하여 변호사 자격의 취득 자체를 불허하는 것은 정당화되지 않는다고 판정했다.[34)]

(2) 공공질서, 공공안전, 공중보건을 이유로 하는 제한

공공질서 등을 이유로 하는 노동자의 자유이동에 대한 제한이 명시적으로 입국과 체류를 대상으로 함에 비해 설립의 권리에 대한 제한은 "외국 국적자에 대한 특별한 처우를 규정하는 법규 또는 행정행위의 적용가능성을 훼손하지 않는다"는 문구를 근거로 한다(제52조 1항). 이 조항은 서비스의 이동에 준용된다(제62조).

공공질서 등을 이유로 설립의 권리 또는 서비스의 이동을 제한하는 것은 대체로 특정 목적의 회사 설립을 제한하거나 서비스 상품의 이동을 제한하는 방식으로 이루어지며, 특별히 사람의 자유이동을 제약하는 것은 자영업자 및 그 가족의 입국 또는 체류를 제한하는 것 외에는 흔하지 않다. 그러한 규제의 법리는 노동자의 자유이동에 대한 제한의 법리와 다르지 않으며 곧 살펴보듯이 시민의 권리로서의 거주·이전의 자유를 제한하는 문제로 발전한다.

3. 일반적 거주·이전의 자유

전술했듯이 사람의 자유이동은 시장에 참여하는 경제주체의 자유이동을

---

34) Case 2/74 *Jean Reyners v. Belgium* [1974] *ECR* 631.

의미했다. 그러나 유럽연합의 시민권 개념이 도입된 후 자유이동은 시민의 일반적 권리로 발전해 가고 있다. 이를 구체화하기 위한 입법으로 2004년에 제정된 시민권 지침(Directive 2004/38/EC)이 있음은 앞에서 보았다. 시민권 지침은 경제적 기능에 따라 각기 입국과 체류의 요건을 규정한 기존의 지침, 즉 노동자와 그 가족의 거주·이전에 관한 지침(68/360/EEC), 설립 및 서비스 제공과 관련한 거주·이전에 관한 지침(73/148/EEC), 일반적 거주 지침(90/364/EEC), 취업을 종료한 피고용자와 자영업자의 거주에 관한 지침(90/365/EEC), 학생의 거주에 관한 지침(93/96/EEC)을 일거에 대체하여 시민의 권리로 일반화했다. 회원국들은 2006년 4월 30일까지 지침이 부과하는 규준에 합치되도록 국내법을 정비해야 했다. 이러한 변화는 "회원국들의 영토 내에서 자유롭게 이동하고 거주할 권리"를 선언하는 EU기능조약과 유럽연합기본권헌장의 이상을 얼마나 실현하는가?

1) 거주·이전의 자유의 주체

"회원국 영토 내에서 자유로이 이동하고 거주할 수 있는 권리"의 주체는 연합의 시민과 그 가족성원이다(지침 2004/38/EC 제 1 조 a호). 가족성원에는 배우자뿐만 아니라 등록된 사실혼 배우자도 포함된다. 본인 및 배우자·사실혼 배우자의 직계비속으로서 21세 미만이거나 생계를 의존하는 자, 그리고 본인 또는 배우자·사실혼 배우자의 직계존속도 포함된다(제 2 조 2항). 아울러 연합시민의 가족성원 중 위에 포함되지 않는 자로서 연합시민에 의해 부양되거나 건강상의 이유로 보호를 요하는 자를 위해 회원국은 입국과 거주를 가능하게 할 의무가 있다(제 3 조 2항).

2) 출입국의 권리

연합시민과 그 가족은 출입국의 권리를 누린다(제4·5조). 연합시민은 신분증 또는 여권을 소지한다면 사증(visa) 없이 다른 회원국에 입국할 수 있으나, 회원국 국민이 아닌 가족성원에게는 여권의 소지와 사증의 취득을 요구할 수 있다. 단 그러한 가족성원이 거주증을 소지하는 경우에는 그의 여권에 출입국 날인을 해서는 아니 된다.

3) 3개월 이내 거주의 권리

유효한 신분증 또는 여권을 소지한 연합시민 및 여권을 소지한 비회원국 국적의 가족성원은 아무 형식을 요함이 없이 3개월까지 다른 회원국에 거주할 수 있다(제 6 조).

4) 3개월 이상 거주의 권리

연합시민은 다음의 요건을 갖춘 경우 3개월 이상 다른 회원국에 거주할 수 있다(제 7 조).

a) 노동자 또는 자영업자이거나

b) 거주국의 사회부조(social assistance) 제도에 부담이 되지 않을 만큼의 충분한 자력과 종합건강보험을 가지고 있거나

c) 거주국의 공립 또는 사립기관에서 직업훈련을 포함한 학업을 수행하는 자로서 종합건강보험을 가지고 있으며 거주국의 사회부조제도에 부담이 되지 않을 만큼의 자력이 있음을 선언하는 자일 것.

이러한 거주의 권리는 연합시민에 동반하는 가족 구성원에게 그의 국적과 무관하게 연장된다. 노동자 또는 자영업자가 질병 또는 재해로 업무에 종사하지 못하거나, 1년 이상 고용되었다가 비자발적 실업에 처하면서 구직자로 등록되어 있거나, 1년 미만의 단기고용계약이 종료한 후 비자발적 실업에 처했거나 1년이 경과하지 않은 상태에서 비자발적 실업에 처하고 구직자로 등록되었으며 그로부터 6개월이 경과하지 않았거나, 직업훈련을 받고 있다면 노동자 또는 자영업자와 동등하게 취급된다.

위와 같은 자격을 가지고 3개월 이상 다른 회원국에 거주하는 연합시민과 그의 가족에 대해 거주국은 등록을 요구할 수 있고 등록을 이행하면 즉시 등록증을 교부해야 한다(제 8 조). 또 회원국 국적을 갖지 않는 가족성원에 대해서는 거주증을 발급해야 한다(제 9 조-제11조).

연합시민과 그의 가족이 거주를 지속하기 위해서는 거주국의 사회부조제도에 부담이 되어서는 안 된다. 거주국 사회부조제도에 의존하더라도 이로 인

해 자동 추방되지는 않으며, 그러한 이유에 의한 추방조치는 노동자 또는 자영업자이거나 구직 중인 연합시민과 그의 가족성원을 상대로 행사되어서는 아니 된다(제14조).

5) 영 주 권

거주국에 합법적으로 5년 이상 거주한 연합시민과 그의 가족성원은 영주권을 취득한다. 영주권은 2년 이상 계속하여 해외에 체류하지 않는 한 상실되지 아니한다(제16조).

연합시민의 배우자 또는 사실혼 배우자가 거주국의 국민인 경우에는 정해진 거주기간의 경과 또는 노동자나 자영업자임을 요함이 없이 영주권을 취득할 수 있다. 노동자 또는 자영업자가 5년이 경과하기 전에 정년을 맞거나 질병 또는 재해로 근로하지 못하는 경우에는 요구되는 거주기간이 단축된다(제17조).

6) 비회원국 국민인 가족성원의 경제적 권리

연합시민의 가족성원으로서 거주권이나 영주권을 가진 자는 본인의 국적과 무관하게 취업하거나 자영업에 종사할 수 있다(제23조).

7) 평등한 대우를 받을 권리

연합시민과 그의 가족성원은 회원국인 거주국의 국민과 평등한 대우를 누린다(제24조 1항). 단 거주국은 거주를 시작한지 3개월이 경과하기까지 또는 대상자가 구직을 하는 동안에는 사회부조를 제공할 의무를 가지지 않으며 대상자가 영주권을 취득하기 전에는 학업을 위한 지원을 제공할 의무를 가지지 않는다(제24조 2항).

8) 권리의 예외적 제한

연합시민과 그의 가족성원이 누리는 거주·이전의 자유는 공공질서, 공공안전 또는 공중보건을 이유로 제한할 수 있다(제27조 1항). 지침은 제한의 요건으로서 비례성의 원칙, 범죄로 인한 전과가 곧바로 제한의 근거가 되지 않는다는 원칙, 그리고 개인적 행동에 기초한 판단에 의해야 하며 그 행동이 사회의 근본적 이익에 대한 진정하고 현존하며 충분히 심각한 위협을 이루는 경우에 한해 제한할 수 있다는 원칙을 제시하고 있다(제27조 2항). 이러한 기준은 사람의 자유이동에 대한 제한과 관련하여 판례와 입법에 의해 그간 확립된 원칙들이다. 공중보건을 이유로 한 제한은 세계보건기구(WHO)가 규정한 전염병 등 한정된 질병이 있는 경우에만 가능하다(제29조).

공공질서 또는 공공안전을 이유로 한 추방은 신중히 결정되어야 하며 대상자가 영주권자인 경우에는 더욱 엄격한 요건이 필요하다. 10년 이상 거주한 자이거나 미성년자에 대해서는 긴급한 안보상의 이유가 있거나 미성년자 본인의 이익을 위한 것이 아닌 한 추방을 결정할 수 없다(제28조). 공공질서, 공공안전, 공중보건을 이유로 한 권리 제한의 결정에 대해서는 사법적 또는 행정적 구제의 기회가 주어져야 한다(제31조).

9) 거주·이전의 자유와 시민권의 한계

그동안 노동자, 사업자, 서비스 제공자 등 경제적 기능에 따라 개별적으로 형성된 이동의 권리가 연합시민권의 도입과 시민권 지침에 의해 일반적인 시민의 권리로 발전하고 있음을 보았다. 그러나 유럽연합시민권의 내용을 이루는 거주·이전의 자유는 단일국가 대한민국의 국민은 물론 많은 연방국가의 국민이 누리는 거주·이전의 자유와는 큰 차이가 있다. 그것은 시민이라면 영토 내 희망하는 곳 어디로나 이주하여 살 수 있는 권리와는 전혀 다르다. 경제적 목적하에서만 이주가 가능했고 그 목적이 종료하면 일정 기간 내에 퇴거해야 했던 과거의 경제공동체에서와는 달리 경제적 기능이 없는 사람이라도 다른 회원국에 이주하여 살 수는 있다. 그러나 거주국의 복지제도에 부담을 주어서는 안 된다는 철칙은 누누이 강조되고 있다. 소위 "복지관광(welfare tourism)"을 방지하기 위함이다.[35] 아울러 노동자와 자영업자와 같이 경제적

---

35) 앞에서 소개한 중국인 모녀 주와 첸의 사건에서도, 주가 아일랜드 국민 및 유럽연합 시민이라는 자격만으로 당연히 영국에서 거주할 권리를 갖는 것은 아니었다. 후에 시민권 지침에 의해 폐지된 당시의 지침 90/364/EEC에 따라, 영국의 사회부조제도에 의존하지 않는다는 요건이 충족되었기 때문에 거주가 가능했다.

기능을 가지는 자와 그렇지 않은 자를 구별하여 입국과 체류의 요건을 달리 하고 있음을 볼 때 시장 통합의 요구에서 비롯된 권리의 배경이 여전히 그림자를 드리우고 있음을 알 수 있다. 비록 엄격한 요건이 부가되고는 있지만 안보와 질서를 이유로 추방까지 할 수 있다는 점도 일반 헌법상의 거주·이전의 자유와는 판이한 모습이다.

Ⅳ. 출입국관리와 제 3 국인의 처우

지금까지 유럽연합 시민의 지위와 권리를 살펴보았으니 이제 유럽연합에 들어오려 하거나 이미 들어온 제 3 국인의 처우를 살펴보는 것이 자연스럽다. 제 3 국인의 처우는 유럽연합의 역내외를 가르는 국경의 관리와 직결되어 있다. 이는 위에서 본 사람의 자유이동과는 개념상 무관하다. 후자는 역내에서의 이동을 의미하며 그것도 회원국 국민이라는 자격으로 누리는 자유이기 때문이다. 전술한 대로, 출입국관리와 제 3 국인에 대한 이민정책은 유럽경제공동체의 관할대상이 아니었다. 그것은 전적으로 개별 회원국의 주권에 따라 결정될 사안이었다. 그러나 그것이 공동체의 관심 밖에 머물 수는 없었다. 역내에서 사람이 자유롭게 이동하기 위해서는 궁극적으로 역내 공동 국경(common borders)이라는 장벽을 없애야 했다. 그러기 위해서는 역외에서 들어오는 제 3 국인에 대한 통제를 철저히 하는 것이 필수적이다. 이처럼 역내의 출입국 자유는 역내외를 가르는 국경에서의 출입국행정, 그리고 역외에서 들어오는 이민에 대한 정책과 직결되어 있다.

일부 회원국간 역내 공동 국경에서의 입국심사를 없애기 위해, 유럽경제공동체의 틀 밖에서 협정을 체결한 데에서 출발한 유럽 공동의 출입국·이민정책은 유럽연합의 출범과 함께 법무내무협력에 관한 제 3 기둥에 편입되었다. 그 후 암스테르담조약에 의해 제 1 기둥, 즉 유럽공동체의 사안으로 진입했고 현재는 "자유·안전·정의의 지대"에 관한 EU기능조약 제 3 부 제 5 편의 중요한 부분을 차지하고 있다. 본 절에서는 출입국·이민정책이 유럽연합의 법제로 발전한 과정과 해당 법제가 다루는 사안을 간략히 살펴본다.

1. 솅겐지대에서 자유·안전·정의의 지대로

유럽경제공동체설립조약이 보장하려 한 이동의 자유는 다른 회원국에서 경제활동을 하기 위해 입국하고 거주할 수 있는 권리를 의미했지 아무런 제약 없이 국경을 넘나들 수 있는 자유를 의미하는 것은 아니었다. 정치적·지리적 여건 때문에 출입국 절차가 간소한 나라와 그렇지 않은 나라가 있었지만 입국심사를 제거하는 국가간 합의는 북유럽 국가(Nordic Passport Union), 그리고 베네룩스 3국 사이에서처럼 동질적인 일부 나라에 국한되어 있었다. 유럽경제공동체가 창설된 후 사람의 자유이동이 실질화되기 위해서는 공동체 역내의 국경을 넘나드는 것이 자유로워야 한다는 인식이 대두했지만 회원국 국민은 물론 모든 사람의 출입국을 자유롭게 하는 것에 대한 합의가 도출되는 데에는 오랜 시간이 걸렸다.

자유이동을 누릴 수 있는 주체를 철저히 회원국 국민에 한정해야 한다는 입장과 역내 국경 통과를 누구에게나 자유롭게 하지 않으면 사람의 자유이동은 실질적으로 성취될 수 없다는 주장이 대립하던 중 1985년 유럽경제공동체 10개 회원국 중 절반에 해당하는 베네룩스 3국 및 프랑스와 독일은 룩셈부르그의 작은 고을 솅겐(Schengen)에서 "공동 국경에서의 입국심사의 점진적 제거"를 내용으로 하는 협정을 체결했다. 그리고 이 협정을 시행하기 위해 1990년 솅겐협약(Schengen Convention)을 체결했다.[36] 솅겐협약은 1995년에 발효했다.

이 시기 유럽공동체와 유럽연합의 차원에서는 출입국 문제에 대한 컨센서스가 부진했다. 1987년에 발효한 단일유럽의정서(Single European Act)는 1992년말까지 상품, 서비스, 자본, 노동의 이동과 관련하여 내부 국경(internal frontiers)이 없는 유럽단일시장(European single market, 조약의 표현으로는 internal market)을 완성하기 위한 조치를 취할 것임을 유럽경제공동체설립조약에 삽입

---

36) 정식 명칭은 1990 Convention implementing the Schengen Agreement of 14 June 1985 between the Governments of the States of the Benelux Economic Union, the Federal Republic of Germany and the French Republic on the gradual abolition of checks at their common borders.

했고,[37] 1993년 1월 1일부터 단일시장이 선언되었으나 여전히 출입국 절차는 제거되지 않았다. 이러한 상황은 유럽연합이 출범하여 출입국 문제가 유럽연합의 제 3 기둥인 법무내무협력의 사안으로 편입된 후에도 계속되었다. 솅겐협약이 발효하기 전인 1993년 스트라스부르에서 오는 비행기에서 내려 로테르담 공항을 통해 네덜란드로 입국하던 네덜란드 국적의 유럽의회의원 바이센벡(Wijsenbeek)이 여권을 제시하라는 요구에 불응하여 기소된 사건에 대한 선결적 판결에서 유럽사법재판소는 내부 국경 없는 단일시장에 관한 유럽공동체설립조약의 규정(당시 제7a조)과 거주·이전의 자유를 선언하는 규정(당시 제8a조)이 입국심사까지 배제하는 것이 아님을 명언했다. 외부 국경(external borders)의 관리를 위한 공동의 법제가 마련되지 않은 상태에서 내부 국경의 제거는 제한될 수밖에 없다는 것이었다.[38]

이 점은 솅겐체제에 전제된 인식이었다. 내부 국경을 해체하기 위해서는 외부 국경의 공동관리가 필요하다는 것이었다. 이 양면적 목적을 지향하는 솅겐협정의 규정들은 솅겐협약에 의해 구체화되었다. 솅겐협약은 내부 국경에서의 입국심사의 원칙적 제거를 표방하는 한편 외부로부터의 입국을 통제하기 위한 조치들, 즉 외부 국경 통과에 관한 공동의 규칙 제정, 입국과 단기체류를 위한 사증(visa)의 요건에 관한 법규의 조화(harmonization), 국경 감시 행정의 조율, 난민신청자를 위한 규정 마련, 감시와 추적을 강화하기 위한 경찰협력, 당사국간 정보 공유를 위한 솅겐정보시스템(SIS) 구축을 약속했다. 솅겐협약이 체결된 후 솅겐지대(Schengen area)를 이루는 나라는 지속적으로 늘어나 1997년 암스테르담조약이 체결될 당시에는 유럽연합 15개 회원국 중 영국과 아일랜드를 제외한 13개국을 포함하고 있었다.

한편 출입국·이민정책은 유럽연합조약이 설치한 법무내무협력의 사안이 되었지만 이 기둥에서의 공동정책의 추진은 지지부진했다. 이를 타개하기 위

37) 이 규정은 유럽경제공동체설립조약 제8a조에 삽입되었고 마스트리히트 개정에 의해 제7a조로 이동했으며 암스테르담 개정에 의해 제14조로 옮겨졌다가 EU기능조약에 이르러서는 1992년 말을 종료시한으로 하는 언급이 삭제되고 보다 일반적 문구로 개정되어 제26조에 안치되었다.

38) Case C-378/97 *Criminal proceedings against Florus Ariël Wijsenbeek* [1999] *ECR* I-6207.

하여 유럽연합은 솅겐체제를 유럽연합의 틀 안으로 편입하고자 했다. 이는 1997년 암스테르담조약에 부속된 의정서를 통해 이루어졌다.[39] 편입된 규범은 솅겐협정, 솅겐협약, 솅겐협약에의 가입을 위한 당사국의 협정, 솅겐 집행위원회(Executive Committee)의 결정을 모두 포괄하는 것으로서 솅겐법제(Schengen acquis)라는 용어로 총괄된다.[40] 솅겐법제를 수용한 나라, 즉 솅겐지대에 속한 나라는 현재 25개로서, 유럽연합 회원국 중 영국은 부분적으로만 솅겐법제를 수용하고 아일랜드는 수용하지 않고 있으며 키프러스, 루마니아, 불가리아는 솅겐체제에의 가입에 필요한 외부 국경 관리의 요건을 충족하지 못하여 가입이 늦추어지고 있다. 반면 유럽연합 회원국이 아닌 아이슬랜드, 노르웨이, 스위스가 정회원 자격을 가지고 있다.

이미 언급했듯이, 암스테르담조약은 "자유·안전·정의의 지대(area of freedom, security and justice)"의 창설을 지향하면서 유럽공동체설립조약에 "사증(visa), 비호(asylum), 이민, 사람의 자유이동에 관한 기타 정책" 관련 규정을 삽입했다. 이로써 법무내무협력에 속했던 출입국·이민 문제가 첫째 기둥인 유럽공동체의 관할 영역으로 진입했으나 모든 사안이 그렇게 된 것은 아니었다. 즉 솅겐법제를 구성하는 규범 중 일부는 제 1 기둥에, 나머지는 제 3 기둥에 분산되었다. 그러나 EU기능조약의 발효와 함께 그러한 구분은 해체되었다. EU기능조약의 제 3 부 제 5 편이 "자유, 안전, 정의의 지대"에 관한 포괄적 규정들을 담고 있기 때문이다. 배경과 계보를 달리하여 형성된 여러 규범들은 이제 "자유, 안전, 정의의 지대"의 깃발 아래 수렴되고 있는 것이다.[41]

2. 자유·안전·정의의 지대에서의 출입국·이민 법제

EU기능조약은 자유·안전·정의의 지대의 창설을 위해 내부 국경의 제거,

---

39) Protocol integrating the Schengen *acquis* into the European Union.

40) 솅겐법제를 구성하는 법령의 목록은 이사회 결정 1999/435/EC에 부속된 별표가 공식적으로 제공하며 이에 포함된 모든 법령의 원문은 *Official Journal of the European Communities*, 22 September 2000에 게재되어 있다.

41) "자유, 안전, 정의의 지대"는 출입국·이민뿐만 아니라 범죄 대책, 형사사법의 회원국간 조화, 민사판결의 상호승인 등 법무와 사법에 관한 많은 사안을 포함하고 있다.

그리고 비호(asylum)와 이민, 외부 국경의 통제를 위한 공동정책의 구축을 과제로 제시했다(제67조 2항). 그리고 그러한 과제를 추진하기 위한 입법 및 정책결정의 방식과 절차를 규정하고 있다. 향후 법과 정책이 어떤 방향으로, 그리고 어떤 절차에 의해 형성될 것인지와 함께, 자유·안전·정의의 지대에서 출입국·이민 법제와 정책이 어떻게 조성되고 있고 어떤 진전이 있었는지를 살펴볼 필요가 있다.

암스테르담조약에서 선언한 자유·안전·정의의 지대의 창설은 1999년 핀란드 탐페레(Tampere)에서 개최된 유럽이사회에서 최우선 안건으로 논의되었으며, 이를 성취하기 위한 프로그램이 정립, 제시되었다. 탐페레 프로그램은 공동비호이민정책(common asylum and immigration policy)을 비롯해 법무내무협력에 관련한 정책 과제를 제시했다.[42] 탐페레 프로그램은 2004년에 만료되었는데 프로그램 시행 기간 중 9. 11 테러 사건과 마드리드 철도 테러 사건이 발생했고, 후에 좌초되었지만 유럽헌법제정조약(Treaty Establishing a Constitution for Europe)이 제안되었으며, 10개국이 새로이 연합에 가입했다. 이러한 배경 속에 "유럽연합에서의 자유, 안전, 정의를 '강화'"한다는 취지의 헤이그 프로그램(Hague Programme)이 새로이 채택되었다. 헤이그 프로그램은 자유 강화의 일환으로 연합시민권의 강화, 공동의 비호·이민·국경정책 추진, 불법고용 근절, 제 3 국인의 통합, 난민과 이민의 출신국·통과국·관련국과의 협력, 생체정보를 포함한 정보체계 구축과 공동사증(visa)정책을 포함하여 이민 유입경로의 관리 등을 추구하고 있다.[43] 5개년 계획인 헤이그 프로그램은 2010년에 만료한다.

EU기능조약의 규정과 현재 가동 중인 이차적 입법들은 위와 같은 배경 속에서 나오게 되었다. 현재의 출입국·이민 법제의 내용과 주안점을 개관해 본다.

---

42) Presidency Conclusions, Tampere European Council, 15-16 October 1999, http://www.europarl.europa.eu/summits/tam_en.htm#annexe.

43) The Hague Programme: Strengthening Freedom, Security and Justice in the European Union, Council of the European Union, 13 December 2004.

1) 내부 국경의 제거

EU기능조약은 내부 국경을 통과하는 사람이 "국적과 관계없이" 어떤 통제도 받지 않도록 하는 정책을 개발해야 한다고 규정하고 있다(제77조 1항 a호). 그런 정책은 솅겐법제와 이차적 입법을 통해 법제화되어 있다.

솅겐법제는 그 자체로서 유럽연합법의 일부를 구성하지만 그 내용은 다시금 연합의 기구가 발하는 이차적 입법에 반영된다. 그 과정에서 원래의 솅겐법제의 내용이 수정되기도 한다. 내외부의 국경 관리와 관련하여 현재 가장 중요한 입법은 일명 솅겐국경법규(Schengen Borders Code)라 불리는 의회/이사회 규칙(Regulation) 562/2006/EC이다. 이에 따르면 회원국은 공동의 국경에서 입국심사를 해서는 아니 되며, 육상 교통수단이 정지하지 않고 통과하도록 보장해야 한다. 다만 영토 내에서 행하는 일반적인 경찰권 행사를 국경지역에서 행하는 것은 허용되며, 공공질서와 치안에 심각한 위협이 발생하는 경우에는 제한된 기간에 한해 입국심사와 검문을 도입할 수 있다. 전술한 대로, 내부 국경의 제거는 영국, 아일랜드, 키프러스, 루마니아, 불가리아에는 적용되지 않고 있다.

2) 외부 국경의 관리

유럽연합에는 전부 1,636개의 국경 통과지점이 있음이 보고되었다. 2006년 유럽연합의 외부 국경을 통과한 건수는 9억 건에 달했다.[44) 솅겐국경법규는 유럽연합 시민과 그 가족에 대해서는 최소심사(minimum check)를, 제3국인에 대해서는 철저심사(thorough check)를 규정하고 있다. EU기능조약은 외부 국경의 통합관리 시스템(integrated management system)의 점진적 도입을 주문하고 있다(제77조 1항 c호). 이를 위한 장치의 하나가 연합 차원의 외부국경관리청이라 할 수 있는 프론텍스(FRONTEX)의 운영이다.

---

44) Communication from the Commission to the Council, the European Parliament, the European Economic and Social Committee and the Committee of the Regions, *Justice, Freedom and Security in Europe since 2005: An Evaluation of the Hague Programme and Action Plan*, 10 June 2009, COM(2009) 263 Final, p. 6.

3) 정보공유 시스템의 운영

솅겐협약은 회원국이 제 3 국인의 입국을 허가할 때 공통적으로 검토해야 할 사항을 규정하고 있다. 여행 서류와 사증 등을 구비하고 있는지, 체류 목적과 체류에 필요한 경제적 수단의 구비를 소명할 수 있는지, 귀환할 준비를 갖추고 있는지와 함께 입국자가 경계 대상인 인물인지, 공공질서, 국가안보, 국제관계에 위협이 되지 않는지를 검토하여 입국을 허가해야 하며 이를 충족하지 못한 자에 대해서는 입국을 불허해야 한다(제 5 조 제1·2항). 그런데 회원국 출입국 당국이 그와 같은 심사를 하기 위해서는 많은 정보가 필요하다. 이를 위한 정보를 제공하는 장치로서 마련된 것이 솅겐정보시스템(Schengen Information System: SIS)이다. 이 외에도 사증발급에 관한 정보를 공유하기 위한 사증정보시스템(Visa Information System: VIS), 비호신청자와 불법월경자의 지문에 관한 정보를 축적·공유하기 위한 유로닥(Eurodac)이 있다.

4) 불법체류의 단속과 강제퇴거

제 3 국인의 체류 관리에 대한 공통의 기준이 없다면 관리가 느슨한 회원국을 통해 불법입국하여 내부 국경의 철폐를 악용하는 불법체류자가 범람할 수 있다. 이를 방지하기 위해 처음 도입한 것은 제 3 국인에 대한 한 회원국의 추방 결정을 다른 회원국이 승인하게 하는 제도였다. 이사회 지침(2001/40/EC)으로 도입된 이 제도는 결정의 상호승인과 집행만을 규정할 뿐 불법체류자를 취급하는 각 회원국의 방식 자체를 조화시키는 것은 아니었다. 후자의 목적을 위해 제정된 입법이 송환 지침(Returns Directive, 2008/115/EC)이다. 송환 지침은 회원국으로 하여금 불법체류자 단속에 만전을 기할 것을 요구하고 강제퇴거를 당한 제 3 국인의 재입국을 5년간 금지하도록 하는 등 유럽연합 전체에 걸쳐 통제의 수준을 높이고자 한다. 불법체류자에 대한 구금의 기간 제한이 없는 회원국이 여럿 있음을 감안하면 구금을 원칙적으로 6개월로 제한하고 예외적으로 18개월까지 허용하는 이 지침이 인권보호에 기여하는 바가 없지는 않지만, 인권단체 및 사회당과 녹색당 계열의 유럽의회의원들은 송환 지침이 인권 유린의 여지가 많다는 점을 비판한다.[45]

5) 공동사증제도

솅겐법제는 솅겐지대 전체에 통용되는 단기 사증(visa)을 발급하도록 하고 있다. 아울러 사증이 면제되는 국가와 사증이 요구되는 국가를 공동으로 지정하고 있다. 한국은 솅겐지대 전체에 대해 사증이 면제되는 국가이다. 사증이 면제되거나 솅겐 사증을 발급받은 제 3 국인은 솅겐지대에 들어와 90일까지 체류할 수 있다.

공동사증제도가 공동의 통제를 수반함은 물론이다. 앞에서 언급한 사증정보시스템에 의해 사증발급에 관한 정보가 회원국 사이에 공유된다.

6) 장기거주 제 3 국인의 처우

이사회는 2003년 장기거주자 지침(Long Term Resident Directive, 2003/109/EC)을 채택했다. 이에 따르면 학생, 난민 및 난민신청자 등 일부를 제외하면 5년 이상 한 회원국에 거주한 제 3 국인에게 신청에 의해 장기거주자 지위를 부여해야 한다. 이는 영주권이다. 다만 5년 이상의 기간을 정해 부여하고 주기적으로 자동 갱신되도록 할 수는 있다. 장기거주자는 취업과 자영업, 장학금을 비롯한 교육 혜택, 사회보장, 주거 혜택, 결사의 자유, 역내 이동과 관련하여 회원국 국민과 동등하게 처우되며, 공공질서와 공공안전에 대한 위협을 야기하는 경우에 한해 추방될 수 있다.

장기거주 제 3 국인의 지위는 다른 회원국에 거주하는 회원국 국민의 지위에 비해 열악함은 물론이다. 장기거주자 지위를 얻기 위해서는 단지 거주국 사회부조제도에 부담을 주지 않는 것으로 족하지 않고 그러한 부담을 초래하지 않을 만큼 자기와 가족의 생계를 유지하기에 충분한 소득이 있음을 입증해야 한다. 요건의 충족 여부는 취업의 정기성이나 임금 수준을 고려하여 판단된다. 또 제 3 국인에 대해서는 사회통합을 위한 일정한 요건을 갖추어야 장기거주자 지위를 부여하는 것이 가능하다. 사회보장이 아닌 사회부조(social

45) "Fighting Illegal Immigration: The Return Directive," *Euractiv* 26 August 2008, http://www.euractiv.com/en/socialeurope/fighting-illegal-immigration-return-directive/article-174876.

assistance)와 사회보호(social protection)에서는 핵심적 혜택(core benefits)과 관련해서만 평등대우가 요구된다는 점도 특기할 만하다.

장기거주자 지위를 가진 제 3 국인은 다른 회원국에서도 경제활동을 하거나 교육을 받을 수 있으며 거주허가를 받을 수 있다. 그러나 회원국은 다른 회원국에 정주한 제 3 국인을 수용하는 데 쿼터를 적용할 수 있다. 다른 회원국에 정착하는 제 3 국인에 수반하는 가족성원은 사회부조에 의존함이 없이 생계를 유지할 수 있음을 입증해야 한다.

7) 가족재결합의 보장

이사회는 2003년 가족재결합 지침(Family Reunification Directive, 2003/86/EC)을 채택했다. 이에 따르면 합법적 체류자격을 가진 제 3 국인은 가족을 초청할 수 있는데 일정 기간 거주하였음을 요건으로 하더라도 그 기간이 2년을 넘을 수 없다. 회원국 국민의 가족과는 달리 초청할 수 있는 가족성원의 범위는 배우자와 미성년 자녀에 국한된다. 그 자녀가 12세를 초과하고 가족과 독립하여 입국하는 경우에는 국내법이 요구하는 바에 따라 사회통합의 가능성을 입증해야 하며, 회원국은 15세에 달하기 전에 신청을 해야 한다는 요건을 부과할 수 있다. 복혼(poligamy)이 허용되는 나라에서 오는 배우자의 경우 이미 한 배우자가 입국해 있다면 다른 배우자의 입국을 거부할 수도 있다.

8) 학생의 처우

2004년에 제정된 학생 지침(Student Directive, 2004/114/EC)은 학생으로서 갖추어야 할 요건을 엄격하게 규정하는 한편 최소 1년의 거주허가를 부여할 것을 요구한다. 단 그보다 짧은 과정을 이수하는 경우 과정을 수료할 때까지의 거주허가를 부여해야 한다. 그밖에 회원국 노동시장의 사정이 허락하는 한 노동시간, 별도의 허가, 거주 기간 등을 정하는 국내법에 합치하는 범위에서 방과 후 취업하거나 자영업을 영위할 수 있게 해야 한다는 점 등 몇 가지 신분 보장 규정을 두고 있다.

9) 난민에 대한 비호

모든 유럽연합의 회원국은 1951년 난민지위협약(Convention Relating to the Status of Refugees)과 1967년 난민의정서(Protocol Relating to the Status of Refugees)의 당사국이다. 그러나 난민지위협약이 정하는 기준은 추상적이며, 비호신청의 수리 여부 및 난민지위 인정 여부는 전적으로 당사국에 일임되어 있다. 따라서 다수의 유럽공동체 회원국은 유럽연합이 선포되기 전에 이미 유럽공동체의 외부에서 자체적인 협약을 통해 지역적 공통 기준을 마련하고자 했다. 1990년의 솅겐협약과 더블린협약(Dublin Convention)이 그 예이다. 두 협약이 다룬 가장 주된 문제는 어떤 나라가 비호신청을 수리할 의무를 부담하느냐였다.[46] 회원국 간에 비호신청자를 떠넘기지 않도록 책임을 져야 할 회원국을 분명히 지정하기 위함이었다. 더블린협약은 1997년 발효했다.

1999년 솅겐협약이 유럽연합법의 일부가 된 것에 이어 더블린협약도 2003년 이사회 규칙 343/2003/EC를 통해 유럽연합법으로 흡수되었다. 이것이 바로 더블린규칙(Dublin Regulation)이며, 더블린협약에 후속한다는 의미에서 더블린Ⅱ규칙(DublinⅡ Regulation)이라고도 부른다. 이를 집행하기 위한 상세한 규칙을 정하는 집행위원회(Commission) 규칙(Regulation 1560/2003/EC)이 제정되었는데 이것을 더블린세칙(Dublin Detailed Rules)이라 하며 이들을 통칭하여 더블린체계(Dublin System)라 부른다. 솅겐법제와 더블린체계가 정립한 가장 중요한 원칙은 회원국 중 1국만이 비호신청을 수리할 책임을 지며 비호신청은 반드시 수리해야 한다는 점, 책임져야 할 다른 국가가 없는 경우 비호신청자가 입국한 회원국이 책임을 진다는 점, 그리고 "안전한 제3국(safe third country)"으로 비호신청자를 보낼 수 있다는 점이다.[47]

---

46) 더블린협약의 정식 명칭은 Convention Determining the State Responsible for Examining Applications for Asylum Lodged in One of the Member States of the European Communities이다.

47) Arts. 29-30, Schengen Convention; Arts. 3-8, Dublin Convention. 두 협약이 도입한 "안전한 제3국" 원칙에 대해서는 Alberto Achermann and Mario Gattiker, "Safe Third Countries: European Developments," *International Journal of Refugee Law*, Vol. 7, No. 1, 1995, pp. 19-38 참조.

유럽연합은 그 밖의 사안에 대해서도 지침을 발하여 회원국의 난민법을 조화시키고자 했다. 난민정의 지침(Refugees Definition Directive, 2004/83/EC)은 회원국간 구구한 난민 요건의 해석을 통일하려는 목적을 갖는다. 수용조건 지침(Reception Conditions Directive, 2003/9/EC)은 비호신청자와 난민지위를 인정받은 사람들에 대한 처우를 규정하며, 비호절차 지침(Asylum Procedures Directive, 2005/85/EC)은 심사의 절차를 표준화한다.

셍겐협약과 더블린협약, 탐페레 프로그램과 헤이그 프로그램을 통해 진화해 온 유럽연합의 난민법은 인권보호 차원에서 비호심사와 비호신청자 및 난민의 처우를 개선하려는 것보다는 난민임을 자처하며 정착을 꾀하려는 경제적 이주자를 차단하고 비호신청자들이 가장 유리한 심사와 비호 조건을 좇아 신청지를 쇼핑하는(asylum shopping) 것을 방지하려는 데 더 큰 목적을 두고 있다. 그러다 보니 추방에 대한 구제 제도가 없다든가 충분한 비호 절차를 가지지 않은 제 3 국으로 축출하는 것을 부추기는 등 인권 원칙에 반하는 모습을 보이기도 한다. 그런 점에서 높은 수준의 보호를 제공하던 회원국이 낮은 수준으로 하향하도록 하는, 소위 “바닥으로의 경주(race to the bottom)”를 조장한다고 비판된다.[48)]

10) 출입국·이민정책의 법제화 방식

암스테르담 개정에 의해 유럽공동체설립조약이 출입국·이민에 관한 규정을 담게 되었다 해도 그에 관한 의사결정은 통상적인 입법절차에 비해 각 회원국의 자율성을 존중하는 것이었다. 즉 2004년까지 5년의 과도기를 두어 많은 사안을 이사회의 만장일치로 결정하도록 하고 의회에는 자문(consultation)의 권한만을 부여했다. 5년의 과도기가 지난 후에는 의회가 공동결정(co-decision)을 통해 입법에 관여할 수 있는 길을 열어 놓았다(구 제67조, 제251조). 위에서 살펴본 이차적 입법의 대부분은 이사회가 제정한 것이지만 2005년 이후에 제정된 것들, 예를 들어 셍겐국경법규와 송환 지침은 의회와 이사회가 공동결정을 통해 제정한 것이다.

구 조약에서는 출입국·이민과 관련해서는 유럽사법재판소의 권한을 제한

48) Josephine Steiner and Lorna Woods, *supra* note 6, p. 595.

했다. 일반 사건에서와는 달리 회원국의 최고법원이 부탁한 사건에 대해서만 선결적 판결을 내릴 수 있게 하고, 법질서와 치안을 위해 필요한 경우에는 유럽공동체의 조치나 결정에 대해 판단할 수 없도록 한 것이다(구 제68조).

EU기능조약은 유럽사법재판소의 관할에 대한 제한을 제거했고, 입법과 관련해서도 과도기적 규정들을 없애고 새로 명명된 절차에 따르도록 하고 있다. 조약은 대부분의 정책 사안을 의회와 이사회의 공동결정에 의하는 통상입법절차(ordinary legislative procedure)에 의해 법제화하도록 하고 있다. 조약은 통상입법절차에 의해야 할 사항을 다음과 같이 명시적으로 열거한다(제77조 2항, 제78조 2항, 제79조 2·4항).

- 사증(visa)과 단기 거주허가에 관한 공동 정책
- 외부 국경 통과 시 거쳐야 할 심사
- 제 3 국인이 역내에서 단기 여행의 자유를 누리기 위한 요건
- 외부 국경의 통합관리를 점진적으로 확립하기 위해 필요한 조치
- 내부 국경을 통과할 때 국적과 무관하게 아무런 심사를 받지 않는다는 원칙
- 연합 전역에서 효력을 가지는 제 3 국인에 대한 통일된 비호 지위
- 유럽에서 비호 지위를 얻지 못하지만 국제적 보호를 필요로 하는 제 3 국인에 대한 통일된 부차적 보호(subsidiary protection) 지위
- 대량 유입하는 실향민(displaced persons)에 대한 일시적 보호를 위한 공동 시스템
- 회원국이 비호와 부차적 보호의 신청을 허가하거나 철회하는 기준과 방법
- 비호와 부차적 보호 신청자의 수용 요건에 관한 기준
- 인적 유입의 통제를 위한 제 3 국과의 파트너십과 협력
- 가족재결합을 위한 경우를 포함한 입국과 거주의 요건 및 장기 사증과 거주허가의 발급 기준
- 회원국에 합법적으로 거주하는 제 3 국인의 권리에 대한 정의(다른 회원국으로 이동하고 거주하기 위한 요건을 포함)

- 강제퇴거와 송환을 포함하여 불법이주자 및 무단거주자에 대한 조치
- 인신매매(trafficking), 특히 부녀자와 아동에 대한 인신매매 방지
- 회원국들의 국내법규를 조화함이 없이, 합법적으로 거주하는 제 3 국인의 통합을 제고하기 위한 회원국들의 행동을 유도하고 지원하기 위한 조치

조약은 의회의 자문을 얻어 이사회가 만장일치로 결정하는 특별입법절차(special legislative procedure)를 요하는 사항은 소극적으로 규정하고 있다. 즉 거주·이전의 자유를 촉진하기 위해 필요하지만 조약이 권한을 부여하지 않은 경우에는 이사회가 의회의 자문을 거쳐 여권, 신분증, 거주허가 기타 문서에 관한 규정을 채택할 수 있도록 하고 있다(제77조 3항).

V. 유럽통합과 시민권의 미래

인류의 구성원들이 한 국가에 소속된 지위를 벗어나 진정한 지구촌 시민으로 살아가는 시대가 도래하고 있는가라는 문제를 둘러싸고 학자들은 열띤 논쟁을 벌이고 있다. 국민국가에 갇힌 시민권이 퇴조하고 지구촌 시민권이 이를 대신하고 있다고 주장하는 사람들은 유럽연합시민권을 그러한 변화의 증좌로 거론한다.[49] 역내 어디에서나 거주하고 생활할 수 있으며 그러한 지위와 권리를 국적국의 헌법이 아닌, 초국가적 규범으로부터 부여받는 유럽연합의 시민에게 더 이상 어떤 국가에 소속되었는지는 의미를 갖지 않는다는 것이다. 이러한 주장에 대해서는 다음과 같은 반론이 가능하다.

첫째, 유럽연합의 시민권은 전적으로 특정 국가에의 소속에 의존한다. 즉 회원국 국적을 가지는 결과로서 연합의 시민이 될 뿐이며, 누가 회원국 국적을 가지느냐는 전적으로 회원국의 주권적 결단에 의해 정해진다. "연합의 시민권이 회원국 국적에 부가적이며 회원국 국적을 대체하지 아니한다"는 점은

49) Yasemin Nuhoğlu Soysal, *Limits of Citizenship: Migrants and Postnational Membership in Europe*, Chicago: University of Chicago Press, 1994, pp. 147-151.

조약이 명시적으로 선언하고 있다.

둘째, 시민권의 요체는 정치적 의사결정에 참여하는 것인데 유럽연합의 시민이 국적국을 떠나서 누릴 수 있는 정치적 권리는 제한되어 있다. 즉 유럽의회의원선거와 회원국인 거주국 지방선거에는 참여할 수 있지만 거주국 국정선거에는 참여할 수 없다. 또 회원국 국민들이 어떤 조건하에 유럽의회의원 선거에서 권리를 행사할 수 있는지도 국적국 선거법에 좌우된다.

셋째, 유럽연합 시민이 연합 역내에서 누리는 거주·이전의 자유 또한 제한되어 있다. 그것은 주권국가의 국민이 그 국가의 영토 내에서 누리는 자유처럼 절대적이지 않다. 그것은 유럽연합의 모든 시민이 누리는 권리가 아니다. 경제적 자립이 가능한 사람만이 누릴 수 있다. 유럽연합시민권은 여전히 경제적 성격의 자격범주이며 보편적 인간지위에 기초한 것이 아니다.

넷째, 유럽연합 역내에서는 참여가 확대되고 이동이 자유로워진다고 해도 유럽연합과 역외 세계를 구별하는 경계는 더 높아져 가고 있다. 외부 국경의 통제가 강화되면서 자유·안전·정의의 지대라 불리는 권역은 요새(Fortress Europe)가 되고 있다. 출입국관리에서 회원국의 주권은 감소하고 있지만 이는 보편적 기준에 의한 주권의 감소가 아니라 주권의 공동출자(pooling of sovereignty)에 의해 각 회원국의 주권적 통제가 유럽 차원으로 확대되는 것을 의미한다.

이상의 반론에 따르면, 유럽연합시민권은 탈국가적 시민권의 양상을 보여주는 것이 아니라 "국가적 시민권이 유럽 수준에서 실현되는 것"이며 "기존 시민권 레짐의 논리를 넓은 영토로 이전한 것"에 불과하다는 것이다.[50] 유럽연합의 법제를 제대로 이해하지 못하면서 마치 미국에 비견되는 유럽합중국이 도래한 것처럼, 그리고 그러한 변화가 지구 반대편에서 사는 우리들이 나아갈 방향까지도 제시해 주는 것처럼 센세이셔널하게 말하는 사람들에게는 이러한 지적을 들려줄 필요가 있다.

그러나 유럽연합은 고정된 세계가 아니다. 1993년에 법제화된 유럽연합시민권은 지난 17년 동안 조금씩이나마 그 내용을 더해 왔다. 아직은 연합 역내 어느 곳에 가서도 그 나라에 공식적으로 소속된 사람과 동등하게 살아

50) 이철우, "탈국가적 시민권은 존재하는가," 「경제와 사회」, 제79호(2008), 75면.

갈 수 있는 지위에는 이르지 못했지만, 국가를 상회하는 기구와 직접 맺는 권리의무관계가 넓어지고 이를 매개로 하여 국가에의 소속에 따른 권리의 격차를 줄여나가는 방향으로 시민권이 질적 발전을 겪고 있는 것은 분명하다.

내부 국경이 철폐되고 연합시민권이 강화되는 것에 비례하여 역내외를 가르는 경계선에 더 높은 장벽이 설치되는 것은 유럽시민권이 결코 세계시민권으로 향한 징검다리가 아니라는 점을 말해 준다. 그러나 유럽연합의 인적·공간적 경계가 놀라울 정도로 확대되고 있을 뿐만 아니라, 인적 경계의 설정에서 작용하는 국가상회적 권력과 국가적 권력의 기묘한 병존이 인적 경계를 동요시키는 점이 주목된다. 즉 주권의 공동출자에 의한 통제의 강화 및 배제의 공동집행의 다른 반면에는 역외로부터의 이민 수용에 대한 각 회원국의 주권이 존중되고 있다.[51] 이는 제 3 국으로부터의 이민이 지속적으로 증가하는 것과 함께 회원국 국민이자 연합시민이 아니라도 실질적으로 자유이동을 누리는 사람이 늘어나게 될 것임을 예고한다. 이는 지구촌 전체를 관통하는 글로벌한 동력이 국민국가와 지역적 연합이라는 다층적 권력 단위의 기제를 통해서 작용하고 있음을 보여 주며, 다층적 권력 사이의 모순으로 인해 외견상의 통제와 배제에도 불구하고 진입과 수용의 기회들이 생겨날 수 있음을 시사한다.

51) "본 조문(공동이민정책에 근거를 부여하는 제79조)은 피고용자인지 자영업자인지를 불문하고 직업을 찾아 제 3 국으로부터 오는 제 3 국인의 영입 규모를 결정하는 회원국의 권리에 영향을 주지 아니한다"(EU기능조약 제79조 5항).

제 8 장 EU의 인권보호체계

I. 서 론

EU의 인권보호체계는 한편으로 매우 독특하지만, 다른 한편으로 일반적인 EU법의 형성과 유사한 방법으로 발전해 왔다. 다시 말하면, EU법상 인권을 보호하는 시스템은 조약의 명문 규정을 통해서가 아니라 EU사법재판소의 판결을 통하여 인권 존중에 관한 원칙이 도출되고 이것이 다시 개정된 조약에 규정되는 방식으로 강화되어 왔다.[1] 유럽공동체가 설립된 지 50년이 지난

1) Elizabeth F. Defeis, "Human Rights and the European Court of Justice: An Appraisal," *Fordham International Law Journal*, Vol. 31, No. 5, 2007, p. 1112; Francis G. Jacobs, "Human rights in the European Union: the role of the Court of Justice," *European Law Review*, Vol. 26, No. 4, 2001, p. 340; Gráinne De Búrca, "The Road not Taken: The European Union as a Global Human Rights Actor," *American Journal of International Law*, Vol. 105, No. 4, 2011, p. 650; 기존의 유럽석탄철강공동체와 유럽방위공동체(European Defence Community)의 연합체로서 유럽인권협약을 공동체법의 일부로 만들고자 했던 유럽정치공동체(European Political Community, 이하 EPC)에 관한 조약은 1953년에 기초되었으나, 1950년에 제안되고 1952년에 서명된 유럽방위공동체 조약이 1954년 프랑스가 비준을 거부함에 따라 EPC 체제는 포기되었다. Paul Craig and Gráinne De Búrca, *EU Law: Text, Cases, and Materials*, 5th ed.(Oxford: Oxford University Press, 2011), p. 362; 그러나 EPC 조약에서 현재 EU의 인권보호에 관한 헌법적 골격에 존재하는 요소 중 상당 부분은 물론이고, 오늘날의 규정보다 더 야심적인 조항을 읽어낼 수 있다. *Ibid.*, p. 651; EPC에 관한 보다 자세한 설명은 *Ibid.*, pp. 653-664 참조.

현재, 인권은 EU법질서에서 중심적 위치를 차지함으로써 과거 유럽정치공동체에 관한 조약이 구현하고자 했던 모습으로 회귀하고 있으며, 인권보호는 조약 규정과 함께 EU법상 일차적 연원으로서의 지위를 갖게 되었다.[2)]

한편, 유럽에는 EU 이외에, (2012년 4월 24일자 가입조약의 비준과정이 완료되는 2013년 7월 1일 28번째 회원국의 자격을 얻게 될 크로아티아와 현재 모든 EU회원국을 포함한) 47개의 유럽국가들이 회원국으로 가입하고 있는 유럽심의회(Council of Europe)[3)]가 1950년에 체결한 유럽인권협약(European Convention on Human Rights, 공식명칭은 Convention for the Protection of Human Rights and Fundamental Freedoms)과 15개의 추가의정서들[4)] 그리고 유럽인권재판소(European Court of Human Rights)의 결정을 통해서 유럽 차원의 인권보장제도를 마련하고 있음에도 불구하고,[5)] EU가 자신의 인권보호체계를 형성 및 발전시켜 왔다는 사실은 주목할 만하다. 더구나 리스본조약과 유럽인권협약 제14의정서가 발효됨으로써 EU가 유럽인권협약에 가입하는 절차를 진행하고 있는데, 이것이 유럽 차원의 통일적이고 일관된 인권보장을 위해 어떻게 기여하게 될 것인지 기대와 우려가 뒤따르고 있다.

본 장에서는 EU법상 인권보호의 연원, 즉 어디서 인권보호에 관한 내용을 발견할 수 있는지와 EU법상 인권을 제정할 입법권한이 존재하는지에 초점을 맞추어 시기별로 EU사법재판소의 판결 및 관련 조약 규정의 내용을 중심으로 살펴볼 것이다. 또한 EU의 유럽인권협약 가입과 함께 고려가 필요한 EU사법재판소와 유럽인권재판소의 관계에 대해서도 조명해 보고자 한다.

---

2) Craig and De Búrca, *supra* note 1, p. 362.

3) http://www.coe.int/ 참조.

4) http://www.conventions.coe.int/Treaty/Commun/ListeTraites.asp?CM=8&CL=ENG 참조.

5) 유럽인권협약에 관한 자세한 설명은 이주윤, 유럽인권협약상 개인청원의 효율성 제고에 관한 연구, 연세대학교 박사학위논문, 2006 참조.

Ⅱ. EU의 초기 인권보호체계

1. 국제법상 인권보호

국제적 차원의 인권보호는 1945년 유엔헌장 제 1 조 3항에 유엔이 추구해야 할 주요 목적 중의 하나로 인권과 기본권의 존중을 규정하면서부터 본격적으로 시작되었다. 유엔의 가장 중요한 목표는 제 2 차 세계대전 이후에 설립되었기 때문에 국제평화와 안보의 유지였는데, 세계의 지도자들은 평화를 보장하기 위해서는 반드시 인권 보호가 뒷받침되어야 한다는 사실을 절실히 깨닫게 되었다. 이후, 국제인권대장전이라 불리는 세 개의 주요한 인권 문서, 즉 1948년의 세계인권선언(Universal Declaration of Human Rights), 1966년의 시민적 및 정치적 권리에 관한 국제규약(International Covenant on Civil and Political Rights)과 경제적, 사회적 및 문화적 권리에 관한 국제규약(International Covenant on Economic, Social and Cultural Rights)의 채택으로 국제인권법의 발전이 가시화되었다. 국제인권대장전의 규정들은 지역적 차원의 인권보호조약, 특히 유럽인권협약 및 2000년에 채택된 EU기본권헌장(Charter of Fundamental Rights of the EU)에도 많은 영향을 끼쳤다. 특히 유럽인권협약의 경우, 평소 문명인이라고 자부하던 유럽 국가들이 제 2 차 세계대전 당시 나치와 추종자들의 잔혹성에 충격을 받고 인권과 민주주의 및 법치주의를 주된 가치로 삼는 유럽심의회를 창설하고 뒤이어 동 협약을 채택한 것이다.[6)]

2. 로마조약과 인권보호

위에서 언급한 바와 같이 인권의 보호를 가장 중요한 가치로 삼고 있는 유럽심의회와는 달리, 사실 EU는 회원국 간의 경제통합과 역내시장 완성을 주된 목표로 삼고 있다. 이런 EU가 나름의 인권보호체계를 형성하고 발전시킨 모습을 살펴보면, 매우 흥미로운 사실 하나를 발견할 수 있다. 즉, EU회원

6) 이주윤, 위의 논문, 31-32면.

국들은 처음에는 자신의 주권을 수호하고 EC법을 제한하기 위해 인권의 개념을 도입하였으나, 결국에는 인권보호가 회원국의 재량을 제한하는 방향으로 전환되게 된 것이다.

그렇다면 1957년의 로마조약, 특히 유럽경제공동체설립조약에서 인권보장에 관한 규정을 찾을 수 있는가? 이에 관한 대답은 예, 아니오 두 가지 모두가 될 수 있다. 먼저 인권이라는 용어에 집착하여 엄격히 조약을 읽다 보면, 어디에서도 이에 관한 규정을 발견할 수 없으니까 위 질문에 관한 대답은 '아니오'가 될 것이다. 그 이유는 매우 간단하다. 위에서 잠깐 설명한 바와 같이, 유럽공동체와 EEC조약이 목적으로 하는 것은 경제통합을 달성하는 것이지, 인권을 보호하고 증진시키는 것이 아니었기 때문이다.[7] 그러나 EEC조약을 다시 한 번 자세히 살펴보면, 넓은 의미의 인권보호에 포함될 수 있는 다음 두 가지 조항을 만나게 된다. 즉, 국적을 근거로 한 여하한 차별의 금지를 규정하고 있는 제7조[8]와 남녀근로자의 동등한 노동에 대한 동등한 보상의 원칙을 규정하고 있는 제119조[9]가 그것이다.

---

7) De Búrca, *supra* note 1, pp. 650, 664.

8) "Within the field of application of this Treaty and without prejudice to the special provisions mentioned therein, **any discrimination on the grounds of nationality shall hereby be prohibited.**

The Council may, acting by means of a qualified majority vote on a proposal of the Commission and after the Assembly has been consulted, lay down rules in regard to the prohibition of any such discrimination."(필자 강조)

9) "Each Member State shall in the course of the first stage ensure and subsequently maintain the application of the **principle of equal remuneration for equal work as between men and women workers.**"(필자 강조)

Ⅲ. EU사법재판소의 판결을 통한 조약의 발전

1. 인권보호에 관한 판결과 선언

1) *Stauder* 사건

Stauder는 사회보장제도의 수혜자에게 저렴한 가격으로 버터를 판매하면서 이름을 기입하도록 한 집행위원회의 결정이 자신의 프라이버시를 침해하였다며 독일 슈투트가르트의 행정법원(Verwaltungsgericht Stuttgart)에 소송을 제기하였고, 동 법원은 선결적 부탁절차(preliminary rulings)에 의하여 사건을 EU 사법재판소에 회부하였다. 1969년 EU사법재판소는 "문제가 된 (결정의) 규정은 공동체법의 일반원칙에 간직되어 있으며 동 재판소에 의해 보호되고 있는 기본적 인권을 훼손할 수 있는 어떠한 내용도 포함하고 있지 않다(the provision at issue contains nothing capable of prejudicing the fundamental human rights enshrined in the general principles of Community law and protected by the Court)"라고 판시함으로써,[10] 처음으로 인권(기본권)에 관한 언급을 시도하였다.[11] 물론, 동 사건에서 쟁점이 된 EU법 조항이 기본적 인권을 위반하지 않았다고 판단하였지만, 처음으로 기본적 인권이 공동체법의 일반원칙에 포함되며, 재판소 역시 이를 보호하고 있음을 인정하였다는 점에서 의의가 있다.

2) *Internationale Handelsgesellschaft* 사건

수출허가제도에 관한 이사회와 집행위원회의 규칙에 따라 허가 기한까지 옥수수가루를 수출하지 못한 국제상사(Internationale Handelsgesellschaft)는 예탁금의 일부를 몰수당하자, 이의 효력을 다투는 소송을 독일 프랑크푸르트의 행정법원(Verwaltungsgericht Frankfurt am Main)에 제기하였고, 동 법원은 선결적

10) Case 29/69 *Erich Stauder v. City of Ulm, Sozialamt* [1969] ECR 419, para. 7; 판결문은 http://curia.europa.eu/juris/celex.jsf?celex=61969CJ0029&lang1=en&type=NOT&ancre 참조.

11) De Búrca, *supra* note 1, p. 668; Thomas Oppermann, Claus Dieter Classen and Martin Nettesheim, *Europarecht*, 4. Aufl.(München: Verlag C. H. Beck, 2009), p. 307.

부탁절차에 의하여 사건을 EU사법재판소에 회부하였다. 1970년 EU사법재판소는 *Stauder* 판결에서 한 걸음 더 나아가 "기본권 존중은 동 재판소에 의해 보호되는 법의 일반원칙의 필수적 부분을 형성한다. 회원국에 공통된 헌법적 전통에 의해 영감을 받은 그러한 권리의 보호는 공동체의 구조 및 목적의 틀 내에서 보장되어야 한다(Respect for fundamental rights forms an integral part of the general principles of law protected by the court of justice. The protection of such rights, whilst inspired by the constitutional traditions common to the Member States, must be ensured within the framework of the structure and objectives of the Community)"라고 판결하였다.[12)]

동 사건에서는 재판소가 처음으로 EU법상 인권보호의 연원(sources)을 밝혔다는 점에서 주목할 필요가 있는데, 즉 EU법에서 보호되는 인권은 '회원국에 공통된 헌법적 전통'으로부터 야기되었다고 보았다. 그러나 이것이 매력적인 연원이긴 하지만, 정확히 어떤 내용을 의미하는 것인지 불분명하다. 즉, 이것이 모든 회원국이 공유하고 있는 기본권만을 의미하는지, 한 국가의 기본권 승인만으로 충분한 것인지 의문의 여지가 있다. 또한 특정한 인권에 대한 국가별 인식의 차이가 큰 것도 사실이라, 결국 사건에 따라 재판소가 해당 권리의 법적 범위와 허용가능한 제한을 결정할 수밖에 없을 것이다.[13)] 그러나 또 다른 한편으로 회원국의 헌법상 보장되는 기본권이 대체로 유사한 것도 사실이다.

3) 공동선언

1977년 4월 5일, 기본권 보호와 유럽인권협약에 관한 유럽의회, 이사회 및 집행위원회의 공동선언(Joint Declaration by the European Parliament, the Council and the Commission Concerning the Protection of Fundamental Rights and the European Convention for the Protection of Human Rights and Fundamental Freedoms)이 채택되었다. 공동선언문에서 위의 세 기관은 특히 회원국의 헌법

---

12) Case 11/70 *Internationale Handelsgesellschaft mbH v. Einfuhr- und Vorratsstelle für Getreide und Futtermittel* [1970] ECR 1125, para. 4; 판결문은 http://curia.europa.eu/juris/celex.jsf?celex=61970CJ0011&lang1=en&type=NOT&ancre= 참조.

13) Craig and De Búrca, *supra* note 1, pp. 370, 371.

과 유럽인권협약으로부터 기인한 기본권 보호에 최고의 중요성을 강조하며, 자신의 권한 행사에 있어 그리고 공동체의 목적에 따라 기본권을 존중하며 앞으로도 계속 존중해 나갈 것임을 약속하였다.[14] 동 선언이 비록 법적 구속력이 있는 문서는 아니었지만, EU의 가장 주요한 정치기관인 유럽의회, 이사회 및 집행위원회가 처음으로 기본권 보호에 관하여 공동입장을 표명하였다는 점에서 중요하다.[15] 이후에도 1989년 유럽의회에 의해 채택된 기본권과 자유에 관한 선언을 채택하는 결의(Resolution adopting the Declaration of Fundamental Rights and Freedoms)와 당시 12개 회원국 중 11개 국가가 서명한 근로자의 기본적 사회권에 관한 공동체헌장(Community Charter of Fundamental Social Rights for Workers)과 같이 구속력은 없지만 정치적 함의를 갖고 있는 문서들이 채택되었다.[16]

4) *Hauer* 사건

포도 생산량을 시장 요건에 따라 정한 이사회 규칙에 의하여 새롭게 포도 재배를 시작하려다가 금지당한 Hauer가 동 규칙의 해석과 관련한 소송을 독일 노이슈타트의 행정법원(Verwaltungsgericht Neustadt an der Weinstraße)에 제기하였고, 동 법원은 선결적 부탁절차에 의하여 사건을 EU사법재판소에 회부하였다. 1979년 EU사법재판소는 1970년의 *Internationale Handelsgesellschaft* 사건과 1974년의 *Nold* 사건[17]에서 강조한 바와 같이, "기본권은 재판소에 의해 그 존중이 보장되는 법의 일반원칙의 필수적 부분을 형성한다. 이러한 권리를 보호함에 있어, 재판소는 회원국에 공통된 헌법적 전통으로부터 영감을 얻어야 한다. 따라서 회원국의 헌법에 의해 승인된 기본권에 합치되지 않는 조치는 공동체에서 수락될 수 없다. 또한 회원국이 협력하고 있거나 서명국으

---

14) http://eur-lex.europa.eu/LexUriServ/LexUriServ.do?uri=CELEX:31977Y0427(01): EN:HTML 참조.

15) De Búrca, *supra* note 1, p. 669.

16) Craig and De Búrca, *supra* note 1, p. 389.

17) Case 4/73 *J. Nold, Kohlen- und Baustoffgroßhandlung v. Commission* [1974] ECR 491; 판결문은 http://curia.europa.eu/juris/celex.jsf?celex=61973CJ0004&lang1=en&type=NOT&ancre= 참조.

로 되어 있는 국제인권보호조약이 공동체법의 틀 내에서 따라야 할 지침을 제공해 줄 수 있다(fundamental rights form an integral part of the general principles of the law, the observance of which is ensured by the Court. In safeguarding those rights, the latter is bound to draw inspirations from constitutional traditions common to the Member States, so that measures which are incompatible with the fundamental rights recognized by the constitutions of those States are unacceptable in the Community. International treaties for the protection of human rights on which the Member States have collaborated or of which they are signatories, can also supply guidelines which should be followed within the framework of Community law)"라고 결정하였다.[18)]

동 사건에서는 1970년 *Internationale Handelsgesellschaft* 사건에서 제시된 연원을 확장시키고 있는 것을 알 수 있는데, 즉 '회원국에 공통된 헌법적 전통'과 함께 '회원국이 협력하고 있거나 서명국으로 되어 있는 국제인권보호조약'을 EU법상 인권의 새로운 연원으로 인정하고 있다. 여기에는 대표적으로 1950년에 채택된 유럽인권협약을 들 수 있을 것이다.

EU법상 인권보호에 있어 영감을 주는 특별한 연원으로 간주되고 있는 유럽인권협약 이외에도, 1961년의 유럽사회헌장(European Social Charter), 1958년의 국제노동기구협약 제111호(고용 및 직업상 차별대우에 관한 협약)(Discrimination (Employment and Occupation) Convention of the ILO)[19)] 및 1966년의 시민적 및 정치적 권리에 관한 국제규약 등이 재판소에 의해 자주 언급되는 국제인권조약들이다.[20)] EU사법재판소가 이처럼 국제인권조약을 인용할 수 있었던 배경에는 당시 소수의 국가만이 인권조약의 회원국이었으며, EU회원국이 가입한 인권조약 역시 많지 않았다는 사실 때문이었다.

---

18) Case 44/79 *Liselotte Hauer v. Land Rheinland-Pfalz* [1979] ECR 3727, para. 15; 판결문은 http://eur-lex.europa.eu/LexUriServ/LexUriServ.do?uri=CELEX:61979CJ0044:EN:HTML 참조.

19) http://www.ilo.org/ilolex/cgi-lex/convde.pl?C111 참조.

20) Craig and De Búrca, *supra* note 1, p. 368.

5) *ERT* 사건

그리스 국영 라디오 및 TV방송국인 ERT는 자신의 업무 수행에 있어 독점적 권한을 부여받았음에도 불구하고, 테살로니키 시장과 DEP社가 새로운 TV방송국을 설립하여 방송을 송출함으로써 자신의 권한이 침해되었다며 그리스의 테살로니키 지역법원(Thessaloniki Regional Court)에 소송을 제기하였고, 동 법원은 선결적 부탁절차에 의하여 사건을 EU사법재판소에 회부하였다. 1991년 EU사법재판소는 "확립된 판례법에 따르면, 기본권은 재판소가 그 존중을 보장하는 법의 일반원칙의 필수적 부분을 형성한다. 이를 위해, 재판소는 회원국에 공통된 헌법적 전통과 회원국이 협력하고 있거나 서명국으로 되어 있는 국제인권보호조약이 제공하는 지침으로부터 영감을 얻는다. 이와 관련하여 유럽인권협약은 특별한 중요성을 갖는다(According to settled case-law, fundamental rights form an integral part of the general principles of law the observance of which the Court ensures. For that purpose, the Court draws inspiration from the constitutional traditions common to the Member States and from the guidelines supplied by international treaties for the protection of human rights on which the Member States have collaborated or to which they are signatories. The ECHR has special significance in that respect)"라며 그동안 재판소가 판결해 왔던 내용을 다시 한 번 확인하였다.[21] 재판소는 유럽인권협약을 공식적으로 구속력이 있는 문서로 다루지 않고 영감의 원천으로 취급함으로써, 협약상 권리를 초월하여 난민의 권리, 정보보호 및 변호사의 비밀보장특권 등을 EU법의 일부로서 승인할 수 있는 자유를 보유하고 있었다.[22]

또한 "특히, 회원국이 서비스제공의 자유 행사를 방해할 여지가 있는 규칙을 정당화하기 위해 (EC조약) 제56조 및 제66조의 양 조항을 인용하는 경

---

21) Case C-260/89 *Elliniki Radiophonia Tiléorassi AE and Panellinia Omospondia Syllogon Prossopikou v. Dimotiki Etairia Pliroforissis and Sotirios Kouvelas and Nicolaos Avdellas and others* [1991] ECR I-2925, para. 41; 판결문은 http://curia.europa.eu/juris/celex.jsf?celex=61989CJ0260&lang1=en&type=NOT&ancre= 참조.

22) Craig and De Búrca, *supra* note 1, p. 367; Gráinne de Búrca, "The Evolution of EU Human Rights Law," in Paul Craig and Gráinne De Búrca(eds.), *The Evolution of EU Law*, 2nd ed.(Oxford: Oxford University Press, 2011), p. 493.

우, 공동체법상 규정된 이러한 정당화 요건은 법의 일반원칙과 특히 기본권에 비추어 해석되어야 한다(In particular, where a Member State relies on the combined provisions of Articles 56 and 66 in order to justify rules which are likely to obstruct the exercise of the freedom to provide services, such justification, provided for by Community law, must be interpreted in the light of the general principles of law and in particular of fundamental rights)"라고 판결하였다.[23] 동 사건에서 재판소는 회원국이 공동체법의 일부인 기본권을 적절히 존중하였음을 확실히 할 의무가 있다고 선언함으로써, EU법으로부터의 적용면제요건(derogations)과 관련하여 자신의 입장을 명확히 하였다. 즉, EU법상 인권보호는 공동체법의 일반원칙일 뿐만 아니라 EU법상 가장 근간이 되는 4개의 자유이동원칙(상품·서비스·사람·자본의 자유로운 이동)의 예외로 인정되기 위해서도 기본권을 고려할 의무가 있다고 보았다.

6) *Schmidberger* 사건

국제운송회사인 Schmidberger社는 독일과 이탈리아 간의 트럭 통행의 최단경로인 고속도로(오스트리아 국경지대)에서 환경단체의 시위를 허용하기 위하여 거의 30시간 동안 고속도로를 폐쇄한 오스트리아 주정부의 행위로 입은 업무상 피해에 대해 손해배상을 요구하며 오스트리아의 인스부르크 고등법원(Oberlandesgericht Innsbruck)에 소송을 제기하였고, 동 법원은 선결적 부탁절차에 의하여 사건을 EU사법재판소에 회부하였다. 2003년 EU사법재판소는 "공동체와 회원국들은 기본권을 존중할 의무가 있기 때문에 기본권 보호는 상품의 자유이동과 같이 조약상 보장되는 심지어 기본적 자유에 있어서도 공동체법이 부여한 의무의 제한을 원칙적으로 정당화시키는 합법적 이익이 된다(since both the Community and its Member States are required to respect fundamental rights, the protection of those rights is a legitimate interest which, in principle, justifies a restriction of the obligations imposed by Community law, even under a fundamental freedom guaranteed by the Treaty such as the free

---

23) *ERT*, *supra* note 21, para. 43.

movement of goods)"라고 판시하였다.[24] 즉, 기본권 보호는 공동체법상 부여된 의무에서 벗어날 수 있는 정당한 예외가 된다는 사실을 확인하였다.

7) *Omega* 사건

독일의 완구회사인 Omega社는 재킷에 부착된 센서에 레이저빔을 발사하면 해당 장치가 반응하는 게임을 개발하였는데, 이것이 마치 살인을 연상시킨다며 해당 게임을 금지한 본(Bonn) 市의 경찰당국의 명령이 상품 및 서비스의 자유로운 이동을 보장하는 공동체법에 합치되지 않는다며 독일 연방행정법원(Bundesverwaltungsgericht)에 소송을 제기하였고, 동 법원은 선결적 부탁절차에 의하여 사건을 EU사법재판소에 회부하였다. 2004년 EU사법재판소는 서비스 공급을 제한하는 문제의 조치가 정당화될 수 있다고 판단하였는데, 그 이유는 첫째 공동체법질서는 명백히 인간의 존엄에 대한 존중을 법의 일반원칙으로서 보장하려고 노력하는데, 기본권 보호는 공동체법이 부여한 의무, 심지어 서비스 제공의 자유와 같이 조약상 보장되는 기본적 자유와 관련하여서도, 이에 대한 제한을 원칙적으로 정당화시킬 수 있는 합법적 이익을 형성하기 때문이다. 둘째, 문제의 조치가 국가의 헌법으로 관련 회원국의 영토 내에서 보장하려고 의도하며, 추구하는 목적을 달성하기 위해 필요한 범위를 초과하지 않는 인간의 존엄 보호 수준에 합당하기 때문이다.[25] 특히, 여기서 주목할 만한 사실은 EU사법재판소가 개별 국가의 헌법, 즉 독일 기본법에 규정된 인간의 존엄(human dignity)을 EU법상 인권보호의 연원으로 언급하여 여기에 특별한 중요성을 부여하고 있다는 점이다. 물론 재판소는 인간의 존엄 보호와 관련해 이의 적절한 수준이 국가마다 차이가 있음을 인정하면서도, 이것이 또한 EU법의 일반원칙을 구성한다는 사실을 선언하였다.[26]

---

24) Case C-112/00 *Eugen Schmidberger, Internationale Transporte und Planzüge v. Republik Österreich* [2003] ECR I-5659, paras. 71, 74; 판결문은 http://curia.europa.eu/juris/celex.jsf?celex=62000CJ0112&lang1=en&type=NOT&ancre= 참조.

25) Case C-36/02 *Omega Spielhallen-und Automatenaufstellungs-GmbH v. Oberbürgermeisterin der Bundesstadt Bonn* [2004] ECR I-9609, paras. 34-35, 39-41; 판결문은 http://curia.europa.eu/juris/celex.jsf?celex=62002CJ0036&lang1=en&type=NOT&ancre= 참조.

26) Craig and De Búrca, *supra* note 1, p. 388.

8) 소 결

1969년 *Stauder* 사건을 시작으로 EU사법재판소는 점차 인권보호에 관하여 언급하고 있다. 이러한 재판소의 판결을 통하여 EU법상 인권보호의 연원이 구체화되었는데, 위에서 살펴본 바와 같이 회원국에 공통된 헌법적 전통과 회원국이 협력하고 있거나 서명국으로 되어 있는 국제인권조약, 특히 유럽인권협약이 여기에 해당한다. 다만, EU사법재판소는 위의 두 가지 요소가 EU인권법의 연원이 된다고 명시적으로 밝히는 대신, 이들로부터 영감(inspiration)을 얻은 것이라고 표현함으로써 다소 소극적 태도를 취하고 있다. 이는 재판소가 그동안 사법적극주의라는 이름으로 EU법의 주요 원칙들을 창조하면서 많은 비판을 받기도 하였는데 이에 대한 (조심스런) 고려와 더불어, EU의 가장 핵심적 목표는 인권보호가 아닌 경제통합과 역내시장 달성이라는 자기최면이 작용한 것이 아닌가 생각된다. 다른 한편으로 영감을 선의(bona fide)를 뜻하는 것으로 넓게 해석하여 EU사법재판소가 보다 높은 수준의 보호로 나아갈 여지를 주고 있다는 견해도 있다. 한편, EU사법재판소가 기본권 보호에 관심을 가진 것은 자신이 고안한 공동체법우위의 원칙을 보호하려는 동기로부터 의도된 것이라고 보기도 한다.[27)]

또한 EU사법재판소가 EU법의 근간을 형성하고 있는 기본적 자유와 관련하여, 이를 제한하는 조치를 정당화하기 위해 기본권에 비추어 이를 검토하도록 의무지우고, 기본권 보호를 정당화요건으로 인정하고 있다는 사실도 주목할 필요가 있다.

그리고 위에서 살펴본 판결들은 공통적으로 EU사법재판소의 독특한 소송방식인 선결적 부탁절차(preliminary rulings)[28)]를 통해서 나온 것들임을 목도

---

27) Defeis, *supra* note 1, pp. 1111-1112.

28) 이에 관한 자세한 설명은 Morten Broberg and Niels Fenger, *Preliminary References to the European Court of Justice*(Oxford: Oxford University Press, 2010); Thomas de la Mare and Catherine Donnelly, "Preliminary Rulings and EU Legal Integration: Evolution and Stasis," in Paul Craig and Gráinne de Búrca(eds.), *The Evolution of EU Law*, 2nd ed.(Oxford: Oxford University Press, 2011), pp. 363-406 및 본서 제5장 EU의 분쟁해결제도 참조.

할 수 있다. 사실, 재판소의 주요한 판례들은 상당 부분 선결적 부탁절차에서 기인한 것인데, 이는 개인(자연인이나 법인)이 EU법과 관련된 쟁점을 국내법원에 제기하였다가 국내법원이 EU기능조약 제267조(舊EC조약 제234조)에 따라 다시 EU사법재판소에 부탁한 것이다. 그러다 보니, 동 재판소는 개인과 관련이 있는 직접효력(direct effects)과 국가책임(state liability)과 같은 기본적 원칙들을 창조할 수 있었고, 인권의 보호 및 증진과 관련하여서도 판결을 내리게 되었다. 1951년 파리조약[29]에 처음으로 규정되고 1957년 로마조약(EEC조약 제177조)에서 현재의 모습을 갖추게 된 선결적 부탁절차는 EU사법재판소 소송유형 중 가장 많이 이용되고 있는 절차 중의 하나이다. 또한 유럽인권협약과 비교하면, 유럽인권재판소가 강제관할권을 갖게 되고 개인이 유럽인권협약상 권리를 침해당했다며 체약국을 상대로 직접 재판소에 소송을 제기할 수 있는 개인청원(individual application)[30]은 유럽인권협약 제11의정서가 발효한 1998년 이후부터 활발하게 이용되었기 때문에, 어떤 면에서는 EU의 인권보장시스템이 더 앞서 있을 뿐만 아니라, 선결적 부탁의 경우 국내의 최종심에 해당하는 재판소는 EU조약의 해석과 EU기관 행위의 합법성 및 해석에 관한 문제를 EU사법재판소에 부탁할 법적 의무를 갖기 때문에 동 제도가 보다 효과적이라는 주장이 있다. 그리고 유럽인권재판소의 판결은 국내재판소의 결정을 파기하거나 국내입법을 무효화시키지 못하는 선언적 효력(declaratory effect)만을 가지며,[31] 유럽인권협약의 경우 인권보장을 위한 '최소한의 기준(minimum standards)'

---

29) "Article 41: The Court shall have sole jurisdiction to give preliminary rulings on the validity of acts of the High Authority and of the Council where such validity is in issue in proceedings brought before a national court or tribunal."

30) "Article 34 - Individual applications

The Court may receive applications from any person, non-governmental organisation or group of individuals claiming to be the victim of a violation by one of the High Contracting Parties of the rights set forth in the Convention or the protocols thereto. The High Contracting Parties undertake not to hinder in any way the effective exercise of this right."

31) 유럽인권재판소 판결의 선언적 성격 때문에 피고국가는 자유롭게 위반의 구제 수단을 결정할 수 있었다. 그러나 점차 재판소는 일부 사건에 있어 어떠한 구제 수단이 제공될 수 있고, 또한 그래야 하는지를 말하기 시작하였다. 이주윤, 앞의 논문, 190, 230면 참조.

을 제시하고 이의 이행을 강조하는 반면, EU사법재판소는 진보적이고 개혁성향을 갖는 판결을 내리기도 하기 때문에 유럽의 진정한 인권보호를 위해 상당한 정도로 기여하였다고 주장되기도 한다.

2. 인권보호에 관한 조약 규정

1) 마스트리히트조약

1992년 마스트리히트조약에서 드디어 처음으로 인권보호에 관하여 명문의 규정을 두게 되었는데,[32] 제F조 2항[33]이 바로 그것이다. 동 조항에 의하면, EU는 1950년 11월 4일 로마에서 서명된 유럽인권협약에 의해 보장되고 회원국에 공통된 헌법적 전통으로 야기된 기본권을 공동체법의 일반원칙으로서 존중해야 한다고 규정하고 있는데, 이는 바로 그동안 EU사법재판소가 판결을 통해 강조한 내용을 명문의 조문으로 확인하고 있는 것이다.

2) 암스테르담조약

1997년 암스테르담조약에서도 역시 인권과 관련된 조항을 발견할 수 있는데, 먼저 EU조약 제6조 2항은 마스트리히트조약의 제F조 2항과 동일한 내용을 반복하고 있다. 또한 동 조약 제6조 1항[34]에서 EU가 근간으로 삼고 있

32) 사실, 마스트리히트조약 이전에도 단일유럽의정서 서문에 다음과 같은 규정을 갖고 있었다: "DETERMINED to work together to promote democracy on the basis of the **fundamental rights** recognized in the constitutions and laws of the Member States, in the Convention for the Protection of Human Rights and Fundamental Freedoms and the European Social Charter, notably freedom, equality and social justice."(필자 강조); De Búrca, *supra* note 1, p. 670, fn. 105.

33) "The Union shall respect fundamental rights, as guaranteed by the European Convention for the Protection of Human Rights and Fundamental Freedoms signed in Rome on 4 November 1950 and as they result from the constitutional traditions common to the Member States, as general principles of Community law."

34) "The Union is founded on the principles of liberty, democracy, respect for human rights and fundamental freedoms, and the rule of law, principles which are common to the Member States."

는 원칙 중의 하나로 '인권 및 기본권의 존중'을 언급하고 있음을 주목할 필요가 있다. 또한 암스테르담조약에 의하여 개정된 EC조약의 경우, 제12조, 제13조와 제141조에서 차별 금지 및 남녀노동자의 동일임금원칙을 규정하고 있는데, 특히 유럽인권협약 제14조와 구별되게 성적 기원에 의한 차별을 금지하는 규정을 둠으로써 진보적 성향을 보여주고 있다.

한편, 소위 코펜하겐 기준(Copenhagen criteria)이라 불리는 EU회원국이 되기 위한 자격에 조약상의 지위를 부여하였는데,[35] 즉 EU조약 제49조[36]가 그것이다. 또한 암스테르담조약은 인권의 심각하고도 지속적 위반에 책임이 있는 EU회원국의 권리 정지 장치를 도입하였는데, EU조약 제 7 조[37]가 그것

---

35) De Búrca, *supra* note 22, p. 479; Bruno de Witte and Gabriel N Toggenburg, "Human Rights and Membership of the European Union," in Steve Peers and Angela Ward(eds.), *The EU Charter of Fundamental Rights: Politics, Law and Policy* (Oregon: Hart Publishing, 2004), pp. 60-62.

36) "Any European State which respects the principles set out in Article 6(1) may apply to become a member of the Union."

37) "1. The Council, meeting in the composition of the Heads of State or Government and acting by unanimity on a proposal by one third of the Member States or by the Commission and after obtaining the assent of the European Parliament, may determine the existence of a serious and persistent breach by a Member State of principles mentioned in Article 6(1), after inviting the government of the Member State in question to submit its observations.

2. Where such a determination has been made, **the Council**, acting by a qualified majority, **may decide to suspend certain of the rights** deriving from the application of this Treaty to the Member State in question, including the voting rights of the representative of the government of that Member State in the Council…"; 동 조항은 니스조약에 의하여 1항이 다음과 같이 추가되었다: "1. On a reasoned proposal by one third of the Member States, by the European Parliament or by the Commission, the Council, acting by a majority of four-fifths of its members after obtaining the assent of the European Parliament, may determine that there is a **clear risk of a serious breach by a Member State of principles mentioned in Article 6(1)**, and address appropriate recommendations to that State. Before making such a determination, the Council shall hear the Member State in question and, acting in accordance with the same procedure, may call on independent persons to submit within a reasonable time limit a report on the situation in the Member State in question. The Council shall regularly verify that the grounds on which such a determination was made continue to apply."(필자 강조)

이다.[38)]

3) EU기본권헌장

2000년에 채택된 EU기본권헌장[39)]은 총 54개의 조문으로 구성되어 있으며, 내용에 있어 세계인권선언, 시민적 및 정치적 권리에 관한 국제규약, 경제적, 사회적 및 문화적 권리에 관한 국제규약 및 유럽인권협약을 많이 모방하고 있다. 한편으로 EU사법재판소가 영감의 원천으로 이용하고 있지는 않지만 제3조 2항에 인간복제(reproductive cloning of human beings)를 금지하는 조항을 두고 있으며, 제51조 1항에서 동 헌장의 조문은 보충성의 원칙을 적절히 고려하는 EU의 기관 및 기구와 EU법을 이행할 때의 회원국을 수범대상으로 하고 있다고 규정하고 있다. 따라서 회원국이 EU법을 이행하는 경우 기본권을 존중해야 하는 것을 알 수 있다. 또한 제52조 3항에서 헌장이 유럽인권협약이 보장하는 권리에 해당하는 권리를 포함하고 있는 경우 해당 권리의 의미와 범위는 협약에 규정된 것과 동일하다고 규정함으로써, 기본권헌장과 유럽인권협약의 조화 증진을 위한 노력을 잘 보여주고 있다. 그리고 제53조는 보호의 정도(level of protection)와 관련하여 기본권헌장의 어떠한 조문도 각각의 적용에 있어 EU법, 국제법, 유럽인권협약을 포함한 EU 및 회원국이 가입하고 있는 국제조약 및 회원국의 헌법에 의해 승인된 인권과 기본적 자유를 제한하거나 불리한 영향을 미치는 것으로 해석되어서는 안 된다고 규정하고 있다. 그러나 EU기본권헌장은 그 자체로서 법적 구속력을 갖고 있지 않기 때문에 태생적인 한계를 내포하고 있었다.

한편, 권고적 기구로서 2007년 비엔나에 EU기본권기구(European Union Agency for Fundamental Rights)가 설립되어 EU에 거주하는 개인의 기본권 보호를 돕고 있다.[40)]

---

38) De Búrca, *supra* note 1, pp. 670-671; Craig and De Búrca, *supra* note 1, p. 390.

39) EU기본권헌장에 관한 자세한 주해서는 http://158.109.131.198/catedra/images/experts/COMMENTARY%20OF%20THE%20CHARTER.pdf 참조; Oppermann, Classen and Nettesheim, *supra* note 11, pp. 322-324.

40) http://fra.europa.eu/fraWebsite/home/home_en.htm 참조; Craig and De Búrca, *supra* note 1, pp. 390-391.

4) 리스본조약

2007년에 채택된 리스본조약에 의하여 개정된 EU조약은 먼저 제 2 조 1문[41)]에서 EU가 인간의 존엄, 자유, 민주주의, 평등, 법치주의의 존중 및 소수자에 속하는 개인의 권리를 포함한 인권 존중의 가치를 근간으로 설립되었음을 천명하고 있다. 이어 제 6 조[42)]에 중요한 내용을 명문으로 규정하고 있는데, 1항에서는 EU기본권헌장에 조약과 동일한 법적 가치를 부여하고 있다. 비록 EU헌법제정조약을 통해 동 헌장을 조약의 일부로 편입시키려는 시도는 실패하였지만, 기본권헌장에 조약과 동일한 법적 효력을 부여함으로써 EU법상 일차적 연원의 지위를 갖게 하였다.[43)] 리스본조약은 기본권헌장 제52조에 4개의 항을 추가하였는데, 특히 4항을 살펴보면 동 헌장이 회원국에 공통된 헌법적 전통으로부터 야기한 기본권을 승인하는 한에 있어서 해당 권리는 그러한 전통과 조화를 이루는 것으로 해석되어야 한다고 규정하고 있다. 또한 최근 들어 EU사법재판소는 동 헌장을 주요한 법적 기반으로 간주하려는 입장을 보이고 있는 가운데, 영국, 폴란드와 체코는 자국에서 동 헌장의 영향력을 제한하려는 목적으로 리스본조약에 대한 의정서(Protocol (No. 30) on the Application of the Charter of Fundamental Rights of the European Union to

41) "The Union is founded on the values of respect for human dignity, freedom, democracy, equality, the rule of law and respect for human rights, including the rights of persons belonging to minorities."

42) "1. The Union recognises the rights, freedoms and principles set out in the Charter of Fundamental Rights of the European Union of 7 December 2000, as adapted at Strasbourg, on 12 December 2007, which shall have the same legal value as the Treaties.

2. The Union shall accede to the European Convention for the Protection of Human Rights and Fundamental Freedoms. Such accession shall not affect the Union's competences as defined in the Treaties.

3. Fundamental rights, as guaranteed by the European Convention for the Protection of Human Rights and Fundamental Freedoms and as they result from the constitutional traditions common to the Member States, shall constitute general principles of the Union's law."

43) Sionaidh Douglas-Scott, "The European Union and Human Rights after the Treaty of Lisbon," *Human Rights Law Review*, Vol. 11, No. 4, 2011, pp. 646-647.

Poland and to the United Kingdom)를 채택하기도 하였다.[44)]

EU조약 제6조 2항에서는 EU의 유럽인권협약 가입에 관하여 규정하고 있는데, 이에 대해서는 아래에서 좀 더 자세히 살펴보도록 하겠다. 그리고 제3항은 EU사법재판소가 판결에서 수차례 언급하고 마스트리히트조약 이후 명문화된 내용을 정리하고 있는데, 즉 유럽인권협약에 의하여 보장되고 회원국에 공통된 헌법적 전통으로부터 야기된 기본권은 EU법의 일반원칙을 구성한다는 것이다.[45)] 동 조항을 통해 EU법상 인권보호의 연원을 다시 한 번 확인할 수 있게 되었다. 또한 EU법상 일반원칙에 해당하는 기본권은 일차적 연원인 설립조약과 이차적 연원인 규칙, 지침 등의 중간에 위치하는 법적 위계를 갖는 것으로 설명된다.[46)]

3. 인권보호에 관한 최근 판결과 이론[47)]

1) *Kadi* 사건

2008년 EU사법재판소의 *Kadi* 판결은 여러 가지 시사점을 제시함과 동시에 논쟁을 야기하였는데, 그 중에서도 EU의 인권보호 의지와 EU법 내에서 인권법이 갖는 위상을 잘 보여주고 있다는 점에서 중요한 의미를 가진다. 동 사건에 관한 기본적 설명은 본서의 EU법과 회원국 국내법의 관계에 관한 장에서 자세히 다루고 있기 때문에, 여기서는 인권보호 측면과 관련하여 주요한 사항만을 살펴보도록 하겠다.

---

44) *Ibid.*, pp. 653-655; Craig and De Búrca, *supra* note 1, p. 362; 체코는 나중에 동 의정서에 가입하게 되었는데, 2009년 10월 29-30일에 열린 유럽이사회는 동 의정서 적용을 체코에도 적용하는 새 의정서 문안에 동의하였다. *Ibid.*, p. 394.

45) 동 조항의 의미상, EU가 유럽인권협약의 조문 및 유럽인권재판소 판결에 구속되는 것은 아니라고 해석할 수 있다. Tawhida Ahmed and Israel de Jesús Butler, "The European Union and Human Rights: An International Law Perspective," *European Journal of International Law*, Vol. 17, No. 4, 2006, p. 774.

46) Oppermann, Classen and Nettesheim, *supra* note 11, p. 310.

47) 해당 부분은 이주윤, "인권법적 관점에서 본 국제법과 EU법의 관계 — ECJ의 *Kadi* 판결과 *Solange* 이론을 중심으로 —," 「국제법학회논총」, 제55권 제4호, 2010. 12, 213-236면을 요약하여 정리하였음.

ECJ는 CFI의 판결과는 상이하게, 유엔안보리결의를 이행하기 위하여 채택된 이사회규칙 881/2001에 의해 Kadi와 Al Barakaat 국제재단의 심리를 받을 권리, 재산권 및 효과적인 사법심사를 받을 권리(right to be heard, right to respect for property, and right to effective judicial review)가 침해되었다고 판단하고, 문제가 된 규칙의 무효를 선언하였다.[48] 그리고 ECJ는 자신을 포함한 공동체 재판부가 EC조약에 의하여 부여된 권한에 따라, 공동체법의 일반원칙의 필수적 일부를 구성하는 기본권에 비추어, 안보리결의에 의하여 채택된 문제의 규칙을 포함한 모든 공동체 행위의 합법성에 관하여 원칙적으로 완전한 심사를 보장받아야 한다고 판시하였다.[49]

Kadi 판결과 관련하여, ECJ는 "기본권에 비추어 문제의 조치를 심사한 것은 국제조약에 의하여 훼손되어서는 안 되는 독자적인 법체제로서의 EC조약으로부터 기인하는 헌법적 보장의 다른 표현"이라고 보았는데,[50] 이에 대해 안보리결의가 아닌 공동체 이행입법의 합법성을 판단한 것이므로 동 판결은 국제법 위반이 아니며,[51] 공동체 행위에 대해 완전한 사법심사를 행사한 것은 환영받을 일이라는 견해가 있다.[52]

---

48) Joined Cases C-402/05 P and C-415/05 P *Yassin Abdullah Kadi and Al Barakaat International Foundation v. Council of the European Union and Commission of the European Communities* [2008] ECR I-6351, paras. 353, 371, 372; 판결문은 http://eur-lex.europa.eu/LexUriServ/LexUriServ.do?uri=CELEX:62005J0402:EN:HTML 참조; Craig and De Búrca, *supra* note 1, pp. 373-378 참조.

49) *Kadi, supra* note 48, para. 326.

50) *Kadi, supra* note 48, para. 316: "… the review by the Court of the validity of any Community measure in the light of fundamental rights must be considered to be the expression, in a community based on the rule of law, of a constitutional guarantee stemming from the EC Treaty as an autonomous legal system which is not to be prejudiced by an international agreement."

51) Maria Tzanou, "Case-note on Joined Cases C-402/05 P & C-415/05 P *Yassin Abdullah Kadi & Al Barakaat International Foundation v. Council of the European Union & Commission of the European Communities*," *German Law Journal*, Vol. 10, No. 2, 2009, p. 146.

52) Sara Poli and Maria Tzanou, "The Kadi Rulings: A Survey of the Literature," *Yearbook of European Law,* Vol. 28, 2009, p. 541; Enzo Cannizzaro, "Security Council Resolutions and EC Fundamental Rights: Some Remarks on the ECJ Decision in the Kadi Case," *Yearbook of European Law*, Vol. 28, 2009, pp. 594, 597.

2) *Solange* 이론

독일연방헌법재판소(Bundesverfassungsgericht)의 판결에서 도출된 *Solange* 이론은 기본권 보호와 관련하여 두 개의 관할권이 경합하는 경우에 적용된다. 예컨대, 국제법과 EU법의 관계에서 *Solange* 이론은 국제법이 개인에게 효과적인 사법구제를 제공하지 않는 한, EU사법재판소는 자신의 헌법적 기준을 기반으로 사법심사를 행사하여야 한다는 원칙을 의미한다.[53)]

Kadi 사건에서 먼저 Maduro 법률고문관은 UN이 기본권을 보장하기 위하여 적절한 수단을 제공하지 못하는 한, 공동체재판소가 공동체법질서에 의하여 승인된 기본권 존중을 위해 공동체기관이 채택한 행위를 심사하여야 한다는 항소인들의 주장에 주목하며, "UN차원에서 독립적인 재판소에 의한 효과적인 사법통제 수단이 있다면, 공동체는 공동체법질서에 적용되는 이행조치의 사법통제를 제공할 의무에서 해제되겠지만, 현재 그러한 수단이 존재하지 않는다"라는 견해를 제시하며, *Solange* 이론을 인정하는 듯한 입장을 보였다.[54)]

또한 ECJ는 *Kadi* 판결에서 UN법이 기본권 위반을 주장하는 개인을 위해 적절한 보호를 제공할 수 없는 한, 안보리결의를 이행하기 위하여 공동체에 의하여 채택된 조치를 심사할 수 있는 제도가 필요하다는 항소인의 주장[55)]과

---

53) 이주윤, 앞의 논문(각주 47), 232면.

54) Opinion of AG Poiares Maduro delivered on 16 January 2008, Case C-402/05 P *Yassin Abdullah Kadi v. Council of the European Union and Commission of the European Communities*, paras. 19, 32, 38, 54("Had there been a genuine and effective mechanism of judicial control by an independent tribunal at the level of the United Nations, then this might have released the Community from the obligation to provide for judicial control of implementing measures that apply within the Community legal order. However, no such mechanism currently exists"); Tzanou, *supra* note 51, p. 148, fn. 128; Gráinne de Búrca, "The European Court of Justice and the International Legal Order After *Kadi*," *Harvard International Law Journal*, Vol. 51, No. 1, 2010, p. 22, fn. 119; Daniel Halberstam and Eric Stein, "The United Nations, the European Union and the King of Sweden: Economic Sanctions and Individual Rights in a Plural World Order, *Common Market Law Review*, Vol. 46, No. 1, 2009, p. 59; Peter Hilpold, "EU Law and UN Law in Conflict: The *Kadi* Case," *Max Planck Yearbook of United Nations Law*, Vol. 13, 2009, p. 179.

55) *Kadi*, *supra* note 48, para. 256.

현재 제재시스템상 관련 개인 또는 단체에게 UN법의 일부를 형성하는 행정 심사제도에 의해 심리를 받을 기회가 주어지는 한, ECJ가 어떠한 방법으로든 개입해서는 안 된다는 피항소인의 주장[56]에 주목하면서, 안보리결의에 따라 확립된 UN제재가 *Bosphorus* 사건에서 유래한 동등한 수준의 인권보호는 제공하지 못했다고 결정하였는데,[57] 이러한 결론은 간접적으로나마 *Solange* 이론을 언급한 것으로 보인다.[58]

4. EU의 인권보호에 관한 입법권한

EU가 경제통합과 단일시장의 완성을 주된 목적으로 한다는 사실에도 불구하고, EU법상 EU기관이 인권보호를 위한 법률을 제정할 권한을 갖는지에 대해 살펴보도록 하겠다.[59] 리스본조약에 의하여 개정된 EU기능조약 제19조(舊EC조약 제13조) 1항[60]에 의하면, 유럽의회의 동의하에 특별입법절차에 따라 만장일치로 행동하는 이사회는 성, 인종 및 윤리적 기원, 종교 또는 신념, 장애, 나이 또는 성적 기원을 근거로 한 차별에 맞서 적절한 행동을 취할 수 있다고 규정하고 있다. 인권법상 차별 금지를 위해 이사회가 적절한 조치, 즉 특별입법절차(special legislative procedure)를 발동할 수 있음을 알 수 있다.

또한 EU기능조약 제352조(舊EC조약 제308조) 1항[61]에 의하면, 조약에 정

56) *Ibid.*, para. 319.

57) Riccardo Pavoni, "Freedom to Choose the Legal Means for Implementing UN Security Council Resolutions and the ECJ *Kadi* Judgment: A Misplaced Argument Hindering the Enforcement of International Law in the EC," *Yearbook of European Law*, Vol. 28, 2009, p. 631; *Kadi*, *supra* note 48, paras. 321-325.

58) 이주윤, 앞의 논문(각주 47), 232면.

59) 이와 관련하여 먼저 1996년 EU사법재판소의 Opinion 2/94 on the Accession by the Community to the ECHR의 견해를 참조할 수 있는데, 이에 관해서는 아래 Ⅳ.2 참조.

60) "1… the Council, acting unanimously in accordance with a special legislative procedure and after obtaining the consent of the European Parliament, may take appropriate action to combat discrimination based on sex, racial or ethnic origin, religion or belief, disability, age or sexual orientation."

61) "1. If action by the Union should prove necessary, within the framework of the policies defined in the Treaties, to attain one of the objectives set out in the Treaties, and the Treaties have not provided the necessary powers, the Council,

의된 정책의 골격 내에서 조약에 규정된 목적 중의 하나를 달성하기 위하여 EU의 행위가 필요한 것으로 입증되고, 조약이 필요한 권한을 규정하고 있지 않은 경우, 유럽의회의 동의를 얻은 후 집행위원회의 제안에 따라 만장일치로 행동하는 이사회는 적절한 조치(appropriate measures)를 채택해야 한다. 리스본조약에 의하여 인권보호는 EU의 주요 목적의 하나가 되었으나, 조약에 명문으로 인권보호에 관한 직접적 입법 권한이 규정되어 있지 않기 때문에 동 조항에 근거하여 이사회가 적절한 조치, 즉 법률을 제정할 권한을 갖는다고 해석할 수 있다. 물론, 적절한 조치가 입법 권한을 의미하는 것인지에 대해서는 조약 규정만으로는 명확하지 않으며, 논란의 여지가 있을 수 있다.

Ⅳ. EU사법재판소와 유럽인권재판소의 관계

1. 관련 판결[62)]

1990년대 이후, EU사법재판소는 인권과 관련된 판결에서 의도적으로 유럽인권협약을 언급하며, 이를 EU법질서 속으로 수용하였다.[63)] 이러한 유럽인권협약의 공동체화는 유럽의 기본권 보호를 확장하는 효력을 가져왔으므로 매우 환영받을 만한 일이었다. 그러나 한편으로 이는 기본권 보호와 관련한 사건의 관할권을 두고 EU사법재판소와 유럽인권재판소가 경합하는 현상을 야기하였는데,[64)] 이는 위에서 언급한 *Solange* 이론과 관련이 있다.

---

acting unanimously on a proposal from the Commission and after obtaining the consent of the European Parliament, shall adopt the appropriate measures. Where the measures in question are adopted by the Council in accordance with a special legislative procedure, it shall also act unanimously on a proposal from the Commission and after obtaining the consent of the European Parliament."

62) 해당 판결에 관해서는 이주윤, 앞의 논문(각주 47), 229-230면을 요약하여 정리하였음.

63) Bjørn Kunoy and Anthony Dawes, "Plate Tectonics in Luxembourg: The Ménage à Trois between EC Law, International Law and the European Convention on Human Rights Following the UN Sanctions Cases," *Common Market Law Review*, Vol. 46, No. 1, 2009, p. 80.

64) Nikolaos Lavranos, "Towards a Solange-Method between International Courts and

구유고에 대한 UN의 제재조치 이행과 관련하여 제기된 *Bosphorus* 사건에서, 2005년 6월 30일 유럽인권재판소는 유럽의 기본권 보호 수준과 관련하여 EU사법재판소에 맞서 자신의 관할권을 분명히 하였다.[65] 사실 동 사건은 유럽인권재판소에 제소되기 전 먼저 EU사법재판소에서 검토되었는데, 1996년 7월 30일 동 재판소는 문제의 이사회규칙 990/93(Council Regulation (EEC) No. 990/93 of 26 April 1993 concerning trade between the European Economic Community and the Federal Republic of Yugoslavia(Serbia and Montenegro))은 UN의 제재조치를 달성하기 위한 것이므로 합법이라고 판결하였다. 즉, 위의 이사회규칙에 의해 Bosphorus 항공사는 재산의 평화적 향유권(right to peaceful enjoyment of property)과 상업 활동을 추구할 자유(freedom to pursue a commercial activity)가 침해되었다고 주장하는데 이는 절대적 권리가 아니며, 이러한 권리 행사의 제한은 공동체가 추구하는 일반적 이익(general interest)의 목적상 정당화될 수 있다고 판단하였다.[66]

동 판결 이후, Bosphorus 항공사는 아일랜드를 피고로 유럽인권재판소에 문제의 조치가 유럽인권협약 제 1 의정서 제 1 조[67]의 재산권을 침해하였다고

Tribunals?," in Tomer Broude and Yuval Shany(eds.), *The Shifting Allocation of Authority in International Law: Considering Sovereignty, Supremacy and Subsidiarity: Essays in honour of Professor Ruth Lapidoth*(Oxford: Hart Publishing, 2008), p. 226; Annalisa Ciampi, "The Potentially Competing Jurisdiction of the European Court of Human Rights and the European Court of Justice," *Yearbook of European Law*, Vol. 28, 2009, pp. 602, 608.

65) App. No. 45036/98, *Bosphorus Hava Yollari Turizm ve Ticaret AS v. Ireland* (2006) 42 EHRR 1; Nikolas Lavranos, "The Solange-Method as a Tool for Regulating Competing Jurisdictions Among International Courts and Tribunals," *Loyala of Los Angeles International and Comparative Law Review*, Vol. 30, 2008, p. 278; Sionaidh Douglas-Scott, "A Tale of Two Courts: Luxembourg, Strasbourg and the Growing European Human Rights *Acquis*," *Common Market Law Review*, Vol. 43, 2006, pp. 637-639; Craig and de Búrca, *supra* note 1, pp. 422-424.

66) Case C-84/95 *Bosphorus Hava Yollari Turizm ve Ticaret AS v. Minister for Transport, Energy and Communications and others* [1996] ECR I-3953, paras. 23-27.

67) "Article 1 - Protection of property

Every natural or legal person is entitled to the peaceful enjoyment of his possessions. No one shall be deprived of his possessions except in the public interest and subject to the conditions provided for by law and by the general

주장하며, 다시 소송을 제기하였다. 동 재판소는 처음으로 EU사법재판소와의 관할권 경합에 대해 명시적으로 *Solange* 이론을 원용하였는데, 즉 기본권 보호가 명백하게 결여된 것이 아닌 한, 동 재판소가 자신의 관할권을 행사하지 않을 것이라고 판결하였다.[68] 다시 말해, 유럽인권재판소는 원칙적으로 EU의 기본권 보호가 '명백하게 결여된(manifestly deficient)' 경우가 아니라면, EC의 조치를 심사하는 일을 삼가겠다는 의지를 표명한 것이다. 그러나 이는 다소 모호한 *Solange* 이론을 채택한 것으로 보이는데, '명백하게 결여된'의 의미가 정확히 무엇인지 밝히지 않았기 때문이다.[69]

---

principles of international law.

The preceding provisions shall not, however, in any way impair the right of a State to enforce such laws as it deems necessary to control the use of property in accordance with the general interest or to secure the payment of taxes or other contributions or penalties."

68) "155. In the Court's view, State action taken in compliance with such legal obligations is justified **as long as** the relevant organisation is considered to protect fundamental rights, as regards both the substantive guarantees offered and the mechanisms controlling their observance, in a manner which can be considered at least **equivalent** to that for which the Convention provides (see M. & Co., cited above, p. 145, an approach with which the parties and the European Commission agreed). By "equivalent" the Court means "comparable"; any requirement that the organisation's protection be "identical" could run counter to the interest of international cooperation pursued (see paragraph 150 above). However, any such finding of equivalence could not be final and would be susceptible to review in the light of any relevant change in fundamental rights protection.

156. If such equivalent protection is considered to be provided by the organisation, the presumption will be that a State has not departed from the requirements of the Convention when it does no more than implement legal obligations flowing from its membership of the organisation.

However, **any such presumption can be rebutted** if, in the circumstances of a particular case, it is considered that the protection of Convention rights was **manifestly deficient**. In such cases, the interest of international cooperation would be outweighed by the Convention's role as a "constitutional instrument of European public order" in the field of human rights (see Loizidou v. Turkey (preliminary objections), judgment of 23 March 1995, Series A No. 310, pp. 27–28, §75)."(필자 강조)

69) Lavranos, *supra* note 65, pp. 311–314; Lavranos, *supra* note 64, p. 229; Ciampi, *supra* note 64, p. 603; Oppermann, Classen and Nettesheim, *supra* note 11, p. 311.

2. EU의 유럽인권협약 가입

1) 리스본조약 이전

EU사법재판소는 수차례 판결을 통해 유럽인권협약을 유럽공동체법의 필수적 일부로 고려하였으며,[70] 동 협약을 인권과 기본적 자유를 보호하는 헌법적 문서로 인정해 오고 있다.[71] 이에 1994년 4월 26일 유럽공동체는 자신이 유럽인권협약에 가입하는 것이 舊EC조약에 합치되는지와 공동체가 가입협정을 협상하고 체결할 권한이 있는지 여부와 관련하여 EU사법재판소에 의견을 물어보았는데, 1996년 3월 28일 유럽공동체는 舊EC조약의 개정 없이는 유럽인권협약에 가입할 권한이 없다는 견해를 표명하였다. 즉, 舊EC조약에는 인권에 관한 법률을 제정하고 유럽인권협약에 가입할 권한이 규정되어 있지 않기 때문에 공동체가 협약에 가입하는 것은 현 공동체 체제의 실질적 변경을 초래하며 헌법적 중요성을 가지는 것으로, 이는 동 조약 제235조[72](EU기능조약 제352조)의 범위를 초월하여 개정이 필요하다고 보았다.[73]

2) 리스본조약상 EU의 유럽인권협약 가입

(1) 가입 진행상황

리스본조약과 유럽인권협약 제14의정서를 통하여 EU는 이제 유럽인권협약에 가입할 법적 기반을 완성하게 되었다. 먼저 리스본조약에 의하여 개정된

---

70) Pablo Antonio Fernández-Sánchez, "Towards a European Constitutional Court," *Revue de Droit International*, Vol. 2, 1995, pp. 85-86; Craig and de Búrca, *supra* note 1, p. 305.

71) *Ibid.*, p. 318.

72) "If action by the Community should prove necessary to attain, in the course of the operation of the common market, one of the objectives of the Community, and this Treaty has not provided the necessary powers, the Council shall, acting unanimously on a proposal from the Commission and after consulting the European Parliament, take the appropriate measures."

73) Opinion 2/94 on the Accession by the Community to the ECHR [1996] ECR I-1759, paras. 27-28, 34-36; http://eur-lex.europa.eu/LexUriServ/LexUriServ.do?uri=CELEX:61994CV0002:EN:PDF 참조.

EU조약 제 6 조 2항에 의해 EU는 유럽인권협약에 가입해야 하며, 이러한 가입은 리스본조약에 정의된 EU의 권한에 영향을 미치지 아니한다. 제14의정서 역시 제17조를 통하여 동 협약 제59조 2항[74]에 EU가 동 협약에 가입할 수 있다는 조항을 신설하였으며, 리스본조약과 제14의정서가 각각 2009년 12월 1일과 2010년 6월 1일자로 발효됨으로써 현재 가입절차가 진행되고 있다.

우선 2010년 5월 26일, 유럽심의회의 각료위원회(Committee of Ministers)는 인권운영위원회(Steering Committee for Human Rights(CDDH))에 EU와 함께 EU의 유럽인권협약 가입에 필요한 법적 문서를 마련하라는 임시 임무를 부여하였다. EU 측에서는 2010년 6월 4일 EU법무장관들이 유럽집행위원회에 자신을 대신하여 협상을 수행하도록 요청하였다. 2010년 7월에서 2011년 6월 사이에 인권운영위원회의 비공식실무반은 유럽집행위원회와 함께 총 여덟 차례 실무회의를 개최하고, 시민사회 대표들과 두 차례 의견교환의 시간을 가졌다. 드디어 2011년 6월 비공식실무반은 EU의 유럽인권협약 가입에 관한 협정 초안(Draft Agreement on the Accession of the European Union to the Convention for the Protection of Human Rights and Fundamental Freedoms)[75]과 주해서를 인권운영위원회에 제출함으로써 자신의 업무를 마감하였다. 2011년 10월 11-14일 열린 특별회의에서 인권운영위원회는 비공식실무반의 작업 결과를 검토하였으며, 협정 초안은 현재 각료위원회에 제출되어 있는 상태이다. EU사법재판소와 유럽인권재판소 및 유럽심의회의 의원총회(Parliamentary Assembly)가 협정 초안에 각각 견해를 제출하고 난 후, 동 협정이 유럽인권협약의 모든 당사국과 EU의 비준을 거쳐 발효하게 되면, EU는 공식적으로 유럽인권협약에 가입하게 될 것이다.[76] 그러나 이러한 가입절차가 예정보다 많이 늦어지고 있는데, 이는 영국과 프랑스가 EU의 유럽인권협약 가입에 제동을 걸고 있기 때문이다. 영국은 유럽인권재판소의 과도한 업무량을 줄이기 위하여 보다 많은 사건이 국내재판소에서 해결되어야 하는 등 유럽인권재판소의 개혁이 필요하다

74) "2. The European Union may accede to this Convention."

75) http://www.coe.int/t/dghl/standardsetting/hrpolicy/cddh-ue/CDDH-UE_MeetingReports/CDDH_2011_009_en.pdf 참조.

76) http://www.coe.int/web/coe-portal/what-we-do/human-rights/eu-accession-to-the-convention 참조; Douglas-Scott, *supra* note 43, p. 661.

고 주장하고 있으며, 프랑스는 EU의 공동외교안보정책을 유럽인권재판소의 관할에 포함시키지 말 것과 국내주권에 미치는 영향에 대한 우려를 표명하고 있다.[77)]

(2) 가입 이유[78)]

한편 EU가 유럽인권협약에 가입하려는 주된 이유는 무엇일까?[79)] 우선 EU사법재판소가 EU 차원의 인권보장에 상당한 정도로 기여한 것은 분명한 사실이지만, 동 재판소의 주된 역할은 공동시장 완성을 위한 재판소(common market court)로서 행동하는 것이며, 재판관 역시 인권법이 아닌 EU법 전문가로 구성되어 있기 때문에 인권 보호에 있어 실질적 한계를 내포하고 있다. 따라서 두 재판소 간의 협력과 함께, 다른 지역인권재판소들과 비교하여 모범적 사례로 인정받는 유럽인권재판소의 역할 증진이 중요한 의미를 갖는 것이다.

무엇보다 EU의 유럽인권협약 가입이 필요한 이유는 현재 활발하게 이용되고 있는 유럽인권재판소의 개인청원제도를 통하여 EU기관들의 인권침해 행위를 심사하기 위해서이다.[80)] 이와 더불어 동 협약 가입은 EU와 유럽심의회 사이에 강력한 정치적 결속을 다지게 할 것이다.[81)] 또한 EU 회원국과 비회원

---

77) http://www.europeanvoice.com/article/imported/human-rights-convention-deal-blocked/73316.aspx 및 http://news.bbc.co.uk/democracylive/hi/europe/newsid_9709000/9709051.stm 참조; EU의 유럽인권협약 가입과 관련하여 제기된 문제에 대해서는 Douglas-Scott, *supra* note 43, pp. 662-668 참조.

78) 해당 부분은 이주윤, "유럽인권협약의 헌법적 기능,"「법학연구」, 제39집, 2010. 8, 369-370면을 요약하여 정리하였음.

79) 2012년 현재, EU의 모든 회원국은 유럽인권협약의 당사국으로 되어 있다; http://www.coe.int/t/dghl/standardsetting/hrpolicy/CDDH-UE/CDDH-UE_documents/EU_accession-QA_2011_en.pdf 참조; EU의 유럽인권협약 가입에 관한 찬반 이론에 관해서는 Fernández-Sánchez, *supra* note 70, p. 87 참조.

80) Tilmann Laubner, "Relieving the Court of Its Success? - Protocol No. 14 to the European Convention on Human Rights," *German Yearbook of International Law*, Vol. 47, 2004, p. 718; Craig and De Búrca, *supra* note 1, p. 420; Douglas-Scott, *supra* note 43, p. 659.

81) Paul Lemmens and Wouter Vandenhole(eds.), *Protocol No. 14 and the Reform of the European Court of Human Rights* (Oxford: Intersentia Publishers, 2005), pp. 131, 133; Walter Schwimmer, "Towards a European Constitution? The European Convention on Human Rights and its Implementation," in Michael Gehler · Günter Bischof · Ludger Kühnhardt and Rolf Steininger(eds.), *Towards A European*

국을 포함하여 유럽 전체를 위한 일관된 인권보호체제를 구현한다는 포괄적인 목적에 부응하며, 인권에 대한 헌법적 보호 정도가 다양한 회원국들을 모두 수용함으로써 유럽인권재판소가 헌법적 성격의 판결에 집중할 수 있을 것이라는 주장도 있다.[82] 이제 EU 회원국 및 기관은 EU법을 적용하거나 이행할 때 유럽인권협약을 존중할 의무를 갖게 될 것이다.

한편, 유럽의 인권보호에 있어 어느 재판소가 최종심으로 작동할지에 관한 문제도 중요한 사안인데, 이에 관해서는 EU기관의 행위가 유럽인권재판소의 관할권하에 놓이게 되므로 유럽인권재판소가 결국 최종심이 될 것이라고 보는 견해가 지배적이다. 물론, EU법의 해석에 있어서는 EU사법재판소가 당연히 최종심의 기능을 계속해서 수행할 것이다.

V. 결 론

위에서 살펴본 바와 같이, EU인권법의 형식적 연원은 크게 다음 세 가지로 구분할 수 있다. 첫째, EU조약 제6조 1항에 규정된 EU기본권헌장을 들 수 있다. 동 헌장은 이제 조약과 동일한 법적 지위, 즉 일차적 연원으로서의 위계를 갖게 되었다. 둘째, EU조약 제6조 2항에 규정된 유럽인권협약을 들 수 있다. 동 협약은 오랫동안 EU차원의 인권보호에 있어 특별한 영감의 원천으로서 다루어져 왔는데, 이제 리스본조약과 제14의정서의 발효에 의해 EU가 동 협약에 가입함으로써 EU에 대해 공식적인 구속력을 행사하게 되었다. 셋째, EU조약 제6조 3항의 규정을 통하여 확인된 EU사법재판소가 오랜 기간 동안 고안하고 발전시켜 온 EU법의 일반원칙을 들 수 있다. 동 원칙은 회원국에 공통된 헌법적 전통과 유럽인권협약 및 회원국이 가입한 국제인권조약으로부터 영감을 얻은 것이다. 이러한 세 가지 연원은 서로 많은 부분에 있어 중첩되어 있어 법적 혼동을 유발하기도 하지만,[83] EU법상 인권보호에 관한

Constitution (Wien: Böhlau, 2005), p. 320.

82) Luzius Wildhaber, "A Constitutional Future for the European Court of Human Rights?," *Human Rights Law Journal*, Vol. 23, No. 5-7, 2002, p. 165.

법적 기반으로서 중요한 역할을 수행해 온 것은 분명하다. 특히 이러한 연원은 EU사법재판소가 판결을 통하여 창조하고 발전시켜 온 것이라는 점에서 국제적 및 다른 지역적 차원의 인권보호체계와는 차이가 있다. 비록 동 재판소가 인권보호를 위해 창설된 재판소는 아니지만, 선결적 부탁절차라는 독특한 소송 방식을 통해서 개인의 기본권 강화와 증진에 기여하였을 뿐만 아니라, 심지어 EU법의 가장 근본적 원칙의 하나인 자유이동과 관련하여서도 이의 예외를 정당화시키는 요건으로 기본권 보호에 주안점을 둔 점은 주목할 만하다. 앞으로 EU의 인권보호체계는 유럽인권협약 가입과 함께 보다 견고해지고 다른 국제 및 지역적 차원의 인권보장시스템의 발전에 기여할 수 있을 것으로 보인다.

---

83) Craig and De Búrca, *supra* note 1, p. 362.

제 9 장 유럽의 인권보호체제

Ⅰ. 들어가는 말

유럽인권보호체제는 47개국 8억 명의 사람들을 대상으로 인간존엄에 관한 규범적인 기준을 제시하고, 정책적·법제도적 관점에서 성공적인 실천을 이루어 오고 있는 모범 사례라고 할 수 있다. 국제연합을 중심으로 한 국제적 인권보호체제, 미주, 아프리카 등의 지역적 인권체제가 운영되고 있으나, 제도의 정착과 운영의 면에 있어서 유럽의 인권보호체제는 단연 선도적인 역할을 담당하고 있다고 할 수 있다.

이 글은 이러한 유럽의 인권체제가 어떠한 과정을 거쳐서 오늘날과 같은 발전을 이루어 왔으며, 어떠한 방식을 통하여 규범적인 기준을 마련하고, 국내적 차원의 실천을 확보하는가에 관한 내용을 중심으로 하고 있다. 동시에 그럼에도 불구하고, 개선하여야 할 점들은 무엇이며, 특히 리스본조약의 발효와 함께 어떠한 변화가 예상될 것인가에 관한 전망을 담고 있다.

Ⅱ. 유럽인권보호체제의 성립

유럽의 인권보호체제를 적절히 이해하기 위하여서는 유럽인권협약을 중심으로 한 다수의 인권보호협약뿐만 아니라, EU협약체제의 운영, 유럽안보평화협력기구의 실제, 각국의 정책과 재판소의 역할들을 종합적으로 조망함으로써 이해하여야 한다. 유럽인권보호체제의 내용을 이루는 주요협약들과 관련기관들은 실로 다양하며 주로 다음의 조약들과 기관들을 포함한다. ① 1950년 11월 서명과 함께 1953년 9월 3일 발효한 “인권과 기본적 자유의 보호를 위한 협약”(Convention for the Protection of Human Rights and Fundamental Freedoms)과, ② 유럽 인권재판소(The European Court of Human Rights), ③ EU 체제 내의 유럽재판소(Court of Justice of the European Communities), ④ 유럽안보평화협력기구(The Organization for Security and Co-Operation), ⑤ 개별 인권 협약들: 유럽 사회헌장(The European Social Charter), 유럽 고문방지 협약(The European Convention for the Prevention of Torture), 민족적 소수자 보호를 위한 기본 협약(Framework Convention for the Protection of National Minorities), ⑥ 각국 재판소, ⑦ EU위원회의 인권관련 지침들의 내용이다.

유럽인권체제는, 한편으로는 자국 내에서의 인권침해가 심각한 국가, 혹은 정부일수록 외부에 대한 평화 파괴행위를 저지를 가능성이 높다는 경험적 인식하에, 2차 대전에 대한 반성과 나치즘의 폐해극복 및 재발방지를 위하여 출발하였다. 구체적으로 1949년 설립된 유럽평의회(the Council of Europe)와 유럽연합이 독일이 다른 서유럽국가들과 평화의 동반자가 될 수 있는 것은 공통의 가치를 기반으로 한 지역적 통합을 통하여서 가능하다고 인식하였기 때문이다. 이러한 접근은 1차 대전의 전후처리 방식이었던 1919년의 베르사이유 체제에서 독일에 대하여 형벌적인 가혹한 배상책임을 부과하였던 접근법과는 사뭇 차이가 있는 것이었다. 1차 대전 이후의 독일에 대한 처리 방식이 막대한 규모의 전쟁배상과 군비강화에 대한 제도적 억제를 통하여 전쟁의 재발을 방지하고 독일의 재건을 어렵게 하는 것이었던 반면에, 2차 대전 이후의 독일 처리 방식은 서유럽의 집단적인 평화체제의 일원으로서의 독일의 지위를 제도적으로 확보하는 것으로 변화하였다. 유럽인권보호체제는 다른 한편으로는 소련을 중심으로 한 공산주의의 유럽에서의 확산을 방지하고 자유주의에 기초한 시민적 자유를 확보하기 위한 서구 유럽 국가들의 합의를 통하여 형성되었다고 할 수 있다.

유럽의 통합과 인권협약에 대한 초기의 열정은 이후 서구 열강들의 주권중심주의적 회귀로 어려움을 겪게 된다. 영국의 경우, 초기의 적극적인 입장과는 달리, 선언적 의미만을 담은 국제적 문서에는 동의하되, 구속력 있는 법률적 의무, 중앙통제식의 기관들, 개인 청원, 강제적 관할권 등의 정립에는 확고한 반대를 표명하였다. 이후 영국은 수십 년의 시간이 흐른 후에야, 1998년의 인권법(Human Rights Act)을 통하여 유럽인권협약의 모든 권리들을 국내법화하게 된다.

유럽평의회(The Council of Europe)는 1949년 공산주의에 대항하여 민주주의, 법의 지배, 서구 유럽 국가 간의 보다 공고한 연대를 구축하기 위하여 유럽의 주요 10개국에 의하여 창설되었다. 이후 점차로 사회, 문화, 스포츠 등 다른 영역으로 협력의 범위가 확대하였다. 1990년에 이르러서도 가입국은 23개국에 불과하였으나, 공산주의의 몰락과 함께 2009년 47개국으로 확대되었다.

유럽평의회 규정 제 3 조의 가입요건에 의하면, 회원국은 법의 지배와 인권을 존중하는 진정한 민주주의 국가이어야 하며, 이러한 영역에 있어서 평의회와 성실하고 효과적으로 협력하여야만 한다고 규정되어 있다. 이러한 협력 중 하나는 유럽인권협약에 대한 가입을 의미한다. 가입희망국은 평의회의 장관위원회(Committee of Ministers of the Council of Europe)로부터 당해국가의 법제도가 제 3 조의 요건에 부합한다는 판정을 받아야만 한다. 이후 유럽평의회 의원총회(the Parliamentary Assembly of the Council of Europe)의 의견을 구하여야 하며 의원총회는 다시 전문가 그룹의 자문을 얻는 과정을 거치게 된다. 전문가들의 의견은 주로 현장방문을 통하여 만들어진다. 계속해서 의회는 전문가위원회를 구성하고 모든 회원국의 의무와 약속의 준수 여부를 감독하도록 하고, 동 위원회는 지속적으로 각국에 대한 보고서를 작성하고 있다.

특히, 동유럽 국가들에게 있어서는 단순히 인권준수의무만을 이행하는 것이 아니라, 유럽 내에서 일정한 신뢰를 얻을 것이 기대되었다. 이들에게 있어서 중요한 것은 EU에 대한 가입과 일정한 혜택을 누릴 수 있는 자격을 획득하는 것이었다. 이러한 사정 속에서 유럽인권협약의 가입이 비록 유럽평의회의 회원국이 되기 위한 필수요건은 아니나, 새로운 회원국들은 일반적으로 2년 이내에 인권협약 가입이 이루어지도록 국내 입법과 절차들을 정비할 것으로

기대되고 있다.[1)]

비록 시기적으로 유럽협약을 성립시키려는 노력이 시작된 것이 세계인권선언의 채택보다 앞선 것이었으나, 실제에 있어서는 유럽협약의 성안자들은 인권선언의 내용들을 중요자료로 참고하였다. 결과적으로 두 개의 문언들은 유사성을 가지게 되는 반면, 뚜렷한 차이를 보여주고 있기도 하다. 예를 들어 유럽인권협약에는 자결권과 소수자의 구성원들의 권리에 관한 규정이 없다. 권리에 대한 제한의 사유들 역시 유사하나, 유럽인권협약은 특히 "민주주의 사회에 있어서 필요한 경우(a limitation be necessary in a democratic society)"라는 제한을 부과하고 있다.[2)]

동시에 일탈이 허용되지 않는 권리의 종류에 있어서도 차이를 보여 주고 있다. 협약 제 1 조는 당사국들이 관할권 내의 모든 사람들에 대하여 협약상의 권리들을 보장하도록 요구하고 있고, 제13조는 권리의 침해가 있을 시 모든 사람들에게 국내 당국에 의한 효과적인 구제를 부여하도록 요구하고 있다. 대조적으로 인권선언은 인정된 권리들에 효과를 부여하고, 동시에 사법적 구제의 가능성을 높이기 위해서 입법 및 기타 조치를 취하여야 할 국가의 의무 정도를 언급하고 있다.

1950년 유럽인권협약 채택 당시 당사국들은 몇 개의 조문에 대하여 합의를 이루지 못하고, 후속되는 의정서들을 통하여 보충하도록 합의하였다. 이후 14개의 의정서들이 채택되었다. 1 의정서(1952)는 재산권(자신의 소유물들을 평화롭게 향유할 권리), 교육에 관한 권리, 자유선거의 실시 의무를, 4 의정서(1963)는 민사적 채무로 인한 구금으로부터의 자유, 이동과 거주의 자유, 출국의 자유, 망명의 자유, 국적국으로의 입국의 자유, 외국인에 대한 집단적 추방의 금지를, 6 의정서(1983)는 사형제도의 폐지, 7 의정서(1984)는 적법절차에 의하지 아니하고 추방되지 않을 외국인의 권리, 형사사건에 있어서의 항소의 권리, 사법의 부당한 집행에 대한 배상의 권리, 동일한 범죄에 대한 이중처벌의 면제, 배우자의 권리와 의무의 동등성을, 12의정서(2000)는 차별에 대한 일반

---

1) Henry Steiner *et al.*, *International Human Rights in Context: Law, Politics, Morals: Text and Materials*, 3rd ed.(Oxford: Oxford University Press, 2007), p. 937.

2) 유럽인권협약 제 8 조 내지 제11조.

적 금지, 13의정서(2002)는 모든 상황에 있어서의 사형의 금지를 규정하고 있다. 2007년 3월경까지 유럽평의회의 모든 회원국들은 유럽인권협약과 2, 3, 5, 8, 11의정서의 당사국들이 되었다.

유럽인권재판소는 1959년 유럽인권협약의 위반을 검토하기 위해 유럽평의회 국가들에 의하여 설립되었다.

Ⅲ. 유럽인권보호체제의 의의와 진화

국제인권규범 발전에 있어서 유럽인권협약체제의 성립과 운영은 여러 가지로 중요한 의미를 보여주고 있다. 무엇보다 가장 광범위한 인권보호의 내용을 담고 있고, 최초로 국제적인 청원절차를 마련하였으며, 인권문제만을 전담하는 국제재판소를 창설하였고, 가장 발전된 형태의 인권법 이론들을 양산해 내었으며, 현재 전 세계 국가들의 30% 이상의 지역에 해당하는 47개국, 8억 명의 인원에 대하여 인권기준에 관한 최종적인 판단을 부여하고 있다. 동시에 사건 처리의 양적인 면에서도 1996년에는 72건의 판결이 있었으나, 2006년에는 9만 건의 청원에 대하여 1,560건의 판결을 내린 바 있다. 현재 12만 건의 사건이 처리대상으로 되어 있다. 건물과 인프라를 제외한 2006년도 예산은 USD 58,740,000(약 700억 - 800억)이고, 통역비용 포함, 47명의 판사, 250여 명의 보조 법률가들로 구성되고 한 해 약 28,000건의 사건들을 최종적으로 처리한다.

국제인권규범의 발전과 관련하여서도 인권재판소의 판결은 미주인권재판소, 시민적·정치적 권리에 관한 규약 이사회 등의 결정들에 대하여 영향을 미치고 있고, 동시에 일종의 유럽의 헌법재판소 내지 대법원으로서 EU재판소, 각국의 헌법재판소들에 지대한 권위를 행사하고 있다.

유럽인권협약은 협약과 그에 따른 14개의 부속의정서로 구성되어 있다. 의정서는 내용에 따라, ① 협약상의 실체적 권리들의 보호를 확대하고 구체화하는 것으로 협약의 본문을 개정하는 방식은 아니며 의정서상 규정된 일정 수의 비준이 있으면 발효하고 비준 회원국에 한해서만 구속력을 가진다(1, 4, 6, 7, 12, 13의정서), ② 다른 한편으로, 협약의 절차적 장치를 변화시키는 것으로서 기구의 통일적 유지를 위하여 기존 인권협약 가입국 모두의 비준을 조건으로 발효하는 것들이 있다(3, 5, 8, 9, 11, 14의정서).

유럽인권협약체제는 협약의 적용국가와 지역의 확대와 법리의 왕성한 발전에 따라 진화를 겪게 된다. 그중 11의정서와 2004년 5월 13일 채택된 14의정서는 협약운영체제에 있어서 중요한 변화를 가져왔다. 1998년 11월 1일 발효한 11의정서는 유럽인권위원회(European Commission of Human Rights)와 유럽인권재판소(European Court of Human Rights)의 중복구조를 변경하여 강제관할권을 가지는 단일의 상설재판소를 수립하였다. 과거 국가와 인권위원회만이 재판소에 대한 소송 제기권을 가지고, 개인이나 개인들의 집단들은 인권위원회에 대한 청원만이 가능하던, 구제체계에 대한 제한적인 접근이 사라지고 단일한 형태의 구제체계를 갖추게 되었다. 이로써 사적 주체들의 경우, 위원회에 청원을 제기하고 난 후에야 재판소에의 제소가 가능하도록 하였던 1990년의 9 의정서는 자동적으로 폐지되는 결과가 나타났다. 유럽평의회 장관위원회는 더 이상 사건의 심리기능은 없으며, 당사국들의 판결이행을 감독하는 종래의 기능만을 유지한다. 특기할 만한 것은 협약 비당사국 국민들이나 무국적자들도 소송을 제기할 수 있다는 것이다. 다만 소송대상의 국가들은 협약당사국에 한정된다.

14의정서에 의하여 전체적인 변화가 있기 전까지의 유럽인권재판소는 당사국당 1인의 판사를 선출하며, 판사는 유럽평의회 의원총회(Parliamentary Assembly)에서 선출되고, 임기 6년으로 재선이 가능하였다. 3인의 재판관으로 구성되는 위원회들은 대체로 청구의 허용가능성(admissibility)을 다루고, 7인으로 구성되는 소재판부(Chambers)는 일종의 하급심, 17인으로 구성되는 대재판부는 일종의 상급심으로서의 역할을 담당하였었다. 재판소는 협약위반 여부의 결정만 아니라, 피해자에 대한 손해전보(손해에 대한 정당한 배상: just satisfaction for damages)를 결정한다.

유럽인권협약체제 역시 여전히 많은 개선이 필요함이 지적되고 있다. 현재 유럽인권협약에는 러시아를 비롯한 거의 모든 구 공산권 국가들이 가입하고 있다. 대다수 국가들에 있어 협약은 국내법으로 편입되어 있으나, 일부 국가들은 여전히 국내법화되지 못하고 있는 부분들이 있다. 유럽인권협약상의 의무는 협약상의 권리를 보장하는 것에 그칠 뿐, 국내적인 편입을 반드시 의무화하고 있는 것은 아니라고 해석하고 있기 때문이다.

유럽인권재판소의 판결 역시 국내적인 결정을 파기하거나, 국내 입법을 무효화하는 것은 아니다. 장관위원회의 이행 감독에도 불구하고, 협약상 판결의 이행을 강제할 수 있는 수단은 마련되어 있지 아니하다. 다만 유럽평의회에서 제명되거나, 회원국 자격이 정지될 수 있으나 이들의 경우 구체적인 판결이행 확보의 현실적인 수단이라고는 할 수 없다. 장관위원회는 인권협약이 아니라, 1949년의 유럽평의회 자체의 집행기구이다. 그동안 간접적으로 유럽인권협약 체제 내에서 일정한 감독적 기능과 사법적 기능을 행사하여 왔다.

Ⅳ. 유럽인권재판소의 개혁

유럽인권재판소는 오랜 기간 한 국가 내에서 특정한 법률적 결함이 유사한 내용의 다량청구를 발생시키는 경우를 해결하기 위하여 노력하여 왔다. 2004년 장관위원회는 개혁프로그램의 일환으로, 재판소로 하여금 판결 시에 재판소가 판단할 때 특히 다량의 청원 제기의 발생이 예상되는 경우, 배경이 되는 근본적인 문제와 근원이 무엇인지 지적하도록 하고, 이에 따라 국가들이 적절한 해결책을 찾는 것을 돕고, 동시에 장관위원회가 판결의 이행을 감독하도록 한다는 내용을 마련하였다.

1. 시범소송 절차

이러한 개혁은 2003년 인권재판소가 *Broniowski v. Poland* 사건[3]에서 소위 시범판결(pilot-judgment)을 시작하면서 구체화되었다. 이 사건은 2차 대전 종전 후 폴란드가 소련에 대하여 영토를 상실하면서 주거지와 재산권이 박탈된 개인들의 상속인들에 의하여 제기되었다. 이러한 국제적인 합의와 국내법에 따라 집을 잃은 1,200만 명의 개인들이 배상을 수령할 자격을 가지게

3) *Broniowski v. Poland*, Application no. 31443/96, 22 June 2004.

되었다. 이후 공산주의의 종언과 함께 구 법률들이 변경되고, 신 법률들이 제정되는 과정에서 배상은 지연되었고, 결과적으로 Broniowski의 청구는 무효화되었다. Broniowski는 유럽인권재판소에 대하여 협약 1조의 평화로운 재산권을 향유할 권리의 침해를 이유로 청원을 제기하였다. 문제의 재산권의 소재는 현재의 우크라이나 Lviv에 있는 Bug 강 너머의 지역이었다.

인권재판소는 폴란드 당국이 적법성의 원칙을 준수하였는지, 협약상의 정당한 목표를 추구하였는지, 국가의 이익과 개인의 이익 사이에 적절한 균형을 유지하였는지를 검토하였다. 재판소는 구제의 지나치게 장기화된 지연과 지극히 낮은 배상액의 책정을 이유로 협약의 위반이 있음을 확인하였다. 청원인은 정당한 일반 사회의 이익이라는 이유로 인용될 수 없는 범위의 "비례성의 원칙에 어긋나고, 과도한 부담"을 감내한 것으로 인정되었다.[4] 동시에 재판소는 Broniowski의 문제는 개별 사례의 문제가 아니라 "폴란드 의회와 행정 관행의 잘못된 행사로 인한 광범위한 문제로부터 연유된 것이며, 다수의 인원들에게 영향을 미쳤고, 현재에도 영향을 미치고 있다(originated in a widespread problem which resulted from a malfunctioning of Polish legislation and administrative practice and which has affected and remain capable of affecting a large number of persons)"고 판단하였다.[5]

재판소는 피해당사자들에 대한 배상의 결정과 함께, 당해 회원국이 장관위원회의 감독하에, 국내법 체계 내에서 재판소가 지적한 협약위반의 상태를 종료하고, 가능한 한 영향을 교정할 수 있는 일반적인 또는 개별적인 조치들을 취할 것을 명령하였다.[6] 구체적인 해결 방법은 재판소가 아니라 회원국이 결정할 것이지만, 재판소가 협약위반으로 판단한 근거를 이루는 체계적 결함을 교정하여 동일한 원인으로부터 연유될 수 있는 다수의 청원들로 인하여 협약체계에 과도한 부담을 초래하지 않도록 할 조치를 위하도록 하였다.[7] 동

4) *Ibid.*, para. 186.

5) *Ibid.*, para. 189.

6) *Ibid.*, para. 192.

7) *Ibid.*, para. 193: "... the measures adopted must be such as to remedy the system defect underlying the Court's finding of a violation so as not to overburden the Convention system with large numbers of applications deriving from the same cause."

시에 재판소는 우호적인 해결이 이상적인 결과를 가져올 수 있음을 강하게 시사하였다. 이후 2005년 9월 인권재판소는 우호적 해결의 내용이 협약과 합치하는가의 여부를 검토한 후에, 처리대상 사건 항목에서 관련된 청원을 제외하게 된다.[8)]

2. 14의정서의 개혁

또 하나 중요한 개혁의 내용은 14의정서를 통하여 구체화되었다. 마지막까지 의사결정을 하지 않고 있었던 러시아 의회(Duma)가 14의정서 비준을 위한 국내법을 채택하고, 2010년 2월 4일 대통령이 서명함으로써, 이제 유럽평의회 47개 회원국 전체에 대하여 14의정서가 발효되고 있다.[9)] 끝까지 러시아는 체첸 사태 등 관련 사례들의 증가에 대하여 인권재판소의 정치화(politicization)에 대한 우려를 이유로 14의정서의 채택을 미루어 왔으나, 러시아 판사의 자국 관련 사건 참석 보장 등의 배려를 통하여 14의정서의 자국 내 효력을 인정하게 되었다. 현재 인권재판소에 제기된 약 112,000건의 사례 중 러시아와 관련된 사건의 수가 27,000여 건에 이르고 있다.

14의정서에 의하여 판사들은 임기 9년의 단임 판사로 변화한다. 과거에 위원회에 의하여 행사되던 기능은 1인 판사가 담당하며 동 판사는 관련 국가의 사건에는 관여하지 못한다. 판사는 새롭게 만들어진 "보고관"들로 명명된 재판소 인력들의 도움을 받게 된다. 위원회들은 판례로서 확립된 법리가 있는 사건들에 대해 판단할 수 있는 권한을 가진다. 소배심과 대배심의 절차에는 커다란 변화가 없으며, 유럽평의회의 인권위원장이 서면언급을 제출할 수 있고, 모든 사건의 심리절차에 참여할 수 있도록 하고 있다. 14의정서는 판결의 이행단계에서 두 가지의 새로운 제도를 도입하고 있는바, ① 장관위원회가 재판소에 대하여 판결의 해석을 요구할 수 있다, ② 동시에 장관위원회는 스스로의 판단에 의하여 특정 국가가 판결의 이행을 거부할 경우, 일정한 절차를

8) *Broniowski v. Poland*, Application no. 31443/96, Friendly settlement, 28 September 2005.

9) http://www.echr.coe.int/ehcr/Homepage_En 참조.

진행할 수 있다. 이 경우 위원회는 인권재판소에 대하여 당해 국가가 협약 제46조에 의한 이행의무를 준수하고 있는지에 대한 결정을 요구할 수 있다.

위에서 언급된 시범소송제도의 도입과 함께, 14의정서를 통하여 재판소의 업무에 관한 개혁들이 일어나고 있지만, 아직도 많은 근본적인 문제의 해결을 위한 노력이 요구되고 있다. 의정서 확정 과정에서 고려되었으나, 최종적으로 제외되었던 내용들은 계속적으로 논의의 대상이 될 것이다.

이러한 논의의 중심은 결국 근본적으로 재판소의 역할에 관한 것이다. 과연 유럽인권재판소가 유럽의 헌법재판소(European Constitutional Court) 내지 준헌법재판소(quasi-constitutional court)가 될 것인가의 문제이다. 제기된 문제가 국내 사법절차를 통하여 충분히 검토되지 않은 경우, 과연 인권재판소가 절차적 흠결을 이유로 문제의 해결을 미룰 것인지, 아니면 청원의 근저에 있는 본질적인 문제에 대하여 구제를 부여하는 노력을 기울여야 할 것인지는 문제이다. 예를 들어, 생명권의 보호에 관한 문제들에 있어서 재판소가 요구하는 권리 침해의 충분한 입증이 없을 경우, 인권재판소는 국가적 차원에서 문제의 본질에 해당하는 사실들을 확정할 수 있는 효과적인 조사나 유효한 사법적 절차의 진행이 없었음을 이유로 "절차적 흠결"의 결정들을 내려왔다. 결국 인권재판소는 협약의 보충성 내지 국내 절차에의 우선적 의존이라는 한계를 노정하고 있는 것이다.

보다 중요한 것은, 과연 재판소의 역할이 개인적인 권리침해의 구제에 중점을 두어야 하는가, 아니면 전체적인 이익을 위하여 공적인 정책 차원에서 현안들을 검토하는 보다 헌법적인 기능을 중시하여야 하는가이다. 주로 후자의 관점에서 재판소는 스스로의 역할을 협약위반의 발견에 한정하고 결과적인 구제의 부여 명령의 권한은 없는 것으로 이해하여 왔으며, 이행의 부분은 효과적인 평의회 회원국 상호 간의 정치적인 동료적 검토(peer review)에 위탁하여 왔다. 동시에 이행은 보다 근본적으로 문제의 근원을 해결하는 방향으로 유도하여 왔다. 따라서 개인적 구제의 부분은 물론 중요하지만, 재판소는 일반적인 인권 보호 기준의 확립에 보다 주력하고, 이러한 인권법리가 회원국 전체에 효과적으로 확산되도록 하는 부분을 강조하여 왔다. 이와 같이 이행의 중심은 협약 위반을 야기하는 상황의 반복을 방지하려는 필요에 봉사하는 것이었다. 이러한 관점에서는 단순히 더 많은 인권과 더 많은 사례를 다루는 것이 좋다는 생각은 재판소의 발전에 도움이 되지 않는다고 한다.[10] 동시에 인권재판소는 각국 사법기관들이 우선적으로 법률적 구제를 부여하도록 하는 보충성의 원칙에 충실하여야 한다고도 한다.[11]

이러한 입장에 대하여 개인의 구제에 관한 재판소의 역할이 자칫 소홀할 수 있다는 비판이 있을 수 있다. 14의정서 제12조는 청원에 대하여 다음의 경우에 허용불가를 선언할 수 있도록 하고 있다: "협약과 의정서들에 규정된 인권에 대한 존중에 근거해서 본안에 대한 심사가 요구되고, 국내 재판소가 적절히 검토하지 않은 어떠한 사건도 이러한 이유에서 심사가 거절될 수 없는 경우에 해당하지 않는 한, 청원인이 중대한 불이익을 당하지 않았을 경우 (the applicant has not suffered a significant disadvantage, unless respect for human rights as defined by the Convention and the Protocols thereto requires an examination of the application on the merits and provided that no case may be rejected on this ground which has not been duly considered by a domestic tribunal)."

이러한 내용에 대하여 한편으로는, 개인의 청원권을 제한하는 것은 근본적인 오류를 야기하는 접근으로 비판의 대상이 될 수 있는 반면, 어느 사건에 대하여 전체적인 검토가 요구되는가 하는 것의 결정은 재판소의 재량에 맡기는 것이 옳다는 입장도 가능하다고 할 수 있다. 청원에 대한 제한을 반대하는 입장에서는, 인권재판소가 마치 각국의 대재판소들이 하는 것처럼 법률적으로 허용가능성이 있는 청원들을 단지 사건 수를 줄이기 위해서 임의로 배척한다는 것은 인권침해에 대한 청원이 권리가 아니라 하나의 투기적 기대로 전락시킬 수 있다는 우려를 표명하고, 회원국들에게도 인권존중의 의무가 심각한 것이 아니라는 잘못된 인상을 줄 수 있다고 판단한다.

---

10) Luzius Wildhaber, "The European Court of Human Rights: The Past, the Present, the Future," 20 Nat'l J.Cons. L. 183(2007), pp. 195-196. 비근한 사례로, 사생활을 추적하는 자들로부터 자신의 프라이버시를 지킬 수 있도록 도움을 요청한 모나코 캐롤라인 공주 사례를 들 수 있다고 한다(*Von Hannover v. Germany*, 40 Eur. H.R.R. Rep. 1 (2005)).

11) *Ibid.*

14의정서의 제한적인 내용에 더하여, 2004년 장관위원회는 국가들에게 국내적 실천을 독려하는 내용의 5개항으로 구성된 권고안을 마련하였다. 2006년 발간된 현자 그룹 보고서[12)]는 인권재판소 내에 일종의 지역적 일심재판소(regional courts of first instances)를 설치하는 것과 같은 현상에 우려를 표명하고, 판례의 분화현상, 비용과 절차적인 복잡성의 증대를 경고하였다. 동시에 어떠한 사건들에 대한 심리를 선택할 것인가에 대한 재량을 부여하는 일종의 파기환송(a certiorari-type procedure)과 같은 내용의 절차를 재판소에게 부여하는 것을 반대하였다. 이러한 접근은 인권재판소의 기본적인 철학을 훼손하고, 사건을 취사선택하는 것은 재판소의 정치화를 불러일으키며, 불규칙성과 자의성을 키우게 될 것이라고 하였다.

대신에 권고안은 ① 사법제도의 절차의 개혁을 허용함에 있어서 보다 융통성이 있는 제도의 도입, ② 재판소가 사건을 채택하기 이전에 사건들을 미리 검토하는 완전히 새로운 사법위원회(Judicial Committee)의 설치, ③ 인권재판소의 법리를 개별 회원국 내에서 전파하고 인식을 높이기 위한 국내 차원의 개혁 진행, ④ 각국의 헌법재판소들이 인권재판소에게 권고적 의견을 요청할 수 있는 제도의 도입, ⑤ 각국이 인권협약 위반으로부터 발생하는 손해를 구제하기 위한 국내적인 법률절차를 도입할 것을 의무화하는 것, ⑥ 배상판정은 각국 재판소가 정하도록 하고 인권재판소는 감독기능만을 행사하도록 할 것, ⑦ 시범소송 절차를 충분히 활용할 것, ⑧ 우호적 해결과 국내 차원의 중재를 장려할 것 등을 강조하였다.

동시에 현자 그룹은 평의회의 인권위원장(The Council of Europe's Commissioner for Human Rights)의 역할을 개발시킬 것을 강조하였다. 인권위원장은 그동안 주로 각국을 방문하여 인권상황을 총체적으로 점검하고, 특정한 이슈들에 대하여 자문하고 대중적인 인식제고 프로그램을 조직하며, 옴부즈만이나 국내 인권위원회들과의 협력을 강화하는 업무를 진행하여 왔다.

또 하나의 커다란 과제는 자격을 갖춘 판사들을 선임하는 것이다. 유럽

---

12) The Wise Persons Report, Doc. CM(2006) 203, 15 November 2006: "a comprehensive strategy to secure the long-term effectiveness of the ECHR and its control mechanism."

평의회는 다른 국제기구들에 비하여 판사선임 과정의 객관성 담보와, 자질을 갖춘 판사들을 선정하기 위한 보다 상세한 제도적 장치들을 마련하여 놓고 있다. 각국은 3사람의 후보자 명단을 제출하고 평의회 인권국(The Human Rights Directorate of the Council)과 장관위원회가 후보자들을 평가한 후에, 유럽의회 소위원회의 면담과 의회의 투표를 통하여 확정한다.

이러한 상세한 절차에도 불구하고 자질 있는 판사의 확보는 여전히 문제로 지적되고 있다. 2006년 평의회가 선임한 현자그룹(a Group of Wise Persons)은 후보자의 언어능력과 법률전문지식을 평가하기 위하여 전 현직의 인권재판소 판사들, 각국의 대법원, 헌법재판소 판사들, 전문지식을 갖춘 법률가들의 의견을 구할 것을 권고하였다.[13)]

V. 인권협약의 실제와 운영

과거에는 1차적으로 유럽인권위원회(the Commission: The European Commission on Human Rights)가 청원의 허용가능성을 검토하고, 이후 우호적 해결절차가 진행되며, 해결이 어려울 경우 위원회가 사실과 본안에 관한 의견을 장관위원회에 제출하였다. 장관위원회는 정치적 기구로서 위원회의 보고를 수락하거나 거절하였다. 당해 국가가 재판소의 강제적 관할권을 수락하거나, 위원회 또는 동 국가가 인권재판소에 대하여 최종적인 구속력 있는 판결과 배상의 판정을 요청할 경우, 재판소는 위원회와 당해 국가의 결정에 의존하여 관할권을 행사하였다.

각 가입국은 1인의 판사를 선출한다. 판사의 임명은 유럽평의회 의원총회의 권한이다. 임기는 6년이며 재선이 가능하였다. 70세에 도달하면 진행 중인 사건의 처리를 제외하고는 임기가 종료하는 것으로 하였다. 판사들은 국적국으로부터 독립되며, 불편부당성을 견지하여야 하고, 전임적 지위에 부합하지 않는 행위는 허용되지 않는다. 모든 판사는 3년마다 변경되는 5부(Section)

---

13) Report of the Group of Wise Persons to the Committee of Ministers, Council of Europe doc. CM(2006) 203, 15 November 2006, paras. 144-145.

중 하나에 배속되며, 지리적 위치, 성별, 법계의 다양성 등을 고려하여 선출된다. 대부분의 판결은 7인으로 구성된 배심들에 의하여 결정된다. 3인으로 구성된 위원회들은 각 부에 1년의 기간으로 설치되며 명백히 허용가능성이 없는 사건들을 배제하는 것을 임무로 하였다. 이러한 내용이 14의정서에 의하여 어떻게 변화하였는가는 상술한 바와 같다.

1. 유럽인권재판소와 청원제도

1950년 이후로 개인청원제도는 오랫동안 선택적인 것이었다. 최초 3개국에서 시작하였으나, 1970년대 영국은 청원제도의 수락을 철회할 것이라는 의사를 여러 차례에 걸쳐 표명하였고, 1981년에 이르러서야 프랑스는 자국민에 의한 청원을 받아들였다. 점차로 다수의 국가들이 강제관할권을 수락하고, 1990년에 이르러서는 회원국들에 대하여 전면적으로 받아들여지게 되었다. 1999년 11의정서에 의하여 1999년 10월로 위원회는 소멸되고, 재판소는 위원회의 모든 기능을 흡수하고 상시 체제가 되었으며, 개인의 청원은 강제적인 것이 되었고, 개인들은 재판소에 대한 직접적인 접근권을 가지게 되었으며, 장관위원회의 정치적인 기능은 이제 판결이행의 부분에만 한정되어 행사되고 있다.

제34조에 의한 개인청원의 경우, 익명이 아니어야 하고, 근거가 명백히 불충분하거나, 청원권의 남용으로 인정될 경우, 허용가능성을 잃게 된다. 국내적 구제를 완료하여야 하고, 국내법정에서 최종적인 결정이 있은 후 6개월 이내에 제기되어야 하며, 인권재판소나 다른 국제적인 절차를 통하여 기 처리된 내용과 본질적으로 동일한 사안이 아니어야 한다.

협약은 개인청원(제34조)과 국가간 고발제도(제33조)를 모두 인정하고 있다. 개인 청원의 경우, 개인, 법인, 개인들의 집단, 비정부기구 등 모두가 청원을 제기할 수 있는 능력을 가지고 있다.

2. 국가간 고발제도

개정 협약 제33조는 국가간 고발제도를 규정하고 있다. 특징적인 것은, 국제법상 전통적인 외교적 보호의 방식과는 달리, 회원국들은 고발의 제기에 있어서 반드시 자국의 국민들의 권리를 침해당할 것이 요구되지 않는다.

국가 간의 상호주의의 고려로 인하여 동 제도의 활용은 비록 2007년 1건의 고발이 있었다고는 하나, 활발하지 못한 상태에 있다. 시민적·정치적 권리에 관한 규약 이사회에 아직까지 한 번도 국가간 고발이 이루어지지 않고 있는 것과 유사한 양상을 나타내고 있다.

1956년과 1999년 사이에 17건의 국가간 고발이 이루어졌으며, 주로 7개의 국가 간에 발생하였던 상황에 대하여 제기되었다: ① 1956년과 1957년 그리스와 영국 사이에서 키프로스 지역의 예외상황의 선언과 관련한 사건, ② 1960년 오스트리아와 이탈리아 사이에서 발생한 남 티롤 지역의 독일어 사용 소수자 중 6명의 살인사건 관련 재판, ③ 1967년과 1970년, 덴마크·네덜란드·노르웨이·스웨덴과 그리스 사이의 1967년 발생한 그리스 장교들의 쿠데타와 관련된 사건, ④ 1971년과 1972년, 아일랜드와 영국사이의 북아일랜드의 비상사태와 관련된 사건, ⑤ 1974, 1975, 1977, 1996년의 키프로스와 터키 사이의 키프로스에서의 터키의 군사적 개입과 관련된 사건, ⑥ 1982년 덴마크, 프랑스, 네덜란드, 노르웨이, 스웨덴과 터키 사이의 고문을 포함한 군사정부에 의한 인권침해에 관련한 사건, ⑦ 1997년 덴마크와 터키 사이의 터키 당국에 의한 구금 중 발생한 덴마크인에 대한 고문과 관련된 사건과 이에 대한 우호적 해결. 1959년 이후 유럽인권재판소는 3개의 판결을 제시하였다: ① 1978년 아일랜드와 영국, ② 2000년 덴마크와 터키, ③ 2001년 키프러스와 터키 사건 등이다. 특히, 1978년의 사건은 고문에 이르지 아니하나 적어도 비인간적이고 굴욕적인 대우에 해당하는 심문 기술의 사용에 관한 것이었다.

이 외에 2007년 3월 조지아가 러시아를 상대로 국가간 고발을 제기하였다. 2007년 3월 26일 조지아는, 2006년 9월 조지아의 트빌리씨 지역에서 4명의 소련인 장교들이 간첩 협의로 체포된 것에 대한 러시아의 반응이 유럽인권협약에 대한 광범위한 위반이 있음을 주장하였다. 러시아는 수백 명의 조지

아인들을 추방하였고, 트빌리씨 지역의 우편배달과 통신을 두절시켰으며, 불법적인 것으로 주장되는 러시아 내 조지아인 관련 사업들에 탄압을 가하였다. 조지아는 러시아 내 조지아 이민자들에 대한 괴롭힘은 사생활과 프라이버시, 가정생활, 의사소통의 자유, 재산권의 평화로운 향유, 교육을 받을 권리의 침해를 구성하고, 광범위한 체포와 구금은 신체의 자유에 대한 일반적인 위협을 이루며, 자의적 근거에 의한 다수의 신체의 자유 침해에 해당함을 주장하였다. 동시에 조지아는 적어도 2,380명에 해당하는 조지아인 들의 구금상태에 대하여서도 불평을 제기하였다. 2009년 인권재판소는 동 사건의 허용가능성을 인정하는 판결을 제시하였고, 현재 본안에 관한 심리가 진행 중인 상태에 있다.[14)]

또한 위에서 보는 바와 같이 영국, 독일 등 상대적으로 대국을 이루고 있는 회원국들은 국가간 고발을 제기하고 있지 않은 데 반하여, 상대적으로 정치적 영향력이 미약한 국가들만이 국가간 고발을 제기하고 있는 것이 과연 국가간 고발제도의 본질적인 취지에 부합하는 운영실태인가 하는 것은 비판적 검토가 필요한 부분으로 판단된다.

3. 유럽인권재판소의 관할권

관련사건이 협약 가입이전에 발생하고 현재에 있어서 지속적인 의미가 없을 경우, 문제의 국가가 회원국이 아닌 경우 등에 있어서 인권재판소는 관할권을 가지지 아니한다. 한 가지 문제되는 주제는 협약의 역외적 적용(extra-territorial application)에 관한 것이다. 역외적 적용의 문제는 지속적으로 발생하고 있다. 예를 들어, 군사쿠데타가 한 국가 내에서 발생하였으나 다른 지역에 영향을 미치는 경우, 회원국 또는 비회원국인 타국의 영토 내에서 군사활동을 강행하고 있는 경우, 국제연합이나 국제연합하의 다국적 군대의 참여를 위하여 자국군을 파견한 국가의 책임 등을 들 수 있다.

이러한 문제점들은 협약의 성안과정에서는 예측하지 못하였던 것들로서 아직까지 유럽인권재판소는 영토고권에 대한 국가들의 주권적 고려로 인하여

---

14) http://www.echr.coe.int/ehcr/Homepage_En, pending cases 참조.

평소에 강조하여오던 동적이고 진화적인 태도를 보여주지 못하고 있다.

비록 유럽인권협약상의 의무가 범죄인인도와 관련하여 피인도국에서의 수감상황과 형사사법집행 상황에 대한 고려로까지 확대된다고 해석한 *Soering* 사례가 있기는 하나, 국제화의 진행과 함께 최근 국경을 넘어선 무력사용의 확대현상은 인권재판소의 관할권 인정 이론에 있어서 커다란 도전이 되고 있다.

2001년의 *Bankovic and others v. Belgium and others* 사건은 중요한 한 사례이다.[15] *Bankovic* 사건은 2001년 4월 23일의 NATO의 미사일 공격으로 유고슬라비아의 벨그레이드 소재 RTS 방송국이 피폭당하는 과정에서 민간인들이 살상당하는 결과가 발생하였고 이에 대하여 유럽인권재판소에 구제를 요청한 사건이다. 피소국들은 협약의 주요 가입국들인 대부분의 서구국가들을 포함하고 있다. 협약 제 1 조는 가입국들의 관할권에 속하는(within their jurisdiction) 영역에서의 인권유린에 대한 책임을 부과하도록 하고 있다.

재판소는 일반 국제법상 관할권이 성립하는 원칙들에 대하여 설명하면서, 관할권 이론의 기초는, 경우에 따라 역외적 적용이 인정되는 것을 제외하고, 근본적으로 영토(territorial)에 관한 것으로, 영토관할권이 성립하는 경우들은 국적, 기국, 외교적 내지 영사적 관계, 영향, 국민의 보호, 수동적 속인주의, 보편주의 등으로 성립한다고 하였다.[16] 또한 재외국민을 상대로 외국의 영토에 대하여 관할권을 행사하는 경우는 타국의 영토고권에 의하여 제한을 받는다고 하였다. 동시에 점령국이 아닌 한, 타국의 초청, 동의, 묵인의 경우 이외에는 적법한 관할권 행사를 할 수 없다고 하였다.[17] 부가적으로 외국에 주재하는 외교관, 또는 영사들의 활동이나, 자국에 등록되거나 자국 국기를 게양한 선박이나 항공기에서의 활동으로 인하여 제한적으로 관할권을 행사하기도 한다. 이와 같은 경우, 국제관습법이나 조약상의 규정들을 통하여 관련국가의 관할권 행사를 인정받는 것이 일반적이다.

협약의 역외적 적용은 예외적인 경우에 한하여 인정되며, 협약가입국이

15) European Court of Human Rights, Application no. 52207/99, Grand Chamber, 12 December 2001.

16) *Ibid.*, para. 59.

17) *Ibid.*, para. 60.

군사적 점령을 통하여 문제된 지역과 지역 주민들에 대한 실효적 통제(effective control)를 행할 경우에, 또는 영토국 정부의 "동의, 초청, 승인"을 통하여 영토국 정부의 공적 권한의 전부 또는 일부를 행할 경우에 한한다.

관할권의 인정을 요구하는 청원인의 주장에 대하여, 재판소는 국가의 관할권 행사가 인정되는 행위인가의 기준과, 협약상 권리 침해의 피해자로 인정될 것인가의 기준은 별개의 요건인 것으로 구별하고,[18] 개개인의 권리보호를 위한 유럽의 공적 질서를 규정하는 규약(the Convention as a constitutional instrument of European public order)으로서의 인권협약의 특수한 성격이 협약국의 영토 외에서의 행위를 적용대상에서 제외한다고 하여 훼손되는 것이 아니라고 하였다. 결론적으로 피해자들과 가입국들의 행위 사이에는 협약이 예정하는 관할권적 관련성(jurisdictional link)이 없다고 판시하였다.

2004년의 *Issa and others v. Turkey* 사건은 관할권 인정에 관한 인권재판소의 최근의 법이론의 전개를 보여주고 있다.[19] *Issa and others v. Turkey* 사건에서는, 1995년 4월 터키군이 북부 이라크에서 군사작전을 진행하면서 자신들의 친척들을 불법체포, 구금, 부당한 대우를 통하여 사망에 이르도록 한 것에 대하여 6명의 목축업자들이 청원을 제기하였다. 터키측은 비록 당해 지역에서 군사작전을 수행하고 있었으나, 문제의 지역 10킬로미터 이내에서는 아무런 행동을 한 바가 없다고 주장하였다. 이에 대하여 재판소는 전통국제법상 군사행동으로 인한 국가책임은 영토 외 지역에 대하여 실효적 통제(effective control)를 행할 경우에 인정된다고 하였다. 당해 지역에서 협약상의 권리들을 보호할 의무는 이러한 통제의 유무에 의해 판단된다고 하고,[20] 직접적으로 자국 군대에 의하여, 혹은 복종적인 지역의 행정 주체에 의하여 간접적으로 이루어 질 수 있다고 하였다. 구체적인 지역 행정 주체의 행위에 관여할 필요는 없으며, 전체적으로 통제권을 가지고 있다면 책임이 발생할 수 있다고 하였다.[21] 협약 1조는 가입국들이 자국 영토 내에서 자행할 수 없는 인권유

18) *Ibid.*, para. 74.

19) *Issa and others v. Turkey*(European Court of Human Rights, Application no. 31821/96, 16 November 2004).

20) *Ibid.*, para. 68.

21) *Ibid.*, para. 70.

린행위를 영토 외에서도 범할 수 있도록 허용하는 것으로 해석될 수는 없다고 하였다.[22] 그러나 재판소는 결론적으로, 터키 군이 문제의 장소에서 군사작전을 수행하고 있었다고 입증할 만한 증거가 없다고 하여 청원의 수리를 불허하고, 그러한 점에서 협약 제 1 조의 "관할권" 내에 속하지 아니한다고 판시하였다.

다만 "협약 제 1 조는 가입국들이 자국 영토 내에서 자행할 수 없는 권리침해행위를 영토 외에서 범할 수 있도록 허용하는 것으로 해석될 수는 없다"는 재판소의 견해를 받아들인다면, 논리적인 관점에서 위의 *Bankovic* 사건의 경우는 협약 가입국들이 "자국 내에서는 행하지 않을 행위를 영토 외에서 행한 경우"에 해당되는 것이 아닌지의 의문이 있다.

4. 실체적 권리 보호

단순한 법률해석에서 벗어나, 유럽인권재판소는 이제 문화, 정치제도, 사회적 구성원리, 경제적 개발에 이르기까지 협약가입국 국민들의 생활 전반에 걸쳐서 중요한 기준들을 제시하고 있다. 인권재판소가 발전시킨 중요한 법리 중의 하나가 소위 "자기판단의 여지 이론(the doctrine of margin of appreciation)"이다. 아래의 두 가지 예시적인 영역에서 유럽인권재판소의 법리가 발전하고 있는 내용을 살펴보도록 한다.

1) 성적 지향과 관련된 사례들

Dudgeon 사건[23]은 북아일랜드에 거주하는 동성애자인 청원인이 영국 정부를 상대로 합의에 근거한 성인들 간의 동성애를 형사적으로 처벌할 수 있는 북아일랜드 법률이 협약 8조가 규정하는 사생활의 존중을 받을 권리에 대한 침해를 구성한다는 내용의 청원을 유럽인권재판소에 제출하였고, 이에 대해 재판소가 영국법이 협약에 위반됨과, 청원인의 권리침해로 인한 피해를 인정하였던 사례이다.

---

22) *Ibid.*, para. 71.

23) *Dudgeon* Case, Ser. A, No. 45(1981).

Handyside 사건[24)]은 1971년 영국의 출판사업자인 Handyside사가 학교재학중인 어린이들을 위한 "The Littele Red School Book"이라는 덴마크 서적을 출판하려는 과정에서 제기된 사건이다. 책 내용의 10% 정도는 성적인 내용들을 담고 있었고, 특히 자위행위, 성교, 피임기구, 동성애, 포르노그라피, 성병 등 대체로 직접적이고 도발적인 것들이었다. 영국 정부는 1959년과 1964년의 음란출판물법에 따라 서적들을 압수·폐기하였고, Handyside 본인은 기소되었다. 1972년 본 청원인은 주로 협약 제10조[25)]에 근거하여 권리의 침해를 주장하였다.

유럽인권재판소는 영국재판소의 견해를 존중하면서, 도덕에 대한 기준은 각국의 법률과 정부당국, 재판소가 판단의 적격자로서 더 좋은 입장에 있다고 판단하였다.[26)] 제10(2)조는 가입국들에게 자기 판단의 여지(margin of appreciation)를 제공하고 있다. 이러한 여지는 국내법이 정하는 국내입법자, 정부당국, 사법당국들이 적용되는 국내법들을 적절히 해석하고 적용할 권한을 부여한다고 판시하였다.

다만 제10(2)조가 무한정한 판단의 여지를 제공하고 있는 것은 아니다.[27)] 인권재판소는 위원회와 함께 회원국들의 의무준수 여부를 감독하고, 제한 내지 처벌 등이 협약 제10조가 규정하고 있는 표현의 자유의 보호에 부합하는지를 결정할 최종적인 권한을 가지고 있다. 즉, 회원국의 재량행사 여지는 유럽 전체의 감독에 종속된다는 것이다.

자기판단의 여지의 법리는 유럽재판소와 유럽인권재판소가 발전시킨 중요한 법이론 중의 하나이다. 동 법리에 따라 재판소는 국가의 행위에 대한 사

24) *Handyside* Case(European Court of Human Rights, 1976, Ser. A, No. 24).

25) 표현의 자유를 규정하고 있고, 민주적 사회에서 필수적인 한도 내에서 법률로 제한 할 수 있도록 되어 있다. Art. 10. 2.: "The exercise of these freedoms...may be subjected to such ... restrictions or penalties as are prescribed by law and are necessary in a democratic society, in the interests of national security, territorial integrity or public safety, for the prevention of disorder or crime, for the protection of health or morals, for the protection of the reputation or rights of others, for preventing the disclosure of information received in confidence, or for maintaining the authority and impartiality of the judiciary."

26) *Handyside* Case(European Court of Human Rights, 1976, Ser.A, No. 24), para. 48.

27) *Ibid.*, para. 49.

법적 판단의 범위를 결정하고, 인권협약상의 권리들의 이행과 적용에 있어서 국가들의 행위에 대한 존중의 정도를 결정하게 된다. 본질적으로는 유럽연합과 유럽재판소 사이에서 나타나는 소위 재판소의 보충성에 관한 이해에서 출발하였다고 할 수 있다. 최초로 나타난 것은 역시 동성애문제를 다룬 *Lawless* 사건에서였으나,[28] 위의 *Handyside* 사건에서 보다 심화된 설명이 제시되었다.

Norris v. Ireland 사건[29]에서 청원인은 아일랜드 국민이고, 의회 의원이며, 동성애자로서 아일랜드 동성애 권리운동회의 회장이었다. 청원인은 1977년 영국재판소에서 동성애행위를 처벌하는 1861년 법률을 포함하여 여러 법률들이 사생활을 존중받을 권리를 침해하는 위헌성이 있음을 주장하였다. 영국 정부는 이에 대하여 그러한 내용의 기소가 이루어진 적이 없으며, 따라서 아무런 권리침해 내지 위협을 구성하지 않는다고 주장하였다. 동시에 영국 대재판소는 문제의 법률들은 정당하며 "아일랜드의 기독교적이고 민주적인 본질"에 비추어 동성애는 사생활 보호의 대상이 될 수 없다고 판단하였다. 유럽평의회는 6 : 5로 *Dudgeon* Case에 있어서와 같이 구체적으로 기소의 사실이 없다 하여도 기소와 처벌의 위험이 따르는 것은 지속적으로 개인의 사생활을 존중받을 권리를 침해하는 것이라고 판단하였다.

유럽인권재판소는 문제의 법률들이 "민주적 사회에서 필수적인 것인가"의 여부가 판단의 기준이고, 이때의 필수성은 절실한 사회적 필요가 있으며, 법률의 목적에 비추어 비례성이 있어야 한다고 판시하였다.[30] 인권재판소는, *Dudgeon* 사건에 있어서와 마찬가지로 제한의 목표의 본질뿐만 아니라, 문제되는 행위의 본질도 국가의 자기판단의 여지(margin of appreciation)의 범위에 영향을 미칠 것으로 보고, 본 사건은 개인생활의 가장 은밀한 측면과 관련되어 있으므로 국가의 간섭이 합법적인 것이 되려면 특별히 심각한 사유들이 있어야만 한다고 하였다. 영국 정부의 증명은 이러한 점에서 부족하며, 제8(2)조의 요건을 충족시키지 못하고 있다고 판단하였다.[31]

---

28) *Lawless v. Ireland*(No. 3), 1 Eur. H.R. Rep. 15(1961).
29) ECHR, 1989, Ser.A, No. 142.
30) ECHR, 1989, Ser.A, No. 142, para. 41.
31) *Ibid.*

Lustig-Prean and Beckett v. UK 사건[32]에서는 영국 해군에 복무하던 두 청원인들이 우수한 복무실적에도 불구하고 각자 자신들의 동성애적 성적 지향에 대하여 해군 당국이 심문하고, 이후 강제제대하게 된 것이 유럽인권협약 제 8 조와 차별금지를 규정한 제14조에 위반되는 행위라고 주장하였다. 인권재판소는 이에 대하여 가입국들은 평가에 있어서 자기 판단의 여지(margin of appreciation)를 가지며, 이러한 판단은 제한되는 행위의 본질과 제한의 동기 내지 목표에 따라 다양하다고 하고, 문제되는 제한은 개인의 사생활에 있어서 가장 은밀한 부분에 관한 것으로 "특별히 중대한 사유들"이 있어야 제한이 용인될 수 있다고 하였다.[33] 결론적으로 재판소는 동 사건에 있어서 해군 당국의 성적 지향에 관한 심문, 동성애자임을 이유로 한 해고 등은 협약 제8(2)조의 예외에 해당하지 않는다고 하였다.[34]

2) 민주주의와 정치적 자유와 관련된 사례들

United Communist Party of Turkey v. Turkey 사건[35]에서 United Communist Party of Turkey(TKPB)는 총선참여를 계획하고 있던 중, 1990년 6월 4일 헌법재판소에 의하여 해산결정을 받게 되었다. 해산의 원인이 되었던 것은 주로 ① 사회 내의 특정 계급에 의한 다른 계급에 대한 지배 주장, ② 당명에서 공산주의라는 용어의 사용, ③ 국가의 영토고권과 통합성을 해할 수 있는 활동의 전개, ④ 이미 해산된 터키노동자당의 후신임을 선언했다는 것이었다. 특히 문제가 되었던 쿠르드족 문제에 대하여 다음과 같은 계획을 밝히기도 하였다. "TKPB 정당은 평화롭고, 민주적이며, 공정한 쿠르드족 문제의 해결을 위하여 노력함으로써 쿠르드 인민과 터키 인민들이 평등한 권리에 근거하여 동시에 공통의 이익의 기초위에서 민주적인 재건을 위하여, 터키공화국의 영토 내에서 자유의사에 의하여 함께 살아갈 수 있

32) *Lustig-Prean and Beckett v. The U.K.*, (31417/96) [1999] *ECHR* 71(27 September 1999).

33) *Ibid.*, paras. 81-82.

34) *Ibid.*, para. 104.

35) *United Communist Party of Turkey v. Turkey*(ECHR, Application No. 133/1996/752/951, Grand Chamber Judgment of 30 January 1998).

도록 한다."[36)]

터키 헌법재판소는 TKPB의 당헌과 실천계획이 터키공화국 내의 두 개의 민족을 거론하고 있고, 이들은 인종적 기원 여부와 관계없이 모두 터키 국적을 가지고 있으므로 용인될 수 없는 표현이라고 하였다. 동시에 실제로 위의 내용들은 터키어 이외의 언어들과 문화들을 지원하여 소수자 그룹들을 만들어 낼 의도를 가진 것이며, 국가의 통합성을 해한다고 판시하였다.[37)] 또한, 자결권과 지역적 자치가 헌법상 금지되고 있는 것을 상기시키며, 터키 국가는 분리될 수 없으며, 단일한 국가임을 강조하였다.

유럽인권재판소는 이에 대하여 개별 회원국들은 법의 지배와 헌법적 권리의 보호에 있어서 행동을 취할 수 있는 권리를 가지지만, 협약상의 의무를 준수하여야 하고, 협약 실천기관들의 감독에도 종속되는 것이라고 설명하였다.[38)] 협약 제11조(집회 및 결사의 자유)의 침해가 없는 것으로 인정되기 위하여서는 문제의 조치가 협약 제11(2)조의 정당한 목적을 추구하기 위하여 법률로 시행되는 것이어야 하며 이러한 목표들의 달성을 위하여 "민주사회에 있어서 필수적인" 내용이어야 한다.[39)] 재판소는 다원주의와 민주주의는 유럽의 공적인 질서의 중요한 부분이며, 따라서 설득력이 있고 절실한 이유(convincing and compelling reasons)가 있어야만 결사의 자유에 대한 제한이 정당화된다고 하였다. 제11(2)조의 필요성의 판정에 있어서도 가입국은 제한된 범위의 자기 판단의 여지를 가질 뿐이며 엄격한 유럽 차원의 감독체제의 기준에 부합하여야 한다고 하였다. 재판소의 심사는 가입국의 재량행사가 합리적으로 신중하게 신의성실의 원칙에 맞추어 이루어 졌는가뿐만 아니라, 청원의 전체적인 내용을 살펴서 가입국이 추구하는 정당한 목표에 비례하는가의 여부와, 제한의

36) *Ibid.*, para. 9: "The TKPB will strive for a peaceful, democratic and fair solution of the Kurdish problem, so that the Kurdish and Turkish peoples may live together of their free will within the borders of the Turkish Republic, on the basis of equal rights and with a view to democratic restructuring founded on their common interests."

37) *United Communist Party of Turkey v. Turkey*(*ECHR*, Application No. 133/1996/752/951, Grand Chamber Judgment of 30 January 1998), para. 10.

38) *Ibid.*, para. 27.

39) *Ibid.*, para. 37.

정당화 사유가 “관련성이 있고, 충분한” 것인지에 대하여 판단하여야만 한다고 판시하였다.[40)]

재판소는 비록 터키 정부가 재량행사의 한도를 넘어서지 않았다고 주장하였으나, 동 정당이 활동이 시작되기도 전에, 단순히 서면뿐인 정당의 헌장과 프로그램을 이유로 해산되었기에 동 문헌들을 검토하여 해산결정의 정당성 여부를 심사하기로 하였다. 재판소는 터키 정부의 주장과는 달리, TKPB가 쿠르드 인민, 민족, 쿠르드 시민 등의 표현을 사용하였으나, 그들을 “소수자(minority)”로 호칭하거나, 터키인민으로부터의 분리는 고사하고, 단순히 쿠르드민들의 존재를 인정하자는 이외에 아무런 특별한 대우나 취급을 주장하고 있지 않다고 이해하였다.[41)] 결론적으로 재판소는 터키 정부의 행위는 목적에 비추어 비례성을 상실한 행위이며, 민주주의 사회에 있어서 필수적인 것이 아니라고 하였고, 협약 제11조의 위반이 있다고 판단하였다.[42)]

Refah Partisi and others v. Turkey 사건[43)]은 1997년 터키 복지당(Refah)이 역시 터키 대법원의 결정을 통하여 해산하게 된 사건에 관한 것이다. Refah는 1995년 터키 최대의 정당이 되었으며, 1996년 6월 28일 연정을 통하여 집권하였고, 1997년의 조사에 의하면 4년 후의 선거에서 67% 이상의 득표를 할 수 있는 가능성이 있었다.[44)]

Refah당 해산의 이유는 세속주의 정치체제에 대한 반대활동의 중심을 이루고 있다는 것이었다. 터키 정부는 대법원에 대한 해산신청 과정에서 다음과 같이 Refat의 활동을 표현하였다. “Refat의 지도자들은 이슬람식 복장을 교육기관이나 공공기관에서 착용할 것을 말하였고, 헌법상의 세속주의를 폐지할 것을 주장하였으며, 종교운동은 터키법이 아니라 종교법을 따를 것이라고 하였다. 또한 이러한 사회의 건설이 평화적이거나 폭력적일 수도 있다고 하고, 조화를 통해서 혹은 피흘림을 통해서 이루어 질 수 있다고 하면서, Refat만이

40) *Ibid.*, para. 47.
41) *Ibid.*, para. 56.
42) *Ibid.*, para. 61.
43) *Refah Partisi and others v. Turkey*(*ECHR*, Application Nos. 41340/98, 41343/98 and 41344/98, Grand Chamber, 13 February 2003).
44) *Ibid.*, para. 11.

성전을 통하여 코란의 우위를 확보할 수 있다고 하였다."[45]

유럽인권재판소는 민주주의와 다원주의가 유럽의 공적 질서라고 하면서도, 이러한 다원주의에 편승하여 정당의 형태로 조직된 전체주의 세력들이 민주주의 체제하에서 번영을 누린 후에 후일 민주주의를 붕괴시킬 수 있는 것이 가능하며, 유럽의 역사 속에 사례가 있기도 하다고 판시하였다.[46] 물론 협약 제11조에 대한 제한은 정당에 관한 것인 한 엄격하게 해석되어야 하며, 설득력이 있고, 절실한 이유가 있어야만 결사의 자유에 대한 제한을 정당화할 수 있다고 하면서, 가입국들은 제한된 범위의 자기판단여지를 가진다고 하였다.[47] 더군다나 전체 정당을 해산하고, 특정 기간동안 지도자들이 유사활동을 할 수 없도록 하는 극단적인 조치는 최대의 심각성을 가진 사례들에 대해서만 적용되어야 한다는 것이다.[48]

본안의 판단에 있어서 재판소는 ① Refat의 집권가능성이 컸고 협약 내용의 실현에 배치되는 당헌과 프로그램들을 실현할 개연성이 높아진 상태이었으므로 선거 전 터키 당국이 개입한 행위는 재량의 범위를 일탈한 것이 아니다,[49] ② Refat의 당헌이 추구하는 소위 법체계의 다원주의 — 터키법과 이슬람법을 구분하는 — 는 협약에 부합하지 않으며,[50] ③ 이슬람법(Sharia)을 국가체제와 정당 정강의 일부로 만들려는 것 역시 협약의 기반을 이루는 민주적 가치를 훼손하는 결사에 해당한다고 하였다.[51] 재판소는 종교적 근본주의에 근거한 정치적 운동들이 집권하여 그들이 원하는 사회를 건설할 수 있는 가능성이 있었으며, 협약의 정신에 따라 가입국들은 각자의 역사적 경험에 비추어 이러한 정치적 운동에 대하여 반대할 수도 있다고 하고, 터키 헌법재판소와 같이 Refat당 정강이 표방하는 이슬람법 확립의 정책이 협약상의 민주주의에 배치된다는 견해에 동의를 표하였다. 동시에 터키 당국의 조치에는 절실

45) *Refah Partisi and others v. Turkey*(*ECHR*, Application Nos. 41340/98, 41343/98 and 41344/98, Grand Chamber, 13 February 2003), para. 12.

46) *Ibid.*, para. 99.

47) *Ibid.*, para. 100

48) *Ibid.*

49) *Ibid.*, para. 110.

50) *Ibid.*, para. 119.

51) *Ibid.*, para. 123.

한 사회적 필요(pressing social need)와 비례성도 인정되고, Refat당의 해산은 민주사회에 있어서 필요한 일이었다고 판시하였다.[52)]

다만, 소위 자기판단의 여지의 원칙이란 것이 ① 언제 어떠한 의미로 판사들에 의하여 인정되는 것인지, ② 판단의 여지의 폭이 모든 사례에 있어서 동일한 것인지, 사안에 따라 변화하는 것인지, ③ 근본적으로 인권의 보편주의 개념과 충돌하는 것은 아닌지, ④ 결과적으로 개별 국가들의 정책을 압도하는 인권의 국제적 실현 노력의 전망을 어둡게 하는 것은 아닌지의 검토가 필요하다고 하겠다.

5. 유럽인권협약의 국내적 수용

인권협약 제46조에 의하면 회원국들은 재판소의 최종적인 판결을 반드시 준수할 것을 서약하고 있다. 실제에 있어서 제46조의 효과는 반드시 명확한 것은 아니다. 예를 들어 국내 재판소가 인권재판소의 판결을 무시하거나, 이행하지 않을 경우, 헌법재판소에 대한 개인소원의 제기가 가능할 것인가의 문제가 있다. 독일의 경우, 협약은 승인된 해석방법들의 틀 안에서 연방법률(federal statutes)과 같이 적용된다. 독일 연방재판소에 따르면,[53)] ① 협약은 기본법(the Basic Law)에 나타난 기본적 권리와 법의 지배에 관한 해석에 영향을 미친다. 따라서 협약문과 인권재판소의 법리는 독일 헌법체계의 해석의 수단으로서 기능한다. ② 인권재판소의 판결들은 협약법의 실제적인 지위를 반영한다. 인권재판소가 협약위반을 인정하는 경우, 해당 회원국은 원상회복을 위하여 노력하여야 한다. 위반이 계속된다면, 회원국은 위반행위를 중지할 의무를 부담한다. 불법행위의 반복을 방지하지 못하는 행위도 협약의 또 다른 위반행위를 구성한다. ③ 독일 행정 및 사법당국은 인권재판소의 판결을 무시하여서는 아니 된다. 독일 법률을 해석하는 행정적인 관행이 변화되어야 할 수 있다. 협약위반의 행정행위들은 취소되어야 할 수 있다. 재판소의 판결들은

---

52) *Ibid.*, para. 135.

53) Bundesverfassungsrecht, the Görgülü decision of October 14, 2004, 2 BvR 1481/04 참조.

재검토가 필요할 수 있다. 기판력의 원칙에 의하여 판결의 취소 내지 변경이 불가능할 경우, 그럼에도 불구하고, 인권재판소의 판결들은 상황의 변화에 의하여 새로운 절차의 이용이 가능한 유사사례들의 처리에 있어서 중요한 역할을 할 지침을 표현하고 있다고 할 수 있다. ④ 연방헌법재판소에 대하여 국가 기관들이 인권재판소의 판결을 고려하지 않았다는 내용의 불평을 제기할 수 있는 절차가 마련되어야 한다.

협약의 국내법상 지위와 관련하여서는, 헌법재판소는 소위 2원론에 근거하여 일정한 조약들은 인준 이전에 반드시 연방의회에 제출되어야 한다고 해석한다.[54] 의회가 당해 조약을 연방법으로 승인할 때에 비로소 협약은 독일법의 일부가 되며, 다른 연방 법률들과 동일한 지위를 인정받을 수 있다. 같은 입장을 가지는 국가들로는 벨기에, 핀란드, 이탈리아, 리히텐슈타인, 리투아니아, 산 마리노, 헝가리, 덴마크, 스웨덴, 아이슬란드, 영국 등이 있다. 협약이 연방법률과 같은 지위를 가진다고 할 때, 충돌이 발생할 수 있는 것은 협약 발효 이후에 제정된 신 연방 법률이 협약과 상치되는 내용을 포함하고 있을 경우이다.

이러한 상황을 해결하기 위하여 다음의 국가들은 협약에 대하여 각국 헌법에 대하여서는 하위에 있으나, 연방 법률보다는 상위의 지위를 점하는 것으로 규정하고 있다. 이러한 경우로 불가리아, 에스토니아, 프랑스, 그리스, 네덜란드, 룩셈부르크, 폴란드, 포르투갈, 러시아, 슬로베니아, 스페인, 키프러스, 라트비아, 말타, 노르웨이, 로마니아, 체코, 슬로바키아, 터키 등을 들 수 있다. 오스트리아에서 협약은 공식적으로 헌법의 지위를 가지고 있으며, 스위스에서는 헌법의 실체적 규정의 일부가 되어 있다.[55]

이와 같이 독일 헌법재판소는 과거에 취하였던 국내 재판소에 대한 인권재판소 판결의 구속력을 부인했던 소극적인 견해에서 탈피하여, 협약 제46조상의 이행의무가 모든 국가기관을 구속한다는 광의의 견해를 채택하고 있다. 동시에 인권재판소의 판결은 과거의 위반에 대하여서만 관계하며 지속되는 사

54) *Ibid.*

55) Frank Hoffmeister, "Germany: Status of European Convention on Human Rights in Domestic Law," 4 Int.J. Con.L. 722(2006) 참조.

례에 대하여서는 실제적인 중요성을 가지지 아니한다는 생각을 포기하였다.[56)]

6. 유럽인권재판소 판결의 이행[57)]

협약의 이행은 일차적으로 당사국들의 책임이다. 협약상의 이행체제는 국내적 구제가 완료된 시점에서 시작된다. 국내적 구제에 대한 선호는 가능한 한 우호적인 해결을 도모하고, 청원 내용의 검토에 있어서 당해 국가와의 협의를 중시하는 것에서도 나타난다.

국내적인 구제는 물론 협약과는 독립적인 국내법에 근거한 것이나, 이러한 인권법, 형사절차법, 헌법 등의 국내법들은 협약과 일치하는 것으로 추정된다. 또는 비준의 효과 내지 특별 입법의 채택에 의한 자동적 결과로 국내법화된 협약의 적용에 의한 구제가 주어질 수도 있다.

이제까지의 경험에 비추어 보면, 유럽의회가 인권재판소 판결의 불이행의 해소라는 어려운 문제의 보다 신속한 해결에 많은 기여를 하여왔음을 알 수 있다. 이러한 기여는 여러 가지 형태로 나타나고 있는바, ① 중요한 이슈들이 정치적으로 눈에 띄도록 만드는 것, ② 책임있는 정책 결정자들에 대하여 압력을 행사하는 것, ③ 문제의 해결을 위하여 건설적인 대안들을 제시하고, 개별 국가 차원에서 적절한 의회의 행동이 있을 수 있도록 독려하는 것들이다. 이러한 과정에서 의회는 다수의 보고서를 채택하였고, 회원국 당국들의 주의를 환기시키기 위한 결의안들을 마련하였으며, 장관위원회에 대한 권고안들을 마련하였다.

일반 국제법상 국제법의 국내적 수용의 문제에서 지적되고 있는 바와 같이, 유럽인권협약 역시 각기 다를 수밖에 없는 회원국들의 국내법체계로 인하여 이행의 효율성이 침해 될 수 있는 소지가 있다.

재판소의 입장에서는 감당할 수 없도록 폭발적인 증가를 보이고 있는 청

56) Bundesverfassungsrecht, the Görgülü decision of October 14, 2004, 2 BvR 1481/04 참조.

57) Implementation of Judgments of the European Court of Human Rights, Council of Europe, Parliamentary Assembly, Doc. 11020, 18 September 2006, Report of the Committee on Legal Affairs and Human Rights 참조.

원사건 처리를 위하여서도 인권협약이 각 회원국 내에서 용이하게 실현될 수 있도록 하는 것이 중요하다. 각국의 정부, 의회, 특히 사법기관이 협약의 실천에 소극적인 입장을 취할 경우, 개인 피해자들은 최종적으로 인권재판소의 판단에 의존하려 할 것이기 때문이다.

7. 유럽인권협약과 기타 유럽인권보장체제

1) EU

EU는 1952년 ECSC(European Coal and Steel Community)에서 시작되어, EEC(the European Economic Community)와 EAEC(the European Atomic Energy Community)를 설립한 1957년의 로마 조약들, 1993년의 EU조약, 2007년 12월 13일 리스본에서 서명된 리스본조약 등을 통하여 발전하였다.

초기의 협약들은 인권보호에 관한 규정들을 가지고 있지 않았으나, 유럽재판소(the European Court of Justice)는 점차적으로 유럽협약의 일부 조항들, 각국의 헌법적 전통, 회원국들이 가입하고 있는 국제조약들을 중심으로, 인권 관련 원칙들을 유럽법의 일반 원칙을 이루는 규범의 한 내용으로 부각시켜가기 시작했다. 점차로 유럽재판소는 EU 자체와 회원국들의 행동원칙 속에 반영될 수 있도록 인권규범을 고양시켜 나갔다. 이후 암스테르담조약과 마스트리히트조약들 속에도 인권규범들이 발견되기 시작하였다. 암스테르담조약은 제 7 조에서 중대하고 지속적인 인권위반을 저지르는 회원국에 대한 일시적인 자격 정지가 가능한 규정을 채택하였다. 이어 인권업무를 전담하는 직책과 소기관들이 만들어지기도 하였다.[58)]

2004년 유럽헌법제정조약은 EU가 인권협약에 가입하도록 요구하는 조항을 가지고 있었고, 이러한 정치적인 분위기는 지속되어 14의정서는 EU를 특정하여 가입을 허용하는 규정을 두고 있으며, EU 역시 2000년 기본권 헌장(Charter of Fundamental Rights)을 채택하였다. 현재 기본권 헌장이 EU 전체의 인권법리에 영향을 미치고 있음은 후술과 같다.

---

58) 예를 들어, 2007년의 Fundamental Rights Agency.

2) 유럽안보협력기구 (OSCE)

유럽안보협력회의(CSCE: The Conference on Security and Co-operation in Europe)는 미국과 캐나다를 포함하는 35개국의 국가들이 1975년 소위 헬싱키 조약(the Helsinki Accord)에 서명함으로써 성립되었다. 한편으로 소련은 조약을 통하여 유럽에서의 지위에 대한 공식적인 인정을 받기 원하였고, 다른 한편으로 서방 측은 동서화합의 분위기 속에서 기본적으로 안보적인 측면에서 양보를 얻기를 희망하였던 것이 주된 조약의 내용이었다.

헬싱키조약의 중점이 인권의 보호에 있었던 것은 물론 아니다. 그럼에도 불구하고, CSCE는 지속적인 회의체로 활동을 계속하여 인권분야에서 회의 말미의 "결론적 문서(Concluding Documents)"의 형식으로 다양한 합의를 이끌어 내었다.

CSCE 절차의 특징은 먼저 모든 합의의 내용이 구속력을 가지지 않는 형태로 되어 있다는 것과, 회원국의 규모가 2007년 기준 56개국으로 유럽평의회를 능가하며, 기본적으로 활동을 하는 형태가 아닌 단순한 회의체로 구성되어 있다는 것이다.

그럼에도 불구하고, CSCE의 이러한 비구속적인 성격은 오히려 다양한 형태의 참여를 불러일으켰으며, 공산주의의 종국적인 붕괴를 가져왔을 뿐만 아니라, 1980년대와 1990년대 중반 동유럽 국가들 간에 인권에 관한 논의를 정당화시켰고, 국내적 측면과 국제적 측면 모두에서 비정부기구의 활동에 활력을 가져다주었다. 동시에 민주주의, 법의 지배, 인간적 접촉("human contact"), 민족적 소수자, 표현의 자유 등에서 국제연합이나 유럽평의회를 넘어서는 공헌을 이루어내었다. 전체적으로 보아, 다른 공식적인 기구들에 비하여 CSCE의 비구속적인 본질이 오히려 다양한 기준설정의 과정에서 상세하면서도 혁신적인 내용들을 도출하는 성과를 가져왔다고 할 수 있다.

1995년 CSCE는 공식적으로 OSCE로 변화하였고, 의회(Parliamentary Assembly of the OSCE), 외교장관평의회(the Ministerial Council-Foreign Ministers), 상설평의회, 의장(the Chairman-in-Office), 국가수반이나 외교장관의 정상회담(Summit Meetings)의 체제를 갖추게 되었다. 오늘날 OSCE의 기본적인 활동의 초점은

민주적 체제의 공고화, 분쟁의 예방과 해소, 협력적인 안보체제의 진흥에 두어지고 있다.

3) 유럽사회헌장

유럽사회헌장(European Social Charter)은 1961년의 초기 헌장을 비롯해서, 여러 의정서들, 개정 헌장들로 이루어져 있다. 헌장과 의정서들의 내용은 전체적으로 고용조건과 "사회적 통합(social cohesion)"에 초점을 맞추고 있다. 보다 구체적으로 차별금지, 강제노역 금지, 노동조합 관련 권리, 작업환경의 개선, 동일 노동-동일 임금, 아동 노역의 금지와 모성 보호, 건강보호, 사회 보장, 아동, 가족, 이주 노동자, 노인 보호 등이다. 이행과 관련하여 각국은 보고서를 제출하도록 하고 있으며, 일정한 불평제기 절차를 가지고 있으나 적극적으로 운영되고 있지는 않다. 다만 경제, 사회, 문화적 권리에 관한 일정한 기준들의 정립에 기여하고 있다.

또한 2000년 EU는 인종적 기원이나 민족적 기원에 따른 차별과, 종교·신념·연령·성적 지향에 따른 차별을 금지하기 위한 두 개의 지침(소위 Race Directive와 Framework Directive)을 시행하여 오고 있으며, EU회원국들의 차별금지 관련 법안들의 채택과 실천에 커다란 영향을 미치고 있기도 하다.[59]

4) EU 고문협약과 민족적 소수자 보호 협약

1989년 2월 1일 발효한 "고문 및 비인도적이거나 굴욕적인 대우 혹은 처벌의 방지를 위한 유럽협약(European Convention for the Prevention of Torture and Inhuman or Degrading Treatment or Punishment)"에 따라 유럽위원회는 수형 및 구금시설들을 방문하고, 필요한 경우 개선책을 제안하는 권한을 가지고 있다. 본 협약은 침해 후의 구제가 아니라 일종의 예방적 감독(preventive supervision)을 허용한 최초의 국제적인 합의라는 면에서 의미를 가진다.

전문가들로 구성된 고문방지위원회를 설립하였으며, 수감자들뿐만 아니

---

59) Framework Directive, Dir 2000/78, OJ [2000] L303/16; Race, Dir 2000/43, OJ [2000] L180/22. 상세한 것은, Evelyn Ellis, *EU Anti-Discrimination Law*(Oxford University Press, 2005) 참조.

라, 공적 당국에 의하여 자유를 박탈당한 모든 자들을 보호 대상으로 하고 있다. 각국은 위원회의 방문을 허용하여야 하며, 짧은 통고 후에 실시되는 임시 방문도 예정되어 있다. 방문은 비공개로 진행되며, 보고서들 역시 원칙적으로 비공개를 전제로 작성된다.

이 외에도 평의회는 1998년 2월 오랫동안 논쟁의 대상이 되어 왔던 민족적 소수자의 보호에 관한 협약을 체결하여 운영하여 오고 있다.

Ⅵ. 리스본조약의 발효와 유럽인권보호체제의 변화

리스본조약은 EU조약(TEU)과 EC조약에 대한 개정으로 7개 조문과 다수의 의정서들로 구성되어 있다.[60] 이 중 특히 제 1 조와 제 2 조의 내용이 중요성을 띠고 있다. 제 2 조는 EC조약에 대한 개정으로서 개정된 내용은 TFEU (the Treaty on the Functioning of the European Union)로 불리우며, 이제 EU는 동일한 법률적 가치를 지닌 TEU와 TFEU에 근거하게 된다.[61] EU는 공식적으로 EC를 계승하고 대체하게 된다.[62] 특히, 동 조약 제6(2)조는 EU의 유럽인권협약에 대한 가입을 규정하고 있으며, 무엇보다 EU의 권한에 있어서 변화가 없을 것을 강조하고 있다.

부대된 의정서는 인권재판소의 통제기구에 대한 EU의 참여, 비회원국들과 개인들에 의한 절차나 청원들이 EU 자체나 회원국들에게 적절히 공지될 수 있도록 할 것 등을 규정하고 있다.[63] 동시에 인권협약상의 권리들의 지위에 대하여서, 협약상 규정되고 동시에 회원국들의 헌법적 전통들로부터 연유된 기본권들은 EU법의 일반원칙들을 구성한다고 규정하고 있다.

---

60) Paul Craig, "The Treaty of Lisbon, Process, Architecture and Substance," E.L. Rev. 2008, 33(2), 137-166, p. 140.

61) Art. 1 para. 3, TEU.

62) *Ibid.*

63) Protocol Relating to Art. 6(2) of the Treaty on European Union on the Accession of the Union to the European Convention on the Protection of Human Rights and Fundamental Freedoms, Treaty of Lisbon.

리스본조약의 토의 과정에서 기본권 헌장에 대하여 새로운 조명이 이루어졌다.[64] 기본권 헌장의 규정들이 과거와 달리 Lisbon Amendment of Art. 6(1) TEU에 의해서 조약과 같은 효력을 가지는 것으로 변화하였다. 다만, 제6(1)조의 규정에도 불구하고, 회원국들은 리스본조약에 부대한 선언에서 헌장의 규정들이 EU의 권한을 넘어서서 EU법의 적용을 확장하는 것이 아니라는 뜻을 명확히 하였으므로,[65] 결국 이러한 변화가 커다란 영향을 미치는 것은 아니다.

이미 유럽재판소와 유럽인권재판소는 헌장의 구속력이 공식적으로 인정되고 있지 않던 그동안에도 사실상 법규범으로서 적용하여 오고 있었다. 위의 변화가 실제의 사례들에 있어서 얼마나 어떠한 형태로 반영될 것인지는 향후 유럽재판소, 유럽인권재판소들의 결정들을 통하여 나타날 것이다. 또한 향후에도 유럽재판소와 인권재판소는 서로의 역할과 법리를 존중하는 전통을 계속적으로 유지하여 나갈 것이다.

Ⅶ. 맺 는 말

이제까지 살펴본 바와 같이, 유럽의 인권보호체제는 추상적 사고보다는 경험적 실패에 대한 반성에서 비롯되었다고 할 수 있다. 전체주의 독일의 침략과 2차 대전, 유대인 학살을 경험하고, 공산주의의 발흥을 통한 동유럽의 공산화, 종교적·사회적 근본주의와 호전적 민족주의의 과오, 소수자 보호의 실패 등의 체험을 바탕으로, 유럽인들과 유럽의 정치지도자들은 관용과 조화의 필요성과, 범유럽적인 단결의 필요성을 절감하였을 것이다. 동시에, 영국, 프랑스 등 주도 그룹이 존재하였고, 미국을 포함한 외부적 지원과 협조, 특히 미국의 안보우산의 제공하에 자유민주주의적 가치의 우위와 존중이라는 공동

64) Niamh Nic Shuibhne, “The Reality of Rights: From Rhetoric to Opt-out,” E.L. Rev. 2009, 34(6), 815-816, p. 815.

65) Declaration No. 1 concerning the Charter of Fundamental Rights of the European Union, Treaty of Lisbon.

의 가치를 고양시킬 수 있는 여건이 조성되었다.

EU, OSCE 등 다층적이면서 서로 영향을 미치는 조약체제들의 구조와, 유럽재판소와 유럽인권재판소의 선도적인 법리의 전개 및 발전, 유럽체제의 가입과 회원 자격 유지 등에 있어서 지속적으로 인권협약의 준수를 요구하고 재판소의 판결을 이행할 것을 동료적 심사를 통하여 감독하는 정치적 이행체제 등이 복합적으로 오늘의 유럽인권체제의 기반을 이루고 있다고 할 수 있다.

그렇다면, 유럽인권체제가 아시아지역에 있어서 가지는 함의는 무엇인가? 단순히 유럽과 비교하면 아시아는 많은 차이점이 있다. 민족주의가 팽배해 있으며, 과거 식민주의의 과오들이 법의 지배의 원칙에 따라 청산되지 않고 있고, 특히 일본은 여전히 2차 대전 관련 법률적 책임을 부인하고 있으며, 독재체제들이 편만하며, 공산주의가 존속하고 있다. 중국의 성장은 한편으로는 아시아와 나아가 전 세계의 경제를 견인하는 효과를 가지지만, 반면에 아시아 지역에 있어서 민주화와 인권보호체제를 이루려는 노력에 비추어 볼 때 반드시 긍정적인 영향만을 미치고 있는 것은 아니다.

이처럼 주요 국가들이라 할 수 있는 한국, 중국, 일본, 러시아 등의 국가체제가 상이하며, 외교전략들과 경제적 측면의 지역전략들도 각자 궤를 달리하고 있다. 미국 등 외부의 영향력은 감소하는 반면, 개별 국가 단위의 경쟁적인 안보전략이 자리잡아 가고 있다. 종교·사회적 가치의 공유부재, 경제개발 단계의 다양화, 독자적인 지역적 행동이나, 융통성있는 이행체제의 부재 등도 문제될 수 있다.

그럼에도 불구하고, 아시아는 공동의 가치체제를 창출하고, 인권보호를 위한 체제를 공유하기 위한 지속적인 토의와 구상을 전개하여 가고 있다. 동시에 현재 진행되고 있는 다양한 형태의 지역적 협력행동이나 다층적인 협력체의 구성 등은 궁극적으로 인권보호체제의 공고화로 이어질 것이다. 이러한 과정에서 유럽의 인권보호체제가 반드시 참고의 대상이 되어야 한다는 것은 분명한 사실이다.

제10장 EU 사회보장법

Ⅰ. EU 사회보장법의 형성과정

1. 초기 구상

EU는 기본적으로 경제공동체로서 출발하였지만 경제 및 시장통합의 정책목표에는 최소한의 사회정책적 배려가 따라야 하며, 또 이를 전제로 실현될 수 있다는 사실은 처음부터 인식되었다. 그리고 실제 사회통합에 우호적이었던 프랑스와 다른 회원국 사이에 노선투쟁이 있었다. 이에 EU는 사회정책에 있어서 이원적 접근을 하였다.

경제 및 시장통합을 위해서는 회원국 국민들의 역내 자유로운 이동을 보장하여야 한다(TFEU 제45조).[1] 그리고 거주·이전의 자유는 회원국 국민이 역내 이동하는 이유로 불이익을 받지 않아야 한다는 것을 의미한다. 이 점은 사회문제에 있어서도 처음부터 인식되었는데, EU가 "노동력의 이동성을 보호하는 데 특유한 목적이 있는 사회보장법(freizügigkeitsspezifisches Sozialrecht)"을 제정하는 것은 EU의 존재목적에 비추어 필연적이었다.[2] 사회보장청구권의 성

1) 아래 조문의 인용은 2007년 리스본조약에 의하여 개정된 "The Treaty on the Functioning of the European Union"에 따르며, "TFEU"로 약칭한다.

2) 이에 대해서는 예컨대 Rolf Schuler, *Das Internationales Sozialrecht der Bundesrepu-*

립에 필요한, 또는 급여산정 요소의 하나인 사회보장에 관련된 기간, 즉 예컨대 사회보험 가입기간, 고용기간, 체류기간 등을 합산하는 규정 및 회원국 간에 외국으로 급여를 지급할 수 있도록 하는 규정이 핵심적인 내용이었다(TFEU 제48조). 이는 이사회규칙에 의해서 구체화되었다. 1958년 이사회규칙 제3호와 제4호가 제정되었다. 이 규정은 1971년과 1972년 각각 이사회규칙 제1408/71호와 제574/72호로 개정되었으며, 2004년 이사회규칙 제883호에 의하여 최종적으로 개정되었다. 이 규칙은 2010년 5월 1일 자로 발표되었다.

이에 비해서 회원국간 사회보장구조 및 제도 혹은 사회보장수준에 영향을 주려는 EU의 관심은 프랑스의 적극적인 역할에도 불구하고 제도화되지 못하고 이러한 정책목표는 유보적 혹은 타협적 형태를 지니게 되었다.[3] 기본적으로 회원국에 공통된 사회보장제도를 마련하려는 구상은 불필요하다고 인식되었다. 심지어 부분적으로 이러한 시도가 EU통합에 장애가 된다고 보았다.[4] 경제 및 시장통합에 필수적인 노동력의 이동은 위에서 지적한 사회보장에 중요한 기간의 합산 및 외국으로 사회보장급여를 지급하는 규정을 통해서 충분히 보장된다고 생각하였다.[5] 이러한 타협적 태도를 보여주는 대표적인 규정이 TFEU 제156조이다. 이에 따르면 "집행위원회는 회원국 간에 사회문제, 특히 고용, 노동법 및 노동조건, 직업교육 및 재교육, 사회보장 및 산업재해와 직업병, 의료보장 등의 영역에서 긴밀한 협력을 조장하는 과제를 갖는다." 이 규정은 이중적 해석을 낳았다. 한편으로는 이로써 사회보장의 중요한 정책영역이 제시되었으며, 이는 실질적으로 적극적인 사회정책적 기능을 수행하는 조약법적 근거가 될 수 있었다.[6]

---

blik Deutschland(Nomos, 1988), p. 275 이하 참조.

3) 이 점에 대해서는 예컨대 Franz-Xaver Kaufmann, "Nationale Tradition der Sozialpolitik und europäische Integration," Lothar Albertin(ed), *Probleme und Perspektiven der Europäischen Einigung,* 1986, p. 69 이하 등 참조.

4) 이에 대해서는 예컨대 Christian Weizsäcker, *Logik der Globalisierung*(Vandenhoeck & Ruprecht, 1999), p. 69 이하 참조.

5) 이에 대해서는 예컨대 Philippa Watson-Olivier, "Europäische Gemeinschaft und soziale Sicherheit," *Zeitschrift für ausländisches und internationales Arbeits- und Sozialrecht,* 1991, p. 57. 참조.

6) 이 점은 후에 EU가 사회정책에 개방적 방법론 등을 적용하여 적극적인 기능을 수행하면서 새롭게 인식되었다. 이에 대해서는 아래 Ⅴ. EU 사회보장법 형성과 개방적 방법

그러나 다른 한편 이 규정은 EU가 사회정책영역에서 구속력 있는 조치를 취하는 권한을 갖지는 못한다는 점을 명확히 한 것이다. 이러한 한계 속에서 다음과 같은 몇 조항이 사회보장의 실질적 기준으로 기능할 수 있었다. 첫째, 노동법적 조치로서 남녀의 임금평등에 관한 원칙이다(TFEU 제157조(TEC 제141조)). 둘째, 유럽사회기금의 창설이다(TFEU 제162조(TEC 제146조)). 전자의 원칙은 특히 유럽재판소의 적극적인 조약해석을 통하여 사회보장에 적용되는 원칙으로 발전하였다. 후자는 회원국의 적극적 노동시장정책에 보조금을 지급하거나 또 재정을 부담하는 기능을 수행한다. 유럽사회정책기금은 지속적인 경제성장 속에서 아직 적극적인 노동시장정책이 논의되지 않던 시대에 설립되었지만 오늘날 고용을 통한 복지생산이 점점 중요성을 더해가는 상황에서는 사회보장에 적지 않은 영향을 미치는 EU의 정책수단으로 발전하였다.

2. 1980년대 이후의 발전

유보적이고 타협적인 EU 사회정책은 1980년대에 들어오면서 변화의 경향을 보였다. 전반적으로 보면 다음과 같은 두 가지 현상이 영향을 미쳤다.

첫째, 특히 1986년 SEA로 인한 유럽단일시장의 형성은 유럽사회정책에도 실질적 및 구조적 영향을 미쳤다. 유럽단일시장은 역내 상품, 노동력, 서비스 및 자본의 자유로운 이동을 보장한다(TFEU 제26조). 이러한 개방화에는 공정경쟁이 보장되어야 한다는 요청이 뒤따랐다. 그리고 이를 위해서는 낮은 수준의 사회비용이 공정경쟁에 영향을 미치며, 따라서 회원국의 사회보장의 실질적 수준이 어느 정도 균등하여야 한다는 점이 정책적 주목을 받게 되었다. 이른바 "social dumping"에 관한 논의가 여기에 해당하는 대표적인 예이다.[7] 이에 실질적인 기준으로서 근로자의 안전과 건강 등 근로환경의 최저기준을 제정하는 근거규정이 도입되었다(TFEU 제153조(TEC 제137조)). 구조적으로는 EU에서 근로조건의 최저기준 등을 근로자와 사용자 등 관련 당사자(social partner)가 협력을 통하여 형성해 가는 체제를 구상하였다(이른바 "social dialogue"; TFEU

론 참조.

7) 이에 대해서는 아래 Ⅳ. 1. 참조.

제154조(TEC 제138조)).[8] 이로써 사회보장의 문제가 EU에서 정치구조화하는 계기가 마련되었다.

둘째, 1992년 마스트리히트조약은 EU를 경제공동체를 넘어서 사회공동체로 구상하는 계기가 되었다.[9] 유럽에서 국가 혹은 복지국가의 탄생배경에서 알 수 있듯이 공동체의 지속가능성은 사회적 배려를 통한 동질성 형성을 필수적인 요소로 한다.[10] 이러한 상황의 변화와 인식은 이미 위에서 설명한 유럽단일시장이 도입된 이후 보다 확고하게 자리잡아 갔다. 이미 1989년 프랑스가 주도하여 "근로자의 사회적 기본권에 관한 헌장"이 채택되어 회원국의 사회정책에 실질적 기준으로 기능할 것이 기대되었다.[11] 그러나 이 헌장은 영국의 동의를 받지는 못했다. 국내 사회정책이 EU에서 다수 회원국의 의사에 종속되어서는 안 된다는 이유가 제시되었다. 이미 위에서 언급한 마스트리히트조약의 채택과정에서도 EU에 사회보장의 최저기준을 정립할 권한을 부여하는 조치는 또다시 영국의 반대에 부딪쳤다. 이러한 교착단계에서 EU는 실질적인 기준에 따른 정책형성 보다는 회원국 간의 협력과 정보교환 등을 통한 정책적 접근에 비중을 두는 변화를 가져왔다.[12] 이와 같은 EU의 사회정책의 기조는 1997년 암스테르담조약을 통하여 비로소 극복되었다. 이제 EU는 노동법 및 사회보장법의 실질적 기준에 관한 입법권을 갖게 되었다(TFEU 제156조

8) 이에 대해서는 예컨대 Rainer Pitschas(ed), *Sozialer Dialog für Europa*(Rehm, 1988) 참조.

9) 마스트리히트조약에 의한 새로운 EU 구상에 대해서는 예컨대 Udo di Fabio, "Die 'dritte Säule' der Union. Rechtsgrundlagen und Perspektiven der Europäischen Polizei- und Justizzusammenarbeit," *Die öffentliche Verwaltung,* 1997, p. 89 이하 등 참조.

10) 이에 대해서는 예컨대 Hans F. Zacher, *Bedingungen für die Entstehung und Entwicklung von Sozialversicherungen*(Duncker & Humblot, 1979) 등 참조.

11) 이에 대해서는 Bernd von Maydell, "Die europäische Gemeinschaftscharta sozialer Grundrechte," Bernd von Maydell(ed), *Soziale Rechte in der EG*(Erich Schmidt, 1990), p. 136 이하; Albrecht Weber, "Die Grundrechte im Integrationsprozeß der Gemeinschaft in vergleichender Perspektive," *Juristen Zeitung,* 1989, pp. 965, 972 이하 등 참조.

12) 이에 대해서 자세히는 예컨대 Gunnar Schuster, "Rechtsfragen der Maastrichter Vereinbarungen zur Sozialpolitik," *Europäische Zeitschrift für Wirtschaftsrecht,* 1992, p. 178 이하 등 참조.

(TEC 제140조)).[13] 2000년 니스조약은 사회보장현대화의 새로운 과제를 채택하고 이를 조직법적으로 지원하기 위하여 이사회에 사회보장위원회(Social Protection Committee)를 설치하였다.

위와 같은 실체법적인 변화에도 불구하고 실제 EU가 각 회원국 사회보장의 특수성과 독자성을 대체하는 새로운 사회정책을 형성하는 권한을 갖는 것은 아니다. 또 위에서 언급한 바와 같은 최저기준을 제정하는 EU의 기능은 회원국 전원의 동의를 필요로 하기 때문에 실제 EU가 이에 관한 입법권을 행사하는 것이 현재로서는 거의 불가능하다. 물론 이론적으로 보면 다음과 같은 극단적인 선택의 여지가 있다.[14] 첫째, EU가 암스테르담조약 및 니스조약에 의하여 부여된 권한을 자제하고 복지국가의 형성에 작용하는 각국의 특수성과 그 결과 복지생산의 독자성을 존중하여, 이를 계속 각 회원국의 정책영역으로 유지시키는 방향이다. 이는 결국 EU가 사회공동체의 형성을 시장에 위임하는 의미를 갖는다. 둘째, EU가 새롭게 부여된 권한을 적극적으로 행사하여 각국의 독자성을 그대로 유지하면서도 법 및 정책의 통일을 도모하는 발전방향이 있을 수 있다. 이는 첫 번째 방향과 비교하면 사회정책적 문제상황에 대한 EU의 적극적인 정책적 대응을 의미한다. 그 결과 독자적인 EU 사회공동체를 구상할 수도 있다.[15] 또 이는 일반적인 복지국가이론에서는 복지국가수렴론의 차원을 띠게 된다.[16] 2000년 이후 EU이사회는 회원국 사회보장의 지속가능성에 대한 점검과 발전의 방법으로 이른바 "개방적 방법론(open method of co-ordination)"을 채택하여 이러한 중간노선을 구체화하여 가고 있다.[17]

---

13) EU의 이러한 새로운 권한이 갖는 가능성 및 한계, 그리고 이른바 개방적 방법론과의 관계에 대해서는 아래 Ⅴ. 참조.

14) 이에 대해서는 예컨대 Jürgen Habermas, *Die postnationale Konstellation*(Suhrkamp, 1998), p. 194 이하 참조.

15) 이러한 구상에 대해서는 예컨대 Bernd von Maydell, *Enabling Social Europe*(Springer, 2005); Bernd Schulte, "Das europäische Sozialmodell im künftigen Europa," *ZfSH/SGB*, 2001, p. 362 이하 등 참조.

16) 이에 대해서는 예컨대 Bob Jessop, "Toward a Schumpeterian Workfare State?," *Studies in Political Economy*, vol. 40, p. 7 이하 참조.

17) 이에 대해서는 아래 Ⅴ. 참조.

Ⅱ. EU 사회보장법의 개념 및 법원

1. 개 념

EU조약법들은 엄격히 노동법과 사회보장법을 분리하여 이해하고 있지는 않다. 사실 유럽에서는 EU 사회보장법이라는 용어보다는 EU 사회법(Sozialrecht) 혹은 사회정책(Sozialpolitik, Social Policy)이라는 용어가 일반적이다. 그리고 이러한 용어하에 노동법과 사회보장법을 같이 이해하려는 시도가 있기도 하다.[18] 그러나 오늘날 유럽 각국에서 국내법적으로 보면 노동법과 사회보장법은 각각 정책적으로, 그리고 학문적으로 분리된 독자적인 영역을 구성하고 있다.[19] 따라서 독자적인 EU 사회보장정책 혹은 사회보장법을 논의하는 것은 이미 일반적인 현상이 되었다.

그렇다고 하여 EU 사회보장법의 개념에 대한 이해가 동일하지는 않다. 우선 일반적으로는 법원(法源)을 기준으로 하여 EU 사회보장법을 이해하고 있다. 이에 따르면 EU법 중 사회정책적 관련성을 갖는 법규의 총체가 EU 사회보장법이다.[20] 이와 같이 이해된 EU 사회보장법에는 회원국 국민, 즉 유럽연합시민(Unionsbürger)에게 직접적인 영향력을 갖는 규정뿐만 아니라 일반규정으로서 간접적으로 사회보장법적 관련성을 갖는 규범 역시 포함된다.[21] EU가

---

18) 이러한 이해에 기초한 EU 사회법에 대한 논의로는 예컨대, Heinz-Dietrich Steinmeyer, "Das Europäische Sozialrecht nach Maastricht," *Vierteljahresschrift für Sozialrecht,* 1996, p. 49 이하: Hermann Berie, "Europäische Sozialpolitik-von Messina bis Maastricht," in Gerhard Kleinhenz(ed.), *Soziale Integration in Europa I*(Duncker & Humblot, 1993), p. 31 이하 등 참조.

19) 이에 대해서는 Bernd von Maydell, "Zum Verhältnis von Arbeitsrecht und sozialem Recht－Plädoyer für eine Neubesinnung－," *Festschrift für Kissel,* 1994, p. 689 이하 참조.

20) 이에 대해서는 Bernd von Maydell, "Die sozialrechtliche Rechtsprechung des Europäischen Gerichtshofes," *Festgabe aus Anlaß des 100jährigen Bestehens der sozialgerichtlichen Rechtsprechung,* 1984, p. 760 이하 등 참조.

21) 이에 대해서는 Eberhard Eichenhofer, "Das europäische Sozialrecht-Bestandsaufnahme und Entwicklungsperspektiven," *Juristen Zeitung,* 1992, p. 270.; Bernd von Maydell, "Das Recht der europäischen Gemeinschaften und die Sozialversicherung," *Zeit-*

제정한 사회정책적 관련성이 있는 규범을 통해서 회원국의 국내 사회보장법에 가해지는 변화 및 회원국 간의 관계 변화를 포함해서 EU 사회보장법이라고 이해하는 방법도 있다.[22)]

2. 법원(法源)

이미 언급했듯이 EU설립조약은 사회문제에 대한 EU의 관심을 타협적인 형태로 선언하였다. 특히 노동력의 이동으로 인하여 사회보장법적 불이익이 발생하여서는 안 된다는 정책목표는 경제공동체의 형성에 직접적인 기준인 거주·이전의 자유를 사회적 차원에서 보충하는 필수적인 제도로서 이해하였다. 즉 노동력의 이동으로 인하여 이중의 사회보장청구권이 발생하거나 혹은 사회보장법적 보호가 전혀 이루어지지 못하는 상황이 방지되어야 했다. 이는 전통적인 국제사회보장법의 입법목적이며, 규율대상이다.[23)] 다만 기존에 국제사회보장법이 주로 양자조약을 통하여 특정한 사회적 위험을 중심으로 법의 충돌을 해결하기 위한 시도였다면, EU의 사회보장법은 회원국 전체에 적용되고, 사회적 위험을 포괄적으로 적용대상에 포섭하였다는 점에서 훨씬 진전된 형태의 국제사회보장입법이라는 특징을 갖는다(포괄적 및 전체적 지정규범).

위와 같은 정책목표는 EU설립 이후 비교적 동질성을 갖고 이사회 규칙 제3/58호와 제4/58호, 개정 규칙 제1408/71호 및 제574/72호에 의하여 규율되었다. 규칙 제1408/71호는 적용대상인 인적 범위 및 사회적 위험, 그리고 산정 및 지급 등 실체법적 내용을 규율하는 규범이다. 이에 비해서 규칙 제574/72호는 국제사회보장법의 집행에 관한 절차 및 조직법적 규율을 하는 규범이다. 그동안 규칙 제1408/71호 및 제574/72호는 한편으로는 사회보장법의 국제적 효력보장이라는 목표에 기여하였다는 평가와, 다른 한편으로는 사회적

---

schrift für die gesamte Versicherungswissenschaft, 1989, p. 1 이하 등 참조.

22) 예컨대 Bernd Schulte, "Auf dem Wege zu einem Europäischen Sozialrecht? – Der Beitrag des EuGH zur Entwicklung des Sozialrechts in der Gemeinschaft –," *Europarecht,* 1982, p. 357 이하 참조.

23) 이에 대한 포괄적인 서술로는 예컨대 전광석, 「국제사회보장법론」(법문사, 2002), 59면 이하 참조.

위험에 따라 복잡하고 불투명하여 일부 전문가들만이 파악할 수 있다는 비판을 받아 왔다. 1992년 이사회는 EU 사회보장법을 보다 단순화하는 입법개선을 요청하였고, 이에 따라 2004년 기존의 규칙 제1408/71호를 대체하는 규칙 제883/2004호가 제정되었다.[24)] 다만 이 규칙은 2010년 5월 1일 자로 발효할 예정이며, 따라서 이 글에서는 규칙 제1408/71호를 중심으로 EU 사회보장법을 서술한다.

위에서 언급한 사회보장의 국제적 보장을 위한 법원과는 달리 회원국의 사회보장을 선도하고, 또 법 및 정책적 목표와 내용을 통일 혹은 조정하는 법원은 EU조약에 산발적으로 규율되어 있다. 또 국제사회보장법적 규율에 해당하는 규정들이 회원국의 정책결정권한에 영향을 주지 않는 반면, 법 및 제도적 통일과 조정을 위한 규율은 내용 및 효력에 따라서는 회원국의 사회정책에 관한 관할권과 충돌하는 문제가 있다. 남녀의 임금평등, 유럽사회정책기금, 노동환경에 관한 최저기준에 관한 규정, 고용정책에 있어서 정책조정에 관한 규정들이 대표적인 예이다(TFEU 제153조, 제156조, 제157조, 제162조). 그러나 조약에 선언된 이러한 목표는 한편으로는 EU 자체의 의지와 다른 한편으로는 회원국 간의 합의가 전제되어야 비로소 실현될 수 있다. 회원국의 사회정책적 관할권에 영향을 미치지 않는 국제사회보장법적 규율과는 달리 법 및 제도적 통일 혹은 조정을 내용으로 하는 이들 규범이 실현가능성에 있어서 제한적이라는 사실은 EU에서 채택되는 규범형식에도 반영되어 있다. 즉 전자의 규율은 규범적 효력을 갖는 규칙(regulation)의 형식을 지니는 반면 후자의 정책목표는 주로 지침(directive)의 형식을 띠는 것이 일반적이다.

---

24) 이 논의 및 개혁입법에 대한 다양한 제안에 대해서는 예컨대 Eberhard Eichenhofer, "Das neue Recht der europäischen Sozialrechtskoordination," *Das Recht der Arbeit,* 2005, p. 88 이하; Eberhard Eichenhofer, *Sozialrecht der Europäischen Union*(Erich Schmidt Verlag, 2006), p. 277 이하 등 참조.

Ⅲ. 사회보장법의 초국가적 보장

1. 인적 적용범위

EU 사회보장법은 우선 고용근로자와 자영인을 보호대상으로 한다. 회원국 국적을 소지한 자가 보호대상이지만 이외에 회원국에 거주하는 무국적자 및 난민 역시 보호된다. 회원국 국적을 소지하고 있지 않더라도 회원국 사회보장법의 적용대상인 경우(이른바 "제 3 국적자 문제") 모두 EU 사회보장법의 적용대상에 포함시키는 제안은 오랜 논의 끝에 2004년 이사회규칙 제883/2004호를 통하여 실현되었다. 근로자에 대한 개념정의는 회원국 국내법과 독립하여 EU법에 의해서 독자적으로 이루어진다. EU법은 근로자의 개념을 완화하여 해석하고 있다. 실제 근로목적으로 회원국 간을 이동하는 근로자뿐만 아니라, 근로목적의 이동이기는 하지만 중간단계에서 한 회원국을 통과하는 경우, 또 나아가서 개인적인 동기에서 이루어지는 여행 및 휴가목적으로 이동하는 근로자 역시 EU 사회보장법에 의한 보호의 대상이 된다.[25) 이동의 동기를 묻지 않고 보호의 대상으로 한다는 것이다.

공무원은 오랫동안 EU 사회보장법의 인적 적용범위에 속하지 않았다. 또 기본적으로 공무원은 EU법에 의해서 자유로운 이동이 보장되는 인적 집단에서 제외되어 있었다. 다만 회원국 사회보장법에 의해서 공무원이 일반 근로자를 대상으로 하는 사회보장제도에 포섭되어 있는 경우에는 EU 사회보장법에 의한 보호를 받도록 하여 왔다. 또 유럽재판소는 공무원의 범위를 좁게 해석하는 경향을 보였다.[26) 국제사회보장법이 근로자의 국가간 이동으로 인한 불

---

25) 이에 대해서는 Philippa Watson-Olivier, *supra* note 5, p. 49 이하; Bernd Schulte, "Allgemeine Regeln des internationalen Sozialrechts-supranationales Recht," Bernd von Maydell/ Franz Ruland(ed), *Sozialrechtshandbuch*(Luchterhand, 1996), p. 1539. 등 참조.

26) 이 점에 대해서는 예컨대 Antoine Jacobs, "Das Prinzip der Freizügigkeit in seiner Bedeutung für das Sozialrecht," Bernd von Maydell(ed), *Soziale Rechte in der EG*(Erich Schmidt, 1991), p. 49 이하; Bernd Schulte, "Europäische Sozialpolitik-Eine Zwischenbilanz," *Sozialer Fortschritt,* 1986, p. 9 이하 참조.

이익을 방지하는 입법목적에 한하지 않고 사회보장청구권의 국제적 보장 그 자체를 추구하는 경우 공무원 역시 국제사회보장법의 규율대상에 포섭되어야 한다. 실제 EU는 유럽재판소의 판결에 영향을 받아 1998년 이사회규칙 제 1606/98호를 통하여 공무원을 인적 대상으로 편입시켰다.[27)]

이동근로자의 가족구성원 역시 보호의 대상이다. 가족구성원이 회원국 국민이거나 무국적자로서 회원국에 거주하는 경우에 청구권자가 예컨대 제 3 국적자이기 때문에 EU 사회보장법에 의해서 보호되는 인적 범위에 속하지 않더라도 그 가족은 보호의 대상이 된다.[28)] 다만 가족구성원에게 지급되는 급여는 그들의 독자적인 권리에 기초한 것이 아니라 근로자의 권리에서 파생되는 성격을 갖는다.

2. 사항적 적용범위

EU 사회보장법은 다음과 같은 사회적 위험을 보호하기 위한 사회보장급여에 적용된다. 질병과 분만, 장애, 노령 및 부양상실, (통근 상의 재해를 포함한) 산업재해 및 직업병, 사망, 실업 등에 대한 급여 및 가족보호를 위한 급여가 그것이다(규칙 제1408/71호 제 4 조). 각 회원국은 위와 같은 사회적 위험을 보호하기 위한 급여에 관한 법규정 혹은 제도를 공표하여야 한다(규칙 제 1408/71호 제 5 조). 그러나 이러한 공표에 관한 규정은 단순히 행정상의 편의를 목적으로 하고 있다. 따라서 규칙에 제시된 사회적 위험에 대한 보호제도를 해당 회원국이 공표하지 않았다고 해서 이에 대한 보호의무로부터 회원국이 면제되는 것은 아니다. 이것이 유럽재판소의 판례의 태도이기도 하다.[29)] 이러한 사회적 위험이 각국의 국내 사회보장체계에서 동일한 제도를 통해서 보호되는 것은 아니다. 따라서 중요한 것은 위에서 열거한 사회적 위험을 보호하는 제도가 존재하는가 여부이며, 제도의 종류가 일치하여야 하는 것은 아니다.[30)] 예컨대 독일 요양보험의 보호대상인 요보호상태는 EU 사회보장법에서

27) 이에 대해서는 이사회규칙 제1408/71호 제 2 조 3항 참조.

28) Bernd Schulte, *supra* note 25, p. 1539 참조.

29) 유럽재판소판례집(1977), 2249면 참조.

는 질병으로의 성격을 갖는다.

공공부조 및 전쟁희생자 보상급여는 EU 사회보장법의 적용대상이 아니다(규칙 제1408/71호 제4조 5항). 공공부조가 보호범위에 포섭되는지에 대해서는 설명이 필요하다. 공공부조를 제외시키는 것은 입법적으로는 사회보장(Soziale Sicherheit)과 공공부조(öffentliche Fürsorge)를 구별하는 태도에 기초한 것이다. 그러나 이러한 견해가 여전히 타당한가는 의문이다. 오늘날 전통적인 공공부조와 사회보장의 구별은 각국에서 점점 상대화되고 있기 때문이다. 사실 공공부조를 명시적으로 보호의 범위에서 제외시키는 실질적인 이유는 공공부조가 공공부조를 제외한 사회보장제도와는 달리 개인의 권리에 기초한 급여가 아니고, 국가의 일방적인 급여로서 급여의 여부 및 수준을 결정하는 데 국가의 재량이 인정된다고 전통적으로 이해되어 왔기 때문이다. 그런데 오늘날 EU회원국에서 대부분 공공부조급여에 대해서도 법적 청구권성을 인정하고 있다.[31] 그렇기 때문에 EU법의 명시적인 규정에도 불구하고 회원국 국내법상의 공공부조급여가 EU 사회보장법의 적용대상이 될 수 있다.[32] 다만 이렇게 확장해석을 하는 경우 다음과 같은 집행에 있어서 문제가 발생한다. 공공부조는 기본적으로 최저생활보장을 제도적인 목적으로 하고 있다. 그런데 과연 거주지변경에도 불구하고 계속해서 관할 회원국이 해당 법률에 따라 산

---

30) 이 점에 대해서는 예컨대 Bernd Schulte, "Europäisches und Nationales Sozialrecht," *Europarecht,* 1990, p. 47 참조.

31) 예컨대 독일에서는 이미 1954년 공공부조급여에 대한 분쟁을 관할하는 법원인 연방행정법원이 공공부조급여에 대해서 법적 청구권성을 인정하였고(BVerwGE 1, 159면 이하), 이러한 태도는 1962년 연방사회부조법 개정을 통해서 동법 제4조에 명시적으로 입법화되었다. 이에 대해서 자세히는 전광석, 「독일사회보장법과 사회정책」(박영사, 2008), 243면; Bernd Schulte/Peter Trenk-Hinterberger, *Bundessozialhilfegesetz*(C. H. Beck, 1988), p. 17 등 참조.

32) 실제 유럽재판소는 1982년 이른바 "*Piscitello* Case"에서 일정한 소득수준에 미달하는 65세 이상의 노인에게 수급권이 인정되어 있는 이탈리아의 사회연금(pension sociale)은 최저소득보장의 기능을 수행하는 제도로 공공부조에 해당하여 공동체법의 적용범위에 속하지 않는다는 이탈리아의 주장을 인정하지 않았다. 유럽재판소에 따르면 사회연금은 개인이 법적 청구권을 갖기 때문에 EU법의 적용대상에 포함된다. Bernd Schulte, *supra* note 25, p. 1542 참조; Bernd Schulte, "Das Sozialrecht in der Rechtsprechung des Europäischen Gerichtshofs," Georg Wannagat(ed), *Jahrbuch des Sozialrechts,* Bd. 4, 1984, p. 447 이하 등 참조.

정하여 지급하는 것이 사회정책적으로 타당한가 하는 문제가 제기된다.[33)]

공공부조급여에는 현재 이사회규칙 제1612/68호가 적용된다. 규칙 제1612/68호 제7조 2항에 의하면 국가로부터 부여되는 사회적 및 세제상의 이익(soziale und steuerliche Vergünstigung)에 있어서 국적을 이유로 차별이 이루어져서는 안 된다. 그런데 이때 사회적 및 세제상의 이익은 좁은 의미의 사회보장급여(social security)에 국한되지 않고, 또 그 이익이 고용관계를 전제하는 것도 아니다.[34)] 예컨대 유럽재판소는 이 규정을 근거로 범죄피해에 대한 보상에 있어서 국적에 따른 차별이 EU법에 위반되는 것으로 결정하였다(*Cowan* Case, 1989).[35)] 공공부조급여 역시 이러한 사회적 이익의 개념에 포섭될 수 있다.[36)] 다만 이러한 해석이 일반적으로 적용될 경우 공공부조급여를 받는 목적으로 입국을 시도하는 것을 방지할 필요가 있다. 이를 위하여 근로자가 아닌 경우에는 질병을 보호하기 위한 보험법적 관계가 존재하는 조건하에 급여를 지급하는 제한을 가하고 있다.[37)] 실질적으로 보면 EU법이 공공부조에 적용되지 않더라도 EU회원국이 모두 가입해 있는 유럽평의회(The Council of Europe)의 유럽공공부조협약(The European Convention on Social and Medical Assistance)

---

33) 이러한 우려에 대해서는 Bernd Schulte, *supra* note 25, p. 1542 참조.

34) 이 점에 대해서는 예컨대 Rolf Schuler, *supra* note 2, p. 771 이하 참조.

35) 유럽재판소는 이 판결에서 프랑스의 해당 법률이 상호주의를 채택하고 있는 것은 국적에 따른 차별이라고 결정하였다. 예컨대 독일의 범죄피해자보상법(Opferentschädigungsgesetz)은 1993년 개정 전까지는 상호주의를 입법하고 있었다. 독일은 위 판결에 직접 영향을 받아 법률개정을 통하여 독일에 거주하는 외국인에게는 상호주의를 적용하지 않고 보호할 수 있도록 하였다. 즉 상호주의의 조건을 충족시키지 못하는 경우에도, 예컨대 여행 중인 외국인에게도 재량에 의해서 보상을 할 수 있다. 이 판결에 대해서는 예컨대 Sabine Hackspiel, "Opferentschädigung und Europäisches Gemeinschaftsrecht," *Neue Juristische Wochenschrift,* 1989, p. 2166 이하 등 참조.

36) 실제 유럽재판소 판례의 태도이기도 하다. 유럽재판소는 규칙 제1612/68호에서 말하는 이익에는 이 밖에도 다산가정에 대한 교통요금할인, 아동양육을 위한 무이자 대부, 노인에 대한 최저소득보장, 장학급여 등을 들고 있다. 이에 대해서는, Bernd Schulte, "Auf dem Weg zu einem Europäischen Sozialrecht," *Europarecht,* 1992, p. 370 이하; Bernd Schulte, "Europäische Sozialpolitik-Eine Zwischenbilanz," *Sozialer Fortschritt,* 1986, p. 9 이하 등 참조.

37) 이에 대해서 자세히는 Eberhard Eichenhofer, "Deutsches Sozialhilferecht und europäisches Gemeinschaftsrecht," *Zeitschrift für Fürsorge,* 1999, p. 110 이하; Rolf Schuler, *supra* note 2, p. 779 이하 등 참조.

이 적용되어 공공부조청구권을 보호할 수 있었다.[38] 이 협약은 근로자뿐 아니라 회원국의 모든 국민을 보호대상으로 하고 있기 때문이다. 다만 이 협약은 유럽재판소와 같은 초국가법적 기관을 통한 사법적 보호가 결여되어 있다는 단점이 있었다.

3. 준 거 법

1) 준거법의 내용

규칙 제1408/71호는 이동 근로자가 사회보장과 관련해서 받을 수 있는 불이익을 방지하고, 또 동시에 근로자가 2개국 이상의 법의 적용대상이 되어, 이중으로 사회보험에 의무적으로 가입되고, 그 결과 이중으로 보험료를 납부하는 것을 방지하는 목적을 갖는다. 따라서 이동근로자에게는 원칙적으로 한 회원국의 법률이 적용되어야 한다.

근로자에게는 거주지, 그리고 사용자 혹은 사업장의 소재지를 불문하고 고용지의 법률이 적용된다. 고용지가 있을 수 없는 자영인에 대해서는 거주지를 불문하고 경제활동을 하는 회원국의 법이 적용된다. 선원에게는 특칙이 적용된다. 즉 이들에게는 근무하는 선박이 게양하는 국기의 국가법이 적용된다(기국주의). 공무원에게는 근무하는 관청이 소속된 국가의 법률이 적용된다(규칙 제1408/71호 제13조 2항).

EU법은 준거법의 적용범위를 확대할 수 있는 가능성을 예정하고 있다. 즉 근로자가 기존의 사용자와의 고용관계를 유지하면서 외국으로 파견되는 경우 고용지법이 계속 적용된다. 이와 같은 고용지법의 확대적용(이른바 "Ausstrahlung")이 이루어지는 파견기간은 12개월로 한정되어 있다. 최초에는 예상할 수 없었던 이유로 파견기간이 연장되는 경우 업무가 수행되는 국가의 승인하에 예외적으로 고용지법의 확대적용기간이 연장될 수 있다. 그러나 이 기

38) 이 협약에 대해서는 예컨대 Horst Fenge, "25 Jahre Europäisches Fürsorgeabkommen-Rückblick, Inhalt, Würdigung," *Zeitschrift für Sozialhilfe,* 1979, p. 257 이하; Georg Albrecht/Michael Wollenschläger, "Sozialhilfe für Ausländer unter besonderer Berücksichtigung zwischenstaatlicher Rechtsvorschriften," *Informationsbrief Ausländerecht,* 1980, p. 30 이하 등 참조.

간이 12개월 이상 연장될 수는 없다(규칙 제1408/71호 제14조 1항).[39] 위와 같은 확대적용에 관한 규정은 한편으로는 근로자의 회원국간 이동성을 높이는 효과가 있다.[40] 그러나 다른 한편 이는 사회보장수준이 낮은 국가의 근로자를 단기적으로 채용하려는 유혹을 증가시키는 원인이 되기도 한다.[41] 또 위와 같은 확대적용에 관한 규정은 기업 간의 공정경쟁을 저해하는 측면이 있기도 하다. 외국인 근로자를 단기적으로 고용하는 기업이 해당 국가의 일반적인 사회보장조건이 적용되는 근로자를 고용하는 기업에 비해서 유리한 위치에 있게 되기 때문이다. 따라서 EU에서는 확대적용에 관한 규율이 남용되지 않도록 하는 방안이 논의되고 있다.

한 회원국에서 고용근로자로서 경제활동을 하고 다른 회원국에서 자영활동을 하는 자에게는 원칙적으로 고용지법이 적용된다(규칙 제1408/71호 제14c조). 회원국 간의 합의에 의하여 특정한 인적 집단에 대해서는 위에서 설명한 것과 다른 준거법을 선택할 수 있다(규칙 제1408/71호 제17조).

2) 준거법의 경합

EU법은 다른 국제협약상의 준거법과 경합할 수 있다. 이 경우 회원국 간에 기존의 국제협약은 원칙적으로 적용되지 않는다(규칙 제1408/71호 제 6 조). 다만 명시적으로 다음과 같은 국제협약들은 계속 적용된다(규칙 제1408/71호 제 7 조). 회원국들이 비준한 국제노동기구의 협약, 유럽평의회의 1953년 사회보장에 관한 잠정협약, 라인강 운항선박에 적용되는 1950년 및 1979년의 사회보장에 관한 협약, 국제교통에 종사하는 근로자의 사회보장에 관한 1956년의 유럽협약 등이 그것이다. 이 밖에 이사회규칙 제1408/71호 부록 Ⅲ에 열거된 회원국 양자 간의 사회보장에 관한 협약 역시 계속 적용된다. 그러나 위와 같은 원칙에는 이른바 최혜국보호의 원칙에 따른 유보가 있다. 즉 기존의

---

39) 개정 규칙 제883/2004호는 이를 24개월로 연장하였다.

40) 이러한 입장을 취하는 문헌으로는 예컨대 Eberhard Eichenhofer, *supra* note 24, p. 107 이하 참조.

41) 이에 대해서는 Reinhard Resch, Nationale Sozialversicherungsabkommen und EG-Verordnung zur sozialen Sicherheit," *Neue Zeitschrift für Sozialrecht,* 1996, p. 603 이하; Bernd Schulte, *supra* note 25, p. 1548 참조.

국제협약이 당사자에게 보다 유리한 법적 지위를 보장하는 경우 EU법의 적용으로 인하여 이러한 이익이 박탈되어서는 안 된다. 그러한 범위 내에서 국제협약의 효력이 지속된다. 또 회원국 간에 사회보장에 관한 새로운 협약을 체결하는 것은 가능하다(규칙 제1408/71호 제 8 조).

4. 보호되는 위험과 보호의 내용

1) 질병과 분만

질병 및 분만에 대한 보호는 현물급여와 현금급여를 나누어서 살펴보아야 한다. 다른 회원국에 거주하는 근로자 및 자영인, 그리고 그 가족들에게 지급되는 현물급여의 종류 및 범위는 거주지법에 따라 결정·지급된다. 따라서 본래 관할국가와 거주지국가의 의료보장의 수준이 차이가 나는 경우 개인에게 유리하게 작용할 수도, 또 불리하게 작용할 수도 있다. 비용부담자는 고용지법에 따라 결정된다. 또한 질병수당과 같은 현금급여는 고용지법에 따라 산정된다(규칙 제1408/71호 제19조).

회원국 국민이 다른 회원국에 휴가 등의 목적으로 일시 체류하는 경우에도 체류국가에서 의료보장을 받을 수 있다(규칙 제1408/71호 제22조 1항). 다만 이러한 급여를 받기 위해서는 긴급한 보호의 필요성이 있으며, 따라서 관할국가로의 이동가능성이 없다고 판단되어야 한다. 급여기간은 본래 관할지법의 규정에 따라 결정된다. 이미 질병이 발생한 후 거주지로 귀환하거나 또는 거주지를 옮기는 경우 본래 관할기관의 승인하에 거주지법에 따른 급여를 받을 수 있다. 다만 이러한 이동으로 인하여 위험한 상태가 발생하거나 계속치료가 의문시되는 경우에는 승인이 거부될 수 있다. 건강상태에 적합한 치료가 보다 효과적으로 이루어질 수 있다고 판단되는 경우 다른 회원국에서 치료급여를 받는 것도 가능하다. 다만 이 경우 본래 관할기관의 사전승인이 필요하다. 이는 법적 권리로서 보호되고 있다.[42] 따라서 승인의 거부는 제한적으로만 가능하다(규칙 제1408/71호 제22조 2항).

---

42) 이에 대해서는 Bernd Schulte, "Auf dem Weg zu einem Europäischen Sozialrecht," *Europarecht,* 1992, p. 369 참조.

위와 같은 질병급여에 적용되는 실정법과는 달리 유럽재판소는 설립조약을 근거로 다른 회원국에서 급여를 받을 가능성을 확대하는 해석을 한 바 있다. 1998년 유럽재판소의 *Decker* Case(1998)와 *Kohll* Case(1998)가 대표적인 예이다.[43] 이 판례에서 유럽재판소는 서비스의 자유로운 이동보장의 능동적인 측면과 수동적인 측면을 주목하였다. 즉 능동적인 측면에서 보면 회원국 국민은 다른 회원국에서 자신에게 필요한 의료서비스를 받을 수 있어야 하며, 수동적인 측면에서 보면 의료기관은 다른 회원국 국민에게 자유롭게 의료서비스를 제공할 수 있어야 한다는 것이다. 그 결과 관할국가가 아닌 다른 회원국에서 의료급여를 받고 해당 비용에 대한 보상을 관할국가에서 받는 가능성은 위에서 언급한 바와 같은 엄격한 조건이 적용되지 않고 인정되어야 한다는 것이다.[44] 이 판례가 아직 EU 실정법적으로 제도화되지는 못하고 있으며, 2010년 발효하는 새로운 규칙 제883/2004호에도 반영되어 있지 않다. 그러나 EU설립조약의 이념 및 사회보장의 국제적 보장에 관한 규칙 제1408/71호의 제도적 목적에 비추어 비용보상의 가능성이 포괄적으로 인정되어야 한다는 주장이 설득력을 얻고 있다.[45] 이러한 주장이 관철될 경우 EU 경제법을 적용영역으로 성립·발전되어 온 서비스이동의 자유는 사회보장법에서 뚜렷한 변화를 꾀할 것으로 예상된다.

---

43) 이 결정에 대해서는 예컨대 Ute Kötter, "Die Urteile des Gerichtshofs der Europäischen Gemeinschaften in der Rechtssachen Decker und Kohll; Der Vorhang zu und alle Fragen offen?," *Vierteljahresschrift für Sozialrecht,* 1988, p. 244 이하 참조. 이 판결 이전에 이미 현물급여의 원칙을 서비스의 자유로운 이동의 관점에서 정당화하는 판결로는 *Luis and Carbone* Case(1984)가 있었다. 사회보장법적 관점에서 현물급여의 원칙을 거의 자동적으로 비용보상의 원칙으로 전환되는 가능성을 긍정하는 견해로는 예컨대 Rolf Schuler, "Zur Leistungspflicht der gesetzlichen Krankenkassen bei Erkrankungen während eines vorübergehenden Aufenthalts im Ausland," *Die Sozialgerichtsbarkeit,* 1983, p. 471 이하 참조.

44) 이러한 방향으로 EU 사회보장법의 발전방향을 제시하는 문헌으로는 Bernd Schulte, "Neuere Entwicklung des Europäischen Sozialrechts unter besonderer Berücksichtigung der Rechtsprechung des EuGH," *Bayerisches Verwaltungsblatt,* 2000, p. 362 이하 참조.

45) 이러한 견해에 대해서는 예컨대 Eberhard Eichenhofer, *supra* note 24, p. 284 이하; Bernd Schulte, "Zur Kritik des europäischen koordinierenden Sozialrechts," *ZfSH/SGB,* 1999, p. 579 이하 등 참조.

2) 장 애

EU법은 장애로 인하여 발생하는 위험의 내용 중 현금급여를 보호한다. 회원국 국내법이 장애에 대해서 치료급여 등 현물급여를 제공하는 경우 이러한 상태는 질병에 해당하며, 따라서 위에서 설명한 질병에 관한 규정이 적용된다. 재활급여는 보호의 대상에서 제외되어 있다. 질병의 경우와 마찬가지로 장애에 대한 개념정의 역시 회원국 국내법에 관계없이 EU법상 독자적으로 형성된다. 장애 여부를 판단하는 데 있어서는 소득능력의 감소와 그러한 상태의 지속성이 중요한 징표이다. 회원국에 따라 장애에 대한 이해방법으로 다음과 같은 두 가지가 있다. 첫째, 장애를 질병의 연장으로 이해하는 방법이다. 이 경우에는 장애급여를 수급하기 위한 조건으로 보험가입기간 등이 요구되지 않는다. 프랑스가 여기에 해당하는 대표적인 나라이다(Type A).[46] 둘째, 장애를 질병과는 별도의 사회적 위험으로 이해하여, 노령·사망과 같은 장기적인 사회적 위험으로 함께 보호하는 방법이다. 여기에서는 일반적으로 연금보험에 특유한 급여조건인 일정한 보험가입기간 등이 요구된다. 독일이 여기에 속하는 대표적인 나라이다(Type B).[47]

장애는 각국에서 상이하게 이해되고 있기 때문에 한 회원국에서 장애가 확정되었다고 해서 이 결정이 다른 회원국을 기속하는 것은 아니다. 다만 장애에 대한 이해와 장애정도의 측정에 있어서 거의 유사성을 가지고 있는 나라들 간에는 합의에 의하여 한 나라에서의 장애를 인정하는 결정은 다른 나라를 기속하도록 하고 있다(규칙 제1408/71호 제40조 4항).[48] 다만 장애를 부인

---

46) 이 밖에도 벨기에, 스페인, 그리스, 아일랜드, 네덜란드, 영국 등이 여기에 속한다. F. Pennings, "Europe," *International Encyclopaedia of Laws. Social Security Law* (Kluwer, 1994) Randnummer, p. 484 참조.

47) 장애에 대한 다양한 이해방법에 대해서는 예컨대 Hans-Joachim Reinhard/Jürgen Kruse/Bernd von Maydell(ed.), *Invaliditätssicherung im Rechtsvergleich*(Nomos, 1998) 참조.

48) 상호 간에 기속력이 인정되는 국가군들은 규칙 제1408/71호 부록 V에 정리되어 있다. 예컨대 벨기에, 프랑스, 이탈리아, 룩셈부르크, 네덜란드 상호간에 한 국가에서의 장애에 대한 결정은 다른 국가에 기속력을 갖는다. 이에 대해서는 예컨대 Angelika Pflüger-Demann, *Soziale Sicherung bei Invalidität in rechtsvergleichender und europarechtlicher Sicht; eine auf die Bundesrepublik Deutschland und Frankreich bezogene Darstellung*(Nomos, 1991), p. 257 이하 참조.

하는 결정은 기속력을 갖지 않는다.

장애에 대한 보호는 EU법에서 다음과 같은 두 가지 형태로 이루어진다. 첫째, 장애급여의 산정에 있어서 이동근로자가 받을 수 있는 불이익을 방지하고 있다. 둘째, 수급권자는 그의 거주지에 관계없이 급여를 받을 수 있다.

급여의 산정은 위에서 설명했듯이 장애를 보호하는 방법이 회원국 간에 상이하기 때문에 이원화되어 있다. 먼저 장애를 질병의 연장으로 이해하는 나라에서 근로자가 모든 법률관계를 형성한 경우(Type A)에는 장애가 발생한 국가가 해당 근로자에게 전적으로 급여를 지급하고, 또 비용을 부담한다(규칙 제1407/71호 제37조-제39조). 반면 근로자가 일정한 보험가입기간이 요구되는 제도를 가지고 있는 나라(Type B)들에 걸쳐서 법률관계를 형성하고 있거나, 혹은 이들 나라와 보험가입기간이 요구되지 않는 제도가 운영되는 나라에 걸쳐서 법률관계가 형성되어 있는 경우에는(Type A+B) 장애급여산정에 반영되는 전체 기간이 각 회원국에서 진행된 비율에 따라 회원국이 각각 급여비용을 분담한다(*pro rata temporis*; 규칙 제1407/71호 제40조 1항). 이 경우는 노령 및 사망의 경우와 마찬가지의 산정방법이 적용되기 때문에 이에 관한 제44조에서 제51조까지의 규정이 적용된다. 이에 대해서는 아래 노령 및 사망과 관련하여 설명한다.

3) 노령과 부양상실

노령 및 부양상실의 경우 지급되는 급여의 산정은 다음과 같은 두 가지로 나누어 규율되어 있다. 먼저 이동근로자가 한 회원국에서 이미 해당 회원국의 국내법에 따른 급여청구권을 획득한 경우이다. 두번째 유형은 이동근로자의 연금청구권이 한 회원국에서의 사회보장 가입기간만으로는 성립될 수 없고 여러 회원국에서 각각의 사회보장기간이 합산되었을 때 비로소 고용지법에서 요구되는 연금청구권이 성립될 수 있는 기간이 충족되는 경우이다.

첫 번째 경우에는 연금산정을 위해서 고용지의 사회보장기관은 먼저 국내법에 따른 연금액을 산정한다(a). 다음, 이와는 독자적으로 이른바 가정적 연금액(theoretischer Beitrag)을 산정한다. 가정적 연금액이란 이동근로자가 회원국 각국에서 획득한 사회보장 관련기간 전체를 고용지에서 충족하였다고 가정하고, 이 가정에 기초해서 고용지법에 따라 산정된 연금액을 말한다. 가정적 연금액은 다시 이동근로자의 각 회원국에서의 사회보장 관련기간이 전체 사회보장 관련기간에서 차지하는 비율에 따라 나누어져 각 회원국이 부담하는 연금액이 산정된다(b). 이와 같이 산정된 a와 b의 연금액 중 높은 것이 이동근로자에게 지급된다(규칙 제1408/71호 제46조 1항). 두 번째의 경우, 즉 합산규정에 의해서 비로소 사회보장청구권이 성립되는 경우에는 위 b의 절차, 즉 *pro rata temporis* 원칙을 통해서 각 회원국이 부담하는 연금채무액이 결정된다(규칙 제1408/71호 제46조 2항).

연금청구권자는 위 첫 번째 경우 혹은 두 번째 경우에 각각 산정된 연금액의 합계에 대한 청구권을 갖는다. 다만 연금액의 합계에는 상한이 있다. 즉 연금액의 합계가 위에서 설명한 가정적 연금액을 초과할 수는 없다(규칙 제1408/71호 제46조 3항). 만약 각 회원국의 법에 따라 산정된 연금액의 합계가 가정적 연금액을 초과하는 경우에는 각 회원국은 근로자의 전체 사회보장 관련기간에서 해당 회원국에서의 이동근로자의 사회보장 관련기간이 차지하는 비율에 따라 자신의 연금채무액이 감액된다. 유럽재판소는 이러한 상한에 관한 규정은 합산규정을 원용할 필요 없이 한 회원국의 국내법에 따라 사회보장 관련기간이 충족되어 성립된 사회보장 청구권에는 적용되지 않는다고 결정한 바 있다(*Petroni* Case, 1975). 이에 따르면 결과적으로 EU 사회보장법은 이동근로자가 입을 수 있는 사회보장 청구권과 관련된 불이익을 방지하는 기능(Nachteilsausgleich)을 수행하지만, 거꾸로 이동 근로자가 한 회원국에서 계속 사회보장 관련기간을 성취한 근로자에 비해서 가질 수 있는 이익에 대한 조정(Vorteilsausgleich)은 이루어질 수 없게 된다.[49)]

위와 같이 산정된 급여는 국적과 거주지에 관계없이 지급된다. 즉 급여가 다른 회원국으로 지급될 수 있다(TFEU 제48조; 규칙 제1408/71호 제10조). 외국인인 연금청구권자가 회원국 이외의 지역에 거주하는 경우에는 외국으로의 연금지급에 관한 위 규정은 적용되지 않으며, 해당 국내법이 적용된다. 예컨

---

49) 이에 대해서 자세히는, Bernd Schulte, *supra* note 25, p. 1555 이하; Rolf Schuler, *Nomos Kommentar zum Europäischen Sozialrecht*(Nomos, 1994) Art. 46 Randnummer 35 이하 참조.

대 독일 사회법전은 이러한 경우 독일의 연금보험에의 가입기간에 기초하여 산정된 연금의 70%를 지급한다(독일사회법전 제 4 권 제113조).

4) 산업재해와 직업병

산업재해 및 직업병에 대한 EU법적 보호는 질병의 경우와 유사하게 이루어진다(규칙 제1408-71호 제52조-제63a조). 산업재해를 보호하는 특별한 제도를 가지고 있지 않은 나라에서 산업재해에 대한 보호는 의료보장제도를 통해서 이루어진다. 네덜란드가 대표적인 예이다. 산업재해에는 출퇴근상의 재해가 포함된다(규칙 제1408/71호 제56조).

산업재해에 대한 현물급여는 관할기관, 즉 근로자의 경우에는 고용지의 급여주체, 그리고 자영인의 경우에는 경제활동지의 급여주체가 비용을 부담하며, 거주지의 관할기관이 거주지법의 규정에 따라 지급한다. 반면 현금급여는 본래의 관할기관이 지급한다. 산업재해에 대한 공평부담의 기준에 의하면 위와 같이 최후의 고용지국가가 보호비용을 전적으로 부담하는 것이 타당한지에 대한 의문이 있다.[50] 그러나 현재까지는 행정편의성, 그리고 이러한 규정이 근로자의 사회통합에 기여한다는 이유로 유지되고 있다. 회원국 간에 합의가 있는 경우 수급권자는 거주지에서 거주지법이 아닌 관할기관이 소재하는 국가의 법규정에 따라서 급여를 받을 수 있다(규칙 제1408/71호 제52조). 질병의 경우와 마찬가지로 수급권자가 산업재해가 발생한 후 거주지를 옮기거나 거주지로 귀환하는 경우에도 급여는 체류지 혹은 거주지의 해당 관할기관으로부터 지급받을 수 있다. 또 적절한 치료급여를 받기 위해서 필요하다고 판단되는 경우 다른 회원국에서 치료를 받는 것도 가능하다. 다만 이 경우 본래 관할기관의 승인이 필요하다(규칙 1408/71 제55조 1항 c).

직업병은 장기적인 발병과정을 거치기 때문에 누가 보호의 의무를 지는가 하는 문제가 발생한다. 이 경우 최후의 고용지를 관할하는 기관이 보호의무를 부담한다. 직업병이 악화된 경우에도 보호의 대상이 된다. 다만 악화의

---

50) 이에 대해서는 예컨대 Bernd Schulte, "Koordinierendes Europäisches Sozialrecht und Gesetzliche Unfallversicherung-status quo und Perspektive de lege ferenda," *Festschrift für Krasney,* 1997, p. 494 이하 참조.

원인이 다른 회원국에서 발생한 것이 명백한 경우에는 악화된 상태에 대한 보호비용은 해당 회원국이 부담한다(규칙 제1408/71호 제60조).

5) 사　망

사망에 대한 보상금을 수급하기 위하여 일정한 기간이 필요한 경우 다른 회원국에서의 사망보상금을 수급하기 위하여 필요한 기간은 합산된다. 또 관할국가가 아닌 회원국에서 사망보상금의 지급원인인 사망이 발생한 경우 해당 사망은 관할국가에서 발생한 것으로 의제하여 보상금 청구권을 성립시킨다. 사망보상금 지급의무는 관할국가가 부담한다(규칙 제1408/71호 제64조 이하).

6) 실　업

실업급여를 받기 위해서는 고용지에서 실업이 발생하였어야 한다. 실업급여와 관련하여도 EU법은 실업급여의 산정에 반영되는 기간을 합산하고, 또 급여를 외국으로 지급하는 가능성을 입법하고 있다(규칙 제1408/71호 제67조). 실업급여의 관할기관은 실업 직전 고용지국가이다. 실업급여에 대해서는 다음과 같은 특수성이 있다. 실업급여에 있어서 본질상 수급권을 갖기 위해서는 대상자가 주관적으로, 그리고 객관적으로 실업보험기관이 알선하는 직업에 취업할 의사와 능력이 있어야 한다.[51] 그런데 대상자가 고용지 외에 다른 회원국에 거주하는 경우에는 이러한 요건이 충족될 수 없다. 그렇다고 이 경우 실업급여를 전면적으로 부인한다면 대상자가 그의 거주지에서 고용기회를 가질 가능성이 보다 많은 경우를 실업급여로서 보호하지 못하는 불합리가 생길 수 있다.[52] 결국 실업급여청구권의 국제적 보장을 위해서는 기간의 합산과 외국으로의 급여지급뿐 아니라 관할국가가 아닌 다른 회원국에서 취업의 의사와 능력을 인정하는 조치가 추가로 필요하다는 것을 알 수 있다.

특히 EU가 시장통합을 도모하면서 실업보호의 회원국간 보장을 위한 입

51) 예컨대 독일 연방고용촉진법 제100조 2항 참조. 우리 고용보험법 역시 이러한 요건을 요구하고 있다. 고용보험법 제40조 1항, 제43조 참조.

52) 이에 대해서 자세히는, Eberhard Eichenhofer, “Freizügigkeit und europäisches Arbeitsförderungsrecht,” *Zeitschrift für ausländisches und internationales Arbeits- und Sozialrecht,* 1990, p. 161 이하 참조.

법적 배려가 필요하게 되었다. 이에 규칙은 대상자가 일정한 조건하에 다른 회원국에 체류하는 경우에도 실업급여를 받을 수 있도록 하였다(규칙 제1408/71호 제69조). 급여를 받기 위해서는 대상자는 최소한 4주간 관할국가의 실업보험주체에 실업자로 신고하여야 한다. 대상자는 체류하는 국가의 실업보험기관에도 실업자로 신고하고 노동의 의사와 능력을 표명하여야 한다.

이러한 조건을 충족시키는 경우 대상자는 관할국가의 실업보험주체의 부담으로 체류국가의 관할기관으로부터 실업급여를 받는다. 실질적으로 급여가 외국으로 지급되는 셈이다. 이는 노동력의 이동을 보장하기 위해서 필연적이다. 다만 이러한 급여에는 기간에 제한이 있다. 즉 3개월로 한정되어 있다(규칙 제1408/71호 제70조).[53] 이러한 기간의 제한규정에 대해서는 다음과 같은 논거로 비판이 있어 왔다. 첫째, 고용보험법상의 급여는 국가의 일방적인 급여가 아니라 가입자가 납부한 보험료를 기초로 형성된 것이며, 따라서 재산권적 보호의 대상이다.[54] 그렇다면 급여의 지급 여부가 수급권자의 거주지에 따라 차별되어서는 안 된다. 둘째, 사회보험에서 보험료납부의무와 급여관계에 관한 법률관계가 통일체를 이루어야 한다. 따라서 가입자에게 사회적 위험이 발생한 경우 급여가 사회보험에 본질적인 요소가 아닌 거주지를 이유로 제한되어서는 안 된다. 셋째, EU가 추구하는 시장단일화에는 노동시장의 단일화를 포함한다. 그렇다면 노동의 의사와 능력 역시 EU의 단일시장을 기준으로 판단하여야 하며, 회원국 각국의 노동시장을 기준으로 급여지급 여부를 결정하는 것은 EU법의 이념에 반한다.[55] 이에 EU이사회에서는 실업보험급여의 외국으로의 지급기간을 6개월로 연장하는 제안을 하여 왔으며, 2010년 효력을 발생한 규칙 제883/2204호는 이를 수용하였다(제64조 1항 c).

위와 같은 원칙에는 다음과 같은 두 가지 특례가 있다(규칙 제1408/71호

53) 이러한 제한규정에 대한 개혁논의에 대해서는 아래 참조. 이 밖에 Manfred Husmann, “Koordinierung der Leistungen bei Arbeitslosigkeit durch EG-Recht,” *Die Sozialgerichtsbarkeit*, 1998, p. 297 이하 참조. 유럽재판소의 이 점에 비판적인 판결로는 *Noorden* Case, 1991; *Gray* Case, 1992 등 참조.

54) 독일 연방헌법재판소의 일관된 견해이다. 예컨대 *BVerfGE* 54, 1; 72, 9 등 참조.

55) 이러한 견해로는 예컨대 Eberhard Eichenhofer, “Beschäftigung, Arbeitsförderungsrecht und soziale Sicherung bei Arbeitslosigkeit,” *Schriftenreihe des Deutschen Sozialrechtsverbandes*. Bd. 36. *Europäisches Sozialrecht,* 1992, p. 159 이하 등 참조.

제71조). 첫째, 국경을 넘나들며 노동을 행하는 자(이른바 Grenzgänger)에게 실업이 발생한 경우 단기실업에 대해서는 고용지법이 적용된다. 반면 이들에게 장기실업이 발생한 경우에는 거주지법이 적용된다. 둘째, 국경을 넘나들며 노동을 수행하는 것은 아니지만 고용지와 거주지가 다른 근로자에게 실업이 발생한 경우에도 다음과 같은 두 가지 가능성이 있다. 먼저, 단기실업의 경우에는 고용지법이 적용된다. 반면 장기실업의 경우에는 대상자는 준거법을 선택할 수 있다. 즉 최후 고용지법의 적용을 받거나 혹은 거주지법의 적용을 받도록 실업신고지를 선택할 수 있다. 이와 같은 조치를 통해서 다음과 같은 두 가지 효과가 의도되었다. 첫째, 실업에 처한 자는 실업으로 인한 임금상실을 보상받을 뿐 아니라 거주지법에 따른 직업교육 등을 받을 수 있게 된다. 둘째, 거주지에서 구직의 가능성이 보다 크기 때문에 실업급여를 포기하지 않으면서 구직의 기회를 갖게 된다. 이러한 입법의도에 충실하기 위해서 위 규정의 적용대상을 결정하는 데 신축성있는 해석이 채택되어 왔다. 즉 고용지에서 보다 구직의 가능성이 높다고 판단되는 경우에는 위 규정이 적용되는 근로자, 즉 고용지와 거주지가 일치하지 않는 근로자에 포섭되지 않는 것으로 보고 있다.[56)]

7) 가족보호

가족급여에 있어서는 원칙적으로 해당 급여청구권을 관할하는 국가의 법률이 적용된다. 가족급여와 관련해서도 이동근로자가 불이익을 받지 않도록 보험가입기간 및 고용기간 등 급여산정에 반영되는 기간이 합산된다(규칙 제1408/71호 제72조). 급여액을 산정함에 있어서 급여의무를 갖는 국가 이외의 국가에 거주하는 가족구성원 역시 반영된다(규칙 제1408/71호 제73조).[57)]

---

56) 지금까지 유럽재판소는 이에 관한 수많은 판결을 내린 바 있다. 이에 대해서는 Bernd Schulte, *supra* note 25, p. 1561 참조.

57) 과거 규칙 제1408/71호 제73조에 따르면 프랑스법이 적용되는 근로자의 가족이 프랑스 이외의 지역에 거주하는 경우 예외적으로 프랑스법이 아닌 거주지법에 따라 가족급여가 산정·지급되도록 하였다. 그러나 이 규정은 한편으로는 프랑스에 가족을 가지고 있는 프랑스 근로자에 비해서, 그리고 다른 한편으로는 프랑스가 아닌 다른 나라에 고용되어 있으면서 고용지국가가 아닌 국가에 가족구성원을 가지고 있는 근로자에 비해서 불평등을 초래하기 때문에 유럽재판소는 이 규정의 효력을 상실시키는 결정을 한 바

각 회원국에서 가족급여에 대한 규정이 반드시 고용관계를 전제로 적용되는 것은 아니며, 또 고용관계를 전제로 한다 하더라도 부모의 고용지가 각각 다른 경우 같은 종류의 가족급여를 이중 수령하는 경우가 발생할 수 있다. EU 사회보장법은 이동근로자에게 발생할 수 있는 사회보장법적 불이익을 방지하는 목표를 갖지만 이들을 한 회원국에 고용되어 있는 근로자에 비해서 유리하게 취급하는 것을 정당화하는 것은 아니다.[58] 이와 같은 부당한 이익을 방지하기 위해서 다음과 같은 조정규정을 두고 있다(규칙 제1408/71호 제76조). 즉 가족구성원의 거주지법에 따른 가족급여가 거주지에서 지급되며 이러한 가족급여가 고용지법에 따른 가족급여의 수준을 넘는 경우에는 고용지법상의 가족급여의무는 면제된다. 이에 비해서 거주지법에 따른 가족급여의 금액이 고용지법에 따라 지급될 수 있었던 금액에 비해서 낮은 경우 우선 거주지법에 따라 급여가 지급되며, 이 경우 고용지국가에 대해서는 차액에 대한 청구권을 갖는다. 이 두 경우 모두 부모 중 자녀와 함께 거주하는 부모 일방이 거주하는 국가가 우선적으로 지급의무를 갖는다.[59] 예컨대 아동수당에 대한 청구권을 고용지(독일)에서 취득한 자의 가족이 본국(이탈리아)에서 같은 종류의 급여(이탈리아의 아동수당)에 대한 청구권을 갖게 된 경우를 보자. 이 경우 대상자의 가족이 본국에서 가족급여(이탈리아의 아동수당)를 실제로 청구한 때에는 고용지법에 따라서 지급되는 가족급여 중 본국에서 지급되는 가족급여의 액에 대한 청구권은 소멸한다. 따라서 결과적으로 예컨대 본국(이탈리아)에서의 급여액이 고용지(독일)에서의 같은 종류의 급여(독일의 아동수당)의 수준에 비해서 낮을 때에는 고용지를 관할하는 사회보장 관할기관은 그 차액(즉 독일 아동수당과 이탈리아 아동수당의 차액)을 지급하여야 한다(이른바 "Prioritätsregel").

있다. *Pinna* Case I (1986) 참조. 이에 대해서는 예컨대 Bernd Schulte, *supra* note 25, p. 1543 이하 등 참조.

58) 노령보장과 관련하여 발생하는 이 문제에 대해서는 *supra* note 49 참조.

59) 한때 유럽재판소는 거주지국가에 가족급여를 신청한 경우에 한하여 거주지국가가 가족급여에 대한 지급의무를 갖는다는 판결을 한 바 있다. *Salzano* Case, 1984; *Ferraioli* Case, 1986; *Kracht* Case, 1990 등 참조. 그러나 이 경우 거주지국가가 고용지국가에 대한 신청을 유도할 가능성이 있어 남용의 위험이 있었다. 이에 관할의 주체를 기본적으로 거주지국가로 하게 되었다. 이에 대해서는 예컨대 Heinrich Reiter, "Verschränkung europäischer und deutscher Gerichtsbarkeit," *ZfSH/SGB,* 1990, p. 57 이하 참조.

이로써 사실상 가족급여를 통해서 사회보장수준이 발달한 나라의 부담으로 EU에서 어느 정도 국가간 소득재분배가 이루어지는 셈이다.

Ⅳ. EU의 사회보장 실질기준

1. 실현의 방법론에 대한 논의

EU 국가 간에 사회보장청구권을 초국가적으로 보장하려는 시도 외에 통일적인 사회보장을 형성하기 위한 실질적인 기준을 제정하는 문제는 처음부터 진지한 논의 대상은 아니었다. 각 회원국에서 사회경제적 구조를 배경으로 독자적으로 형성된 복지생산의 방법과 내용을 통일하는 것은 불가능하고, 불필요할 뿐 아니라 바람직하지도 않다고 평가되었기 때문이다.[60] 또 설혹 통일적인 사회보장기준이 제시된다고 해도 그것의 실현가능성은 회의적이다. 왜냐하면 각국의 사회보장체계는 그들의 사회경제적 주변상황에 기초한 제도인데, 이러한 주변상황의 이질성을 고려하지 않고 제도를 통일한다고 해서 사회경제적 상태의 평준화가 이루어지는 것은 아니기 때문이다.[61] 이를 위해서는 사회보장에 대한 입법권이 EU로 이관되어야 한다는 문제도 있다.

사회보장통일을 위한 대안은 각국에 사회보장의 최저기준을 제시하는 방법이다.[62] 이는 EU 스스로가 최저소득보장을 위한 제도를 창설하여 이를 각 회원국에서 시행하는 방법이 될 수도 있고, EU는 단지 최저소득보장을 위한

60) 이 점에 대해서는 예컨대 Franz-Xaver Kaufmann, *supra* note 3, p. 71 이하 등 참조.

61) 이에 대해서는 예컨대 Eberhard Eichenhofer(2006), *supra* note 24, p. 298 이하; Klaus Dirk Henkes, "Abhängigkeit der Sozialpolitik von wirtschaftlichen und demographischen Rahmenbedingungen," Bernd von Maydell/ Walter Kannengießer(ed), *Handbuch der Sozialpolitik*(Neske, 1988), p. 121 이하 등 참조.

62) 이와 같은 EU에서의 구상의 변화는 1972년 유럽사회보장강령(Sozialpolitisches Aktionsprogramm)의 중요한 한 내용이었고, 이것을 계기로 통일 EU 사회보장법에 대한 새로운 이해방법이 등장하기 시작했다. 또 비교제도적으로는 국제노동기구의 사회보장 최저기준에 관한 협약 제102호 및 유럽평의회의 유럽사회헌장 제12조가 이러한 구상에 기초하여 제정된 바 있다.

제도적 기준을 제시하는 데 그치고 이것을 실현하기 위해서 어떠한 방법과 제도를 선택할 것인가는 각 회원국에 일임하는 방법이 될 수도 있을 것이다.[63] 그러나 이러한 제도화는 결국 EU 사회보장법이 기존의 발달된 사회보장국가의 제도수준을 퇴화시키는 이른바 "social dumping"의 효과를 가져오지 않을까 하는 우려를 낳았다.[64] 더욱이 "social dumping"의 효과는 기존의 사회보장이 발달한 국가보다 그렇지 않은 국가에 보다 심각하게 나타날 위험이 있다. 기존의 사회보장이 발달한 국가는 경제 분야의 합리화작업을 통해서 새로운 국제경쟁에 어느 정도 쉽게 적응할 수 있는 반면, 그렇지 않은 국가의 경우에는 사회보장비용을 줄이는 것이 국제경쟁력을 유지하기 위한 가장 손쉬운 방법으로 채택될 수 있기 때문이다.

이 밖에 EU 사회보장법의 통일은 다음과 같은 두 가지 형태로의 실현가능성이 논의되고 있다. 첫째, 사회보장급여의 수준은 각국의 상황에 따라 조정하더라도, 점차 제도적 통일을 꾀하는 방법이다.[65] 기존 각 회원국의 사회보장체계를 그대로 둔채 이동 근로자의 사회보장청구권 성립 여부 혹은 산정에 기초가 되는 사회적 위험의 내용 및 그밖의 급여조건에 대해서 통일된 기준에 따라 평가를 하는 방법이다. 예컨대 장애의 성립요건 및 그 정도의 산정에 있어서 통일된 기준을 제시한다든가 혹은 노령연금수급연령을 통일한다든

63) 이 점에 대해서는 예컨대 Antoine Jacobs, *supra* note 25, p. 49 이하; Bernd Schulte, *supra* note 36, p. 9 이하 참조.

64) 이 문제에 대해서 자세히는, Heinz-Dietrich Steinmeyer, "Sozialdumping in Europa-Perspektiven einer arbeits- und sozialrechtlichen Rechtsprechung," *Deutsches Verwaltungsblatt,* 1995, p. 962 이하 참조. 'social dumping'은 아니더라도 이미 몇몇 국가는 다분히 기업의 국제경쟁력을 염두에 둔 조치를 취하였다. 예컨대 프랑스는 보험재정방식을 개정하여, 보험료를 부분적으로 조세로 대체하는 내용의 이른바 일반사회보험료제도(Contribution Socialé Générale)를 도입하였다. 또 네덜란드는 아동수당의 비용부담자를 기존의 사용자에서 국가로 바꾸었다.

65) 이에 대해서는 Bernd von Maydell, *supra* note 20, pp. 757, 770 이하; Hans-Dietrich Steimeyer, "Harmonisierung des Arbeits- und Sozialrechts in der Europäischen Gemeinschaft," *Zeitschrift für ausländisches und internationales Arbeits- und Sozialrecht,* 1989, p. 211 이하. 여기서 좀 더 발전한 형태가 급여수준은 달리하면서 포괄적으로 제도적 통일을 기하는 방법일 것이며 이것은 동서독 통일의 경우에 채택되었었다. 이에 대해서는 전광석, "동서독 통일과 사회보장법," 「사회보장법학」(한림대출판부, 1993), 302면 이하 참조.

가 하는 방법이 그것이다. 둘째, EU법에서 사회보장에 공통적으로 적용되는 기본원칙을 각국에 제시하여 이 기본원칙에 관한 한 통일을 기하는 방법이다. 현재 EU 사회보장법에서 남녀평등의 보장이 대표적인 예이다.[66] 1990년 이후 EU 사회보장법의 발전에 있어서 회원국 간에 조정과 통일을 위한 방법론으로 이른바 "개방적 방법론"이 채택되어 시행되고 있다. 이는 기본적으로 각국의 복지생산에 대한 관할권을 그대로 유지하지면서 회원국간의 정보교환과 비교, 그리고 평가를 통하여 보다 개선된 복지생산을 지향하는 절차적 방법론에 해당한다. 이는 역설적으로 보면 EU에서 사회보장의 통일은 불가능하다는 것을 보여주지만 다른 한편 복지국가실현의 다양한 방법론을 존중하면서 EU복지국가를 실현하는 수단으로 주목을 받고 있다.

아래에서는 EU 사회보장법을 지도하는 실질적 기준으로서 남녀평등의 원칙, 공동목표를 위한 사업으로서 사회정책기금과 고용정책, 그리고 마지막으로 장을 달리하여 개방적 방법론에 대해서 설명한다.

2. 사회보장에 있어서의 남녀평등

EU조약은 남녀의 동일노동에 대한 동일임금의 원칙을 보장하고 있다(TFEU 제157조).[67] 이 규정을 근거로 EU에서는 지금까지 남녀평등을 실현하기 위한 여러 지침이 제정되어 있다. 남녀동일임금의 원칙을 적용하기 위하여 회원국의 법을 통일하는 목적의 지침 제75/117호, 고용·직업교육·승진 및 노동조건에 관한 남녀평등의 원칙을 실현하기 위한 지침 제76/207호 등이 그것이다.

사회보장 분야에서 기업복지적 급여, 즉 예컨대 기업연금의 경우에는 이것이 (후불)임금의 일종으로 평가될 수 있고, 따라서 TFEU 제157조를 직접적인 법적 근거로 할 수 있다(*Barber* Case). 따라서 이러한 사안에 관한 한 회원

66) 아래 Ⅳ. 2. 참조.

67) 사실 국제사회보장에 있어서 남녀평등은 가장 일찍 발달된 제도내용이기도 하다. EU 사회보장법에 중요한 선례가 될 수 있는 규정으로는 동일노동에 대한 남녀동일임금의 원칙을 정한 국제노동기구 협약 제100호를 들 수 있다(Convention concerning Equal Renumeration for Men and Women for Work Equal Value, 1951).

국 국민은 동 조항을 직접 재판규범으로 원용할 수 있다. 반면 공적 사회보장에 의한 급여와 관련해서는 해석상 급여가 임금에 포섭될 수는 없다(*Defrenne* Case, 1971). 따라서 공적 사회보장에서의 남녀평등의 실현은 법적 통일에 관한 일반조항을 근거로 제정되는 각종 지침을 통하여 이루어지고 있다.

사회보장에서의 남녀평등은 지침 제79/7호에 의해서 구체적으로 실현된다. 지침은 사회보장에서 남녀평등을 점진적으로 실현하는 원칙을 제시하고 있다. 근로자 및 자영인이 인적 적용대상이다. 이에 비해서 비소득활동인구는 적용대상에서 제외된다. 이와 같이 적용대상을 한정한 것은 이 지침이 단일시장의 완성을 위한 수단으로 도입되었다는 점에 기인한다. 지침에 의하여 보호되는 사회적 위험은 질병, 장애, 노령, 산업재해 및 직업병, 실업이며 이들 사회적 위험을 보충적으로 보호하는 사회부조에 관한 규정도 지침에 포함된다. 반면 지침은 유족을 보호하기 위한 독자적인 제도나 가족급여에는 적용되지 않는다(제 2 조). 지침은 사회보장제도에 의한 보호여부, 보호의 조건, 보험료 납부의무, 보험료액 결정, 급여산정, 부양의무자 등 배우자에 대한 부가급여 및 급여청구권의 계속기간 등과 관련하여 성별을 이유로 차별할 수 없도록 하고 있다.

지침은 성별을 적시한 직접적 차별뿐만 아니라, 차별의 기준이 성을 명시적으로 제시하지 않고 성중립적으로 형성되어 있지만 실제로는 주로 여성에게 불이익을 가져오는 간접적 차별 역시 금지하고 있다(제 4 조).[68] 다만 직접적 차별이 차별의 기준 그 자체를 근거로 법적 평가를 할 수 있는 반면 간접적 차별은 법적 효과에 대한 분석이 필요하므로 판단이 쉽지는 않다.[69] 예

68) 간접적 차별에 대해서는 예컨대 Karl-Jürgen Bieback, *Die Mittelbare Diskriminierung des Geschlechts*(Nomos, 1997); Beatrice van Buggenhurt, "Gleichbehandlung von Männern und Frauen im Bereich der sozialen Sicherheit," Bernd von Maydell(ed), *Soziale Rechte in der EG*(Erich Schmidt, 1990), p. 91 이하; Franz Gamilscheg, "Die mittelbare Benachteiligung der Frau im Arbeitsleben," *Festschrift für Hans Floretta,* 1983, p. 171 이하; Eliane Vogel-Polsky, "New Social Needs; The Problems of Women," Jacques Vandamme(ed), *New Dimensions in European Social Policy,* 1985, p. 95 이하 등 참조.

69) 간접적 차별의 심사단계에 대해서는 예컨대 Eberhard Eichenhofer, *supra* note 24 (2006), p. 218 이하 참조.

컨대 여성 근로자가 주로 시간제 노동의 유형을 갖고 있는 상황에서 시간제 노동에 대한 사회보장법적 불이익 처분을 하는 입법조치(*Ruzius Wilbrink* Case, 1989) 혹은 세대주가 대체로 남자인 상황에서 대상자가 세대주인가의 여부에 따라 급여수준을 달리하는 입법 등이 간접적 남녀불평등의 대표적인 예이다. 그러나 본질적으로 여성을 급여의 대상으로 하고 있는 기존의 분만급여에는 영향을 미치지 않는다. 남녀평등의 원칙에는 다음과 같은 적용상의 예외를 규정하고 있다(제 7 조). 즉 성별에 따른 노령연금 수급연령에 대한 차별규정,[70] 아동을 부양하는 자에 대한 급여 등에 대해서는 남녀평등규정이 적용되지 않는다.

사회보장 분야에서 남녀평등을 실현하기 위한 조치는 지침 제86/378호를 통해서 기업노령연금에 명시적으로 확장되었다. 이러한 결과는 이미 TFEU 제157조의 임금의 개념에 기업연금급여를 포섭하는 적극적인 해석을 통하여 얻어질 수 있었다. 다만 지침 제86/378호는 1993년부터 시행되었기 때문에 임금에 기업연금이 포섭된다는 적극적인 해석은 실천적 의미가 많이 감소되었다. 물론 지침 제86/378호에 의한 인적 적용범위에 속하지 않는 자에게는 TFEU 제157조는 남녀평등을 실현하는 데 여전히 중요하다. 이 지침은 위에서 설명한 지침 제79/7호와 인적 대상 및 적용배제에 관한 내용을 같이 한다. 이 밖에 농업을 비롯한 자영소득활동에서의 남녀평등의 원칙 및 모성보호의 원칙을 실현하기 위한 지침 제86/613호도 간접적으로 사회보장에서 남녀평등과 관련성을 갖는다.

70) 독일 연방헌법재판소는 노령연금수급연령의 차별적 규정에 대해서 합헌결정을 한 바 있다. *BVerfGE* 74, p. 163 이하 참조. 이 결정은 EU법의 규정을 승인하는 의미를 갖는다. 그러나 이와 같이 노령연금수급연령을 성별에 따라 차등규정하는 입법례는 EU회원국에서는 소수에 속한다. 예컨대 포르투갈의 경우 남성 65세, 여성 62세, 영국과 벨기에 그리고 그리스에서는 남성 65세, 여성 60세, 이탈리아의 경우 남성 60세, 여성 55세를 각각 노령연금수급연령으로 하고 있다.

3. 유럽사회정책기금과 고용정책

1) 유럽사회정책기금

EU회원국 간에 사회보장수준을 형평화하려는 노력은 특히 직업훈련, 고용촉진조치 등 노동시장 관련조치에 대한 보조금을 지급하기 위한 목적으로 창설된 사회정책기금(The European Socialfund)의 운영을 통해서 실행되고 있다(TFEU 제162조). 이는 EU가 설립초기부터 근로자의 고용기회를 증진시키는 과제를 가졌기 때문에 이를 회원국들이 공동으로 재정적인 뒷받침을 하기 위하여 설치되었다. 1997년 암스테르담조약이 채택되기 전까지 EU에 독자적인 고용정책의 과제가 있는가에 대해서는 논란이 있었다. 이러한 논란은 암스테르담조약을 통하여 해결되었으며, 이에 EU는 전통적인 고용정책수단인 사회정책기금 외에 독자적인 고용정책수단을 제도화하였다.

사회정책기금의 고용정책적 목표는 그동안 시기별로 중요한 변화를 겪었다.[71] 초기 사회정책기금은 회원국 공공기관이 수행하는 노동시장정책을 보조하는 기능을 수행하였다. 1970년대 초반 이후 사회정책기금은 회원국 간의 구조적 및 지역적 불균형을 조정하는 목적으로 투입되었다. 주로 농민, 섬유공업근로자, 외국인 근로자에 대한 재교육 및 사회통합이 지원의 대상이었다. 청소년실업을 방지하기 위한 직업교육, 장애인의 사회통합을 통한 교육 등도 촉진되었다. 무엇보다도 이 시기 기금운영에 있어서의 특징은 공공기관뿐 아니라 민간기업에 대해서도 고용안정을 위한 사업이 보조의 대상으로 추가되었다. 1980년대에는 특히 여성의 고용촉진이 기금에 의하여 지원되었다. 1988년 사회정책기금은 편성의 변화를 겪었다. 즉 이제 사회정책기금은 지역정책기금과 농업구조정책기금과 함께 통합한 구조개선기금의 한 축을 형성하게 되었다. 오늘날 사회정책기금은 노동시장구조개선기금으로 이해되고 있으며, 장기실업 및 청소년실업을 방지하기 위한 지원기금으로 기능하고 있다. 사회정책기금은 결과적으로는 지역간 소득재분배의 효과를 가져올 수 있는 제도적 장치이다.

---

71) 이에 대해서는 예컨대 Eberhard Eichenhofer, *supra* note 24, p. 259 이하 참조.

TFEU에 의하면 사회정책기금은 다음과 같은 목표를 갖는다. 즉 노동력의 지역적 및 직역간 유동성을 촉진하고, 산업변화과정과 생산체계의 변화에 대한 적응을 지원한다. 노동력의 유동성은 단일시장의 형성에 필수적이고, 노동환경의 변화에 대한 적응능력은 직업훈련 등 적극적 노동시장정책의 계기를 제시한 것으로 볼 수 있다. 사회정책기금은 EU 고용정책의 수단이지만 이로써 EU가 회원국의 고용정책에 대한 관할권을 갖게 된 것은 아니다.[72] 사회정책기금이 EU가 정립한 기준에 따라서 회원국에 분배되지만 이는 회원국의 고용정책을 지원하는 기능을 수행한다. 따라서 회원국 고용정책과의 상호작용을 통하여 영향을 미치는 정치적 절차가 마련된 것으로 볼 수 있다.

기금은 EU위원회에 의해서 운영되며, 위원회는 기금운영을 위하여 구성된 운영위원회를 통해서 기금을 운영하고 있다. 운영위원회는 ILO와 같이 이른바 3자구성의 원칙(Tripartism)에 따라 조직된다. 즉 각국 정부, 사용자 및 노동자 단체의 대표들이 구성원으로 참여한다. 이사회는 경제사회위원회 및 지역위원회의 의견을 들어 기금의 집행에 관한 의결을 한다(TFEU 제164조). 기금은 회원국이 계획의 집행내용을 포함하는 신청서를 제출하여 심사 후 지급된다. 보조금액은 해당 회원국 산업근로자 임금 총액의 30%에 해당하는 액을 상한으로 한다(이사회규칙 제4255/88호 제 3 조).

2) EU 고용정책

이미 언급했듯이 사회정책기금이 EU에 독자적인 고용정책의 권한을 부여한 것은 아니다. 다만 EU는 회원국 고용정책과의 상호작용을 통하여 영향을 미치는 가능성을 갖는다. 이에 비해서 암스테르담조약을 통하여 EU는 독자적인 고용정책의 권한을 갖게 되었다. 다만 이는 회원국의 고용정책에 관한 권한을 대체하는 것은 아니며 상호협력의 기능을 수행한다. 이에 따르면 회원국의 고용정책은 경제정책과 마찬가지로 상호 조정되어야 한다. 이는 회원국의 고용정책이 이제 EU에서 의결된 목표를 지향하도록 조정될 수 있다는 의

---

72) 이 점에 대해서는 Manfred Zuleeg, “Die Europäische Gemeinschaft auf dem Weg zur Sozialgemeinschaft,” *Nachrichtendienst des Deutschen Vereins für öffentliche und private Fürsorge*, 1990, p. 21 이하 참조.

미를 갖는다. 구체적으로 위원회와 이사회는 매년 연례보고서를 발간하고 이를 기초로 관련 기준을 제시하며, 이를 참조하여 이사회는 매년 고용정책의 원칙을 제정한다. 회원국은 고용정책의 형성에 있어서 이를 존중하여야 한다.

현재까지 EU 고용정책은 고용상황에 긍정적인 영향을 준 것으로 평가되고 있다. 예컨대 EU는 고용정책에 있어서 성공적인 국가의 정책을 그렇지 못한 회원국에서 실험하도록 한 바 있다. 1980년대 및 90년대 네덜란드, 영국 및 덴마크를 모범적인 고용정책유형으로 선정한 것이 대표적인 예이다. 실제 독일은 1990년 고용정책 및 장애인정책의 형성에 있어 사례관리기법(case managements) 등 이들 국가의 선례를 따른 바 있다.[73] 이는 전통적으로 독일 사회정책이 사회적 위험이 발생한 후 기존의 소득을 보장하는 데 중점을 두어 왔던 데 비해서 새로운 정책적 전환에 해당한다. 사례관리기법은 기존의 근로자에게 소득보장과 함께 혹은 이보다는 소득활동에 재진입하는 목표에 더욱 비중을 두는 서비스급여의 기초로 기능한다. 이 점에서 보면 EU 고용정책은 다음에서 설명하는 개방적 방법론이 조약법적 근거를 가지고 집행되는 예라고 볼 수 있다.

V. EU 사회보장법 형성과 개방적 방법론

EU가 회원국 사회보장을 통일하는 목표는 불가능, 불필요하며, 바람직하지도 않다는 점은 일찍이 인식되었다. 그러나 다른 한편 사회통합을 지향하는 EU에서 회원국의 사회보장의 형성 및 발전에 일정한 정책목표를 가져야 한다는 점 역시 당위성을 갖는다. 이에 EU는 이른바 "개방적 방법론(open method of coordination)"을 EU 사회통합의 방법론으로 실험 중에 있다. 이는 이미 위에서 언급한 고용정책에서 처음으로 적용되었으며, 이후 빈곤정책과 노령보장으로 적용범위를 확대하여 갔다.[74] 또 2000년 이후 건강보장에도 이 방법이

73) 이에 대해서는 Ulrich Becker/Matthäus, "Rehabilitation in der Europäischen Union," *Deutsche Rentenversicherung*, 2004, p. 659 이하 참조.

74) 이에 대해서는 Richard Hauser, "Soziale Indikatoren als Element der offenen

적용되고 있다.[75)]

개방적 방법론은 특정한 질서구상에 따라 EU회원국의 복지생산을 지도하는 것을 목표로 하지 않는다. 즉 회원국의 전통적인 복지생산의 방법과 내용에 대한 기본원칙 자체는 주어진 것으로 본다. 개방적 방법론이 주목하는 것은 다양한 복지생산의 방법과 내용에도 불구하고 회원국의 복지생산이 각각의 유형에 충실하게 경제적 기능을 수행할 수 있어야 한다는 것이다. 예컨대 EU는 노령보장에 있어서 다음과 같은 목표를 정립한 바 있다.[76)] 첫째, 노령보장체계가 기능적합하게 목표를 실현할 수 있어야 한다. 둘째, 장기적인 재정적 안정성이 보장되어야 한다. 셋째, 노령보장이 개인 및 사회의 변화된 기대에 부응할 수 있어야 한다. 건강보장의 경우 보편성과 효율성, 그리고 연대성에 기초하여 의료서비스에 접근할 수 있어야 한다는 목표가 제시되었다.[77)]

위와 같이 일반적인 기준에 따른 복지생산을 선도하기 위하여 EU는 다음과 같은 단계로 개방적 협력을 도모한다.[78)] 첫째, 각국 사회정책의 경제적 기능에 대한 평가를 위하여 적용될 중요한 지표가 개발·제시되어야 한다. 이는 인구학적, 고용관련적, 재정적 및 구조적 지표를 의미한다. 둘째, 이러한 기초 위에서 각국은 사회보장의 상황에 관한 국가보고서를 작성한다. 이는 평가를 위한 기초가 된다. 이때 필연적으로 법 및 정책비교의 작업이 이루어진다. 이러한 비교의 대상은 각국의 제도가 아니라, 해당 제도에 대한 경제적 분석의 결과이다. 또 EU에서 비교 대상은 기본적으로 회원국들의 사회정책이지만 비교의 범위를 넓혀 예컨대 국제노동기구에서의 사회정책입법이 비교의

Methode der Koordinierung zur Bekämpfung von Armut und sozialer Ausgrenzung in der Europäischen Union," *Zeitschrift für Sozialreform,* 2002, p. 251 이하; Bernd Schulte, "Die Methode der offenen Koordinierung-Eine neue politische Strategie in der europäischen Sozialpolitik auch für den Bereich des sozialen Schutzes," *Zeitschrift für Sozialreform,* 2002, p. 1 이하 등 참조.

75) 이에 대해서는 Rainer Pitschas, "Nationale Gesundheitsreform und europäische Governance der Gesundheitspolitik-Zur Verpflichtung der Gemeinschaftsstaaten auf solidarischem Wettbewerb durdch offene Koordination," *Vierteljahresschrift für Sozialrecht,* 2002, p. 75 이하 참조.

76) *Supra* note 74 참조.

77) *Supra* note 75 참조.

78) 이에 대해서는 Eberhard Eichenhofer, *supra* note 24(2006), p. 270 이하 참조.

대상이 되기도 한다. 셋째, 이러한 평가를 기초로 EU는 각 회원국에 권고를 발한다. 이때 해당 사안에 있어서 수집된 사례 중 모범적인 정책방향이 제시될 수 있다.[79)]

개방적 방법론은 EU 사회정책의 발전에 있어서 다음과 같은 점에서 혁신적이다. 첫째, 각국의 사회보장이 갖는 경제적 효과가 일정한 객관적 지표에 따라 비교될 수 있다는 점에서 EU 사회보장이 투명화되었다. 둘째, 개방적 방법론이 각국의 특수성을 존중하면서 그것이 갖는 경제적 효과를 비교의 대상으로 한다는 점에서 회원국의 사회정책에 관한 관할권에 영향을 주는 것은 아니다. 다만 제도에 대한 경제적 효과분석은 필연적으로 해당 제도에 대한 가치론적 평가를 수반할 수밖에 없다. 그리고 EU에서 비교와 평가에 기초하여 이루어지는 권고는 해당 제도의 경제적 효과에 관한 것이지만 여기에는 제도 그 자체에 대한 재검토의 필요성이 내포되는 경우가 많다. 이 점에서 개방적 방법론의 운영에 따라서는 EU회원국의 사회정책에 관한 국내정책적 권한에 현저한 영향을 주는 수단으로 발전할 수 있다. 셋째, 개방적 방법론 자체가 EU에 사회정책 관할권을 이양하는 등의 권한배분에 관한 변화를 가져온 것은 아니다. 또 암스테르담조약 및 니스조약 이후에도 사회정책에 관한 EU의 결정에는 회원국 전원일치의 원칙이 적용된다. 다만 암스테르담조약을 통하여 EU는 구속력 있는 규범을 제정할 수 있게 되었고, 이 점이 개방적 방법론과 상호 영향을 미치면서 개방적 방법론은 EU 사회정책의 형성에 새로운 전기를 마련할 수 있다. 넷째, 개방적 방법론이 이전의 EU에서 사회정책에 관한 논의와 비교되는 점은 단순히 기존의 제도 및 제도의 기능을 비교하는데 그치지 않고, 비교에 기초한 평가의 결과 특정 국가에 대해서 특정한 내용의 권고를 할 수 있다는 점이다. 위에서 언급한 사회정책기금 및 고용정책적 권한과 연계해서 보면 개방적 방법론의 내용을 이루는 권고적 권한은 향후 EU 사회정책을 일정한 방향으로 선도하는 중요한 수단이 될 수 있다는 것을 알 수 있다.

개방적 방법론은 EU와 회원국간 기존의 관할배분문제를 유지하면서 상호 협력과 권고를 통하여 EU의 사회정책이 추진된다는 점에서 EU 사회정책

---

79) *Supra* note 73 참조.

의 새로운 수단으로 기대되고 있다. 특히 다음과 같은 점이 이와 같은 기대를 뒷받침한다. 첫째, 개방적 방법론은 역설적으로 보면 EU와 회원국의 관할권에 변화를 가져오지 않았기 때문에 사회정책에 대한 광범한 논의의 장을 마련하였다. 이로써 각 회원국의 사회정책은 국내정책과 EU 정책의 다층적 결정의 산물로서의 성격을 띠게 될 것으로 기대된다.[80] 이 점은 지금까지 EU가 명시적인 권한규정이 없이 관할을 확대하여 왔다는 일부 비판을 염두에 두면 개방적 방법론이 갖는 장점이라고 할 수 있다.[81] 둘째, 개방적 방법론은 실질적으로 회원국간 사회정책의 경향을 균등하게 할 가능성을 내포하고 있다. 적어도 이른바 "social dumping"을 통하여 국제경쟁에 유리한 지위를 차지하려는 유인에 대한 견제 기능을 수행할 수 있다. 물론 여전히 사회정책은 각 회원국의 전통과 사회경제적 특수성을 배경으로 형성되며, 따라서 균일화가 이루어질 수 있는 영역은 아니다. 그러나 다른 한편 오늘날 회원국들은 사회정책의 배경으로서 어느 정도 공통의 현상에 처해 있다. 인구구조의 불균형, 노령사회의 심화, 노동환경의 변화, 사회보장재정의 악화 등이 대표적인 예이다. 그리고 이러한 새로운 사회문제에 대한 사회정책적 대응이 동일하지는 않지만 대응의 수단은 생각보다는 제한적이다. EU 사회정책의 실질적인 차원에서의 협력적 발전이 불가능하다거나 또는 혹은 통합에 오히려 장애가 된다는 인식은 EU 초기에 지배적이었고, 또 아직 부분적으로 남아 있다.[82] 그러나 위에서 살펴본 바와 같이 각국이 처한 현상의 공통성과 제한적인 정책선택의 가능성은 개방적 방법론을 통하여 이루어지는 분석과 비교 및 평가, 그리고 권고가 갖는 사실구속적 의미를 증대시킬 것이다.

---

80) 이 점에 대해서는 예컨대 Stephan Leibfried/Paul Pierson, *European Social Policy; Betweeen Fragmentation and Integration*(Brookings Institution Press, 1995); Bernd Schukte, "Nochmals-Wird einen Europäischen Sozialstaat geben?," *Zeitschrift für ausländisches und internationales Arbeits- und Sozialrecht*, 2003, p. 391 이하; Hans F. Zacher, "Wird einen Europäischen Sozialstaat geben?," *Nachrichtendienst des Deutschen Vereins für öffentliche und private Fürsorge,* 2001, p. 9 이하 등 참조.

81) 예컨대 이러한 비판에 대해서는 *BVerfGE* 89, 155(p. 210 이하) 참조.

82) 이에 대해서는 예컨대 Christian von Weizsäcker, *supra* note 4 참조.

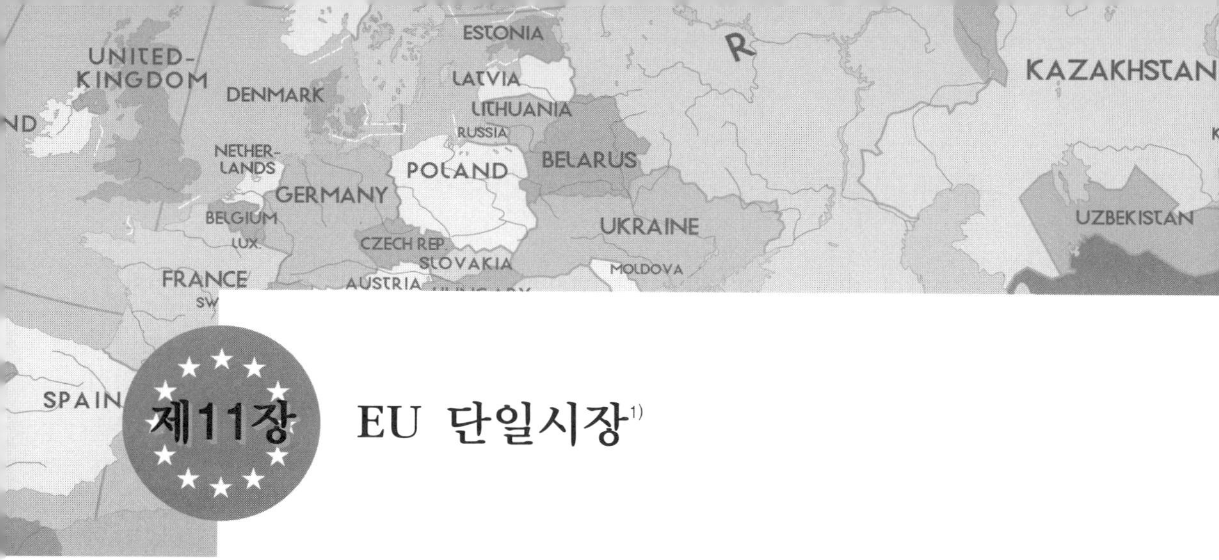

제11장 EU 단일시장[1]

Ⅰ. 유럽단일시장의 개념

유럽단일시장(European Single Market: ESM or Single European Market: SEM)은 유럽연합(European Union: EU) 내 설립된 역내시장을 말한다. EU의 기본조약들은 '단일시장'에 대한 명확한 규정을 두고 있지 않고, 그 개념에 대해 명확하게 정의내리지 않고 있다. 게다가 단일시장이란 용어와 그 개념은 '공동시장(Common Market)' 또는 '역내시장(Internal Market)'과 상호 중첩 혹은 혼용되고 있다. 그러나 현실적으로 '역내시장'과 '유럽단일시장'은 동일한 의미로 사용되고 있으므로 문제가 되는 것은 '공동시장'과 '단일시장'의 두 가지 용어의 상호 관계이다.

EU의 기본조약에서 명시적으로 사용되고 있는 용어는 '역내시장'이다. 역내시장은 1987년에 발효한 단일유럽협정(Single European Act: SEA)[2]에 의한

1) 본 장은 채형복, 유럽연합법, 개정판(한국학술정보, 2009), 133-346면의 내용을 요약, 수정·보완한 것이다.

2) 상품·사람·서비스·자본의 4대 요소의 자유로운 이동을 보장하기 위한 조치는 1958년 1월 1일 자로 설립된 '유럽경제공동체(EEC)'에 의해서도 '공동시장'의 설립 차원에서도 이미 꾸준하게 마련되어 왔다. 그 전형적인 예가 바로 1968년 7월 1일 자로 설립된 '유럽관세동맹(European Customs Union: ECU)'의 범주 내에서 시행된 회원국간 교역에 있어 모든 형태의 수량제한과 관세의 폐지였다. 이와 같은 노력에도 불구하고 유럽단일시장의 설립을 저해하는 다양한 유형의 비관세장벽이 상존하고 있었다. 이에 유럽

EEC조약의 개정 시 그 제8A조에 새롭게 도입된 개념이다. 그 후 1993년 11월 1일 자로 발효한 마스트리히트조약에 의해 개정된 EC조약은 제7A조에서 역내시장이란 '상품·사람·서비스·자본의 자유이동이 보장되는 내부 국경이 없는 영역'으로 정의하고, 또한 '회원국 간에 상품·사람·서비스·자본의 자유이동에 대한 장벽이 철폐되어야 한다는 특징을 가진다'고 규정하고 있다(제 3 조 c)). 그리고 마스트리히트조약에 의해 개정된 EC조약 제 3 조에 의하면, 역내시장은 "공동시장, 경제통화동맹 및 공동정책 혹은 공동행동의 실시에 의해 유럽공동체의 임무를 달성하기 위해 설립된다"고 정함으로써 마치 역내시장을 공동시장에 종속되는 좁은 범위의 시장 형태로 볼 수 있는 여지를 남기고 있다. 이와 같은 기조는 암스테르담조약과 니스조약에 의해 개정된 EC조약에서도 그대로 유지되고 있었다. 더욱이 역내시장과는 달리 EC조약은 공동시장의 개념에 대해서는 명확한 규정을 하고 있지도 않아 양자의 관계에 대해서는 ECJ의 판결과 학설에 맡겨져 있는 형편이었다.[3)]

위원회는 1992년 말까지 '국경 없는 진정한 의미의 단일시장(a genuinely frontier-free single market)'을 창설하고자 포괄적인 청사진을 마련하기에 이르렀다. 그 결과 채택된 것이 바로 SEA이다. SEA에 의거하여 유럽위원회는 유럽단일시장을 설립하기 위하여 약 280개의 조치를 채택하였다. 이와 같은 노력 끝에 1993년 드디어 유럽단일시장이 실현되었다.

3) 역내시장과 공동시장의 관계에 대해서는 아래와 같이 세 가지의 학설이 있다.
첫째, 역내시장은 공동시장보다 한정된 개념이라는 학설이 있다. 이 학설은 조약의 문언으로부터 공동시장이 회원국의 경제정책의 점진적 접근 이상의 모든 공동체의 활동을 의미하는 넓은 개념이므로 역내시장이란 1985년에 공표된 '시장통합백서'에 논술된 계획을 의미하는 보다 한정된 개념이라고 한다. 1985년에 개시된 '역내시장통합계획'에서는 역내시장을 완성시키기 위하여 관세동맹의 완성 후에도 역내를 각 회원국마다 시장을 분할해 온 비관세장벽인 세 개의 물리적·기술적·재정적 장벽을 1992년말까지 폐지할 것을 목표로 하고 이 장벽들이 폐지된 영역이 역내시장이라고 한다.
둘째, 이에 대해 양자를 동일하다고 보는 학설이 있다. 공동시장은 상품·사람·서비스·자본의 4대 요소의 자유의 실현과 그 공정한 경쟁의 보장을 내용으로 한다. 특히 니스조약에 의해 개정된 EC조약 제14조 2항(마스트리히트조약에 의해 개정된 EC조약 제7A조)는 후자(경쟁정책)에 대해 언급하고 있지 않으므로 역내시장은 공동시장보다 한정된 개념이라고 생각할 여지가 있다. 그러나 ECJ는 역내시장은 경쟁의 왜곡을 제거하는 것을 포함한다고 판시함으로써 이와 같은 구별을 부정하였다(Case C-202/88 *France v. Commission* [1991] *ECR* Ⅰ-1223, at Ⅰ-1269). 따라서 양자의 개념 간에 실질적인 상위를 발견할 수 없다.
셋째, 또한 역내시장은 공동시장보다 넓은 개념이라고 하는 설도 주장되고 있다.

공동시장과 역내시장이라고 하는 두 가지 개념이 특히 4대 요소의 자유이동을 내용으로 하고 그 중요한 부분에 있어서 중복되는 점은 의문의 여지가 없다. 또한 역내시장이라고 하는 개념은 공동시장이란 개념에 의해서 출발하고 있다는 점도 분명하다. 그러나 이제는 더 이상 공동시장의 개념은 의의를 상실하였으며, 아래와 같은 이유로 역내시장의 개념에 의해 완전히 대체되었다고 해도 무방하다.

첫째, 역내시장의 개념은 1970년대에 추진력을 상실한 시장통합을 다시 한번 활성화시키기 위해 도입되었다. 경제통합의 수준을 단계별로 볼 때, '공동시장'은 '자유무역지대(FTA)'와 '관세동맹'의 다음 단계에 위치하나 '경제통화동맹'보다는 아래 단계에 위치한다. EEC를 설립할 당시 유럽통합론자들은 1992년 말까지 4대 요소의 자유이동이 보장되는 지역통합의 형태로 공동시장을 상정했다고 보아야 한다.

둘째, 그러나 4대 요소의 자유이동에 관한 한 역내시장에는 내용적으로 공동시장보다 더 진전된 측면도 있다. 예를 들면, 그것이 역내국경이 없는 영역이라고 한 것을 보아도 역내시장은 역내국경에 있어서의 모든 규제의 폐지를 내용으로 한다. 즉, 역내국경에 있어서의 관세에 의한 상품의 수출입 규제·입국자의 여권 검사도 폐지되어야 한다. 그러나 공동시장의 개념으로부터는 그 폐지는 당연히 도출되지는 않는다.

셋째, 그동안 지속적으로 유럽역내시장이 확대되어 그에 상응하는 EU 차원의 정책이 수립되었다. 그 과정에서 4대 요소의 자유이동에 기반한 공동시장의 개념은 포기되고, 역내시장을 운영하는 데 필요한 제반 정책을 포괄하는 의미로 역내시장이 사용되었다. 그 결과, 아래에서 검토하는 바와 같이, 리스본조약은 유럽연합조약(TEU)과 유럽연합운영조약(TFEU)의 규정 어디에서도 '공동시장'이란 용어를 사용하지 않고 '역내시장'이란 용어를 사용하고 있다.

Ⅱ. 리스본조약상 역내시장 관련 규정의 검토

TEU는 제3조 3항 1문에서 "연합은 역내시장을 설립한다(The Union shall

establish an internal market)"고 명시적으로 규정하고 있다. 특히 'shall'이라는 조동사를 사용함으로써 역내시장을 설립하는 것이 선택사항이 아니라 EU의 의무사항임을 분명히 밝히고 있다. 그렇다면 EU는 어떤 이유로 역내시장을 설립하려고 하는가? 이에 대해 TEU 전문(Preamble) 9단은 "… 유럽인민들을 위한 경제적·사회적 진보를 증진하기 위하여"라고 역내시장 설립의 근거를 제시하고 있다. 물론 '유럽인민들을 위한 경제적·사회적 진보의 증진'이란 상당히 추상적이고 포괄적인 개념이다. 하지만 그 근거는 TEU 제 3 조 1항-6항, 특히 "연합의 목표는 평화, 연합의 가치, 연합의 인민들의 복리를 증진하는 데 있다"는 1항에서 구할 수 있다. 이 세 가지 EU의 목표 가운데 역내시장은 인민들의 복리 증진과 보다 밀접한 관련을 맺고 있다고 보아야 할 것이다.

EU에게 역내시장을 설립할 의무를 부과하고 있는 TEU 제 3 조 3항 1문에 의거하여 TFEU는 "제 3 부 연합의 역내 정책 및 조치(PART THREE UNION POLICIES AND INTERNAL ACTIONS)" 아래 24개의 개별 편(Title)을 두고 있다. 이 가운데 제 1 편(TITLE I THE INTERNAL MARKET)은 제26조와 제27조에서 아래와 같이 역내시장에 관한 일반원칙을 정하고 있다.

첫째, TFEU 제26조 1항은 "연합은 제조약의 관련 규정에 따라 역내시장을 설립 혹은 확보할 목적으로 조치를 채택한다"고 정하고 있다. 이때의 '제조약'은 TEU와 TFEU를 말한다. 따라서 EU는 TEU와 TFEU의 관련 규정에 의거하여 역내시장을 설립하기 위한 조치를 채택해야 한다.

둘째, 위에서 살펴본 바와 같이, TFEU도 제26조 2항에서 역내시장의 개념을 정의하고 있다. 즉, 동조 동항에 의하면, 역내시장이란 "상품, 사람, 서비스 및 자본의 자유이동이 보장되는 역내국경이 없는 영역"을 말한다. 이는 기존의 EC조약에 의해 규정된 개념 정의와 동일하다.

셋째, 역내시장을 유지·운영하기 위하여 필요한 조치의 제안권은 위원회에게 있다. 그러나 그 제안에 의거하여 "모든 관련 분야에서 균형 있는 진보를 보장하기 위하여 필요한 지침(가이드라인) 및 조건"을 정하는 것은 이사회이다(TFEU 제26조 3항). 그러나 이사회에 의해 정해진 지침과 조건을 이행하고, 그 이행을 감독하는 권한은 위원회에게 있다.[4)]

마지막으로, 역내시장을 실현하는 과정에서 회원국간 경제 발전의 상황이나 수준이 다를 수 있다. 그러므로 TFEU 제27조는 역내시장을 실현하는 데 필요한 조치에 관한 제안서를 작성할 때, 위원회로 하여금 각 회원국의 국내경제의 발전 상황과 그 수준을 고려하고, 적절한 규정을 제안하도록 정하고 있다. 그러나 이 규정에는 일정한 제한이 부과된다. 즉, 만일 이 규정이 예외의 형태를 취하는 경우, 그 규정은 일시적 성질(a temporary nature)을 가질 뿐 항구적으로 적용될 수 없다. 또한 그 규정은 역내시장의 운영을 방해하지 않도록 최소한의 범위에 그치도록 제정되어야 한다.

역내시장에 관한 제 1 편 규정을 바탕으로 TFEU는 EU가 역내시장을 설립·운영하는 데 필요한 정책과 조치 분야에 대해 정하고 있다. 이를 정리하면 다음과 같다.

▌TFEU에 있어 역내시장 설립·운영에 관한 정책과 조치▐

분　　야	해당 조문
제 2 편 자유로운 상품이동	제28조 - 제37조
제 3 편 농업 및 어업	제38조 - 제44조
제 4 편 자유이동, 자유로운 서비스 및 자본의 이동	제45조 - 제66조
제 5 편 자유, 안전 및 사법지대	제67조 - 제89조
제 6 편 운　　수	제90조 - 제100조
제 7 편 경쟁, 조세문제 및 법규의 접근에 관한 공동규칙	제101조 - 제118조
제 8 편 경제통화동맹	제119조 - 제144조

4) TFEU 제 4 조 2항 (a)호에서 역내시장은 연합과 회원국간 공유권한(shared competence)이 적용되는 영역임을 정하고 있다. 다만, '역내시장 운영에 필요한 경쟁규칙의 확립'은 연합의 배타적 권한(exclusive competence)에 속하는 점은 유의해야 한다(TFEU 제 3 조 1항(b)). 그리고 특기할만한 사항은 향후 농업, 어업, 운수, 연구·기술개발 및 우주정책과 더불어 역내시장에 관한 정책을 결정·실시함에 있어 반드시 '동물복지(animal welfare)'의 필요성을 고려해야 한다는 점이다. 이 외에도 종교적 의식, 문화적 전통 및 지역 유산에 관한 회원국의 법령 혹은 행정규정 및 관습도 존중해야 한다(TFEU 제 13조).

제 9 편 고 용	제145조 - 제150조
제10편 사회정책	제151조 - 제161조
제11편 유럽사회기금	제162조 - 제164조
제12편 일반 교육, 직업 교육, 청소년 및 스포츠	제165조 - 제166조
제13편 문 화	제167조
제14편 보건제도	제168조
제15편 소비자보호	제169조
제16편 유럽횡단네트워크	제170조 - 제172조
제17편 산 업	제173조
제18편 경제적, 사회적 및 영토적 결속	제174조 - 제178조
제19편 연구, 기술개발 및 우주정책	제179조 - 제190조
제20편 환 경	제191조 - 제193조
제21편 에 너 지	제194조
제22편 여 행	제195조
제23편 방 재	제196조
제24편 행정협력	제197조

이처럼 EU 차원의 대부분의 정책과 조치가 역내시장과 관련한 사항이나 본 장에서는 그 핵심적인 내용에 해당하는 상품·사람·서비스·자본의 4대 요소의 자유이동을 중심으로 검토하고자 한다.

Ⅲ. 상품의 자유이동

1. TFEU의 구조

상품의 자유이동을 방해하는 장벽에는 크게 회원국이 부과하는 관세에 의한 장벽(관세장벽)과 수량제한에 의한 장벽(비관세장벽)의 두 가지 종류가 있다.

TFEU에 있어서 전자의 장벽에 대해서는 역내관세의 폐지(제28조-제30조)와 대외공동관세의 도입(제30조-제32조)을 내용으로 하는 관세동맹 및 그것을 보완하는 차별적·보호적 내국세의 금지(제34조-제37조)가 이에 해당하고, 후자의 장벽에 대해서는 수량제한 및 동등의 효과를 갖는 조치의 폐지(제110조-제113조)가 이에 포함된다.

TFEU는 이들에 의해 관세장벽·비관세장벽의 양자를 폐지하여 역내에서 상품의 자유이동을 전면적으로 실현하려고 하고 있으며, 각 조문에 대해서는 ECJ의 판결이 상세한 판례법을 형성하고 있다.

2. 관세장벽과 비관세장벽

회원국간 상품 무역에 대한 장벽으로서는 전통적으로 관세가 주된 장벽이었다. 관세를 수입품에 부과함으로써 수입품의 국내 판매가격이 상승하여 경합하는 국산품에 대한 가격경쟁력을 상실한다. 이 때문에 EC설립 후 곧바로 관세의 폐지가 적극적으로 취해졌으며, 그 폐지는 초기에 달성되었다. 따라서 그 이후는 비관세장벽의 폐지에 중점이 두어졌으며, 관세장벽의 분야에서는 차별적·보호적 내국세의 금지가 주된 과제로 되어 왔다.

비관세장벽은 관세장벽이외의 모든 통상장벽을 내용으로 한다. 하지만 그 적용범위가 넓어 그 외연(外延)은 상당히 불명확한 개념이다. 역사적으로는 회원국 간의 상품의 무역량을 직접적으로 규제하는 수량제한이 비관세장벽의 중심이었다. 회원국간의 수량제한의 폐지도 EC설립 후 취해졌으며, 결국 1960년대에 그 폐지가 실현되었다. 그러므로 현재에는 수량제한 이외의 비관세장벽의 폐지가 이 분야의 중심적인 과제로 되어있다.

3. 관세동맹

회원국 사이의 상품 무역에 부과되는 관세(customs duties)의 폐지는 역내시장 설립의 전제조건이다. 관세의 폐지에 관한 규정은 TFEU 제3부 '연합의 역내정책 및 조치' 제2편 '상품의 자유이동'의 앞부분 및 제1장 '관세동맹'의 부분에 있고, 이 규정들의 위치도 역내관세의 폐지가 공동체에 있어서 근본적인 의의를 갖는다는 것을 가리키고 있다.

EU는 역내관세의 폐지와 제3국과의 통상에 대한 대외공동관세의 도입을 내용으로 하는 관세동맹을 그 기초로 한다(제28조 1항). 관세동맹은 상품의 모든 무역을 대상으로 하고, 그 때문에 회원국 간에 있어서 '수출입에 대한 관세'와 관세와 '동등의 효과를 갖는 과징금(all charges having equivalent effect)'의 양자가 금지된다(제28조 1항). 그들의 금지는 다른 회원국을 원산지로 하는 제품(products)뿐만 아니라 역외 제3국을 원산지로 하는 제품으로 회원국 내에 있어서 자유롭게 유통하는 것에도 적용된다(제28조 2항).

후술하는 수량제한의 금지와 다른 자유이동의 경우에는 회원국에게 일정한 공익상의 이유에 따라 예외조치를 취하는 것이 인정되고 있다. 그러나 역내관세의 폐지는 상품의 자유이동을 실현하기 위해서 불가결한 역내시장의 근본원칙이고, 그와 같은 예외는 조약상 정해져 있지 않다. 이 의미에서 관세의 금지는 절대적이다.[5)]

전술한 '역내시장통합계획'에 근거하여 역내국경의 폐지에 따라 1993년 1월부터 그때까지 회원국 사이의 국경에 존재하고 있던 세관에 의한 규제자체가 폐지되었다.[6)] 이 때문에 현재 역내국경에서의 관세의 징수는 사실상 행해지고 있지 않다.

---

5) 판례는 역내관세폐지원칙의 예외는 명문으로 정해야 한다고 한다(Joined Cases 80 and 81/77 *Commissionnaires Reunis v. Receveur des Douanes* [1978] *ECR* 927, at 945).

6) Commission, The Community internal market-1993 Report 57(1994).

1) '관세'의 개념

회원국간 관세의 폐지는 회원국간 역내국경을 상품이 통과한다는 사실에 근거하며, 그것에 부과되는 금전적 부담은 그것이 어느 정도 소액이더라도 상품의 자유이동에 영향을 미치게 되어 역내통상에 장애를 유발시킨다는 인식에 근거하고 있다.[7)]

이 때문에 부과되는 부담의 정도는 고려되지 않고 관세로서 부과되는 모든 금전적 부담이 금지의 대상으로 된다. 이는 역내통상에 대한 영향이 극히 미미한 경우를 금지의 대상으로부터 제외하는 *de minimus* rule(미소규칙 혹은 최소성규칙)이 관세에는 적용되지 않는 것을 의미한다.

관세를 징수하는 목적·관세징수에 의해서 얻어진 세입의 귀속성도 관세의 부과를 정당화하지 않는다. 또한 관세의 징수가 차별적이 아니라 국산품을 보호하는 효과를 발생하지 않는 것, 부담을 부과한 제품과 경합하는 국산품이 존재하지 않는 것 등도 부담을 정당화하는 이유가 되지 않는다.[8)]

2) '동등한 효과를 갖는 과징금'의 개념

역내관세의 폐지는 관세와 동시에 관세와 동등한 효과를 갖는 과징금이 아울러 폐지되는 것에 의해 보완된다.

후자의 폐지는 회원국이 수입품에 관세 이외의 여러 가지 종류의 금전적 부담을 부과함으로써 관세폐지의 원칙이 침해되는 것을 방지하는 것을 목적으로 한다.[9)] 엄밀한 의미에서의 관세에는 해당하지 않더라도 국경 통과시 수입품에 금전적 부담을 부과하는 것은 수입품의 판매가격을 변동시켜 상품의 자유이동에 대하여 관세와 동등한 제한적인 효과를 발생하기 때문이다. 이 때문에 그와 같은 효과를 발생하는 한 모든 종류의 금전적 부담이 이 개념에

---

7) Case 87/75 *Bresciani v. Amministrazione Italliana delle Finanze* [1976] *ECR* 129, at 138.

8) Joined Cases 2 and 3/69 *Diamantarbeiders v. Brachfeld* [1969] *ECR* 211, at 222; Case 24/68 *Commission v. Italy* [1969] *ECR* 193, at 200.

9) Case 24/68 *Commission v. Italy* [1969] *ECR* 193, at 200; Case 87/75 *Brescianl v. Amministrazione Italliana delle Finanze* [1976] *ECR* 129, at 138.

의해 보충되는 것으로 된다.

즉, 국산품·외국산품을 막론하고 상품이 역내국경을 통과한다는 사실에 근거하여 상품에 일방적으로 부과되는 금전적 부담으로서 엄밀한 의미에서 관세에 해당하지 않는 것은 예를 들어, 어느 정도 소액이더라도, 또한 명칭·적용의 형태 여하를 불문하고 전부 '동등한 효과를 갖는 과징금'에 해당한다.[10] 금전적 부담의 징수로부터 발생하는 상품의 자유이동을 저해하는 효과가 중시되는 것이다. 따라서 관세의 경우와 마찬가지로 세입이 국가에 귀속하지 않는 것, 국산품과의 관계에서 차별적 내지 보호적인 효과를 발생하지 않는 것, 부담이 부과된 제품과 경합하는 국산품이 존재하지 않는 것 등은 부담을 정당화하는 이유로는 되지 않으며, 징수의 목적도 고려되지 않는다.[11]

판례에 의하면, 무역통계를 작성할 목적으로 수출입에 부과되는 아주 소액의 부담금(statistical levy),[12] 감자의 수출에 부과되는 의무적 분담금(compulsory contribution)[13] 등이 동등한 효과를 갖는 과징금에 해당한다고 판단된다.[14]

4. 차별적 내지 보호적 내국세의 금지

역내관세의 폐지는 다른 회원국로부터의 수입품에 대한 차별적인 내국세·국산품에 대한 보호적인 내국세를 아울러 금지함으로써 비로소 충분한 효과를 가져올 수가 있다. 이를 위한 규정이 내국세에 관한 TFEU 제110조이다. 동조는 다른 회원국의 제품에 차별적 내국세가 적용됨에 따라 국산품에 주어지는 모든 형태의 보호를 철폐함으로써 회원국간 상품의 자유이동을 보장하

10) Case 24/68, at 201.

11) Case 24/68, at 200 and 201; Case 7/68 *Commission v. Italy* [1968] *ECR* 423, at 429.

12) Case 24/68, at 202.

13) Case C-130/93 *Lamaire v. NDALTP* [1994] *ECR* I-3215, at I-3226.

14) 예를 들면, 1969년의 *Diamantarbeiders v. Brachfeld* 사건에서는 미가공된 수입다이아몬드에 대해 그 가치의 $\frac{1}{3}$%의 지불을 요구하는 벨기에법이 쟁점으로 되었다. 이 법은 다이아몬드 노동자의 사회보장에 대한 보조를 목적으로 한 것으로써 국고수입의 증대 및 국내산업의 보호를 목적으로 한 것이었지만 판결은 목적·세입의 귀속선(歸屬先)에 의한 정당화를 부정하였다(Joined Cases 2 and 3/69 *Diamantaribeiders v. Brachfeld* [1969] *ECR* 211, at 222).

는 것을 그 목적으로 하고 있다.[15)]

차별적·보호적 내국세의 금지(제110조)는 TFEU의 '상품의 자유이동'의 장에는 포함되지 않는다.[16)] 그러나 제110조는 상품의 자유이동과 밀접하게 관련되어 있으며, 국산품과 수입품과의 경쟁에 대하여 내국세가 완전히 중립이 되도록 보장하고 관세 및 동등한 효과를 갖는 과징금의 금지를 보완한다.[17)] 내국세가 차별적 내지 보호적이며, 국산품에 비하여 수입품에 무거운 세금이 부과되면 수입품은 국산품과의 경쟁에 있어서 불리한 지위에 놓이지 않을 수 없고, 국경에서 관세를 징수한 것과 동일한 효과가 발생하지 않을 수 없다. 시장통합계획의 완성에 의해 국경에서의 금전 징수는 곤란하게 되었기 때문에 차별적·보호적 내국세의 금지가 보다 중요성을 갖게 되었다.

5. 수량제한의 금지

1) 수량제한금지의 의의

수출입의 수량 자체를 제한하는 것은 전통적으로 국제통상에 대한 비관세장벽의 핵심적인 내용이고, 이는 회원국 사이의 역내통상에 있어서도 동일하였다. TFEU는 관세동맹에 관한 규정과 아울러, 제 3 부 '연합의 역내정책 및 조치' 제 2 편 '상품의 자유이동' 제 3 장 '회원국 간의 수량제한의 금지'에서 수량제한을 폐지하기 위해서 수출과 수입의 양자를 대상으로 하는 규정을 두고, 수량제한과 함께 여러 가지 비관세장벽을 그 대상으로 하고 있다.

관세동맹이 완성됨에 따라 역내관세가 폐지된 때로부터 현재에 이르기까지 이 관세장벽의 폐지가 역내시장의 설립을 목적으로 하는 EU의 중심적인 과제였다.

---

15) Case 168/78 *Commission v. France* [1980] *ECR* 347, at 359.

16) 제110조는 TFEU 제 7 편 '경쟁·세제 및 법제의 접근에 관한 공통규정' 제 2 장 '조세규정'의 첫 부분에 위치하고 있다.

17) Case 168/78, at 339.

2) 수량제한금지의 구조

TFEU는 수량제한을 비롯한 비관세장벽을 제거하기 위해 수입의 경우와 수출의 경우를 나누어서 아래와 같이 정하고 있다.

우선 첫째, 회원국 간에 있어서 '수입수량제한(quantitative restriction)'과 수량제한과 '동등의 효과를 갖는 조치(all measures having equivalent effect)'는 모두 금지된다(제34조). 제34조는 회원국이 설정한 비관세장벽의 폐지에 관한 핵심 규정이다. 제34조가 대상으로 하는 범위는 지극히 넓지만, TFEU 중 다른 조문의 대상이 되는 통상장벽은 포함되지 않는다. 이 때문에 관세(제28조-제30조) 및 차별적·보호적 내국세(제106조)는 어느 것이나 제34조의 대상이 되지 않는다.[18] 둘째, 회원국에서 '수출수량제한'과 '동등의 효과를 갖는 조치'도 수입의 경우와 같이 동일하게 금지된다(제35조). 수입수량제한이 국가가 국내산업을 보호하기 위한 수단으로서 일반적으로 이용되는 것에 반하여 국가가 수출수량의 제한을 꾀할 필요는 일반적으로는 많지 않으므로 제35조에 관한 판례는 제34조에 관한 판례만큼 많지 않다.[19]

3) 수량제한금지의 예외

이상과 같은 수량제한과 동등의 효과를 갖는 조치의 금지에는 일정한 공익상의 이유에 따라 예외가 인정된다. 관세장벽의 폐지는 절대적이므로 기본적으로 예외를 검토할 필요는 없었다. 그러나 비관세장벽의 경우에는 제34조·제35조에서 금지되는 것이 일정한 이유에 의해 정당화되는가 여부가 검토되

---

18) Case 74/76 *Ianelli v. Meroni* [1977] *ECR* 557, at 574. 그리고 제34조와 국가원조를 규제하는 제107조의 관계에 대해서는 서로 견해가 다르다. Gormley, Recent Case Law on the Free Movement of Goods: Some Hot Potatoes, 27 CMLRev. 825, at 832-833, 1990).

19) 판례에는 회원국에 의한 폐기물의 수출금지가 쟁점이 된 것이 있다(Case 172/82 *Fabricants Raffineurs d'Huile de Graissage v. Inter-Huiles* [1983] *ECR* 555, at 566; Case 118/86 *Openbaar Ministerie v. Nertsvoederfabriek Nederland* [1987] *ECR* 3883, at 3907). 또한 최근에는 다른 회원국의 지침 위반을 이유로 가축의 수출금지가 제29조에 반한다고 한 예가 있다(Case C-5/94 *The Queen v. MAFF, ex parte Hedley Lomas* [1996] *ECR* Ⅰ-2553, at Ⅰ-2611).

지 않으면 안 된다.

이 예외는 규정 및 판례에 의해 인정된다. 전자의 예로는 수출입의 합법적인 금지·제한을 정한 제36조를 들 수 있다. 동조는 수입 내지 수출에 대한 제한을 정당화하기 위한 복수의 공익적 이유를 정하고 있다. 후자의 예로는 판례이론인 '합리성이론'이 이에 해당한다.

합리성이론은 회원국이 제30조에 열거되어 있지 않은 '필수요건(mandatory requirements)'으로 불리는 국가에 있어서 결여할 수 없는 중요한 이익을 보호하기 위해서 역내통상을 제한하는 조치를 취하는 것을 승인하는 것이다. 이 이론의 적용에 의해, EU법에 의한 공통규칙(common rules)이 대상제품을 규제하지 않고 있는 경우에 문제가 된 수입국의 규제가 '필수요건'을 충족하고 있다면 해당 규제는 EU법상 적법하다고 간주된다. 바꾸어 말하면, '필수요건'을 충족시키지 않는 한 어떤 회원국에서 합법적으로 생산되어 유통이 인정되는 제품은 다른 회원국에서도 유통이 인정되지 않으면 안 된다.[20)]

상품의 자유이동은 공동체의 근본원칙이다. 제36조는 그 예외를 규정하는 것이기 때문에 엄격하게 해석되어야 하며, 동조가 열거하는 이유는 한정적이며, 더욱이 좁은 의미로 해석되어야 한다. 그 때문에 조약체결 이후의 사정의 변화에 따라 새로운 공익적 이유에 보다 예외를 인정할 필요가 생기더라도 그것을 동조의 해석에 의해서는 인정할 수 없다. 이러한 사태에 대응하기 위해서 판례에 의해서 형성된 것이 '합리성이론'이다.

한 회원국은 공익적인 이유로 다른 회원국과의 수출입을 제한하는 조치를 취하지 않을 수 없는 경우가 있으므로 그와 같은 회원국의 국가목적 추구와 상품의 자유이동 실현이라는 상이한 이익의 충돌은 예외적으로 제한의 정당화 인정 여부에 관한 논의의 범주 내에서 조정되게 된다.

---

20) Case 120/78 *Rewe v. Bundesmonopolverwaltung für Branntwein* [1979] *ECR* 649, at 662 and 664.
제36조의 정당이유는 조문 중에 열거된 것에 한정된다. 이에 대해 '필수요건'의 내용은 판례에 의해서 명확하게 되는 성질을 가지고 있으며, 또한 한정되어 있지도 않고 상황의 변화에 따라서 새로운 내용이 부가될 여지가 있다.

6. 상품의 자유이동의 예외

금지되는 '수량제한' 내지 '그와 동등한 효과를 갖는 조치'(제34조·제35조)가 모두 전면적으로 금지되는 것은 아니다. 관세장벽의 경우와 달리 이들의 비관세장벽은 일정한 공익적 이유에 따라 정당화되는 것이 조약의 명문에 의해서 인정되고 있기 때문이다(제36조). 제36조는 제34조에서 제35조까지 각 조문의 금지대상 전체에 대한 예외이다. 따라서 '수량제한'과 '동등한의 효과를 갖는 조치'의 양자에 적용되며, 후자에 대해서는 차별적·무차별적 규제 양자를 대상으로 한다.[21)]

제36조는 금지를 정당화하는 공익적 이유로서 공중도덕, 공공정책, 치안, 사람·동물·식물의 건강·생명의 보호, 예술적·역사적·고고학적 가치를 갖는 국민적 귀중품의 보호, 산업적·상업적 재산의 보호를 열거하고 있다. 그리고 이들의 이유에 의해 금지되어야 할 회원국의 조치를 정당화하기 위해서는 그 조치가 이들의 목적 달성을 위해 필요하다는 것만으로는 충분하지 않다. 이에 부가하여, 첫째, 그것이 '자의적인 차별'이나 '위장된 제약'을 구성하지 않을 것(제36조 후단), 둘째, 그 목적을 역내통상에 대한 것보다 제한적이 아닌 수단에 의해서는 달성될 수 없다고 하는 목적과 수단의 균형[22)]이라고 하는 조건이 모두 충족되어야만 한다.

이들의 조건이 만족되는 한, 회원국은 제36조가 열거하는 이유에 의거하여 그 나라의 사정에 따라 자신의 판단으로 필요한 규제를 국내에서 하는 것이 가능하고, 그 결과, 상품의 자유이동이 방해되는 사태가 발생하더라도 그것은 EU법상 허용되는 것이다.

---

21) 제36조의 적용대상을 차별적 규제에 한정하고 무차별적 규제를 제36조에 의해 정당화할 수는 없다는 견해가 있다. 그러나 무차별적 규제도 동등한 효과를 갖는 조치를 구성하는 이상, 그와 같이 대상을 한정할 이유는 없다. 또한 실제로 판례는 무차별적 규제에 대해서 합리성이론과 제36조 양자의 적용을 검토하고 있다(Case 407/85 3 *Glocken and Another v. USL Centro-Sud and Another* [1988] *ECR* 4233, at 4279-4280). 그 결과, 차별적 규제는 제30조에 의해서만 정당화되는 것에 반하여 무차별적 규제는 합리성이론과 제36조 양자에 의해 정당화되게 된다.

22) Case 247/81 *Commisslon v. Germany* [1984] *ECR* 1111, at 1120.

Ⅳ. 사람·서비스의 자유이동

1. TFEU의 구조

TFEU는 역내에서의 사람의 자유이동(free movement of persons)을 실현하기 위하여 제 3 부 '연합의 역내정책 및 조치' 제 4 편 '사람·서비스·자본의 자유이동' 제 1 장 '노동자'(제45조-제48조)에서 노동자에게 다른 회원국으로 이동하여 차별 없이 일할 권리를 인정하는 노동자의 자유이동을, 제 2 장 '설립의 권리(right of establishment)'(제49조-제55조)에서 자영업자에게 다른 회원국에 이동하여 새롭게 개업하여 생활을 영위할 권리를 인정하는 개업의 권리를 각각 규정하고 있다. 이어서 제 3 장 '서비스'(제56조-제62조)에 규정된 서비스공급의 자유도 사람이 서비스를 공급 내지 수령하기 위하여 다른 회원국으로 이동하는 자유를 포함하며, 그 범위 내에서 사람의 자유이동과 밀접하게 관련되어 있다. 그 때문에 이 세 가지를 여기서 정리하여 논하기로 한다. 여기서의 사람의 이동에는 회원국 국민이 국적국 이외의 다른 회원국에 이동하는 경우 및 이미 국적국 이외의 회원국에 거주하고 있는 회원국 국민이 제 3 의 회원국으로 이동하는 경우의 양자가 포함된다.

이 세 가지 종류의 자유이동에 관한 규정은 모두 회원국이 다른 회원국 국민의 자국 내의 입국·거주에 장벽을 설정하는 것을 금지한다는 취지에 대해 규정하고 있으며, 특히 국적에 따른 차별의 금지(제18조)는 사람의 이동을 규율하는 가장 중요한 원칙이다. 그리고 이 세 가지 종류의 권리는 회원국 국민의 다른 회원국에의 이동·거주 및 수입국에서의 국적에 따른 차별의 금지에 대해서 동일한 원칙을 따르고 있다.[23] 사람의 자유이동에 대한 조문(제45조, 제49조) 및 대부분의 이차입법에 대해서는 수직적·수평적 직접효력이 인정되

---

23) Case 48/75 *Royer* [1976] *ECR* 497, at 509; Case C-106/91 *Ramarth v. Ministère de la Justice* [1991] *ECR* Ⅰ-3351, at Ⅰ-3381. 예를 들면, 1976년의 *Royer* 사건 판결은 노동자의 자유이동·개업의 권리·서비스공급의 자유에 관한 조문은 다른 회원국으로의 입국·거주 및 국적에 기한 차별의 금지에 관한 한 동일한 원칙에 의거하고 있다고 판시하고 있다(Case 48/75, at 509).

며, 대상으로 되는 회원국 국민에게 직접적으로 권리를 부여하고 있다.

2. 자유이동을 향유하는 사람의 범위

그런데 사람의 이동을 논할 때, 이동의 자유를 향유할 수 있는 '사람'은 지금까지 어떻게 이해되어 왔을까? 1958년에 발효한 EEC조약은 생산요소의 하나로서 '사람'을 파악하고, 경제관계 속에서 사람의 이동을 이해하고 있었다. 따라서 여기서 대상으로 되는 것은 경제활동에 종사하는 노동자·자영업자로서의 사람의 이동이며, 사람이 경제활동과 관계없이 다른 회원국에 이동하는 상황은 사람의 자유이동의 범위 속에는 포함되어 있지 않았다. 공동시장을 설립하기 위해서는 그와 같은 사람의 이동을 자유화하는 것만으로 충분하다고 생각했던 것이다.

그러나 그 후 ECJ는 EEC(EC)조약의 해석을 통하여 기회 있을 때마다 자유이동의 대상으로 되는 '사람'의 범위를 확대하기 위하여 노력하여 왔다. 노동자의 범위 자체가 넓게 해석되고, 또한 조약 중에는 명시되지 않았음에도 불구하고 노동자·자영업자의 가족에게도 이동의 자유가 인정된다. 그리고 학생에게는 직업훈련에 관한 조문의 해석에 따라 자유이동이 인정되었다. 그리고 사람의 자유이동의 대상은 EC조약의 개정에 의해 더욱 확대되기에 이르렀다. 이 가운데 특히 마스트리히트조약에 의해 유럽연합시민권이 새롭게 도입되었다. 기존의 EC조약 제 2 부(제17조-제22조)는 '연합시민권'이라는 표제를 사용하고 있다. TFEU도 '비차별과 연합시민권'이란 표제 아래 제20조에서 제25조까지 이에 대해 규정하고 있다. 따라서 모든 회원국 국민에게는 연합시민권이 부여된다(제20조). 그리고 모든 연합시민은 조약이 정하는 제한·조건에 따라 회원국의 영역을 자유롭게 이동하여 거주할 권리를 갖는다(제31조 1항). 이리하여 오늘날 회원국 국적을 갖는 사람이라면 누구든지 역내시장을 자유롭게 이동할 수 있는 권리를 누릴 수 있다.

3. 사람의 자유이동의 의의

사람의 자유이동은 공동시장의 창출을 위한 생산요소의 이동의 자유라는 측면을 넘어 유럽통합에 대해 영향을 미치게 된다. 즉, 사람의 이동은 사람이 가진 노동력으로서의 측면만이 아니라 본질적으로 사람의 존재 전체에 영향을 주지 않을 수 없다. 사람의 자유이동의 보장에 의해 다른 회원국으로 이동하였던 회원국 국민은 기본조약에 의해서 설립된 역내시장의 존재를 실감하게 되는 것이다.

또한 수입국에서도 다른 회원국의 국민이 자국민과 동일한 조건으로 일하는 것을 목격함으로써 자신이 회원국의 국민임과 동시에 보다 커다란 집단의 일원인 것을 인식하지 않을 수 없다. 이와 같이, 사람의 자유이동의 실현에는 사회적·정치적인 의의가 있다는 것을 부정할 수 없다. 이것이 바로 연합시민권의 부여가 EU가 단순한 경제공동체의 틀로부터 정치공동체로 한걸음 더 진전한 것이라고 평가되는 이유인 것이다.

4. 노동자의 자유이동

회원국 국민인 노동자는 다른 회원국으로 자유롭게 이동하여 그 나라의 노동자와 동일한 조건으로 고용되고 노동을 제공하여 보수를 받고 퇴직 후에는 그 나라에 머물 수가 있다.[24]

이러한 노동자의 자유이동(free movement of workers)은 고용·급여·그 밖의 노동조건에 대해 회원국의 노동자 간의 국적에 따른 모든 차별을 폐지하는 것을 의미한다(제45조 2항). 이는 제18조에 정해진 국적에 따른 차별금지의 일반원칙을 노동자의 자유이동에 대해서 구체화한 것이다.

그리고 자유이동이란 다음의 여러 가지 권리를 포함한다. 즉, 회원국의 노동자가 다른 회원국에서 노동하기 위해서는 다음과 같은 권리를 충족시켜야 한다. 첫째, 현실적으로 이루어진 고용의 신청을 수락하는 권리, 둘째, 그를 위하여 전 회원국의 영역 내를 자유롭게 이동하는 권리, 셋째, 국내노동자

24) 노동자의 이동처가 되는 회원국을 본 장에서는 수입국이라고 부르기로 한다.

의 고용을 규율하는 법령 내지 행정규제에 따라 고용을 위해 그 회원국에 거주하는 권리, 넷째, 고용이 종료한 후 위원회에 의해 작성된 실시규칙에 구체화된 조건에 따라 그 회원국에 체재하는 권리(제45조 3항) 등이 이에 해당한다.

노동자의 자유이동에는 세 가지 종류의 예외가 인정되고 있다. 첫째, 공공정책·공공안전·국민의 건강을 이유로 해서 정당화되는 예외이고(제45조 3항), 둘째, 공공기관에서의 고용이다(동조 4항). ECJ는 노동자의 자유이동을 EU의 근본원칙으로 자리매김하고, 그것을 최대한 확보하고자 애쓰고 있다. 그 때문에 노동자의 개념·금지되는 행위의 범위를 가능한 한 넓게 해석하는 한편, 이들 양자의 예외의 적용을 가능한 한 한정적으로 해석하고 있다.[25] 그리고 셋째, 합리성 이론의 적용이 인정되고 있다.

유럽의회와 이사회에게는 노동자의 자유이동을 실현하기 위해 필요한 지침·규칙을 채택하는 권한이 부여되어 있다(제46조). 또한 노동자의 자유이동을 실현하기 위해서는 각국의 사회보장제도를 조정하는 것이 지극히 중요하다. 복수의 회원국에서 일한 노동자가 퇴직 후 연금수급 과정에서 불리한 취급을 받으면 어느 누구라도 다른 회원국으로 이동하려고 하지 않을 것이기 때문이다. 이 때문에 연금·의료 등 사회보장의 분야에 있어서도 유럽의회와 이사회는 일반입법절차에 따라 필요한 조치를 채택하지 않으면 안 된다(제48조).

1) 노동자의 개념

노동자의 자유이동을 검토하기 위해서는, 우선 자유이동의 권리를 갖는 노동자의 범위를 명확하게 할 필요가 있다. 그러나 TFEU·이차입법은 어느 것이나 노동자의 개념에 대하여 명확한 정의를 내리고 있지 않다. 이 때문에 노동자의 개념은 ECJ의 판결이 집적됨에 따라 명확하게 되었다. 판례에 의한 정의에 대해서는 아래와 같은 사항에 유의할 필요가 있다.

첫째, '노동자(worker)'는 EU법상의 개념이다. 회원국법은 국내법의 적용을 위해 노동자의 정의를 규정하고 있는 것이 적지 않다. 그러나 회원국법이

25) Johnson and O'Keeffe, "From Discrimination To Obstacles To Free Movement: Recent Developments Concerning The Free Movement of Workers 1989-1994," *CML Rev.* vol. 31(1994), pp. 1313-1314.

그것을 어떻게 규정하고 있는가는 자유이동의 주체인 노동자의 정의에는 영향을 미치지 않는다.[26] 만약 각 회원국에게 독자적으로 이 개념을 정의하는 것이 허용되게 되면, 자유이동을 향유할 수 있는 노동자의 범위는 회원국마다 다른 결과가 생겨 공동체 내에서 노동자의 자유이동은 충분하게 기능하지 않게 될 가능성이 높다.

둘째, '노동자'의 개념은 TFEU의 목적·원칙에 비추어 해석되어야 한다. 그리고 이 개념이 TFEU가 보장하는 4개의 자유이동의 하나인 사람의 자유이동의 적용범위를 확정하는 의의를 가지고 있다는 것을 고려하면, 그것은 제한적으로 해석되어서는 안 된다.[27] 그러므로 노동자는 고용되어 현실적으로 취업하고 있는 사람에게 한정되지 않는다. 제39조 3항 (d)는 종래 일을 하였지만 현재는 퇴직하여 일하고 있지 않는 자도 노동자의 개념에 포함시키고 있다.[28]

그러나 사람 일반으로부터 구별되기 위해서는 노동자의 개념에는 어떤 경제적 요소가 포함되어야만 한다는 것도 당연하다.[29] 이 때문에 객관적인 기준을 설정할 필요가 생긴다.

2) 노동자의 자유이동에 대한 제한

(1) 국적에 따른 차별의 금지

노동자의 자유이동을 달성하기 위해서는, 우선, 다른 회원국의 노동자에 대한 국적에 의거한 차별이 금지되어야만 한다는 것은 TFEU에 있어 명백하다(제45조 2항). 차별의 금지란 회원국 국민인 노동자가 국경을 넘어서 이동할 때 그 사람을 수입국의 국민보다 불리한 입장에 두는 것이 금지되는 것을 의

26) Case 75/63 *Hoekstra v. Bedrijfsverenging Detailhandel* [1964] *ECR* 1977, at 184; Case 53/81 *Levin v. Staatsecretaris van Justitie* [1982] *ECR* 1035, at 1049. 이차입법 가운데 '피용자로서의 활동(activity as an employed person)'의 개념에 대해서도 동일한 사항이 언급되고 있다(규칙 1612/68호 제 1 조 1항).

27) Case 53/81, at 1049; Case 139/85 *Kempf v. Staatssecretaris Van Justitie* [1986] *ECR* 1741, at 1750.

28) Case 75/63, at 185.

29) 어떤 경제활동을 행하려고 하는 자는 노동자에 해당하지 않아도 그 자유이동이 보장된다. 그것은 후술하는 제49조에 의해 자영업자로서 그 자유이동이 보장되는 것이다.

미한다. 예컨대, 복수의 회원국에서 고용된 노동자는 어느 회원국에서 퇴직 연령 때까지 일한 노동자보다도 불리한 입장에 두어서는 안 된다.[30] 역내에서의 노동자의 자유이동을 가능한 한 확보하는 것이 조약의 목적이기 때문이다.

차별의 금지는 모든 노동자의 활동에 미쳐야 한다. 이 때문에 노동자가 다른 회원국에 입국하는 시점에서 거주를 개시하여 고용되어 노동하고, 노동 종료 후 연금을 수급하면서 여생을 보내는 모든 경우에 대한 차별이 금지된다.

금지되는 차별에는 국적을 이유로 하는 직접적 차별과 동시에 국적 이외의 기준을 적용함으로써 동일한 결과를 발생하는 간접적 차별이 포함된다.[31] 후자는 무차별적으로 적용되면서 차별적 효과를 발생하는 규정으로서, 예컨대, 자유이동의 권리를 행사한 회원국 국민을 사회보장의 면에서 이동하지 않았던 노동자보다도 불리하게 취급하는 규정은 그것이 노동자의 국적과 무관하게 적용되는 경우에도 이동의 자유에 대한 장벽을 구성한다.[32]

차별되는 대상에는 노동자 본인과 동시에 일정한 범위의 가족이 포함된다. 가족이 노동자의 사적활동에 있어서 불가결한 점을 고려하면, 가족의 이동을 동반하지 않는 노동자만의 이동이 자유로서는 충분하지 않고, 또한 가족의 이동을 확보하기 위해서는 가족에게도 차별의 금지가 보장되어야 한다.

(2) 무차별적 규제

그러나 상품의 자유이동의 경우와 같이 차별적 행위만이 금지되는 것은 아니다. 노동자의 자유이동에 대해서도 차별적 요소가 없는 무차별적 규제가 자유이동을 제한하는 장벽을 구성하는 것은 부정할 수 없다. 이 때문에 국적에 따른 차별이 발생하지 않는 경우에도 자유이동을 방해하는 규제는 합리성 이론에 의해 정당화되지 않는 한 제45조에 의해 금지된다.

TFEU는 국적에 따른 차별의 금지에 대해서만 언급하고 있다(제45조 2항).

---

30) Case C-10/90 *Masgio* [1991] *ECR* Ⅰ-119, at Ⅰ-1139.

31) Case 152/73 *Sotgiu v. Deutsche Bundespost* [1974] *ECR* 153, at 164. 노동자의 자유이동에 대해서 직접적·간접적 차별이 금지되는 것은 다수의 판례에 의해 확인되고 있다(Case 33/88 *Allué and Another v. Università degli studi di Venezia* [1988] *ECR* 1591, at 1610). 게다가 노동자의 자유이동의 분야에 대해서는 상품의 자유이동·서비스 공급의 자유 등의 분야에서 양자의 구별이 명확하게 인식되어 있지 않다.

32) Case C 10/90, at Ⅰ-1140.

이 때문에 판례도 차별의 폐지에만 주목하고,[33] 무차별적 규제가 금지의 대상으로 된다는 점을 인정하지 않았다. 그러나 1993년의 *Kraus* 판결은 외국의 대학원에서 취득한 학위를 국내에서 사용하기 위하여 사전에 행정청으로부터 허가를 취득할 것을 요구하는 독일법에 제45조를 적용하여 이를 명확히 하였다.[34]

법무관은 이러한 규제를 간접적 차별로 파악하였다.[35] 그러나 판결은 법무관의 의견을 채택하지 않고, '회원국의 조치가 국적에 따른 차별 없이 적용되더라도 회원국 국민이 자유이동의 권리를 행사하는 것을 방해하거나, 또는 행사의 영향력을 감소시키는 것과 같은 경우'에는 제45조에 의해 배제된다고 판시하였다.[36] 이 판결에 의해, 판례는 노동자의 자유이동을 상품의 자유이동·서비스공급의 자유과 동일하게 취급한다는 점을 시사하였다.

더욱이 1995년의 *Bosman* 판결도 축구선수의 소속팀 이적에 관한 규칙에 대해 모든 국적의 사람을 동일하게 취급하는 무차별적 규제가 노동자의 자유이동을 제한하는 것을 인정하고, 제45조에 의해서 금지된다는 것을 명확하게 긍정하였다.[37]

---

33) Case 368/87 *Hartmann Troiani v. Landesversicherungsanstalt Rheinprovinz* [1989] *ECR* 1333, at 1353; Case C-175/88 *Biehl* [1990] *ECR* I-1779, at I-1792.

34) Case C-19/92 *Kraus v. Land-Baden-Wünttemberg* [1993] *ECR* I-1663, at I-1697. Roth, Annotation of Dieter Kraus, 30 CMLRev. 1241, at 1255 and 1256-1257(1993).
Kraus 사건의 개요는 다음과 같다. 원고는 독일국적을 가지고 영국의 법학석사(LL.M.)를 취득하여 그 직함을 독일에서 사용하려고 하였다. 그러나 독일법은 이렇게 하기 위해서는 정해진 서식에 필요한 첨부서류를 붙여 개별적으로 각주의 행정청에 신청해야만 했으며, 130마르크의 수수료를 지불해야 했다. 판결은 학위취득이 직업자격의 요건이 아닌 경우에도 학위취득이 취득자의 대우·승진에 유리하게 작용하기 때문에 이러한 상황이 EU법의 대상이 된다는 것을 인정하였다. 3년 이하의 고등교육에 의해 취득한 학위의 상호승인에 관한 지침은 본건의 사실이 발생한 후에 채택되어 본 건에 적용될 수 없었다. 이 때문에 EU입법에 의한 조화조치는 아직 존재하지 않고, 이를 어떻게 규제하는가는 회원국에 위임되어 있었다.

35) AG Opinion, Case C-19/92, at I-1677.

36) Case C-19/92, at I-1697.

37) Case C-415/93 *Union Royale Belge des Sociétés de Football Association and Others v. Bosman and Others* [1995] *ECR* I-4921, at I-5069.
Bosman 사건의 개요는 다음과 같다.
이 사건의 쟁점은 축구선수의 소속구단의 이적과 시합에 출전할 수 있는 외국인선수의

이상과 같은 원칙을 전제로 하여, 금지되는 행위의 내용은 제45조 및 그것을 실시하는 이차입법에 따라 상세하게 구체화되어 있다.

5. 개업의 권리와 서비스공급의 자유

1) 자영업자의 자유이동의 내용

고용계약에 의하지 않고 경제활동에 종사하는 자영업자(self-employed)의 이동의 자유는 개업의 권리(개업의 자유)[38](제49조)와 서비스공급의 자유(제56조)의 양자에 의해 보장된다.

'개업의 권리(right of establishment)'란 회원국 국민인 자영업자(변호사·의사·건축가 등의 전문직이 포함된다)가 경제활동에 종사할 목적으로 다른 회원국으로 이동하여 거기서 고정시설을 설치하고 개업한 후 기간의 정함이 없이 경제활동을 현실적으로 수행하는 권리를 의미한다.[39]

이에 대해, '서비스공급의 자유'는 어떤 회원국에서 개업하는 회원국 국민인 자영업자가 국경을 넘어 다른 회원국의 서비스 수령자에게 서비스를 제공

수의 제한이었다. 전자에 대해 벨기에 축구협회는 협회 소속의 프로축구선수의 소속구단이적에 관한 규칙을 정하고 있었다. 그에 의하면, 선수는 구단과의 계약종결 후 다른 구단과 새로운 계약을 자유롭게 체결할 수 있다. 그러나 이적구단이 원구단에게 선수의 연봉을 기초로 산출한 이적료를 지불할 필요가 있었다. 또한 선수의 이적이 국제적인 경우에는 현재 소속국의 축구협회가 이적료에 대한 합의의 성립을 인정하는 이적증명서를 발행하는 것이 이적의 조건이었다. 판결은 규칙이 소속구단과의 계약 종료 후에도 소속구단을 탈퇴하는 것을 방해함으로써 다른 회원국에서 활동하는 선수의 이동의 자유를 제한할 가능성이 있고, 선수가 다른 회원국의 새로운 구단에서 활동하는 데 대해 이적구단에게 이적료의 지불을 조건으로 하는 것이기 때문에 이동의 자유에 대한 장벽을 구성한다고 판단하였다. 단, 그 규정이 조건에 합치한 적법한 목적을 추구하기 위한 것이고, 공공이익 등의 긴급한 이유에 의해 정당화되며, 더욱이 목적과 수단이 균형을 이루고 있는 경우에는 예외적으로 허용될 여지가 있다. 그래서 판결은 구단간 균형을 유지하고, 젊은 선수의 채용과 훈련을 촉진하기 위한 목적은 적법하다고 인정하였다.

38) TFEU 제 4 부 제 2 장은 '개업의 권리'라는 제목이 붙어있다. 한편, 제 2 장의 서두에 위치하는 제49조에서는 '개업의 자유에 대한 제한은 (중략) 폐지되어야 한다'고 규정하고 있다. 따라서 '개업의 권리'와 '개업의 자유'는 동일한 의미를 가진다고 해석할 수 있다. 본 장에서는 개업의 권리라고 부르기로 한다.

39) Case C-221/89 *Factortame and Others* [1991] *ECR* Ⅰ-3905, at Ⅰ-3965.

하는 권리를 의미하며, 서비스공급자가 서비스 제공을 위해 타국에 이동하여 그 곳에 일시적으로 체재하는 자유, 수령자가 서비스 제공을 받기 위해서 다른 회원국으로 이동하는 자유 등 사람의 이동에 관한 내용을 포함한다(제56조).

양자의 관계는 상호 배타적이며, 어떤 상황이 양자의 대상으로 되는 것은 있을 수 없다. 그리고 서비스공급의 자유는 서비스공급자·수령자가 공동체 내에서 개업하고 있는 것을 전제로 하여(제56조), 그 위에 개업의 권리의 규정이 적용되지 않은 경우에만 적용되므로 개업의 권리에 종속하고 있다.[40]

자영업자의 경우, 이 양자의 권리가 보장됨으로써 EU 역내를 마치 한 국가 내와 같이 자유롭게 이동할 수 있는 것이다. 양자의 대상이 되는 자연인은 자영업자에 한정되며, 노동자의 이동에는 전술한 제45조 이하가 적용된다. 무엇보다도 노동자의 자유이동(제39조)과 서비스공급의 자유(제56조)가 대상으로 하는 활동의 성질 자체는 동일하며, 그 활동이 고용계약하에 어느 노동자에 의해 행해지는가, 또는 고용관계에 없는 자영업자에 의해 행해지는가가 양자의 차이이다.[41]

또한 개업의 권리·서비스공급의 자유의 대상은 자연인만이 아니라 회원국법에 의거하여 설립되고, 등기상의 주소·경영본부·주된 영업지를 역내에 갖는 회사(companies or firms)는 이들 권리에 대해서 회원국 국민인 자연인과 동일하게 취급된다(제54조, 제62조).[42]

2) 개업의 권리에 대한 제한

TFEU는 기본원칙으로서 국적에 따른 차별을 금지하고 있다(제18조). 그리고 개업의 권리의 분야에서 이 국적에 따른 차별 금지의 원칙에 대한 실시를 규정한 것이 제49조이다.[43] 따라서 금지의 대상으로 되는 다른 회원국 국민의

---

40) Case C-55/94 *Gebhard v. Consiglio dell'Ordine degli Avvocati e Procuratori di Milano* [1995] *ECR* I-4165, at I-4194.

41) Case 36/74 *Walrave v. Union Cycliste Internationale* [1974] *ECR* 1405, at 1419.

42) 자영업자에는 자연인만이 아니라 회사도 포함되며(제55조·제48조), 노동자가 일시적으로 다른 회원국에서 일하는 것은 회사의 서비스공급의 자유의 범위에 포함된다. 따라서 노동자의 서비스공급의 자유는 그 자체로서는 문제가 되지 않는다(Case C-43/93 *Vander Elst v. Office des Migrations Internationales* [1994] *ECR* I-3803, at I-3825).

43) Case 2/74 *Reyners v. Belgium* [1974] *ECR* 631 at 650.

개업의 권리에 대한 제한의 중심에는 국적에 따른 차별이 위치하고 있다. 그리고 상품의 자유이동·노동자의 자유이동의 경우와 같이, 차별에는 국적을 직접적인 요건으로 하는 직접적 차별과 함께 국적을 요건으로 하지 않음에도 불구하고 결과적으로 차별을 야기하는 간접적 차별이 포함된다.

금지의 대상은 차별적 규제에 한정되지 않는다. 차별적 요소가 없는 무차별적 규제라 할지라도 그것이 개업의 권리를 방해하는 경우에는 역시 제49조에 의해서 금지된다.

다만 개업의 권리에 있어서 차별적 규제의 개념은 판례에 따라 명확하게 정의되고 있다고는 말할 수 없다. 그 때문에 상품의 자유이동의 경우 이상으로 간접적 차별과 무차별적 규제의 구별은 명확하지 않다. 전술한 상품의 자유이동의 경우에는 간접적 차별과 무차별을 구별하는 실익이 있다. 즉, 직접·간접을 불문하고 차별적 규제에 대한 것과는 달리, 무차별적 규제에는 합리성 이론을 적용하여 필수의 요건에 의한 정당화를 시도할 수 있다. 그러나 개업의 권리에 대해서는 합리성 이론의 적용이 아직 판례로 충분하게 확립되어 있지 않고, 제한에 대한 예외는 TFEU 중의 명문(제51조, 제52조)의 적용에 의한 것밖에 없었다. 이와 같은 양자를 구별할 실익의 부존재가 바로 양자의 구분이 불분명한 배경이라고 생각된다.

6. 서비스공급의 자유

1) 서비스공급의 자유의 내용

TFEU는 개업의 권리에 이어서 서비스공급의 자유에 대해 규정하고 있다(제56조-제62조). 여기서 말하는 서비스란 보수를 대가로서 제공되는 것만을 의미한다(제57조). 이러한 서비스공급의 자유에 대한 조약의 규정은 기본적으로 개업의 권리에 대한 규정과 유사한 구조를 가지고 있다. 개업의 권리의 조문 중 제51조-제54조가 서비스공급에도 적용된다는 것을 단적으로 나타내고 있다(제62조).

회원국 국민이 다른 회원국에서 서비스를 공급하는 자유에 대한 제한은 폐지되어야만 한다(제56조). 서비스공급의 자유는 자연인 및 법인, 그리고 서비스를 공급하고자 하는 자가 이미 역내시장에서 개업하고 있는 것을 전제로 하고 있다.

개업의 권리의 경우와 마찬가지로 서비스공급의 자유에 대한 제한의 중심은 국적에 따른 차별이다. 이 때문에 서비스를 공급하는 자는 서비스가 공급되는 수입국에서 그 나라의 국민과 동일한 조건하에 일시적으로 활동할 수 가 있다(제57조). 또한 제한이 폐지되기까지의 기간 동안 회원국은 그 제한을 국적 내지 개업지에 따른 구별 없이 모든 서비스공급자에게 적용하여야만 한다(제61조).

개업의 권리의 경우와 달리, 몇 가지의 분야에 대해서는 특별한 규정이 있다. 즉, 운송은 운송정책에 따라 규율된다(제58조 1항). 또한 자본의 자유이동에 관련하는 은행·보험서비스의 자유화도 자본이동의 자유화에 따라 진행되고 있다(제58조).

서비스공급의 자유를 실현하기 위하여 이사회는 일반입법절차에 의해 지침을 채택해야 한다(제59조 1항). 이 지침은 생산가에 직접적으로 개입하는 서비스 혹은 상품의 교역에 기여하는 서비스의 자유와 관련한 분야에 대해 우선적으로 채택되어야 한다(제59조 2항).

그 외, 개업의 권리의 조문의 일부(제51조-제54조)는 서비스공급의 자유에도 적용된다(제62조). 특히, 공권력의 행사를 이유로 하는 예외(제51조), 공공정책 등을 이유로 하는 예외(제52조)는 서비스공급의 자유에도 적용된다. 또한 회원국법에 따라 설립된 회사도 서비스공급의 자유의 주체이다(제54조).

2) 서비스공급의 자유에 대한 제한

서비스공급의 자유에 대한 제한은 서비스공급자에 대한 제한과 서비스수령자에 대한 제한으로 나누어 고찰할 수 있다.

먼저, 서비스공급자의 자유(제56조, 제57조)는 서비스공급자에 대한 국적과 개업지에 의거한 모든 차별을 폐지하는 것을 목적으로 한다.[44] 바꾸어 말한다

44) Case 205/84 *Commission v. Germany* [1986] *ECR* 3755, at 3802; Case C-154/89 *Commission v. France* [1991] *ECR* Ⅰ-659, at Ⅰ-685; Case C-198/89 *Commission v. Greece* [1991] *ECR* Ⅰ-727, at Ⅰ-740.

면, 서비스공급의 자유란 서비스가 공급되는 수입국 이외의 회원국에서 개업하는 서비스공급자를 수입국에서 개업하는 공급자보다도 국적 내지 개업지에서 불리하게 취급할 목적 내지 효과를 가지는 모든 제한을 금지시킨다는 것을 의미한다.

다음, 서비스수령자에 대해서는 서비스수령을 위하여 다른 회원국으로 이동하는 것을 방해하는 제한은 금지된다.[45] 그러므로 서비스수령자에게 다른 회원국으로 이동하는 자유가 인정되는 경우, 이동의 자유의 당연한 결과로서 국적 내지 거주지에 의해 차별됨이 없이 그 국가의 국민 및 그 외의 거주자와 동일한 보호가 행해져야 한다.[46]

이와 같이 금지되는 차별에는 '명백한 차별(overt discrimination)'만이 아니라 '은폐된 차별(covert discrimination)'도 포함된다. '명백한 차별'이란 회원국법 그 자체에 드러나 있는 차별로서 다른 회원국 국민 내지 다른 회원국에서 개업하는 자에게 명백하게 다른 요건을 적용하는 입법이다. 이에 대해 '은폐된 차별'이란 양자에 동일한 요건을 적용하지만 그 효과가 다른 회원국의 국민 내지 거주자에게 불리하게 작용하는 입법에 의해 생기는 차별이다.[47] 서비스공급의 자유에 관한 판결례에서는 다른 자유이동의 경우와 달리 '직접적 차별'·'간접적 차별'의 용어는 사용되고 있지 않지만 '명백한 차별'·'은폐된 차별'은 내용적으로는 그에 대응하고 있다.

그리고 상품의 자유이동과 마찬가지로 차별적 요소가 없는 무차별적 규제도 그것이 다른 회원국 국민 내지 다른 회원국에서 개업하는 자의 서비스공급을 방해할 때는 역시 제56조, 제57조에 의해 금지된다.

뿐만 아니라 서비스공급의 자유는 서비스가 공급되는 장소인 수입국에 의해 부과되는 제한과 서비스공급자의 개업국에 의해 부과되는 규제의 양자를 대상으로 한다.[48]

---

45) Jointed Case 286/82 and 26/83 *Luisi and Carbone v. Ministero del Tesoro* [1984] *ECR* 377, at 403.

46) Case 186/87 *Cowan v. Trésor Public* [1989] *ECR* 195, at 221.

47) AG Opinion, Case C-76/90 *Säger* [1991] *ECR* Ⅰ-4221, at Ⅰ-4233.

48) Case C-384/93 *Alpine Investment* [1995] *ECR* Ⅰ-1141, at Ⅰ-1176.

V. 자본의 자유이동

1. 개 설

자본의 자유이동은 역내시장에서 자본의 최적배분을 위하여 필요한 것만이 아니라 기타 3대 요소의 자유이동을 효과적으로 실현하기 위하여도 필요하다. 그러나 자본의 이동은 국가의 경제·통화정책과 밀접하게 관련되기 때문에 기타 자유이동의 달성도와 무관하게 자유화를 진행시키는 것은 회원국의 경제정책을 방해하기도 하고 국제수지의 불균형을 발생시킬 위험이 있다. 그러므로 EEC조약에서는 자본의 자유이동에는 기타 자유이동보다 낮은 정도의 보호가 부여되어 있었다.[49] 즉, 자본의 이동에 대한 제약 및 당사자의 국적 내지 거주자·자본이 투자되는 장소에 의거한 차별은 1969년 12월 31일까지의 이행기간 중에 폐지될 것이 예정되어 있었지만 이를 위해서는 기타의 자유이동의 경우와는 달리 '공동시장의 적절한 기능을 보장하기 위하여 필요한 한도에서'라는 제한이 붙어있었다. 게다가 자본이동의 자유화가 필요한 정도는 이사회가 정하는 지침에 의해서 명확하게 규정되어야만 했다. 또한 회원국이 자본의 이동 및 그와 관련한 경상지불에 영향을 미치는 새로운 외환제한의 도입·기존의 규제를 강화해야만 한다고 정하고 있었지만 기타의 자유이동의 경우와는 달리 회원국의 의무는 단지 노력의무에만 그치는 것이었다.

EC조약의 자본의 자유이동에 관한 규정은 경제통화동맹의 창설을 정한 마스트리히트조약의 발효에 의해 대폭적으로 수정되었으며, 유럽단일통화인 유로가 공식적으로 채택·통용됨으로써 암스테르담조약에 의해 다수의 조문이 폐지되거나 일부 조문에 의해 대체되었다.

이와 같은 자본이동의 자유를 전제로 하여 EC조약은 각 회원국이 독자적으로 발행해 온 통화를 대신하는 단일통화의 도입을 핵심으로 하는 경제통화동맹의 설립에 대해 규정하였고(제98조 및 제124조), EC조약 부속 의정서에서는 경제통화동맹설립을 위한 상세한 조건을 정하였다.

---

49) Case 203/80 *Casati* [1981] *ECR* 2595, at 2614.

2. TFEU에 있어 자본의 자유이동의 구조

TFEU는 서비스공급의 자유에 이어 제3부 제4편 제4장 '자본 및 지불'에서 자본의 자유이동에 대해서 규정하고 있다(제63조-제65조).

TFEU에 의하면, 회원국간 자본의 이동제약은 모두 금지된다(제63조 1항). 자본의 이동에 대한 제약만이 아니라 지불에 관한 모든 제약도 마찬가지로 금지되며(동조 2항), 이 금지에는 어떠한 조건도 붙어있지 않다.

하지만 자본의 자유이동에도 기타의 자유이동의 경우와 마찬가지로 일정한 예외가 인정된다. 첫째, 회원국은 거주자 내지 자본의 투자자에 관하여 동일한 상황이 아닌 납세자를 구별하여 취급할 수 있다(제65조 1항 a)). 둘째, 세제 및 금융기관의 감독 분야에 있어서 국내법 및 규칙의 위반방지·행정상 또는 통계상의 정보입수·공공정책·치안을 이유로 하여 회원국은 필요한 조치를 취할 수 있다(동조 동항 b)). 단, 이러한 조치는 자의적인 차별·위장된 제약을 구성해서는 안 된다(동조 3항).

3. 단일통화의 도입

1) 경제통화동맹의 창설

EC조약은 자본이동의 자유의 실현을 전제로 경제통화동맹(Economic Monetary Union: EMU)의 설립에 이르는 기한의 명확한 과정을 정하고 그에 따라 행동할 법적 의무를 공동체·회원국에게 부과하고 있다. 그러나 회원국 가운데 영국 및 덴마크에 대해서는 예외적인 취급이 행해지는데, 양국은 단일통화 도입의 의무를 면제받고 있다.[50)]

경제통화동맹의 실현은 3단계로 나누어 구상되어 있다.[51)] 제1단계는

50) 마스트리히트조약에 부속된 영국에 관한 11의정서·덴마크에 관한 12의정서.

51) 이와 같은 3단계의 과정은 당시의 유럽위원회의 들로르 위원장 하에서 구성된 특별위원회가 1989년 4월에 공표한 보고서(소위 들로르보고서)의 내용에 포함되어 있다(Gamble, "EMU and European Capital Markets: Towards a United Finalcial Market," 28 *CMLrev*. 319, at 322(1991)). 위원회보고서의 내용은 1989년 6월의 유럽이사회에서 회원국 정상들의 지지를 얻었다.

1990년 7월에 개시하며 자본의 자유이동의 실현을 주된 특징으로 한다. 제 2 단계는 유럽통화기구(European Monetary Institute: EMI)의 설립이 개시되며, 마지막 제 3 단계를 준비하는 기간이다.[52] 제 3 단계는 1999년 1월 1일 자로 개시되었으며, 회원국 통화간 교환율의 고정과 단일통화의 도입, 유럽중앙은행(European Cental Bank: ECB)과 각 회원국 중앙은행에 의해 구성되는 유럽중앙은행기구가 설립되었다. 제 3 단계의 개시와 함께 이사회는 단일통화를 도입하는 회원국 통화 간의 교환율을 고정하고 단일통화를 도입하였다. 이 시점에서 이 회원국들의 통화정책에 관한 주권이 공동체에 이양되었으며, 단일통화를 도입한 회원국에서의 통화발행은 유럽중앙은행에 의해 관리되고 있다. 단일통화를 도입하지 않은 회원국도 기준을 달성하게 되면 경제통화동맹에 순차적으로 참가할 수 있다.

2) 단일통화의 채택

단일통화가 성공하기 위해서는 각 회원국의 경제상태가 고도의 수준에서 접근·수렴되는 것이 불가결하다. 경제상태에 차이가 있는 국가가 단일통화로 이행하는 것은 동서독통합이 그러했듯이 경제에 악영향을 미치게 되며, 결국 단일통화의 가치를 약화시키게 된다.

이 때문에 단일통화를 채용하기 위해서는 회원국이 충족해야 할 조건을 물가의 안정·정부의 재정상태·통화의 안정·장기금리의 각 항목에 대한 아래의 엄격한 조건을 충족해야 한다. 첫째, 심사가 행해지기 이전 1년간의 평균 인플레율이 그 인플레율이 가장 낮은 3개국의 평균가를 1. 55 이상 상회해서는 안 된다. 둘째, 정부는 초과채무를 부담하고 있어서는 안 된다. 구체적으로는 한 해의 재정적자(government deficit)는 국내총생산(GDP)의 3% 이하여야

52) 유럽통화기구는 법인격을 가지며 각국의 중앙은행총재와 회원국 정부의 합의에 의해서 임명되는 의장에 의해 구성되는 이사회에 의해 운영된다. 또한 각국의 중앙은행 간의 협력을 강화하고 제 3 단계에서의 유럽중앙은행기구(European System of Central Banks, ESCB)의 설립을 준비하는 역할을 담당한다. 그리고 각국에는 이 제 2 단계의 기간 중에 과도한 재정적자를 줄이며 단일통화채택에 필요한 조건을 충족할 것이 요구된다. 무엇보다 재정적자의 감소에 대해 회원국에는 노력의무가 부과되는 것에만 한정되지 않고 이 단계에서는 제재를 예정하고 있다. 제 2 단계는 1994년 1월 1일에 개시되었다.

하며, 누적된 정부채무(government debt) 총액도 국내총생산의 60% 이하여야 한다. 셋째, 자국통화의 교환율을 심사가 행해지기 이전 2년간 교환율안정제도(Exchange Rate Mechanism, ERM)가 정하는 변동폭의 범위 내에서 유지하고, 게다가 평가절하를 해서는 안 된다. 넷째, 장기금리가 심사가 행해지기 전 1년간 인플레율이 가장 낮은 3개국의 평균가를 2% 이상 상회해서는 안 된다.

위에서 제시된 기준들은 마스트리히트조약 체결 시에는 상당히 높은 기준이었다. 이를테면, 1992년이 시작하는 시점에서 이 기준을 모두 충족하는 국가는 극히 소수뿐이었다. 그리고 그 후 유럽의 정체된 경제상황하에서 다수의 회원국이 이 기준을 기한까지 달성할 수 있을까에 대해서는 비관적인 입장이 표명되었다. 그러나 각 회원국은 사회복지수준의 감소를 포함하는 긴축재정을 실시하는 등 기준달성을 위한 진지한 노력을 계속하였다. 결국 1999년 1월 1일 수렴조건을 충족한 회원국간 단일통화인 유로(EURO)가 정부간 대체결제통화로 통용되기 시작하였으며, 2002년 1월 1일부터 오스트리아, 벨기에, 핀란드, 프랑스, 독일, 그리스, 아일랜드, 이탈리아, 룩셈부르크, 네덜란드, 포르투갈 및 스페인 등 12개 유로존 국가에서 전면적으로 유통되게 되었다. 그 후 슬로베니아(2007년 1월 1일), 키프로스·몰타(2008년 1월 1일) 및 슬로바키아(2009년 1월 1일)가 가입하여 2009년 12월 말 현재 16개 회원국이 유로존에 가입하고 있다.

Ⅵ. 결　　론

유럽단일시장이라 함은 유럽역내시장을 의미한다는 것에 대해서는 본문에서 살펴본 바와 같다. 또한 단일시장이 유효하게 기능하기 위해서는 4대 요소, 즉 상품·사람·자본·서비스가 자유롭게 이동할 수 있어야 하고, 그 이동을 방해하는 장벽이 철폐되어야 한다. 통합의 초기부터 EU는 역내단일시장을 구축하기 위하여 많은 노력을 기울여 왔다. 그 일환으로 EU는 물리적·제도적 장벽뿐 아니라 조세장벽을 철폐·경감 내지는 완화함으로써 27개 회원국의 개별 국내시장을 유럽 차원에서 하나의 '단일화된 시장'으로 전환하는 데 성공하였다.

EU가 4대 요소의 자유로운 이동이 보장된 역내단일시장을 형성함으로써 궁극적으로 이루고자 하는 것은 무엇일까. 이에 대한 해답은 리스본조약에 의해 개정된 TEU 제3조 3항에서 찾을 수 있다. 첫째, EU는 단일시장을 통하여 균형 잡힌 경제성장 및 물가안정을 기초로 하는 유럽의 지속가능한 발전, 완전고용 및 사회진보를 목표로 하는 고도의 경쟁력을 가지는 사회적 시장경제를 구축하고자 한다. 둘째, 고도의 환경보호 및 환경의 질적 수준을 개선하는 것도 단일시장이 추구하는 목표의 하나이다. 셋째, EU는 단일시장 내에서 과학기술의 진보를 촉진하고자 의도하고 있다.

위의 세 가지 내용이 단일시장을 통하여 EU가 추구하는 직접적인 목표라고 할 수 있다. 하지만 이 외에도 EU는 다음과 같은 목표도 지향하고 있다. 첫째, EU는 단일시장을 통하여 사회적 배제와 차별에 대항하고, 사회적 정의를 보호하며, 남녀평등과 세대간 연대 및 아동의 권리를 보호하고자 한다. 둘째, 경제적·사회적·영토적 결속을 도모하고, 회원국간 연대를 촉진하는 것도 EU가 단일시장을 형성하려는 주된 목적 가운데 하나이다. 셋째, EU는 단일시장을 통하여 유럽의 풍부한 문화적 및 언어적 다양성을 존중하고, 유럽의 문화유산 보호와 발전을 확보하고자 한다.

마지막으로 눈여겨보아야 할 내용은 지적재산권과 관련한 내용이다. 향후 EU는 역내시장 분야에서의 제반 정책을 강화하기 위하여, 지적재산권의 통일적 보호에 관한 '유럽지적재산권법'을 창출하기 위한 노력을 강화할 예정이다(TFEU 제118조 1문). 그동안 제3국에 대한 무역 관계에서 제한적으로 적용되던 유럽 차원의 지적재산권은 머지않은 장래에 통일된 '유럽지적재산권법'의 형태로 정립될 것이다. 이리하여 이 법은 역내시장에서의 지적재산권을 보호함과 더불어 제3국을 대상으로 한 역외시장에 대해서도 적용됨으로써 유럽의 대외경쟁력을 강화하는 데 실질적인 기여를 할 것으로 판단된다.

제12장 EU 공동통상정책

Ⅰ. 서　　론

유럽연합(European Union, 이하 'EU')은 현재 총 27개국의 회원국으로 구성되어 있는 거대한 지역공동체이다. 경제적인 규모로도 2010년 현재 전세계 GDP의 약 1/3을 차지하는 거대한 단일시장이며, 우리나라에 있어서도 주요 교역 상대국으로서 2010년 현재 중국과 함께 한국의 2대 수출대상국이자 일본, 중국, 미국에 이어 4대 수입국의 지위에 있다.[1)]

단일한 정치·경제공동체를 지향하는 EU는 특히 공동통상정책(Common Commercial Policy)을 운영하면서 국제사회에서 막강한 협상력을 갖게 되었고, 이를 기반으로 하여 다자간 또는 양자간 통상질서에서 핵심적인 역할을 수행하고 있다. 우리나라는 2007년부터 한-EU FTA 협상 공식 출범을 선언하였으며, 지난 2009년 10월 가서명을 하고, 현재 서명을 위한 준비작업을 서두르고 있다.[2)] 따라서 향후 FTA 체결에 따라 상호적으로 부과된 의무를

1) EU의 무역정책 전반에 대해서는 사이먼 J. 에버넷, 제 3 장 "무역정책: 신개념의 무역정책이 필요한 시점," 앙드레 사피르 편저, 연세-SERI EU센터 옮김, 「기로에 선 경제거인: EU의 도전과 과제」(서울: 삼성경제연구소, 2010) 참조.

2) 앞으로 양국의 비준과정을 거쳐 발효할 예정인데 한-EU FTA 협정문은 외교통상부 홈페이지에서 확인할 수 있다. http://www.fta.go.kr/user/fta_korea/kor_eu.asp?country_idx=21 참조.

이행하는 데 있어서 EU법, 특히 EU 공동통상정책에 대한 이해가 반드시 필요하다.

초기의 공동통상정책은 단일정치체제를 이룩하지 못한 EU의 특성상 '공동'정책이라기보다는 개별 회원국 통상정책의 집합으로 인식되어 왔지만, 현재는 이를 뛰어넘어 배타적 권한을 가진 단일정책으로의 모습을 보이고 있다. 공동통상정책은 농업정책과 함께 제 2 차 세계대전 이후 1958년 로마조약부터 유럽통합의 기초가 되어 온 것으로서, 처음에는 관세동맹(custom union)의 형태로 나타났다.[3] 그러나 유럽통합이 보다 가속화되면서 공동화폐인 유로를 도입하는 등 '경제동맹' 단계로 진입하게 되자, 공동통상정책의 목적 및 관할범위도 마찬가지로 점점 확대되었고 통상 관련 정책결정도 대부분 개별국가의 소관에서 EU집행위원회의 배타적인 권한에 속하게 되었다.

이하에서는 EU 공동통상정책의 의의 및 목적, 관할범위 등을 중심으로 개관하고, EU기능조약(TFEU)상의 통상조항 상호 간의 관계, WTO 및 FTA로 대표되는 다자간 및 양자간 통상질서에서 EU 공동통상정책이 갖는 함의를 분석하여 살펴보고자 한다.

Ⅱ. EU 공동통상정책의 의의

1. 성립배경 및 목적

EU 공동통상정책은 리스본조약 이전의 EC조약[4] 제131조-제134조의 규정에 근거하고 있는데, 최근 리스본조약에 의해 변경된 규정에 의하면 TFEU 제

3) 1968년 관세동맹을 완성하였고, 1993년 공동시장, 1999년 일부 국가들 간의 통화동맹을 이룩하였고, 2009년에는 리스본조약을 통하여 정치통합을 지향하고 있다.

4) Consolidated Version of the Treaty Establishing the European Community. Treaty of Nice에 의한 개정까지를 포함하고 있었다. 니스조약과 리스본조약 간의 실질적 차이는 없으나, 문화·시청각, 교육, 사회·보건 서비스가 니스조약에서는 EU 공동체와 각 회원국 간의 공동권한사항으로 규정되어 있는 반면, 리스본조약에서는 EU 공동체의 배타적 권한으로 규정되어 있다: 이혜민, FTA 교섭대표 브리핑 자료(2009. 10. 12.). 다음에서 확인할 수 있다. http://www.fta.go.kr/user/intro/Notice_view.asp?idx=2629.

206조와 제207조에 근거하고 있으며[5] 앞서 언급했던 것처럼 EU의 각 회원국 간의 관세동맹을 기본으로 하여 확립된 것이다.[6] 공동농업정책과 함께 EU의 배타적인 권한으로 인정되는 공동통상정책은 공동역외관세(Common Custom Tariff)와는 구별되는데, 양자는 EU 내부 및 외부의 통상질서라는 측면에서 서로 다르다고 볼 수 있다.[7] 공동역외관세제도에 따르면 EU 소속국가 제품이 아닌 제 3 국의 상품이 EU의 국경을 넘어 들어올 때, 어느 국가의 국경을 통과하든지 같은 세율의 공동역외관세를 부과하게 되며, 일단 관세를 지불하고 역내에 들어온 후에는 비회원국인 제 3 국의 상품일지라도 당해 상품이 EU 역내에서 국경을 넘을 때 추가적인 관세 없이 자유롭게 이동할 수 있다는 의미를 지닌다.[8]

공동통상정책은 회원국들 간의 무역장벽을 철폐하고 관세동맹을 수립함으로써 불가피하게 수반될 수밖에 없었는데, 이는 “공동의 이익으로 국제무역에 대한 장벽을 점진적으로 철폐하고 관세장벽을 낮춤으로써 국제통상에 기여하고 조화로운 발전을 도모하고자” 하는 소기의 목적을[9] 효율적으로 달성하기 위해서는 공동으로 한 목소리를 낼 필요가 있었기 때문이다. 이렇듯 로마조약에 따른 유럽경제공동체(EEC)의 설립과 이후 관세동맹의 완성을 기반으로 하여 수립된 EU 공동통상정책은 현대에 이르러서는 결과적으로 유럽국들의 협상력 강화와 더불어 정치·경제적 영향력의 확대를 가져왔다.[10]

요컨대 국제무역상의 장벽을 철폐하고 조화로운 발전을 모색하기 위해 관세동맹이 실시되고 이에 따라 공동통상정책이 확립되어 왔는데, EU 공동통상정책은 다자간 협정에 따른 개방된 자유무역질서하에서 유럽경제의 경쟁력

5) 기존의 EC조약 제 9 장에서 공동통상정책이라는 이름하에 제131조-제134조까지 규정되어 있다. 그러나 그 이전에는 일찍이 로마협약 제110조-제116조에서 공동통상정책의 범위 및 목적 등에 관해 언급하고 있었다.

6) Panos Koutrakos, *EU International Relations Law* (Oregon: Hart Publishing, 2006), p. 11.

7) Catherine Barnard, *The Substantive Law of the EU — The Four Freedoms,* 2nd ed. (New York: Oxford University Press, 2007), p. 29.

8) *Ibid.,* p. 30.

9) 로마조약 제110조.

10) 방청록, “EU FTA 정책: 의의와 평가,” 「한국의 FTA 정책과 한-EU FTA 평가와 전망 학술세미나 자료집」, (2006. 8. 25.), 2-3면 참조.

강화를 도모할 것을 목표로 하고 있다. 한편, EU집행위원회는 2006년 10월, "경쟁력 있는 유럽경제의 달성"을 위해 "역내·외 시장개방, 강력한 다자간 무역체제 수립, 유럽의 가치(민주주의, 법치 등) 및 지속가능한 발전(환경, 노동) 추구"라는 3가지 목표를 발표한 바 있다.[11] 한 가지 주목해야 할 사실은 EU 통상정책의 기조는 '세계적인 차원에서의 자유무역 증진'이 아니라, 'EU회원국의 경쟁력 제고'에 있다는 것이다. 경제동맹 및 경제통합의 실질적인 목적은 보호주의의 집단화를 통한 협상력의 강화에 있다는 사실에 주목할 필요가 있다는 비판도 제기되고 있다.[12]

2. 법적 근거

EU 공동통상정책은 로마조약 이후 여러 차례의 실질적인 수정을 거쳐[13] 현재는 EC조약 제131조 내지 제134조를 대신하는 EU기능조약(TFEU) 제206조 내지 제207조에 규정되어 있다.[14] 공동통상정책과 관련된 규정들은 그동안 국제통상관련 문제가 발생할 때마다 각 조항의 일부를 개정하여 지금과 같은 모습을 갖추게 되었다. 전반적인 흐름은 EU의 권한을 강화하고, 공동통상정책의 범위를 확대하는 방향으로 나아가고 있다.

TFEU 제206조는 공동통상정책에 대한 기본적인 이념을 표현하고 있으며,[15] 제207조 1항에서 대상범위와 기본원칙을 천명하고,[16] 그 이하의 조항에

11) 주벨기에대사관 겸 구주연합대표부(편), 「EU 정책브리핑」, 개정판(외교통상부, 2007), 109-110면. 이는 EC조약 체제하에서의 표이며, EC조약 제131조는 EU기능조약 제206조로, EC조약 제133조는 EU기능조약 제207조로 대체되었다.

12) 이갑수, 「EU경제정책」(서울: 대명, 2009), 303면.

13) 로마조약이 발효된 이후 EU집행위원회와 회원국 간에 EU 공동통상정책의 권한범위와 관련한 매우 중요한 논란이 있어 왔다.

14) 리스본조약 이전의 각 조약상 공동통상정책 관련 조항의 변화에 대해서는 박덕영(번역), 「WTO, 인터넷과 디지털콘텐츠의 교역」(방송위원회, 2006), 345-349면 참조.

15) TFEU 제206조는 다음과 같다.
By establishing a customs union in accordance with Articlesto 32, the Union shall contribute, in the common interest, to the harmonious development of world trade, the progressive abolition of restrictions on international trade and on foreign direct investment, and the lowering of customs and other barriers.

16) TFEU 제207조 1항은 다음과 같다.

▌EU 공동통상정책의 법적 근거[17]▐

법적 근거		내 용
현 재	과 거	
TFEU 제206조	TEC 제131조	자유무역원칙과 역내 경쟁력 제고
TFEU 제207조	TEC 제133조	통상정책의 공동실시, 결정 및 집행위원회의 권한
삭 제	TEC 제134조	통상정책의 결정 및 집행위원회의 권한
TFEU 제218조	TEC 제300조	준회원국 대우에 의한 무역특혜조치
TFEU 제352조	TEC 제308조	권한의 포괄적 위임

서 구체적인 내용을 상세하게 서술하는 구조를 갖고 있다.

3. 관할주체

EU 공동통상정책에 관여하는 기관으로서는 크게 집행위원회, 이사회, 유럽의회 등을 들 수 있으며 각 회원국과 시민사회 등도 다양한 형태로 참여하고 있다. 주의해서 살펴보아야 할 것은 집행위원회와 제133조 위원회 각각의 역할 및 상호견제에 관한 부분인데, 이는 EU 공동통상정책의 권한범위와 밀접한 관계가 있기 때문이다.[18] 이하에서는 이들의 역할에 대해 간략히 살펴보

1. The common commercial policy shall be based on uniform principles, particularly with regard to changes in tariff rates, the conclusion of tariff and trade agreements relating to trade in goods and services, and the commercial aspects of intellectual property, foreign direct investment, the achievement of uniformity in measures of liberalisation, export policy and measures to protect trade such as those to be taken in the event of dumping or subsidies. The common commercial policy shall be conducted in the context of the principles and objectives of the Union's external action.

17) 이종원, "EC의 새로운 통상정책과 한-EU FTA의 과제와 전망," 계명대학교 「국제학논총」, 제12집(2007), 197면.

18) 리스본조약 이후 EU와 회원국의 권한범위에 대한 일반적 논의는 Chapter 3 "What the Union Can Do and Cannot Do," in Andrew Duff, *Saving the European Union: The Logic of the Lisbon Treaty* (Milton Keynes: LSUK, 2009), pp. 29-40 참조.

고, 각 기관들이 양자 및 다자간 협상에서 실제로 어떻게 기능을 하는지를 검토한다.[19]

1) 집행위원회

집행위원회는 EU 공동통상정책에서 가장 주도적인 역할을 수행하는 기관이다. 일반적으로 집행위원회는 공동통상정책에 대한 제안을 하고, 이사회에 의해 확정된 내용을 집행 및 감독하는 역할을 담당하고 있다. EU 통합의 정도가 심화되고 확대됨에 따라,[20] 집행위원회의 역할도 점차 커지고 있는데, 집행위원회는 공동통상정책뿐만 아니라 EU의 모든 정책에 대해 발의하고 있다. 이사회의 지시에 따라 정책에 대한 입안을 하는 경우도 있으나 직권으로 정책안을 제출하기도 한다.

집행위원회의 정책안이 이사회를 통과하여 확정되면 당해 정책을 EU 각 회원국이 적절하게 시행하고 이행하는지에 대해 집행위원회가 감독을 하거나 직접 시행할 수 있다. EU법의 특성상 어떠한 정책 및 협정이 시행되기 위해서는 대개 규칙(Regulation)이나 지침(Directive)의 형태로 이루어지는데, 주로 지침(Directive)의 형태인 경우가 많다. 따라서 이에 대한 집행위원회의 감독이 매우 중요하다고 볼 수 있다.[21] 집행위원회가 직접 조치를 취할 수 있기도 하지만, 공동통상정책 중 긴급수입제한조치, 반덤핑규제 등의 긴급 사안에 한하여 집행위원회는 이사회의 승인 전에 필요한 조치를 강구한 뒤 사후에 승인 받을 수도 있다.

이러한 통상정책에 대한 제안권 외에도 중요한 권한으로서 통상협상 및

---

19) 이하의 내용은 주벨기에대사관 겸 구주연합대표부(편), 앞의 책, 122-130면 및 김세원, 「EU의 세계통상전략」(서울: 대외경제정책연구원, 2007), 62-69면을 요약 및 정리·보완하였음을 밝힌다.

20) EU집행위원회는 2004년 EU의 확대 이후 2년간의 경제 성장보고서를 발표한 바 있는데, EU 확대의 결과 기존 및 신규회원국들의 교역 증대로 인해 경제적 효과가 나타났다고 언급하였다. http://www.koreanmissiontoeu.org/general/general.php.

21) 지침(Directive) 형태로 제정된 경우, 각 회원국은 당해 내용을 이행할 수 있도록 국내법에 관련 규정을 신설 및 개정해야 하는데 이에 대해 보통 2년의 기간을 부여하고 있다. 그러나 각 회원국의 이행에 대해서는 실질적으로 감시가 수월하지 않다는 지적이 많이 있다. 지적재산권 집행에 관한 예는 Christopher Health, "The European enforcement Directive," 「디지털재산법연구」, 제 6 권 제 2 호(2007. 12) 참조.

조약체결권을 들 수 있다. 집행위원회는 양자 및 다자간 협상에서 EU회원국을 대표하고 이사회의 위임에 따라 교역 상대국과 교섭하고 협정을 체결할 수 있다. 집행위원회는 이사회의 위임 범위에 따라 협상을 전개하지만 협상 동향 및 진전 상황에 대하여 각 회원국에 보고하는 등 회원국의 의견을 반영시키고자 노력한다. 그러나 통상과 관련한 민감한 문제에 대해서는 집행위원회와 각 회원국 간에 권한범위 등에 관하여 논란이 발생하였다. 이를 해결하기 위하여 상호 간의 긴밀한 협의를 진행할 필요가 제기되어 이른바 '제133조 위원회'가 수립되었다.

2) 이 사 회

이사회는 각 회원국 대표로 구성되는 EU의 최고 입법기구이자 최종 정책결정기구라고 할 수 있다. TFEU 제207조 2항에 따르면, 이사회는 집행위원회와 더불어 일반 입법절차에 의해 제정된 규칙에 따라서 공동통상정책의 이행을 위한 방안을 정의하는 조치를 채택한다.[22] 이사회는 정책의 결정자로서 집행위원회에 협상 권한을 부여하고 집행위원회의 정책안을 최종적으로 승인하며, 각종 통상정책에 대하여 집행위원회와 긴밀하게 협의할 수 있도록 특별위원회(special committee)를 구성하여 지침을 제공할 수도 있다. 이러한 특별위원회가 바로 '제133조위원회(Art. 133 Committee)'이며 이는 집행위원회와의 관계에 있어서 중요한 의미를 갖는다.[23]

3) 제133조위원회

EU기능조약 제207조 3항은 하나 이상의 국가 또는 국제기구와의 협정체결을 위한 협상이 필요한 경우 위원회가 이사회에 당해 협상을 권고하고, 이

---

22) TFEU 제207조 2항은 다음과 같다.

2. The European Parliament and the Council, acting by means of regulations in accordance with the ordinary legislative procedure, shall adopt the measures defining the framework for implementing the common commercial policy.

23) 이 위원회는 과거 제113조 위원회에서 조문 번호의 변경으로 제133조 위원회로 변경된 바 있다. 이러한 관례에 따르면 리스본조약의 발효로 앞으로 제207조 위원회로 변경될 가능성이 있으나, 2010년 8월 현재 아직은 위원회 명칭이 변경되지 않고 있다.

사회는 이에 따라 필요한 협상의 개시를 승인한다. 양 기관은 협상된 협정이 내부 공동체 정책 및 규칙에 합치한다는 것을 보장할 책임이 있음을 밝히고 있다.[24] 제207조 3항의 범위에 속하는 문제에 대해서는 그 결정에 있어서 가중다수결을 요구하고 있다.[25] 특히 집행위원회에 대하여 이사회가 지명한 특별위원회(special committee)와 협의하여 이사회가 부여할 수 있는 지침에 따라 협상을 수행하며, 협상과정을 정기적으로 특별위원회에 보고할 것을 규정하고 있다. 이른바 '제133조위원회'는 각 회원국의 고위 관료와 집행위원회의 대표로 구성되고 매월 정기적으로 고위정책회의 및 매주 실무회의 등을 진행한다.

'제133조위원회'는 회원국들에게 공동통상정책의 정책결정과정에 직접적으로 영향을 미칠 수 있는 수단을 제공하고 통제하는 중요한 기관이라 볼 수 있다.[26] '제133조위원회'는 협상 과정에서 집행위원회를 '조력'하는 자문위원회 정도의 지위에서 점차 그 이상의 역할을 수행함으로써 EU의 정책집행과 관련하여 가장 권한 있는 위원회 중 하나로 발전하여 왔다.[27]

'제133조위원회'는 각 회원국의 다양한 이해관계와 입장을 원활하게 조율하는 가장 중요한 장치로서 회원국의 입장이 집행위원회에 전달되는 중요한

---

24) TFEU 제207조 3항은 다음과 같다.

3. Where agreements with one or more third countries or international organisations need to be negotiated and concluded, Article 218 shall apply, subject to the special provisions of this Article.

The Commission shall make recommendations to the Council, which shall authorise it to open the necessary negotiations. The Council and the Commission shall be responsible for ensuring that the agreements negotiated are compatible with internal Union policies and rules.

The Commission shall conduct these negotiations in consultation with a special committee appointed by the Council to assist the Commission in this task and within the framework of such directives as the Council may issue to it. The Commission shall report regularly to the special committee and to the European Parliament on the progress of negotiations.

25) TFEU 제207조 4항 1문은 다음과 같다.

4. For the negotiation and conclusion of the agreements referred to in paragraph the Council shall act by a qualified majority.

26) Manfred Elsig, *The EU's Common Commercial Policy-Institutions, Interests and Ideas*(Hampshire: Ashgate Publishing Limited, 2002), p. 34.

27) *Ibid.*

❙ 제133조위원회의 정책결정과정[28] ❙

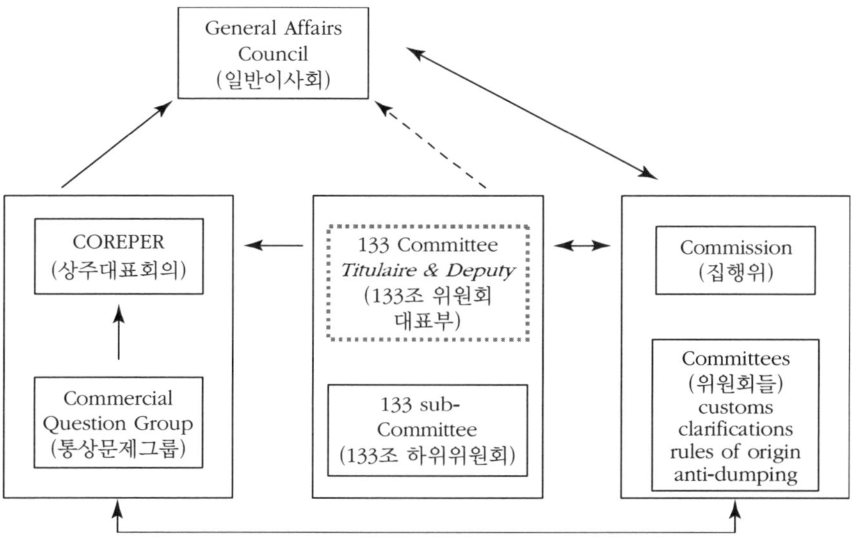

통로역할을 하며 정기적인 회의 외에도 중요한 사안일 경우에는 집행위원회와의 비공식 협의뿐만 아니라 전문가로 구성된 특별회의를 수시로 여는 등 협의가 지속된다.[29]

4) 유럽의회

리스본조약 이전의 유럽의회는 일반적인 국가의 의회와 같은 입법기관이라기보다는 자문 및 감독기관의 성격을 가지고 있다고 볼 수 있다. 협상과 관

28) Murphy, A. "In the Maelstom of Change: the Article 113 Committee in the Governance of External Economic Policy," in T. Chrisiansen and E. Kirchner(eds.), *Committee Governance in the European Union*(Manchester: Manchester University Press, 2000), p. 100. Manfred Elsig, *op. cit.*, p. 35 재인용.

29) 주춘렬 외, "국가간 대화가 EU 협상력의 근원 — 27개의 목소리 하나될 때까지 대화 또 대화," 세계일보(2007. 5. 8.), http://www.segue.com/Articles/Issue/INQUIRY/Article.asp?aid=2007050700325&subctg1=&subctg2=&sid=4000065(2008년 12월 3일 방문). EU의 통상총국의 한 관계자인 울리히 바일씨는 "집행위원회는 매주 금요일 제133조 위원회와의 회의를 통해 이사회와 의견조정 과정을 거친다. 한국과의 FTA 협상에서도 이 협의는 지속될 것"이라고 밝힌 바 있다.

련해서는 이사회가 협상안건을 확정한 후에 당해 내용을 알 수 있으므로 협상의 취지 및 목표에 대해서는 영향을 미치기도 어려웠다. 또한 EU조약상 예산이 수반되는 개발원조나 경제협력과 같은 협정을 제외하고는 대외협상의 체결에 있어서는 순수하게 협의역할을 담당하도록 되어 있었다. 따라서 공동통상정책과 관련하여서는 유럽의회의 입지가 강하지는 않지만 협상기간 동안 보고를 받고 논의할 수 있으며 여타의 사항에 대해서는 일정한 권한을 행사하고 있었다.

그러나 리스본조약에 따라 개정된 EU기능조약에 의하면 유럽의회의 권한이 매우 강화되었다.[30] 공동통상정책을 이행하기 위한 주체로 과거에는 위원회가 이사회에 제안을 하도록 규정되어 있었으나, 이제는 유럽의회와 이사회가 공동통상정책의 이행을 위한 조치의 채택 주체로 명시되어 있다.[31] 집행위원회는 지적재산권에 관한 국제협상 시에 유럽의회의 협의를 거치도록 되어 있으며, 협정의 임시적 적용이나 이행에 대한 감독과 관련한 어떠한 결정도 유럽의회에 즉각적이고 충분히 통보되어야 할 것을 규정하고 있다.[32] 그 밖에도 이사회는 대외협정의 체결 시 유럽의회와 사전 협의를 갖고 의견을 청취하되 EU의 예산이 수반되는 협정 등의 경우에는 유럽의회의 동의를 받을 것을 요구하고 있다.[33] 또한 유럽의회는 제안된 협정이 리스본조약과 합치하는지 여부에 관해 사법재판소에 의견을 구할 수 있다.

5) 시민사회

우루과이 라운드 당시까지만 해도 시민사회의 역할은 미미한 정도에 그쳤으나 현재는 기업가 그룹, 학계, 시민단체, 노동조합, 각종 산업협회 등으로 구성되어 이해관계 그룹과 각종 NGO 그룹으로 나뉘어져 각각은 공동통상정

---

30) Treaty of Lisbon(Treaty of Lisbon amending the Treaty on European Union and the Treaty establishing the European Community). 2007년 12월 13일 EU의 각 정상들이 리스본에서 공식 서명한 조약으로 기존의 EC조약을 수정하는 내용을 담고 있어 Reform Treaty(개혁조약)라고도 하며, 2009년 12월 1일 발효하였다.

31) TFEU 제207조 2항.

32) *Ibid.*

33) 유럽연합의 대외적 조약체결권에 대해서는 TFEU 제216조-제218조 참조.

책의 입안과정에 참여할 수 있게 되었다.

집행위원회는 시민사회와의 대화채널을 마련하고자 별도의 담당부서를 두고 있으며 이를 통해 정책 입안 시 의견을 수렴하고 이해를 제고하고자 노력하고 있다. 인터넷 등을 활용하여 의견을 수렴하기도 하며, 특정 그룹에 대해서는 수시 및 주기적으로 협의 및 회의를 진행한다. 통상 관련 이슈가 점차 복잡해지고 발전함에 따라서 이해관계를 갖는 당사자들이 증가하고 있으며 이들의 의견을 수렴함으로써 역내 회원국의 지지기반을 확보할 수 있다는 측면에서 시민사회의 참가는 앞으로 더욱 활발해지리라 예상된다.

6) 소 결

이상에서 살펴본 것은 EU 공동통상정책에 참여하는 주관기관의 범위 및 기능이었다. 공동통상정책의 입안부터 시행에 이르기까지 각각의 권한범위가 상이하였는데, 이는 EU 공동통상정책의 대상관할범위와도 사실상 밀접한 관련을 가지고 있다. 제133조위원회가 회원국과 집행위원회 간의 권한배분에 있어 균형점 및 상호 견제의 역할을 수행하는 것과 같이 각 관할주체에 대한 문제는 EU 공동통상정책의 물적 관할범위와 관련해서 재차 제기되는 문제이다. 따라서 이하에서는 EU 공동통상정책의 대상범위 및 권한에 관해 살펴보고 각 분야에 대한 관할범위에 있어서 집행위원회, 이사회 등은 어떠한 기능을 수행하는지를 검토한다.

Ⅲ. EU 공동통상정책의 권한 및 범위

로마조약에서 언급된 공동통상정책은 구체적으로 그 정의가 무엇인지 충분하지 않았음에도 EU가 배타적인 권한을 행사하는 범주로서 기능하며, 딜론 및 케네디 라운드에서 집행위원회는 공동체를 대표하여 협상자로서의 역할을 수행하였다.[34] 그러나 국제통상환경이 나날이 발전하면서 공동통상정책으로 관세율, 관세 및 무역협정 체결 정도만을 상정한 로마조약으로는 집행위원회

34) Manfred Elsig, *op. cit.*, pp. 26-27.

가 공동통상정책을 효율적으로 운영하기가 곤란해지기 시작했다.

더욱이 서비스·투자·지적재산권·무역과 환경·노동 등 새로운 통상이슈가 등장함에 따라 공동통상정책의 배타적 권한이 어디까지 미치는가에 관하여 회원국과 집행위원회 간의 견해가 대립되었다. 이하에서는 EU 공동통상정책이 갖는 배타적 권한의 성격과 함께 관할대상의 범위에 관해 살펴보기로 한다.

1. EU 공동통상정책의 배타적 권한성

공동통상정책의 가장 대표적인 특징은 '배타성(exclusivity)'에 있다.[35] 귀속(attribution)의 원칙은 EC조약의 체제 및 범위 내에서 본래 회원국에 속한 권한을 공동체에게 이양하는 것을 의미하는데 EC조약의 범위에서 EC와 각 회원국 간의 권한의 배분은 주로 공동의 원칙에 기반하고 있다. 권한의 배분이라는 것은 특정 분야에서 공동체의 권한이 증가함으로써 회원국들의 권한이 줄어드는 것을 의미하는데, 어떤 분야에서는 EC조약에서 공동체가 달성해야 할 목표에 따라 공동체에 배타적인 관할권을 부여할 수가 있었다.[36]

공동통상정책은 EU에 배타적인 관할권이 부여된 분야이다.[37] 그러나 앞에서도 언급한 바 있듯이 EU 공동통상정책의 관할범위가 어디까지인지에 대해서는 조약상에서 구체적으로 언급되지 않았기 때문에 집행위원회와 회원국 간의 논란이 항시 존재할 수밖에 없었다. 따라서 EU 내에서도 EU 공동통상정책의 배타적 권한에 대한 문제가 판례법으로도 여러 차례 확인된 바 있었다.[38] EU가 조약을 체결하는 실제에 있어서 EU와 회원국의 권한을 함께 포함하는 조약을 체결할 시에는 "EU and its Members"를 주어로 사용하여 혼합협정임을 밝히고 있다.

---

35) Marise Cremona, "The External Dimension of the Single Market: Building (on) the Foundations," Catherine Barnard and Joannes Scott(eds), *The Law of the Single European Market — Unpacking the Premises* (Oxford: Hart Publishing, 2002), p. 374.

36) Delano Verwey, *The European Community, the European Union and the International law of Treaties* (Hague: T.M.C. Asser Press, 2004), p. 27.

37) TFEU 제207조.

38) *Ibid.* 판결의 구체적 내용에 대해서는 이하의 유럽사법재판소(ECJ)의 판결 부분에서 살펴본다.

2. EU 공동통상정책의 관할범위

1) 조약 개정에 따른 변화

국제교역이 늘어남에 따라 교역문제가 단순한 상품교환을 넘어 서비스, 투자, 노동 및 환경, 지적재산권 등 여러 분야로 확대되고 복잡해졌으며, 이에 따라 기존의 공동통상정책 범위의 확대가 논의되었다. 또한 GATT에서 다자간 협상이 여러 차례 진행된 바, 관세가 인하되면서 통상정책의 목표도 단순한 관세인하의 차원을 넘어서 시장개방 및 기술표준 등의 새로운 통상문제에의 대응으로 초점을 맞추기 시작했다. 이에 따라 협상무대에서 실질적으로 공동통상정책을 시행해 오던 집행위원회의 기능에 제동이 걸리게 되었다. 공동통상정책의 대상범위 확대를 주장하는 집행위원회의 입장과는 달리, 각 회원국은 그들의 권한이 축소되는 것을 원하지 않았기 때문에 양자 간의 권한범위에 대한 접점의 문제가 끊임없이 제기되었다.

국제협상무대에서 집행위원회가 조약에 규정된 관할범위 외의 분야에 대해서도 협상을 진행해야 하는 현실적 필요성이 제기되는 동시에 이에 대한 회원국의 반발도 많았다. 특히 1973년 도쿄 라운드 당시 보조금, 정부조달, 기술장벽이 집행위원회와 회원국의 권한 중 어디에 속하는 사항인지에 관해 논란이 제기되어 이사회의 위임에 따라 집행위원회가 협상을 하긴 하였으나 문제가 명쾌하게 해결된 것은 아니었다.[39]

1986년의 우루과이 라운드 협상 당시에도 서비스교역, 투자, 지적재산권과 관련하여 도쿄 라운드 때와 같은 논란이 발생하였지만, 도쿄 라운드와 동일한 방식으로 해결하고 집행위원회와 회원국이 긴밀하게 협조하여 논란이 심화되지는 않았다.[40] 반복되는 이러한 문제를 해결하기 위하여 조약의 개정이 요구되었고 이에 따라 EU 공동통상정책의 관할범위가 변화하였다.[41]

---

39) 주벨기에대사관 겸 구주연합대표부(편), 앞의 책, 115면.

40) *Ibid.*

41) 조약 개정에 따른 EU 공동통상정책의 관할범위와 그 변화에 대해서는 박덕영(번역), 「WTO, 인터넷과 디지털콘텐츠의 교역」(방송위원회, 2006), 345-349면 참조.

리스본조약에 따르면[42] EU 공동통상정책은 EU 대외행동(the Union's External Action)과 조화를 이루며, 회원국에 대한 집행위원회의 권한과 입법절차에 있어 유럽의회의 역할을 강화하였다. 특히 유럽의회는 제3국과의 협상 정보를 집행위원회와 공유하게 되어 통상교섭에 대한 영향력을 확대할 수 있게 되었다.[43]

리스본조약에 따라 기존의 상품 및 서비스교역, 지적재산권으로 확대된 EU 공동통상정책의 범위는 한 발 더 나아가 외국인의 직접투자에까지 미치게 되었다.[44] 또한 배타적 관할권과 관련하여 해당 분야를 확대하였는데, EU와 회원국의 공동의 관할권 분야에 있었던 문화·시청각 서비스, 사회·교육·보건 서비스를 EU의 배타적 관할권 분야로 이전하여, 이들 분야에서는 제3국과 협정 교섭 시 EU와 회원국이 동시에 협상을 하게 되는 경우를 배제하되, 해당 분야에서 이사회 결정에 가중다수결이 아닌 만장일치 요건을 부과하였다.[45] 그러나 새로운 배타적 관할권 분야로 들어온 문화 및 시청각 서비스 관련 조치가 회원국의 문화적·언어적 다양성을 저해하는지, 사회·교육·보건서비스 관련 조치가 회원국 공공서비스 관리정책을 저해하는지 등의 여부를 둘러싸

42) 리스본조약은 공동체와 각 회원국 간의 권한배분과 그 행사의 한계를 보다 명확하게 정의하고 있는데 이에 대한 내용은 유럽헌법조약에서 규정된 내용과 대부분 동일하다. 채형복, "EU 리스본조약의 주요 법적 쟁점," 「한국프랑스학논집」, 제62집(2008), 13면. 공동통상정책에 관한 규정들은 다음 웹 사이트를 참조.
http://consilium.europa.eu/uedocs/cmsUpload/cg00014.en07.pdf. 상세한 규정은 첨부를 참조.

43) 주벨기에대사관 겸 주유럽연합대표부, 「EU 동향」, 2008 2/4분기, 통권 79호, 72면. 국회도서관 전자문서로도 이용이 가능하다.

44) TFEU 제207조 4항 2문은 다음과 같다.
For the negotiation and conclusion of agreements in the fields of trade in services and the commercial aspects of intellectual property, as well as foreign direct investment, the Council shall act unanimously where such agreements include provisions for which unanimity is required for the adoption of internal rules.

45) TFEU 제207조 4항 3문은 다음과 같다.
The Council shall also act unanimously for the negotiation and conclusion of agreements:
(a) in the field of trade in cultural and audiovisual services, where these agreements risk prejudicing the Union's cultural and linguistic diversity;
(b) in the field of trade in social, education and health services, where these agreements risk seriously disturbing the national organisation of such services and prejudicing the responsibility of Member States to deliver them.

고 논란이 일어날 가능성이 여전히 남아 있다.[46)]

2) 유럽사법재판소(ECJ)의 의견 (Opinion)

EU 공동통상정책의 관할범위에 있어 집행위원회와 회원국 간의 갈등은 조약의 개정을 이끌어내기도 하였고, 의미 있는 유럽사법재판소의 의견을 도출하게 되는 계기로도 작용하였다. 물론 지금에 와서는 관할범위가 명시적 규정으로 확립되었지만 이하에서는 유럽 내에서의 논의의 역사를 중요한 몇 가지의 의견들을 통하여 살펴본다.[47)]

(1) *Opinion* 1/75[48)]

AETR 사건에서 유럽사법재판소는 이미 “공동체는 EC조약에 상정되어 있는 공동통상정책을 이행하기 위하여 공동의 규정들을 채택한 경우 각 회원국들은 더 이상 개별적으로나 집단적으로 당해 규정에 영향을 미치는 대외협정을 체결할 수 있는 권리가 없으며, EU는 취할 수 있는 모든 방식으로 공동체법에 영향을 미치는 제 3 국에 대한 의무를 이행할 수 있다”고 언급한 바 있다.[49)]

이후 1975년 유럽사법재판소는 공동통상정책의 범위에 대한 판결을 내린 바 있는데, 그 주요 내용은 다음과 같다: “① 공동통상정책이 일반적인 국가들의 통상정책과 동일하므로, ‘수출신용관련 조치’도 공동통상정책의 범위에 속하며, ② 공동통상정책은 역내외 조치들의 조합이므로, 이미 확정된 정책 이행 차원에서 협정을 체결할 수도 있고 협정 자체에 의해 정책이 확정될 수도 있으며, ③ EU의 권한은 기본적으로 배타적일 수밖에 없는데, 이는 배타적 권한이 부여되지 않을 경우 회원국들은 대외관계에 있어 공동체의 공동이익을 희생하면서 자신들의 이익을 만족시키려고 할 수 있고 공동체 입장과 다른 정책을 취할 수 있어, 제도적 틀을 왜곡시키고 공동체 내 상호 신뢰를

---

46) *Ibid.*

47) 보다 자세한 내용은 Sara Dillon, *International Trade and Economic Law and the European Union*(Oxford: Hart Publishing, 2003), pp. 319-385 참조.

48) *OECD Local Cost Standard*, [1975] *ECR* 1355.

49) Delano Verwey, *op. cit.*, p. 28.

훼손시킬 수 있기 때문이다."[50]

(2) *Opinion* 1/94[51]

우루과이 라운드 협상이 타결되고 이를 채택하는 과정에서 집행위원회와 회원국 간의 견해 대립이 있었다. 집행위원회는 우루과이 라운드 협상이 이른바 '싱글 패키지(single package)'로 타결된 것인 만큼 EU의 이름으로 일괄 채택되어야 한다고 주장한 반면, 회원국들은 서비스교역, 지적재산권 및 투자 등은 회원국의 관할범위이므로 각 회원국의 개별 비준이 필요하다고 하였다.[52] 따라서 집행위원회는 회원국이 주장한 서비스, 지적재산권, 투자의 관할권이 집행위원회와 회원국 중 어디에 속하는지에 대해 유럽사법재판소에 의견을 구하였다.

유럽사법재판소는 WTO 협정을 체결할 권한은 기본적으로 EU가 갖지만, 서비스협정(GATS) 및 무역관련 지적재산권 협정(TRIPs)은 EU와 각 회원국이 공동으로 체결할 권한을 갖는다고 판단하였다.[53] 다만 서비스교역의 경우, 4가지 유형을 구분하여 Mode 1(국경간 공급)에 대해서는 상품과 유사하다는 이유로 EU의 배타적 관할범위에 속한다고 판단하였다. 지적재산권에 있어서는 직접적으로 국제교역에 관계되는 분야에 대해서만 EC조약 제133조의 적용대상이라고 하였다.[54]

이 사건에서 집행위원회는 회원국과 GATS와 TRIPs 협정의 체결권을 공유하게 된다면 이들 협정의 운영에 있어 문제가 발생할 수 있다고 지적한 바 있었으나, 재판소는 이러한 우려에 대한 법적 정당성을 인정하였음에도 "우선 공동체와 회원국이 공동으로 참여하는 행위의 단일성을 보장하기 위해서 필요한 조정과 관련하여 WTO 협정과 그 부속서의 이행에서 발생할 수 있는 문제들이 권한에 대한 우리의 판단을 변경하게 하지는 못한다. 이사회가 지적한 바 있듯이 협정의 이행상 발생할 수 있는 문제로 권한 배분의 문제를 해

50) 주벨기에대사관 겸 주유럽연합대표부(편), 앞의 책, 116면.
51) *WTO*, [1994] *ECR* I-5267.
52) 주벨기에대사관 겸 주유럽연합대표부(편), 앞의 책, 117면.
53) *Ibid.*
54) Sara Dillon, *op. cit.*, p. 346.

결할 수는 없다"고 판결하였다.[55)]

또한 당해 사건에서 유럽사법재판소는 판결이유를 통하여 공동체의 권한은 "공동체가 내부적 입법행위에서 비회원국민대우와 관련된 규정을 포함하고 있거나 명시적으로 비회원국과 협상할 권한을 부여하는 규정을 포함하고 있을 때에" 배타적일 수 있다고 밝혔다.[56)]

Ⅳ. WTO 체제와의 관계

EC조약의 전문에는 공동통상정책을 통해 국제무역에 기여하고 점진적으로 국제무역의 장벽을 철폐하고자 하는 취지가 드러나 있다.[57)] 이러한 취지에 따라 다자 및 양자 간의 협상에 있어서 EU회원국을 대신하여 집행위원회가 협상과정을 수행하고 있다. 특히 다자간 협상에서의 개방화를 추진하는 EU는 WTO DDA 협상에의 적극적인 참여 등을 비롯하여 활발한 활동을 하고 있다. EU 공동통상정책은 결국 대외통상관계에 있어 EU의 입장에 관한 것이므로 WTO 협정이 EU에서 어떠한 지위를 갖는지에 대해 살펴보는 것도 의미가 있다. 특히 상품뿐만 아니라 다양한 통상 분야를 포섭하고 있는 WTO 협정 체결 당시 회원국과의 논란 및 이행과정에 있어서의 논의를 검토하는 것은 EU 공동통상정책에 대한 이해를 한층 더 심화하는 데 유용할 것이다.

1. EU 공동통상정책과 WTO

공동통상정책의 시행으로 집행위원회가 27개국을 대표하여 협상을 하기 때문에 협상력의 강화를 도모할 수 있다는 점에서 EU는 WTO에서 핵심적인 참가자 중 하나로 볼 수 있다. EU 자체도 WTO의 정식 회원이므로 마치 28

55) Delano Verwey, *op. cit.,* p. 36

56) *Ibid.*, p. 32

57) 김세원, 앞의 책, 84면. 조약의 원문은 다음과 같다. "… DESIRING to contribute, by means of a common commercial policy, to the progressive abolition of restrictions on international trade …"

개의 투표권을 행사하는 것처럼 보일 수도 있다.[58] 그러나 WTO에서 의사결정은 컨센서스 방식에 따르기 때문에, 표의 수가 실질적으로 큰 의미를 갖는 것은 아니다. 실제 관행상 EU는 공동통상정책에 따라 회원국들끼리 각 개별 주요 쟁점들에 대해 입장을 사전에 조율하여 WTO 회의에 참여하며, 이에 따라 통일적인 입장을 나타내게 되는 것이다.

2. 혼합협정의 문제

앞에서 살펴본 *Opinion* 1/94는 서비스와 지적재산권에 있어 회원국과 집행위원회 간의 공동 관할권을 인정하였다. EU가 조약을 체결함에 있어서 EU 자신의 권한과 EU회원국 각자의 권한이 복합되어 있는 경우가 종종 발생하게 되는데, 이른바 'Mixed Agreement,' 즉, 혼합협정 문제로서 EU와 각 회원국이 공동으로 조약을 체결하게 될 수밖에 없게 된다. 여기서 혼합협정이란 "유럽공동체와 전체 또는 일부 공동체회원국들이 공동으로 참여하는 협정으로, 협정의 내용이 그 일부는 공동체의 대외적 권한에 속하고 다른 일부는 여전히 회원국들의 대외적 권한에 속하는 것으로 판단되는 경우에 당해 협정은 일방 '공동체 및 공동체회원국들'과 타방 제3국간에 체결"되는 협정을 말한다.[59] WTO 협정은 EU에 있어서는 혼합협정으로서 TFEU 제10조상의 집행위원회와 회원국이 공동체 임무달성을 촉진하기 위하여 서로 협력해야 하며 당해 조약의 목표달성을 저해하게 할 수 있는 어떠한 조치도 삼가야 한다는 상호협력의무의 대상이 될 것이다.[60]

---

58) 주벨기에대사관 겸 구주연합대표부(편), 앞의 책, 50면.

59) 김대순, 「국제법론」, 제14판(서울: 삼영사, 2009), 1490면.

60) 주벨기에대사관 겸 구주연합대표부(편), 앞의 책, 118면. 혼합협정에 대한 보다 상세한 내용은 C. Hillion and P. Koutrakos(ed.), *Mixed Agreements Revisited: The EU and its Members in the World*(Oxford: Hart Publishing, 2010) 참조.

Ⅴ. FTA 체제와의 관계

통상전문가들은 27개국으로 이루어진 EU의 체계적 특성상 회원국의 의견이 일치해야 협상이 진전이 있으므로 FTA 협상 시 주의를 요한다는 견해를 밝힌 바 있다.[61] 이는 앞에서 검토한 EU 공동통상정책과 관련한 내용으로서 이하에서는 양자 간의 통상질서로 대표되는 FTA 정책에서는 EU 공동통상정책이 어떻게 발현되는지 검토해보고 가서명을 마친 한-EU FTA에 대하여 간단히 알아본다.

1. EU의 FTA 정책

EU는 1960년대부터 많은 국가와 다양한 형태의 국제협정을 체결하여 왔다.[62] EU의 FTA 체결은 EC 공동통상정책에 따라 추진되고 있기 때문에 FTA 정책은 공동통상정책의 주요한 정책수단으로 기능하고 있다.[63] 공동통상정책에서의 각 관할주체의 역할에 따라 FTA의 체결 시에 집행위원회는 협상개시의 필요성을 이사회에 제안하고, 이사회의 승인이 이루어지면[64] 다시 집행위원회를 중심으로 하여 협상이 이루어진다.

그동안 EU가 체결해 온 FTA를 살펴보면 주로 유럽 인근 국가들과의 체결 및 과거 식민지 국가들과의 체결 등 경제적 이익뿐만 아니라 사회적·지리적·문화적인 요소와 매우 밀접한 관련이 있었다.[65] 사실 EU는 다자간 협상을

61) 박태호, "EU와 FTA 국민 설득," 동아일보(2007. 4. 25.); 노순규, 「한미·한EU FTA와 경제전략」(서울: 한국기업경영연구원, 2007), 205면 재인용.

62) 유럽경제지역(EEA), 관세동맹(Custom Union), 유럽협정(Europe Agreement), 유럽 국가들과의 FTA, 비유럽국가들과의 FTA, 특혜관세협정 등 이미 많은 경험을 축적하고 있다. 보다 자세한 내용은 이종원, "EU의 FTA 정책과 한-EU FTA에 대한 시사점," 「경상논집」(인하대학교 산업경제연구소), 제20집 제 2 호(2006), 69-72면 참조.

63) 이종원 외, 「한-EU FTA 현황과 전망 그리고 추진전략」(서울: 높이깊이, 2007), 79면.

64) TFEU 제207조 4항에 따라 가중다수결에 의하나 회원국의 이해관계에 매우 중요한 영향을 미치는 경우에는 만장일치에 의하여 결정한다.

65) EU의 FTA 체결 현황 및 제반 분석에 대해서는 이종원 외, 앞의 책, 82-85면 참조.

통한 개방화를 우선시하고 있었으나 최근에는 FTA 체결에도 적극적인 자세를 보이고 있다.[66] 특히 2006년 12월 "Global Europe"이라는 EU의 신통상정책에 관한 보고서를 통해서 FTA 체결에 대한 EU의 입장변화를 살펴볼 수 있는데, EU의 주된 입장은 세계 시장의 개방과 통합의 증진을 위한 정책적 수단으로 FTA를 활용하며, 다자간 협상체제에서 논의되기 어려운 투자, 정부조달 등의 쟁점을 다룸으로써 세계무역질서의 자유화를 촉진하겠다는 것이다.[67]

2. 한-EU FTA와의 관계

2003년 8월 우리나라의 "FTA 추진 로드맵"상 EU는 중·장기적인 FTA 추진 대상국으로 선정되었다. 이후 예비협의 및 민간전문가 등의 의견 수렴을 거쳐 2007년 5월 한-EU FTA 제1차 협상이 서울에서 개최된 바 있다. 이후 제8차 협상까지 이어졌고, 2009년 10월 15일 한-EU FTA 협정이 가서명되었다. 가서명된 협정 전문은 2010년 8월 현재 각 EU회원국들의 검토를 위하여 아일랜드어를 제외한 22개의 공식 언어로 번역하는 과정을 진행하고 있다. 이후 서명과 각 회원국 및 EU이사회의 비준과정을 거쳐 늦어도 2011년에는 발효할 것으로 예상된다.[68]

EU는 공동통상정책을 기반으로 하여 축적한 강력한 협상력을 바탕으로 EU의 시장개방의 정도 및 기술표준 등을 교역 상대국이 받아들이도록 하여 궁극적으로는 개방화된 국제무역질서를 달성하고자 한다. 이는 곧 EU 공동통

66) 한-미 FTA에서 정점에 달했던 아시아 국가들의 공격적인 FTA 정책들은 EU가 실질적으로 1990년대 후반까지 추진하지 않았던 FTA 협상을 다시 시작하도록 EU를 자극하고 있다. EU의 새로운 FTA 정책 변화의 성공적인 이행은 일본, 중국, 미국과 같은 다른 주요 국가들의 연쇄반응을 불러일으킬 것이다. 또한 EU는 거대 경제지역들 간의 FTA를 이끌 것인바, 지금까지와는 달리 경제적으로 세계무역체제에 중대한 영향을 야기할 수 있는 국가들과 FTA를 체결할 것이다. Dukgeun Ahn, "Foe or Friend of GATT Article XXIV: Diversity in Trade Remedy Rules," *Journal of International Economic Law* (March, 2008), pp. 108-109.

67) 이종원 외, 앞의 책, 86면.

68) EU의 조약체결절차에 대해서는 채형복, "리스본조약과 EU의 조약체결권 — 한-EU FTA 비준절차를 중심으로," 「통상법률」(2010. 2), 50-77면 참조.

상정책이 내세우는 목표이기도 하다. FTA 협상은 각 분과별로 협의가 진행되는데, 협상 상대방은 EU의 27개 회원국을 대표하는 실무자들이다. 물론 협상 전에 각 회원국들과 다양한 경로를 통하여 의견 조율이 이루어지겠지만, 향후 각 회원국에서의 이행 정도를 보장할 수 있는 장치를 협정문에 두는 것이 각기 다른 이해관계를 갖고 있는 회원국들에게 있어서의 이행을 위하여 바람직하다.

EU는 새로운 FTA를 추진하는 데 있어 몇 가지 지표를 고려하는데, 경제규모 및 성장의 측면인 시장잠재성, 관세 및 비관세 수준, 다른 국가와의 FTA 협상 여부 등이고, 우리나라는 EU에 있어 FTA 협상의 우선추진대상국이었다.[69] 따라서 한-EU FTA 협상 시부터 EU가 목표로 하는 시장개방과 무역자유화에 대한 요구가 상당하리라 예상되었고, 협상 결과 이러한 예상이 확인되었다.

2008년 10월 13일 유럽의회 브리핑에서 집행위원회의 David O'Sullivan 통상국장은 주요 통상쟁점을 발표하면서 한-EU FTA 협상은 다른 협상에 비해서 진척이 빠른 편이었으며, 자동차 및 의약품의 비관세장벽에 관한 이슈 등의 추가적인 진척이 필요한 상황에서 한국 측이 EU 측의 양허에 상응하는 결정을 할 것을 희망한다고 밝힌 바 있었다.[70] 한-EU FTA 협상은 EU의 바람대로 상당히 신속하게 진행되었으며, 시장개방 및 비관세장벽에 관한 부분이 주요 쟁점이 되었고, EU의 요구사항이 상당 부분 반영된 합의가 성립되었다. 특히 한-미 FTA보다 환경, 위성통신, 법률시장을 추가로 개방하는 등 KORUS-Plus 방식의 개방이 이루어졌다.[71]

Ⅵ. 결 론

유럽통합을 지향하는 거대한 정치·경제적 공동체인 EU는 회원국의 확대와 더불어 국제무대에서 협상력을 강화하고 있다. 우리나라와도 FTA 협상을

69) 주벨기에대사관 겸 구주연합대표부(편), 앞의 책, 167면.

70) http://www.koreanmissiontoeu.org/eu_policy/policy.php(2008년 12월 3일 방문).

71) 한-EU FTA 협상 결과에 대한 자세한 내용은 본서 제20장 참조.

완료하고, 가서명에 이른 EU는 우리나라와의 교역규모를 봤을 때도 우리의 통상전략을 수립하는 데 있어서 고려하지 않을 수 없는 주요 상대이다.

EU 공동통상정책은 현재 TFEU 제206조, 제207조에 규정되어 있으며 일찍이 공동농업정책과 함께 배타적 관할권으로서 인정되어 왔다. 특히 회원국 간의 관세동맹을 기본으로 하여 확립된 EU 공동통상정책은 회원국들 간의 무역장벽을 철폐하고 관세장벽을 낮춤으로써 국제통상 및 무역의 발전을 도모하고자 하는 목적을 가지고 있다. 공동통상정책의 시행으로 인하여 유럽의 각 회원국들은 국제 협상무대에서 동일한 목소리를 내게 되었고 이로 인해 결과적으로는 유럽연합의 협상력이 강화되었다. 따라서 다자간 및 양자간 통상질서 속에서 EU는 적극적이면서도 중요한 위치에서 유럽경제의 발전을 도모할 수 있게 되었다.

이러한 EU 공동통상정책을 수행하는 주체기관으로서는 집행위원회, 이사회, 유럽의회, 시민사회 등이 있는데, 무엇보다 중요하고 핵심적인 역할을 수행하는 기관은 집행위원회라고 할 수 있다. 집행위원회는 공동통상정책과 관련한 제안을 할 수 있고 이러한 제안이 이사회를 통과하여 확정되면 각 회원국들이 당해 정책을 적절하게 시행하는지를 집행위원회가 감독하거나 직접 시행하게 된다. 또한 집행위원회는 다자 및 양자간 협상에서 회원국들을 대표하여 협상을 진행하고 체결하는 기능을 수행한다.

한편 이사회는 각 회원국들로 구성되는 최고의사결정기구로서 집행위원회에 협상 권한을 부여하고 정책 제안을 승인하는 역할을 담당한다. 이사회는 이른바 제133조위원회라고 하는 특별위원회를 구성할 수 있는데 제133조위원회와 집행위원회는 상호 견제의 관계에 놓여있다고 볼 수 있다. 유럽의회 및 시민사회의 권한도 점차 중요해지고 있으나 EU 공동통상정책과 관련해서 무엇보다 중요한 것은 EU 공동통상정책의 관할범위이며 이는 다시 회원국과 집행위원회의 권한배분의 문제로 이어지게 된다. 이러한 권한배분의 접점에서 균형 및 조화를 위한 기능을 담당하는 것이 제133조위원회이다.

EU 공동통상정책의 권한범위는 EU 내에서도 오랫동안 논의되어 왔으며 도쿄 라운드 및 우루과이 라운드 협상이 진행되는 과정에서도 회원국과 집행위원회의 갈등이 있었다. 이에 대한 유럽사법재판소의 판결도 중요한 의미를 가지며, 이러한 과정에서 실제로 니스조약에 이르러 실질적인 개정이 이루어졌다. 니스조약에 따라 서비스교역 분야와 무역관련 지적재산권 분야 협정의 협상과 체결도 공동통상정책의 관할범위에 속하게 되었다. 리스본조약에 이르러서는 문화 및 시청각 서비스, 교육 서비스, 사회 및 인간건강 서비스의 통상과 관련해서도 이사회의 권한사항으로 규정하게 되었는데, 이 경우 이사회에서 회원국의 만장일치를 요구하고 있다. 리스본조약에서는 이사회와 집행위원회의 공동통상정책에 대한 권한을 보다 확대하고 있어 차후에도 계속 논의의 대상이 될 것으로 보인다.

대표적인 다자 및 양자 협상으로서의 WTO와 FTA 체제에서도 EU는 공동통상정책을 기반으로 하고 있다. EU는 다자간 협상을 통해 자유무역을 촉진하는 것을 기본방향으로 삼았지만, 최근에는 기존의 FTA 정책에서 보다 변화된 입장에서 FTA 체결을 추진하고 있다. 우리나라와 EU와의 교역규모를 볼 때, 현재의 한-EU FTA 체결에서뿐만 아니라 다자간 협상무대에서도 EU 공동통상정책에 기반한 EU의 통상정책과 전략을 파악하여 우리나라의 국익을 최대한 도모해 갈 수 있도록 앞으로 더욱 심도 있는 논의가 필요하다 하겠다.

EEA와 EFTA[72)]

EFTA(European Free Trade Association)는 유럽경제공동체에 가입되어 있지 않았던 유럽의 7개 국가가 1960년 EEC에 대응하기 위하여 영국이 중심이 되어 설립된 자유무역연합이다. 영국, 오스트리아, 스웨덴, 스위스, 덴마크, 노르웨이, 포르투갈 등 7개의 국가가 1960년 5월 3일에 결성하였으며, 1961년 핀란드가 준가입(1986년 정식 가입)하였고, 1970년 아이슬란드가 가입했다. 1973년 영국, 덴마크가 유럽경제공동체(EEC)에 가입하면서 탈퇴했고, 1986년 포르투갈도 EEC에 가입하면서 탈퇴했다. 1991년 리히텐슈타인이 가입했고, 1995년에는 오스트리아, 스웨덴, 핀란드가 유럽연합(EU)에 가입하면서 탈퇴하였다. 현재는 스위스, 노르웨이, 아이슬란드, 리히텐슈타인 4개 국가가 회원국이다.

당초 EU집행위원회는 EEA 창설을 통하여 기존의 EFTA 국가와 EU를 조화시키려고 했다. 하지만 EEA 협상이 당시에 지지부진함에 따라서 이들 3개국

72) 박덕영, “EC, EU, EEA & EFTA,” 「EU Brief」(2009년 10월호)의 내용을 일부 수정·보완한 것이다.

은 EU 가입협상을 통해 EU회원국이 되었던 것이다. 이들 3개국의 EU 가입 신청은 EU의 의사결정구조에 대한 개혁 논의를 더욱 가중시키는 계기가 되었다. 회원국이 점차 늘어나서 의사결정의 신속성을 담보할 수 없게 되자, EU 내의 프랑스, 독일 등의 강대국은 기존의 만장일치제 대신 가중다수결을 확대하고자 하였다. 이로서 다수결제 운영에 대한 회원국 간의 갈등이 심화되기도 하였다.

EEA(European Economic Area)는 이 EFTA 국가들과 EC 사이의 일부 영역에 있어서 하나의 유럽경제지역을 창설하기 위하여 추진되었다. 스위스는 국민투표에서 EEA 협정 비준을 거부하여 동 체제에 가입하지 않았으며, 결과적으로는 1992년 5월 2일 당시의 12개 공동체 회원국과 다섯 EFTA 국가들 사이에 서명되어 1994년 1월 1일부로 발효하였다. EEA협정은 그 전문에서 "하나의 동태적이고 동질적인 유럽경제지역(a dynamic and homogeneous European Economic Area)"의 창설을 그 목표로 내세우고 있다. 이것은 현재뿐만 아니라 미래의 공동체법이 EFTA 국가들에게도 적용되어야 함을 시사하고 있다. 2010년 8월 현재 EEA에는 EU 27개국과 스위스를 제외한 EFTA 회원국 3개국이 당사국으로 되어 있다.

우리나라와 EFTA는 FTA협정을 체결하여 발효 중에 있고, EU와는 2009년 7월 FTA 체결을 위한 협상을 타결하고 10월 15일 가서명을 한 후, 서명을 위한 준비작업을 하고 있다. EU와 EFTA, EEA 간의 관계를 간단하게 도식화하면 다음과 같다.

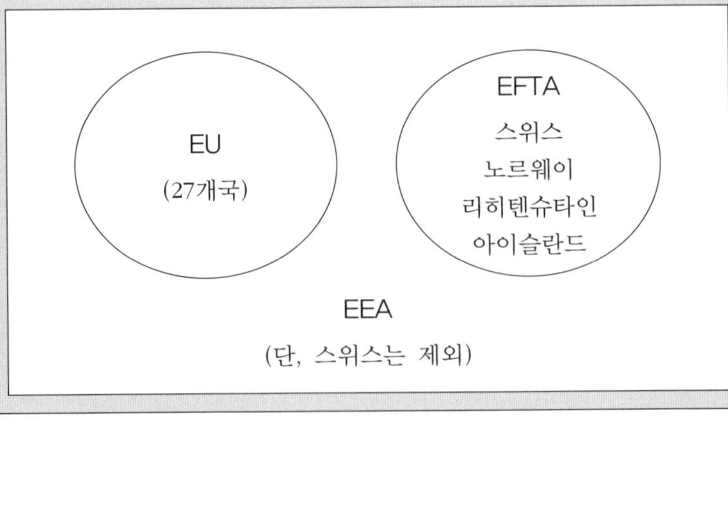

제13장 EU 회사법[1]

Ⅰ. 서 론

최근 세계화·정보화의 물결은 정치·경제·사회·문화 등 모든 영역에 걸쳐 엄청난 변화를 주고 있고, 이에 따라 기업환경이 크게 변화되어 세계 각국의 회사법은 전면개편 또는 개정되고 있다. 유럽 및 미국 등의 회사법도 ① 구조조정, ② 회사의 지배구조, ③ 화의 및 정리 등을 둘러싸고 엄청난 변화의 바람을 맞고 있다. 이를 한마디로 "회사법의 질풍노도시대"라고 표현할 수 있다.

EU의 경우 단일 회사법이 없어 형식적 개념의 회사법 개념은 존재하지 않는다. 따라서 실질적 의미에서만 그 개념을 파악할 수 있다. 즉 유럽회사법이란 실정법과 같은 형태의 법이 아니라, 학문적인 연구대상으로서 유럽공동체의 회사법의 조정과 통일작업을 통하여 생성되는 새로운 분야의 회사법을 말한다. 즉 EU설립조약에 따라서 지침(Directive, Richtlinie)에 의한 회원국 회사법의 조정, 규칙(Regulation, Verordnung)에 의한 통일적 형태의 유럽주식회사(Societas Europaea: SE)의 설립 및 회원국 간의 협정(Convention, Übereinkommen)에 의한 회원국의 회사 등의 상호인정을 통하여 형성되는 회사법의 접근

1) 본고의 내용은 홍복기, 「EU 會社法」(법문사, 1999)의 내용과 사법연수원, 「EU법」(2009)에 게재된 것을 개정된 EU조약에 따라 수정·보완한 것임.

화 내지 통일화현상을 말한다. EU가 완성된 법공동체가 아니라 여전히 연방을 향하여 형성과정에 있는 자율적인 법치공동체(an autonomous Community based on the Rule of Law)라는 점에서 공동체 법질서의 한 부분을 이루는 회사법도 유동적이고 가변적인 성격을 갖게 되는 것이다.

Ⅱ. 회사법 조화(동화)의 목적

현재 EU회원국은 각국마다 회사의 설립·조직·운영을 규율하는 회사법을 갖고 있어 EU 역내에서 활동하는 기업은 후술하는 유럽경제이익단체(EEIG)와 2004년부터 설립된 유럽주식회사를 제외하고는 개별 회원국법에 따라 설립되어 운영되고 있다. 그러나 EU의 단일시장이 성립됨으로써 회원국의 기업은 국가적 보호로부터 벗어나서 역내 및 역외기업과 경쟁을 하게 된다. 이러한 경쟁에서 살아남기 위해서는 기업은 가장 유리한 기업환경을 제공하는 나라에 본거를 갖고 기업의 경쟁력을 강화하는 것이 필요하다. 여기서 만약 기업의 중심법인 회사법·증권거래법·독점규제법 등이 국가마다 큰 차이를 보인다면 그 법적 장애로 인하여 각국의 경쟁조건의 차이, 회원국 간의 통상에 대한 장애, 투자조건의 투명성이 감소되고 리스크의 계산이 곤란하게 된다.

따라서 EU의 통합으로 인한 시장의 확대에 따라 EU규모에 걸맞는 기업을 발전시키고 또한 역내에서 기업이 자유로이 활동하고 경쟁력을 키우기 위하여는 회사법·독점금지법·증권거래법 등의 기업관련법의 조화 내지 통일화가 필요하며, 현재 이 목적을 위한 입법이 진행되고 있는 것이다. 특히 유럽경제에 관한 법 중에서 가장 중요한 법 중의 하나는 기업생활관계를 규율하는 기본법인 회사법이기 때문에 단일시장의 형성을 위하여는 회원국 간의 서로 다른 회사법규정을 조화시킬 필요가 있는 것이다. 결국 EU에서의 회사법 동화의 목적은 진정한 회사설립의 자유를 통한 완전경쟁의 실현과 경제통합의 촉진에 있다고 볼 수 있다. 즉, EU 각 회원국 사이에 서로 상이한 설립절차 내지는 규제를 동질화시킴으로써 역내에서의 완전경쟁의 실현을 도모하는 것으로 보인다.

회사법 동화의 실질적인 목적은 이른바 'Delaware Effect'의 방지에 있는 것으로 알려지고 있다(Delaware Effect — 미국의 Delaware주의 회사법이 회사설립과 운영, 경영자의 책임 등에 있어 다른 주보다 유리하게 규정되어 있어 많은 회사들이 Delaware주로 이주하여 회사를 설립하자 미국의 다른 주들도 Delaware주와 같이 회사법의 규정을 완화시킨 현상을 말한다. 이를 'Race for the Bottom'이라고도 한다).

Ⅲ. EU 회사법의 특징

1. 미국회사법과의 차이점

미국회사법에 있어서는 ① 일반적으로 주주의 보호(특히 소수파주주의 보호)에 중점이 두어지고 있고, ② 경영구조에 있어서 이사회 일원주의를 취한다. 이에 비해 EU는 ① 회사의 채권자 보호에 그 중점을 두고 있으며, ② 주주의 보호 이외에 '기업이익'을 고려하며, ③ 이사회 이외에 감사회제도를 도입하고 있다. 이는 미국은 전통적으로 개척자 정신, 개인주의, 정치적 민주주의가 강조되는 반면에, EU는 사회연대사상이 강하기 때문이 아닌가 추측된다.

2. EU 회사법의 특징

자본충실의 원칙을 준수하고, 각종 회사의 행위 시 채권자 이의절차를 밟도록 강제하는 등 채권자의 보호에 중점을 두고 있다. 다만 최근에는 자본충실의 원칙이 과연 회사 채권자보호의 왕도인가에 대한 반성이 일고 있는 추세에 있다. 또한 근로자, 직원 등 종업원의 보호도 회사법의 주요 가치기준의 하나로 자리매김하고 있다. 회사의 중요 결정사항에 대한 종업원 대표의 참여에 의한 공동결정이 단적인 사례이다. 그리고 회사 이외에 민법상 조합, 등기된 협동조합 등도 회사의 개념에 포함시킴으로써 그 적용범위를 확대하고 있다. 한편 EU 회사법은 자본충실 원칙의 연장선상에서 배당요건이 매우 엄격하다. 그리고 미국과 달리 자금조달을 위한 주식 및 사채의 종류가 협소하다. 또한 미국 회사법에 비하여 회사의 조직과 활동에 관한 규율이 보다 엄격하다. 예컨대 무액면주식제도의 도입에 소극적이며(다만 최근에 유로의 도입으로 독일 등이 이를 도입함), 각종 주주총회 결의의 정족수 등이 가중되어 있다. 특히 회사 채권자의 보호를 위하여 자본의 회사재산 구속적 기능이 강하게 나타나 있다. 참고로 미국의 Model Business Corporation Act(MBCA)는 1980년 개정 이후부터 액면주제도 및 이를 기초로 한 자본의 회사재산 구속적 기능을 포기하였다. 그 밖에 각종 회사행위의 정족수 완화를 비롯하여 전반적으로 회사행위의 탄력성이 보장되어 있다. 그러나 임원 책임의 엄격성 및 소수파주주의 보호 측면에서는 미국이 EU보다 강력하다.

Ⅳ. 회사법 조화의 법적 근거와 그 수단

실질적 의미의 회사법의 존재연원을 회사법의 법원이라고 할 때, EU 회사법의 법원(연원)에는 EU설립조약,[2] EU와 제3국(또는 타 국제기구) 간의 국제협정, 규칙(Regulation), 지침(Directive), 공동체법의 일반원칙(판례를 통하여 확립)으로 파악할 수 있다. 이러한 법원들 가운데 규칙도 중요한 역할을 수행하지만 가장 중요한 역할을 수행하는 것은 지침이다.

1. 설립의 자유의 보장

1) 의 의

주권국가와 달리 EU의 권한은 그 설립조약에 의하여 EU에 위임된 것에 한정된다. 따라서 EU 회사법의 조화도 TEU의 해당조문을 근거로 이루어지고

2) 기존의 EU조약 및 EC설립조약을 개정하는 리스본조약(Treaty of Lisbon amending the Treaty on European Union and the Treaty establishing the European Community)이 2009년 12월 1일부터 발효되었다. 리스본조약은 EU조약(Treaty on European Union: TEU)과 EU기능조약(Treaty on the Functioning of the European Union: TFEU)의 두 조약으로 구성되어 있다. 본 글에서 'EU조약'은 'Treaty on European Union'을 말하며, EU기능조약은 'Treaty on the Functioning of the European Union'을 말한다.

있다.

EC설립조약 제 2 조는 유럽경제공동체의 임무(목적)를 역내시장과 경제·통화의 단일, 공통의 정책과 활동을 통하여 ① 공동체에 있어서 경제활동의 조화와 균형과 지속적인 개선, ② 상위수준의 고용과 사회보호제도의 유지, ③ 남녀평등, ④ 지속적이며 균형있는 성장, ⑤ 경쟁력확보와 경쟁성과의 수렴, ⑥ 환경보호와 환경의 질의 지속적인 개선, ⑦ 생활수준의 향상 촉진, ⑧ 회원국 간의 경제적·사회적 결속의 증진 등에 두고 있다. 리스본조약에 의해 개정된 TEU 제 3 조는 위 사항을 주된 내용으로 포함하면서 보다 포괄적으로 EU의 목적을 규정하고 있다.

EU의 설립목적에 따라 다시 EU기능조약 제 1 부 제 4 편(제45조-제66조)에서는 이를 구체화하고 있으며, 그 중 제 2 장(제49조-제55조)은 설립의 자유(right of establishment)'라는 표제하에 회원국에 있어서 설립의 자유를 제한하는 규제의 철폐에 관한 일반규정을 두고 있다(제49조 1항). 이에 따라서 제54조 1항은 회원국법에 의하여 설립되고 등록사무소(registered office), 본점(central administration), 또는 사업의 주된 장소가 공동체 내에 있는 제54조 2항에서 규정한 회사와 기업에 대하여 회원국의 자연인과 마찬가지로 동등하게 취급할 것을 규정하고 있다. 제54조 2항은 "회사 또는 기업이라 함은 협동단체를 포함한 민·상법에 의하여 설립된 회사와 기업, 비영리법인을 제외한 공·사법상의 회사를 말한다"라고 규정하고 있다. 따라서 제54조 2항에서 규정한 회사와 기업은 이윤을 창출하는(profit-making) 모든 기업을 포함한다. '이윤창출'이라는 의미는 실제의 달성 여부와 관계없이 이윤추구가 정관에서 정한 기업의 목적이라는 것을 의미하며, 여기에는 민법상의 조합(partnership), 유한 또는 무한책임회사, 협동단체, 상호부조단체, 그리고 국유화기업(nationalized industries)과 같이 이윤창출을 목적으로 하는 공법상의 법인이 포함된다. 그러나 이사회가 실제로 채택하거나 EU위원회가 제안한 지침(안)은 거의 상법상의 회사 특히 자본회사를 대상으로 하고 있다.

2) 설립의 자유와 기업의 이전

EU기능조약에서 인정된 설립의 자유는 기업의 설립과 그 이후에 자회사,

지점, 혹은 대리점을 설치할 수 있는 것이다. 이를 2차적 설립이라고 한다. *In Re Insurance Services, EC Commission v. Germany* 사건[3)]에서 유럽법원은 한 기업이 회원국에서 상주하고(permanent presence) 있다면 그 기업은 회원국에서 설립된 것으로 보아야 한다고 판시하였다. 여기서의 존재는 기업자신의 임원에 의하거나 대리상과 같이 독립적이지만 한 기업을 위하여 계속적으로 활동할 권한을 갖고 있는 자에 의하여 관리되는 사무소이더라도 지장이 없다고 보고 있다. 또한 이 견해에 따르면 설립은 새로운 회사를 창설하는 경우에 참가의 형태를 결정하거나 실제의 본점(head office)이라고 부르는 회사의 중앙경영조직을 이전하는 것을 포함한다.

회원국 내에 등록사무소(registered office)만을 두고 있는 기업이 설립권에 의한 이익을 향유할 수 있는가에 관하여는 다툼이 있다. 다수 회원국의 국제사법상의 원칙에 의하면 회사의 업무를 관할하는 법은 활동중심지(siège réel, central administration)의 법이므로 회사가 회원국 내에 등록되어 있으나 기업의 본점이 공동체 밖에 있다면 그 법적 존재는 다른 회원국에서는 인식될 수 없다. 따라서 기업의 설립권에 관한 EC의 규제제거 일반프로그램은 활동중심지의 법원칙을 채택하고 있기 때문에 다소 논의의 여지가 있지만 회사가 설립권의 이익을 향유하기 위하여는 어느 한 회원국과 계속적으로 연결되어 있어야 한다.

한 국가에서 다른 국가로의 등록사무소의 이전은 회원국 회사법 간의 차이에서 발생하는 여러 가지 문제를 야기한다. 이러한 이전은 법률적으로 영국, 독일, 벨기에, 아일랜드, 덴마크, 네덜란드 등 많은 회원국에서 인정되지 않는다. 이들 나라에서는 등록사무소의 이전은 회사의 청산(liquidation)을 가져오며, 비밀준비금(hidden reserves)에 대한 과세를 의미한다. 그러나 프랑스와 이탈리아법에서는 일정한 조건 하에서 인정된다. 조건이 충족되는 경우에 프랑스 혹은 이탈리아 회사는 청산절차를 거치지 않고 주소국을 떠날 수 있으나, 조세부담은 면하지 못한다. 회사가 다른 나라로 중앙경영조직(본점)을 이전하는 경우에도 동일한 문제가 발생한다. 유럽법원은 *Daily Mail* 사건에서 등록사무소 또는 중앙경영조직을 다른 국가로 이전하는 자유는 설립권(right

3) Case 205/84[1987] 2 *CMLR* 69, 100.

of establishment)에 해당되지 않으며 장래에 있어서 입법 혹은 협약에 의하여 해결될 문제라고 밝힌 바 있다.

3) 설립의 자유와 회사법의 조화

각 회원국 회사법의 차이는 조약에서 규정한 설립의 자유(freedom of establishment)에 대하여 명백한 영향을 줄 수 있다. 즉 기업이 역내시장에서 자유로이 활동을 하기 위하여는 회원국이 정한 회사법의 기본원칙이 동일하지 않으면 안 된다. 예컨대 업무집행자의 대표권의 범위, 자본충실의 원칙이 다르다면 거래안전을 위태롭게 할 염려가 있는 것이다.

이에 따라서 EU기능조약 제50조 1항은 유럽의회와 이사회가 경제사회위원회의 자문을 거쳐 역내 기업활동의 자유의 제한을 제거하기 위한 지침을 작성할 것을 규정하고 있으며, 다시 동조 2항은 a–h호까지 8개의 항목으로 나누어 구체적인 임무를 규정하고 있다. 이 중 g호는 공동체가 설립의 자유를 실현하기 위한 조치를 취할 것을 규정하고 있다. 따라서 국내회사법의 조정을 실행하는 직접적인 법적 근거로서 우선적으로 들 수 있는 것은 EU기능조약 제50조 2항 g호이다. 즉 동호는 EU기관(의회·이사회)에게 EU기능조약 제54조 2문이 규정하는 회사에 있어서 사원 및 제 3 자를 위한 보호규정이 공동체에 있어서 동등하도록 필요한 조정(coordinating)을 할 것을 규정하였다. 이는 각국의 회사법제에 의하여 소수주주·채권자·피용자에 부여된 보호의 정도가 다르기 때문에 역내에 있어서 경쟁의 왜곡이 생기는 것을 방지하기 위하여 보호조치에 의하여 역내에서의 회사법을 동질화하기 위한 취지이며, 일련의 회사법 지침은 이 조문을 근거로 한다.

2. 조화의 범위

제50조 2항 g호의 문언상으로는 몇 가지 불분명한 점이 있다. 우선 조정(coordinating)이 법의 접근(approximation) 또는 조화(harmonization)와 다른 의미인가가 분명치 않으며 판례에 의하여도 나타나고 있지 않다. 그러나 위의 용어들은 동일한 의미로 볼 수 있으며, 분명한 것은 법의 조화가 법의 통일을

의미하는 것은 아니라는 점이다. 즉 회사법의 조정은 보호규정을 동일하게 하는 것이 아니고, 동가치(gleichwertig, equivalent)로 하는 것이 목적이다. 각국법의 규정을 긁어 모아 그 총화의 산술적 평균을 명확히 하는 것이 조정의 목적은 아닌 것이다. 각국법의 상황을 충분히 검토한 후 역내시장의 기능화, 공동체설립의 목적을 달성하기 위하여 필요한 보호규정의 수준을 분명히 하고, 각국법을 이 수준에 도달시키는 것을 목적으로 한다. 따라서 회사법의 조정은 보호규정의 최저기준을 확정하는 것이 그 목적이라 할 수 있다.

제50조 2항 g호에서의 사원은 출자자(예컨대 주식회사의 주주)이며, '제3자'는 회사의 사원과 기관구성원 이외의 모든 자를 의미하므로 채권자·종업원을 포함한다고 보는 것이 일반적인 견해이다. 다만 추상적인 국민경제상의 이익은 이 규정의 직접적인 대상이 아니다. 또한 종업원 내지 노동자의 보호에 관하여는 EU기능조약 제3부 제10편 '사회정책(Social Policy)'(제151조 이하)에서도 상세히 규정하고 있다. 특히 동 제136조는 노동자의 생활조건과 노동조건에 관한 법규정의 조정을 예정하고 있다. 이에 관한 국내법규정의 조정은 원칙적으로 EU기능조약 제114조를 그 근거로 하고 있다.

또한 조화의 대상이 무엇인가에 대하여 불분명한 점이 있다. 예컨대 회사법의 어떠한 규정을 주주와 제3자를 위한 보호규정으로 볼 수 있는가에 관하여 문제가 될 수 있으며, 이는 특히 개별국의 회사법 간에 상호관련성을 고려하면 어려운 문제임이 분명하다. 또한 개별국의 회사법규정이 사실상 동등한가에 관하여 판단하는 것도 대단히 어려운 문제가 될 것이다.

Ⅴ. 지침에 의한 조화

위에서 살펴본 바와 같이 EU기능조약 제50조는 설립의 자유를 실현하기 위하여 유럽의회와 이사회가 경제사회위원회의 의견을 청취한 후 지침을 제정할 권한을 부여하였다. 따라서 각 회원국이 지침에 따라서 국내입법을 행함으로써 회원국 법제간 접근이 실현된다.

위와 같이 현재 유럽에서는 하나의 통일된 회사법은 없으나, 유럽의회와 이사회에서 제정한 지침에 의하여 접근(조화)되는 중에 있다. 현재 회사법에 관하여 확정된 주요 지침으로는 제 1 지침(공시 지침),[4] 제 2 지침(자본 지침),[5] 제 3 지침(합병 지침),[6] 제 4 지침(결산 지침),[7] 제 6 지침(분할 지침),[8] 제 7 지침(연결재무제표 지침),[9] 제 8 지침(결산감사인 지침),[10] 제11지침(외국지점에 관한 지침),[11] 제12지침(일인회사 지침)[12] 등이 있다. 위의 지침들은 기업환경의 변화에 따라 수시로 개정되고 있다.[13] 최근에는 상장회사에 있어서 주주권행사에 관한 특칙이 지침으로 성립되었다.[14]

또한 과거에 논의되었던 지침안으로는 제 5 지침수정안(회사지배구조 지침),[15]

---

4) First Council Directive of March 1968(18/151/EEC) concerning the capacity of the company and its directors, and questions of publicity and nullity of the company (OJ No. L65 of 16. 3. 1968, pp. 8-12).

5) Second Council Directive of 13 December 1976(72/91/EEC) on the formation of public limited companies and the maintenance and alteration of their capital(OJ No. L26 of 31. 1. 1977, pp. 1-13).

6) Third Council Directive of 9 October 1978(78/855/EEC) concerning mergers of public limited liability companies(OJ No. L295 of 20. 10. 1978, pp. 36-43).

7) Fourth Council Directive of 25 July 1978(78/660/EEC) on the annual accounts of certains types of companies(OJ No. L222 of 14. 8. 1978, pp. 11-31).

8) Sixth Council Directive of 17 December 1982(82. 891.EEC) on concerning the division of public limited companies(OJ No. L378 of 31. 12. 1982, pp. 47-54).

9) Seventh Council Directive of 13 June 1983(83. 349.EEC) on consolidated accounts (OJ No. L193 of 18. 7. 1983, pp. 1-17).

10) Eighth Council Directive of 10 April 1984(84/258/EEC) on the approval of persons responsible for carrying out statutory audits of accounting documents(OJ No. L126 of 12. 5. 1984, pp. 20-26).

11) Eleventh Council Directive of 30 December 1989 on disclosure requirements in respect of branches opened in a Member State(OJ No. L395 of 30. 12. 1989, pp. 36-39).

12) Twelfth Council Directive of 30 December 1989 concerning single-member private limited companies(OJ No. L395 of 30. 12. 1989, pp. 36-39).

13) EU 회사법 지침과 개정내용은 http://eur-lex.europa.eu 참조.

14) Directive 2007/36/EC of the European Parliament and of the Council of 11 July 2007 on the exercise of certain rights of shareholders in listed companies(OJ No. L184 of 14. 7. 2007, pp. 17-24).

15) Amended proposal for a Fifth Council Directive on the structure of public limited companies, and the powers and obligation of their organs(OJ No. C240 of 9. 9. 1983, pp. 3-28).

제 9 지침초안(콘체른 지침),[16] 제10지침안(국제합병 지침),[17] 제13지침수정안(주식 공개매수 지침)[18] 등이 있었다. 이 중 제 5 지침 수정안은 2001년에 폐기되었다. 제10지침안은 2004년에 폐기되어 유한책임회사의 국제합병에 관한 지침[19]으로 대체 성립되었다. 또한 제13지침안은 폐기되고, 기업매수 지침[20]으로 대체되었다.

1. 지침의 법적 성격

위와 같이 EU기능조약은 법제도의 조화를 위한 법적 수단의 하나로서 지침을 정하고 있는데, 지침은 회원국의 법제도를 조화하기 위한 공동체법상 입법형식의 하나이다.

지침은 규칙과는 달리 그 제정이 이루어졌다 하더라도 회원국에 대하여 바로 직접적 효력이 인정되는 것이 아니라, 회원국이 지침을 국내법화하는 조치를 취할 때 비로소 그 효력이 인정되는 것이다. 즉 EU의회와 이사회결의에 의하여 지침이 성립된 경우 그 지침은 달성될 결과에 대해서만(규제목표, as to the result to be achieved) 회원국을 구속하며, 어떠한 방식 또는 입법수단으로

---

16) 콘체른, 즉 기업집단(company group)에 관한 논의는 가장 발달되어 있는 독일법을 바탕으로 70년대 초에 시작하여 위원회에 의하여 1974, 1981, 1984년에 그 초안(preliminary drafts)이 제시된 바 있다(L. C. B. Gower, *Principles of Modern Company Law*, 5th ed.(Sweet & Maxwell, 1992), p. 63). Gower 교수는 오늘날 국제적 콘체른이 유럽 단일시장에 많은 영향력을 가져다주기 때문에 콘체른 지침의 조속한 제정을 강조하고 있다.

17) Proposal for a Tenth Council Directive on cross-border mergers of public limited companies(OJ No. C23 of 25. 1. 1985, pp. 11-15).

18) Amended proposal for a thirteenth Counsil Directive on company law, concerning takeover and other general bids(OJ No. C240 of 26. 9. 1990, pp. 7-30. 이에 관하여는 졸고, "EC의 공개매수에 관한 제13지침안 연구," 「商去來法의 理論과 實際」(石影 安東燮敎授 華甲紀念)(세창출판사, 1995), 422-448면 참조.

19) Directive 2005/56/EC of the European Parliament and of the Council of 26 October 2005 on cross-border mergers of limited liability companies(OJ No. L310 of 25. 11. 2005, pp. 1-9).

20) Directive 2004/25/EC of the European Parliament and of the Council of 21 April 2004 on takeover bids(OJ No. L 142 of 30. 4. 2004, pp. 12-23).

규제목표를 국내법화하는가는 각 회원국에 위임되고 있다(EU기능조약 제288조 3문 참조). 따라서 지침은 규칙과 달리 회원국의 국민에 대하여 직접 적용되지는 않고, 회원국에 있어서 국내입법조치가 있어야만 그 내용이 실현된다.

회원국의 국내법은 지침에 기하여 그 규제의 효과에 있어서 실질적으로 동등하게 되도록 개정할 의무가 있는 것에 지나지 않는 것이다. 그러므로 지침의 대상이 된 회사법상의 특정 규정의 조화는 회원국이 지침에 상응하는 국내의 법적 조치를 취할 때 비로소 완료되는 것이다. 이를 위하여 법률절차상으로는 국내에 있어서 기존의 회사법관련입법(상법·유한책임회사법·주식회사법 등)을 개정하는 새로운 입법이 필요하게 된다. 따라서 EU기능조약은 회원국이 독자의 법질서를 유지하면서 역내시장의 창설·기능화를 위하여 필요한 범위에서 법규정을 조정한 것에 불과하다. 회사제도는 그 나라의 정치이념이나 관례와 깊이 관련되기 때문에 EU기능조약은 회사법의 직접적인 통일에 관한 규정을 두지 않고 회원국의 입법기관의 권한을 존중하여 완만한 회사법 조정을 규정한 것으로 볼 수 있다. 그러므로 회사법 지침은 회원국에 대하여 지나치게 넓은 선택권을 주었다는 비판이 따른다.

이와 같은 비판과는 다르게 실제로는 회사법 지침의 많은 규정은 회원국에게 그 시행에 있어서 거의 재량을 주고 있지 않은데, 이러한 규정은 그 시행시기가 경과하도록 회원국이 국내법을 조정하지 않으면 일정조건하에서 바로 회원국에 있어서 직접적인 효력을 발생한다고 보고 있다. 따라서 이와 반대되는 어떤 국내규정보다 우선하는 효력을 갖게 되며, 회원국의 자연인 또는 법인은 지침의 적용을 주장할 수 있게 된다.

EU회원국이 EU조약상의 의무를 이행하지 않는다면 다른 회원국은 우선 EU위원회에 의뢰하여 이행에 필요한 조치를 취할 것을 요구할 수 있다. EU위원회는 회원국에 대하여 EU법의 준수를 위해 필요한 조치를 요구할 수 있으며, 그래도 회원국이 위원회의 의견에 따르지 않는다면 EU재판소에 제소할 수 있다(EU기능조약 제258조 참조). EU재판소가 어느 회원국에 대하여 EU법상의 의무위반판결을 내리면 그 회원국은 유럽법원의 판결에 따라 결정된 필요한 조치를 하여야 할 의무가 있다(EU기능조약 제260조 1항).

또한 회원국이 지침의 요구에 따른 입법을 일단 행한 경우에는 지침의 내용과 충돌되게 법을 개정할 수 없다. 지침의 이러한 효력을 응고효과(凝固效果)라고 한다.

이따금 지침 내 규정의 의미가 불분명한 경우에는 회원국의 입법자를 어렵게 하는 경우가 있다. 이러한 경우에는 회원국의 법원이 회원국의 국내법에 따라 판단의 여지가 있는 한 EU법의 요구에 따른 지침의 시행을 위하여 채택된 국내입법을 해석하여야 할 것이다

또한 지침의 해석에 관하여 의문이 있는 경우에 회원국법원은 정식 판결에 앞서 유럽법원에 선결적 판결을 요구할 수 있으며, 회원국법원은 유럽법원의 해석을 따라야만 한다.

2. 회사법 지침의 주요 내용

1) 제 1 지침 (공시 지침)

1968년 3월 9일 당시 EC이사회는 공시제도에 관한 국내회사법 조화를 위한 제 1 지침을 채택하였다. 이는 자본회사를 적용대상으로 하는 총14개조의 지침으로서 ① 회사에 있어 기본적인 서류 또는 사항의 공시에 관한 법규정 ② 회사의 이름으로 부담하는 의무(설립 중의 회사가 부담한 채무 포함)의 효력에 관한 규정 ③ 회사설립의 하자에 관한 규정을 조화함을 목적으로 한다. 제 1 지침에 대하여는 회원국의 국내입법화가 거의 이루어졌으며, 영미법상의 '능력외 이론'을 부정하고 있다.[21]

2) 제 2 지침 (자본 지침)

1976년 12월 13일 당시 EC이사회는 회사의 공시규정과 자본의 유지·변경에 관한 회원국 국내회사법 조화를 위한 제 2 지침을 채택하였다. 이는 주식회사의 설립과 자본증가 시에 자본액에 상당하는 자산이 확실히 조달되는 동시에 조달된 자본이 회사 존속 중에 유지되는 것을 보장하여 주주 및 제 3 자 보호를 목적으로 회원국의 회사법 규정을 조화하려는 것이다.

---

21) 능력외 이론은 영국의 판례법에서 유래하였으나 영국마저도 폐지한 이론이다. 능력외 법리가 언급되고 있는 나라는 일본과 우리나라뿐이다.

대부분 국내입법화가 이루어졌으며, 자본확정 및 자본충실에 대하여 규정하고 있다. 원칙적으로 확정자본제를 채택하고, 예외적으로 수권자본제를 도입하였다. 기타 최저자본, 납입기간, 현물출자에 대한 검사, 자기주식 취득제한, 주주평등의 원칙을 규정하였다. 이는 자본충실의 원칙을 구체화한 것으로 평가되며, 대륙법의 시각에 입각한 것으로 보인다. 1992년 11월 23일의 지침 등에 의하여 수차례 보완 개정되었다.

3) 제 3 지침 (합병 지침)

EC이사회는 1978년 10월 9일 주식회사의 합병에 관한 회원국 회사법의 조화를 목적으로 하는 제 3 지침을 채택하였다. 주식회사의 합병은 주주 및 회사채권자의 이해에 크게 관계되기 때문에 주주 및 채권자의 보호를 위하여 합병의 사전 공시제도를 충실히 함과 아울러 합병검사인 제도를 도입하는 것을 골자로 한다. 그리고 회원국에 대해서 주식회사에 관해 지침에서 정하는 합병규제를 입법화할 의무를 부과하고 있다.

대부분 국내입법화가 이루어졌다. 사전공시제도 등을 규정하여 합병에 대한 법적 통제가 미국에 비하여 강하고, 합병검사인제도를 두고 있다. 미국회사법에서 인정되는 현금합병(cash merger)은 인정되지 않고, 존속 또는 신설회사의 사원권(주식)을 제공하도록 하고 있다. 다만, 합병교부금은 해산회사 주주에 교부되는 주식의 액면총액의 10%의 범위 내에서 인정하는 것으로 하고 있다. 제 3 지침의 적용범위는 주식회사의 국내적 합병에 한정된다.

4) 결산 지침

제 4 지침(재무제표 지침)은 주식회사, 유한회사 등의 계산서류 작성에 관한 기본원칙을 정한다. 재무제표는 대차대조표, 손익계산서 및 재무제표주석으로 구성된다. 회사의 영업에 관한 중요사항을 기록하는 영업보고서(annual report)와 그 내용에 대하여는 별도의 규정이 있다. 재무제표 작성의 기본원칙으로는 명료성의 원칙, 계속성의 원칙, 진실공정의 원칙이 적용된다. 모든 기업형태에 적용되며, 기업의 규모(대·중·소)에 따라 규율하고 있다.

제 7 지침(연결재무제표 지침)은 지배 종속관계에 있는 회사에 대하여 회계

정보의 공시, 즉 연결·통합 재무제표를 작성할 것을 요구한다. 1983년 6월 13일 EC이사회는 콘체른 기업의 연결결산에 관한 제 7 지침을 채택하였다. 지침의 첫 번째 제안은 1976년 4월 4일 제출되었는데, 이 제안은 계산 지침법 발효 전의 독일 주식법의 규정과 일치하는 콘체른 계산(경제적 합일체)의 사고를 기초로 하고 있었다(그러나 적용기준으로서의 연결고리는 독일의 콘체른 관계가 아닌 영국식의 지배종속관계이다). 이 제안은 일인회사, 인적회사, 공개기업 등도 콘체른 상부기업으로서 연결의무를 부담하게 하는 등 상당히 진보적인 내용을 담고 있었다. 이 제안은 그 외에 다양한 부분콘체른 결산서의 작성의무를 예정하고 작성면제를 인정하지 않았다. 이 제안에 대하여 경제사회위원회와 유럽의회의 비판적 의견이 표명되었고, 이러한 의견에 따라 위원회는 이사회에 1978년 12월 12일 변경제안을 제출하였다. 그러나 이 변경안에 대하여도 강력한 비판이 제기되자 최종안의 선택에 이르기까지 많은 수정이 이루어져 지침이 성립하게 되었다.

제 8 지침은 1984년 4월 10일 당시 EC이사회에 의해 채택된 것으로 회계감사인의 자격에 관한 지침이다. 이는 제 4 지침, 제 7 지침의 목적을 달성하기 위한 불가결의 보완물로서 회계감사인의 자격에 관한 국내법 규정의 조화를 목적으로 한다. 이 지침은 회계감사 이외의 업무에 관한 조항을 규정하고 있지 않다. 이러한 점에서 이 지침은 공인회계사에 관한 지침이 아니고 회사법상의 회계감사인(결산검사)에 관한 것이라는 점에 주의하여야 한다. 이와 관련하여서는 회계관련 기준의 세계적 통일이 금융자유화와 관련하여 문제되고 있다. 제 4 지침과 제 7 지침은 국제회계기준에 맞추어 최근 개정되었다.[22)]

5) 제 6 지침 (분할 지침)

1982년 12월 17일 EC이사회는 주식회사의 분할에 관한 회원국 국내회사법 조정을 위한 제 6 지침을 채택하였다. 원래는 합병 지침에 분할을 합병유사

22) Directive 2006/43/EC of the European Parliament and of the Council of 17 May 2006 on statutory audits of annual accounts and consolidated accounts, amending Council Directives 78/660/EEC and 83/349/EEC and repealing Council Directive 84/253/EEC(OJ No. L157 of 9. 6. 2006, pp. 87-107).

행위로 규제하려고 하였으나 독일의 반대로 인하여 별도의 규제를 하게 된 것이다. 회사의 분할은 '어느 회사(분할회사)의 권리의무의 전부나 일부가 분리되어 이미 존재하거나 신설되는 하나 이상의 회사(수혜회사)에 포괄승계되고 그 대가로 수혜회사의 사원권이 원칙적으로 분할회사 사원들에게 부여되는 회사법상의 제도'라고 할 수 있다.

제 6 지침에서는 합병분할, 신설분할, 혼합형태 등의 분할의 유형을 인정하고 있다. 경제적인 면에서 합병과 정반대이지만 권리의무가 포괄승계되고, 분할회사가 소멸하는 때에는 청산절차 없이 해산한다는 점에서는 합병과 유사하며, 지주회사의 설립에도 유리하다. 또한 이는 회사의 구조조정과 관련하여 이루어지는 점에서 보면 합병과 유사하게 된다. 따라서 합병 지침이 많이 준용되고 있다.

6) 제 9 지침 (콘체른 지침) 안

1974년 및 1975년 준비초안에 대한 각 회원국과 관련단체의 의견을 청취한 후 EC위원회는 1985년 콘체른 조직에 관한 제 9 지침안을 공표하였다. 1974/1975년 초안에서 콘체른 외부법(제 1 부)과 콘체른 조직법(제 2 부)을 모두 포함시켰다가 1985년 초안에서 콘체른 조직법만을 별도로 독립하여 제안한 것이다. 준비초안이 제 1 부에 규정한 콘체른 외부법은 별도의 지침을 작성하도록 하였다.

제 9 지침안은 독일 주식법에 따라 지배계약의 체결(즉 계약콘체른)을 중심으로 콘체른 규제를 인정하면서 보충적으로 유럽주식회사규칙의 구조적 콘체른(사실상의 콘체른) 규제도 인정함으로써 콘체른의 이원적 구성방식을 따르고 있다. 특히 제 9 조에서는 사실상의 콘체른에서의 이해조정 규범 중의 하나로서 '사실상의 업무집행자'의 개념을 도입하고 있다. 기타 90% 이상의 지분 보유 시 잔여주식에 대한 강제매수 의무, 편입제도, 자유주주 특별보고제도를 규정하고 있다.

그러나 콘체른 규제는 제한을 의미한다는 관념, 관할권 분쟁 시의 해결에 대한 의견대립, 제 9 지침안의 채택이 바로 독일법의 수용을 의미한다는 심리적 거부감 등에 기인하여 위 제안은 위원회 자체에서 거부당하여 사실상 폐기 상태에 있다.

7) 국제합병 지침

주식회사의 국제적 합병은 회사가 해산의 과정에서 청산함이 없이 모든 소극·적극재산을 외국회사의 주식과 교환하는 방식으로 양도하는 회사법상의 절차를 말한다. 이러한 국제적 합병은 대부분의 EC회원국에서 회사법적으로 불가능한 실정이다. 종전의 국제합병에 관한 제10지침안은 외국(미국 및 일본)의 거대한 기업군에 대하여 유럽 기업의 경쟁력을 강화하기 위한 주식회사의 국제적 합병을 가능하게 한다는 취지에서 1985년 1월 14일 제안되었다. 제10지침안은 정부간 협약과 제 3 지침, 특히 제 3 지침을 토대로 하고 합병의 국제적 성격으로 인하여 제기되는 특이한 문제를 감안하여 제 3 지침을 보충·삭제하는 형식을 취하였다. 우선 국제적 합병에 있어서 노동자의 보호는 77/187 지침(노동자의 보호에 관한 지침)에 의한다. 다만 회원국은 회사기관의 구성에 노동자가 참여할 수 있는 규정을 가진 회사에 대해서는 이 지침안의 적용을 배제할 수 있다. 제10지침안은 노동자의 공동결정권 등을 둘러싼 회원국의 이견 때문에 유럽 의회가 의견표명을 거절하여 전혀 진전이 없었다.

그러나 유럽이사회는 회원국이 이견을 보이는 부분에 대하여는 유보시킴으로써 종전의 제10지침안을 폐기하고 그 대신에 지침의 연번 없이 국제합병에 관한 지침을 새롭게 성립시켰다.

8) 제11지침 (지점설치에 관한 지침)

1989년 12월 21일 당시 EC이사회는 자본회사의 지점 공개의무에 관한 제11지침을 의결하였다. 이 지침은 각 회원국에 설립된 다른 회원국의 자본회사의 지점의 공개의무에 대해서 정하고 있다. 공동체에서의 기업활동의 자유는 자회사 설립 또는 지점의 설치를 통해서 구현될 수 있다. 이 지침은 회사들이 자회사 설립에 대신하여 지점을 설치하는 방법으로 공개요건에 관한 규정을 잠식하는 경향에 대해 주주와 제 3 자들을 보호하는 목적을 가진다. 이 지침의 대상은 외국회사가 설립한 지점에 한정됨을 주의하여야 한다.

9) 제12지침(1인 회사 설립에 관한 지침)

1989년 12월 21일 EC이사회는 유한책임회사를 대상으로 하는 제12지침을 의결하였다. 이 지침에 의해 모든 회원국에서 회사에 제공된 재산을 유한책임으로 하는 1인 기업을 설립할 수 있게 되었다. 유한책임회사는 설립에 의해서만이 아니라 소유회사 지분의 통합에 의해서도 1인 사주를 가질 수 있다. 소유회사 지분의 통합 및 사주의 동일성은 모든 사람이 입수 가능한 등기부의 공시대상이어야 한다.

채권자 보호를 위해 사주총회로서의 자격인 1인 사주의 모든 결정은 문서로서 확정되어야 한다. 이는 1인 사주와 1인 사주가 대표한 회사 사이의 계약이 정상적 조건하에 체결된 현행 업무들과 관련되지 않는 경우에도 적용된다. 주식회사 형태로 설립된 1인 회사 또는 유한회사 형태의 1인 회사에는 동일한 규정이 적용되어야 한다. 이 지침은 스페인처럼 1인회사를 허용하지 않는 회원국에게 중요한 의미를 갖는다.

10) 기업매수 지침

1989년 1월 19일 EC위원회는 주식공개매수에 의한 기업 매수가 경쟁력 있는 기업의 선별과 재구축에 이바지하는 것으로 보고 주식회사를 규율대상으로 하여 목표회사 의결권의 1/3 이상의 주식을 취득하고자 하는 경우 공개매수청약의무를 부과하는 등 모든 회원국 내에 동등한 기준의 주주보호원칙을 도입할 것을 제13지침안으로 제안하였다. 제13지침안은 각 회원국의 주식회사 또는 합자회사를 규율대상을 하고 모든 회원국 내에서 동등한 기준의 주주보호원칙을 도입하고 있으며 각 회원국들에게 매수활동을 관할할 행정관서를 지정하도록 명하고 있다. 이 지침안의 모델이 된 것은 영국의 기업매수법(Take-Over Code)이다. 제13지침안은 1990년, 1996년, 2002년 등 수차례 수정안이 제기되었으나 채택되지 못하였다. 결정적인 암초는 영미법에서 유래하는 소위 의무적 잔여지분취득에 관한 것이었다.

그러나 2003년 12월 종전의 제13지침안은 폐기되고, 새로운 기업매수에 관한 지침[23]이 이사회에서 채택되었다. 기업매수 지침의 주요내용은 공개매수자와 대상회사의 정보제공의무, 공개매수에 있어서 매수가격의 제한, 회사 지배권취득시 의무공개매수(mandatory bid), 대상회사 경영진의 중립의무와 방어장치의 철폐, 공개매수자가 대상회사의 주식 90% 내지 95%(구체적 비율은 이 범위 내에서 회원국이 결정)를 취득한 경우에 공개매수자의 잔여주주에 대한 주식매도청구권(right of sqeeze-out)과 잔여주주의 공개매수자에 대한 주식매수청구권(right of sell-out)의 인정 등이다.

Ⅵ. 규칙에 의한 조화

1. 규칙의 효력

이사회에게 매우 포괄적인 권한을 부여하고 있는 EU기능조약 제352조(구 EC조약 308조)는 회사법의 조화의 수단으로서 중요하다. 동조는 유럽공동체의 입법근거로서 대단히 유용한 수단으로 제정되었는데 공동체의 활동을 확대하기 위함이다. 즉 동조에 의하면 "EU에 의한 행동이 EU기능조약 내에서 규정한 정책범위 내에서 EU의 목적달성에 필요하고, 본 조약이 필요한 권한을 제공하지 않은 경우 이사회는 위원회의 제안과 의회의 자문을 거쳐 만장일치로 적절한 조치를 취할 수 있다"고 규정하고 있다.

EU기능조약 제352조에 기한 법제도 조화의 법적 수단으로서는 규칙(Regulation)이 활용되고 있다. 규칙의 효력은 EU기능조약 제288조 2문에 의하면 일반적 효력(general application)이 인정되며, 회원국 내에서 전면적·직접적으로(entirety and directly) 적용된다. 따라서 규칙은 강행법적 성격을 가지므로 회원국의 입법자가 이를 변경하는 것을 허용하지 않으며, 회원국의 사인 간의 법률관계에도 직접 적용됨이 원칙이다. 또한 규칙은 회원국에게 많은 분야에 있어서 시행입법을 제정할 것을 요구하고 있다.

---

23) Directive 2004/25/EC of the European Parliament and of the Council of 21 April 2004 on takeover bids(OJ No. L142 of 30. 4. 2004, pp. 12-23).

후술하는 유럽경제이익단체(European Economic Interest Grouping: EEIG)에 관한 1985. 7. 25.의 이사회규칙과[24] 2004년 10월 8일부터 효력이 발생하는 2001. 10. 8.의 유럽주식회사법에 관한 이사회규칙[25]은 EU기능조약 제352조(EC 설립조약 308조)에 의한 것이다. 또한 자본시장이 세계화됨에 따라 기업회계의 투명성과 국제적 적합성이 요청되었고 공개회사에 대하여 국제회계기준(IAS)의 적용을 위한 규칙이 2002년에 규칙의 형식으로 채택되었다.[26] 동 규칙은 국제회계기준의 변화에 맞추어 이후 매년 개정되고 있다.

2. 유럽경제이익단체

1) 법적 근거

1985년 당시 EC이사회가 유럽경제이익단체에 관한 규칙을 제정하였다. 이 단체는 기업 및 자유업 기타 자영업자에게 국경을 초월한 협력을 용이하게 할 법적 장치를 제공할 목적으로 창설된 최초의 유럽규모의 기업형태이다.

2) 요　건

이는 그 구성원들의 경제적 활동을 용이하게 하거나 발전시키는 것 및 이들의 활동성과를 개선하거나 향상시키는 것을 목적으로 하며(예컨대 공동구매와 판매, 공동연구소의 설립, 상품의 통일화 등), 유럽경제이익단체 자신의 이익 획득을 직접목적으로 하지 않는다. 이를 보조성이라 하는데, 이러한 보조성 때문에 구성원의 활동과 밀접한 관련이 있어야 하며, 단체 스스로의 이익을 추구하여서는 안 되고 어느 구성원의 활동 분야를 완전히 대체해서는 안 된다. 또한 유럽경제이익단체의 활동은 구성원의 경제적 활동과 관련되어야 한

24) Counsil Regulation(EEC) No. 2137/85, OJ No. L 199/1, 31 July 1985.

25) Counsil Regulation(EC) No. 2157/2001, OJ No. L 294/1, 10. 11. 2001.

26) Regulation (EC) No. 1606/2002 of the European Parliament and of the Council of 19 July 2002 on the application of international accounting standards, OJ No. L 243, 11. 9. 2002, pp. 1-4; Commission Regulation (EC) No. 1725/2003 of 29 September 2003 adopting certain international accounting standards in accordance with Regulation (EC) No. 1606/2002 of the European Parliament and of the Council, OJ No. L 261, 13. 10. 2003, pp. 1-420.

다(EEIG 제3조 1항).

이를 설립하기 위해서는 둘 이상의 회사 또는 자연인이 필요하며 자연인은 상업, 수공업 기타 기업을 경영하거나 농기업을 하거나 자유업에 종사하는 사람이어야 한다. 또한 단체에의 출자는 필수적인 것이 아니며, 구성원은 무한의 인적인 연대책임을 부담하게 된다.

3) 이점 및 운영

모든 구성원은 독립적이며 그들이 계약에 규정한 활동과 책임을 단체에 전가할 수 있다는 이점이 있다. 한편 이는 법률사무소 등의 서비스 관련 분야에서의 이용이 두드러지게 나타나고 있다.

3. 유럽주식회사

1) 연 혁

유럽주식회사법의 제정을 통한 통일적인 형태의 주식회사(Societas Europea: SE)의 설립을 가능하게 해 주는 법적 근거도 EU기능조약 제352조(구 EC조약 308조)에 의한 규칙(Regulation)의 형식을 취하고 있다.

그동안 1975, 1989, 1991년에 유럽주식회사법안이 제출되어 왔으나, 특히 경영조직과 노동자의 경영참가에 대한 회원국 간의 현저한 입장차이로 회원국의 명백한 반대에 부딪쳐 EC이사회는 표결을 거부하였다. 그러나 유럽역내시장의 달성을 위해 1988년경부터 유럽주식회사법의 중요성이 다시 대두되어 당시 EC위원회는 1975년의 규칙안과는 전혀 다른 3번째 규칙안을 1989년 8월 25일에 제안하였다.[27] EC이사회는 이에 부수하여 노동자의 지위와 관련한 지침안을 마련한 결과 당초의 규칙안은 '유럽회사법 규칙안'과 '유럽회사에 있어서 노동자의 참여에 관한 관련지침안'으로 분리되게 되었다. 1989년 10월에 구성되었던 EC이사회 의장 휘하의 특별연구단은 위 규칙안과 지침안에 대해 심의를 하였고, 이 특별연구단의 심의결과를 기초로 1990년 5월 EC이사회의

27) COM(89) 268 Final-SYN 218 and 219, 25 August 1989; OJ No. C 263 of 16 October, 1989, p. 41.

법률자문단이 연구결과를 발표하였다. 또한 1991년 3월에는 사용자와 노동자 연합이 1989년의 제안에 대한 의견을 내놓았다.

1991년 5월 EC위원회는 이러한 의견들을 종합하여 '유럽회사법 규칙안'과 '유럽회사에 있어서 노동자의 참여에 관한 관련지침안'에 대한 개정안을 제안하였다. EC위원회의 표현에 따르면 개정안은 그 내용뿐 아니라 기술적으로도 많은 변경 및 개선을 거친 것이다.

2001년 10월 8일에 제정되어 3년간의 유예기간을 거쳐 2004년 10월 8일부터 발효된 유럽주식회사법은 기본적으로 1989년과 1991년의 안을 바탕으로 회원국 간의 첨예한 이해대립을 최소화한 정치적 타협으로 이루어졌다. 조항수가 1975년 유럽회사법초안에서는 284개조이던 것이 1989년의 안에서는 137개조, 1991년의 안에서는 108개조로 감소되었고, 최종적인 결과로 나타난 2001년 회사법규칙에서는 다시 70개조로 축소된 것만을 보더라도 유럽회사법의 입법과정이 회원국 간의 견해의 불일치로 난항을 거쳐 왔음을 알 수 있다.

이와 같이 유럽주식회사법 규칙에서는 최소한의 규정을 두고 있기 때문에 유럽주식회사를 규율하기 위한 법규정이 미흡하다. 이에 따라 규칙에서는 유럽주식회사에 대한 법원(法源)으로 규칙, 유럽주식회사의 정관, 회원국의 유럽회사에 관한 특별규정, 회원국의 주식회사법 순으로 열거하고 있다(유럽회사법 제 9조). 2001년 유럽회사법규칙도 1989년과 1991년안과 마찬가지로 동 규칙에서는 노동자의 경영참여의 문제는 직접 다루지 않고, '노동자의 경영참여에 관한 유럽회사법 추가 지침'[28]에 의하여 회원국의 선택에 맡기고 있다.

유럽주식회사법에 포함되지 않는 회사법상의 관련 문제들(경쟁법, 고용법, 지적재산권법)은 회원국의 국내법과 공동체법에 의해 규율된다.

2) 필 요 성

(1) 국가별 회사법 규율의 차이극복과 범유럽적 기업활동 수단제공

현재 각종 지침에 의하여 회원국들의 회사 관련 법령들이 상당히 많이 동질화되어 있으나, 개별 회원국 법령에 의하여 설립된 회사가 다른 회원국에

28) 정식명칭은 "Council Directive 2001/86/EC of 8 October 2001 supplementing the Statute for for a European company with regard to the involvement of employees"이다.

서 영리활동을 하는 데에는 여전히 큰 장애가 많은 실정이다. 이런 경우에 SE를 통하면 다음과 같이 EU 전체 차원에서 개별 회원국 법령의 제약을 별로 받지 않고 영리활동을 할 수 있게 된다.

첫째, EU 역내의 기업들에게 국제적 합병을 통한 국경초월적 구조변경을 할 수 있는 가능성을 부여한다. 둘째, 국제적 콘체른이 공동자회사나 지주회사의 설립을 위해서도 매우 유효하며, 역내에 있어서 본점 이전의 자유를 확보하고, EU 전역으로부터의 자금조달을 용이하게 하며, 역내의 다국적 기업의 통일적 관리를 용이하게 하여 기업운영비용을 경감시키는 효과를 가져온다. 셋째, 이는 공동체 차원에서 이미 조화된 회사법 규정과 관련된 독립법 체계에 기초하고 있으며, 회원국 국내법의 회사형태와 병존하고 기업들에게 추가적인 선택권을 제공한다.

(2) 공동결정제도로부터의 탈출 위험을 어느 정도 방지

과거 제 5 지침안, 콘체른 지침안 등이 채택되지 않은 것은 다른 무엇보다도 공동결정제도이다. EU 차원에서 이처럼 공동결정제도를 동질화하려고 하는 이유는 공동결정제도로부터의 탈출을 방지하기 위하여서인데, SE는 부차적으로 이러한 위험을 어느 정도 감소시키는 방안도 되는 것이다. 왜냐하면 지주회사 설립이나 공동자회사 설립에 의한 방식으로 SE를 설립하는 경우에는 공동결정제도를 택하고 있는 국가의 법률에 의하여 설립된 해당 당해 회사는 여전히 공동결정제도의 적용을 받기 때문이다.

3) 유럽주식회사의 특색과 설립방법

유럽주식회사(SE)는 공동체 내에서 유럽주식회사법에서 정한 조건에 따라 공개유한책임회사(public limited liability company)의 형태로 설립되어, 그 자본은 주식으로 분할되며, 주주는 주식의 인수가액을 한도로 책임을 부담하는 독립된 법인격(legal personality)을 갖는 회사이다(유럽회사법 제 1 조 참조). SE의 자본은 유로(euro)로 표시되며, 최소인수자본은 12만 유로 이상이어야 한다(제 4 조).

이와 같이 유럽주식회사는 그 본질이 통상의 주식회사와 다름없으나, 원칙적으로 역내의 국적이 다른 주식회사가 융합하고 국제 경쟁에서 견디는 거대기업이 되기 위해 또는 역내의 국적이 다른 기업이 공동자회사를 설립하고 기업의 합리화, 경쟁력의 강화를 도모하기 위하여 이용되는 법형태로서 '국제성'의 요건이 요구된다. 이에 따라 유럽주식회사법 제 2 조는 유럽주식회사의 설립방법을 다음과 같이 4가지로 규정하고 있다.

첫째, 회원국의 법률에 따라 설립되고 등록사무소(registered office)와 본점(head office)을 공동체 내에 두고 있는 복수의 주식회사(public limited-liability company)[29]들은 합병에 의하여 유럽주식회사를 설립할 수 있다. 단 복수의 주식회사 중 적어도 두 회사는 상이한 회원국법의 적용을 받아야 한다(제 2 조 1항). 유럽주식회사법 제17조-제31조에서 규정한 합병에 의한 유럽주식회사의 설립절차는 대부분 국내합병에 관한 제 3 회사법 지침(Third Company Law Directive)과 국제합병(cross-border mergers)에 관한 제10지침안을 참고한 것이다. 따라서 합병의 의의·요건·효력·절차 등은 제 3 회사법 지침과 거의 유사하다. 합병회사의 피용인이 갖는 권리는 Dirctive 77/589/EEC에 따라 회원국 내에서 보호된다.[30] 모든 합병회사(founder company)에 공통적으로 적용되는 합병조건에는 일정사항들이 포함되어야 하고, 이러한 합병조건들은 회원국의 관보에 공표되어야 한다.[31] 또한 합병당사회사의 모든 이사회는 주주들에 대해 합병을 정당화시키는 상세한 보고서를 작성해야 한다. 이러한 보고서는 주주를 위하여 주식교환비율이 공정하고 합리적인가의 여부를 특히 조사할 책임이 있는 전문가에 의해 심사된다.[32] 합병은 합병 당사회사의 주주총회의 승인을 받아야 하며, 합병을 승인하는 결의에는 국내합병시에 적용되는 것과 동일한 조건이 적용된다.[33] 합병요건 준수의 감독과 통제에 관련된 제25조, 제26조는 회원국 간의 감독절차를 조화시키기 위한 일정원칙을 규정하고 있다.

---

29) public limited-liability company(공개유한책임회사)는 통상 주식회사를 말한다. EC 회원국법에 설립된 회사 중 어느 회사가 이에 해당되는가에 관하여는 유럽회사법 부칙 1에 열거되어 있다.

30) OJ No. L61, 5 March 1977, p. 26.

31) 유럽주식회사법 제21조.

32) 유럽주식회사법 제22조.

33) 유럽주식회사법 제23조.

유럽주식회사의 설립이 흡수합병의 방식을 따르는 경우 소멸회사의 모든 자산과 권리의무는 법률상 당연히(ipso jure) 포괄적으로 존속회사로 이전하고, 소멸회사의 주주는 존속회사의 주주가 되며, 존속회사는 유럽주식회사를 설립하여야 한다. 신설합병의 방식에 의하여 유럽주식회사를 설립하는 경우 합병당사회사의 모든 권리의무는 신설되는 유럽주식회사에 포괄적으로 이전되며, 합병당사회사의 주주는 유럽주식회사의 주주가 되며 당사회사들은 소멸된다.[34]

둘째, 회원국의 법률에 따라 설립되고 등록사무소와 본점을 공동체 내에 두고 있는 복수의 주식회사와 유한회사들은 지주회사 형태(holding company)의 유럽주식회사를 설립할 수 있다. 단 이들 중 적어도 두 회사는 상이한 회원국법의 적용을 받거나 또는 최소한 2년간 다른 회원국의 적용을 받는 자회사를 갖거나 다른 회원국에 소재하고 있는 지점을 두고 있어야 한다(제 2 조 1a항). 지주회사형태의 유럽주식회사의 설립은 주식의 교환을 통해 이루어진다. 설립당사회사들은 의결권있는 주식의 50%이상을 유럽주식회사에 이전하고, 주주들은 유럽주식회사의 주식을 교부받게 된다.[35]

셋째, EU기능조약 제54조 2문에서 규정한 회사나 기업, 기타 회원국법에 따라 설립되어 공·사법에 의해 규율되며 자신의 등록사무소와 본점을 공동체 내에 두고 있는 법인(legal bodies)들은 주식인수를 통하여 공동자회사(joint subsidiary company)의 형태로서 유럽주식회사를 설립할 수 있다. 단 이들 중 적어도 두 회사는 상이한 회원국법의 적용을 받거나 또는 최소한 2년간 다른 회원국의 적용을 받는 자회사를 갖거나 다른 회원국에 소재하고 있는 지점을 두고 있어야 한다(제 2 조 3항).

넷째, 회원국 법률에 따라 설립되고 등록사무소와 본점을 공동체 내에 두고 있는 주식회사는 최소한 2년간 다른 회원국의 적용을 받는 자회사를 갖고 있는 경우에는 유럽주식회사로 조직변경 할 수 있다(제 2 조 4항).

위와 같이 네 가지 설립방법은 쉽게 말하면 국적이 상이한 기존의 유럽 내의 회사나 법인들이 합병·지주회사의 설립·공동자회사의 설립·조직변경에 의하여 유럽주식회사를 설립하는 것으로 볼 수 있다. 위의 방법들은 기업의

34) 유럽주식회사법 제17조 2문 후단, 제29조.
35) 유럽주식회사법 제32조 2항, 제33조 4항.

구조조정을 위하여 활용할 수 있는 것으로서 유럽공동체 내의 개별 회사나 법인이 역내의 국적이 다른 기업과 결합하여 유럽 내의 기업의 경영합리화를 꾀하고, 국제경쟁력이 있는 기업으로 재탄생하기 위함으로 볼 수 있다. 이를 위하여 세 번째의 경우 유럽주식회사의 설립에 참여할 수 있는 기업을 주식회사만이 아니고 경제활동을 행하고 있는 역내의 모든 법인에 확장하고 있다.

또한 위의 네 가지 설립방법에 있어서 공통적인 것은 유럽주식회사의 설립에 참여하는 회사는 모두 EU회원국의 법률에 따라 설립되고 등록사무소와 본점을 동시에 공동체 내에 두고 있어야 한다는 점이다. 이는 회사의 활동이 공동체 내에서 실질적으로 이루어져야 한다는 점을 뜻한다. 다만 회원국은 공동체 내에 본점을 두지 않은 회사도 회원국의 법률에 의하여 설립되어 이에 등록사무소를 두고, 회원국의 경제와 실질적이고 지속적인 관계를 유지한 경우에는 유럽주식회사의 설립에 참여할 수 있음을 규정할 수 있다(제 2 조 5항).

또한 유럽주식회사는 스스로 유럽주식회사의 형태를 취하는 한 개 이상의 자회사를 설립할 수 있다(제 3 조 2항). 1991년 유럽주식회사법안 제 3 조 3항에서는 유럽주식회사는 자회사를 둘 수 없다고 규정하고 있었다.

유럽주식회사의 등록사무소는 공동체 내에 본점이 소재한 동일한 회원국에 소재하여야 하며, 다만 회원국은 그 나라에 등록되어 있는 유럽주식회사에 대하여 본점과 등록사무소를 동일한 장소에 두어야 할 의무를 정할 수 있다(제 7 조). 그런데 유럽주식회사가 등록사무소의 위치를 다른 회원국으로 변경시킬 수 있는가의 여부는 1989년 유럽주식회사법안에서는 분명하지 않았다. 그러나 2001년 유럽주식회사법 제 8 조에서는 유럽주식회사의 등록사무소가 일정한 조건하에 공동체 내에서 이전될 수 있으며, 이러한 이전으로 인해 유럽주식회사가 해산되거나 새로운 법인이 창설되지는 않는다고 규정하고 있다.

유럽주식회사는 등록사무소가 소재하는 회원국에서 규정된 등기소에 등록된 날에 법인격을 획득하게 된다.[36]

4) 자본과 주식

유럽주식회사가 유럽기업으로서 적정한 규모를 갖고, 그 설립의 남용을

36) 유럽주식회사법 제16조 1항.

방지하기 위하여 최저자본금제도가 인정되고 있다. 즉 유럽주식회사의 최저인수자본(subscribed capital)은 12만 유로이다. 다만 회원국 법률이 그 회원국 내의 등록사무소를 가지며 특정활동을 수행하는 유럽주식회사에 그 이상의 인수자본금을 요구하는 경우는 예외이다.[37]

종전의 유럽주식법안에서는 자본의 증가와 감소, 주식과 그 종류, 사채, 자기주식취득 등에 대하여 자세한 규정을 두고 있었으나, 2001년 유럽주식회사법에서는 이에 관한 규정을 대부분 삭제하고 유럽주식회사가 등록된 회원국에 있어서 공개유한책임회사에 적용될 법규정에 따른다고 규정하고 있다(제 5 조).

5) 주요 기관

유럽주식회사의 경영구조 내지 기관(governing bodies)에 관하여는 제 3 편(Title Ⅲ) 제38조-제60조에서 규정하고 있다. 모든 유럽주식회사는 의사기관으로 주주총회와 집행기관을 두어야 한다. 집행기관과 관련하여 유럽주식회사는 정관의 규정에 의하여 이원구조(two-tier system)[38]나 일원구조(one-tier system)[39] 중에서 선택할 수 있다.

(1) 이원구조의 경우

이원구조가 선택되는 경우, 경영기관(management organ, 이사회)은 유럽주식회사의 경영을 담당하며, 그 구성원은 원칙적으로 감독기관(supervisory organ, 감사회)에 의해 선임·해임된다. 다만 회원국은 이를 유럽주식회사의 정관에 따라 주주총회에서의 선임·해임을 요구하거나 인정할 수 있다. 경영기관의 구성원의 수는 유럽주식회사의 정관에 의하며, 동일인이 양 기관의 구성원을 동시에 겸임할 수 없다.[40]

감독기관은 경영기관에 의하여 수행된 직무를 감독하며, 스스로 유럽주식

37) 유럽주식회사법 제 4 조.

38) 독일식의 경영구조로서 경영기관(Vorstand, management organ)과 감독기관(감사회)(Aufsichtsrat, supervisory organ)의 분리를 말한다.

39) 영미식의 이사회제도를 말한다. 유럽회사법은 영미의 이사회(board of director)를 집행기관(administrative organ)으로 표현하고 있다.

40) 유럽주식회사법 제39조 1-4항.

회사의 경영권을 행사하지 못한다.[41] 감독기관의 구성원은 주주총회에서 임면되고, 회원국법이 노동자의 경영참가를 인정하는 경우에는 노동자들에 의해서도 임명될 수 있다.[42] 감독기관의 의장은 그 구성원 중에서 선임되나, 구성원의 과반수가 노동자에 의하여 임명되는 경우에는 주주총회에서 선임되는 구성원만이 의장으로 선임될 수 있다.[43]

경영기관은 적어도 3개월에 한 번씩 유럽주식회사의 업무의 진행상황과 향후전망에 관하여 감독기관에 보고해야 한다. 또한 유럽주식회사에 상당한 영향을 미치는 사항이 발생한 경우에는 그에 관한 정보를 신속하게 보고하여야 한다. 감독기관은 경영기관에 대하여 감독권을 수행하기 위하여 필요한 정보를 요구할 권한과 이에 관한 조사권을 가지고 있다. 회원국은 감독기관의 구성원 각자에게 이러한 권한을 인정할 수 있다.[44]

(2) 일원구조의 경우

유럽주식회사가 일원구조를 선택하는 경우 유럽주식회사의 경영기관인 집행기관(administrative organ, 이사회)에 관하여는 제43조-제46조에서 규정하고 있다.

집행기관은 유럽주식회사를 경영한다. 회원국은 영내의 등록사무소를 가진 공개유한책임회사과 동일한 조건하에 이사(managing director)가 일상의 업무집행에 대한 권한을 가짐을 규정할 수 있다.[45] 집행기관의 구성원 수는 정관에 의하나, 회원국은 그 최소 또는 필요한 경우에는 최대인원을 정할 수 있다. 다만 노동자의 경영참가제도가 인정되는 경우에는 최소한 3인 이상이어야 한다.[46] 집행기관의 구성원은 주주총회에서 선임되나, 최초의 집행기관의 구성은 정관에 의할 수 있다. 다만 노동자의 경영참가가 인정되는 회원국의 경우에는 회원국의 규정에 따라야 한다.[47] 집행기관은 구성원 중에서 의장을 선임한다. 다만 구성원의 과반수가 노동자에 의하여 선임되는 경우에는 주주총

41) 유럽주식회사법 제40조 1항.
42) 유럽주식회사법 제40조 2항, 제47조 4항.
43) 유럽주식회사법 제42조.
44) 유럽주식회사법 제41조 1-5항.
45) 유럽주식회사법 제43조 1항.
46) 유럽주식회사법 제43조 2항 2문.
47) 유럽주식회사법 제43조 3항.

회에서 선임된 구성원만이 의장으로 선임될 수 있다.[48] 만약 회원국이 그 영내의 등록사무소를 가진 공개유한책임회사에 있어서 단일구조에 관한 규정이 없다면 회원국은 유럽주식회사와 관련하여 적절한 입법조치를 취할 수 있다.[49]

6) 공통사항

유럽주식회사법 제46조-제51조는 단일구조와 중층구조 양자 모두에 적용된다. 양 구조에 있어서 회사기관(company organs)의 구성원 임기는 최고 6년 이내의 범위 내에서 정관에서 정한 기간이지만, 정관의 규정에 따라 재임명될 수 있다.[50]

유럽주식회사는 등록사무소가 소재하고 있는 회원국의 공개유한책임회사에 관한 법에서 다른 정함이 없는 한 정관의 규정에 따라 회사 또는 법인도 기관구성원이 될 수 있음을 정할 수 있다. 이 경우 회사나 법인은 해당 기관에서의 권한행사를 위한 대표자로서 자연인을 선임하여야 한다. 다만 유럽주식회사의 등록사무소가 소재하고 있는 회원국의 법이나 판결 또는 행정규칙에 의하여 공개유한책임회사의 기관취임에 있어서 결격사유에 해당하는 자는 유럽주식회사의 기관구성원이 되거나 위에 있어서 회사나 법인을 대표하지 못한다.[51]

또한 유럽주식회사법 규칙은 회원국법이 소액주주 또는 그 밖의 권한이 있는 자가 회사의 기관구성원을 지명할 수 있음을 규정한 경우에는 이에 영향을 미치지 못한다.[52] 유럽주식회사의 정관은 이원구조에 있어서 감독기관에 의한 경영기관으로의 위임, 일원구조에 있어서는 집행기관의 명시적인 결정이 필요한 거래의 범위를 정하여야 한다. 그러나 회원국은 이원구조에 있어서 감독기관이 일정범위의 거래를 승인할 수 있음을 규정할 수 있다. 또한 회원국은 자신의 영내에 등록된 유럽주식회사의 정관에서 최소한 명시하여야 할 거

48) 유럽주식회사법 제45조.
49) 유럽주식회사법 제43조 4항.
50) 유럽주식회사법 제46조.
51) 유럽주식회사법 제47조 2항.
52) 유럽주식회사법 제47조 4항.

래의 범위를 정할 수 있다.[53] 유럽주식회사의 기관 구성원은 그 직위를 떠난 후에도 회사의 이익이 침해되지 않도록 회사의 영업비밀을 준수할 의무를 부담한다.[54] 유럽주식회사의 기관에 있어서 정족수는 규칙이나 정관의 다른 규정이 없는 한 구성원 과반수의 출석이 있어야 회의가 성립하며, 결의는 출석이사 과반수의 찬성이 있어야 한다. 특이한 것은 기관의 결의 시 가부동수인 경우에 의장에게 결정권(casting vote)을 인정하고 있다는 점이다.[55] 유럽주식회사의 경영기관, 감독기관, 집행기관의 구성원 모두는 그들의 임무해태로 인하여 회사가 입은 손실이나 손해에 대하여 유럽주식회사가 소재하고 있는 회원국에 있어서 공개유한책임회사에 적용되는 법에 따라 그 책임을 부담한다.[56] 유럽주식회사의 주주총회에 대하여는 규칙 제3편(Title Ⅲ) 제4절 제52조-제60조에서 규정하고 있다. 유럽주식회사에 있어서 그 운영, 소집, 결의, 의사절차 등의 세부절차에 관하여는 규칙에 다른 규정이 없으면 유럽주식회사의 등록사무소가 소재하고 있는 회원국의 법률이 적용되는 것이 원칙이다.[57]

주주총회는 회계연도 종료 후 6월 이내에 적어도 1년에 한 번 이상 개최되어야 한다. 주주총회는 경영기관, 집행기관, 감독기관, 또는 회원국법이 정하는 기관에 의하여 언제라도 소집될 수 있다.[58] 또한 1인 이상의 주주가 보유하고 있는 주식수가 통산하여 인수자본의 10%이상이 되는 경우에는 주주총회의 소집을 청구할 수 있으며,[59] 위의 비율을 가진 소수주주는 주주제안권을 행사할 수 있다.[60] 주주총회에서의 의결정족수는 행사된 의결권의 과반수가 원칙이며,[61] 수종의 주식이 있는 경우에, 주주총회의 결의에 의하여 다른 종류주주의 권리의 영향을 주는 경우에는 종류주주총회의 결의가 요구된다.[62]

---

53) 유럽주식회사법 제48조.
54) 유럽주식회사법 제49조.
55) 유럽주식회사법 제50조 2항.
56) 유럽주식회사법 제51조.
57) 유럽주식회사법 제53조.
58) 유럽주식회사법 제54조.
59) 유럽주식회사법 제55조 1항.
60) 유럽주식회사법 제56조 1항.
61) 유럽주식회사법 제57조.
62) 유럽주식회사법 제60조 1항.

주주총회의 결의는 규칙에서 다른 정함이 없으면 의결권의 과반수에 의한다. 정관변경을 위한 결의는 회원국법의 다른 정함이 없는 한 의결권의 2/3 이상의 찬성이 있어야 한다.[63)]

7) 재무제표와 연결재무제표

유럽주식회사의 회계처리의 기초자료인 회사의 재무제표(annual accounts) 및 연결재무제표(consolidated accounts)에 관하여는 제 4 편(Title Ⅳ) 제61조-제62조에서 규정하고 있다. 그러나 유럽주식회사법은 유럽주식회사의 재무제표 및 연결회계재무재표에 관하여 직접적으로 규정하지 않고 등록사무소가 소재하고 있는 회원국에 있어서 공개유한책임회사에 대하여 규정하고 있는 재무제표(필요한 경우에는 연결재무제표)의 작성, 영업보고서, 회계감사와 그 공시와 관련한 법의 적용을 받는다고만 규정하고 있다.[64)]

또한 은행과 기타 금융기관의 결산에 관하여는 금융기관의 영업활동에 관한 2000년 3월 20일의 위원회 지침[65)]을 시행하기 위한 회원국법, 보험회사에 대하여는 보험회사의 재무제표와 연결재무제표에 관한 1991년 12월 19일의 위원회 지침[66)]을 시행하기 위한 회원국법이 각각 적용된다고 규정하고 있다.[67)]

8) 회사해산, 청산, 파산

회사의 해산(winding-up), 청산(liquidation), 파산(insolvency) 등은 아직까지 공동체 내에서 조화되지 않은 문제들이다. 유럽주식회사법은 위에 관하여 직접 규정하지 않고, 등록사무소가 소재하는 회원국법에 의하여 설립된 공개유한책임회사에 적용되는 법규정이 적용된다고 규정하고 있다.[68)] 따라서 해산, 청산, 파산 등에 있어서 사유, 절차 등에 대하여는 회원국의 국내법에 위임되

63) 유럽주식회사법 제59조 1항.
64) 유럽주식회사법 제61조.
65) OJ No. L 126, 26. 5. 2000. p. 1.
66) OJ No. L 374, 31. 12. 1991. p. 7.
67) 유럽주식회사법 제62조.
68) 유럽주식회사법 제63조.

었다고 볼 수 있다.

9) 노동자의 경영참가

노동자의 경영참가(공동결정)의 방식은 크게 세 형태로 나눌 수 있다. 종업원의 대표가 감사회에 참여하는 유형(독일형), 단체협약의 합의에 의한 공동결정 유형(영국형), 회사기관들로부터 독립되어 종업원들로만 구성되는 노동자대표기관을 통해 공동결정하는 유형(네덜란드형)이 그것이다. 유럽주식회사에 있어서 경영참가에 관한 논란과 관련하여 1995년의 전문가위원회의 연구보고서는 탄력적 구조를 생명으로 하는 기업의 속성상 이와 무관한 공동결정을 폐지하자고 권고하였다. 아울러 기업의 일반적인 경영 및 감독 원칙은 반드시 필요하나, 이는 각국의 법전통 등을 고려하여 국가별로 입법되어야 한다고 권고하였다.

1996년 11월의 Davignon 위원회의 최종보고서는 SE에 있어서 획일적인 공동결정방식 및 SE의 공동결정 적용기준으로서의 종업원 수의 차등화를 포기하고, SE 설립당사회사 및 이들의 근로자대표 간의 협상에 의하여 정하고 일정 기간 동안 협상이 안 되면 최소한의 규범을 적용하는 방식을 압도적으로 찬성하였다. 독일 경제단체들도 위의 제안을 환영하였다. EU의 법동질화 과정에서 보충성의 원칙에 입각하여 문제를 해결하는 한 성공이 기대된다고 보는 견해가 많다.

2001년 유럽회사법규칙도 노동자의 경영참여의 문제를 직접 다루지 않고, '노동자의 경영참여에 관한 유럽회사법 추가 지침'[69]에 의하여 경영참가의 방식을 SE 설립당사회사 및 이들의 노동자대표 간의 협상에 의하여 정하고 일정 기간 동안 협상이 안 되면 지침에서 정한 표준규정(standard rules)을 바탕으로 회원국의 선택에 맡기는 것을 원칙으로 하고 있다.

69) 정식명칭은 "Council Directive 2001/86/EC of 8 October 2001 supplementing the Statute for for a European company with regard to the involvement of employees"이다.

Ⅶ. 기타 관련규정

위에서 설명한 유럽회사법의 조화를 위한 법적 근거 이외에도 EU기능조약에는 회원국의 국내회사법의 통일을 도모하기 위하여 활용될 수 있는 일반조항이 있다. 우선 들 수 있는 것은 동 조약 제115조이다. 제115조는 "이사회는 유럽의회와 경제사회위원회의 자문을 거쳐 전원일치의 결의에 의하여 역내시장의 창설 또는 기능화에 직접적 효과를 미치는 회원국의 법규정(법, 규칙, 행정상의 규정)을 접근하기 위한 지침을 제정한다"라고 규정하고 있다. 따라서 EU기능조약 제115조는 '역내시장의 설립 또는 그 기능에 직접적으로 영향을 미치는 회원국의 법률의 조화'에 대하여 규정하고 있다. 조정의 대상은 회원국의 법규정이다. 여기에는 법률만이 아니고 규칙도 포함하며, 불문법도 포함된다. 요컨대 회원국의 모든 법규범이 조정의 대상이며, 그 내용도 제한이 없다. 따라서 제115조의 대상이 되는 중요한 법률 중에는 회사법이 포함된다는 것은 이론적으로 당연하다. 그러나 EU위원회와 이사회는 제115조의 일반규정을 증권법을 조화시킬 목적으로는 원용하였으나 회사법의 조화를 목적으로는 도입되지 않았다.

전술한 바와 같이 회사법조화의 법적 근거는 EU기능조약 제50조 2항 g호와 제114조이므로 사원·제3자 보호규정에 관한 한 제50조 2항 g호와 제114조가 제115조의 특별규정으로 볼 수 있는 것이다. 제115조에 의한 지침의 제정은 이사회에서 만장일치의 찬성을 요구하고 있고, 제114조에 의한 지침의 제정은 가중다수결에 의하므로 어느 조항을 근거로 지침을 제정하느냐는 입법절차에 있어서 상당한 차이가 나타난다.

다음에 회사법의 조화를 달성하는 데 있어서 중요한 조항으로는 EU기능조약 제115조보다는 덜하지만 동조약 제116조 및 제117조를 들 수 있다. 이들 규정은 '역내시장에 있어서 경쟁조건을 왜곡시키고 이에 따른 불균형'을 가져오는 법제도의 차이를 시정하기 위하여 이사회가 지침을 제정할 수 있는 권한에 대하여 규정하고 있다. 위 규정의 대상은 주로 회원국의 경쟁법이나 회원국의 회사법상의 규제로부터 역내시장의 기능을 직접으로 방해하는 결과가 발생한다면 근거조항으로 활용될 수 있을 것이다.

끝으로 EU가 최근 회원국의 제도와 이해관계의 충돌로 인하여 지침과 규칙의 제정절차의 어려움이 따르고(특히 회사지배구조의 개선과 관련하여), 자본시장의 국제화 등 기업환경의 변화에 대한 신속한 대응을 위하여 위원회의 권고(Recommendation) 또는 결정(Decision)를 통하여 회원국 회사법의 조화를 기하고 있다는 것을 주목하여야 할 것이다.[70)]

Ⅷ. EU 회사법에 대한 평가

유럽이사회에서의 회사법조화를 위한 지침의 제정과정에 있어서는 각 회원국의 각료가 그 통과 또는 저지를 위하여 협상하게 되며, 협상과정의 본질은 지침의 규정과 관련한 회원국 간의 해당문제에 대한 접근에 있어서 타협을 나타내는 것으로 볼 수 있다. 그러나 이러한 규정은 이따금 독창적인 안이거나 하나 이상의 특정 법체계의 영향을 나타내고 있다. 따라서 예컨대 회사의 무효에 관한 제 1 지침(공시지침) 제11조의 규정은 타협이라고 볼 수 있지만, 회사기관의 제 3 자에 대한 권한을 구속하는 제 9 조는 다른 회원국보다도

70) 대표적인 예로 다음과 같은 권고와 결정들이 있다. Commission Recommendation of 15 November 2000 on quality assurance for the statutory audit in the European Union: minimum requirements, OJ No. L 91, 31. 3. 2001, pp. 91-97; Commission Recommendation of 16 May 2002 — Statutory Auditors' Independence in the EU: A Set of Fundamental Principles OJ No. L 191, 19. 7. 2002, pp. 22-57; 2004/706/EC: Commission Decision of 15 October 2004 establishing the European Corporate Governance Forum, OJ No. L 321, 22. 10. 2004, pp. 53-54; 2004/913/EC: Commission Recommendation of 14 December 2004 fostering an appropriate regime for the remuneration of directors of listed companies, OJ No. L 385, 29. 12. 2004, pp. 55-59; EC: Commission Recommendation of 15 February 2005 on the role of non-executive or supervisory directors of listed companies and on the committees of the (supervisory) board, OJ No. L 52, 25. 2. 2005, pp. 51-63; Commission Recommendation of 6 May 2008 on external quality assurance for statutory auditors and audit firms auditing public interest entities, OJ No. L 120, 7. 5. 2008, pp. 20-24; Commission Recommendation of 5 June 2008 concerning the limitation of the civil liability of statutory auditors and audit firms, OJ No. L 162, 21. 6. 2008, pp. 39-40.

특히 독일법의 영향을 받은 것이다. 이러한 법의 체계는 제 2 지침(자본 지침)의 많은 규정에 상당한 영향을 미쳤다. 제 3 지침(합병 지침)은 회사 합병에 관한 프랑스·독일·이탈리아법의 규정에 의하여 상당한 영향을 받은 것이다. 회계(annual accounts)가 회사자산·의무·재정상태·이익 혹은 손실을 진실하고 공정하게 반영하여야 한다는 제 4 지침(결산 지침) 제 2 조 3항은 영국과 아일랜드법의 영향을 받은 것이다. 그러나 진실하고도 공정한 평가의 중요성의 원칙을 제외하고 이 지침은 상당부분 이미 프랑스와 독일에서 실무에서 회계준칙으로 사용되는 관습법에 바탕을 둔 것이다. 제 7 지침(콘체른결산 지침) 제 1 조에서 규정된 연결재무제표의 작성을 위한 강제 요건(mandatory and permissive conditions)은 영국·아일랜드·프랑스·독일법의 영향을 나타내고 있다. 이미 지적한 바와 같이 이 지침의 상당부분은 각 회원국의 법과 관행을 존중하기 위한 노력의 타협적 산물이라고 볼 수 있다.

폐지된 제 5 수정지침안(회사지배구조 지침)에 대하여는 많은 논쟁이 있었다. 동 지침안은 1,000명 이상의 피용자를 가진 회사에 대하여 노동자의 경영참가에 관한 5가지의 형태 중의 하나를 선택하여 적용할 것을 규정하고 있다. 제안된 형태 중의 하나는 독일법에서 직접적으로 유래한 것으로서 이사회(management board, Vorstand)와 감사회(supervisory board, Aufsichtsrat)를 가진 이원구조(two-tier structure)이며 감사회의 구성원 중 1/3 내지 1/2을 노동자로 선임하는 것이다. 둘째는 단일 이사회제도를 두되 비업무담당이사 중의 1/3 내지 1/2을 노동자로 선임하는 것이다. 셋째는 네덜란드의 (위원선출)방식에서 유래하는 것으로서 감사회에 이사지명에 대한 비토(거절)권을 노동자대표에게 인정한 이원구조의 형태이다. 넷째는 프랑스와 다른 회원국의 노동자협의회(works councils)에서 유래하는 것으로서 이원구조 또는 일원구조 중의 하나와 결합한 자문협의회(consultative counsil)의 형태이다. 다섯째는 이탈리아법에서 유래하는 것으로서 일원구조 또는 이원구조 중의 하나를 선택하고 노동자의 경영참가를 보장하는 단체협약을 인정하는 것이다. 위와 같은 여러 형태의 선택가능성이 있음에도 불구하고 특히 영국이 입법에 의하여 강제적으로 회사의 의사결정과정에 노동자가 참가를 인정하는 것에 반대입장을 취하여 제 5 지침안은 채택되지 못하고 폐기된 것이다.

위원회의 회사집단(Groups of Companies) 혹은 콘체른에 관한 제 9 지침초안이 진전되고 있지 않은 것은 동안이 지나치게 독일의 콘체른법(Konzernrecht)과 그 개정안의 영향을 받아 성립되었다는 사실과 안 자체의 결점과 기업집단에 대한 규제는 불필요하다고 주장한 이해당사자들의 견해에 대한 충분한 관심이 없었다는 사실에 기인할 수 있다.

또한 EU는 회사법조화를 위한 야심적인 프로그램을 진행시켰고, 이사회와 위원회는 EC설립조약 제44조 2항 g호(TFEU 제50조 2항 g호)에 의하여 많은 권한을 행사하여 왔다. 위원회는 회사법의 조화를 위한 정책상의 이유를 역내시장의 적절한 기능을 위하여 공동체 안에 있는 공개회사와 관계를 맺는 주주·채권자·노동자 등이 동일한 법적 구조하에 어느 정도 동일한 권리를 갖는다는 것을 신뢰하게 할 필요가 있다는 것에 그 근거를 두고 있다.

그러나 EU는 지나치게 회원국의 특수성이나 이익을 고려하지 않고 공동체의 이익만을 위하여 조화의 정책을 추구한다는 비판도 제기되고 있다. 더욱이 노동자의 경영참가를 다루고 있었던 제 5 수정지침안(현재는 폐기)과 회사집단(Groups of Companies) 또는 콘체른에 관한 제 9 지침초안과 같은 제안이 적절한 것인가에 관하여는 많은 의문이 제기되었다. 특히 제 5 수정지침안은 독일의 모델인 이사회(Vorstand)와 감사회(Aufsichtsrat)를 주축으로 하는 중층적(이원적) 경영기구제도와 노동자의 공동결정제도의 도입을 규정함으로써 논자로 하여금 유럽공동체의 위원회는 EU조약의 범위를 넘어서 회원국의 회사법을 조정(Angleichung)하려는 것이 아니고 통일(Vereinheitlichung)하려는 것이 아니냐는 비판이 제기되고 있다.

회사법 지침 중 일부는 회원국에게 대단히 상세한 의무를 부과하고 있기 때문에 그 시행의 결과가 회사법의 많은 분야에 있어서 실제적인 통일을 가져다 준다. 이는 상대적으로 선택규정을 두고 있지 않은 제 1(공시 지침)·2(자본 지침)·3(합병 지침) 지침에서 특히 그러하다. 그러나 경우에 따라서는 국가간의 입장이나 정책은 물론 회원국의 법과 실무간 차이로 인하여 회사법의 치밀한 조화의 달성이 불가능한 경우도 있었다. 이러한 정책상의 차이는 각료이사회에서의 협상 중 분명하게 드러나게 된다. 이는 회사법 분야에서 공동체의 입법이 그 제정에 많은 시간이 걸리고, 예컨대 제 4(결산 지침)·7(콘체른결산

지침) 지침에서처럼 많은 선택규정을 둔 이유를 보면 알 수 있다.

과거 EC 공동체기관에 의한 제44조 2항 g호의 지나친 광의적 해석에 대한 비판 이외에도 공동체가 회사법의 조화에 대한 접근방법을 비판하는 많은 견해가 있다. 조급하게 공동체입법을 달성하려는 의도가 단기간 내에 서로 다른 지침을 시행하여야 할 회원국의 정부당국자에게 어려움을 가져다 주었다. 예컨대 매우 복잡하고 광범위한 효력이 미치는 제 2 지침(자본 지침)에 있어서는 불과 2년의 시행준비기간을 주었을 뿐이다. 이러한 단기간은 EC설립조약 제226조(EU기능조약 제258조)에 의한 강제절차에 있어서 많은 회원국의 반발을 가져왔다. 그래서 후에 제정된 지침에서는 그 시행준비기간을 연장하였는데, 예컨대 연결회계(consolidated accounts)에 관한 제 7 지침(콘체른결산 지침)에서는 4년 6개월의 시행준비기간을 두었다. 또 다른 예로서 유럽경제공동체(EEIG)에 관한 규칙(Regulation)은 규칙의 법적 성질상 공표 후 20일이 경과하면 그 효력이 발생함이 원칙이나(EC 제191조 1항, 현재는 폐기되었음), 1989년 7월 1일까지 적용을 배제하여 법의 공표 후 4년 후에나 회원국이 시행입법을 제정할 의무를 부담하도록 하였다. 예외(Exception)는 공동체에 의하여 채택된 조화의 수단을 지나치게 여러 갈래로 갈라놓고 있다. 예컨대 회계와 감사인에 관하여 이미 세 개의 지침(제 4, 7, 8 지침)이 다른 시기에 제정되었는데 이는 회원국에게 개인회사회계에 관한 제 4 지침의 시행을 어렵게 하였다. 왜냐하면 제 4 지침은 후에 제정된 제 7, 8 지침에서 규정된 기업집단(콘체른)의 회계와 감사인의 자격에 관한 적용이 없는 경우에 비로소 적용되어야 할 지침이기 때문이다. 그래서 독일이 세 지침을 통합하여 1985년 12월 19일 대차대조표지침법(Bilanzrichtliniengesetz)이라는 단일법을 제정하여 시행한 것은 주목할 만하다.

또한 그동안 채택된 지침에 의한 조화의 방법이나 절차에 대하여도 많은 비판이 제기되어 왔다. 예컨대 어떤 원안은 제안설명서도 없는 것도 있으며, 유럽의회나 경제사회위원회·원문작성자(textwriters)의 견해에 대한 충분한 검토 없이 지침이 최종적으로 확정되는 일이 자주 있었다. 더욱이 이사회 내에서 협상은 비밀로 이루어지기 때문에 과거에는 최종적으로 공표된 안과 상당히 다른 조문이 채택되는 경우도 있었다.

위에서 살펴본 바와 같이 EU는 EC설립조약의 여러 규정에 나타난 수단으로 회사법조화를 위한 노력을 꾸준히 진행하여 왔고, 앞으로도 계속하여 이루어질 전망이다. 그동안 EU위원회에서 제안된 수많은 지침안들에 대하여 회원국 간의 만족할 만한 타협이 가까운 장래에 있을지는 매우 불투명하다. 그러나 수차례에 걸쳐 유럽주식회사법 수정안이 제기 되었음에도 회원국 간의 입장 차이로 인하여 성립이 거의 불가능하다고 여겨졌던 유럽주식회사에 관한 규칙이 2004년 10월 8일부터 발효된 것을 보면 유럽회사법의 통일을 위한 EU의 노력은 지속될 것이며, 또한 유럽주식회사를 동질적인 것으로 형성하기 위한 회원국의 입법자들간의 지속적인 교류를 통하여 EU 회사법의 계속된 변화와 동화가 있을 것이다.

또한 유럽공동체는 1999년 1월부터 시행된 화폐통합을 필두로 경제통합, 사회통합, 정치통합을 더욱 공고히 하고, EU의 영역이 동구권까지 확대됨에 따라 그 부분을 이루고 있는 유럽의 회사법도 조화 내지는 통합화의 길로 갈 수밖에 없다고 판단된다. 다만 회사법이 국가의 경제구조, 기업관행, 사회구조 등과 연결되므로 EU의 단일시장이 성숙됨에 따라서 그 속도의 완급도 결정될 것이다.

유럽에서 적극적으로 시장개척을 하여야 하는 우리나라 기업의 입장에서는 회사의 기본법인 EU 회사법을 정확히 이해하는 것이 매우 중요하다. 미국법과 같이 연방법과 주법이 명확히 구별되는 것과는 달리 EU의 경우에는 현재 EU법과 회원국의 회사법이 교차되고 있으므로 EU 내에서 활동하는 우리나라 기업은 양자를 정확히 파악하지 않으면 안 되는 것이다. 끝으로 유럽공동체에서 제시되고 있는 회사법상의 발전적 문제들은 앞으로 다른 나라의 경우에도 많은 시사를 줄 것이고, 아울러 현행 우리나라의 회사법상의 문제의 해결과 입법에 있어서도 많은 도움을 주리라 판단된다.

제14장 EU 경쟁법

Ⅰ. 서 론

EU 경쟁법은 오늘날 미국 반트러스트법과 함께 세계 각국 독점규제법의 모델이 되고 있다. 이는 독립한 입법형태로 존재하는 것이 아니라 EU기능조약(종전의 EC조약)상의 경쟁관련 조항, EU이사회나 EU집행위원회가 제정한 각종 규칙, 지침, 결정, 권고 및 EU재판소의 판례를 모두 포함하는 경쟁관련 법체계를 총칭하는 것이다.

오늘날 EU 경쟁법의 모태가 된 1957년 3월 유럽경제공동체조약(Treaty establishing the European Economic Community, 일명 '로마조약') 전문에서 밝히고 있는 바와 같이 EU(당시 EEC)의 기본적 목적은 유럽통합의 실현이고, 궁극적으로는 유럽 경제·사회의 발전을 이룩하는 데 있다. 이 조약 가운데 중요 부분을 차지하는 경쟁법 관련조항은 유럽통합을 실현하기 위한 주요수단으로서 시장통합에 큰 비중을 둘 수밖에 없다. 그런데 시장통합은 나라마다 분할된 시장을 EU 전체로 확대하고, EU회원국 간에 상품·서비스의 자유로운 유통 확보를 의미하며, 그것을 방해하려고 하는 기업과 역내국 정부의 행위를 규제하는 경쟁정책은 시장통합을 위한 중심정책으로서 등장하게 된다. 이 점에서 EU 경쟁법은 유럽 통합을 실현하기 위한 중요 수단이기 때문에 경쟁유지를 유일한 목적으로 하는 미국 반트러스트법과 다르다. 이와 함께 EU 경쟁법은 유럽 경제·사회의 발전이라는 궁극적 목적에 공헌하는 범위 내에서 경쟁정책과 산업정책의 조화를 염두에 두고 있으며, 산업정책을 위해 경쟁을 희생하는 것을 허용하는 일반규정이 마련되어 있다.

Ⅱ. 주요내용

EU 경쟁법은 EU기능조약을 중심으로 하여 경쟁에 관한 규정과 실무 및 판례를 모두 포함하는 것이나, 그 중에서도 경쟁법의 실체적 내용을 담은 EU기능조약 제101조 내지 제109조 및 EU이사회와 EU집행위원회가 정한 각종 경쟁관련 규칙, 지침, 결정 등이 핵심적인 법체계를 형성하고 있다. 이 가운데 EU 경쟁법의 핵심은 EU기능조약 제101조와 제102조이다.

제101조는 경쟁제한적 협정의 금지에 관한 규정이고, 제102조는 지배적 지위의 남용에 관한 규정이다. 경쟁법 체계에 있어 또 다른 큰 축을 이루는 합병과 기업결합에 관해서는 EU이사회가 1989년 제정하고 2004년 개정한 「합병규칙」에서 규율하고 있다. 실제로 EU 경쟁법에서 EU집행위원회의 판단이 최종판단으로 되는 경우가 대부분인 점을 고려하여 제103조는 EU집행위원회의 권한에 관하여 규정하고 있다. 이와 함께 국가의 경제에 대한 개입이 경쟁왜곡 효과가 생기지 않도록 EU집행위원회, EU재판소에 심사권한을 부여하고 있다. EU기능조약 제106조에서는 회원국이 정부규제에 의하여 독점기업으로 되는 공공기업에 대하여 특별한 권리를 주고 있는 경우, EU기능조약 제109조에서는 회원국이 각종 보조금을 지급하는 경우 경쟁왜곡 효과가 생길지 여부에 관하여 EU집행위원회와 EU재판소가 심사할 권한을 갖도록 하고 있다. 그 밖에 EU기능조약 제173조에서는 경쟁정책과 상호적용되는 범위에서만 산업정책이 허용된다고 규정하고 있다. 이 규정이 명문화된 이후, EU집행위원회는 회원국 정부의 보조금 지급 등에 대해 적극적으로 감시하는 등 경쟁정책을 더욱 강화하고 있다.

1. EU기능조약 제101조(경쟁제한적 협정의 금지)

1) 의　　의

EU기능조약 제101조에서는 경쟁제한적 협정(Anti-competitive Agreements)을 원칙적으로 금지하고, 이에 위반한 협정은 무효로 하고 있다. 즉, 회원국 간의 거래에 영향을 미칠 우려가 있고 동시에 공동시장 내에서의 경쟁기능을 방해·제한·왜곡하는 목적을 가지거나 그러한 결과를 초래하는 사업자 간의 협정, 사업자단체의 결의 및 동조적 행위는 금지된다. 이 금지규정은 경쟁사업자 간의 수평적 협정뿐만 아니라 제조업자와 판매업자 간의 소위 수직적 협정에도 적용된다. 이에 관한 세부사항에 관하여는 수평적 협력에 관한 가이드라인[1]과 수직적 협정 가이드라인[2]이 제정되어 있다.

2) 주요내용

(1) 경쟁제한적 협정

회원국 간의 통상에 영향을 줄 우려가 있고, 또한 역내시장(Internal Market)[3]에서 경쟁을 방해하고, 제한하거나 왜곡할 목적을 가지거나 또는 그러한 효과를 가져오는 기업 간의 합의, 사업자단체의 결정 및 협조행동은 역내시장과 양립하지 않는 것으로 금지된다.

경쟁제한적 협정에 해당하기 위해서는 ① 회원국 간의 통상에 영향을 줄 것(effect on trade between Member States), ② 경쟁을 제한하는 합의일 것(prevention, restriction or distortion of competition), ③ 경쟁을 제한할 목적 또는 효과를 가질 것(have as "object" the prevention, restriction, distortion of competition), ④ 기업 간의 합의일 것(between undertaking), ⑤ 합의, 사업자단체의 결정 및 협조행동(agreement, decisions by association of undertakings and

1) Commission Notice - Guidelines on the Applicability of Article 81 to Horizontal Co-Operation Agreements, OJ C 3 06. 01. 2001, p. 2.
2) Commission Notice - Guidelines on Vertical Restraints, OJ C 292 13. 10. 2000.
3) 리스본조약 발효 이후 종래의 공동체시장(Common Market)의 명칭이 역내시장(Internal Market)로 변경되었다.

concerted practice)일 것을 요한다.

특히 ① 가격 또는 그 밖의 거래조건협정, ② 생산, 판매, 기술개발 또는 투자에 관한 제한 또는 통제, ③ 시장분할, ④ 거래상대방을 경쟁상 불리하게 하는 차별적 취급, ⑤ 끼워팔기 계약, ⑥ 재판매가격유지행위의 하나에 해당하는 것은 금지된다(조약 제101조 1항 각호).

(2) 법적 효력

제101조 1항에 해당하는 합의 등은 무효(void)이다(조약 제101조 2항). 다만 합의 등이 무효로 된다는 의미와 관련하여 EU재판소는 제101조에 해당하는 합의를 포함한 계약 전체가 무효가 되는 것이 아니라 제101조에 위반하는 내용의 합의만이 무효로 되고, 그 외의 조항은 그러한 조항이 분리될 수 있는 한, 유효성을 유지하는 것으로 하고 있다. 단, 핵심사항의 제한에 해당하는 경우, 해당 조항이 무효로 되는 것만이 아니고, 계약 전체가 무효로 된다.

3) 적용면제

경쟁제한적 협정이더라도 상품의 생산·판매의 개선 또는 기술적·경제적 진보의 촉진에 기여하는 동시에 소비자에 대해 그 결과로서 발생하는 이익의 공평한 분배를 행하는 것으로서 ① 그 목적달성을 위해 필요불가결하지 않은 제한을 참가사업자에게 과하거나, ② 당해 상품의 실질적인 부분에 대해 참가사업자에게 경쟁을 배제할 가능성을 주는 것에 해당하지 않는 협정 등에 대해서는 제101조 1항에 해당되지 않음을 선언할 수 있다(조약 제101조 3항). 이를 적용면제(Exemption)라 한다.

구체적으로 어떤 협정이 적용면제 되는가는 기업으로부터 개별적으로 신청을 받아 적용면제를 결정하는 경우와 EU집행위원회가 EU이사회의 수권에 의해 일정한 종류의 것을 일괄하여 적용면제규칙을 제정하는 경우(조약 제103조, 이사회규칙 19/65호, 동 2821/71호, 동 1215/1999호)의 두 가지가 있다.

개별 적용면제란 종래 이사회규칙 제17호(1962)에 의거하여 EU집행위원회가 제101조 1항에 해당하는 경쟁제한 합의를 한 기업에 대해 신고의무를 부과하고, 이러한 합의가 시장에 악영향이 생기지 않는다고 인정되는 경우에는 제101조 3항에 근거해 제101조 1항의 적용을 면제하는 것을 말한다. EU집행위원회부터 적용면제 또는 악영향이 생기지 않는다고 인정된 경우에는 제101조 1항에 해당하지 않는 것이 된다. 따라서 그러한 제한 합의는 유효하다.

그러나 새롭게 제정된 이사회 규칙 1/2003호[4]에서는 EU집행위원회의 업무량 증대에 따라 개별 적용면제를 일정기간 내에 부여하는 것이 어려워졌기 때문에 기업의 신고의무를 폐지하고 제101조 3항의 해석·적용 권한을 EU재판소, 일반법원, 개별 회원국의 법원과 집행기관에까지 확대하였다. 이에 따라 회원국의 법원이나 집행기관은 제101조 1항 위반 여부를 판단함에 있어 제101조 3항 해당 여부까지 종합적으로 고려할 수 있게 되었다. 이는 결국 EU집행위원회에 전속되었던 제101조 3항에 근거하는 개별 적용면제 권한을 이러한 기관 모두가 보유하게 되는 것을 의미한다.[5] 이에 따라 개별기업들은 스스로의 법률 고문의 조언에 의거하면서, 스스로의 책임으로 제101조에 위반하지 않는 계약을 작성할 의무를 지게 된다. 즉, 사전 규제가 폐지되어 사후 규제로 이행한 것이 된다. 다만 예외적인 경우에 특정한 계약에 대해 EU집행위원회가 제101조 위반을 선언하는 권한은 여전히 보유한다.

한편 EU이사회의 수권에 따라 EU집행위원회가 일정한 유형의 협정 등에 대해 일괄하여 제101조의 적용을 면제할 수 있는 권한은 그대로 남아 있다(소위 일괄 적용면제(Block Exemption)). EU집행위원회가 제정한 일괄 적용면제규칙의 요건을 충족하는 합의에 대해서는 제101조 1항의 적용이 포괄적으로 면제되어 원칙으로서 합의가 유효하다(제103조 2항 b). 현재 EU집행위원회가 제정한 일괄 적용면제규칙은 다음과 같다.

---

4) Council regulation(EC) No. 1/2003 of 16 December 2002 on the implementation of the rules on competition laid down in Articles 81 and 82 of the Treaty. 이와 관련하여 이미 1999년에 EU집행위원회는 위원회 중심의 경쟁법 집행시스템의 일대 전환을 제안하는 「현대화」(Modernization)로 불리는 백서를 발표하였다.

5) 지금까지 제101조 3항의 적용면제에 해당하는지 여부에 관해 축적된 EU집행위원회의 결정은 EU재판소, CFI, 회원국 법원, 회원국 집행기관에 의한 제101조 3항의 해당성에 대한 종합적 판단(또는 적용면제에 대한 판단)에 대한 선례로서 취급될 가능성이 있다.

	카테고리	이사회 규칙(권능부여규칙)	EU집행위원회 규칙
1	수직적 협정	규칙 19/65호 (규칙 1215/1999호에 의해 일부개정)	규칙 2790/1999호 (적용기한 2010. 5. 31.)
2	자동차의 유통과 서비스에 관한 협정	상동	규칙 1400/2002호 (적용기한 2010. 5. 31.)
3	기술이전 협정	상동	규칙 772/2004호 (적용기한 2014. 4. 30.)
4	전문화 협정	규칙 2821/71호	규칙 2658/2000호 (적용기한 2010. 12. 31.)
5	연구개발 협정	상동	규칙 2659/2000호 (적용기한 2010. 12. 31.)
6	보험 분야 협정	규칙 1534/91호	규칙 358/2003호 (적용기한 2010. 3. 31.)
7	해운 분야 협정	정기선동맹규칙 4056/86호 (2008. 9. 30.에 폐지)	해운회사 간의 컨소시엄 계약규칙 823/2000호 (최종 개정: 규칙 611/2005호) (적용기한 2010. 4. 25.)

(참고: 항공 분야의 협정에 관한 일괄 적용면제규칙은 2007년 10월 말 폐지되었다.)

4) 위반에 대한 조치

(1) 배제규칙과 제재금

EU집행위원회는 제101조 1항 위반에 대해 결정내릴 수 있고, 위반행위의 배제에 대하여 규칙을 정할 수 있을 뿐만 아니라(이사회 규칙 1/2003호 제7조 1항) 그 외에도 해당 명의인의 직전 사업연도에서 매출액의 10%까지 제재금을 부과할 수 있다(규칙 제23조 2항). 또한 EU집행위원회는 정보제공 요청 및 조사에 대해 부정확 또는 오인을 초래할 정보 제공 등을 행한 자에 대해서는 직전 사업연도 총 매출액의 1% 미만의 제재금을 부과할 수 있다(규칙 제23조 1항).

(2) 이행강제금

EU집행위원회는 사업자 또는 사업자단체에 금지 결정 등을 강제하기 위해 1일당 직전 사업연도의 평균일 매출액의 5%를 초과하지 않는 범위의 이행강제금을 부과할 수 있다(규칙 제24조 1항).

(3) 확약 절차

관계기관이 EU집행위원회의 예비적인 평가 또는 이의고지서에서 표명한 우려에 합치하는 확약을 신청하는 경우 EU집행위원회는 결정으로 그들 확약이 사업자를 구속한다고 선언할 수 있다(규칙 제9조). 확약결정은 EU 경쟁법 위반이 있었는지, 또 현재도 위반하는 이유에 대해서는 중립적인 입장을 취한다. 관계사업자가 확약을 준수하지 않는 경우, 결정하에 이루어진 사실에 관하여 실질적인 변화가 있는 경우 또는 결정이 불완전하고 부정확하거나 오인을 초래할 정보에 따라 발생한 경우 EU집행위원회는 언제든지 절차를 재개할 수 있다. 또한 관계사업자가 확약 조건을 존중하지 않는 경우, EU집행위원회는 직전 사업연도 총매출액의 10%까지 제재금을 부과할 수 있으며, 확약을 이행할 때까지 이행강제금을 부과할 수 있다.

2. EU기능조약 제102조 (지배적 지위의 남용금지)

1) 의　　의

EU기능조약 제101조가 복수기업 간의 협조행위를 규제하는 것에 비하여 EU기능조약 제102조는 기업의 단독행위, 특히 시장지배적 기업의 지위남용행위(Abuse of Dominant Position)를 규제하고 있다. 즉 역내시장 전체 또는 상당한 부분에서 지배적 지위를 남용하는 하나 이상의 사업자의 행위는 그 남용행위에 의해 회원국 간의 거래가 악영향을 받을 우려가 있는 경우에 역내시장과 양립할 수 없는 것으로 금지된다.

지배적 지위에 있는 기업의 남용행위에 관해서는 ① 관련시장의 획정, ② 지배적 지위의 존부, ③ 남용행위의 세 가지 요건이 모든 사례에서 항상 문제로 된다. 이 세 가지 논점에 관한 EU 경쟁법의 기본적 입장은 *United*

Brands 사건, *Hoffmann* 사건 및 *Michelin* 사건에서 EU재판소의 판례에 의하여 확립되었다.

2) 주요내용

(1) 관련시장

EU 경쟁법에서 관련시장을 확정하는 기본적인 개념은 대체성(Substitutability)이다. 대체성은 수요 대체성과 공급 대체성으로 판단된다. 공급 측면에서의 신규참가를 중시하면 관련시장은 넓어지고, 수요 측면에서 고객의 동일성을 중시하면 관련시장은 좁아진다. 어느 특수한 고객층의 대체성에 주목하면, 관련시장은 더욱 좁아진다.

EU재판소는 *Michelin* 사건[6]과 *United Brands* 사건[7] 이래 관련시장의 획정은 제품 간의 호환성에 의하여 결정되나, 호환성은 물건의 특성이 아니라 경쟁조건 및 수요와 공급의 탄력성이 고려되어야 한다는 입장을 취하고 있다. 그러나 공급대체성에 대한 고려는 극히 한정적인 데 비해, 수요자 측면을 중시하고 있으며 동시에 수요대체성을 엄격히 해석함으로써 시장을 좁게 획정하고 있다.

또한 지리적 시장을 획정함에 있어서 행정상의 규제나 수송비용의 차이에 의해 경쟁자 사이의 경쟁조건이 다르게 되는 경우에 행정상의 규제(*United Brands* 사건)나 수송비용(*Michelin* 사건)의 차이는 관련시장을 구분하는 작용을 가지는 것으로 보면서 지리적 관련시장을 좁게 확정하는 경향이 있다.

(2) 지배적 지위

제102조는 시장에서 지배적 지위(Dominant Position)를 가진 기업의 남용행위를 금지한다. 지배적 지위를 갖지 않는다면, 기업 단독의 행위는 규제받지 않는다. 각 지배적 지위에 관해서는 EU재판소는 *United Brands* 사건 판결[8]에서 '유효경쟁을 저지하는 힘' 및 '현저한 정도로 경쟁자와 독립하여 행동하는 힘'이라고 정의하였다. 이 정의의 전자는 경쟁자를 배제하는 힘을, 그리

6) *Michelin v. Commission* [1983] *ECR* 3461 [1985] 1 *CMLR* 282.
7) *United Brands v. Commission* [1978] *ECR* 207 [1978] 1 *CMLR* 429.
8) *United Brands v. Commission* [1978] *ECR* 207 [1978] 1 *CMLR* 429.

고 후자는 단독으로 가격을 인상하는 힘을 가리킨다고 해석할 수 있다. 또한 *Michelin* 사건[9]에서는 지배적 지위를 '상당 정도까지(Appreciable Extent)' 경쟁업자와 고객 그리고 소비자로부터 독립적으로 행동하는 것이 허용되는 것을 통하여 관련시장에서 유효경쟁(Effective Competition)의 유지를 방해할 수 있는 기업이 향유하는 경제력에 관계된 지위'로 정의하였다. 지배적 지위를 인정하는 요인으로 가장 중요한 것은 시장점유율과 참가장벽을 들 수 있다.

(3) 남용행위

단지 지배적 지위가 있는 것만으로는 제102조를 위반하지 않는다. 제102조 위반이 되려면 경쟁구조에 영향을 주는 남용행위가 존재해야 한다. 이 남용행위에 해당하는 것으로는 ① 부당하게 구입가격·판매가격 그 밖에 부당한 거래조건을 직접 또는 간접적으로 부과하는 행위, ② 생산·판매 또는 기술개발을 소비자에 대하여 불리하게 제한하는 행위, ③ 거래의 상대방에 대해 동등한 급부에 대하여 다른 조건을 적용하고, 그 결과 상대방을 경쟁상 불리한 입장에 두는 행위, ④ 그 의무의 성질상 또는 상관습상 계약의 목적과 관련성이 없는 추가적 의무의 수락을 계약의 조건으로 하는 행위(소위 끼워팔기 계약)가 열거되어 있다(조약 제102조 각호).

한편 남용행위의 개념과 관련하여 EU재판소는 *Hoffmann* 사건에서 '지배적 지위에 있는 기업의 존재에 의하여 이미 경쟁구조가 약해지고 있는 시장에 영향을 주거나 통상의 경쟁에서 조건과는 다른 조건을 설정하는 것에 의하여 시장에서 여전히 존재하는 경쟁의 정도를 유지하는가 또는 경쟁을 활성화시키는 것을 방해하는 효과를 가지는 지배적 기업의 행위양태'로 정의하고 있다.

3) 위반에 대한 조치

제101조 위반에 대한 것과 동일한 조치가 내려진다(이사회 규칙 1/2003호 제 7 조 1항, 제23조 1항·2항, 제24조).

---

9) *Michelin v. Commission* [1983] *ECR* 3461 [1985] 1 *CMLR* 282.

3. 합병규칙

1) 제정배경

합병 등 기업결합에 관해서 오랫동안 EU기능조약 제101조와 제102조의 확대해석을 통해 규제되어 왔으나 회원국마다 다른 규제기준과 규제절차에 직면한 기업들이 EC 차원에서 통일된 합병규칙의 제정을 요구함에 따라 EU(당시는 EC)는 1989년 12월 처음으로 합병규칙(Merger Regulation)[10]을 제정하였고, 1997년 6월과 2004년 1월 두 차례에 걸쳐 관련규칙을 재정비하였다.[11] 합병규칙에는 신고절차와 실체심리기준에 관한 상세한 규정을 두고 있으며, 2004년 합병규칙의 시행규칙으로 EU집행위원회 규칙 802/2004호가 제정되어 있다. 또한 이미 1997년과 1998년 관련시장 획정고시[12]를 비롯하여 일련의 고시[13]가 제정된 바 있다.

2) 규제대상(신고기준)

규제 대상이 되는 합병 등 기업결합은 매출액 기준으로 "EU 규모(Community Dimension)"의 중요성을 가지는 것이어야 한다.[14] 여기에서 EU 규모라 함은 ① 기업결합의 당사자기업 모두의 전 세계 연간매출액의 합계가 50억 유로를 초과하고, ② 당사자기업 중 적어도 2개사의 EU 역내에서의 연간매출액이 각각 2억 5,000만 유로를 초과하여야 하며, ③ 당사자기업 각자가 EU 역내 매출액 중 3분의 2 이상을 동일한 회원국 내에서 얻지 않을 것을 요건

10) Council Regulation(EC) No. 4064/89 of 21 December 1989 on the control of concentrations between undertakings. 또한 합병규칙의 제정과 함께 합병 여부에 관한 결정을 신속히 하고, 보다 경제분석을 중시하는 판단을 행하기 위해 합병을 전문으로 취급하는 합병담당부(Merger Task Force)가 창설되었다.

11) Council Regulation(EC) No. 1310/97 of 30 June 1997; Council Regulation(EC) No. 139/2004 of 20 January 2004.

12) Commission Notice on the Definition of the Relevant Market for the Purposes of Community Competition Law, OJ C 372 9. 12. 1997. 이 고시의 관련시장의 획정방법은 합병규칙 이외에도 제101조와 제82조에도 공통적으로 적용된다.

13) 이상에 관하여는 http://europa.eu.int/comm/competition/mergers/legislation/ 참조.

14) 이 기준 이하 규모의 합병은 회원국 국내 경쟁법의 규제에 맡겨진다.

으로 한다(규칙 제 1 조 2항).

또한 이 요건에 해당하지 않더라도 ① 기업결합의 당사자기업 모두의 전세계 연간매출액의 합계가 25억 유로를 초과하고, ② 당사자기업 중 적어도 2개사의 EU 역내에서의 연간매출액이 각각 1억 유로를 초과하고, ③ 3개 이상의 각 회원국에서 당사자기업 모두의 연간매출액의 합계가 1억 유로를 초과하고, ④ ③의 요건에 합치하는 3개 이상의 회원국 각각에 있어서 당사자기업의 최소한 2개사의 연간매출액이 각각 2,500만 유로를 초과하고, ⑤ 당사자기업의 어느 쪽도 EU 역내 매출액 중 3분의 2 이상을 동일한 회원국 내에서 얻지 않는 경우에는 EU 규모에 해당하는 것으로 본다(규칙 제 1 조 3항). 위 요건에 해당하는 기업결합의 당사자기업은 사전에 EU집행위원회에 신고하여야 한다.

3) 합병심사

규제대상이 되는 합병 등 기업결합에 대해서는 EU 역내시장과 양립 여부(whether or not they are compatible with the internal market)를 판단하는 관점에서 평가된다(규칙 제 2 조 1항). 특히 시장지배적 지위가 형성·강화되는 결과, 역내시장 또는 그 실질적인 부분에서 유효한 경쟁이 현저하게 저해되는 기업집중은 역내시장과 양립하지 않는 것으로 하고, 유효경쟁이 현저하게 저해되지 않는 기업집중은 역내시장과 양립하는 것으로 한다(규칙 제 2 조 2항 및 3항). 합병심사 시에는 시장구조, EU 내외의 현실 또는 잠재적인 경쟁, 시장에서의 당사자의 지위·경제력, 관련 상품의 수급동향, 진입장벽, 소비자의 이익으로 되는 기술진보와 경제발전에의 요인이 고려된다(규칙 제 2 조 1항). 또한 합병규칙의 대상이 되는 “EU 규모”의 합병에 관하여 계약의 체결, 공개매수의 발표 또는 지배주식 취득 후에 합병 실시까지 EU집행위원회에 신고해야 한다(규칙 제 4 조 1항). 당사자는 이 신고 이전 또는 당해 기업결합이 역내시장과 양립할 수 없다고 선언하기 전까지는 당해 기업결합을 실시해서는 안 된다. 다만, 당사자기업 또는 제 3 자에 대한 중대한 손해를 막기 위해 일정한 예외가 인정된다(제 7 조).

EU집행위원회는 신고수리 후 곧 해당 합병이 규제대상으로 되는지 여부,

역내시장에서 적법성에 중대한 의문이 있는지 여부에 관하여 제 1 단계 예비심사를 행한다(통칭 "Phase Ⅰ"심사). 예비심사의 결과 ① 당해 기업결합을 규제대상에서 제외한다고 결론을 내릴 때는 결정에 의해 그 인증을 기록한다(규칙 제 6 조 1항 a). ② 해당 기업결합이 규제의 대상은 되지만 역내시장과의 양립성 여부에 관하여 그다지 심각하지 않다고 인정하는 경우, 당해 기업결합에 반대하지 않는다는 뜻을 결정하고, 해당 기업결합이 EU와 양립한다는 취지의 선언을 한다(규칙 제 6 조 1항 b). ③ 해당 기업결합이 규제 대상이 되고, 또한 역내시장과의 양립성에 대해 심각한 의심을 일으키는 것으로 인정한 경우, 심층심사(In-depth Investigation)절차를 시작한다(규칙 제 6 조 1항 c). 위 ① 내지 ③의 결정은 근무일 25일 이내에 실시해야 한다(당사자가 문제 해결 조치를 제공하는 경우 또는 관계회원국에서 이관 요청을 받은 경우, 이 기간은 근무일 35일까지 연장된다(규칙 제10조 1항)).

제 2 단계 세부심사(통칭 "Phase Ⅱ"심사)에서 EU집행위원회는 필요에 따라 정보제공 요청(제11조), 출입검사(규칙 제13조)에서 증거를 수집하고 당사자에 이의고지서를 송부한다. 당사자는 이의고지서에 대한 의견을 진술할 기회를 갖는다(규칙 제18조 1항). EU집행위원회는 기업결합에 대한 자문위원회에 협의(규칙 제19조 3항)를 거쳐 ① 당해 기업결합 승인(규칙 제 8 조 2항), ② 해당 기업결합 금지(규칙 제 8 조 3항), ③ 이미 실시한 기업결합에 대한 경쟁회복조치(규칙 제 8 조 4항)와 같은 결정을 내릴 수 있다. ①과 ②의 결정은 세부심사 시작 근무일 90일 이내에 실시해야 한다(규칙 제10조 2항 및 3항). EU집행위원회가 위 기간 내에 결정을 행하지 않는 경우 규칙에 위반하지 않는다고 선언된 것으로 간주된다(규칙 제10조 6항). 다만, 당사자가 연장을 요청하는 경우 또는 EU집행위원회가 연장을 요망하고 당사자가 동의하는 경우는 근무일 20일이 추가된다. 또한 세부심사의 개시에서 근무일 54일까지 당사자가 문제해결 조치를 제공하는 경우는 근무일 15일이 추가된다.

4) 위반행위에 대한 조치

역내시장과 양립하지 않는 기업결합은 결정에 따라 금지된다. 해당 기업결합이 위법으로 실시되어 버린 경우, EU집행위원회는 합병의 해소, 취득한 모든 주식 또는 재산의 처분 기타 필요하다고 생각되는 조치를 규칙화할 수 있다(규칙 제 8 조). EU집행위원회는 당사자기업이 고의 또는 과실에 의해 신고를 해태하거나, 부정확 혹은 허위의 자료를 제공하는 경우에는 당사자의 연간 총매출액의 1% 미만의 제재금을 부과할 수 있다. 당사자기업이 EU집행위원회의 결정에 반하여 기업결합을 실시한 경우에는 연간 총매출액의 10% 이하의 제재금을 부과할 수 있다(규칙 제14조). 그 밖에 EU집행위원회는 또한 완전하고 정확한 자료의 제출, 현장조사의 복종, 결정으로 부과된 의무의 이행 등을 강제하기 위해 당사자기업에 대해 매일 평균 매출액의 5%를 초과하지 않는 범위의 이행강제금을 부과할 수 있다(규칙 제15조).

4. EU 경쟁법과 회원국 경쟁법의 관계

EU의 각 회원국들은 EU 경쟁법과 별도로 독자적인 경쟁법을 제정·시행해 오고 있다. 적어도 회원국 내에서의 거래에만 영향을 미치는 사안에 대해서는 회원국의 경쟁법이 독자적으로 적용될 수 있음은 당연하나, 회원국 간의 거래에 영향을 미치는 사안에 대하여는 회원국 경쟁법과 EU 경쟁법 중 어느 법을 우선하여 적용할 것인가를 둘러싸고 그동안 많은 논의가 있었다.

이와 관련하여 2004년 5월 1일부터 시행되고 있는 새로운 이사회규칙[15) 제 3 조에서는 회원국의 경쟁당국과 법원이 EU기능조약 제101조 및 제102조를 직접 적용할 수 있는 근거를 마련하고 있다. 우선 회원국 경쟁당국이나 법원이 EU기능조약 제101조 1항의 경쟁제한적인 협정, 사업자단체의 결정 및 동조 행위에 해당하는 것으로 회원국간 거래에 영향을 미칠 우려가 있는 사안에 대해서 회원국 경쟁법을 적용하는 경우에는 EU기능조약 제101조도 동시에 적용할 것을 의무화하고 있다. 이와 함께 EU기능조약 제101조 1항 위반으로 되지 않거나, 3항에 의해 적용면제로 되는 경우에는 회원국법에서도 위반으로 취급하지 않도록 하고 있다. 따라서 회원국은 경쟁제한적 협정 등에 해당하는 행위로서 EU법에서 위반이 되지 않음에도 불구하고 자국법에서 위

15) Council Regulation(EC) No. 1/2003 of 16. December 2002 on the implementation of the rules on competition laid down in Article 81 and 82 of Treaty.

반이 될 가능성이 있는 규정에 대해서는 EU법과 조화시켜야 한다. 그러나 이와 반대로 EU 경쟁법 규정이 회원국 경쟁법보다도 엄격한 경우에는 회원국간 거래에 영향을 미치는 경쟁제한적 협정 등은 회원국법에 관계없이 EU법 위반이 된다. 예컨대, 회원국법이 독자적인 적용면제규정을 설정하였더라도 EU법에 위반될 여지가 있다면 당해 규정은 아무런 의미가 없게 된다. 이러한 점에서 본다면 EU기능조약 제101조의 적용에 관한 한 'EU법의 우위'가 정착되어 있다고 할 수 있다. 이 EU법의 우위는 새로운 이사회규칙에서 가장 핵심적인 부분으로서 회원국 경쟁당국이나 법원이 동일한 심사를 행하도록 함으로써 EU 역내시장에서 공정한 경쟁환경을 조성하기 위한 것이다.

마찬가지로 EU기능조약 제102조에 해당하는 단독·일방적 경쟁제한행위에 관하여도 새로운 이사회규칙에 따라서 회원국 경쟁당국과 법원은 회원국법과 EU기능조약 제102조를 동시에 적용할 의무를 부과당한다. 그러나 단독·일방적 경쟁제한행위에 관해서는 회원국법이 EU법보다도 엄격한 규정을 정할 수 있도록 허용하고 있어 회원국이 자국법을 반드시 EU기능조약 제102조에 조화시키지 않아도 된다. 따라서 EU기능조약 제102조의 적용에 관한 한 'EU법의 우위'가 확립되어 있다고는 볼 수 없다. 이와 함께 종전의 이사회규칙에 따르면 경쟁제한적 협정 및 관행이 제품생산 및 유통을 개선시키거나 기술개발 및 경제발전을 증진시킬 경우에는 이를 승인(조약 제101조 3항)할 수 있는 권한을 EU 경쟁당국이 배타적으로 가지고 있었으나, 새로운 이사회규칙에서는 이 권한을 각 회원국의 경쟁당국과 법원도 행사할 수 있도록 하고 있다. 이로써 EU 경쟁당국은 역량을 보다 중요한 경쟁법 집행활동에 집중적으로 투입할 수 있게 되었고, 그만큼 집행의 효율성을 증대시킬 수 있게 되었다.

한편 회원국 간의 거래에 영향을 미치지 않는 지역적 사안에 관한 한 회원국법의 독자성을 유지하는 의미가 인정될 수 있으나, 회원국간 거래에 영향을 미치는지 여부에 대한 판단이 애매할 뿐 아니라 회원국 간의 거래에 영향을 미치는 경우와 그렇지 않은 경우의 법적 판단이 다르게 되어 사업자의 법적 불확실성이 증가된다. 따라서 회원국간 거래에 영향을 미치지 않는 사안에 대하여도 영향을 미치는 사안과 같이 취급될 수 있도록 가능한 한 회원국법을 EU법에 일치시키는 것이 바람직하다. 이 점을 고려하여 최근 영국, 독일 등 독자적인 구조의 경쟁법을 갖고 있던 회원국들은 법 개정을 통해 그 실체 및 절차규정을 EU 경쟁법과 일치시켜 나가고 있다. 그 밖에 EU집행위원회와 회원국 경쟁당국 간의 유럽경쟁네트워크(European Competition Network) 구성을 통해 사건의 배분과 일관된 규칙적용을 조율하고, 법집행 활동에 대한 정보를 공유할 수 있도록 하였다. 사건배분의 중요한 기준은 3개 회원국 이상의 시장에 영향을 미치는 사건의 경우에는 EU집행위원회가 담당하고, 나머지 사건에 대해서는 가장 적합한 상황에 있는 경쟁당국이 사건을 다루도록 하는 것으로 이를 통해 중복조사를 방지하고 자원을 효과적으로 활용할 수 있도록 하고 있다.

Ⅲ. 경쟁법의 집행

1. 집행기관

1) EU집행위원회

EU 경쟁법의 집행을 담당하는 기관은 EU집행위원회이다. EU집행위원회는 EU이사회가 수권하는 범위 내에서 경쟁에 관한 규칙(Regulation), 지침(Directive)을 입안하고 시행하며, 제101조·제102조 위반 여부를 조사하고, 합병 등 기업결합 규제를 행할 권한을 가진다. 또한 EU집행위원회는 위반행위에 대해 금지, 제재금 부과 등의 제재조치를 내릴 수 있다. 경쟁법 위반사건 절차를 결정하는 기본 법령은 이사회 규칙 1/2003호(제101조 및 제102조 시행규칙)와 EU집행위원회 규칙 773/2004호(제101조 및 제102조에 따른 EU집행위원회의 절차에 관한 EU집행위원회 규칙)이다.

EU집행위원회는 23개의 총국(Directorate Generale)을 가지고 있는데 그 중 경쟁총국(흔히 제 4 총국(DG Ⅳ)으로 약칭)이 경쟁법의 집행을 담당하고 있다. 경쟁총국은 9국 38과로 구성되어 있다. EU집행위원회 집행절차는 ① 조사, ② 심사, ③ 결정의 단계로 이루어진다. 신청(Complaint) 또는 신고(Notification)가 있거나 직권(*ex officio*)으로 조사를 개시한다. 제 1 단계의 사실조사는 정보요구와 출입조사에 의해 행하여지며, 조사거부에 대해서는 직접 강제할 수는 없고, 당해 조사지의 회원국 당국에 대해 국내법에 의거한 협조를 요청하게 된다. 제 2 단계의 심사절차는 위반사실을 고지하여, 위반기업에 이의제기할 기회를 주고 청문하는 절차이다.[16] 이 과정에서 제한적 관행·지배적 지위에 관한 자문위원회의 협의가 이루어진다. 자문위원회의 의견은 EU집행위원회에 대해 구속력을 가지는 것은 아니나, EU집행위원회는 가능한 한 그 견해를 결정에 반영하려고 노력한다. 그리고 마지막으로 위반행위의 배제, 제재금 부과 등의 결정이 내려진다.

한편 EU의 경우에도 미국의 동의명령제도와 유사한 약속이행결정 또는 화해결정(Commitment Decision)제도를 두고 있다. 즉, 피심인이 통지된 우려에 대해 일정한 시정방안을 이행한다는 약속(Commitment)을 신청하면 EU집행위원회는 그 시정방안이 타당하다고 판단할 경우 결정(Decision)으로써 절차를 종료한다. 그 밖에 절차진행 중에라도 일정한 요건에 해당하는 경우에는 위반행위자에 대해 잠정조치(Interim Measures)를 내릴 수 있다.[17]

2) EU사법재판소

한편 EU사법재판소(Court of Justice of the European Union)는 EU기능조약에 관한 전속적인 해석 및 적용권한을 갖는 최고 사법기관이다. EU기능조약의 해석이 당해 재판소가 국내법을 적용하는 데 선결문제로 되어 있는 경우, 회원국 국내법원이 EU사법재판소에 요청한 사안에 대해 EU기능조약 제234조에 근거하여 당해 선결문제에 관한 EU기능조약을 해석하며, EU집행위원회의 결정에 불복하는 위반기업이 EU집행위원회를 제소한 사건에 관하여 판결을 내린다.

3) 회원국 국내 법원 및 집행기관

종래에는 EU 경쟁법의 집행은 주로 EU집행위원회와 EU재판소가 담당하

16) 이의고지서(Statement of Objection)를 송부하는 것에 의하여 행해진다.

17) 잠정조치규칙을 행하는 요건으로서는 ① 경쟁법 위반행위의 존재가 일응 추정(*prima facie*)될 것과 ② 개인에 대해 중대하고도 회복이 불가능하거나 또는 공익상 감내하기 어려운 손해가 발생할 개연성이 있을 것이 요구된다.

는 것으로 인식되어 왔었으나, *Delimitis* 사건[18]에서 EU재판소는 판례에 비추어 조약의 해석이 분명한 경우에 한하여 회원국 국내 법원도 제101조 1항 해당 여부를 판단할 권한이 있음을 명확히 한 바 있다. 이와 함께 EU집행위원회는 1993년 회원국 국내 법원과 EU집행위원회의 협력에 관한 고시[19]를 제정한 바 있다. 그러나 2004년 5월 1일부터 EU 경쟁법의 집행절차에 관한 새로운 이사회규칙 1/2003호가 시행됨에 따라 회원국 국내 법원 및 집행기관은 EU 경쟁법을 스스로 해석하여 운용하는 권한을 가지게 되었으므로, 그 한도에서 EU 경쟁법 집행권한이 현격히 강화되었다.

2. 위반행위에 대한 제재

1) 제재금의 산정

EU기능조약 제101조 및 제102조 위반에 대한 제재금은 직전 사업연도 매출액의 10%까지이다. EU집행위원회는 해당 범위 내에서 재량으로 제재금을 결정할 수 있고, 해당 결정에 대한 지침을 수립 공표하고 있다. 2006년 개정된 지침은 기본금액 산정과 기본금액 조정(증감)의 두 부분으로 구성되어 있다.

기본금액 산정의 경우, 위반행위가 행해진 거래시장에서 해당 사업자의 최근 사업연도 매출액(최근 관련매출액)의 30%를 상한으로 하는 금액(경성카르텔의 경우에는 보통 30%를 적용)에 위반행위의 지속기간을 곱하고, 또한 경성카르텔의 경우에는 이에 최근 관련매출액의 15-25%("entry fee"라고 부르는 부분)를 가산하여 기본금액을 산정한다. 예컨대, 경성카르텔의 경우에는 "최근 관련매출액×30%×계속 연수+최근 관련매출액×15-25%"가 기본금액이다.

2) 제재금의 조정

기본금액으로 산정된 제재금은 위반행위의 중대성과 위반행위에 의해 얻을 수 있던 이익에 따라 증감된다. 즉, 감액상황(Attenuating Circumstances)과

---

18) *Stergious Delimitis v. Henninger Brau* [1991] *ECR* 935 [1992] 5 *CMLR* 210.

19) Commission Notice on Cooperation between National Courts and the Commission.

증액상황(Aggravating Circumstances)에 따라 증감할 수 있다.

증액상황이라 함은 ① 같은 사업자에 의한 같은 유형의 위반이 반복되는 것, ② EU집행위원회의 조사에 대한 협력을 거부하거나 조사를 방해하려고 시도하는 경우, ③ 위반 시 주도적인 역할을 하는 경우, ④ 위반행위를 강제하기 위한 보복조치가 있는 경우, ⑤ 위반의 결과로서 수익 액수가 방대한 경우 등이 일컬어지지만, 대략적으로 정리하면, 기간과 관여의 정도가 주된 요인으로, 그 밖의 기업규모를 증액상황으로서 고려하는 선례와 고려하지 않는 선례가 있다.

감액상황으로는 ① 위반자가 주변적 역할밖에 담당하지 않은 경우, ② 위법행위에 합의는 했지만 이행은 하지 않았던 경우, ③ 위원회의 개입 후 곧바로 위반을 종료시켰을 경우, ④ 위법행위인지 아닌지에 관하여 기업측에 다른 인식이 있었을 경우, ⑤ 고의가 없었던 경우, ⑥ 사업자에 의한 유효한 협력이 있었을 경우 등이 일컬어지지만, 대략적으로 정리하면 협력의 정도와 카르텔을 실행하였는지 아닌지가 주된 사유이다.

3) 자진신고자 면책제도

사업자 간에 은밀한 공모에 의해 이루어지는 카르텔은 대부분 합의서 등의 문서를 남기지 않는 등 그 합의의 방법도 더욱 지능화되고 있어 증거자료를 확보하기 어려운 것이 현실이다. 이에 따라 EU집행위원회는 효율적인 시장감시와 EU재판소에서의 카르텔 소송을 유지하기 위한 충분한 증거를 수집하기 위해 1996년 카르텔 사안의 제재금의 면제 또는 완화에 관한 고시를 제정한 이래, 2002년과 2006년 두 차례에 걸쳐 공시를 개정하고 있다. 이 자진신고자에 대한 면책제도(Leniency Program)는 그동안 흑연전극봉 사건, 비타민 사건, 리진 사건, 유화아연 사건 등 국제카르텔 적발에 대하여 실효성을 가지는 것으로 나타나고 있다.

이 고시는 EU기능조약 제101조 1항 위반 중 수평적인 카르텔을 대상으로 하며, ① 제재금 전액면제와 ② 제재금 감액 부분으로 나뉘어있다. ① 제재금 전액면제는 EU집행위원회가 출입검사 등의 심사 활동 실시를 결정하는 충분한 증거를 가지고 있지 않은 시점에, 그 결정을 가능하게 하는 증거와 기업의 진술(Corporate Statement)을 먼저 제출한 사업자 또는 EU집행위원회가 EU기능조약 제101조 위반을 인정하는 충분한 증거를 가지고 있지 않고, 어떤 사업자도 제재금 조건부 면제가 인정되지 않은 시점에 해당 위반 인증을 가능하게 하는 증거와 기업의 진술을 처음으로 제출한 사업자에 인정된다. 기업 진술은 사업자가 문서 또는 구두 형식으로 하는 것으로, 카르텔에 대한 자세한 설명과 다른 참가 업체 이름 등을 포함한다. 제재금 전액 면제를 받기 위해서 신청자는 EU집행위원회가 합리적으로 필요하다고 인정하는 경우를 제외하고, 신청 후 즉시 해당 카르텔에 관여를 종료시킬 것, EU집행위원회의 심사에 전적으로 협력하고 모든 증거를 제공할 것, 다른 사업자에 대하여 카르텔에 참여하도록 강요하거나 카르텔 행위를 계속하도록 강요하지 않을 것이 요구된다. ②의 감액에 대한 자격을 얻기 위해서는, 신청자는 EU집행위원회가 이미 소유하고 있는 증거에 대하여 주목할 만한 가치가 있는 증거를 제공하고, 신청 후 즉시 해당 카르텔에의 관여를 종료해야 한다. 이러한 요건을 최초로 충족한 사업자는 30-50% 할인, 두 번째로 충족한 사업자는 20-30% 감액, 그 이후에 충족한 사업자는 20%까지 감액이 인정된다.

3. 사적 피해의 구제

EU 경쟁법의 경우 미국만큼 개인에 의한 경쟁법 집행이 활발하지는 않지만, 회원국 국내법에 근거하여 위반사업자에 대한 손해배상청구소송 또는 금지소송을 제기할 수 있다. 이 경우, 위법성 여부는 경쟁법 위반이 존재하는지 아닌지에 관련되므로, 국내 법원은 EU법의 문제로서 EU재판소에 문의(Reference)를 한다. 이 문의에 의하여 EU재판소가 제101조·제102조 위반을 인정했을 경우에는 회원국 국내법이 인정하는 손해배상 그 밖의 구제조치가 취해진다. 아울러 회원국 국내 법원은 사안이 회원국 간의 통상에 관련되는 것이 아니라고 생각되는 경우에는 회원국의 경쟁법을 적용하여 불법행위 등을 인정하는 경우도 있다.

한편 2004년 5월 1일부터 EU 경쟁법의 집행절차에 관한 새로운 이사회 규칙 1/2003호가 시행됨에 따라 회원국 법원 및 집행기관은 EU 경쟁법을 스스로 해석하여 운용하는 권한을 가지게 되었으므로, 회원국 국내 법원이 스스로 EU 경쟁법을 해석할 수 있게 되었다. 따라서 향후 시장규모가 그 정도도 아니고, 과거 사례의 기준을 적용하면 해결되는 단순한 사례의 경우에는 회원국 국내 법원에 의해 EU 경쟁법 위반의 유무가 인정되어 불법행위 등에 의해 손해배상 및 그 밖의 구제조치가 취해지고, 큰 사건이나 해석이 명확하지 않은 사건만이 EU재판소에서 다루어지게 될 것이다.

Ⅳ. 주요 사례

1. *Consten & Grundig* 사건 (1966)

Consten & Grundig 사건[20)]은 EU의 경쟁법 관련 규정의 해석에 관한 대표적인 사례임과 동시에 아직까지도 논란이 되고 있는 사례 중 하나이다. 1957년 4월 독일의 전자제품 제조사인 Grundig사는 프랑스의 Consten사에게 Grundig 상표의 제품들에 대한 프랑스 내 독점판매권을 부여하고 Consten사는 Grundig사와 경쟁관계에 있는 회사들의 제품을 유통하지 않기로 협정을 체결했다. 또한 Grundig 상표와는 별도로 GINT(Grundig International) 상표의 사용을 Consten사에게만 허용하였다.

이 협정으로 인해 Grundig사는 Consten사를 통해 프랑스 시장에 효과적으로 진입할 수 있었고 이에 따라 프랑스로의 수출 물량을 대폭 증가시켰다. Grundig사 제품이 유명세를 타기 시작한 1961년부터 UNEF사는 독일 내 도매업자들로부터 Grundig사의 제품들을 프랑스로 수입하고 Consten사보다 낮은 가격으로 Grundig사의 제품들을 판매하기 시작하였다. Consten사는 UNEF사를 불공정거래 혐의로 프랑스 법원에 소송을 제기하였고 UNEF사는 이에 반발하여 EU집행위원회에게 Consten사와 Grundig사 간의 협정은 TFEU 제101조 1항에 위배되므로 무효라고 항의하였다.

이에 대해 EU집행위원회는 Consten사와 Grundig사 간의 협정이 무효임

---

20) *Consten and Grundig v. Commissoin* [1966] *ECR* 299, [1966] *CMLR* 418.

을 확인하고 UNEF사의 Grundig 제품 수입을 제한할 수 없다고 선언하였다. Consten사의 불복에 대하여 EU재판소는 집행위원회의 결정을 존중하면서 EU의 설립 목적 중 하나는 EU회원국가 간의 무역장벽을 허무는 것임을 재확인하면서 제101조 또한 이러한 취지에 맞게 해석되어야 한다고 밝혔다. 다만 협정 전체가 제101조에 위배되는 것은 아니며 '절대적 지역보호(Absolute Territorial Protection)'[21]를 조장한 상표 부여 관련 규정이 해당 사건에서 위배된다고 판결했다. 이 사건을 통해 EU재판소는 EU 경쟁법의 궁극적인 목적이 역내시장 통합에 있음을 재확인하면서 제조사와 유통사 간의 수직적 협정에 대한 규제, 프랜차이즈 협정에 대한 규제 등에 대한 선례를 남기면서 향후 EU 경쟁법의 범위와 영향력을 확대하는 데 중요한 역할을 하였다.

2. *Microsoft v. Commission* 사건 (2004)

Microsoft v. Commission 사건[22]은 1993년 소프트웨어 제작사인 Novell사가 Microsoft사의 불공정한 경쟁에 대해 고소를 제기한 것을 시작으로 EU 집행위원회가 EU기능조약 제102조(당시 EC조약 제82조)에 의거하여 Microsoft사의 시장지배적 지위 남용을 강력히 제재한 사례이다. 이 사건에서 문제가 된 것은 두 가지이다. 첫째로 Microsoft사가 다른 경쟁사들에게 Windows 운영체제를 기반으로 한 소프트웨어 제작에 필수적인 '호환성 정보(Interoperability Information)' 공개를 거부함으로써 자회사 소프트웨어와의 경쟁을 방해한 점이다. 둘째로 Microsoft사의 Windows 운영체제에 자회사의 소프트웨어인 Windows Media Player를 끼워 팔면서 타사의 소프트웨어의 진입을 어렵게 만든 점이다.

이에 대해 EU집행위원회는 2003년 사전결정에서 Microsoft사에 Windows Media Player가 없는 Windows 버전을 제작하고 타사들에게 상호운영을 위한 호환성 정보를 공개할 것을 명령하였다. 이 사전결정에 불복하자 EU집행위원회는 2004년 3월 Microsoft사에 4억 7400만 유로라는 엄청난 액수의 과징금

21) *Consten and Grundig v. Commissoin* [1966] *ECR* 299 [1966], *CMLR* 418 at 349.

22) *Microsoft Corp. v. European Commission* [2004] *ECR* Ⅱ-4463.

을 부과하고 사전결정을 이행할 것을 촉구하였다. Microsoft사는 이에 반발하여 재판소에 제소하였으나 이는 당시 EC일심재판소에서 받아들여지지 않았다. 이후 EU집행위원회는 Microsoft사의 지속적인 이행거부에 대해 2008년 2월 EU설립 이후 사상 최고의 액수인 8억 9900만 유로의 과징금을 추가로 부과하였고 Windows Media Player 이외에 인터넷 브라우저인 Internet Explorer의 끼워팔기에 대해서도 조사에 착수하였다.

결국 Microsoft사는 항소를 포기하고 EU집행위원회의 결정을 존중하여 과징금 납부와 함께 차기 운영체제인 Windows 7에서는 Internet Explorer와 함께 타사 인터넷 브라우저 소프트웨어를 소비자들이 선택할 수 있도록 조치를 취하였다. 이 사건으로 인해 Microsoft사는 한국의 공정거래위원회와 같은 다른 나라들의 경쟁법 관련 기관으로부터 동일한 혐의로 상당한 과징금 납부와 함께 판매되고 있는 Windows 제품의 시정을 요구 받았다.

V. 결　　론

EU 경쟁법의 범위와 영향력이 확대되는 가운데 EU 역내의 비관세장벽이 철폐되고 회원국간 상품과 서비스의 자유이전이 제도적으로 보장됨에 따라 기업과 정부에 의한 경쟁제한이 시장통합의 장애로 남게 된다. 이 때문에 EU의 시장통합을 경쟁정책에 의하여 완성할 것이 요청되고 있다.

더구나 2002년 1월 이후 통화통합이 실현되고, EU의 지리적 범위가 동구권의 각국으로까지 확대됨에 따라 시장통합을 위한 경쟁정책의 중요성이 한층 강조되고 있으며, 2009년 12월 리스본조약 발효 이후 EU의 권한 및 역할이 강화됨에 따라 경쟁법의 통일적 집행의 필요성이 더욱 커질 것으로 보인다.

미국 경쟁법과 더불어 EU 경쟁법은 자신의 영역 내에서 설립된 기업들의 비즈니스에 직접적인 영향을 미칠 뿐만 아니라, 나아가 두 거대시장의 경쟁법은 우리나라를 비롯한 제 3 국의 경쟁법 발전과 역외의 관련 기업들에게도 막대한 영향을 끼치는 경우가 많아 이에 대한 정확한 이해가 필수적이라고 하겠다.

제15장 EU 민사법통일

Ⅰ. 유럽지역의 사법(私法)의 분열과 통합노력

“흐르는 강을 둘로 나누는 것의 정의(正義)는 무엇이란 말인가! 피레네 산맥 이편에서 진실인 것이 저편에서는 하나의 착오일 뿐이구나.” 이 말은 유럽지역의 법 분열 현상을 묘사한 파스칼의 말이다.[1] 12세기 법학자들의 연구를 통해 재발견된 고대 로마법의 기본원칙들은 그 후 수세기 동안 종족 간의 차이를 뛰어넘는 사법의 보편적 원리로서 유럽 전역에 걸쳐 공통적으로 적용되었다. 이것이 이른바 보통법(*Jus Commune Europaeum*)이다.[2] 그러나 이러한 보통법의 전통은 영토국가의 출현과 더불어 해체되었고, 그 결과 국가마다 서로 다른 내용의 법체계를 갖게 되었다. 법이 국가단위(지역단위)로 분열된 것이다.[3] 파스칼의 말은 이 과정에서 나타난 극심한 법의 분열현상을 한탄한 것이며 이러한 현상은 현재까지 이어지고 있다.

---

1) Vgl. Dethloff, Nina, “Europäische Vereinheitlichung des Familienrechts,” AcP 204 (2004), S. 544.

2) 이에 관한 간단한 요약으로는 Coing, Helmut, “Europäisierung der Rechtswissenschaft,” NJW, 1990, S. 939; Rittner, Fritz, “Das Gemeinschaftsprivatrecht und die europäische Integration,” JZ, 1995, S. 853ff.

3) 김동훈, “유럽통합과 사법통일,” 「比較私法」, 제 6 권 제 1 호(1999. 6), 한국비교사법학회, 395-398면 참조.

그러나 근래에 들어 유럽은 이러한 분열 상태를 벗어나 과거의 전통을 되살리기 위해 활발히 움직이고 있다. 1980년대 이후 유럽 법학의 가장 큰 특징의 하나로 '법의 유럽화' 내지 '법학의 유럽화'를 꼽는 데 주저하는 사람이 없는 데, 그 골자는 장차 유럽의 법을 단일 체계로 통일하는 데 있어서 기초가 될 유럽 공통의 법구조적 핵심원칙을 발견 내지 확립하는 것이다. 이러한 노력은 행정법 분야에서 먼저 시작되었지만 지금은 사법(私法) 분야에서 보다 활발하게 진행되고 있는데,[4] 그 바탕에는 유럽통합의 구상과[5] 그 진척이 깔려있다.

Ⅱ. 유럽사법의 개념과 법원

1. 유럽사법의 개념

이처럼 유럽연합 회원국은 현재까지 각각 다른 사법체계를 유지하고 있기 때문에 대한민국 민법전과 이자제한법 및 주택임대차보호법 등 민사특별법과 같은 의미의 'EU사법' 내지 '유럽사법'은 존재하지 않는다. 그러나 실제로는 EU사법 또는 유럽사법이라는 용어가 사용되고 있는데, 그 의미는 대개 다음 중 하나이다. 첫째, 각 EU회원국의(서로 다른 내용의) 사법체계를 통칭하는 경우이다.[6] 이러한 의미의 유럽사법은 통일의 필요성과 통일을 위한 노력의 원인이며, 앞으로 통일되어야 하는 대상이다. 둘째, 형식에 관계없이 유럽공동체의 법규범으로서 민사에 관련된 것 전체를 지칭하는 경우이다. 그러나

---

4) 그러나 이에 그치지 않고 현재에는 헌법과 형법 분야로까지 확장되고 있다고 한다(Vgl. Vogenauer, Stefan, "Eine gemeineuropäische Methodenlehre des Rechts," ZEuP, 2005. 2, S. 234).

5) 유럽을 하나로 묶으려는 구상은 시기적으로 여러 단계를 거치면서 여러 형태로 구체화되었고(이에 관하여는 김동훈, 앞의 논문, 385-386면; Weidenfeld, Werner/Wessels, Wolfgang(Herausgeber), Europa von A-Z, Europa Union(Verlag, Bonn, 1995), S. 9-62 참조), 그에 따라 단계별로 명칭도 달랐다. 그러나 여기서는 이를 일괄하여 유럽통합 구상이라 칭한다.

6) 아래에서 소개될 Lando 위원회의 이른바 '유럽계약법 원리'는 바로 이러한 의미의 유럽계약법상의 공통원리를 탐구하여 정리한 것이다.

두 번째 의미의 유럽사법도 다음에 설명하는 바와 같이 완결된 체계와 통일된 내용을 가진 법으로 직접 민사관계에 적용되는 것은 아니며 오히려 사법의 통일을 위한 수단으로서 통일의 방향을 지시하는 역할을 할 뿐이다.[7)]

2. 유럽사법의 법원

법의 존재형식 내지 인식근거라는 뜻으로서의 유럽사법의 법원(法源)이라는 용어는 앞에서 설명한 두 번째 의미의 유럽사법에 대해서만 사용할 수 있다. 그리고 그 형식은 유럽법의 법원과 일치한다. 따라서 이론적으로는 좁게는 일차적 법원인 설립조약 및 관련개정조약과 의정서, 2차적 법원인 규칙(Regulation: Verordnung), 지침(Directive: Richtlinie), 결정(Decision: Beschluss), 권고(Recommendation: Empfehlung)와 의견(Opinion: Stellungnahme), 넓게는 제 3국과의 조약, 유럽재판소 판례, 그리고 일반 법원칙이 유럽사법의 법원이 될 수 있다. 그러나 실질적으로는 몇 개의 조약과 규칙을 제외하면 대부분 지침의 형식으로 되어 있다. 이에 대한 내용은 후술하기로 한다.

Ⅲ. 사법통일의 필요성과 제도적 수단

1. 필 요 성

유럽통합의 구상에는 경제성장과 생활수준 향상의 원동력으로 작용할, 상품, 용역, 기타 재화의 이동이 자유로운 단일시장의 구축이 바탕을 이루고 있다.[8)] 그런데 회원국마다 법이 다른 것은[9)] 상품, 용역, 기타 재화의 자유로운

7) 즉 EU 단위로 통일된 유럽민사법은 아직 없다. 본 장의 제목이 'EU 통일민사법'이 아니라 'EU 민사법통일'인 이유도 여기에 있다.

8) Vgl. Eiselsberg, Maximilian, "Europäisches Vertragsrecht," in Eiselsberg, Maximilian (Herausgeber), Europäisches Vertragsrecht(Manzsche Verlags- und Universitätsbuchhandlung, Wien, 2003), S. 7; Rittner, a.a.O., S. 849.

9) 특히 문제가 되는 차이의 예로는 외국기업의 대리에 관한 규정, 방식 등 계약의 성립에

이동의 실현에 커다란 장애요소가 된다. 왜냐하면 나라마다 법이 다르면 분쟁 발생의 가능성은 커지는 반면 EU회원국 어디서나 동일한 법적 판단이 내려질 가능성은 저하되며, 이것은 다시 분쟁해결의 예측가능성을 저하시킴으로써 심리적으로 교류를 위축시킬 뿐 아니라 교류에 따르는 시간적·경제적 부담을 증가시키기 때문이다. 그러므로 유럽통합의 관점에서 보면 단일시장의 실현을 위한 제도적 기초로서의 사법(私法)의[10] 동화 내지 통일은 불가피한 것이다.[11] 따라서 사법(私法) 분야에서 회원국 간의 차이를 좁히거나 나아가 각국 법규정의 내용을 조화시키는 것은(approximation: Angleichung: 이하 동화라는 용어를 쓴다) 유럽통합구상과 더불어 이미 예정된 것이라 할 수 있다.

이와 같이 사법(私法)의 동화 내지 통일이 공동시장의 완결을 위해 필수적이라는 것을 인식한 유럽의회는 일차적으로 1989년 회원국의 사법의 동화를 위한 노력을 촉구하는 결의를 하였고, 1994년에는 특정 분야의 동화를 위한 노력을 촉구하였다. 그 후 유럽의 통일사법(統一私法)을 준비하기 위한 유럽연합 차원의 활동이 활발하게 진행되고 있다.

2. 제도적 수단

앞에서 살펴본 바와 같이 시장통합의 제도적 기초로서 사법의 동화 내지 통합은 필수적인 것이다. 그럼에도 불구하고 유럽연합에는 사법(私法) 일반에 관한 입법권은 없고, 단지 공동시장의 작동에 필요한 범위에서 법의 동화를 위한 조치를 취할 수 있을 뿐이다(Art. 3h, Art. 100a EVG). 그 밖에는 경쟁정책, 소비자정책, 농업정책, 사회정책 등 유럽연합에 위임된 정책에 한하여 권한을

관한 규정, 보통거래약관의 계약내용편입요건 및 효력에 관한 규정, 책임의 제한 및 배제에 관한 규정, 동산에 대한 소유권 및 담보권의 이전에 관한 규정 등이 있다(Eiselsberg, Maximilian/Alanyurt, Nur, "Einführung," in Eiselsberg, a.a.O. Europäisches Vertragsrecht, S. XI 참조).

10) Rittner, a.a.O., S. 850.

11) 물론 법의 동화, 나아가서는 통일에 반대하는 견해도 있다. 이러한 입장에 대한 소개로는 Magnus, Ulrich, "Elemente eines europäischen Deliktsrechts," ZEuP, 1998. 3, S. 603f.; Pintens, Walter, "Rechtsvereinheitlichung und Rechtsangleichung im Familienrecht," ZEuP, 1998. 3, S. 671f.

가지고 있다.[12] 그리고 이런 정책을 실현하는 수단에는 규칙과 지침의 법형식이 있다.

1) 규　칙

규칙은 유럽연합 전체에 대하여 직접 효력을 가지며 회원국의 국내법에 우선한다. 이 점에서 회원국에 대하여 제시된 내용을 국내법화 할 의무를 부과할 뿐인 지침과 본질적으로 다르다. 그러나 규칙은 일차적 공동체사법을[13] 시행하는 경우에 이용되고 기타의 경우, 특히 사법의 동화에는 주로 지침이 이용되고 있다.

2) 지　침

규칙과 달리 지침은 단지 회원국에 대하여 지침이 목적으로 하고 있는 바를 일정 기간 내에 국내입법을 통하여 실현시킬 의무를 부담시킬 뿐이다. 그리고 목적달성의 수단과 방법의 선택은 각 회원국에 맡겨져 있다.[14]

이러한 지침이 법 동화의 수단으로서 선호되는 이유는 규칙과 달리 회원국에게 정책목적의 달성과 관련하여 일정한 재량권을 줌으로써 지침과 회원국의 국내법 사이의 부조화 내지 충돌을 최소화할 수 있는 장점이 있기 때문이다.[15] 즉 회원국에게 목적달성을 위한 수단과 방법에 대한 선택권을 줌으로써 회원국의 저항감을 감소시켜 결국 지침의 국내법화를 촉진할 수 있다는 것이다.

---

12) Vgl. Schwartz, Ivo E., "Perspektiven der Angleichung des Privatsrechts in der Europäischen Gemeinschaft," ZEuP, 1994. 4, S. 569ff.; Zuleeg, Manfred, "Rechtsangleichung innerhalb und außerhalb der Europäischen Gemeinschaft," ZEuP, 1998. 3, S. 509f.

13) 로마조약(유럽경제공동체) 자체에 카르텔에 관한 몇 개의 규정이 있는바, 이것을 일차적 *私法法源*으로 부른다(Vgl. Rittner, a.a.O., S. 852).

14) 자세한 것은 Weidenfeld, a.a.O., S. 119 참조.

15) 이 밖에 회원국의 의지 여하에 따라서는, 독일의 채무법개정의 예와 같이, 보다 넓은 범위에서 공동체법에 접근된 방향으로 국내법을 개정하는 계기가 될 수 있다는 견해도 있다. 자세한 것은 Canaris, Claus-Wilhelm, "Schlußwort: Aspekte der europäischen Rechtsangleichung mit Hilfe von Richtlinien," in Canaris, Claus-Wilhelm(Herausgeber), *Die Umsetzung von zivilrechtlichen Richtlinien der Europäischen Gemeinschaft in Italien und Deutschland*(Duncker & Humbolt, Berlin, 2002), S. 132ff. 참조.

Ⅳ. 사법통일의 동향

1. 공적 기구의 활동

사법의 유럽화, 즉 회원국 국내법을 동화시키거나 단일한 유럽사법으로[16) 통일시켜가는 여정은 사실상 1958년 유럽경제공동체의 발족과 함께 시작되었다. 그리하여 공동시장 구상의 진척에 따라 제조물책임관련 지침(1985), 방문판매관련 지침(1985), 상사대리관련 지침(1986), 소비자신용관련 지침(1987) 등 회원국의 관련 법규정의 동화를 목적으로 하는 여러 지침이 공표되었다. 그러나 지침을 통한 부분적인 사법의 동화만으로는 공동시장의 실현에 필요한 제도적 기초를 마련하는 데 부족하였으며, 이에 따라 공동체에 중요한 문제를 조화롭게 해결하는 데 가장 적절한 방법은 보다 넓은 범위에서 사법을 통일시키는 것이라는 인식이 확대되었다. 그리하여 유럽의회가 사법체계의 동화 내지 통합을 위해 노력할 것을 두 차례에 걸쳐 발의한 것을 계기로 1990년대 말경부터 통합을 위한 준비가 빠르게 진행되었다.

1) 유럽의회의 발의

1989년 유럽의회는 법률 및 시민권 소위원회(이하 법률위원회라 함)의 보고에 기초하여, 유럽의 통일민법전 제정을 위한 준비를 시작할 것, 이를 위한 전문위원회를 구성할 것, 공동체 내의 유관 연구기관의 지원, 사업에 필요한 경비를 확보할 것을 요구하는 내용의 결의를 채택하였다.[17) 그 후 유럽의회는 사법의 동화와 통일민법전의 준비에는 분야별로 그리고 단계적으로 접근할

16) 그것이 내용이 서로 다른 회원국의 사법체계를 대체하는 것이 될지 아니면 통일사법과 국내법이 공존하게 될지, 후자의 경우 양자 간의 관계가 어떻게 정립될지는 아직 결정되지 않았다. 그러나 다음에 살펴보는 바와 같이 우선은 국내법과 선택적 관계에 있는 공동의 사법원리를 확립하는 것을 목표로 하게 될 것으로 보인다.

17) Das Europäische Parlament, Entschließung des Europäischen Parlaments zu den Bemühungen um eine Angleichung des Privatrechts der Mitgliedstaaten vom 26 Mai 1989, ABl. C 158 vom 26. 6. 1989, S. 400(유럽의회 제 1 차 결의).

필요가 있다는 법률위원회의 보고에[18] 기초하여, 1994년 유럽 통일민법전의 준비와 이를 위한 전문위원회의 발족을 내용으로 하는 제 2 차 결의를 채택하게 되었다.[19]

2) 이사회와 집행위원회의 대응

이에 대응하여 유럽이사회는 1999년 10월 광범위한 연구를 수행할 것을 요구함과 동시에 집행위원회에 2001년까지 이에 관한 보고서를 작성할 것을 위임하였다.[20] 이에 대해 집행위원회는 2001년 7월 이사회 및 의회에 4가지의 대처방안과 이에 관한 광범위한 토론을 제안하는 내용의 통지로 응답하였다. 여기서 고려대상으로 제시된 대처방안을 살펴보면 첫째, 문제의 해결을 원칙적으로 시장기능에 맡겨 두는 것, 둘째, 학계 및 실무계의 연구성과를 토대로 공통적인 계약법의 원리를 탐구·확립함으로써 강력하게 회원국의 계약법을 상호 접근시키는 것, 셋째, 기존의 공동체법규정의 질을 개선하는 것,[21] 넷째, 유럽연합 차원에서 포괄적인 대체법규범을 제정하는 것이다.

3) 각계로부터 제시된 의견

집행위원회가 통지에서 요청한 바에 응하여 180여 건의 의견제시가 있었다.[22] 이를 요약하면, 첫 번째 대처방안에 찬성하는 의견은 거의 없었다. 이에 비해 두 번째 및 세 번째 방안은 광범위한 찬동을 얻었다. 그리고 새로운 통

---

18) 국제사법에서는 법정채권관계와(채권계약 분야는 이미 단일화 되었음) 부정경쟁방지 등 특정 분야에서만 동화가 가능하고, 가족법 분야에서는 고유성이 강하여 동화의 여지가 크지 않으며, 물권법 분야에서는 섭외적 관점의 의미가 크지 않아 동화의 필요성이 크지 않은 반면 채권법 분야에서는 동화의 필요성과 여지도 크다는 의견이 제시되었다(자세한 것은 Tilmann, a.a.O., S. 540f. 참조).

19) Das Europäische Parlament, Entschließung des Europäischen Parlaments zur Angleichung bestimmter Bereiche des Privatrechts der Mitgliedstaaten vom 6. Mai 1994, ABl. C 205 vom 25. 7. 1994, S. 518(유럽의회 제 2 차 결의).

20) The European Council, Presidency Conclusions, Tampere European Council 15 and 16 OCTOBER 1999, SI(1999), p. 800.

21) 구체적으로는 현행 법규범의 질을 검토하여 보다 간략하고 체계적 일관성을 갖도록 개선할 것을 제안하고 있다.

22) 그 내용은 다음에 소개할 활동계획에서 정리되어 공표되었다.

일계약법을 만드는 것(네 번째 방안)에 대하여는 두 번째 및 세 번째 방안을 추진하는 과정에서 나온 결과를 토대로 이를 모색하는 것은 적절하나 현재로서는 시기상조라는 의견이 많았다.

4) 2003년 집행위원회 활동계획[23)]

각계로부터 제시된 의견을 토대로 집행위원회는 2003년 2월 3개 사항을 골자로 하는 활동계획을 공표하였다. 그 내용을 보면 첫째, 지침 등 기존의 공동체법규범의 체계적·내용적 일관성을 개선하고,[24)] 둘째, 유럽연합 차원에서 이용될 수 있는 모범계약 안의 개발을 지원하며, 셋째, 종래의 부문별 접근을 벗어난 일반적·포괄적 대체법규범체계를[25)] 도입하는 것이 합목적적인지 여부에 대해서는 계속 검토한다는 것이다.[26)]

5) 그 후의 동향

집행위원회가 공표한 활동계획에 대하여는 각계로부터 많은 의견이 개진되었는데,[27)] 특히 이사회는 집행위원회에 대해서 회원국의 적극적 참여를 유

---

23) Kommission der Europaischen Gemeinschaften, Aktionsplan, 2003. 2. 12. KOM(2003) S. 68.

24) 구체적인 내용은 드러난 유럽계약법 내의 모순점 제거, 편집상 질의 제고, 법문을 간단하고 명료하게 정리하는 것, 법규정을 변화된 새로운 상황에 맞게 수정하는 것, 그리고 흠결의 보충 등이다(Eiselsberg, Maximilian/Alanyurt, Nur, a.a.O., S. XII 참조).

25) 이 경우 새로운 포괄적 규범체계에 배타적인 성격을 부여하기 보다는 당사자에게 선택의 기회를 주는 것이 타당할 것으로 평가되었다(Huffel, Michel van, “Das Europäische Vertragsrecht zwischen Mythos und Realität,” in Eiselsberg, a.a.O., Europäisches Vertragsrecht, S. 38, 40ff.

26) 요컨대 우선 기존의 공동체법규범이 통일적으로 적용될 수 있도록 하고, 나아가 공통의 용어와 개념 및 공통의 원칙과 규정을 담고 있는 ‘공통적 원용의 기초’(Common Frame of Reference, 이하 CFR로 표기한다)를 확립하려는 것이다(Vgl. Huffel, a.a.O., S. 36, 39ff.).

27) 모두 120여 개에 달하며, 활동계획 I, 즉 기존의 공동체법규범을 질적으로 개선하는 것에 대해서는 대부분 찬성하였다. 그러나 활동계획 II, 즉 EU 차원의 모범 계약안을 개발하는 것에 대해서는 의견이 나뉘었는데, 특히 경제계에서는 남용의 우려와 이 계획이 기존의 시장기능에 미칠 영향 등을 들어 반대하는 소리가 높았다. 그리고 활동계획 III(포괄적 대체법규범 연구)에 대해서는 일부 적극적인 의견도 있었으나 대부분은 의견개진을 보류하였고 실현의 어려움, 적용범위와 법적 성질 등 미해결의 문제를 들어

도하기 위해 정치적·전문적 관점에서 적절한 조치를 취할 것과 포괄적인 대체법규범에 대한 연구를 회원국과 협조하여 계속 진행할 것을 촉구하였다.[28)]

그리고 유럽의회는[29)] "공통적 원용의 기초(Common Frame of Reference: CFR)" 사업을 우선적으로 추진하여 2006년 말까지 시안을 마련하고, 소비자계약과 보험계약 등 특정 분야에 대하여 보다 포괄적인 대체법안을 마련하는 작업을 속히 추진할 것을 요청하였다.

이에 집행위원회는 CFR의 기능과 구성, 소비자보호에 관한 특별계획, 모범계약안 계획 등에 관한 의견을 이사회와 의회에 통지하였고[30)] 2007년 말까지 시안 작성 완료를 목표로 하는 CFR 계획의 추진[31)] 및 기존의 소비자관련법을 검토하는 작업의 착수에 관한 보고서를 공표하였다.

2. The European Judicial Network in Civil and Commercial Matters[32)] 결성

이 네트워크는 정보와 경험을 공유하고 민·상사 사건에 있어서 회원국 사이의 협력을 증대시키려는 취지에서 EU이사회의 발의에 의해 결성되었다. EU회원국의 사법(司法) 및 행정관청이 참여하고 있으며 국제적 분쟁의 당사자에게 실질적인 도움을 주는 것을 목적으로 하고 있다. 집행위원회에 의해 관리되고 있는 홈페이지에는 회원국, 국제법 및 공동체법, 법률구조 및 분쟁해결에 관한 정보, 그리고 다양한 민·상사분쟁에 관한 쟁점이 제공되고 있다.

반대하는 의견도 많았다. 개진된 의견은 http://europa.eu.int/comm/consumers에 정리되어 있다.

28) 이사회결의 2003. 9. 22. 2003/C 246/1(DE).

29) 유럽의회결의 2003. 9. 2. KOM(2003)68.

30) 유럽의회결의 2004. 10. 11. KOM(2004)651.

31) 중요 내용은 모든 회원국의 전문가가 참여하는 이른바 CFR-Net를 구성하여 공동원용기초 시안을 준비하는 것이다.

32) 홈페이지: http://ec.europa.eu/civiljustice.

3. 학계의 움직임

유럽의 계약법(좁게는 매매법)의 통일을 준비하기 위한 비교법적 연구는 이미 1920년대 말에 Rabel로부터 시작되었다.[33] 그리고 근래에 이른 바 Lando Commission[34]과 Storme Group[35] 등 유럽연합의 공적 활동과 무관하게 유럽 차원의 법의 동화 내지 통일을 목적으로 연구활동을 하는 학자그룹이 있었다. 그러나 유럽의회의 발의와 그에 따른 집행위원회의 활동을 계기로 학자그룹의 연구활동, 연구분야, 목적, 접근방법을 달리하는 국제적 연구팀이 20개 가까이 형성되었다. 그리하여 종래 기본적으로 광의의 계약법을 대상으로 했던 논의가 이제는 불법행위법과 가족법의 분야로까지 확대되고 있다.

이러한 학자들의 활동은 유럽연합 기구로부터 재정적·행정적 지원을 받아 왔으며, 2003년 집행위원회는 재정지원과 관련하여 3개의 국제적 연구팀으로 구성된 컨소시움과 협상을 시작하여 2005년 150명의 모든 회원국 출신 학자가 참여하는 연결망을 구성하였다. 그리고 이른바 Acquis Group(Research Group on the Existing EC Private Law)에서 2008년 12월 계약법 일부에 관한 CFR 초안을[36] 집행위원회에 제출하였는데 이 초안은 총칙, 상품공급, 여행, 지불서비스로 구성되어 있다.

V. 지침을 통한 사법통일의 현황과 문제점

광의의 사법의 동화를 직접 목적으로 하거나 또는 간접적으로 이와 관련이 되는 지침은 지적재산권과 공정경쟁에 관한 것을 제외 하더라도 40개 가까이 되는 것으로 파악된다.[37] 이를 분야별·논점별로 살펴보면 EU의 기본정

33) Vgl. Grundmann, Stefan, “Einleitung,” in Kommentar, EU-Kaufrechts-Richtlinie(Verlag Dr. Otto Schmidt, Köln, 2002), S. 17; Wendehorst, Christiane, “Das Vertragsrecht der Dienstleistungen im deutschen und künftigen europäischen Recht,” AcP 206(2006), S. 208.

34) Commission on European Contract Law(1982).

35) Working Group for the Approximation of the Civil Procedure Law(1987).

36) Draft Common Frame of Reference.

책인 평등권에 관한 것, 소비자계약과 관련된 것, 금전지급에 관한 것, 상사대리, 근로자파견 문제, 제조물책임관련, 전자거래관련, 금융거래 관련, 개인정보보호 등이다.

여기서 우리가 주목할 것은 첫째, 지침을 통한 법의 동화는 민법 전체나 채권법 등 특정 분야 전체를 대상으로 하여 추진되는 것이 아니며, 둘째, 매매 등 특정한 거래 유형 전반에 관한 것도 아니고, 셋째, 소비자계약 관련 지침들에서 볼 수 있는 바와 같이 소비자보호 등 하나의 기본정책에 관련하여서도 논점별로 별개의 지침에 의해 규율되고 있다는 것이다. 이러한 현상의 근본적 원인으로는 보통 EU에 주어진 사법관련 입법권의 한계를 들고 있다.

1. 중요 지침

1) 평등권 관련 지침

평등권의 실현은 EU 기본정책의 하나이다. 이에 사법 분야에서 평등권이 통일적으로 실현되도록 하기 위해서 성별, 인종, 직업 등 여러 관점이 관련된 다수의 지침을 공표하였다. 중요한 지침을 간단히 소개하면 고용과 직업에 있어서의 남녀평등(기회의 균등)의 실현에 관한 지침,[38] 재화와 용역의 획득에 있어서의 남녀평등의 실현에 관한 지침,[39] 취업·직업교육·승진 및 고용조건에 있어서의 남녀평등의 실현에 관한 지침,[40] 취업과 직업에 있어서의 평등실현에 관한 일반원칙의 확립에 관한 지침,[41] 인종간·종족간 평등대우의 원칙의 관철에 관한 지침[42] 등이 있다.[43]

---

37) 이 숫자는 관련된 지침을 빠짐없이 망라한 것이라 할 수 없으며, 단지 문헌과 인터넷을 통하여 획득할 수 있던 것을 정리했을 뿐이다. 특히 여기에 회사법 관련(15개), 공정거래(6개), 지적재산(6개) 관련 지침을 더하면 수는 더욱 늘어난다. 개별적 지침에 대해서는 본서 508면 이하 참조.

38) Directive 2006/54/EC(2006. 6. 5.).

39) Directive 2004/113/EC(2004. 12. 13.).

40) Directive 2002/73/EC(2002. 9. 23.).

41) Directive 2000/78/EC(2000. 11. 27.).

42) Directive 2000/43/EC(2000. 6. 29.).

43) 평등의 원칙의 실현에 관한 규칙으로는 항공여행에 있어서의 장애인의 권리에 관한 규칙(Regulation No. 2006/1107/EC: 2006. 7. 5.)이 있다

2) 소비자보호 관련 지침

소비자보호에 관한 법제의 동화를 목적으로 다양한 관점의 지침이 공표되었다. 중요한 것은 소비자신용계약에 관한 지침,[44] 여가시설 등의 거래에 있어서의 소비자보호에 관한 지침,[45] 역내시장 내의 지불서비스에 있어서의 소비자보호에 관한 지침,[46] 원격금융서비스제공사업에 있어서의 소비자보호에 관한 지침,[47] 소비자계약에 있어서의 부당조항에 관한 지침,[48] 방문판매에 있어서 소비자보호에 관한 지침,[49] 소비재매매 및 소비재에 대한 보증에 관한 지침,[50] 포괄여행계약에 관한 지침,[51] 소비자이익보호를 위한 부작위소송에 관한 지침[52] 등이다.

3) 상사대리 관련 지침

대리제도의 차이에서 오는 불편을 제거하기 위하여 일차적으로 독립적 상사대리에 관한 규정의 동화에 관한 지침이 공표되었다.[53]

4) 근로자파견 관련 지침

빈번히 발생되는 근로자의 국외파견에 관한 법의 동화를 위한 것으로 노무제공에 관한 기본계약에 따른 근로자 파견에 관한 지침이 있다.[54]

5) 제조물책임 관련 지침

제조물의 개념, 하자의 개념, 제조물책임의 구조와 내용, 생산물의 안전

44) Directive 2008/48/EC.
45) Directive 2008/122/EC(2009. 1. 14.).
46) Directive 2007/64/EC(2007. 11. 13.).
47) Directive 2002/65/EC(2002. 9. 23.).
48) Directive 93/13/EC(1993. 6. 15.).
49) Directive 85/577/EEC(1985. 12. 20.).
50) Directive 99/44/EC(1999. 5. 25.).
51) Directive 90/314/EEC(1990. 6. 13.).
52) Directive 98/27/EC(1998. 5. 19.).
53) Directive 86/653/EEC(1986. 12. 18.).
54) Directive 96/71/EC(1996. 12. 16.).

성에 관한 규제 등을 통일하기 위해서, 생산물 하자에 대한 책임에 관한 법률 규정의 동화를 위한 지침[55]과 생산물의 안전성에 관한 지침이[56] 공표되었다.

6) 전자거래 관련 지침

전자거래의 활성화와 안전성을 위한 공통의 기초를 마련하기 위한 것으로, 역내 정보산업, 특히 전자상거래에 관한 지침,[57] 전자서명에 관한 지침[58] 등이 있다.

7) 개인정보보호 관련 지침

전자거래에 있어서의 개인정보의 처리 및 사적 영역보호에 관한 지침,[59] 개인정보처리에 있어서의 자연인의 보호 및 개인정보의 자유로운 교환에 관한 지침[60] 등이 있다.

2. 법의 동화수단으로서의 지침의 한계

EU에서 정하는 지침은 가치판단의 관점에서 또는 문제해결을 위한 수단의 선택에서 기존의 회원국 국내법과는 다를 수 있다. 이로 인해 많은 회원국은 지침을 국내법화 하는 데 있어 그렇게 적극적이지 않다.[61] 많은 지침에서 회원국의 입법자로 하여금 복수의 해결방안 중 선택을 할 수 있도록 하거나 또는 지침의 규율정도를 최저 수준으로 설정하는 것은 이러한 문제점에 대한 정책적 고려의 산물일 것이다.[62]

---

55) Directive 85/374/EEC(1985. 7. 25.). 1999년 Richtlinie 99/34/EG에 의해 개정됨.

56) Directive 2001/95/EC(2001. 12. 2.).

57) Directive 2000/31/EC(2000. 6. 8.).

58) Directive 99/93/EC(1999. 12. 13.).

59) Directive 97/66/EC(1997. 12. 15.).

60) Directive 95/46/EC(1995. 10. 24.).

61) Mansel, Heinz-Peter, "Kaufrechtsreform in Europa und die Dogmatik des deutschen Leistungsstörungsrechts," AcP 204(2004), S. 405f.

62) Zaccaria, Alessio, "Wege zu einer Harmonisierung des Privatrechts in Europa," in a.a.O. Umsetzung, S. 11f. 참조.

그런데 회원국 입법자에게 주어진 재량권은 또 다른 문제의 원인이 된다. 지침과 회원국의 국내법체계가 충돌하는 경우, 회원국의 입법자는 지침이 추구하는 정책사항의 입법화 과정에서 사법의 동화라는 공동체적 관점과 기존 규범과의 충돌을 최소화한다는 국내적 관점 중 선택을 할 수밖에 없다. 그러므로 규율의 정도가 낮고 선택 가능한 해결방안의 폭이 넓으면 넓을수록 각 회원국에서 국내법화된 내용 사이의 차이는 커질 수밖에 없다. 즉 동화의 정도는 그만큼 떨어지는 것이다.

결국 지침의 국내법화, 따라서 법의 동화를 촉진시키기 위하여 채용한 수단이 최종적으로는 의도했던 최소한의 동화에도 미치지 못하는 결과를 초래할 것이다. 여기에 법의 동화수단으로서의 지침의 한계가 있다.

3. EU 사법체계의 문제점

이미 언급된 바와 같이 유럽연합에는 사법(私法) 전반에 관한 동화 내지 통일 자체를 목적으로 하는 입법권은 없고, 경쟁정책, 소비자정책, 농업정책, 사회정책 등 유럽연합에 위임된 특별한 정책 및 목적사항에 관한 입법권 외에는 공동시장의 필요에 따른 법의 동화를 추진할 수 있을 뿐이다(Art. 3h, Art. 100a EVG). 더구나 1992년의 마스트리히트조약에서는 이른바 보충성의 원칙이 도입되었다. 이 조약 제4b조 2항에 따르면 공동체의 배타적 관할에 속하지 않는 분야의 경우, 특정 정책목표가 회원국 차원에서는 충분히 달성될 수 없고, 범위 및 효과와 관련하여 공동체 차원에서 조치가 취해져야 비로소 목표 달성이 가능한 때에 한하여 주어진 권한을 행사할 수 있다. EU는 공동체에 위임된 사항에 속하는 정책목적이 각 회원국의 차원에서는 달성될 수 없을 때 비로소 지침을 만들 수 있는 것이다.[63)]

이러한 사법(私法)에 관한 EU 입법권의 한계로 인하여 지침을 통한 사법(私法)의 동화는 부분적, 단편적으로만 가능하게 되었다. 그 결과 지침을 토대로 형성된 공동체의 법체계 및 법동화는 체계적 통일성과 일관성을 갖지 못

---

63) 자세한 것은 Schwartz, a.a.O., S. 569f., 573f.; Tröger, Tobias, "Zum Systemdenken im europäischen Schuldvertragsrecht," ZEuP, 2003. 3, S. 525 참조.

하게 되었다.[64] 그리고 일관성의 결여로 인하여 지침의 증가와 더불어 기존의 회원국 국내법과 충돌할 가능성도 증대되었다.[65]

그런데 부분적 동화와 이로 인한 일관성 결여, 그리고 국내법과의 충돌 문제로 인하여 국내법화의 과정에서 회원국마다 내용이 달라질 수 있다는 지침공동체법의 문제점은[66] 법의 적용단계에서도 반복적으로 나타난다.[67] 즉 회원국 어디서나 동일한 법적 판단이 내려지게 함으로써 단일시장·제한 없는 거래를 실현한다는 목표로부터 다시 한 번 멀어지는 것이다.

현재까지의 상황전개를 놓고 볼 때 지침을 통한 법의 동화는 본래의 목적을 달성하기 어렵게 되었다.[68] 따라서 집행위원회의 활동계획의 최우선 과제로 기존 지침의 일관성을 회복하여 질을 개선하는 것을 설정한 것은 당연한 것이다. 그러나 일관성을 확보하기 위해서는 가치적, 체계적 기준이 필요한 바, 이 기준이 현실성을 가지려면 불가피하게 회원국가에 공통되는 가치 및 체계 원리에 기초할 수밖에 없다. 그 형식은 이른바 CFR과 같은 것이다.

Ⅵ. 전문가 단체의 준비

앞에서 살펴본 바와 같이 유럽연합의 사법(私法)에 관한 입법권한은 기능적 관점에서 정해진 특성을 가지고 있고, 그리하여 법의 동화정책을 추진함에 있어서도 전체적인 체계성 및 내용의 일관성은 크게 고려되지 못하였다. 여기에 유럽연합 차원에서 추진된 공적인 사법동화정책의 한계가 있다. 그러므로 체계성과 일관성까지 확보된 유럽통일사법의 준비작업은 처음부터 학자들의

---

64) 구체적 예에 대한 소개로는 김영두, "유럽契約法에 대한 最近의 論議," 「法學硏究」, 제15권 1·2호(2005. 6), 연세대학교 법학연구소, 231-233면 참조.

65) Tröger, a.a.O., S. 528ff., 535f. 이로 인해 국내법화 된 지침은 결국 '국내법 내의 섬' 또는 '이물질'의 처지에 놓이게 된다고 한다(Micklitz, Hans-W., "Perspektiven eines Europäischen Privatrechts," ZEuP, 1998. 2, S. 262).

66) Vgl. Graziano, Thomas Kadner, "Die Zukunft der Zivilrechtskodifikation in Europa," ZEuP, 2005. 3, S. 528ff.

67) Zaccaria, a.a.O., S. 12f.; Canaris, a.a.O., S. 130ff.

68) Micklitz, a.a.O., S. 270ff.

몫이었다고 말할 수 있다.[69] 그리하여 1980년대 초 구성된 계약법 통일을 위한 학자들의 모임(이른바 Lando Commission)을 필두로 다수의 학자 그룹이 민법의 여러 분야를 대상으로 하여 다양한 형태로 사법통일을 준비하기 위한 활동을 하고 있었다.

그리고 EU 차원에서 기존의 공동체법의 질을 개선하고 공통의 원용기초를 확립하려는 노력이 본격화되면서 민법의 동화 내지 유럽통일민법전을 준비하는 학자들의 연구도 더욱 활발해 졌다. 이러한 연구는 한 사람에 의해 수행되는 경우도 있지만[70] 대개는 팀 단위의 공동연구 형태로 이루어지고 있다는 특징이 있다. 이는 유럽 차원의 민법의 동화 내지 통합은 필연적으로 방대한 비교법적 연구를 요구하기 때문이다. 그러나 민법의 특정 분야만을 대상으로 하는 팀과 전 분야를 망라하여 연구하는 팀, 국내법을 대상으로 하는 팀과 기존의 공동체법을 대상으로 하는 팀, 공통 원리의 발견을 목표로 하는 팀과 민법전초안을 작성하려는 팀 등 목적과 접근방법은 다양하다. 아래에서는 민법 전반을 연구대상으로 하는 연구팀을 먼저 살펴보고 난 후 특정 분야를 대상으로 하는 팀을 분야별로 살펴본다.[71]

1. 일반적 연구

1) International Institute for the Unification of Private Law (UNIDROIT)

유럽민법을 직접적인 대상으로 하지는 않지만 통일사법과 관련하여 빼놓을 수 없는 것이 UNIDROIT[72]이다. 이 기구는 1926년 국제연맹의 보조기구로 설립된 독립된 국제기구로서 현재 59개의 회원국을 가지고 있다. 사법(특히 상

69) Vogenauer, a.a.O., S. 234f.

70) Von Bar 교수의 불법행위법 연구가 좋은 예이며 연구성과로는 *Gemeineuropäisches Deliktsrecht*(München: C. H. Beck), Band 1(1996), Band 2(1998) 참조.

71) 법의 동화에 관한 유럽연합의 관심은 채권법 분야, 특히 계약법에 모여 있다. 하지만 아래에서 살펴보는 바와 같이 학자들의 연구는 보다 광범위하게 이루어지고 있고, 현재는 가족법의 동화도 관심의 대상이 되어 이를 위한 전문가 그룹이 형성되었다. 그러나 아직 물권법 분야에서는 이렇다 할 독립된 국제적 그룹 차원의 연구활동은 보고되지 않는 것으로 보인다.

72) 홈페이지: http://www.unidroit.org.

법)의 현대화 및 국제적 동화의 필요성과 방법론을 연구하는 것을 기본 목표로 하고 있다. 10여 개의 협약 및 법률안의[73] 작성에서 주도적 역할을 하였으며, 정기간행물로서 *Uniform Law Review*가 있다. 중요한 출판물로는 *Principles of International Commercial Contracts* (1994 1판; 2004년 증보개정판) 및 *Principles of Transnational Civil Procedure* (2004)가 있다.

2) Study Group on a European Civil Code (SGECC)[74]

이 연구팀은 1998년 당시의 Lando-Commission의 구성원들에 의해 확장된 기반위에서 연구를 진행하자는 취지에서 출범되었고, Lando-Commission의 해체 후 그 계승자가 되었다. 이 연구팀은 이른바 'Gandolfi-Group'과 마찬가지로 유럽민법전 제정을 추구하고 있으며, Lando-Commission의 기본원리의 범주를 벗어난 법전초안 수준의 유럽재산법규범을 만드는 것을 목표로 하고 있다. 그러나 비교법적 연구를 토대로 법의 기능적 원리를 발견한다는 접근방법에 있어서는 기본적으로 Lando-Commission과 동일하다.[75]

이 연구팀은 기관으로 Christian von Bar 교수가 주재하며, 연구테마와 회의의 순서를 조언하는 Steering Committee와 약 30명의 교수로 구성되고 연구의 내용을 확정하는 Coordinating Group이 있으며, 대략 각각 10여 명으

73) Convention relating to a Uniform Law on the Formation of Contracts for the International Sale of Goods(The Hague: 1964); Convention relating to a Uniform Law on the International Sale of Goods(The Hague: 1964); International Convention on the Travel Contract(Brussels: 1970); Convention providing a Uniform Law on the Form of an International Will(Washington: 1973); Convention on Agency in the International Sale of Goods(Geneva: 1983); UNIDROIT Convention on International Financial Leasing(Ottawa: 1988); UNIDROIT Convention on International Factoring (Ottawa: 1988); UNIDROIT Convention on Stolen or Illegally Exported Cultural Objects (Rome: 1995); Convention on International Interests in Mobile Equipment(Cape Town: 2001); Protocol to the Convention on International Interests in Mobile Equipment on Matters specific to Aircraft Equipment(Cape Town: 2001); Model Franchise Disclosure Law(2002).

74) 홈페이지: http://www.sgecc.net.

75) Wurmnest, Wolfgang, "Common Core, Grundregeln, Kodifikationsentwürfe, Acquis-Grundsätze — Internationale Wissenschaftlergruppen zur Privatrechtsvereinheitlichung in Europa," ZEuP, 2003. 4, S. 733 참조.

로 구성된 여러 개의 연구팀이 재산법의 각 분야를 대상으로 연구를 진행하고 있다.[76)]

3) European Research Group on Existing EC Private Law (Acquis–Group)[77)]

EU의 사법동화정책에 자극을 받아 2002년에 결성된 이 연구팀은 다른 연구팀이 비교법적 연구방법을 기본으로 하는 것과 달리 이미 존재하는 공동체법으로부터[78)] 유럽사법의 골격을 도출해 내는 것을 목표로 하고 있다. 특히 집행위원회의 세 번째와 네 번째 활동계획의 취지에 따라 공동체법이 일관성

---

76) 이를 살펴보면:

–The Hamburg Working Team on Credit Security
홈페이지: http://www.sgecc.net/index.php?subsite=subsite_3&id=20
연구성과: Rules on Personal Security(2002); Rules on Personal Security Contracts (2005)

–The Working Team on Proprietary Securities
연구성과: Rules on Proprietary Security Rights in Movable Assets(2005)

–The Working Team on E-Commerce
연구성과: E-Commerce(2004)

–The Salzburg Working Team on Transfer of Movable Property
홈페이지: http://www.sgecc.net/index.php?subsite=subsite_3&id=31
연구성과: Transfer of Moveable Property(draft articles, 2005)

–The Working Team on Rental of Movable Propert
홈페이지: http://www.sgecc.net/index.php?subsite=subsite_3&id=71
연구성과: Leasing of movables(draft articles, 2004)

–The Osnabrück Working Team on Extra-Contractual Obligations(법정채권 참조)

–The Dutch Working Group on Sales, Services and Longterm Contracts
홈페이지: http://www.sgecc.net/index.php?subsite=subsite_3&id=18
연구성과: Principles of European Sales Law(2004); Black Letter Rules on Services Contracts-Document 4(2003); Commercial Agency, Franchise and Distribution(8th draft, 2003)
이 연구팀은 다시 각각 매매계약, 고용계약, 계속적 채권관계법을 연구하는 3개의 소그룹으로 나뉘어 있다.

–The Working Team on Trusts
홈페이지: http://www.sgecc.net/index.php?subsite=subsite_3&id=70 등이다.

77) 홈페이지: http://www.acquis-group.org.

78) 여기에는 기본계약에 규정된 1차적 법원과 규칙이나 지침 등 2차적 법원이 포함된다.

과 포괄성을 갖게 함으로써 질적 개선을 꾀하는 것에 중점을 두고 연구를 하고 있다.[79)]

4) The Common Core of European Private Law Project (Trento Group)[80)]

1993년 결성된 이 연구팀에서는 비교법적 연구를 통하여 회원국 사법체계의 핵심적 공통요소를 발견하고, 장기적으로는 이렇게 발견된 법원칙을 근간으로 유럽사법을 통일하는 것을 목표로 하고 있다.[81)] 이 연구팀의 연구범위에는 계약법, 민사책임법 외에 물권법도 포함되어 있다. 그러나 회원국의 법만을 대상으로 한다.

2. 계약법 분야[82)]

1) Commission on European Contract Law (Lando–Commission)[83)]

유럽사법의 동화를 위한 연구를 가장 먼저 독립적으로 시작한 연구팀으로 1980년에 Ole Lando 교수의 주도하에 출범하였다. 1982년부터 2003년에 발전적으로 해체될 때까지 공동체 집행위원회의 지원을 받으며 비교법적 기초연구와 유럽통일계약법을 위한 학술적 준비를 수행하기도 하였다. 이 연구팀의 목표는 첫째로 유럽계약법의 초석을 마련하고, 둘째 국제거래의 당사자들이 계약의 준거규범으로 삼을 수 있는 계약법원리를 제시하는 것이다.[84)] 그리고 접근방법은 미국의 Restatement를 모델로 하여 비교법적 연구를 통해 사법의 기능적 기본원리를 확립하는 것이다. 이 연구팀이 해체될 때까지 전체적으로 세 개의 연구위원회가 시차를 두고 구성되어[85)] 이른바 '유럽계약법원리(Principles of European Contract Law: PECL)'의 작성을 담당하였다.

---

79) Wurmnest, a.a.O., S. 741 참조.

80) 홈페이지: http://www.jus.unitn.it/dsg/common-core/home.html.

81) 새로운 법원칙을 세우는 것은 정치의 영역으로서 이 연구팀의 과제가 아니라고 한다(Wurmnest, a.a.O., S. 716 참조).

82) 계약법 분야의 연구에 대한 국내 소개로는 김영두, 앞의 논문, 242면 참조.

83) http://www.cbs.dk/departments/law/staff/ol/commission_on_ecl/index.html.

84) Wurmnest, a.a.O., S. 723 참조.

85) 1982-1990: 1차위원회, 1992-1996: 2차위원회, 1997-2001: 3차위원회.

이 연구팀의 가장 중요한 업적은 3부로 된 유럽계약법원리인데 각각 1995년, 1999년, 그리고 2003년에 출간되었다.[86] 유럽계약법원리의 작성에는 모든 회원국의 계약법뿐 아니라 UN 통일매매법과 미국의 계약법 Restatement도 참고 되었다.[87] 3차위원회의 활동이 유럽계약법원리 3부가 출간됨으로써 종료됨에 따라 이 연구팀은 발전적으로 해체되었고 이 연구팀이 수행해 왔던 연구과제는 새롭게 확대재구성 된 'Study Group on a European Civil Code' 연구팀이 승계하였다.

2) Academy of European Private Lawyers (Gandolfi Group)

이 연구팀은 1992년 Giuseppe Gandolfi의 주창으로 이탈리아의 Pavia에서 발족되었다. 접근방법에서 상기 Study Group과 마찬가지로 유럽민법의 통일을 위해 유럽민법전을 제정하는 것을 추구하고 있으며, 이 연구팀 스스로는 이탈리아 민법전을 기초로 유럽계약법 초안을 만들었다.[88] 그러나 PECL, UN 통일매매법, UNIDROIT 기본원리도 많이 참고 되었다. 발표된 연구 성과로는 이미 언급된 유럽계약법 예비초안이[89] 있다.

3) Society of European Contract Law (SECOLA)[90]

SECOLA는 연구팀이 아니라 유럽계약법을 위한 개방된 토론과 정보의 마당이다. 2001년 창설된 이 토론 광장은 사단법인 SECOLA에 의해 관리·운영되고 있으며 이미 300명 이상의 회원을 가지고 있다. SECOLA의 목표는 유럽계약법 전반에 관한 국제적·학제적 토론을 유도하는 것이다. 홈페이지에는 잘 정리된 관련 문헌과 지침에 대한 정보가 올려져 있다.

---

86) 1999년 2부가 완성되어 출간될 때 1부와 2부는 합본으로 출간되었다.

87) 유럽계약법원리의 내용에 대해서는 이미 우리 나라에서도 논점별로 많은 연구가 발표되었다.

88) 그 배경은 이탈리아 민법전이 프랑스 민법전과 독일 민법전을 잇는 가교적 성질을 갖는다는 것이라 한다(Wurmnest, a.a.O., S. 736 참조).

89) Guiseppe Gandolfi(Hrsg.), *Code Européen des Contracts-Avant-projet*(Giuffré Verlag, 3. Auflage, Mailand 2002).

90) 홈페이지: http://www.secola.org.

3. 법정채권관계법 분야[91)]

1) European Group on Tort Law (Tilburg Group)[92)]

이 연구팀은 1993년에 Jaap Spier의 주도로 발족되어 20여 명의 구성원을 가지고 있다. 접근방법에서는 Lando Group의 전통을 따라 비교법적 연구를 통하여 장래의 유럽 민법전의 기초가 될 불법행위법의 기능적 기본원리를 확립하는 것을 목표로 하고 있으며, 특히 불법행위책임의 기초문제, 최근의 발전동향, 유럽불법행위법의 방향에 연구의 중점을 두고 있다. 그리고 연구대상의 범위도 EU회원국에 국한하지 않고 미국, 이스라엘, 스위스, 남아프리카 공화국의 법도 포함하고 있다.[93)]

이 연구팀은 확실한 제도적 기초를 확보하기 위하여 1999년 빈에 'European Centre of Tort and Insurance Law'(ECTIL)를 설립하였다. 이 센터에서는 유럽불법행위법의 기초원리를 발전시키기 위한 연구와 기타 비교법적 연구를 지원하고 그 결과를 'Tort and Insurance Law' 시리즈로 출간하고 있다.[94)] 또한 10개의 논점별 연구성과를 발표한 바 있고, 2005년에는 Lando Group의 PECL에 비교되는 불법행위법 기본원리(*Principles of European Tort Law. Text and Commentary* (Wien: Springer, 2005))를 발표하였다.[95)]

---

91) 유럽의 불법행위법 통일을 위한 연구에 대한 소개로는 신유철(번역), 「유럽손해배상법 — 통일과 전망 —」(서울: 법문사, 2005), 23-27면 참조.

92) 홈페이지: http://civil.udg.es/tort.

93) 이 연구팀에 관하여는 Spier, Jaap/Haazen, Olav A., "The European Group on Tort Law(Tilburg Group) and the European Principle of Tort Law," ZEuP, 1999. 3, S. 469ff.; Koziol, Helmut, "Die 'Principle of European Tort Law' der 'European Group on Tort Law'," ZEuP, 2004. 2, S. 234f. 참조.

94) 이 센터의 홈페이지는 http://www.ectil.org.

95) 기타 연구성과로는 Jaap Spier(ed.), *The Limits of Liability. Keeping the Floodgates Shut*(Kluwer, 1995); Jaap Spier(ed.), *The Limits of Expanding Liability. Eight Fundamental Cases in a Comparative Perspective*(Kluwer, 1998); Helmut Koziol(ed.), *Unification of Tort Law: Wrongfulness*(Kluwer, 1998); Jaap Spier(ed.), *Unification of Tort Law: Causation*(Kluwer, 2000); Ulrich Magnus(ed.), *Unification of Tort Law: Damages*(Kluwer, 2001); Bernhard A. Koch & Helmut Koziol(eds.), *Unification of Tort Law: Strict Liability*(Kluwer, 2002); Jaap Spier(ed.), *Unification of Tort Law:*

2) The Osnabrück Working Team on Extra-Contractual Obligations (von Bar Arbeitsgruppe)[96)]

이 연구팀은 앞에서 소개한 Study Group의 하부 연구팀의 하나이다. 따라서 목표 및 접근방법은 Study Group과 동일하다. 이 연구팀의 주요 연구대상은 불법행위법, 부당이득법, 사무관리법이다.[97)]

4. 가족법 분야: Commission on European Family Law (CEFL)[98)]

2001년에 결성된 이 연구팀은 Common Core 팀과 마찬가지로 기존 법체계에 대한 비교법적 연구를 통하여 핵심적 공통요소를 발견하고 이를 기초로 유럽 내 가족법을 통일하는 것을 목표로 하고 있다.[99)] 이를 위해 이혼법을 시작으로 회원국 가족법에 대한 비교법적 연구의 현황을 정리하고 있다. 그 연구결과가 11개의 EFL(European Family Law) 시리즈로 발표되었으며 2004년 12월에는 이혼법 분야에 대한 CEFL Principles를 공표하였다.

Liability for the Acts of the Others(Kluwer, 2003); Ulrich Magnus & Miquel Mart-Casals(eds.), *Unification of Tort Law: Contributory Negligence*(Kluwer, 2004); W. V. Horton Rogers(ed.), *Unification of Tort Law: Multiple Tortfeasors*(Kluwer, 2004); Pierre Widmer(ed.), *Unification of Tort Law: Fault*(Kluwer, 2005)가 있다.

96) 홈페이지: http://www.elsi.uos.de/privatelaw.

97) 이 연구팀의 연구방법에 관하여는 Bar, Christian von, "Konturen des Deliktsrechtskonzeptes der Study Group on a European Civil Code," ZEuP, 2001. 3, S. 516f. 참조. Tort Law(2006), Principles of European Law on Benevolent Intervention in Another's Affairs — Negotiorum Gestio(2003), Principles of European Unjustified Enrichment Law(2006)가 이 연구팀에 의해 발표되었다.

98) 홈페이지: http://www.law.uu.nl/priv/cefl.

99) 이 연구팀에 대하여는 Pintens, Walter, "Die Commission on European Family Law," ZEuP, 2004. 3, S. 548ff.

5. 그 밖의 분야

1) Centrum für Europäisches Privatrecht (CEP)[100)]

CEP는 독일 Münster 법과대학 사법교수진의 연구공동체로 1996년 결성되었다. 이 연구공동체의 주된 목적은 유럽사법에 관한 기초연구와 국내외의 학자, 실무가 및 학생에게 유럽사법에 접할수 있는 추가적 기회를 제공하는 것이며, 이를 위해 강연회, 세미나, 심포지움 등 다양한 토론의 기회를 마련하여 있다. 연구는 주로 사법 및 경제법 분야 지침의 국내법화, 유럽사법체계의 발전, 유럽통일민법에 대한 준비를 중심으로 진행하고 있으며, 특히 학생들을 위한 유럽사법강좌의 개발에 힘쓰고 있다.

2) Working Group on Uniform Terminology for Private Law[101)]

유럽의 7개 대학이 참여하고 있는[102)] 이 연구팀의 목적은 공통된 사법개념을 발견·개발함으로써 공동체법(지침)의 정확한 국내법화와 일관성 있는 유럽사법의 입법에 기여하는 것이다. 특히 장기적인 관점에서 젊은 법률가의 교육에 큰 비중을 두고 있다.

3) Ius Commune Casebooks for the Common Law of Europe[103)]

이 연구팀은 벨기에의 Leuven 대학과 네덜란드의 Maastricht 대학의 공동연구계획으로서 Acquis-Group과 마찬가지로 공동체 및 회원국의 기존 법체계의 바탕에 깔려있는 공통원칙을 발견하여 교육의 자료를 제공한다는 것을 목표로 하고 있다.[104)] 연구방법은 판례를 기능비교적 방법으로 분석하여 살아

---

100) 홈페이지: http://www.uni-muenster.de/Jura.cep/index.html.

101) 홈페이지: http://www.dsg.unito.it/ut.

102) University of Turin(Italy), University of Barcelona(Spain), University of Lyon 3 (France), University of Münster(Germany), University of Nijmegen(The Netherlands), University of Oxford(United Kingdom), University of Warsaw(Poland).

103) 홈페이지: http://www.law.kuleuven.be/casebooks.

104) 법의 동화 내지 통일민법의 준비를 목표로 하지 않는 점에서 다른 연구팀과 차별된다 (Wurmnest, a.a.O., S. 739 참조). *Tort Law-Scope of Protection*(1998), *Tort Law*(2000),

있는 공통의 법원칙을 발견하는 것이며, 지금까지는 주로 독일, 영국, 프랑스를 비교대상으로 하고 있지만 Lando 계약법원칙과 UNIDROIT 계약법원칙도 고려하고 있다.

사법통일 관련 중요 입법(지침 및 규칙) 목록

Ⅰ. 평등권 관련

- Directive 2006/54/EC(2006. 6. 5.) 고용과 직업에 있어서의 남녀평등에 관한 지침(the implementation of the principle of equal opportunities and equal treatment of men and women in matters of employment and occupation).
- Regulation No. 2006/1107/EC(2006. 7. 5.) 항공여행에 있어서의 장애인의 권리에 관한 규칙(the rights of disabled persons and persons with reduced mobility when travelling by air).
- Directive 2004/113/EC(2004. 12. 13.) 재화와 용역의 획득에 있어서의 남녀평등의 실현에 관한 지침(implementing the principle of equal treatment between men and women in the access to and supply of goods and services).
- Directive 2002/73/EC(2002. 9. 23.) 취업, 직업교육, 승진 및 고용조건에 있어서의 남녀평등의 실현에 관한 지침(implementation of the principle of equal treatment for men and women as regards access to employment, vocational training and promotion, and working conditions).
- Directive 2000/78/EC(2000. 11. 27.) 취업과 직업에 있어서의 평등실현을 위한 일반원칙의 확정에 관한 지침(establishing a general framework for equal treatment in employment and occupation).
- Directive 2000/43/EC(2000. 6. 29.) 인종 간의 평등의 원칙의 적용에 관한 지침(implementing the principle of equal treatment between persons irrespective of racial or ethnic origin).

Contract Law(2002), *Unjustified Enrichment Law*(2003) 네 권의 판례교재가 출간되었고, 15권이 준비 중에 있다.

Ⅱ. 소비자계약 관련

- Directive 2008/48/EC 소비자신용계약에 관한 지침(credit agreements for consumers).
- Directive 2008/122/EC(2009. 1. 14.) 여가시설 등의 거래에 관한 소비자보호 지침(the protection of consumers in respect of certain aspects of timeshare, long-term holiday product, resale and exchange contracts).
- Directive 2007/64/EC(2007. 11. 13.) 역내시장에서의 지불서비스에 관한 지침(payment services in the internal market).
- Directive 2006/123/EC(2006. 12. 12.) 역내시장의 서비스사업에 관한 지침(services in the internal market).
- Regulation No. 2006/2004/EC(2004. 10. 27.) 소비자보호법의 시행에 있어서의 협력에 관한 규칙(Regulation on consumer protection cooperation)
- Directive 2002/65/EC(2002. 9. 23.) 소비자에 대한 원격금융서비스제공에 관한 지침(concerning the distance marketing of consumer financial services and amending Council Directive 90/619/EEC and Directives 97/7/EC and 98/27/EC).
- Directive 97/7/EC(1997. 5. 20.) 원격판매계약의 체결에 있어서 소비자보호에 관한 지침(protection of consumers in respect of distance contracts: Directive 2007/64/EC로 개정됨).
- Directive 93/13/EC(1993. 6. 15.) 소비자계약에 있어서의 부당조항에 관한 지침(unfair terms in consumer contracts).
- Directive 85/577/EEC(1985. 12. 20.) 방문판매에 있어서 소비자보호에 관한 지침(to protect the consumer in respect of contracts negotiated away from business premises).
- Directive 99/44/EC(1999. 5. 25.) 소비재매매 및 소비재에 대한 보증에 관한 지침(sale of consumer goods and associated guarantees).
- Directive 97/9/EC(1997. 3. 3.) 투자자의 손배전보에 관한 지침(investor-compensation schemes).
- Directive 94/47/EC(1994. 10. 26.) 부동산 Timesharing 계약에서의 취득자보호에 관한 지침(the protection of purchasers in respect of certain aspects of contracts relating to the purchase of the right to use immovable

properties on a timeshare basis).

- Directive 90/314/EEC(1990. 6. 13.) 포괄여행계약에 관한 지침(package travel, package holidays and package tours).
- Directive 87/102/EEC(1986. 12. 22.) 소비자신용관련법규정의 동화에 관한 지침(the approximation of the laws, regulations and administrative provisions of the Member States concerning consumer credit: Directive 2008/48/EC에 의해 대체됨).
- Directive 98/27/EC(1998. 5. 19.) 소비자 이익보호를 위한 부작위소송에 관한 지침(injunctions for the protection of consumers' interests).

Ⅲ. 금전지급 관련

- Regulation No. 1896/2006/EC(2006. 12. 12.) 지불절차의 규율에 관한 규칙(creating a European order for payment procedure).
- Directive 2000/35/EC(2000. 6. 29.) 거래에 있어서의 지불지체의 방지에 관한 지침(combating late payment in commercial transactions).
- Directive 97/5/EC(1997. 1. 27.) 국경을 넘는 자금이체에 관한 지침(on crossborder credit transfers).
- Directive 98/26/EC(1998. 5. 19.) 결산의 유효성에 관한 지침(settlement finality in payment and securities settlement systems; Directive 2009/44/EC에 의해 개정됨).

Ⅳ. 상사대리

- Directive 86/653/EEC(1986. 12. 18.) 독립적 상사대리 규정의 동화에 관한 지침(the coordination of the laws of the Member States relating to self-employed commercial agents).

Ⅴ. 근로자파견

- Directive 96/71/EC(1996. 12. 16.) 노무제공 기본계약과 관련된 근로자파견에 관한 지침(the posting of workers in the framework of the provision of services).

Ⅵ. 제조물책임 관련

- Directive 85/374/EEC(1985. 7. 25.) 생산물하자에 대한 책임에 관한 법규정의 동화를 위한 지침(the approximation of the laws, regulations and administrative provisions of the Member States concerning liability for defective products: 1999년 Richtlinie 99/34/EG에 의해 개정).
- Directive 2001/95/EC(2001. 12. 2.) 생산물의 안전성에 관한 지침(general product safety).

Ⅶ. 전자거래 관련

- Directive 2000/31/EC(2000. 6. 8.) 역내 정보회사, 특히 전자거래정보회사의 서비스에 관한 지침(on certain legal aspects of information society services, in particular electronic commerce, in the Internal Market).
- Directive 99/93/EC(1999. 12. 13.) 전자서명에 관한 지침(Community frame- work for electronic signature).

Ⅷ. 금융거래 관련

- Directive 2005/68/EC(2005. 11. 16.) 재보험 지침(reinsurance).
- Directive 2002/92/EC(2002. 12. 9.) 보험중개에 관한 지침(insurance mediation).
- Directive 2002/83/EC(2002. 11. 5.) 생명보험에 관한 지침(life assurance; Directive 2005/68/EC에 의해 개정됨).
- Directive 2004/39/EC(2004. 4. 21.) 유가증권서비스에 관한 지침(markets in financial instruments).
- Directive 96/10/EC(1996. 3. 21.) 채무전환 및 상계계약의 승인에 관한 지침(recognition of contractual netting by the competent authorities).

Ⅸ. 개인정보보호

- Directive 98/34/EC(1998. 6. 22.) 기술표준 및 규제 분야의 정보에 관한 규율 절차에 관한 지침(a procedure for the provision of information in the field of technical standards and regulations; Directive 98/48/EC에 의해 개정됨).

- Directive 97/66/EC(1997. 12. 15.) 원격통신 분야에서의 개인정보의 처리 및 사적영역보호에 관한 지침(processing of personal data and the protection of privacy in the telecommunications sector).
- Directive 95/46/EC(1995. 10. 24.) 개인정보처리에 있어서의 자연인의 보호 및 자유로운 정보교환에 관한 지침(on the protection of individuals with regard to the processing of personal data and on the free movement of such data).

Ⅹ. 공정경쟁 관련

- Directive 2006/114/EC(2006. 12. 12.) 사기광고 및 비교광고에 관한 지침(misleading and comparative advertising).
- Directive 2005/29/EC(2005. 5. 11.) 기업과 소비자 사이의 역내 거래에 있어서의 불공정한 거래관행에 관한 지침(Unfair Commercial Practices).
- Directive 98/6/EC(1998. 2. 16.) 가격표시에 관한 소비자보호 지침(consumer protection in the indication of the prices of products offered to consumers).
- Directive 97/55/EC(1997. 10. 6.) 비교광고에 관한 지침(misleading advertising so as to include comparative advertising).
- Directive 92/28/EEC(1992. 4. 13.) 의약품광고에 관한 지침(the advertising of medicinal products for human use).
- Directive 84/450/EEC(1984. 9. 10.) 기만적 광고에 관한 법규의 동화에 관한 지침(the approximation of the laws, regulations and administrative provisions of the Member States concerning misleading advertising; Directive 97/55/EC, Directive 2005/29/EC에 의해 개정).

Ⅺ. 지적재산 관련

- Directive 2004/48/EC(2004. 4. 29.) 지적재산권의 행사에 관한 지침(the enforcement of intellectual property rights).

- Directive 92/100/EEC(1992. 11. 19.) 저작인접권의 사용권설정 등에 관한 지침(on rental right and lending right and on certain rights related to copyright in the field of intellectual property).
- Directive 93/98/EEC(1993. 10. 29.) 저작권 및 저작인접권의 보호기간의 동화에 관한 지침(harmonizing the term of protection of copyright and certain related rights).
- Directive 91/250/EEC(1991. 5. 14.) 컴퓨터프로그램보호에 관한 지침(the legal protection of computer programs).
- Directive 96/9/EC(1996. 3. 11.) 데이터베이스의 보호에 관한 지침(the legal protection of databases).
- Directive 93/83/EEC(1993. 9. 27.) 프로그램의 위성방송 및 케이블전송에 관한 법규정의 동화에 관한 지침(the coordination of certain rules concerning copyright and rights related to copyright applicable to satellite broadcasting and cable retransmission).
- Directive 87/54/EEC(1986. 12. 16.) 반도체설계의 보호에 관한 지침(the legal protection of topographies of semiconductor products).

XII. 환경관련

- Directive 2004/35/EC(2004. 4. 21.) 환경침해의 예방 및 회복과 관련된 환경책임 지침(environmental liability with regard to the prevention and remedying of environmental damage).

제16장 EU 형사법통일

Ⅰ. 서　　론

16세기 500개 이상의 독립 통치 체제가 존재했던 유럽 대부분의 지역을 20세기 초 스물다섯 개의 민족국가가 통치했는데, 당시 정치지도자들 가운데 50년 뒤 민족국가 체제의 주권을 흡수하게 될 유럽연합(EU)의 탄생을 상상한 사람은 없었을 것이라고 한다.[1] 미국의 첫 100년처럼 연합의 길을 선택한 것은 유럽인들에게 피할 수 없는 운명으로 간주되고 있으나, 아직 어느 정도의 주권이 연합에 이양되어야 하고 어느 부분이 각국에 남아 있어야 하는지에 대하여 많은 갈등이 있다.[2] 특히 형사법 분야에서 현재까지 유럽연합(EU)에서 통일적인 유럽형사법은 존재하지 아니한다. 회원국들은 형사적 보호를 회원국 주권의 특별한 표현으로서 이해하기 때문에, 그들의 형사규범에 대한 유럽연합규범의 영향에 대해서 민감하다.[3] 형사법은 국민의 기본권을 침해하는 형사제재를 내용으로 하기 때문에 충분한 민주적 정당성을 요하는데, 유럽의회의 권한이 제한적이고 이사회가 주요한 입법기관인 유럽연합에게 형사입법의 정당성이 존재하는지 여부는 의심스럽다.[4] 그렇기에 회원국들은 지금까지 형사

---

1) 제러미 리프킨 저·이원기 역, 「유러피언 드림」(민음사, 2007), 228면.
2) 위의 책, 85면.
3) Satzger, *Die Europäisierung des Strafrechts*(Heymanns, 2001), p. 157.
4) Hilgendorf, *Computer- und Internetstrafrecht*(Springer, 2005), p. 20.

법영역에서 유럽연합에 명시적인 권한을 보장하는 것을 제외하였고, 유럽연합의 입법권한은 형사법영역에서는 여전히 매우 제한적이다.

유럽연합은 한편으로 회원국에게 다양한 규칙과 지침을 따를 것을 요구하여 회원국 형사법개정에 영향을 미치며,[5] 다른 한편으로 경찰·사법공조의 모습, 즉 범정부간 공조의 모습으로 형사법 분야의 협력을 위한 노력이 존재한다. 이때 자유(freedom), 안전(security) 그리고 정의(justice)의 3가지 개념이 EU 형사법의 (수사학적) 기초로 작용하고, EU형사법 발전의 정당화, 목표 그리고 권한을 강조하는 데 사용된다.[6] 이러한 노력은 다양한 기구화(Institutionalisierung)의 모습으로 구체화되어 나타난다. 대표적인 몇 가지를 살펴보면,[7] 첫째, 위원회결의를 통해 창설된 유럽사기방지청(European Anti-Fraud Office: OLAF)은 유럽연합의 재정이익을 해하는 사기범죄들을 수사하는 초국가적 수사기구를 의미했다. 둘째, 범정부간 공조의 영역인 유럽경찰(Europol)은 주로 정보획득과 정보교류의 방식으로 국제적 기구의 역할을 한다. 셋째, 유럽사법협력기구(Eurojust)는 중범죄에 대한 대책에 있어서 국가들의 검찰·사법적 협력, 특히 범죄인인도의 간편화와 그 외의 사법공조를 통한 협력의 개선을 위한 것이었다. 넷째, 일정한 범죄구성요건들에 관하여 실질적인 권한을 가진 유럽검찰(European Public Prosecutor's Office)의 창설이다. 이는 Eurojust의 사후결과가 될 수 있고, Europol에 대한 중요한 통제기능을 수행한다.

Ⅱ. 유럽형사법의 개념

유럽연합의 회원국들은 공동의 법문화적 유산을 가지고 있음에도 불구하고, 그들의 형사법은 다르게 형성되었다. 진정한 유럽형사법은 — 예컨대 유럽형법이나 유럽형사소송법의 형태 — 현재 존재하지 않는다. 그럼에도 불구하고 학계에서는 그 사이에 유럽형법(Europäisches Strafrecht)이라는 명칭이 일반

5) 전지연, “유럽연합에서의 형사법체계에 관한 연구,” 「형사법연구」 제15호(2001. 6), 310면.
6) Fletcher/Lööf/Gilmore, *EU Criminal Law and Justice*(Edward Elgar, 2008), p. 20.
7) 이에 대해서는 별도의 항목으로 좀 더 상세히 설명한다.

적으로 승인된 집합개념으로 받아들여진다.[8] 즉 '유럽형법'은 "EU의 활동과 법규(협의의 유럽법) 그리고 유럽평의회의 활동과 법규(소위 광의의 유럽법)에 의한 모든 형법·형사소송법의 규범과 방법을 포괄하는 집합개념"이다.[9] 즉 회원국에서는 유럽형법이라는 명칭하에서 광의의 유럽형법 혹은 보다 정확하게 말하자면 유럽화형법(europäisiertes Strafrecht)이 다루어진다. 그러나 본 장에서는 유럽연합에서의 형사공조가 실체법에 한정되는 것으로 오인되는 것을 피하기 위하여 '유럽형사법'이라는 명칭을 사용하고자 한다.

유럽화의 주요 요소로서 무엇보다도 유럽인권재판소에서 실현된 유럽인권협약의 보장들, 유럽평의회의 사법공조협약(Rechtshilfekonvention), EU의 종래 제 1 기둥과 제 3 기둥영역에서의 조화조치들, 그리고 유럽재판소(EuGH)에서 구체화된 공동체법의 원칙들(예컨대, 동화주의, 공동체법 우위원칙, 공동체법 합치적 해석)이 회원국의 국내 형법과 형사절차법에 작용한다. 따라서 연방국가의 형사법과의 비교는 적절하지 않으며, 유럽형사법의 내용은 비록 중심에 형사법에 있지만, 헌법·유럽법·국제법적 기초 없이는 유럽형사법의 내용을 이해하기 어렵다.

광의의 유럽형사법의 대상으로 우선 유럽평의회에서 만든 규범들, 특히 유럽인권협약이 언급될 수 있다. 유럽인권재판소의 판결은 회원국의 형사절차에 대해서 규범적·실제적인 영향을 가진다. 예컨대 독일 형사소송법 제359조 제 6 호에 따르면 유럽인권협약을 위반한 독일법원의 형사유죄판결은 재심사유에 해당한다. 한편 협의의 유럽형사법에 관해 말하자면, 우선 EU조약[10]의 목적규정(제 3 조)과 유럽공동체법·연합법 우위의 원칙 그리고 국내법의 유럽공동체법·연합법 합치적 해석의 원칙을 통해서 국내 형사법규정들에 영향을 준다는 것이 지적될 수 있다.[11] 유럽연합시민의 평화·가치·복지를 증진하기 위해서, EU조약 제 3 조 2항은 범죄예방과 범죄대책을 본질적인 관심사로 규

8) Hecker, *Europäisches Strafrecht*(Springer, 2007), p. 24.

9) Ambos, *Internatinales Strafrecht*(Verlag C. H. Beck, 2008), p. 346.

10) 본 장에서 EU조약이라 함은 '2008년 5월 9일 자 CONSOLIDATED VERSION OF THE TREATY ON EUROPEAN UNION'을 의미한다.

11) Ambos, "Vorbemerkung zu den §§3-7," *Münchener Kommentar Strafgesetzbuch*, Band 1(Verlag C. H. Beck, 2003), p. 87.

▌유럽형사법의 개념[12)]▌

유럽형사법	
협의	광의
EU 초국가법, EU법의 우선 국제법적 규율에 따른 범정부적 협력	유럽평의회 가입국들의 합의를 획득하는 국제기구

"유럽형사법"
유럽 기구들의 법규범과 활동들에 관련되고 국내 형법·형사절차법들의 포괄적인 조화로 이끄는 모든 형법·형사소송법의 규범과 방식들에 관한 집합개념

• 위임을 통한 동화 • 국내 법률의 조화를 위한 규칙 • 공동체관련 보호이익의 국내형법으로의 수용(예컨대 독일형법 제108e조 1항,[13)] 제264조 7항 2호[14)]) • (범정부간) 경찰·사법적 공조(예컨대 Europol) • 실체 형법의 접근을 통한(범정부간) 조화(예컨대 테러리즘)	몇 가지 중요사항: • 유럽인권협약(EMRK) • 유럽인권재판소(EGMR)에 의한 EMRK의 해석 • 그 외의 합의(예컨대 사이버범죄협약)

정한다. 이러한 목적을 위해서 특히 조직범죄, 테러리즘, 불법마약거래의 영역에서 가벌적 행위의 구성요건표지들과 형벌들에 대한 최소규정들을 확정하는

---

12) Ambos, *Internatinales Strafrecht*(Verlag C. H. Beck, 2008), p. 347 변형.

13) 第108e조(의원의 매직) ① 유럽의회 또는 연방, 각 주, 지방자치단체, 지방자치단체연합의 국민대표의 선거나 투표를 위하여 그 지지표를 매수 또는 매도한 자는 5년 이하의 자유형 또는 벌금형에 처한다.

14) 제264조(보조금사기) ② 동조의 보조금이란 다음 각 호에 해당하는 경우를 말한다. 2. 최소한 (급부금의) 일부라도 시장에 적법한 반대급부 없이 지급되는 유럽공동체법에 의한 공공재원으로부터 조달되는 급부.

조치들이 나타났다. 예컨대 솅겐 시행협약(SDÜ),[15] '유럽구속영장'[16]에 관한 이사회의 골격결정(Rahmenbeschluss)과 같은 형사사건에 있어서 회원국 간의 사법공조와 집행공조의 영역에서는 수많은 합의가 존재한다.

2007년 리스본조약 이전의 3주체제(three-pillar system)하에서 유럽형사법의 개념은 아래의 그림으로 쉽게 설명될 수 있다. 비록 리스본조약 이후 3주체제는 종언되었지만,[17] 협의의 유럽형사법의 개념은 제 1 기둥 영역과 제 3 기둥의 내용이 하나로 융합되었을 뿐 그 내용과 범위는 유지되고 있다.[18]

Ⅲ. 협의의 유럽형사법의 법원

형식적으로 보면 EU의 설립 이후에 두 가지 법규범, 즉 (원래의) EC의 공동체법과 (새로운) 유럽연합법이 존재했다. 그러나 이러한 구분의 실제적인 의미는 작다. 왜냐하면 EU조약은 EU의 한 기둥으로서 EC를 포함했었고, EU는 EC기관들을 통해서 활동했기 때문이다. 더군다나 2007년 리스본조약을 통해 EU는 명시적으로 EC를 대체하고 승계했다(EU조약 제 1 조 제 3 단). 그 결과 EC설립조약은 TFEU으로 대체되었고, 리스본조약의 체제하에서 EU조약과 TFEU은 동일한 법적 지위를 가진다.

제 1 차적인 유럽형사법의 법원(法源)은 EU조약과 TFEU 및 그 부속서와 의정서이다. 불문의 제 1 차적 법원으로 관습법과 일반적 법원칙들이 추가된다. 예컨대 조약을 보충하는 불문의 제 1 차적 법원의 명제로서 이사회에서의 주장의 가능성이 관습법적으로 인정된다고 한다.[19] 불문의 제 1 차적 법원으로

15) 제15장 제 3 절 2 참조.
16) 제15장 제 2 절 2 참조.
17) Satzger, *supra* note 9, p. 103.
18) 리스본조약 제 1 조 2)(b)에 의해 대체된 EU조약 제 1 조 제 3 단에 따르면, EU는 EU조약(Treaty on European Union)과 TFEU(Treaty on the Functioning of the European Union)를 기초로 하고 양자는 법적으로 동일한 지위를 가지는데, TFEU은 '기존의 EC 설립조약'과 '기존의 EU(설립)조약 중 제 6 부 형사문제에 있어 경찰 및 사법협력에 관한 규정'(현재 TFEU 제 5 부)을 포함한다.
19) Ambos, *supra* note 9, p. 350.

서 일반적 법원칙은, 공동체 회원국들의 법규범에 존재하는 공통적인 법원칙들을 의미하는데(TFEU 제340조 제 2 문 참조), 자유, 민주주의, 인권존중 그리고 기본권과 법치국가의 원칙들로부터 파생되는 내용이 일반적 법원칙이다(EU조약 제 6 조 참조). 또한 비례성, 신뢰보호, 법적 안전성 등도 일반적 법원칙에 해당한다. 불문의 제 1 차적 법원으로서의 기본권은 유럽인권협약과 회원국들의 공통적인 헌법전통으로부터 도출되는 기본권들을 의미한다(EU조약 제 6 조 3항 참조).

제 2 차적인 유럽형사법의 법원은 EU기관들을 통해서 창설된 규범을 의미한다. TFEU 제288조에 따르면 제 2 차적 법원의 유형으로서 규칙, 지침, 결정 그리고 권고와 의견이 존재한다.

Ⅳ. 형사법과 관련한 EU조약의 내용

유럽형사법의 발전은 상당부분 유럽평의회의 활동을 통해 이루어졌고, 오늘날은 주로 EU를 통해 회원국의 국제적·분담적 형사사법공조에 의해서 이루어지고 있다. 역사적으로 보자면 테러리즘의 등장으로 1970년대 중반이후 트레비(TREVI) 연구그룹[20]의 영역에서 비공식적인 경험교환이 시초가 되었다. 그 경험교환은 그 외의 범죄영역으로 확장되었고, 1992년 마스트리히트 조약을 통해 사법·내무 분야에서의 협력이 EU조약 속에 편입되었다.

20) 1975년 EC회원국의 수반들이 모인 로마(Rome) 유럽이사회에서 연구·협력그룹의 형태로 국내기관들의 주기적·비공식적인 공조를 통해 당시의 테러리즘에 대응하기로 하고, 1976년부터 EC회원국의 내무·법무장관이 반년마다 연구모임을 가졌다. 트레비라는 명칭은 로마의 트레비분수(Fontana di Trevi)에서 유래한다. 트레비연구그룹에서는 테러리즘 대책의 정보와 경험을 교환하고 공동의 경찰정책을 연구했다. 트레비-공조(연구그룹)는 공동체법상 법률적 근거를 가지지 않았기 때문에, EC 제도 내로 편입되지 못했으나, 트레비연구그룹에서 행해진 공조가 후에 마스트리히트조약과 암스테르담조약에서 형사·사법분야 협력을 제도화하는 데 초석이 되었다.

1. 마스트리히트조약하의 사법·내무 분야에서의 협력

1993년 11월 1일 시행된 마스트리히트조약으로 기존의 3개(EEC, Euratom, ECSC) '공동체'(제 1 기둥, EC), '공동외교·안보정책'(제 2 기둥), 그리고 '사법·내무 분야에서의 협력'(제 3 기둥)으로 구성된 3주체제의 EU가 탄생되었다. 형사문제와 관련해서는 EU의 제 3 기둥의 형태로 모든 회원국들의 공조를 위한 절차와 가능한 종류의 조치들이 EU조약으로 편입되었는데, 이것은 초국경적 차원의 사법·내무정책적 문제들이 점증되었기 때문이다. 회원국들로부터 "공동이익의 사무"로 간주되었던 새로운 정치영역 속에 이제는 형사사건과 민사사건에서의 사법적 공조, 관세제도에서의 협력, 테러리즘과 마약거래와 같은 중한 형태의 국제범죄의 대책에 있어서 경찰공조가 포함되었다. 유럽경찰(Europol)에 정보교환을 위한 유럽연합 전체적 시스템의 설립도 또한 명시적으로 사법·내무 분야 협력의 목적으로 언급되었다. 1992년까지 법무 및 내무장관들이 역내 안전문제에 대하여 법적 뒷받침이 없이 비공식적으로 회합한 트레비(TREVI) 연구그룹은 마스트리히트조약 시행 이후 형식상 내무·사법이사회(Rat für Inneres und Justiz)로 합쳐졌다.

당시 EU조약은 사법·내무 분야에서의 협력(제 3 기둥)과 관련하여 회원국의 협력을 위해서 다음과 같은 수단을 제공했다. 첫째, 가입국들 상호 간의 정보전달과 협의, 둘째, 국내 법규범들이나 행정실무를 공동의 기준에 맞추는 것을 본질적으로 목표로 하는 공동의 입장, 셋째, 해당 회원국 기관들의 공동행동과 관련되는 공동 조치들, 넷째, 이사회가 회원국들에게 승인을 권유할 수 있는 합의 등이 그것이다. 마스트리히트조약에 기초한 합의들 중 지금까지 Europol 합의와 EC의 재정적 이익의 보호와 관련되는 합의가 시행되어 왔다.

2. 암스테르담조약하의 형사문제에 있어 경찰 및 사법 협력

마스트리히트조약하의 EU조약 제 6 부에서 규정된 '사법 및 내무 분야에서 협력'에 관한 규정은 1999년 5월 1일 발효된 암스테르담조약에 의하여 '형사문제에 있어 경찰 및 사법 협력'에 관한 규정으로 변경되었는데, 이는 제 3

기둥의 관할영역이 축소되었음을 의미한다.[21] 종래 제 3 기둥의 영역에서 다루어졌던 내적 경계와 외적 경계의 안전, 비자와 난민정책, 이민, 그리고 민사영역에서의 사법적 공조와 같은 공조분야는 EU의 제 1 기둥으로 계수되었다.

암스테르담조약하의 '형사문제에 있어 경찰 및 사법 협력'에 관한 규정은 마스트리히트조약 이래 실용화된 회원국들의 경찰·사법적 협력을 정밀화하고 확대하며 더 높은 통합단계로 발전시켰다. 한편으로 EU의 재정적 이익의 형사적 보호와 다른 한편으로 테러리즘, 인신매매, 아동에 대한 범죄, 불법적 마약과 무기거래, 부패, 자금세탁, 그 외의 중한 조직·비조직 범죄현상과 같은 국가 간의 범죄에 대한 예방과 대책이, EU가 회원국들의 공동 조치를 발전시키려고 하는 '형사문제에 있어 경찰 및 사법 협력'의 긴급한 영역으로서 여겨졌다. 다만 회원국들은, EU조약에 있어 '공동체법'이 '형사문제에 있어 경찰 및 사법 협력'보다 우선한다는 것을 고려해야 했다.[22]

암스테르담조약의 중요한 소득은 국경선통제의 제거에 관한 솅겐협약의 성과(Schengen-Acquis)[23]가 EU 영역 속으로 산입된 점이다. 따라서 1999년 5월 1일부터 쉥겐협약 체결국들 간의 공조는 EU조약의 제도적·사법적 영역에서 행해지게 되었다. '형사문제에 있어 경찰 및 사법 협력'은 예전 '사법·내무분야에서의 협력'에 비해 강화되었는데, 그러한 이사회의 행위들(Handlungsformen des Rates)은 다음과 같다. 첫째, 이사회에서 상호적 정보교환과 협의, 둘째, 현행 문제에서 EU의 조치가 결정되는 공동의 입장의 일치된 승인, 셋

---

21) 김대순, 「국제법론」, 제14판(삼영사, 2009), 1445면.

22) Hecker, *Europäisches Strafrecht*(Springer, 2007), p. 201.

23) EU의 모든 회원국이 국경통제를 폐지한 것은 아니기 때문에, 프랑스·독일·베네룩스 3국은 1985년 쉥겐조약과 1990년 쉥겐이행협약(SDÜ)을 통해 국경에서 인적통제의 폐지를 합의했다. 내적 경계의 제거를 동반하는 안전흠결에 대한 보상조치를 마련하기 위해서, 체결국들은 경찰·사법적 공조의 폭넓은 시스템에 도달했다. 이러한 시스템은 외적 경계에서 통일적 통제기준의 일치, 입국에 관한 공통의 원칙적용, 그리고 제 3 국에서의 체류·통일적인 비자정책과 비자실무의 정의 그리고 초국경적 경찰·사법 공조의 공통원칙의 수용을 포섭한다. Schengen－정보시스템(SIS)은 이러한 폭넓은 공조의 기술적 핵심을 나타낸다. 이것은 모든 체결국가에게 (지명수배자, 불법체류자, 실종자, 도주위험자의 체포를 위해서) 중앙 정보시스템으로의 접근을 허용한다. 쉥겐－모델에 관한 내용은 김대순, 「EU법의 연구 — 마스트리히트 이후를 중심으로 —」(삼영사, 2007), 131-134면 참조.

째, 회원국들의 법률규정과 행정규정의 근접을 위한 골격결정의 일치된 승인이다. 그런데 이는 회원국들에게 도달되어야 하는 목적과 관련하여 구속력이 있으나, 국내의 기관들에게 그 형태와 방식의 선택을 위임한다(그것들이 직접적으로 효력이 있지 아니하기 때문에, 국내법으로의 변환조치가 요구됨). 또한 넷째, '형사문제에 있어 경찰 및 사법 협력'의 목적과 일치하는 모든 다른 목적을 위한 결의의 일치된 승인이다. 이사회는 연합영역에 이러한 결의의 실행을 위해서 필요한 조치를 절대 다수로 승인한다.

암스테르담조약의 발효 이후에 이사회는 암스테르담조약하의 EU조약 제34조에 규정된 도구들에 기초해서 수많은 형법적 중요한 조치들(즉, 테러리즘, 조직범죄, 자금세탁, 마약범죄, 사이버범죄, 유럽 구속영장에 대한 대책과 제재의 상호적 승인)을 공포했다. 모든 EU회원국에 받아들여진 범죄정책 중, 실무적으로 가장 의미 있는 결과는 유럽구속영장(Europäischer Haftbefehl)이다.[24] 이는 2002년 7월 13일 세비야(Sevilla)에서 열린 내무·법무장관의 전문이사회에서 집행위원회가 제안한 '회원국 간의 유럽구속영장과 인도(引渡)절차에 관한 골격결정(Rahmenbeschluss)'으로 받아들여졌고 2002년 8월 7일 발효되었다. 유럽구속영장을 통해 종래의 인도(引渡)절차는 폐지되었고, EU회원국 간의 범죄인인도가 수월해졌고 촉진되었다. 많은 곳에서 이 골격결정은 국내사법기관과 Eurojust[25]와의 공조를 독촉하는데, 이것은 유럽구속영장의 유럽형사소추시스템 속으로의 도입을 역설하는 것이다. 종래의 범죄인인도를 '형사 사법적 결정들의 자유로운 교류시스템'을 통해 대체한 유럽구속영장은 상호주의적 승인의 원칙이 처음 구체적으로 완성된 것으로서 유럽이사회, 집행위원회 그리고 유럽의회에 의해서 사법적 공조의 초석이 부여된 것이다.

이러한 방향에서 다음의 단계는 집행위원회에 의해서 제안된 유럽증거채용결정(Europäische Beweisanordnung)의 공포일 수 있다. (EU재정이익의 보호에 제한된) '유럽전체적으로 교류가능한 증거'의 착상은 2001년 12월 11일 자 집행위원회의 녹서(Green Paper)에서 상정된 관념에 기초한다. 그러나 물건과 서비스의 자유로운 교류와 관련하여 발전된 기본원칙들을 회원국 간의 형사증

---

24) Hecker, *supra* note 8, p. 25.

25) 제16장 제 4 절 3 참조.

거교환과 관련해서 무제한적으로 전용하는 것은, 회원국 간의 상이한 형사소송절차시스템으로 인해 현재는 접근 가능한 방식이 아니다. 증거수단과 형사사법결정들의 교류가능성의 개념은 상당한 법치국가적 숙고에 부딪치는데, 왜냐하면 증거의 획득과 평가는 다른 법질서와 양립할 수 없는 한 국내법질서에 따라야 하기 때문이다. 형사소송법적 조치들을 임의적으로 연결하는 것과 자유로운 증거전환은 회원국의 형사소송법적 그리고 헌법적 기초들의 파괴와 왜곡을 초래할 수 있다. 국내 절차법들의 폭넓은 조화 없이는 상호주의적 승인에 기초한 자유로운 증거전환의 관념은 바람직해 보이지 않는다.[26)]

이에 대한 대안으로 초국가적 형사절차법의 창출은 현재 회원국들의 주권유보에 근거하여 그 가능성이 매우 적다. 현실적 해결가능성은 유럽 증거허가절차의 도입을 생각할 수 있다.[27)] 또한 형사사법공조관련 법규범 이외에도 상호주의적 승인의 원칙이 표현된다. 이와 관련하여 특히 2005년 3월 22일에 발효된 '벌금과 과태료의 상호적 승인원칙의 적용에 관한 골격결정(Rahmenbeschluss)'[28)]이 언급될 수 있다.

3. 리스본조약하의 형사문제에 있어 사법공조와 경찰공조

2007년 리스본조약으로 EC는 EU에 의하여 대체·승계되고, 모든 기구는 단지 EU의 기구로 되었다. 이에 따라 유럽의회, 유럽이사회, 이사회, (유럽)집행위원회, EU사법재판소, 유럽중앙은행, 감사원이 EU의 기관으로 명시되었다(EU조약 제13조). 이 중 유럽의회와 이사회는 공동으로 입법 및 예산기능을 수행한다(EU조약 제14조 1항, 제16조 1항).

한편 리스본조약으로 종래 3주체제 형태의 EU는 종료되고, 암스테르담조약하의 EU조약 제 6 부에서 규정된 '형사문제에 있어 경찰 및 사법 협력(소위 제 3 기둥)'은 EU조약에서 사라졌다. 대신 암스테르담조약하에서 '사법 및 내무분야에서 협력'의 규정은 TFEU의 제 5 부 제 4 장(형사문제에 있어 사법공조)과

26) Hecker, *Ibid.*, p. 482.

27) Hecker, *Ibid.*, p. 482.

28) 유럽공동체공보(Amtsblatt der Europäischen Gemeinschaften: ABlEG) 2005 Nr. L 76, p. 16.

제 5 장(경찰공조)으로 흡수되었다. 종래 제 3 기둥의 내용은 상당부분 계수되었고, 유럽검찰에 관한 규정(제86조)[29]이 새로이 추가되었다. 따라서 비록 리스본조약으로 3주체제가 종료되었으나, 형사법 분야에서는 여전히 기존의 3주체제의 제 3 기둥에서 설명되었던 도구와 제도들은 리스본조약 이후에도 여전히 의미를 가지며 적용된다.[30]

다른 한편으로, 실현되지 못한 EU헌법에 포함되었던 내용들이 현 TFEU에 포함되었다. 회원국들의 형법조화를 위한 기존의 노력 이외에, 초국가적 형법의 제정을 위한 법적기초가 처음으로 발견된다.[31] 구 EC법 제280조 4항 제 2 문에 존재했던 형법유보규정("회원국 형법은 … 적용된다")이 TFEU 제325조에서는 삭제되었다. TFEU 제325조는 EU의 재정적 이익을 해치는 사기행위에 대한 규정(Betrugskämpung)으로서, 회원국들은 기타 조약들의 규정과 관계없이 사기범으로부터 EU의 재정적 이익을 보호하기 위해 협력하고, 이를 위해 회원국들은 집행위원회와 함께 해당 관계기관들과 긴밀하고 주기적인 협조를 고려하도록 하고 있다. 동 규정을 통해 직접 적용될 수 있는 구성요건들이 공포될 수 있다면, 비록 사기영역에 한정되지만, 이것은 진정한 의미의 유럽형사법의 출현이라고 한다.[32]

V. EU 주요기관의 형사법 관련 활동

1. 유럽의회

유럽의회(European Parliament)가 초국가적 형사법을 규칙의 형태로 연합법상 법규제정절차에 도입하는 것은 불가능하다. 그러나 유럽의회는 결정[33]의

29) 이에 대해서는 별도의 항목으로 설명한다.
30) Fletcher/Lööf/Gilmore, *EU Criminal Law and Justice*(Edward Elgar, 2008), p. 4.
31) Satzger, *supra note* 14, p. 104.
32) Satzger, *Ibid.*, p. 104.
33) EU결정은 오로지 확정된 개별 수범자를 대상으로 하는 개별적용성을 가지는데, 수범자는 하나 이상의 회국원국일 수도 있고 회원국 내의 하나 이상의 개인일 수도 있다. 이것은 수범자들에게 전부 구속력이 있다(상세한 것은 김대순, 앞의 책, 1487면 참조).

형태로 형사정책적 문제에 대해서 특히 EU의 재정적 이익의 형사적 보호에 대해서 입장을 밝혔다.[34] 이 경우 유럽의회는 집행위원회와 마찬가지로 과거 EC의 형사적 지시권한으로부터 출발한다. EU는 형사법제정권한이 없음에도 불구하고, 지시권한의 방식을 통해 연합법 규정들이 국내 형사법규범들에 지시를 하여 유럽연합의 법익보호에도 적용되도록 하여, 유럽연합의 규범을 국내적 규범으로 전환시키는 특별한 구조를 사용한다.[35] 예컨대 유럽 증거채용에 관한 2004년 3월 31일의 유럽의회 결정[36]이 있다.

2. 이 사 회

회원국들의 주권유보에 의거해서 이사회(Council)는 지금까지 규칙 형식의 "형사법"을 공포하지 않았다. 그러나 회원국들의 형사법을 포함한 제재규정의 조화를 목표로 혹은 최소한 현존 범죄구성요건들의 해석에 작용하는 일련의 규칙과 지침들이 공포되었다. 주요한 형사입법행위에 대한 예시는 다음과 같다.

89/592/EWG 지침[37]	1989년 11월 13일 자 내부자거래에 관한 규정들의 조정을 위한 89/592/EWG 지침은 독일에서 새로운 형벌규정(유가증권거래법 제14조, 제38조)을 이끌었다. 이에 따르면 내부자 정보들이 유가증권거래의 기초가 되었던 주식거래행위가 최초로 형사 처벌된다.
91/308/EWG 지침[38]	1991년 6월 10일 자 자금세탁 목적의 재무시스템방지와 이용에 관한 91/308/EWG 지침은 2001/97/EG 지침으로 개정되고,[39] 2005년 10월 26일 테러리즘에 대한 재정지원을 포함한 자금세탁 목적의 재무구조방지와 이용을 위한 2005/60/EG 지침[40]을 통해서 새로이 제정되었다.

34) Hecker, *supra* note 8, p. 135.

35) 전지연, "유럽연합에서의 형사법체계에 관한 연구," 「형사법연구」 제15호(2001. 6), 312면.

36) 유럽공동체공보(Amtsblatt der Europäischen Gemeinschaften: ABlEG) 2004 Nr. C 103, p. 658.

37) *Ibid.*, 1989 Nr. L 334, p. 30.

38) *Ibid.*, 1991 Nr. L 166, p. 77.

(유럽경제공동체) 규칙 제259/93호[41]	1993년 2월 1일 자 유럽공동체 내에서, 유럽공동체로의, 유럽공동체 밖으로의 쓰레기 반출에 대한 감시와 통제에 관한 규칙은 독일형법 제326조 2항[42]의 제정을 가져왔다.
(유럽공동체) 규칙 제1493/1999호[43]	1999년 5월 17일 자 포도주의 공동시장조성에 관한 규칙은 규정위반에 대해서 그 정도에 따라 벌하는 필요적 조치들을 취할 의무를 회원국에 지운다.
(유럽공동체) 규칙 제178/2002호[44]	2002년 1월 28일 자 식료품에 대한 일반적인 원칙들과 요구들의 확정, 식료품안전을 위한 유럽기관의 설치, 식료품안전을 위한 절차의 확정을 위한 규칙에 따라 소비자를 기망시킬 수 있는 모든 수법들이 금지된다. 회원국들에게 식료품법 위반에 대한 조치와 재제를 위한 효과적·비례적·위하적 법규정을 확정하도록 의무 지워진다.

이사회와 관련하여 TFEU 제 5 부 제 1 장에 의거한 회원국들의 공동의 조치가 EU 내에서 국제적 형사사법의 유럽화의 핵심적 요소로서 확인된다. 이사회는 특히 암스테르담조약에 의해 창설된 골격결정의 수단을 빈번히 사용했다.

3. 집행위원회

예전부터 EU의 재정상 이익의 보호가 집행위원회(Commission)의 형사상 활동의 핵심이다. 집행위원회는 EU의 재정적 이익의 형사적 보호기준을 세우는 것에 몰두했다. 이러한 작업은 공동체법 위반행위에 대한 효율적인 대책을

39) *Ibid.*, 2001 Nr. L 344, p. 76.
40) *Ibid.*, 2005 Nr. L 309, p. 15.
41) *Ibid.*, 1993 Nr. L 30, p. 1.
42) 제326조(허용되지 아니한 방법의 위해폐기물 취급) ② 1항의 폐기물을 금지에 반하여 또는 필요한 허가 없이 이 법의 장소적 적용범위 내외로 반입 또는 반출하거나 이 법의 장소적 적용범위로 통과시킨 자도 전항과 동일하게 처벌한다.
43) 유럽공동체공보(Amtsblatt der Europäischen Gemeinschaften: ABlEG) 1995 Nr. L 179, p. 1.
44) *Ibid.*, 2002 Nr. L 31, p. 1.

도입하는 법률행위의 공포를 위한 집행위원회의 구체적인 제안들에서 나타난다. 이에 대한 예는 다음과 같다. 첫째, 1990년 3월 22일 자 회원국들에서 자금세탁의 대책에 관한 지침의 공포를 위한 (첫 번째) 제안,[45] 둘째, 공동체의 재정적 이익의 형사적 보호에 관한 지침의 공포를 위한 제안,[46] 셋째, 1996년 12월 18일 자 유로(Euro) 도입에 관한 규칙 공포를 위한 (첫 번째) 제안,[47] 넷째, 환경의 형사적 보호에 관한 지침의 공포를 위한 제안[48] 등이다.

근래 집행위원회는 유럽 공동체의 재정적 이익의 형사적 보호와 유럽 검찰의 창설에 관한 녹서에서 공동체 재정에 관련한 사기범죄에 대한 형사적 대책의 구상을 발전시켰다. 지금까지 EU의 행정기관은, 제 2 차적 공동체법인 지침을 통해서 구성요건과 형벌의 측면에서 회원국들의 형법규범의 내용을 형성하는 권한을 부여해 줄 수 있었던 형사적 지시권한도 EU조약에 포함된다는 법적견해를 주장했다. 그러나 집행위원회는 형사법의 영역에서 그들 국내주권의 보전을 염두하고 이사회에 출석한 가입국들의 정치적 반대에 부딪쳤다. 2005년 9월 13일의 유럽재판소의 판결에서 집행위원회는 EU(2005년 당시 EC)의 형사적 지시권한과 관련한 제도내적 모순 속에서도 주장을 관철시켰고, 재판소는 집행위원회의 주장을 지지했다.[49] 2007년 리스본조약 이전 EU의 제 3 기둥으로 표현되는 '형사문제에 있어 경찰 및 사법협력'의 영역에서도 집행위원회는, 자유·안전·법치공간 건설의 연합목표실현에 기여하기 위해서 이사회의 골결결정에 관한 제안을 행사했다.

그 외에 집행위원회는 1988년 EU의 재정이익을 해하는 범죄에 대한 형사적 대책을 위해서 구 EC조약 제209a조에 기초해서 공동체에 피해를 주는 사기범죄의 대책을 위한 특별위원회(Task Force)를 설립했는데, 이는 집행위원회 내에서 중심적인 조정기관인 사기방지협의체(die Unité de Coordination de la Lutte Anti-Fraude: UCLAF)이다. 이 특별위원회는 1991년 6월 1일에 후속기관

45) *Ibid.*, Nr. C 106, p. 6.
46) *Ibid.*, 2001 Nr. C 240E, p. 125.
47) *Ibid.*, 1996 Nr. C 369, p. 10.
48) *Ibid.*, 2001 Nr. C 180E, p. 238.
49) EuGH EuZW(Europäische Zeitschrift für Wirtschaftsrecht) 2005, p. 632; JZ 2006, p. 307.

인 사기방지청(Office de la Lutte Anti-Fraude: OLAF)으로 변경되었다.[50)]

4. 유럽재판소

유럽재판소(Court of Justice of the European Union)는 EU조약에 대한 자율적(회원국의 국내 법규범으로부터 독립적)이고 적극적인 해석을 통해서 공동체법을 효과적으로 관철시키는 데 중요한 역할을 수행했다.[51)] 유럽재판소의 수많은 판결들은 공동체형사법과 회원국형사법 간의 관계와 관련된다. 유럽재판소는 EU의 형사적 지시권한(Anweisungskompetenz)을 긍정했고, 국내 형사법에 대한 연합법의 적용상 우위원칙(Grundsatz des Anwendungsvorrangs)을 뚜렷하게 확인했으며, 국내 형사법규정의 공동체법 합치적 해석원칙(gemeinschaftsrechtskonforme Auslegung)을 확실하게 하였다.[52)] 또한 유럽재판소는 동화원칙(Assimilierungsprinzip)을 도출했다.

1) EU의 형사적 지시권한

EU의 형사적 지시권한의 존재와 그 범위에 대한 문제는 유럽 형사법의 핵심적 기본문제이다. EU의 부차적 (혹은 제2차적) 법원(法源)에 관련해서 실무는 지금까지 회원국들의 주권유보를 고려하여 연합법상의 이익에 대한 일정한 위반들을 적절한 조치를 통해서 효과적이고 상당하게 벌하도록 제시하는 것에 제한되었다. 회원국들에게 형사규범의 입법을 의무지우는 EU의 권한이 존재하는지와 관련하여, 환경형법의 영역에서는 유럽재판소에 의해 긍정되었다.[53)] 유럽재판소는 이를 통해, 통설과 같이 형사법은 원칙적으로 EU조약 속에 포함하고 있는 조화(Harmonisierung) 조치에 따른 법적 순응(Rechtsangleichung)을 받아들인다는 입장을 취했다.

EU의 법적순응조치들은 먼저 경제형법과 특별형법의 영역에서 가능한데,

50) 이에 대해서는 항목을 바꾸어 뒤에서 상세히 설명한다.
51) 전지연, “유럽연합에서의 형사법체계에 관한 연구,” 「형사법연구」, 제15호(2001. 6), 310면.
52) Hecker, *supra note* 8, p. 140.
53) *Ibid.*, p. 314.

왜냐하면 이 영역의 규범들은(예컨대 자금세탁 규정) 국내시장의 운영에도 영향을 미칠 수 있기 때문이다. 그러나 또한 공동체 정책(예컨대 소비자, 환경, 식료품안전 혹은 EU재정이익의 보호)의 관철이 문제되는 경우에서도, 연합에게 형사상의 조화권한을 주는 것이 인정되어야 한다. 하지만 형사적 지시권한의 수행은 EU조약 제 5 조에 규정된 보충성원칙과 비례성원칙을 통해 제한된다. EU는 직접적용 가능한 형사규정을 공포해서는 아니 되고, 회원국들에게 마치 제재규범이 구성요건측면이나 형벌측면에 확대될 수 있듯이, 세부사항을 정해주어서도 아니 된다. 형사적 지시들은 목적된 예상효과에 대한 모범의 제시에 제한되어야 한다. 이때 입법적 방법으로서 예시의 방식이 사용된다.

2) 연합법의 (적용상) 우위원칙[54)]

유럽재판소의 일관된 판결에 따르면 직접 적용되는 연합법은 대립되는 국내법(헌법 포함)에 대하여 무제한 관철된다.[55)] 이때 연합법은 국내법에 대하여 효력상의 우위(Geltungsvorrang)를 가지는 것이 아니라, 단지 적용상의 우위(Anwendungsvorrang)를 가지는 것이다. 따라서 연합법과 충돌하는 국내법은 단지 적용불가능하게 될 뿐이다. 회원국들의 형사법과 직접 적용되는 공동체법 간에 직접적인 모순이 있는 경우에, 이러한 우위규율은 사실상 해당 제재규정의 무력화(Neutralisierung)를 초래한다. 무력화초래는 이론적으로 구성요건 배제를 의미한다.

3) EU법 합치적 해석[56)]

유럽재판소의 확고한 판례에 따르면, 회원국들의 공공기관(법원, 검찰, 그리고 행정기관)들은 TFEU 제288조 제 3 문에 따라, 지침을 국내법질서로 편입

---

54) 이에 대해서는 김대순, 앞의 책, 1495면 참조.

55) 독일헌법재판소는 비록 독일 법률에 대하여 공동체법의 무제한적 우위를 확인했지만, 헌법과의 불일치가 문제되는 부분에 있어서는 우위원칙을 상대화하였다. 독일헌법재판소는 유럽공동체가, 특히 유럽재판소의 판결은 공동체법이 (헌법에 의해서 불가결하게 요구되는 기본권보호와 동일하게 주의되어야 하는) 기본권의 효과적인 보호를 일반적으로 보증하는 한에서, 공동체법의 헌법에 대한 우위성을 인정했다.

56) 상세한 내용은 Hecker, *supra note* 8, pp. 343-344 참조.

하기 위한 변환조치를 연합법 합치적 혹은 지침 합치적으로 해석할 의무가 있다. 지침 합치적 해석의 의무는 변환기간이 만료되면 비로소 시작된다. 연합법 합치적 해석은 국내 해석기준 내에서 절대적으로 우선하지는 못하고, 단지 상대적으로 우선하는 지위를 가질 뿐이다. 만약 국내 이론과 헌법에 의해 주장되는 다수의 해석결과들에 의해서 연합법적 평가기준에 가장 부합된다면, 연합법 합치적 해석의 요건을 충족하는 것이 된다.

그러나 연합법 합치적 해석은 국내 헌법[57]에서뿐만 아니라, 연합법의 일반적 법원칙들, 특히 법적 안정성(명확성원칙)과 소급효금지에서도 그 한계가 있다. 유럽재판소는 형사적 문제에서는 연합법 합치적 해석을 엄격하게 다룬다. 유럽재판소는 국내 기관들에게 지침법의 동원을 통해서 막연한 형법들을 구체화하는 가능성도 부인했다. 그 외에 유럽재판소는 *Telecom Italia* 사건[58]에서, 지침은 그 자체가 충분히 명확한 경우에만 국내 형사법의 해석에 있어 동원될 수 있다는 것을 명확히 한다. 그리고 유럽재판소는, 개인의 형사적 책임은 단지 지침뿐만 아니라 항상 국내 형사법에 의해서도 뒷받침된다는 것을 인식한다. 만약 국내 법원이 국내법에 의거해 가능한 해석의 여지 내에서 행하는 연합법 합치적 해석유형을 결정한다면, 이것은 어떠한 헌법적 혹은 연합법적 사고와도 충돌하지 아니한다. 이러한 한계 내에서 국내법으로부터 얻어지는 해석결과의 증명으로서 지침을 동원하는 것이 허용된다. 그 외에 선도적 역할을 하는 *Pupino* 사건[59]의 판결에서 유럽재판소는, 처음으로 EU법으로부터 직접 파생된 회원국법원의 권한과 의무, 즉 골격결정들에 비추어 국내법을 해석함을 확고히 했다. 따라서 법원은 연합법의 초국가적 범위로부터 EU법 합치적 해석을 이끌어 내고 형사법 분야의 정부간·국제법적 행위형태들에 확대한다. 이를 통해 법원은 전통적인 국제법적 협력형태를 넘는 EU 내에서의 특별한 사법적 공조를 증명한다. 형사절차에서 피해자보호에 대한 소송규정들과 독일형법 제202a조의 정보탐지(해킹)의 가벌성이 국내형법의 골격결정 합

---

57) 예컨대 독일 헌법 제103조 ② 어떤 행위든 그것이 행해지기 이전에 그 가벌성이 법률로 규정된 경우에만 처벌될 수 있다.

58) EuGHE(Entscheidungen des Europäischen Gerichtshof) 1996, p. 6609.

59) EuGH NJW(Neue Juristische Wochenschrift) 2005, p. 2839.

치적 해석의 적용 사례들이다.

4) 동화원칙

유럽연합은 형사법 영역에서 직접적인 입법권한이 없기 때문에, 회원국들은 그들 형사법의 확장과 적용을 통해 연합법 위반행위들에 대하여 효과적으로 대응해야 한다. 이렇게 유럽연합의 이익을 보호하기 위해서 혹은 연합법상의 요구와 금지를 관철시키기 위해서 국내 형법과 행정처벌규정을 동원하는 것을 '동화(Assimilierung)'라고 한다. 이에 대한 예가 독일형법 제154조 1항이다. 동 구성요건[60]은 다음과 같이 해석되어야 한다. "법원 또는 선서를 행하게 할 권한이 있는 기타 관청 또는 '유럽공동체법원'에 대하여 위증한 자는 1년 이상의 자유형에 처한다."

그 외에 유럽재판소는 일련의 판결에서, 국가 내적으로 연합법의 실효성을 보장하기 위해서는 국내 형사법원이 연합법을 원조하도록 그들의 국내 소송법을 형성·해석·발전시킬 의무가 있다고 강조한다.[61] 또한 유럽재판소는 솅겐이행협약(SDÜ) 제54조의 국가간 이중처벌금지를 구체화했으며, 판결전 절차의 영역에서 유럽재판소와 국내 법원들 간에는 선결적 부탁절차[62]를 통해 협력이 이루어져 왔다. 선결적 부탁절차는 초국가적 재판권과 국내의 재판권 간의 소송상의 매개물이고, 연합법의 해석과 유효성에 대하여 구속력 있게 결정하는 유럽재판소의 독점을 보장했다. 그 외에 EU법으로부터 파생된 주관적·공적 권리들의 실현과 관련해서는 선결적 부탁절차의 개인보호기능도 의미가 있다. 그러나 개인들은 선결적 판결절차를 항상 단지 제기하거나 답할 수만 있고, 결코 강제할 수는 없다.[63]

---

60) 제154조(위증) ① 법원 또는 선서를 행하게 할 권한이 있는 기타 관청에 대하여 위증한 자는 1년 이상의 자유형에 처한다.

61) EuGHE(Entscheidungen des Europäischen Gerichtshof) 1990, p. 2879; 2003, p. 3735.

62) 이에 대해서는 김대순, 「EU법론」(삼영사, 1995), 423면 이하 참조.

63) Hecker, *supra note* 8, p. 234.

5. 감 사 원

감사원(Court of Auditors)의 감사관은 회계절차의 증거들을 통제하고 방문조사도 수행할 수 있다. 일반적으로 회원국들에 이러한 방문조사는 1-2주간 소요되고, 국내 회계감사기관 혹은 해당 기관과 공동으로 수행된다. 보고서에는 감사로부터 알게 된 모든 정보들이 포함되어야 한다. 보고서는 특히 감사된 국내 혹은 지역 체제 속에서 발견된 취약점들을 언급하여야 하고, 확인된 흠결·부정·사기범죄를 지적해야 하고, 그 외의 조치를 위한 제안이 포함되어야 한다. 감사원은 어떠한 고유한 집행권한도 없다. 만약 감사관이 사기범죄의 징후를 발견하거나 실제 사기범죄나 부정행위를 발견하면, 유럽연합의 해당기관이 적절한 조치를 취할 수 있도록 이에 대해서 가능한 한 신속히 통지할 뿐이다.

Ⅵ. 협의의 유럽형사법상 주요기구

1. UCLAF와 OLAF

1) UCLAF

1988년 유럽의회는 EU 재정을 해하는 사기범죄에 대한 대책으로 UCLAF (Unité de Coordination de la Lutte Anti-Fraude, 유럽사기방지협의체)를 발족시켰다. UCLAF는 사기대응책과 관련하여 공동체 활동을 조정하고 집행위원회를 대리하며 공동체의 고유한 사기대응책을 발전시키고 수행하는 임무를 지녔다. UCLAF의 실효성 있는 활동은 본질적으로 집행위원회 외부의 수사에, 즉 우선적으로 회원국들의 기업들에 집중된다. 만약 통제행위를 통해 형사상 중요한 사실관계의 존재가 확인된다면, 감독관들은 회원국들의 형사소추기관에게 수사를 시행하도록 요구할 수 있었다. 그러나 UCLAF는 국내 수사기관들의 협력절차를 필요로 했다. UCLAF는 1996년 11월 11일 자(EC, Euratom) 이사회 규칙 제2185/96호를 통해서 비로소 독자적 형사소송상 수사권한을 보유했다.[64)]

---

64) 유럽공동체공보(Amtsblatt der Europäischen Gemeinschaften: ABlEG) 1996 Nr. L 292,

증거수집의 목적을 위한 서류복사권과 혐의가 있는 경우에 주거침입도 이에 포함되었다. 감독관들은 이 권한을 실행하는 각 회원국 주권지역의 절차법에 구속되었다. UCLAF에 의해 수집된 증거들은 이 권한을 실행하는 주권지역의 각 회원국에 의해 수행되는 형사절차에서 이용될 수 있었다.

2) OLAF

조직상 집행위원회에 속해 있던 UCLAF는 독립성의 흠결로 인해 집행위원회 내부의 효과적인 조사를 수행하기 어려웠다. 이것이 UCLAF가 OLAF를 통해 폐지된 주요한 원인이었다. 그 권한이 외부적 사기범죄뿐만 아니라 공동체 내부적·행정적 사기교육까지 포함하는 초국가적 사기범죄대책기관인 OLAF가 창설되어 1996년 6월 1일부터 시행되었다.

OLAF는 한편으로 사기·부패·그 외 연합의 재정적 이익에 반하는 위법한 행위들에 대한 행정조사권한을 위임받고, 다른 한편으로 회원국들의 사기대책조치를 조장하고 대등하게 한다. 비록 OLAF는 조직상으로는 집행위원회에 속하나, UCLAF와 달리 폭넓은 권한(수사와 관련해서는 자율결정권)을 가진다.[65] 즉 OLAF는 집행위원회의 지시에 구속되지 아니하고 사기관련 사실관계를 조사한다. 그리고 그 조사결과를 회원국들에게 전달함으로써 형사조치들을 유인할 수 있다. 회원국의 형사기관들은 의무적으로 OLAF로부터 전달된 증거자료의 검토를 통해서 수사의 착수 여부를 결정한다.[66]

또한 회원국은 재정적 사기와 부정행위에 대해 EU에 지속적으로 보고해야 할 의무를 진다. OLAF의 검사관들에게 전달된 정보가 규정대로 이용되도록 하기 위해서, 해당 공동체규정들에서는 개별적으로 어떤 정보가 전달되어야 하는지를 규정한다. 거기에는 특히 위반규정, 침해정도, 사기에 사용된 수법, 이에 가담한 자연인·법인에 대한 정보가 포함된다. OLAF의 감독관들은 회계 감사를 위해서 사전신고 없이 공동체기관·시설·관청·대리업자의 정보

---

p. 2.

65) Ambos, *supra note* 9, p. 515.

66) 이런 점에서 OLAF는 일종의 형사소추기관으로 평가될 수 있다고도 한다(김영규, "독일 검찰의 변화 및 미래전략," 「각국 검찰의 변화 및 미래 전략」(검찰미래기획단, 2007), 80면).

와 장소에 즉각 접근할 수 있다. 유럽재판소는 2002년 2월 26일 판결에서, OLAF는 의원면책권을 침해하지 아니하는 한에서 유럽의회의 회원국들에서도 통제목적의 수색을 실행할 수 있음을 확인했다.[67]

OLAF의 활동에 대한 통제는 (EC) 규칙 제1073/99 제11조 혹은 (Euratom) 규칙 제1074/99호에 기초한 감독위원회가 한다. 감독위원회는 5인으로 구성되는데, 이들은 의회·이사회·집행위원회에 의해서 상호 합의하에 3년의 임기로 임명된다. 감독관들에 관한 통제가 얼마나 잘 이루어지느냐는 이 5인에게 달려 있을 뿐이다.[68]

2. 유럽경찰청 (Europol)

1) EDU (European Drug Unit)

EU정상들의 모임인 유럽이사회는 1991년 룩셈부르크에서, 유럽경찰의 설립을 위한 가능성에 대하여 보고하기로 결정했다. 모든 회원국들이 찬성한 조직범죄 그리고 그와 연관된 자금세탁에 대한 긴급한 대책이 요구되는 상황에서 유럽이사회는 우선 과도기 동안 Europol(유럽경찰청)의 임무를 대신하는 임시적인 기구를 설립하기로 1993년 6월 2일 합의했다.[69] 이러한 기초 위에 EDU는 1995년 3월 20일 헤이그에서 일을 시작했다.

EDU에서 협력하는 국내 관청들의 주된 임무는 위치통보, 범죄 관련 분석과 교류를 통해서 국내 수사기관을 후원하는 것이었다. EDU의 관할범위는 마약범죄에 대한 대책에 한정되지 않았다. 1994년부터 유럽이사회의 결정에 따르면 방사능물질의 불법적 거래, 밀수범죄, 자동차암거래 그리고 이러한 범죄들과 연관된 자금세탁에 대한 대책까지 관할범위가 확대되었다. 후에 인신매매와 테러리스트와 관련된 범죄 그리고 통화위조에 대한 대책도 목록에 추가되었다. 회원국들이 유럽경찰을 설립하자마자 EDU는 유럽경찰청으로 흡수

---

67) EuGH Rs T-17/00 v. 26.Februar 2002("Rothley/Parlament").

68) Hecker, *supra note* 8, p. 132.

69) 유럽공동체공보(Amtsblatt der Europäischen Gemeinschaften: ABlEG) 1995 Nr. L 62, p. 1.

된다는 것이 처음부터 예정되었다.

2) Europol의 구조

1995년 7월 26일 자 Europol협약을 통해 헤이그에 본부를 둔 국제기구로서 유럽경찰청(Europäisches Polizeiamt: Europol)이 설립되었다. Europol은 마스트리히트조약하의 제 3 기둥(사법·내무 분야에서의 협력)의 영역에서 최초로 창설된 기관이며, EDU의 후속기관으로서 1999년 7월 1일 활동을 시작했다. Europol협약 제26조 1항에 의하면 Europol은 고유한 법인격이 부여된 EU의 공적기구이고, 현재 범죄대응에 있어 유럽연합의 핵심적인 기구로 발전하였다.

2006년 기준으로 전체 구성원이 거의 600명에 달하고, 그 중 100명은 30개국이 넘는 국내 기관들에서 파견된 자로서 파견국과의 중개업무를 담당한다. 국내 기관들에서 파견된 자들은 Europol 운영규정을 준수하면서 동시에 그들을 파견한 국가의 국내법과 조화 속에서 그들 국가의 이익을 대표한다. Europol 구성원들이 임무수행 시 구두와 서면으로 행한 행위들은 면책의정서(Immunitätenprotokoll: IP)에 의해 재판권으로부터 광범위하게 면제된다(Europol 조약 제41조와 IP 제 8 조 1항).[70] 행정을 관할하고 Europol 직원들을 감독하는 한 명의 수장(Direktor)이 Europol을 이끈다. 회원국별 한 명씩으로 구성된 행정이사회(Verwaltingsrat)에서 주요기본사항을 결정한다.

Europol은 고유한 재정감독관을 두는데, 그는 지출과 수입을 감독한다. 모든 회원국들은, 회원국자료들이 Europol에 전달되도록 하고 각 회원국에서 파견된 국내 중개공무원의 자료작업이 적법하다는 것을 확인하는 국내 감독관청을 지명한다. 국내 감독관청들의 대표자들로 구성되고 명시적으로 가입국 행정기구의 지시구조로부터 해방된 공동의 감독관청은, Europol 직원들을 통해 자료작업을 검토한다. 공동의 감독관청은 이러한 목적을 위해서 특별히 Europol의 정보를 요구할 권리, 모든 자료들에 대한 접근과 검사할 권리를 가진다. 공동의 감독관청은 국내 감독관청과 마찬가지로 개인의 진정에 의해 활동할 수 있다. 유럽이사회가 Europol의 예산을 결정하고 2/3 이상의 다수

70) 이에 대해서는 Ambos, *supra note* 9, p. 525 참조.

결로 수장(Direktor)을 임명·해임할 수 있고 면책권의 폐지에 대한 다툼의 절차를 확정하는 한, 유럽이사회는 중요한 통제가능성들을 보유했다. Europol에 대한 의회의 통제는 비교적 약하다. 유럽이사회는 유럽의회에게 Europol의 중요한 사항들에 관하여 조언을 구해야 하고 의회의 의견을 충분히 고려해야 한다. 매년 유럽의회에는 Europol의 활동에 대한 특별보고서가 전달된다. Europol에 대한 사법적 통제는 선결적 부탁의 방식으로 유럽재판소를 통한 Europol 협약의 해석과 적용에 한정된다. 유럽재판권과 가입국 국내재판권을 통한 Europol의 활동에 대한 직접적 사법심사는 가능하지 않다. 법치국가 관점에서 극히 부족한 법원의 통제가능성은 앞으로 Europol을 사법적 책임의 체제 속으로 어떻게 묶는지에 대하여 숙고할 계기를 제공한다.[71)]

3) Europol의 임무

Europol은 테러리즘, 불법마약거래, 그 외의 중한 국제범죄에 대한 대응과 방지를 관장하는 회원국 기관들의 공조와 능력을 개선시키는 임무를 맡는다.[72)] 단 관련점이 존재하고 언급된 범죄들이 둘 이상의 국가들에서 공동 조치가 필요한 방식(Europol협약 제 2 조)으로 관련되는 한에서 그러하다. Europol 활동의 중점은 초국경적 범죄에 대한 '인지들을 수집하고 분석'하는 것(Intelligence-Arbeit)과 '정보를 회원국의 기관들에게 통지'하는 것이다. Europol을 통해서 국내 수사기관들의 특별인지가 깊어지고, 전략적 인지가 전달되고 업무상황에 대한 전체적 보고가 행해진다.

Europol은 그러한 임무를 충족하기 위해서 자동화된 정보시스템을 유지한다. 자동화된 정보시스템에서 자료들은 직접적으로 가입국들로부터 입력된다(Europol협약 제 7 조). Europol 정보시스템은 SIS(쉥겐-정보시스템)를 능가한

---

71) Hecker, *supra note* 9, p. 197.

72) Europol의 권한목록(Europol협약 제 2 조): 테러리즘에 대한 예방과 대책/불법적 마약거래에 대한 대책/인신매매에 대한 대책/밀수조직(Schleuserorganisation)에 대한 대책/핵물질의 불법적 거래에 대한 대책/불법적 차량거래에 대한 대책/통화(유로)위조에 대한 대책/국제적으로 조직된 범죄와 관련된 자금세탁에 대한 대책/일정한 중한 형태의 국제 범죄에 대한 대책(예컨대 생명과 신체에 대한 범죄, 재산에 대한 범죄, 환경에 대한 범죄).

다. SIS는 순수한 탐색자료인 반면, Europol 정보시스템은 경찰조사를 가능하게 하는 자료들을 포함한다. 정보시스템 속에는 개인과 관련된 자료들(Europol 협약 제 8 조에 따르면 Europol의 관할영역의 범죄혐의가 있거나, 그러한 범죄로 인해 유죄판결을 받았거나 그러한 범죄실행의 위험이 존재하는)도 저장될 수 있다. Europol은 개인과 관련한 모든 저장 자료들에 대해 행정이사회의 동의를 얻어야 한다. 거기에 저장된 자료들에 대한 직접적 접근은 국내 기관, 중개공무원, 수장, 그에 대한 적법한 권한을 가진 Europol 구성원만이 가진다(Europol 협약 제 9 조). 실제적으로 Europol은 독자적으로 활동하지 않고, 국내 경찰관서와 세관관서의 활동에 실효성 있게 가담해 왔다.

더 장기적으로는 그 이상의 조치로서, Europol에 포괄적이고 독자적인 수사권한의 부여가 고려되어야 한다고 한다.[73] 실패한 유럽헌법제정조약(EU헌법 제Ⅲ-276조 제Ⅱb항)에서는 공동의 수사그룹의 범위에서 혹은 가입국의 기관들과 연결하에서 Europol은 장차 "효과 있는 조치들"을 취할 수 있다는 것이 규정되기도 했다.

3. 유럽사법협력기구

1) 구 조

중한 조직범죄와 초국경적 범죄(cross-border crime)에 대한 대책을 강화하기 위하여 각국 정부수반들은 핀란드 탐페레(Tampere)에서 1999년 9월 Europol의 파트너로서 유럽사법협력기구(European Judical Cooperation Unit: Eurojust)의 창설을 결정했다. 2000년 12월 14일 이사회 결의로 우선 사법적 공조를 위한 임시적인 사법협력기구가 설립된 후, 형식적으로 2001년 니스조약에서 Eurojust의 설립이 정해졌다.[74]

헤이그에 본부를 둔 Eurojust의 임무는 무엇보다도 회원국 형사소추기관

73) Perron, "Auf dem Weg zu einem europäischen Ermittlungsverfahren?," *ZStW* 112 (2000), p. 208.

74) 유럽공동체공보(Amtsblatt der Europäischen Gemeinschaften: ABlEG) 2001 Nr. C 80, p. 1.

들 간에 사법적 정보들을 교환하고 수사절차를 협력하고 후원하는 것에 있다.[75] Eurojust 이사회결의 제 1 조에 따르면 Eurojust는 고유한 법인격을 가지고 형성된 EU의 기관이다. 모든 회원국은 Eurojust에 한 명의 판사나 검사 혹은 경찰관을 보낸다. Eurojust 구성원의 직무상 지위는 그들의 소속국가의 국내법에 따라 정해진다. 그들의 재임기간, 그들의 사법적 권한의 종류와 범위도 소속국가의 국내법에 따라 정해진다. Eurojust의 내부 권한과 업무과정은 업무규정에서 구체화된다. 그 업무규정은 이사회에 의해서 승인되어야 한다.

2) 임 무

Eurojust는 국내 형사소추기관들의 효과적인 공조를 가능하게 하고, 국가간 범죄의 경우에 수사를 수월하게 하며, 촉탁서의 처리를 단순화시킨다. Eurojust 이사회결의 제 4 조 1항에 따르면 Eurojust의 관할범위는 모든 범죄행위가 아니라, Europol의 관할에 해당하는 범죄행위이다. 컴퓨터범죄, 사기와 부패, EC의 재정적 이익에 관련된 모든 범죄, 장물 세탁, 환경범죄, 범죄단체 가담 그리고 이러한 범죄와 관련되어 행해진 범죄행위들이 관할사항이다. Eurojust는 또한 위에서 언급된 종류의 범죄 이외의 경우 회원국의 해당기관에 보충적으로 원조신청을 할 수 있다(Eurojust 이사회결의 제 4 조 2항).

Eurojust는 초국경적 수사나 형사소추와 관련하여 중한 범죄와 조직적 범죄의 경우에는 다음의 임무를 가진다(Eurojust 이사회결의 제 3 조). 첫째, 회원국들에서 해당 국내 기관들 간에 행해지는 수사와 형사소추의 조정 촉진, 둘째, 특히 국제 사법지원의 간편화를 통해서 가입국들의 공조 개선, 셋째, 수사와 형사소추의 실효성을 높이려는 목적을 가진 가입국들의 해당 기관들에 대한 다른 모든 후원 보장, 넷째, 제 3 국가가 이미 공조에 대하여 합의하였거나 개별 사례에서 후원할 본질적 이익이 존재하는 경우에는 회원국들의 해당 기관이 신청하면 가입국과 다른 제 3 국과 관련되는 수사와 형사소추조치도 후원하는 것 등이다.

Eurojust는 하나 혹은 다수의 국내 구성원을 통해서 혹은 집단적으로 그

75) Ambos, *supra note* 9, p. 530.

임무를 수행한다.[76] Eurojust 구성원은 그들의 위임국가의 해당 관청과 직접적으로 접촉한다. 예컨대 Eurojust는 중요한 형사사건의 해명을 위해서 일정한 수사를 수행할 것, 형사소추를 제기할 것 혹은 다른 회원국이 수행해야 할 수사나 소추의 계수에 동의할 것을, 회원국의 해당 기관에 제기할 수 있다. Eurojust는 회원국 수사조치의 조정을 돕고, 관련된 조정협정에 따른 공동의 수사관청 설립을 후원하고, 촉탁서를 전달하며, 최적의 임무충족에 작용하는 것으로 보이는 모든 정보의 교환을 배려한다. 국내 기관들은 Eurojust에게 해당 기관들의 수사와 형사소추조치에 대하여 통지한다.

Eurojust는 무엇보다도 또한 Europol과 다른 유럽연합기구들을 통한 데이터수집에 관한 사법적 통제기구로서도 발전되었고, 다른 한편으로 Eurojust는 미래의 유럽 검찰의 맹아로서 고려되었다.[77] 하지만 이것은 조약의 개정을 통해서만 창설될 수 있다. 유럽헌법조약은 제Ⅲ-274조 1항에서 유럽의회의 동의를 거친 후에 일치된 의결을 통해 "Eurojust로부터 발아하는" 유럽 검찰을 도입하는 권한을 각료이사회에게 부여하는 법적 기초를 포함했었다.

4. 유럽검찰청

1) 설　립

유럽검찰의 맹아로서 고려된 Eurojust를 살펴보았는데, 유럽검찰은 결국 리스본조약 이후 TFEU 제86조에 명시적으로 규정되었다. EU의 재정이익을 해하는 범죄에 대응하기 위하여 이사회는 규칙형식의 특별한 입법절차에 따라 Eurojust를 기초로 하여 유럽검찰을 설치할 수 있고, 이사회는 유럽의회의 동의를 얻어 만장일치로 결정한다(TFEU 제86조 1항).[78] 동 규칙은 유럽검찰의

76) *Ibid.*, p. 531.

77) Hecker, *supra note* 8, p. 204.

78) 만장일치가 형성되지 않으면, 최소한 9개국 이상의 회원국은 유럽이사회가 규칙(Regulation)형식의 제안을 다루도록 요구할 수 있다. 이 경우에 절차는 이사회에 맡겨진다. 토의 후에 유럽이사회는 합의된 경우에는 그 제안을 4개월 내에 절차를 정지한 후 이사회에 반려한다. 의견의 일치가 도달하지 못하나, 최소한 9개 회원국들은 규칙형태의 해당 제안으로 더 강력한 공조를 만든다면, 이 회원국들은 이것을 동일한 기간 내에 유럽의회, 이사회 그리고 집행위원회에 보고한다. 이 경우 더 강한 공조를 위한 권한 부

정관(Satzung), 임수수행에 필요한 개별사항, 활동에 관한 절차규정 그리고 증거자료의 허용성 규정과 임무수행 시 검찰에 대한 법원의 통제규정을 정한다(TFEU 제86조 3항). 유럽이사회는 동 규칙의 승인으로 혹은 그 규칙을 따라 유럽검찰의 권한확장을 목적으로 초국경적인 중범죄에 대한 대응으로 1항을 변경하는 결의와 다수의 회원국에 관련된 범죄자와 관련해서 2항에 상응하는 변경의 결의를 공포할 수 있다. 유럽이사회는 유럽의회의 동의와 집행위원회 의견을 청취한 후 만장일치로 결정한다(TFEU 제86조 4항).

2) 임 무

모든 EU회원국 내에서 수사실행과 수사조정의 권한을 가진 강력하고 독립적인 검찰이 예정된다.[79] 회원국의 추천을 받아 임명된 유럽검사들은 자국기관으로부터 지시를 받지 아니하고, 유럽검찰청(European Public Prosecutor's office)은 상호관련성 있고 일관된 수사를 위하여 지시권을 갖는다.[80] 유럽검찰청은 경우에 따라 Europol과 연계하여 EU의 재정이익을 해하는 범죄자에 대한 수사와 소추, 공소제기의 권한을 가지며, 이러한 범죄의 경우 회원국의 해당 법원에서 검찰 임무를 수행하게 된다(TFEU 제86조 2항).

Ⅶ. 광의의 유럽형사법상 기관과 활동

1. 유럽평의회

광의의 유럽형사법의 영역에 포함되는 유럽평의회(Council of Europe)는 1949년 1월, 브뤼셀 조약 기구(현재의 서유럽 연합) 외무장관 회의에서 채택되고 1949년 5월 5일 서유럽(네덜란드, 노르웨이, 덴마크, 룩셈부르크, 벨기에, 스웨

여는 EU조약 제20조 2항과 TFEU 제329조 1항에 따라 수여된 것으로 여겨지고, 더 강한 공조에 관한 규정이 적용된다.

79) Satzger, *supra* note 14, p. 162.

80) 김영규, "독일 검찰의 변화 및 미래전략," 「각국 검찰의 변화 및 미래 전략」(검찰미래기획단, 2007), 83면.

덴, 아일랜드, 영국, 이탈리아, 프랑스) 10개국이 서명한 '유럽평의회 헌장'으로 발족되었다. 독일은 1951년 5월 2일 자로 가입하였고, 2005년 현재 가입국은 러시아와 터키, 모나코, 몬테네그로를 포함해서 47개국으로, 유럽평의회는 EU의 회원국보다 광범위하다. 산하에 회원국 외무장관으로 구성되는 각료이사회, 자문위원회, 유럽협의회, 유럽인권위원회, 유럽인권재판소, 사무국 등의 기구를 두고 있다. 사무국은 프랑스 스트라스부르에 있다.

유럽평의회는 공동의 정치적 이상(인권과 기본권 그리고 법치국가)의 기초와 이것을 보호하도록 가입국[81]과 긴밀한 제휴를 해왔고 경제·사회적 발전을 촉진시키는 것을 목적으로 하며, 국방(군사)문제는 다루지 않는다. 이를 위하여 유럽평의회는 다수의 협약을 체결했는데, 형사소추와 관련해서는 발전적 국가 간의 공조를 발전시키기 위한 노력이 항상 중심을 이루었다.

유럽평의회의 활동은 그 가입국들에게 구속력이 약한데, 고유의 입법권한이 없는 전통적인 국제법상 단체로서의 지위를 가지는 유럽평의회는 그 가입국들에게 직접적으로 효력 있는 법률규정을 공포할 수 없고, 국내법으로의 변환조치를 강제할 수도 없다. 따라서 유럽평의회의 결의는 항상 가입국들이 임의적으로 이행하는 요청의 성격을 가진다. 그러나 불충분한 구속력을 가진 이러한 전통적 국가 간의 공조는, 사안별로 관심이 있는 국가들에게 어떠한 주권의 상실 없이도 공동작용을 가능하게 하고, 이러한 방식이 실제적으로 국가 간의 공조를 이끌어 내는 데 유용하게 기능한다. 그렇기에 모든 EU회원국들을 포함하여 거의 모든 유럽 국가들이 유럽평의회에 가입했다. 게다가 유럽 이외의 몇몇 국가들도 유럽평의회 기관들에서 옵서버(감시인)의 지위를 갖고 그 협약들에 부분적으로 이미 서명하였다. 따라서 미약한 권한에도 불구하고 유럽평의회의 영향과 정치적 무게는 과소평가할 수 없다. 이것은 1950년 11월 4일의 '기본권과 인권보호를 위한 유럽협약(유럽인권협약)'에서 확실하게 나타난다.

형사법과 관련하여서 유럽평의회 '범죄인인도와 (일반적) 사법공조협약'을 언급할 수 있다. 근래에는 컴퓨터범죄와 인터넷범죄에 대한 유럽평의회의 활동이 활발해졌고 2001년 11월 23일에는 사이버범죄협약(Convention on Cybercrime:

---

81) 본 장에서는 EU의 '회원국'과 구별을 위해서 유럽평의회의 '가입국'이라는 표현을 사용한다.

CCC)이 체결되었다.

2. 사이버범죄협약

1) 생 성

유럽평의회의 사이버범죄협약(Convention on Cybercrime: CCC)이 수년간의 검토 후에 2001년 11월 23일 부타페스트에서 서명을 위해 제출되었을 때, 이것은 최소한의 상징적 의미를 가졌다. 데이터망범죄에 대한 이러한 합의는, 인터넷과 같은 컴퓨터망을 수단으로 혹은 그것을 대상으로 하는 범죄현상에 대한 특별 형법으로 대응한 최초의 국제조약이다. 다만 이러한 합의에 대한 비준이 늦추어져서, 2년 반 후에 리투아니아의 비준으로 발효에 필요한 50개국의 비준이 비로소 이루어졌다. 2004년 7월 1일에 사이버범죄협약은 이들 나라에서 종국적으로 시행되었다.[82)]

사이버범죄협약(CCC)의 생성 역사는 복잡했다. 처음에 소집된 사이버범죄 전문가위원회는 이미 1999년 말 협약문구의 최종안을 제출했다. 다만 준비과정에서 타협이 부분적으로 어렵게 이루어졌고, 그래서 그 위원회는 2001년 6월에 비로소 기초 작업을 마칠 수 있었다. 인터넷기술이 집중적으로 이용되는 가능한 한 많은 국가들과 함께 컴퓨터범죄와 인터넷범죄에 대한 대응에서 합의를 찾기 위해서 많은 비유럽평의회가입국들이 포함되었다.

그러나 다양한 문화적 배경과 법률전통을 가진 다수 국가들의 공조는 개별사항마다 형법보호의 필요성에 대한 생각들이 서로 다를 수밖에 없었다. 준비과정에 참여했던 국가들은 단지 소수의 공동 규정들에만 일치할 수 있었다. 예컨대 기본합의문에서는 인터넷에서 인종차별적이고 외국인혐오 사고의 유포에 대한 가벌성 기준이 발견되지 않는다. 왜냐하면 이것은 무엇보다도 사상의 자유에 대하여 높은 가치를 부여하는 미국, 캐나다 등에서는 용납되지 않기 때문이다. 따라서 이와 관련된 규율들은 컴퓨터시스템에서 인종차별적이고 외국인혐오 범죄에 대한 형사조치들에 관한 2003년 1월 28일 자 사이버범죄

82) 유럽 이외의 국가들로는 일본, 남아프리카공화국, 캐나다, 미국 등 22개국이 동 협약에 서명했으나, 아직 비준하지는 않았다.

협약의 추가의정서에 유보되어 있다.

2) 내 용

사이버범죄협약의 명확한 목적은 컴퓨터범죄와 인터넷범죄에 대한 효과적인 형사정책적 규제조치를 마련하는 것이다. 이러한 관심사를 실현하기 위해서, 협약체결국의 형법규정들은 통일되어야 하고 국제적 공조가 강화되어야 한다. 그에 부합해서 협약 속에는 국내 입법자에 의해서 변형 조치된 형법과 형사절차법에 관한 규율들뿐만 아니라 국제적 공조의 기본원칙들도 발견된다.

실체형법에 관한 사이버범죄협약의 장(Chapter Ⅱ, Section 1)에서는 컴퓨터망을 통하거나 컴퓨터망에 대하여 행해지는 범죄들을 다룬다. 컴퓨터망에 대한 범죄에는 컴퓨터데이타와 컴퓨터시스템의 신뢰성, 보전성, 처분성을 위협하는 행위들이 해당한다. 그 행위들에서 컴퓨터는 범죄객체이다. 체결국들은 특히 컴퓨터시스템에 대한 위법한 접근(제 2 조)과 데이터나 컴퓨터시스템에의 침입(제 4 조와 제 5 조)에 대해서 형벌을 가한다. 이 점에 있어서 정보시스템의 침입에 관한 이사회의 골격결정[83]과 폭넓게 일치한다.

컴퓨터망을 통한 두 번째 범죄유형은 컴퓨터망을 범죄도구로서 사용하는 것이다. 이것은 한편으로 컴퓨터문서위조(제 7 조)와 컴퓨터사기(제 8 조)와 같은 컴퓨터사용행위 자체가 범죄인 형태 또는 컴퓨터사용 그 자체는 법적으로 허용되나 가벌적 내용의 배포를 위해 컴퓨터가 오용되는 범죄의 형태로 존재한다. 그 점에 있어서 사이버범죄협약은 아동포르노그래피의 형사처벌에 관한 기준(제 9 조)만을 포함하고 있다. 추가 의정서에 따르면 게다가 컴퓨터시스템

83) 2005년 2월 24일 자 정보시스템 침해에 대한 이사회 골격결정은 특별히 컴퓨터범죄와 인터넷범죄에 대한 대응을 다룬다. 그 목적은 정보시스템 침해에 대한 국내 형법규정들의 근접화(angleichen)이다. 회원국들의 개별 형법규정들 간에 존재하는 차이들로 인해 고도기술범죄에 대한 효과적인 대응에 방해가 되고, 자주 초국경적으로 발생하는 정보시스템에 대한 동일한 종류의 침해의 결과에 특히 필요한 경찰·사법 공조의 바람직한 최적화를 어렵게 하기 때문이다. 동 골격결정은 특히 유럽평의회의 사이버범죄협약과 매우 유사한데, 특히 이사회 골격결정 제 2 조부터 제 4 조는 그 문구에서 포괄적으로 사이버범죄협약 제 2, 4, 5 조와 일치한다. 이 규정들에 따르면 체결국들은 정보시스템에 대한 위법한 접근(제 2 조), 정보시스템의 위법한 침입(제 3 조), 컴퓨터자료의 위법 침입(제 4 조)의 행위가 고의적으로 행해지는 경우에 형사 처벌된다.

에서 인종차별적 그리고 외국인혐오적 행위의 상세한 묘사는 형사 처벌의 대상이다. 끝으로 제10조는 저작권과 그 유사한 권리들의 침해와 관련한 범죄들을 언급한다.

이미 저장된 자료들과 관련해서 사이버범죄협약은 컴퓨터자료의 수색과 압류를 위한 기준(제19조), 무엇보다도 고객자료의 인도에 대한 지시를 위한 기준(제18조), 끝으로 컴퓨터자료와 접속자료의 신속한 안전을 위한 기준(제16조 이하)을 포함한다. 컴퓨터자료의 단명성과 관련하여 해당 컴퓨터자료는 일종의 임시적인 수사방책으로 확보되고 그 자료의 삭제나 변경 전에 보존된다. 수사의 대상은 결국 막 전송된 자료일 수 있다. 제20조 이하는 내용자료의 중간 수집과 연결자료의 진정시간조사를 규정한다.

3) 의　　미

사이버범죄협약의 규정은 침해권한에 대한 한계를 정함 없이 어떠한 수단이 회원국의 국내형사소추기관을 마음대로 쓸 수 있는지에 관해서만 협약이 정한다는 점에서 비판을 받고 있다. 단지 체결국들에게 유럽인권협약에 따른 인권과 기본권의 적절할 보호와 비례성 원칙, 그리고 권한 혹은 절차에 대한 사법부의 통제를 상기시키는 제15조의 최소규정만이 존재한다. 이에 따르면 국내 입법자에게는 추상적으로 사이버범죄협약의 이행에 있어 관련자의 기본권과 법치국가원칙을 충분히 고려해야 할 의무가 있다.

이러한 비판에도 불구하고, 사이버범죄협약의 시행은 제시된 단초들이 본질적이고 중요한 걸음을 올바른 방향으로 뗀다는 상징적인 의미를 지닌다.[84] 그러나 사이버범죄협약이 컴퓨터범죄와 인터넷범죄에 대한 성공적인 전세계적 대응으로서 기폭작용을 했다는 것이 증명될 수 있는지 여부는, 개별 국가들의 승인과 변형조치의 의지에 달려있다. 또한 컴퓨터형법과 인터넷형법의 통일이 유럽지역에 제한되는 한, 유럽 국가들은 단지 온라인세계의 지역적 한 단편을 형성할 뿐이다.

---

84) Hilgendorf, *supra note* 4, p. 34.

Ⅷ. 결　　론

형사법 분야에서 EU의 통합노력은 두 가지 측면에서 이야기할 수 있다. 첫째, EU 주요기관의 지침과 결정을 통해 회원국에 지시를 하여, 유럽연합의 규범을 국내적 규범으로 전환시키는 특별한 구조를 사용한다. 둘째, 회원국 간 공조의 모습(경찰·사법공조)으로 형사법 분야의 협력을 위하여 노력했고, 이는 EU의 다양한 기구들로 나타났다. 대표적으로 유럽경찰과 유럽검찰을 이야기할 수 있다.

그러나 유럽의 형사법분야의 통합노력은 EU라는 조직을 통해서 이루어진 것만은 아니다. EU를 통한 통합노력 이전에 이미 유럽평의회를 통해서 많은 통합노력이 있었고, 그 대표적인 것이 '범죄인인도·사법공조협약'과 '사이버범죄협약'이다.

이렇듯 EU의 형사법 분야에서 통합은 비교적 미진하여 EU의 통일적 형법·형사소송법은 존재하지 아니한다. 그럼에도 통일법 제정을 위한 점진적인 발전을 확인할 수 있다. 특히 2007년 리스본조약에 따른 TFEU 제86조에서는 유럽검찰청을 창설할 수 있는 법적 근거를 마련했고, TFEU 제325조에서는 유럽연합의 재정에 대한 사기행위에 대하여 기타 조약들에 구속되지 않고 회원국들이 직접 적용할 수 있는 구성요건을 공포할 수 있도록 하여 통일적인 유럽연합 사기죄의 탄생을 기대할 수 있게 되었다.

제17장 EU 국제사법

Ⅰ. 서　　론

1. 국제사법의 범위

국제거래 또는 외국적 요소가 있는 법률관계에서 분쟁이 발생할 경우 국내거래와 달리 다음과 같은 세 가지 國際私法의 문제가 발생한다. 첫째, 분쟁을 어느 국가의 법원에서 재판할 것인가. 이것이 국제재판관할(international jurisdiction to adjudicate)의 문제이다.[1] 둘째, 법원은 분쟁에 대해 어느 국가의 법(또는 규범)을 적용할 것인가. 이것이 준거법(governing law)의 문제이다. 셋째, 어느 국가의 법원의 재판은 다른 국가에서 효력을 가지는가. 이것이 '외국판결의 승인 및 집행'(recognition and enforcement of foreign judgments)의 문제이다. 이와 밀접한 국제사법 내지 국제민사절차법적 쟁점으로 국제민사사법공조와 국제도산 등이 있다. 법원은 국제재판관할이 없으면 사건의 본안을 심리하지 않고 소를 각하하며, 국제재판관할이 있어야 법정지의 국제사법을 적용하여 분쟁의 실체에 적용할 준거법(또는 준거규범)을 결정하므로 국제재판관할의 결정이 준거법의 결정에 논리적으로 선행한다.

---

1) 이를 'international adjudicatory jurisdiction'이라고도 한다. 국제재판관할에 관한 상세는 석광현, 「국제재판관할에 관한 연구」(서울대학교출판부, 2001) 참조.

우리가 유럽연합의 국제사법에 관심을 가지는 이유는 첫째, 유럽연합의 국제사법은 우리 국제사법의 해석론과 입법론에 참고가 되고,[2] 둘째, 유럽연합 회원국 법원에서 재판받는 우리 기업과 개인을 위해 필요한 정보를 제공할 수 있기 때문이다(다만 구체적 범위는 각 규범의 적용범위에 따라 상이하다). 아래에서는 지면의 제약상 EU국제사법 분야의 규범 중 재산법상의 청구를 중심으로 하면서 브뤼셀Ⅰ(Ⅱ.), 브뤼셀Ⅱbis 등 브뤼셀Ⅰ 이외의 절차법적 쟁점을 다룬 EU규정(Ⅲ.),[3] 로마Ⅰ(Ⅳ.), 로마Ⅱ(Ⅴ.)와 국제도산규정(Ⅵ.)을 소개한다.[4] 다만 그에 앞서 유럽연합 국제사법의 법적 기초(2.)와 법원(法源)을 개관한다(3.). 여기의 국제사법은 협의의 국제사법과 국제민사소송법을 포함하는 광의의 국제사법을 말한다.

2. 유럽연합 국제사법의 법적 기초

1999년 5월 1일 발효된 암스테르담조약은 유럽 국제사법의 발전에 있어 중요한 전기가 되었다. 즉 동 조약은 민사사건의 사법공조를 유럽통합에 있어서 제3기둥(third pillar)으로부터 제1기둥(first pillar)으로 이관하였다. 보다 구체적으로 동 조약의 발효에 따라 유럽연합 국제사법의 법적 기초는 유럽공동체설립조약과 유럽연합조약(The Treaty Establishing the European Community and the Treaty on European Union)(제Ⅳ장) 특히 제61조 c호에 있는데 이는 자유, 안전 및 정의의 영역을 점진적으로 확립하기 위하여, 공동체(이사회)가 제65조에 규정된 바와 같은 초국경적 함의를 가지는 민사사건의 사법공조의 영

2) 2001년 7월 1일 개정된 우리 국제사법은 브뤼셀협약과 로마협약을 상당부분 도입하였고, 외국재판의 승인에 관한 민사소송법 제217조도 브뤼셀협약과 브뤼셀Ⅰ을 참조한 것이다.

3) 우리나라에서는 'regulation'을 대체로 '규정', '규칙' 또는 '명령'으로 번역한다. 이 책에서도 규칙이라는 용어를 사용하는 경향이 있으나 필자가 종래 사용한 번역어와의 일관성을 위하여 여기에서는 '규정'이라 한다.

4) 유럽연합의 국제사법을 개관하는 책으로는 Michael Bogdan, *Concise Introduction to Eu Private International Law*, 2nd ed.(Europa Law Publishing, 2012) 참조. 유럽사법재판소 판례는 Michael Bogdan und Ulf Maunsbach, *Eu Private International Law: An ECJ Casebook*, 2nd ed.(Europa Law Publishing, 2012) 참조.

역에서 조치를 채택할 것을 요구한다. 제65조에 따른 조치는 나아가 '역내시장의 적절한 기능을 위하여 필요한 것'이어야 했다. 동 조는 준거법 결정원칙의 일관성을 증진하고, 국제적 송달제도, 증거조사에서의 공조 및 민사와 상사사건에서의 판결의 승인 및 집행의 개선과 단순화를 그러한 조치의 예로 명시한다. 그러나 제65조의 모호성으로 인하여 국제사법 영역에서 공동체가 가지는 입법권의 정확한 범위를 둘러싸고 많은 논란이 있었다.[5] 위 제Ⅳ장은 그 후 유럽공동체설립조약의 후신인 'EU기능조약(The Treaty on the Functioning of the European Union: TFEU)'에 의하여 제Ⅴ장이 되면서 제목도 '자유, 안전 및 정의의 영역'으로 변경되었고, 그 결과 현재의 유럽연합조약은 민사사건에서의 사법공조에 관한 별도의 절(제3절)에서 제81조를 두고 있다.

3. 유럽연합 국제사법 법원(法源)의 개관

EU국가들은 일찍부터 국제사법적 쟁점들을 통일적으로 규율할 필요성을 느끼고 이를 실현하기 위해 다양한 노력을 해왔다. 그 결과 탄생한 것이 1968년의 "민사 및 상사사건의 재판관할과 재판의 집행에 관한 협약(Convention on Jurisdiction and the Enforcement of Judgments in Civil and Commercial Matters)("브뤼셀협약")"과 1980년의 "계약채무의 준거법에 관한 협약(Convention on the law applicable to contractual obligations)("로마협약")"이었다. 브뤼셀협약은 민사 및 상사사건에서 제기되는 국제재판관할과 외국판결의 승인 및 집행 문제를 해결하기 위한 것이고, 로마협약은 계약에 관한 준거법의 문제를 해결하기 위한 것이다. 그 후 위 협약들의 법적 형식이 '규정'으로 전환되었고, 계약외채무의 준거법에 관한 로마Ⅱ도 발효되었다. 특히 2009년 12월 17일 로마Ⅰ이 발효됨으로써(로마Ⅱ는 2009년 1월 이미 발효) 국제사법규범이 각 회원국 국내법에 의하여 규율되던 시대가 끝나고 연합법으로 전환되었다는 점에서 새로운 시대에 돌입하였다는 평가를 받고 있다. 이를 '유럽국제사법의 혁명'이라고 일컫기도 한다. EU의 주요 국제사법규범은 다음과 같이 분야별로

5) 뿐만 아니라 제65조가 "비자, 망명, 입국과 기타 사람의 자유이동과 관련된 정책"이라는 장에 포함되어 있다는 사실도 제65조의 해석상 혼란을 초래하고 있다.

구분할 수 있다.

절차법 분야의 현행 규범으로는 아래를 들 수 있다.

- 브뤼셀 I (규정). 이는 1968년 체결되고 1973년 발효한 브뤼셀협약을 대체하는 것으로 2000년 공포된 "민사 및 상사사건의 재판관할과 재판의 집행에 관한 유럽연합의 이사회규정("브뤼셀 I ")"을 말한다.
- 루가노협약. 이는 1988년 당시 유럽경제공동체 국가들과 자유무역연합(EFTA) 국가들 간에 체결된 브뤼셀협약의 병행협약인 구 루가노협약을 대체한 것으로 2010년 1월 1일 EU국가들과 덴마크와 노르웨이에서 발효한 개정된 루가노협약[6]을 말한다.
- 브뤼셀 II bis(또는 브뤼셀 II a)(규정). 이는 "혼인과 친권(부모책임)에서의 재판관할 및 재판의 승인과 집행에 관한 이사회규정"을 말한다.[7] 그 밖에도 여러 규정이 있다. EU송달규정, EU증거규정, 유럽집행명령규정(EEO), 지급명령규정(European Payment Procedure Order)과 소액채권규정 등이 그것이다.

한편 준거법 분야의 현행 규범으로는 아래를 들 수 있다.

- 로마 I (규정). 이는 로마협약을 대체한 "계약채무의 준거법에 관한 2008년 6월 17일 유럽의회 및 유럽이사회의 (EC) No. 593/2008 규정"(Rome I)을 말한다.
- 로마 II (규정). 이는 "계약외채무(또는 법정채무)의 준거법에 관한 2007년 7월 11일 유럽의회 및 이사회의 No. 864/2007 규정"을 말한다.
- 로마 III (규정). 이는 이혼 및 법적 별거의 준거법 영역에서 제고된 협력

---

6) 소개와 국문번역은 한국국제사법학회가 법원행정처에 제출한 2009년 5월 보고서인 "외국 판결의 승인·집행에 관한 국제규범과 우리의 대응방안", 31면 이하 참조.

7) 브뤼셀 II bis에 이혼의 준거법규칙을 포함시켜 브뤼셀 II ter를 만들자는 제안도 있었다. 소개는 N. A. Baarsma, *The Europeanisation of International Family Law* (T.M.C. Asser Press, 2011), p. 152 이하; 곽민희, "헤이그아동탈취협약과 유럽연합의 입법적 대응," 「가족법연구」, 제25권 제 2 호(2011), 399면 이하 참조. 그러나 이혼의 준거법규칙은 아래 언급하는 로마 III에 의해 해결되었다.

을 시행하기 위한 2010년 12월 20일 이사회규정(No. 1259/2010)을 말한다. 이는 2012년 6월 12일 발효되었다. 로마Ⅲ은 제한된 범위 내에서 당사자의 준거법 선택을 허용하고, 선택이 없으면 단계적 연결원칙에 따르는데 그 경우 상거소가 국적에 우선한다.

그 밖에 국제재판관할, 준거법과 외국재판의 승인 및 집행을 함께 다루는 현행 규범으로는 아래를 들 수 있다.

- 부양규정. 이는 "부양사건의 재판관할, 준거법과 재판의 승인 및 집행과, 공조에 관한 이사회규정"을 말한다.[8)]

Ⅱ. 민사 및 상사사건의 재판관할과 재판의 집행에 관한 규정 (브뤼셀Ⅰ)[9)]

1. 서　　설

브뤼셀협약의 결과 유럽공동체의 민사사건과 상사사건의 국제재판관할과 판결의 승인 및 집행에 관한 규범은 대체로 통일되었다. 이는 국제재판관할과 외국재판의 승인 및 집행에 관한 통일된 원칙을 정한 '이중협약(convention double)'이었으나,[10)] 암스테르담조약의 결과 그 법형식이 이사회규정으로 전환되었고 현재는 모든 회원국에서 적용된다.

---

8) 그 밖에도 "상속사건에 관한 재판관할, 준거법, 재판의 승인 및 집행과, 공정증서의 인정과 집행에 관한 그리고 유럽상속증명서의 창설에 관한 규정(상속규정)"이 있다. 이는 2015년 8월 17일부터 그 날 이후 사망한 사람의 상속에 적용되는데(제84조 제2항) 덴마크, 아일랜드와 영국은 이에 구속되지 않는다.

9) 브뤼셀협약에 관하여는 석광현, "민사 및 상사사건의 재판관할과 재판의 집행에 관한 유럽공동체협약(브뤼셀 협약)," 「국제사법과 국제소송」, 제2권(박영사, 2001), 321면 이하, 브뤼셀Ⅰ에 관하여는 석광현, "민사 및 상사사건의 재판관할과 재판의 집행에 관한 유럽연합규정(브뤼셀규정)," 「국제사법과 국제소송」, 제3권(박영사, 2004), 368면 이하 참조.

10) 외국재판의 승인 및 집행만을 규율하는 협약을 'convention simple(단일협약)'이라고 한다.

2. 적용범위

브뤼셀 I 은 민사 및 상사사건에 적용되나 ① 조세, 관세사건과 행정사건, ② 자연인의 신분, 법적 능력, ③ 가족법 및 상속법 분야, ④ 파산절차 및 ⑤ 중재 등에는 적용되지 않는다. 국제재판관할에 관하여 브뤼셀 I 이 적용되려면 원칙적으로 피고의 주소(자연인의 경우) 또는 본거지(법인의 경우)가 회원국에 있어야 한다(제 2 조 제 1 항). 외국재판의 승인 및 집행에 관하여 브뤼셀 I 이 적용되려면 회원국 법원에서 선고된 재판의 승인 및 집행이 다른 회원국에서 문제되는 경우여야 한다(제33조 제 1 항).

3. 국제재판관할

법원이 피고에 대한 모든 소송에 대해 관할을 가지는 경우 이를 일반관할이라 하고, 법원이 일정한 범위의 소송에 대해서만 관할을 가지는 경우 이를 특별관할이라 하는데, 이는 우리 민사소송법의 보통재판적과 특별재판적의 구분에 상응한다.

1) 일반관할 (보통재판적)

피고의 주소지 국가가 피고에 대하여 일반관할을 가진다(제 2 조 제 1 항). 피고의 주소지 국가 이외의 국가에서 소가 제기된 경우 법정지국가는 브뤼셀 I 또는 별도의 조약에 의하여 특별관할을 가지는 경우에 한해 국제재판관할을 가진다. 브뤼셀 I 은 주소의 개념을 독자적으로 정의하지 않는다. 자연인의 경우, 피고가 주소를 가지고 있다고 주장된 회원국의 법원은 자신의 국내법을 적용하여 피고의 주소 유무를 결정한다(제59조 제 1 항). 회사, 법인 또는 단체의 경우 법상의 본거지, 경영의 중심지 또는 주된 사무소(영업소) 소재지가 주소로 취급된다(제60조 제 1 항).

2) 특별관할 (특별재판적)

브뤼셀 I 제 5 조가 열거하는 특별관할의 주요 근거는 다음과 같다.

(1) 계 약

브뤼셀Ⅰ은 통상의 계약과 특수한 계약을 구별하여 달리 취급한다. '통상의 계약'은 공법적 성질을 가지는 계약, 보험계약, 소비자계약과 개별근로계약 등을 제외한 계약을 의미한다. 계약에 관한 사건의 경우 소의 기초가 된 채무의 이행지의 법원이 관할을 가진다(제1호). 다만 물품매매계약과 용역제공계약에 관하여 의무이행지는 물품(또는 용역)이 계약에 따라 인도(제공)되었거나 인도(제공)되었어야 하는 회원국의 장소이다.[11] 따라서 매매계약에 따른 대금청구의 소에 대하여도 대금지급의무의 이행지가 아니라 물품이 인도되었거나 인도되었어야 하는 회원국의 장소가 있는 회원국이 관할을 가진다.

(2) 불법행위

불법행위 또는 그에 준하는 사건이 소송의 목적인 경우에는 불법행위가 행해진 장소의 법원이 속하는 회원국이 관할을 가진다(제3호). 불법행위지 관할은 널리 인정되어 온 관할원칙인데, 문제는 격지불법행위의 경우 불법행위지의 결정이다. 1976년 11월 30일 유럽사법재판소[12]는 행동지와 결과발생지가 상이한 경우 불법행위지는 양자 모두를 의미하고 원고는 어느 곳에서나 소를 제기할 수 있다고 판시하였다. 신문에 의한 명예훼손 사건인 *Fiona Shevill and a.c. v. Presse Alliance S.A.* 사건 판결에서 1995년 3월 7일 유럽사법재판소는 불법행위지의 특별관할을 규정한 브뤼셀협약(제5조 제3호)의 해석상 신문사 소재지와 신문이 배포된 국가의 재판관할을 모두 인정하였으나, 전자, 즉 신문사 소재지에서는 모든 손해배상에 대해 재판관할이 있지만 후자, 즉 신문이 배포된 국가에서는 당해 국가에서 발생한 손해배상에 대하여만 재판관할이 있다는 취지로 판결하였다. 2011년 10월 25일 *eDate Advertising* 사건과 *Martinez* 사건 판결[13]에서 유럽사법재판소는 *Shevill* 사건 판결의 결

11) 브뤼셀협약하에서 당사자가 채무 이행지를 합의하지 않은 경우 유럽사법재판소는 1976년 10월 6일 *Tessili v. Dunlop* 사건 판결(Case 12/76)에서 수소법원은 자국의 저촉규범에 따라 우선 채무의 준거법을 정하고 그에 따라 채무의 이행지를 결정할 것이라고 판시하였다.

12) *G. J. Bier B.V. and Reinwater Foundation v. Mines de Potasse d'Alsace S.A.* 사건 판결(C-21/76).

13) *eDate Advertising GmbH v. X*(C-509/09) and *Olivier Martinez and Robert Martinez*

론을 인터넷불법행위에도 적용하였으나 피해자의 이익 중심지에 전 손해에 대한 관할을 인정함으로써 *Shevill* 사건 판결의 부당성을 제거하고 있다.

(3) 지점 등에 대한 소송

지점, 대리점 또는 기타 영업소의 운영에서 발생하는 분쟁에 관하여는 지점 등이 소재하는 회원국의 법원이 관할을 가진다(제 5 호). 지점 등의 소재지 관할은 지점 등의 운영으로부터 발생한 분쟁에 한정되는 점, 즉 특별관할이라는 점에서 미국에서 '영업활동(doing business)'에 기한 일반관할이 인정되는 것과는 구별된다.

(4) 소비자계약과 개별근로계약

브뤼셀 I 은 사회·경제적 약자인 소비자를 보호하기 위해 소비자계약에 대해 특칙을 둔다. 즉 소비자가 상대방에 대해 제기하는 소는 상대방 또는 소비자가 주소를 가지는 회원국에서 제기할 수 있으나, 소비자의 상대방이 소비자를 상대로 제기하는 소는 소비자가 주소를 가지는 회원국에서만 제기할 수 있다(제15조, 제16조). 브뤼셀 I 은 개별근로계약의 관할에 관하여 제 2 장 제 5 절을 신설하여 소비자계약에 관한 제 2 장 제 4 절과 유사한 규정을 두고, 보험계약에 관하여도 별도의 규정(제 2 장 제 3 절)을 두어 보험계약자(피보험자 또는 보험수익자)를 보호한다.

3) 전속관할

브뤼셀 I (제22조)은 ① 부동산에 대한 물권이나 부동산에 대한 임차권을 목적으로 하는 소, ② 회사 또는 기타 법인이나 조합의 설립, 해산 등에 관한 소 및 ③ 지적재산권 관련 소 등에 대하여는 일정한 법원에 전속관할을 인정한다.

4) 합의관할과 변론관할

국제재판관할합의는 실무상 매우 중요하다. 브뤼셀 I 에 따르면 일방 당사자가 주소를 회원국의 영토에 가지고, 그들이 어느 회원국 법원의 관할에 따르기로 약정한 경우 당해 국가의 법원이 관할을 가진다(제23조). 합의된 법

---

v. MGN Limited(C-161/10).

원은 법률상 또는 국제조약상 원래 가지고 있지 않던 국제재판관할을 취득하거나(관할부여합의(prorogation)의 경우), 원래 가지고 있던 국제재판관할을 상실한다(관할배제합의(derogation)의 경우).

관할합의의 방식은 ① 서면에 의하거나, 서면에 의해 증명되는 구두합의, ② 당사자들 간에 형성된 관례에 부합하는 방식, 또는 ③ 국제상거래에서 당사자들이 알고 있거나 알고 있었어야 하는 관행에 부합하고, 관련 상거래분야에서 당해 유형의 계약 당사자들에게 널리 알려져 있고 그들에 의해 규칙적으로 준수되는 방식의 어느 하나이면 된다. 관할법원으로 지정된 법원은 당사자가 달리 합의하지 않으면 전속관할을 가진다. 브뤼셀 I 은 보험계약자, 소비자와 근로자의 보호를 위해 관할합의를 제한한다. 즉 보험계약자, 소비자와 근로자를 보호하는 브뤼셀 I 의 관할규칙에 반하는 관할합의는 ① 분쟁 발생 후 체결하거나, ② 보험계약자, 소비자 또는 근로자에게 위에 규정된 법원 이외의 법원에 제소하는 것을 허용하는 등 제한된 경우에만 허용된다(제13조, 제17조, 제21조). 회원국 법원은 관할이 없어도 피고가 응소하면 관할을 가지는데 이것이 변론관할이다(제24조).

5) 브뤼셀 I 상의 관할규칙의 특색

브뤼셀 I 은 각 회원국의 '과잉관할(exorbitant jurisdiction)'의 적용을 배제한다. 과잉관할의 대표적인 것으로서 브뤼셀 I (부속서 I)은 ① 재산소재지의 관할을 규정한 독일 민사소송법 제23조, ② 원고의 프랑스 국적을 근거로 프랑스의 관할을 인정하는 프랑스 민법(제14조와 제15조)과 ③ 영국에 일시 체재하는 피고에게 행한 소장의 송달을 근거로 관할을 인정하는 영국의 관할규칙 등을 열거한다.

브뤼셀 I 의 관할근거는 망라적인 것이다.

부적절한 법정지(*forum non conveniens*)의 법리는, 소가 제기된 국가의 법원이 그의 관할규칙에 의해 국제재판관할을 가짐에도 불구하고 당해 소송의 모든 사정에 비추어 외국 법원이 재판하는 것이 보다 적절하다고 판단하는 경우, 재량에 의해 관할의 행사를 거부할 수 있다는 영미법상의 법리이다. 부적절한 법정지의 법리가 적용되는 경우에는 '관할의 존재'와 '관할의 행사'가 구별된다. 당초 대륙법계국가들만에 의해 체결된 브뤼셀협약이 이 법리를 채택하지 않은 것은 당연한데, 1982년 영국과 아일랜드의 브뤼셀협약 가입 시 위 법리의 도입 여부가 논의되었으나 거부되었다. 따라서 브뤼셀 I 에 따라 어느 회원국의 법원이 관할을 가질 경우 법원은 재판을 해야 하고, 부적절한 법정지라는 이유로 관할의 행사를 거부할 수 없다.

4. 외국재판의 승인 및 집행

1) 적용대상

브뤼셀 I 에서 '재판'이라 함은 명칭에 관계없이 어느 회원국 법원에서 선고된 모든 재판을 말하며 법원공무원의 비용확정결정을 포함한다(제32조). 미확정 재판의 승인도 가능하나, 승인국 법원은 재량으로 절차를 중지할 수 있다(제37조 제 1 항). 브뤼셀 I 상으로는 가처분이나 가압류도 승인 및 집행의 대상이 되나, 유럽사법재판소는 이를 제한적으로 해석하여 원칙적으로 대석적 절차에 따른 보전처분만이 승인, 집행될 수 있다고 판시하였다.

2) 외국재판의 승인

브뤼셀 I 은 승인의 개념을 규정하지 않으므로 승인에 의해 재판국의 재판의 효력이 확장되는가 아니면 승인국의 상응하는 재판과 동일한 효력을 가지는가가 문제되는데, 다수설은 효력확장설을 취한다. 어느 회원국에서 선고된 재판은 특별한 절차없이 다른 회원국에서 승인되며(제33조 제 1 항), 승인국의 법원은 재판의 실질을 재심사할 수 없다(제36조). 이것이 '실질재심사(*révision au fond*) 금지'의 원칙이다. 그러나 다음의 경우 회원국의 재판은 다른 회원국에서 승인되지 않는다(제34조).[14]

---

14) 브뤼셀 I 에서는 삭제되었지만 브뤼셀협약에서는 "승인국의 국제사법 규정에의 저촉"이 승인거부사유의 하나였다. 즉 제27조 제 4 호에 의하면 재판국가의 법원이 (자연인의) 신분, 권리능력, 행위능력 또는 자연인의 법정대리, 부부재산제 또는 상속법의 영역에 관한 선결문제에 관하여 재판함에 있어 승인을 구하는 국가의 국제사법을 위반한 경우 외국의 재판은 승인되지 않는다. 단 당해 국가의 국제사법이 적용되었더라도 상이한 결론에 도달하지 아니하였을 경우에는 그렇지 않다.

(1) 공서위반

외국재판의 승인이 승인국의 공서에 명백히 반하는 경우 외국재판은 승인되지 않는다.

(2) 법적인 심문청구권의 침해

절차에 응소하지 아니한 피고에게, 절차를 개시하는 소장 또는 기타 그와 동등한 서면이 충분한 시간적 여유를 가지고 피고가 방어할 수 있도록 적시에 송달되지 아니한 경우 외국재판은 승인되지 않는다.

(3) 승인국 재판과의 상치

재판이 승인국에서 동일한 당사자 간에 선고된 재판과 상치되는 경우 외국재판은 승인되지 않는다. 승인국 재판과 외국재판과의 선후를 묻지 않으므로 승인국의 재판이 후에 선고되었더라도 외국재판은 승인되지 않는다.

(4) 승인 가능한 다른 회원국 또는 비회원국 선행 재판과의 불일치

재판이 다른 회원국 또는 비회원국에서 동일한 당사자 간에 동일한 청구로 인한 법률쟁송에 관하여 선고된 선행 재판과 상치되는 경우 외국재판은 승인되지 않는다. 단 비회원국의 재판이 승인국의 승인요건을 충족하고 있는 경우에 한한다. 선행인가의 여부는 재판의 선고 시를 기준으로 한다.

(5) 재판권의 흠결

브뤼셀Ⅰ은 재판권(Gerichtsbarkeit)의 흠결을 별도의 승인거부사유로 규정하지 않으나 재판권과 국제재판관할을 준별하는 독일에서는 재판권의 존재를 브뤼셀Ⅰ에 명시되지 않은 승인요건으로 본다.

3) 외국재판의 집행

집행에 관한 브뤼셀Ⅰ 제3장 제2절은 세 그룹의 규정으로 구성된다. 첫째, 제38조-제42조는 집행판결(또는 집행가능선언)절차에 관한 규정인데, 집행판결(또는 집행가능선언)절차를 채권자에 의한 일방적인 신청절차로 단순화하고 있다. 둘째, 제43조-제45조는 채무자와 채권자의 구제절차를 규정한다. 강제집행의 실현은 (제46조와 제47조의 경우를 제외하고는) 개별회원국의 법에 맡겨진

다. 셋째, 제48조-제52조는 부분집행을 포함한 기타 개별적인 문제에 관한 규정들이다. 브뤼셀 I 에 의해 집행절차는 보다 신속하게 되었다. 즉 집행가능선언의 신청을 수리하는 법원 또는 당국은 규정에 첨부된 양식으로 작성된 신청서를 수령하면 즉시 집행가능선언을 해야 하고, 선언을 하는 법원이나 당국은 집행거부사유의 존부에 관하여 직권으로 판단할 수 있는 권한을 가지지 않는다(제41조). 법원은 집행을 당하는 당사자의 항소에 의해 비로소 거부사유의 존부를 심사할 수 있고, 그 사유도 상당히 제한되었다(제45조). 다만 영국의 경우 집행가능선언이 아니라 권리자의 신청에 따른 재판의 등록에 의하여 집행할 수 있다(제38조 제 2 항).

5. 기타 주요내용

1) 국제적 소송경합 (*lis alibi pendens*)

동일한 청구에 관하여 동일한 당사자들 간의 소송이 상이한 회원국들의 법원에 계속한 때에는, 후소 법원은 전소 법원의 관할이 확정될 때까지 직권으로 소송을 중지해야 하고, 전소 법원의 관할이 확정된 때에는 동 법원을 위하여 관할 없음을 선고해야 한다(제27조). 브뤼셀 I 은 우선주의를 채택하여 전소가 제기된 법원에게 우선권을 인정하므로 후소가 제기된 법원은 어느 법원이 보다 적절한 법원인가의 여부를 판단하는 재량을 가지지 않으며 따라서 부적절한 법정지의 법리를 적용할 여지가 없다. 청구의 동일성은 브뤼셀 I 의 목적을 고려하여 독립적인 해석에 의하여 판단해야 한다.

소송경합이 문제된 것은 유럽연합에서 '어뢰소송(torpedo litigation)'으로 알려진 소극적 확인의 소의 폐해 때문이다. 즉 유럽사법재판소는 선행하는 소극적 확인의 소와 후의 이행의 소를 동일한 청구라고 보므로,[15] 외국에서 제소를 당할 가능성이 있는 채무자가 소송의 진행이 매우 느린 국가(이탈리아 또는 벨기에)에서 채권자에 앞서 소극적 확인의 소를 제기하면, 가사 몇년 후 국

15) 1994년 12월 6일 *Tatry v. Maciej Rataj* 사건 판결(C-406/92). 유럽사법재판소는 브뤼셀협약의 해석상 '핵심쟁점(core issue 또는 Kernpunkt)'의 동일성을 기준으로 청구의 동일성을 넓게 인정하였다.

제재판관할의 결여로 인해 소가 각하되더라도 그때까지 후소법원은 브뤼셀 I 에 따라 소송을 중지해야 하므로 채무자는 채권자가 유럽 전역에서 이행의 소를 제기하는 것을 차단할 수 있고 채권자에게 자포자기 또는 화해를 강요할 수 있다.

2) 보전처분 (제31조)

브뤼셀 I 에 따라 어느 회원국의 법원이 본안에 대해 국제재판관할을 가지더라도 보전처분에 대해서는 다른 회원국의 법원에 신청할 수 있다. 다만 이러한 보전처분이 가능하기 위해서는 본안소송이 브뤼셀 I 의 범위에 포함되어야 한다. 브뤼셀 I 은 보전처분에 대해 독자의 적극적 국제재판관할규칙을 두지 않으므로 각 회원국은 국내법에 따라 보전처분에 대한 국제재판관할을 정할 수 있다. 브뤼셀체제에도 불구하고 영국법원은 자연적 법정인 영국법원의 관할을 보호하기 위하여 다른 회원국에서 소의 제기 및 수행을 금지하는 '訴訟留止命令(anti-suit injunction)'을 발하였다. 그러나 이에 대해 다른 회원국들의 비판이 있었다. 영국 귀족원은 *Turner v. Grovit* 사건에서 유럽사법재판소의 선결적 판단을 요구하였고, 유럽사법재판소는 2004년 4월 27일 판결[16]에서 영국법원이 영국의 국제재판관할을 보호하기 위하여 다른 회원국에서의 소송절차를 개시 또는 계속하는 것을 금지하는 명령을 하는 것은 브뤼셀체제와 양립할 수 없다고 판단하였다. 나아가 유럽사법재판소는 2009년 2월 10일 *Allianz v. West Tankers* 사건 판결[17]에서, 회원국의 법원이 어느 사람에게 다른 회원국에서의 소송절차가 중재합의를 위반하는 것이라는 근거로 소송유지명령을 하는 것은 브뤼셀체제와 양립하지 않는다고 판시하였다. 그러나 영국법원이 우리나라와 같은 역외국가의 당사자에 대하여 소송유지명령을 하는 것은 여전히 가능하다.

---

16) C-159/02.
17) C-185/07.

6. 민사 및 상사사건에서의 국제재판관할과 외국재판에 관한 헤이그신협약

1992년 미국의 제안에 따라 헤이그국제사법회의 차원에서 "민사 및 상사에 관한 국제재판관할과 외국판결의 승인 및 집행에 관한 협약"을 채택하기 위한 작업이 진행된 결과 1999년 10월 예비초안과 2001년 임시텍스트("2001년 초안")가 작성되었다. 1999년 예비초안과 2001년 초안은 혼합협약[18]의 성격을 가지는 데 특색이 있다. 그러나 미국과 서유럽 국가들 간의 견해 대립으로 인하여 위 초안들은 조약으로 채택되지 못하였고, 결국 2005년 6월 "관할합의에 관한 협약(Convention on Choice of Court Agreements)"이 채택되었다.[19] 헤이그국제사법회의는 2012년 위 프로젝트를 재개하는 방안을 논의하고 있다.

7. 브뤼셀 I 의 개정 작업

근자에는 브뤼셀 I 의 개정을 위한 논의가 이루어지고 있다. 즉 유럽연합 위원회는 2010년 12월 14일 브뤼셀 I 을 전면 개정하기 위한 제안을 하였다. 제안은 첫째, 회원국 간 집행가능선언제도(*exequatur*)의 폐지, 둘째, 피고의 주소가 유럽연합 내에 있는 경우에만 적용되는 브뤼셀 I 의 관할규칙을 역외 국가에 주소를 둔 피고에게도 확대적용하는 방안, 셋째, 관할합의 및 중재합의의 실효성을 제고하는 방안에 초점을 맞추고 있다.[20] 만일 둘째 방안에 따라 브뤼셀 I 의 적용범위가 확대된다면 이는 헤이그국제사법회의의 판결프로젝트(Judgments Project)에 부정적인 영향을 미치게 될 것이다.

---

18) 혼합협약은 국제재판관할의 근거를 망라적으로 규정하지 않고 체약국 법원이 국내법에 기하여 국제재판관할을 가질 수 있음을 인정하는 점에서 이중협약과 다르다.

19) 소개는 석광현, "2005년 헤이그 재판관할합의협약의 소개," 「국제사법연구」, 제11호(2005), 192면 이하 참조.

20) 관할합의의 실효성을 제고하고자 개정안은 첫째, 제소 시기에 관계없이 선택된 법원으로 하여금 관할을 결정하게 하고(제32조), 둘째, 관할합의의 유효요건을 선택된 법원이 속하는 국가의 법에 따르도록 한다(제23조). 양자는 헤이그관할합의협약과 유사하다.

Ⅲ. 브뤼셀Ⅰ 이외의 절차법적 쟁점을 다룬 규정

1. 혼인과 친권(부모책임)[21]에서의 재판관할과 재판의 승인 및 집행에 관한 규정

이는 기존 브뤼셀Ⅱ를 폐지하는 이사회규정, 즉 브뤼셀Ⅱbis를 말한다.[22] 이는 헤이그국제사법회의의 1980년 “국제적 아동탈취의 민사적 측면에 관한 협약(Convention on the Civil Aspects of International Child Abduction)(“아동탈취 협약”)”과 밀접한 관련이 있다. 브뤼셀Ⅱbis는 아동탈취협약을 유럽연합 내에서 이행하고 보충한다.[23]

1) 국제재판관할

(1) 이혼, 별거와 혼인의 취소의 국제재판관할

회원국에 상거소를 두거나 회원국의 국적을 가지는 자(영국·아일랜드의 경우는 주소)에 대한 이혼, 별거와 혼인의 취소(“이혼 등”)에 관한 사건에 대하여는 아래 장소의 법원이 재판관할을 가진다(제 3 조). ① 부부의 상거소지, ② 부부의 과거 상거소지(일방이 이를 유지하는 경우), ③ 피고의 상거소지, ④ 공동신청의 경우 부부 일방의 상거소지, ⑤ 제소 직전 1년 이상 유지된 원고의 상거소지, ⑥ 제소 직전 6월 이상 유지된 원고의 상거소지(원고가 그 국가의 국민이거나 그 국가에 주소지(영국·아일랜드의 경우)를 가지는 경우). 반소에 대하여도 위 법원이 재판관할을 가진다(제 4 조). 제 3 조와 제 4 조에 의하여 재판관할이 인정되지 않더라도 회원국법에 따라 재판관할을 인정할 수 있다(제 7 조). 그 결과 forum Shopping의 가능성이 열려 있다.

---

21) 영문은 ‘parental responsibility’이나 이하 ‘친권’이라고 한다.

22) 유럽연합은 이혼사건과 부부의 공통의 자에 관한 절차의 국제재판관할과 외국재판의 승인 및 집행에 관하여 1998년 5월 협약을 채택하였는데(브뤼셀Ⅱ) 이는 이사회규정으로 변경되었다가 2003년 브뤼셀Ⅱbis에 의해서 폐지되었다.

23) 이에 관하여는 곽민희, 앞의 책(주 7), 383면.

(2) 친권의 국제재판관할(제8조)

친권에 관한 재판관할은 친권에 관한 소가 계속할 당시 아동의 상거소지 국가의 법원이 가진다(제8조). 아동이 불법하게 이동되거나 유치된 경우 불법적 이동이나 유치 직전의 아동의 상거소국이 원칙적으로 친권에 관한 사건에 대하여 재판관할을 가진다(제10조). 아동탈취협약이 적용되는 아동의 반환청구에 대한 재판관할은 제10조가 아니라 제11조에 의하여 수정된 바에 따른 아동탈취협약에 의한다. 다만 아동이 다른 회원국에 새로운 상거소를 취득하였고, 또한 (a) 양육권자가 아동의 불법적 이동이나 유치에 동의하거나 추인한 경우 또는 (b) 양육권자가 아동의 소재지를 알게 되었거나 알았어야 하는 후에 아동이 다른 회원국에 1년 이상 거주하고 또한 아동이 새로운 환경에 정착하고 적어도 일정한 조건들의 하나가 충족된 경우에는 그러하지 아니하다.

2) 외국판결의 승인 및 집행

(1) 이혼판결의 승인과 친권에 관한 판결의 승인 및 집행

회원국의 이혼 등에 관한 판결과 친권에 관한 판결은 특별한 절차 없이 다른 회원국에서 승인된다. 이혼 등에 관한 판결에 기하여 민사신분등록부에 등록하는 데도 특별한 절차는 불필요하다(제21조). 이혼 등에 관한 판결의 승인거부사유는 공서위반, 결석판결에서 피고가 적시 송달을 받지 못한 경우, 승인국 판결과의 저촉과 승인국에서 승인되는 다른 국가의 선행 판결과의 저촉이다(제22조). 동일한 사실에 기하여 승인국법상 이혼 등이 허용되지 않는다는 사실은 승인거부사유가 아니다(제25조).

한편 친권에 관한 판결의 승인거부사유는 공서위반, 판결이 승인국법상 절차의 본질적 원칙에 반하여 아동에게 심문을 받을 권리를 부여하지 않고 내려진 경우(긴급한 경우를 제외), 판결이 친권을 침해한다고 주장하는 사람에게 심문을 받을 권리를 부여하지 않고 내려진 경우와 결석판결에서 피고가 적시 송달을 받지 못한 경우이다(제23조). 친권에 관한 외국판결은 이해관계인의 신청에 따라 집행가능하다고 선언된 때에는(다만 영국에서는 등록된 때에는) 다른 회원국에서 집행할 수 있다(제28조). 어느 경우이든 외국법원의 재판관할

은 심사할 수 없고(제24조), 외국판결의 실질재심사는 금지된다(제26조).

(2) 면접교섭권과 아동의 반환에 관한 외국판결의 승인 및 집행

면접교섭권에 관한 외국판결은 판결국 법관이 일정한 요건의 구비를 확인하고 표준양식에 의하여 면섭교섭권증명서를 발급하는 경우 집행가능선언 없이도 다른 회원국에서 승인 및 집행된다. 아동의 반환을 명하는 판결은 특별한 절차 없이 다른 회원국에서도 승인되고 집행된다. 판결국 법관이 일정한 요건의 구비를 확인하고 표준양식에 의하여 증명서를 발급하는 경우 집행가능선언 없이도 다른 회원국에서 승인 및 집행되는데, 이는 면접교섭권의 경우와 같다.

2. 부양규정

부양규정은, 피고의 상거소지, 원고의 상거소지, 부양의무가 부수적 문제로 제기되는 경우 사람의 신분관련 소송에 대해 국내법상 재판관할을 가지는 회원국(단 원고의 국적만에 근거한 것인 때는 제외), 부양의무가 부수적 문제로 제기되는 경우 친권에 관한 사건에 대하여 국내법상 재판관할을 가지는 법원의 재판관할을 인정한다(제 3 조). 나아가 부양규정은 당사자의 관할합의와 변론관할을 허용한다(제 4 조, 제 5 조). 다만 당사자가 선택할 수 있는 재판관할은 ① 일방 당사자의 상거소지, ② 일방 당사자의 본국, ③ 부부 간 또는 부부였던 자 간의 부양의무에 관하여는, 혼인사건에 대해 관할을 가지는 법원 또는 적어도 1년간 최후의 공통 상거소지국가에 한정된다. 또한 긴급관할도 인정된다(제 7 조). 한편 부양의무의 준거법은 2007년 헤이그의정서[24)]에 구속되는 회원국에서는 동 의정서에 따라 결정된다(제15조). 나아가 헤이그의정서에 구속되는 어느 회원국의 부양재판은 다른 회원국에서 특별한 절차 없이 승인되고, 집행가능선언(*exequatur*) 없이 집행될 수 있다(제17조). 반면에 2007년 헤이그의정서에 구속되지 않는 어느 회원국의 부양재판은 다른 회원국에서 특별한 절차 없이 승인되나(제25조), 집행가능하다고 선언된 때에 한하여 집행될 수

24) 헤이그국제사법회의는 2007년 "아동부양과 기타 형태의 가족부양의 국제적 회복에 관한 협약"과 "부양의무의 준거법에 관한 의정서"를 채택하였다.

있다(제26조).

3. 사법공조에 관한 규정

1) 송달규정

이는 "회원국 내에서의 민사 또는 상사에서의 재판상 및 재판외 문서의 송달에 관한 2000년 5월 29일 이사회규정"을 개정한 2007년 송달규정을 말한다. 후자는 2008년 11월 13일 발효되었다. 2000년 송달규정은 헤이그송달협약[25]과 큰 차이가 없었으나 2007년 송달규정은 송달공조를 한 단계 향상시켰다. 송달규정은 외국으로의 송달에만 적용되고 내국송달에는 적용되지 않으므로 헤이그송달협약에서와 같이 적용범위를 둘러싼 논란이 있다.

송달규정은 ① 발송기관(transmitting agency)과 수령기관('receiving agencies) 간 송달(제 2 조 이하),[26] ② 외교경로를 통한 전달(제12조), ③ 외교관 또는 영사관원에 의한 송달(제13조), ④ 우편에 의한 송달(제14조), ⑤ 이해관계인이 사법공무원 등을 통하여 하는 직접송달(제15조) 등의 송달방식을 채택하고 있다. 다만 회원국은, 외교관 또는 영사관원에 의한 송달의 경우 송달 받을 자가 발송국의 국민이 아닌 경우 반대선언을 할 수 있다(제13조 제 2 항).[27] 송달을 받은 자는 서류가 그가 이해할 수 없는 언어 또는 수령국의 공식언어로 작성되지 않은 경우에는 서류를 수령한 뒤에도 일주일 내에 서류를 수령기관에게 반환함으로써 수령을 거부할 수 있다(제 8 조). 그러나 송달규정상으로는 헤이그송달협약과 달리 공서위반을 이유로 촉탁의 집행을 거부할 수는 없다. 송달규정에 의하여 가장 단순하고 신속한 우편에 의한 송달이 유보 없이 가능하게 되었음은 주목할 만하다.[28]

---

25) 이는 "민사 또는 상사의 재판상 및 재판외 문서의 해외송달에 관한 1965년 11월 1일 협약"을 말한다. 2000년 8월 우리나라에서도 발효하였다.

26) 이는 각 회원국이 지정해야 하는 중앙기구(central body)와는 별개이다.

27) 2000년 송달규정은 더 나아가 우편에 의한 송달(제14조)과 이해관계인의 사법공무원 등을 통한 직접송달(제15조)에 대한 반대선언을 허용하였으나 이는 삭제되었다.

28) 당사자가 아니라 법원이 직권으로 송달해야 한다는 직권송달주의와 '우편에 의한 송달'이 상충되는 것은 아니다.

2) 증거규정

이는 “민사 또는 상사에서의 회원국 법원 간의 증거조사에서의 공조에 관한 2001년 5월 28일의 이사회규정”인데 이는 2004년 1월 1일 발효되었다. 증거규정은 요청서 제도를 유지하나, 요청서는 원칙적으로 수소법원으로부터 집행법원으로 직접 송부되고(제 2 조), 예외적인 경우 송부국가의 중앙기구(central body)를 경유한다(제 3 조 제 1 항). 새로운 것은 수소법원이 외국에서 직접 증거조사를 할 수 있다는 점인데(제 4 장), 이는 강제력의 행사 없이 증거조사가 가능한 경우, 즉 자발적인 협력이 있는 경우에 한한다(제17조 제 2 항). 직접 증거조사를 하고자 하는 수소법원은 정해진 양식에 따라 집행국의 중앙기구(또는 각 회원국의 중앙당국)에 요청하여야 한다. 요청을 받은 집행국의 중앙기구 등은 30일 내에 승인 여부를 통지하고 필요 시 조건을 부과할 수 있는데, 요청이 증거규정의 범위에 속하지 않거나, 요청서가 필요한 기재사항을 누락한 경우와, 증거조사가 그 국가의 근본원칙에 반하는 경우에 한하여 직접 증거조사를 거부할 수 있다(제17조 제 4 항, 제 5 항).

증거규정은 통일된 요청서 양식 기타 다양한 양식을 부록에서 정하고, 요청을 집행해야 하는 기간을 설정함으로써 증거조사의 촉진을 도모하는데, 만일 수탁법원이 90일 내에 집행을 하지 못한 경우 집행법원은 정해진 양식에 따라 그 사실과 지체사유를 설명하여야 한다(제10조, 제16조). 증거규정은 헤이그증거협약[29]보다 한 단계 진보된 증거조사공조의 새로운 경향을 보여준다.

4. 기타 절차법적 규정들

그 밖에도 유럽집행명령규정(EEO), 지급명령규정(European Payment Procedure Order)과 소액채권규정 등이 있다.

---

29) 이는 헤이그국제사법회의의 “민사 또는 상사의 해외증거조사에 관한 1970년 3월 18일 협약”을 말한다. 이는 2010년 2월 우리나라에서도 발효하였다.

Ⅳ. 계약채무의 준거법에 관한 EU규정(로마Ⅰ)[30]

1. 서 설

로마협약은 1980년 6월 로마에서 서명되었고, 1991년 4월 1일부터 프랑스, 독일, 이탈리아와 영국 등 7개국에서 발효되었다. 그 결과 계약상 채무의 준거법 결정에 관한 한 주요 유럽연합국가의 국제사법은 상당부분 통일되었다. 로마협약은 브뤼셀Ⅰ에 의해 시작된 유럽공동체법 통일작업의 자연스런 연속으로서, 유럽공동체 내에서 계약상 채무의 준거법을 통일함으로써 당사자들에게 준거법을 쉽게 예측할 수 있게 하고 법적 안정성을 제고하며 forum shopping을 억제하고자 한다. 그 후 로마협약은 "계약채무의 준거법에 관한 2008년 6월 17일 유럽의회 및 유럽이사회의 (EC) No. 593/2008 규정(Rome Ⅰ)"으로 대체되었고 로마Ⅰ은 2009년 12월 17일 발효되었다(덴마크 제외). 2001년 7월 1일 개정된 우리 국제사법은 로마협약을 상당 부분 받아들인 것이므로 로마Ⅰ은 우리 국제사법의 해석론에도 참고가 된다.

2. 적용범위

로마Ⅰ은 "계약상 채무"에 적용된다. 계약상 채무는 공동체법에 의하여 해석해야 하는 독립적이고 통일된 개념이다. 로마Ⅰ에 따라 결정된 준거법은, 그것이 회원국법인가 아닌가에 관계없이 적용되고, 또한 사안이 공동체와 어떤 관련이 있는가에 관계없이 적용된다. 그러나 로마Ⅰ은 ① 자연인의 신분과 법적 능력, ② 가족법 또는 상속법과 관련된 계약상 채무, ③ 환어음, 수표 및 약속어음과 기타 유가증권에 따른 채무, ④ 중재합의와 관할합의, ⑤ 회사 등의 설립, 능력, 내부조직 또는 해산 등에 관한 문제, ⑥ 대리에 관한 문제, ⑦ 증거와 절차 및 ⑧ 보험계약 등에는 적용되지 않는다.

---

30) 로마협약의 상세는 석광현, "계약상 채권관계의 준거법에 관한 유럽공동체협약(로마협약)," 「국제사법과 국제소송」, 제1권(박영사, 2001), 53면 이하 참조.

3. 계약상 채무의 준거법의 결정

로마 I 은 계약상 채무의 준거법 결정에 관한 일반원칙을 규정하고, 이어서 소비자계약과 개별근로계약에 관한 특칙을 두고 있다. 제 9 조는 강행법규에 의한 제한을 명시한다.

1) 준거법의 결정에 관한 일반원칙

(1) 당사자에 의한 선택 (제 3 조)

로마 I 은 당사자자치의 원칙을 선언함으로써 당사자의 준거법 선택을 허용한다. 이는 '저촉법적 지정'으로, 외국법을 마치 약관처럼 계약의 내용으로 편입하는 '실질법적 지정'과는 다르다. 저촉법적 지정의 경우, 당사자의 선택이 없다면 적용될 객관적 준거법의 강행법규의 적용이 배제되나, 실질법적 지정의 경우 객관적 준거법의 강행법규는 여전히 적용된다. 당사자는 계약의 전부 또는 일부의 준거법을 선택할 수 있다. 즉 '준거법의 분열'(또는 분할)이 허용된다. 당사자들이 외국법을 준거법으로 선택한 경우에, 준거법 선택 외에 사안의 모든 요소가 어느 한 국가에만 관련된 경우 그 국가의 강행법규의 적용을 방해하지 아니한다. 여기의 '강행법규'라 함은 "당사자의 합의에 의해 배제될 수 없는 법규", 즉 국내적 강행법규를 말한다. 준거법의 묵시적 선택은 계약의 조건 또는 사안의 여러 사정으로부터 합리적으로 확실하게 표시되어야 한다.

(2) 당사자에 의한 선택이 없는 경우의 준거법의 결정 (제 4 조)

당사자들이 준거법을 선택하지 않은 경우 계약의 준거법은 당해 계약과 '가장 밀접한 관련'을 가진 국가의 법이다. 이처럼 로마 I 은 법원으로 하여금 계약의 다양한 요소와 구체적 사안을 고려하여 연결점을 찾게 하는 유연한 접근방법을 취한다.

로마협약은 계약과 가장 밀접한 관련을 가진 국가를 결정함에 있어 추정규정을 두었다. 즉 그 계약의 '특징적인 급부(또는 이행. characteristic performance)'를 해야 하는 당사자가 계약체결시 상거소를 가지는 국가 또는 그가 법인인 경우에는 경영의 중심지(central administration)를 가지는 국가가 가장 밀접한 관련을 가지는 국가로 추정되었다.[31] 상거소는 사람의 사실상의 생활의 중심지를 말한다. 로마협약은 '특징적인 급부(또는 이행)'의 개념을 정의하지 않는데, 추정규정은 매우 애매한 '밀접한 관련'이라는 개념에 객관성을 부여하고 준거법 결정을 단순화한다. 대가를 받고 재화 또는 용역을 제공하는 계약의 경우 특징적인 급부는 재화 또는 용역의 제공이다.[32] 로마협약의 해석상 영국 법원은 비교적 쉽게 추정을 깨뜨린 반면에 네덜란드와 독일 법원은 엄격한 요건을 요구하였다. 이처럼 상이한 결과가 발생하자 유럽연합은 로마 I 에서 이 점을 개정하였다. 즉 로마 I (제 4 조)은 8개 유형의 계약에 대하여 고정된 규칙(fixed rules)을 도입하고 기타 유형의 계약 또는 혼합계약의 경우 특징적 이행을 해야 하는 당사자의 상거소 소재지법이 준거법이 된다고 규정하면서, 다만 모든 사정에 비추어 그 계약이 준거법 이외의 법과 명백히 더 밀접한 관련이 있는 것이 분명한 때에는 더 밀접한 법을 적용하도록 한다.

2) 일부계약에 대한 준거법의 결정에 관한 특칙

로마 I 은 사회·경제적 약자인 소비자와 근로자를 보호하기 위한 특칙을 둔다. 나아가 보험계약의 경우에 관하여도 특칙을 두고 있다(제 7 조).

(1) 소비자계약

각국은 소비자를 보호하기 위한 실질법[33] 규정들을 두고 있다. 만일 당사자가 외국법을 준거법으로 약정함으로써 그의 적용을 회피할 수 있다면 실질

---

31) 다만 계약이 특징적인 급부를 이행하여야 할 당사자의 직업상 또는 영업상의 활동의 수행으로서 체결된 경우에는, 계약은 그 당사자의 주된 영업소 소재지 국가, 또는 계약에 따라 급부가 주된 영업소 이외의 사무소에서 이행되는 경우에는 그 다른 영업소 소재지 국가와 밀접한 관련을 가지는 것으로 추정되었다.

32) 로마협약의 태도는, 당사자가 준거법을 선택하지 않은 경우 당해 거래 및 당사자와 '가장 중요한 관련'이 있는 장소의 법을 준거법으로 정하는 미국 법률협회의 1971년 "국제사법에 관한 제 2 차 리스테이트먼트" 제188조와 유사하다. 제 2 차 리스테이트먼트는 추정규정을 두는 대신 가장 중요한 관련을 가지는 장소를 결정하는 데 있어 도움을 주는 요소들을 제 6 조에 정한 준거법 결정의 일반원칙의 적용 시 고려하도록 한다.

33) 실질법은 법적용규범(또는 간접규범)인 저촉법(또는 국제사법)에 대비되는 개념으로, 우리 민·상법과 같이 저촉법(또는 국제사법)에 의하여 준거법으로 지정되어 특정 법률관계 또는 쟁점을 직접 규율하는 규범을 말한다.

법 규정은 무의미하게 되므로 로마 I 은 소비자 보호를 위한 장치를 둔다(제6조). 소비자계약의 당사자는 준거법을 자유로이 선택할 수 있지만, 준거법의 선택은 객관적 준거법(소비자의 상거소 소재지 법)의 강행법규가 소비자에게 부여하는 보호를 박탈할 수 없다. 즉 준거법 합의에도 불구하고 소비자의 환경을 이루는 법의 강행법규가 부여하는 보호를 관철시킨다. 다만 이는 제6조 제1항의 요건 중 어느 하나가 구비된 경우에만 적용된다. 첫째, 소비자가 상거소를 가지는 국가에서 사업자가 그의 상업적 또는 직업적 활동을 추구한 경우, 또는 둘째, 어떠한 수단에 의하든 그러한 활동을 소비자가 상거소를 가지는 국가 또는 그 국가를 포함하는 복수의 국가로 지향하고, 그 계약이 그러한 활동의 범위 내에 속하는 경우여야 한다.

이렇게 함으로써 로마 I 은, 국제사법적 정의와 실질법적 정의를 준별하면서 전자는 법의 적용에만 관계되고 준거법으로 된 실질법의 내용에는 관여하지 않는다는 취지의 유럽 전통 국제사법의 원칙을 수정한다. 여기의 강행법규는 국내적 강행법규를 말한다. 한편, 당사자가 소비자계약의 준거법을 선택하지 않은 경우에는 소비자가 상거소를 가지는 국가의 법이 준거법이 된다. 다만 이는 위에 언급한 제6조 제1항 요건의 구비를 전제로 한다. 그 결과 소비자는 그가 친밀한 국내법에 의하여 국내계약에서와 동일한 보호를 받을 수 있다.

(2) 개별근로계약

각국은 근로자의 보호를 위한 실질법상의 규정들을 두는데, 만일 당사자가 외국법을 준거법으로 선택함으로써 이러한 규정의 적용을 회피할 수 있다면 실질법은 무의미하게 된다. 따라서 로마 I 은 근로자를 보호하기 위하여 개별근로계약에 관한 특칙을 둔다(제8조). 개별근로계약의 경우에도 당사자는 준거법을 자유로이 선택할 수 있다. 그러나 당사자의 선택은 객관적 준거법의 국내적 강행법규가 근로자에게 부여하는 보호를 박탈할 수 없다. 한편 당사자가 준거법을 선택하지 않은 경우에는, 근로자가 계약의 이행으로 통상 그의 노무를 제공하는 국가의 법, 또는 근로자가 노무를 통상 어느 하나의 국가 내에서 제공하고 있지 아니한 경우에는 근로자를 고용한 영업소가 있는 국가의 법이 준거법으로 된다. 이러한 태도는, 근로계약의 연결에 있어 근로지(*locus laboris*)와 사용자의 영업소를 중시한 전통과 일치한다. 다만 이 경우 모든 사정으로부터 명백히 당해 근로계약과 밀접한 관련을 가지는 국가가 있는 때에는 그 국가의 법이 준거법이 된다.

3) 국제적 강행법규에 의한 제한

로마 I 에 따른 계약상 채무의 준거법 결정원칙은 국제적 강행법규에 의해 제한된다.

(1) 국제적 강행법규의 개념

로마 I 에 따르면, 당사자가 외국법을 준거법으로 선택하더라도 어느 국가가 그의 법을 적용할 중대한 이해관계를 가지는 경우 그 국가의 법이 관철된다. 그러한 이해관계를 가지는 국가가 (준거법 소속국가 또는 법정지가 아닌) 제 3 국인 경우에 관하여는 제 9 조 제 3 항이, 법정지인 경우에 관하여는 제 9 조 제 2 항이 규정한다. 여기의 강행법규는 국내적 강행법규가 아니라, 그러한 요건에 추가하여, 관련 국가의 법상 외국법을 준거법으로 선택하더라도 적용을 배제할 수 없는 '국제적 강행법규' 또는 '직접적용법(*lois d'application immédiate*)'을 말한다. 로마협약은 국제적 강행법규의 개념을 정의하지 않았으나 로마 I (제 9 조)은 로마협약 제 7 조의 제목을 '강행규정'으로부터 'overriding mandatory provisions[34](최우선 강행규정)'으로 변경하고, 최우선 강행규정을 "그의 정치적, 사회적 또는 경제적 조직과 같은 국가의 공익을 보호하기 위하여 그를 존중하는 것이 결정적인 것으로 간주되는 결과, 이 규정상 달리 계약에 적용되는 준거법에 관계없이, 그의 범위에 속하는 모든 상황에 적용되어야 하는 규정"이라고 정의한다(제 9 조 제 1 항).

(2) 제 3 국의 강행법규

로마협약(제 7 조 제 1 항)에 따르면, 법원은 준거법을 적용함에 있어 사안과 밀접한 관련을 가지는 다른 국가(준거법 소속국가 또는 법정지가 아닌 제 3 국)의 강행법규에 대해 그것이 당해 국가의 국제적 강행법규인 경우 재량으로

34) 독어로는 'Eingriffsnormen(간섭규범),' 불어로는 'lois de police(경찰법)'라고 한다.

효력을 부여할 수 있었는데, 법원은 적용 여부를 판단함에 있어 그 성질과 목적 및 그 적용 또는 부적용의 결과 발생될 효과를 고려해야 하였다. 제 7 조 제 1 항은 매우 논란이 많은 조항으로, 고려의 대상이 되는 제 3 국의 범위를 불분명하게 하는 점과, 법원에게 재량을 부여함으로써 법적 효과를 애매하게 한다는 등의 비판이 있었다.[35)]

그러나 로마 I (제 9 조 제 3 항)은 이런 태도와 결별하고 "계약으로부터 발생하는 의무가 이행되어야 하거나 또는 이행된 국가의 법의 최우선 강행규정에 대하여는, 그러한 강행규정이 계약의 이행을 불법(unlawful)으로 만드는 한에 있어서는 효력을 부여할 수 있다. 그러한 규정에 효력을 부여할지를 결정함에 있어서는 그의 성질과 목적 및 그의 적용 또는 부적용의 결과 발생하게 될 효과를 고려하여야 한다"라고 규정한다. 즉, 로마 I 은 영국 판례이론[36)]을 받아들여 밀접한 관련이 있는 제 3 국을 의무이행지인 제 3 국으로 한정하고, 제 3 국의 모든 간섭규범이 아니라 계약의 이행을 불법한 것으로 만드는 간섭규범에 한정한다. 이러한 태도 변화에 대하여는 평가가 엇갈리고 있다.

(3) 법정지의 강행법규

제 9 조 제 2 항은 법정지의 강행법규는 준거법에 관계없이 적용됨을 명시하는데, 이는 일반적으로 승인되는 국제사법상의 원칙이다. 이러한 강행법규의 예로는 카르텔에 관한 규정, 경쟁제한에 관한 규정, 소비자보호에 관한 규정과 운송에 관한 규정을 들 수 있다. 준거법이 외국법임에도 불구하고 법정지의 강행법규가 적용되기 위해서는, 그것이 법정지의 국제적 강행규정이어야 한다.

4) 계약상 채무의 준거법이 규율하는 사항의 범위

로마 I 에 따라 결정된 계약의 준거법이 규율하는 사항들은 ① 계약의 성립, 실질적 유효성, ② 계약의 해석, ③ 계약의 이행, ④ 채무이행의 방법, ⑤ 채무불이행의 결과, ⑥ 채무의 소멸 방법, ⑦ 계약의 무효의 결과 등이다(제

35) 로마협약은 체약국에게 동 조의 적용을 유보할 수 있는 권한을 부여하였고 실제로 영국과 독일 등이 적용을 유보하였다.

36) *Ralli Bros v Cia Naviera Sota y Aznar* [1920] 2 KB 287 사건 판결 참조.

12조 제1항). 반면에 계약의 방식은 별도로 연결된다. 계약의 방식의 준거법은 계약의 준거법 또는 행위지법, 즉 계약의 체결지 또는 계약에 관련된 일방적 법률행위가 행해진 국가의 법이 된다. 상이한 국가에 소재하는 당사자 간에 체결된 계약의 경우, 로마 I 은 관련된 국가들 중 어느 한 국가의 법의 요건을 충족하면 방식상 유효한 것으로 봄으로써 매우 관대한 입장을 취한다.

5) 기타 주요내용

(1) 반정 및 전정의 배제 (제20조)

로마 I 에서는 반정과 전정은 배제된다.

(2) 채권의 양도 (제14조)

채권의 양도인과 양수인 간의 채무는 로마 I 에 따라 결정되는 그들 간의 계약의 준거법에 의하나, 채권의 양도가능성, 양수인과 채무자의 관계, 채무자에 대하여 채권양도 또는 대위를 주장하기 위하여 필요한 요건과 채무자의 채무가 소멸하였는지는 양도된 채권 자체의 준거법에 따른다. 하지만 로마 I 은 이중양도에서 우선권에 관하여 규정하지 않으므로 우선권의 준거법에 관하여는 견해가 나뉜다.

(3) 법률에 의한 채권의 이전 (제15조)

채권자가 채무자에 대하여 계약상 채권을 가지고, 제3자가 채권자를 만족시킬 채무를 부담하거나 이러한 채무에 기해 채권자를 만족시킨 경우에는, 제3자가 채무자에 대한 채권자의 권리를 채권자와 채무자의 관계를 규율하는 법에 따라 행사할 수 있는지는 제3자의 채무의 준거법에 의한다. 따라서 보증인이 채권자에게 변제한 경우 채권자에 대위하는가와 그 범위는 보증계약의 준거법에 의한다. 여러 사람(예컨대 연대채무자)이 동일한 계약상 채무를 이행해야 하고 이들 중 한 사람이 채권자를 만족시킨 때에도 같다.

(4) 공서 (제21조)

로마 I 에 따라 결정되는 준거법은 법정지의 공서의 원칙에 의해 적용이 배제될 수 있다.

Ⅴ. 계약외채무의 준거법에 관한 EU규정(로마Ⅱ)[37)]

1. 서 설

로마Ⅱ가 2009년 1월 11일 유럽연합(덴마크 제외)에서 발효됨으로써 계약외채무의 준거법 결정에 관한 한 국제사법규범은 대부분 통일되었다. 우리가 로마Ⅱ에 관심을 가지는 이유 중의 하나는 우리 국제사법과 달리 로마Ⅱ는 특수불법행위의 연결원칙을 두므로 시사점을 도출할 수 있기 때문이다.[38)] 로마Ⅱ는 前文(recitals), 범위(제Ⅰ장), 불법행위(제Ⅱ장), 부당이득, 사무관리와 계약체결상의 과실(제Ⅲ장), 선택의 자유(제Ⅳ장), 공통규칙(제Ⅴ장), 기타 규정(제Ⅵ장)과 최종규정(제Ⅶ장)이라는 7개 장으로 구분된 32개의 조문으로 구성된다.

2. 적용범위

로마Ⅱ는 법의 저촉을 포함하는 상황에 있는 민사 및 상사사건의 계약외채무에 적용된다. 어떤 계약외채무가 불법행위, 부당이득, 사무관리 또는 계약체결상의 과실로 인한 것인지는 성질결정의 문제인데, 성질결정은 로마Ⅱ 독자적으로 행해져야 한다. 로마Ⅱ는 가족관계 기타 유사한 관계, 부부재산제

37) 로마Ⅱ에 관하여는 우선 MünchKommBGB/Junker, 5. Auflage, Band 10(2010) Rome Ⅱ-VO를 참조. 영국 문헌으로는 Andrew Dickinson, *The Rome Ⅱ Regulation: The Law Applicable to Non-Contractual Obligations*(2008); Richard Plender/Michael Wilderspin, *The European Private International Law of Obligations*, 3rd ed.(2009)를 참조. 로마Ⅱ의 소개와 우리 법에의 시사점은 석광현, "계약외채무의 준거법에 관한 유럽연합 규정(로마Ⅱ)," 「서울대학교 법학」, 통권 제160호(제52권 제3호)(2011. 9.), 294면 이하 참조.

38) 로마Ⅱ는 대륙법계 전통 국제사법의 진화된 모습을 담은 것으로 우리에게 낯설지 않다. 프라이버시와 인격권의 침해, 도로교통사고 등이 미결로 남아 있지만, 로마Ⅱ는 유럽연합 내에서는 현대적이고 균형 잡힌 규범체계로서 상당한 정도의 법적 안정성을 창설함과 동시에 법적용자들에게 필요한 정도의 자유와 유연성을 허용할 것이라는 점에서 호평을 받았다.

및 유언과 상속, 유가증권, 회사법 기타 단체법, 임의신탁의 위탁자, 수탁자, 수익자 간의 관계, 원자력손해, 프라이버시와 인격권의 침해 등으로부터 발생하는 계약외채무와 증거 및 절차에 대하여는 적용되지 않는다. 로마Ⅱ는 그에 의하여 지정된 법이 회원국 법인지에 관계없이 적용된다(제3조). 즉 로마Ⅱ는 '통일법(*loi uniform*)'이다.

3. 불법행위의 준거법

제4조는 불법행위의 일반원칙인 결과발생지법 원칙(제1항), 공통 상거소지법 예외(제2항)와 명백히 더 밀접하게 관련된 국가법 예외("밀접관련국법 예외")(제3항)로 구성된다.

불법행위의 준거법은, 손해(정확히는 '직접손해')가 발생한 국가의 법, 즉 결과발생지법이다. 이는 첫째, 통일규칙은 법원판결의 예측가능성을 제고하고, 둘째, 가해자와 피해자 간에 합리적 균형을 보장하며, 셋째, 오늘날 민사책임법의 핵심은 보상기능에 있기 때문이다. 결과발생지가 복수국가에 존재하는 '산재(散在)불법행위'(또는 확산형불법행위)의 경우 각 국가에서 발생한 결과에 대해 각각 그 결과발생지법을 적용하는 배분적 연결을 따르게 된다. 이를 '모자이크방식'이라고 부른다.

그러나 가해자와 피해자가 손해발생 시 동일한 국가에 상거소를 가지는 경우에는 그 국가의 법이 적용된다(제4조 제2항). 이는 양 당사자의 정당한 기대를 반영한다. 또한 사안의 모든 상황에 비추어 불법행위가 결과발생지 또는 공통 상거소지가 아닌 국가와 명백히 더 밀접한 관련이 있음이 분명한 경우에는 그 다른 국가의 법에 의한다(제4조 제3항). 이는 일종의 '회피조항(escape clause)'이다. 그러한 관련은 예컨대 문제된 불법행위와 밀접한 관련이 있는 계약과 같은 기존 법률관계에 근거할 수 있으므로 이는 종속적(또는 이차적) 연결(secondary connection)을 도입한 것이다.

4. 특수불법행위의 준거법

로마Ⅱ는 5가지 유형의 특수불법행위에 대한 특칙을 둔다.

1) 제조물책임의 준거법(제5조)

제5조 제1항은 제조물책임의 준거법에 관하여 4개의 단계적 연결원칙을 규정한다. 첫째, 피해자 상거소지국법, 둘째, 제조물 취득지국법, 셋째, 결과발생지국법, 넷째, 책임이 있다고 주장된 자의 주된 영업소 소재지국법이 그것이다. 다만 첫째-셋째의 연결원칙은 모두 당해 국가에서 제조물이 '판매된(marketed)' 것을 전제로 한다. 그러나 위 연결원칙들에 우선하는 3개의 연결원칙이 있다. 그것은 첫째, 준거법합의(제14조 제1항), 둘째, 밀접관련국법 예외(제5조 제2항), 셋째, 공통 상거소지법 예외(제5조 제1항)이다. 결과적으로 로마Ⅱ는 제조물책임에 대해 모두 7개의 연결단계를 규정하는 셈이다.

2) 부정경쟁과 경쟁제한행위로 인한 책임의 준거법(제6조)

제6조는 부정경쟁행위와 경쟁제한행위로 나누어 연결원칙을 규정한다.

(1) 부정경쟁행위의 준거법(제6조 제1항, 제2항)

부정경쟁을 제한하는 규칙은 모든 참가자들로 하여금 동일한 규칙에 의하여 게임을 하도록 함으로써 공정한 경쟁을 보호하고자 한다. 그런 규칙은 예컨대 수요에 영향을 미치고자 하는 행위, 경쟁적 공급을 방해하는 행위와 경쟁자의 가치를 부당하게 이용하는 행위(passing off 등)를 금지한다. 또한 현대 경쟁법은 경쟁자(수평적 차원)만이 아니라, 소비자와 일반 공중(수직적 관계)까지 보호하는데 이러한 경쟁법의 '3차원적 기능'은 현대 국제사법에도 반영되어야 한다. 부정경쟁행위로부터 발생하는 계약외채무의 준거법은, 그곳에서 경쟁관계 또는 소비자의 집단적 이익이 영향을 받거나 또는 영향을 받을 것 같은 국가의 법이 되나, 부정경쟁행위가 전적으로 특정한 경쟁자의 이익에 영향을 미치는 경우 제4조를 적용한다. 공통 상거소지법 예외와 밀접관련국법 예외는 적용되지 않고 당사자자치도 허용되지 않는다.

(2) 경쟁제한행위의 준거법 (제6조 제3항)

경쟁제한으로부터 발생하는 계약외채무의 준거법은 시장이 영향을 받거나, 받을 것 같은 국가의 법이다. 이는 경쟁법의 영토적 적용범위에 관한 영향이론(또는 효과주의)을 반영한 것이다. 제6조 제3항은 경쟁제한이 복수 국가에 걸치는 복수 시장에서 발생한 경우에 모든 시장지에서의 손해에 대해 법정지법을 적용할 수 있게 함으로써 준거법을 단일화한다. 공통 상거소지법 예외와 밀접관련국법 예외는 적용되지 않고 당사자자치도 허용되지 않는다.

3) 환경손해의 준거법 (제7조)

환경침해로 인한 계약외채무의 준거법은 원칙적으로 결과발생지법이나 피해자는 행동지법을 선택할 수 있다. 결국 遍在主義를 취한 것으로, 재판관할의 맥락에서 원고에게 행동지와 결과발생지 중 선택을 허용하는 브뤼셀 I (제5조 제3호)과 같다. 책임이 있다고 주장된 자의 행위를 평가함에 있어서는, 행동지에서 시행중인 안전과 행위에 관한 규칙을 사실의 문제로서 적절한 범위 내에서 고려하여야 한다(제17조). 공통 상거소지법 예외와 밀접관련국법 예외는 환경책임의 경우 적용되지 않으나 당사자자치는 허용된다.

4) 지적재산권 침해의 준거법 (제8조)

지적재산권의 침해로부터 발생하는 계약외채무는 보호국법주의(principle of *lex protectionis*)에 따른다.[39] 보호국이란 "그의 영토에 대하여 지적재산권의 보호가 청구되고 있는 국가"를 의미한다. 공통 상거소지법 예외와 밀접관련국법 예외는 인정되지 않고 당사자자치도 배제된다. 지적재산권의 침해에 관하여 보편적으로 승인되는 보호국법주의가 보존되어야 한다거나, 지적재산권의 경계획정에 대하여 보호국이 가지는 공적 이해관계가 매우 크기 때문이라고 설명한다.[40]

---

39) 반면에 통일적인 공동체 지적재산권의 침해로부터 발생하는 계약외채무는, 관련된 공동체 문서에 의하여 규율되지 않는 한 침해행위가 행해진 국가의 법이다(제8조 제2항).

40) ALI 원칙과 CLIP 원칙은 로마Ⅱ와 달리 인터넷에 의한 저작물의 불법배포와 같은 遍在的 侵害에 대해 특칙을 둔다. 로마Ⅱ에 따라 편재적(遍在的) 침해에도 보호국법주의를 관철하면 배분적 연결을 하게 되는 문제가 발생한다. ALI 원칙은 미국법률협회(ALI)가

5) 쟁의쟁위로 인한 책임의 준거법 (제 9 조)

제 9 조는 로마 II 의 독자적 개념으로서 쟁의행위를 정의하지 않으나, 전문 제27항은 쟁의행위가 일어난 국가의 법이 적용됨을 전제로 한다. 제 9 조는 쟁의행위에 대하여 쟁의행위지법(*lex loci acti*)을 적용하는데 이는 행동지법의 일종이다. 이는 노동자와 고용자의 권리와 의무를 보호하고, 국내 쟁의행위에 대해 외국법이 적용되는 것을 피하기 위한 것이다. 행동지법을 선택한 법정책적 기초는, 노사관계의 세계화를 고려할 때 쟁의행위의 결과발생지 결정이 어렵다는 점과, 그 경우 손해배상보다도 쟁의행위가 행해지는 동안에 보전처분의 형태로서 금지명령을 구하는 것이 큰 의의를 가지기 때문이다. 쟁의행위의 경우에도 당사자자치가 허용된다(제14조). 다만 준거법의 사전합의는 당사자들이 상업활동을 추구하는 경우에만 허용되므로 쟁의행위의 경우 사전합의는 허용되지 않는다. 쟁의행위에도 공통 상거소지법 예외가 적용되나 밀접관련국법 예외는 적용되지 않는다.

6) 프라이버시 침해와 인격권 침해

유럽연합 기본권헌장에는 프라이버시와 표현과 정보의 자유에 관한 별도 조항이 있으며 이는 언론자유와 다원주의를 포함하므로 프라이버시 침해와 인격권 침해에 대하여는 불법행위의 일반규칙이 적절하지 않다. 회원국 국제사법 원칙의 다양성과 불확실성을 고려할 때 통일된 국제사법규칙이 필요하나 위원회 초안(제 6 조)과 유럽의회 초안(제 5 조 제 1 항)의 대립에서 보듯이 회원국들의 합의를 도출할 수 없었기에 이는 장래의 과제로 남겨지게 되었다.

2007년 5월 공표한 "지적재산: 초국가적 분쟁에서의 관할권, 준거법 및 재판을 규율하는 원칙"을, CLIP 원칙은 지적재산의 국제사법에 관한 유럽 막스플랑크 그룹(EMPG)이 2011년 8월 공표한 "지적재산의 국제사법 원칙"을 말한다. 상세는 석광현, "국제지적재산권분쟁과 國際私法: ALI 원칙(2007)과 CLIP 원칙(2011)을 중심으로," 「민사판례연구」, 제34집(박영사, 2012), 1065면 이하 참조.

5. 부당이득, 사무관리와 계약체결상의 과실책임의 준거법

1) 부당이득과 사무관리의 준거법 (제10조, 제11조)

부당이득은 이득지법에 의한다. 다만 부당이득으로 인한 계약외채무가, 당사자 간의 기존관계와 관련되고 그것이 계약외채무와 밀접하게 관련된 때에는 그 관계의 준거법에 의한다. 사무관리는 행위가 일어난 국가, 즉 사무관리지법에 의한다. 다만 사무관리로 인한 계약외채무가, 당사자 간의 기존관계와 관련되고 그것이 계약외채무와 밀접하게 관련된 때에는 그 관계의 준거법에 의한다. 부당이득과 사무관리에도 공통 상거소지법 예외와 밀접관련국법 예외가 적용된다.

2) 계약체결상의 과실책임 (제12조)

로마Ⅱ는 계약체결상의 과실책임을 제 3 장에서 별도로 다루므로 이를 독자적인 제도(*sui generis*)로 성질결정한다. 계약체결상의 과실책임 중 계약 체결에 선행하는 거래에 직접적인 관련을 보이는 계약외채무는 계약의 준거법에 종속적으로 연결된다. 다만 그에 의하여 준거법을 결정할 수 없는 경우(예컨대 어떤 사람이 계약의 협상과정에서 인적 손해를 입은 경우)에는 제 4 조의 일반원칙에 따른다. 후자의 경우 공통 상거소지법이 있거나 보다 밀접한 관련이 있는 국가의 법이 있으면 그것이 우선 적용된다.

6. 준거법의 선택(제14조)

로마Ⅱ는 법적 안정성을 위하여 당사자자치를 허용한다. 준거법 합의는 원칙적으로 사후합의여야 하나 모든 당사자들이 상업활동을 추구하는 경우 자유롭게 협상된 합의라면 사전합의도 가능하다.[41] 당사자들이 선택할 수 있는 것은 국가의 법에 한정된다. 손해를 초래하는 사건 발생 당시 상황에 관련

---

41) 따라서 일방의 약관에 의한 사전합의는 허용되지 않지만, 만일 상대방이 약관에 포함된 그 조문에 대하여 별도로 서명하는 때에는 위 요건을 구비할 수도 있다.

되는 모든 요소들이 준거법 소속국 이외의 국가에 소재할 경우에는, 준거법 선택은 당사자들이 합의에 의해 배제할 수 없는 그 다른 국가의 법조항의 적용에 영향을 미치지 않는데, 이런 원칙은 개별 회원국만이 아니라 공동체차원으로까지 확대된다. 당사자자치는 부정경쟁·경쟁제한이나 지적재산권 침해로부터 발생하는 계약외채무에 대하여는 적용되지 않는다.

7. 공통규칙

1) 준거법이 규율하는 사항의 범위 (제15조)

지정된 준거법이 규율하는 사항은 책임의 근거(책임의 성질 포함)와 범위, 책임배제의 근거(불가항력 등), 책임제한 그리고 책임의 분담, 손해의 존재, 성질(손해 항목 포함)과 산정 및 또는 주장된 구제수단, 법원이 손해의 예방 및 종료 또는 배상의 제공을 보장하기 위하여 취할 수 있는 조치(금지명령 등), 손해배상 또는 구제수단을 청구할 수 있는 권리의 양도가능성(상속가능성 포함), 손해배상청구권자, 다른 사람이 한 행위에 대한 책임, 채무를 소멸시킬 수 있는 방법과 시효 및 권리상실의 규칙들을 포함한다.

2) 최우선강행규정 (제16조)

법정지의 최우선강행규정은 로마Ⅱ에 관계없이 적용된다. 이는 과거 '국제적 강행규정'이라고 불리웠으나 로마Ⅱ는 이를 '최우선강행규정(overriding mandatory provisions)'이라 한다. 로마Ⅰ은 최우선강행규정을 정의하는데[42] 이는 로마Ⅱ에서도 원용할 수 있다. 로마Ⅱ는 로마Ⅰ(제9조 제3항)과 달리 제3국 국제적 강행규정에 관하여는 규정하지 않으므로 법원이 제3국의 강행규정에 효력을 부여할 수 있는지는 논란이 있다.

42) 그에 따르면 최우선강행규정은 "그의 정치적, 사회적, 또는 경제적 조직과 같은 국가의 공익을 보호하기 위하여 그를 존중하는 것이 결정적인 것으로 간주되는 결과, 로마Ⅰ 규정상 달리 계약에 적용되는 준거법에 관계없이, 그의 범위에 속하는 모든 상황에 적용되어야 하는 규정"이다.

3) 책임 있는 자의 보험자에 대한 직접 소송(제18조)

피해자를 두텁게 보호하고자 일부 국가는 피해자가 손해배상 의무자의 책임보험회사에 대해 직접 보험금을 청구할 수 있도록 한다. 문제는 직접적 청구권의 준거법인데, 제18조는 이를 계약외채무의 준거법과 보험계약의 준거법에 선택적으로 연결함으로써 피해자를 두텁게 보호한다. 법원은 유리한 법을 직권으로 선택하여 적용하여야 한다. 직접청구권의 존재와 그 태양은 선택적으로 연결되나 보험자의 의무의 범위는 보험계약의 준거법에 따른다.

4) 대위(제19조)와 복수의 책임(제20조)

어떤 사람(채권자)이 다른 사람(채무자)에 대하여 계약외채권을 가지고 있고 제3자가 채권자를 만족시킬 채무를 부담하고 있거나 이러한 채무에 기하여 실제로 채권자를 만족시킨 경우에는, 제3자가 채무자에 대한 채권자의 권리를 행사할 수 있는지 여부와 그 범위는 채권자가 제3자에 대하여 가지고 있던 채권의 준거법에 따른다. 채권자가 동일한 채권에 대하여 책임이 있는 복수 채무자를 상대로 채권을 가지고 있고, 채무자들 중 1인이 채권의 전부 또는 일부를 이미 만족시킨 경우에는, 위 채무자가 다른 채무자들에게 보상을 요구할 수 있는 권리를 가지는지는, 이행을 한 채무자의 계약외채무의 준거법에 의한다.

5) 입증책임(제22조)

로마Ⅱ에 따라 계약외채무에 적용되는 준거법은, 계약외채무가 문제된 사안에 대하여 법률상 추정규정을 두고 있거나 입증책임을 분배하는 한도 내에서 적용된다.

8. 기타 주요내용

로마Ⅱ의 목적상 회사, 기타 법인격이 있거나 없는 기구의 상거소는 경영중심지이고, 지점, 대리점, 기타 다른 영업소의 운영중에 손해를 초래한 사건이 행해지거나 손해가 발생하는 경우, 지점, 대리점 기타 다른 영업소의 소재지가 상거소지로 취급된다(제23조).

로마Ⅱ는 반정을 배제하고, 공서에 의한 준거법의 적용 배제를 명시한다.[43] 미해결된 일부 쟁점에 대하여 위원회는 유럽의회 등에 보고서를 제출해야 하는데 이는 외국법의 취급과, 제28조가 헤이그교통사고협약에 미치는 영향에 관한 것이다(제30조 제1항). 또한 위원회는 매체(media)에서의 언론 및 표현의 자유에 관련되는 규칙 등의 국제사법적 쟁점들을 고려하면서 프라이버시 및 인격권 침해로부터 발생하는 계약외채무의 준거법에 관한 연구보고서를 제출해야 한다.

Ⅵ. 국제도산규정[44]

1. 서　설

유럽연합은 1995년 "도산절차에 관한 협약"을 체결하려다 실패하였지만 "도산절차에 관한 규정("도산규정")"[45]을 2000년 6월 30일 공포하였고 이는 2002년 5월 31일부터 발효되었다.[46] 도산규정은 채무자의 주된 이익의 중심지가 유럽연합 내에 있는 경우에 적용되므로 우리 기업에 곧바로 적용되지는 않는다. 그러나 EU기업들과 거래하는 우리 기업들이 EU기업들의 도산에 따른 위험과 효과를 알아둘 현실적 필요가 있다. 또한 도산규정 중 도산저촉법에 관한 조항은 우리 국제도산법상의 입법론과 해석론에 도움이 될 수 있다.

도산규정은 33개에 이르는 전문과 총칙(제1장), 도산절차의 승인(제2장),

---

43) 위원회 초안(제24조)은 로마Ⅱ에 의한 준거법의 적용은, 그것이 전보배상이 아닌 징벌적 손해배상을 인용하는 효과를 가지는 경우 법정지의 공서에 반한다고 규정하였으나 이는 영국의 반대로 삭제되었다.

44) 국제도산규정에 관한 상세는 석광현, "유럽연합의 국제도산법제," 「국제사법과 국제소송」, 제3권(박영사, 2004), 309면 이하 참조.

45) Regulation (EC) No. 1346/2000 on Insolvency Proceedings.

46) 과거 도산협약 작성 시 Virgós와 Schmit가 보고서를 작성한 바 있다. 도산규정의 전문과 보고서는 도산규정을 이해하는 데 큰 도움이 된다.

이차적 도산절차(제 3 장), 채권자들을 위한 정보제공과 채권의 신고(제 4 장), 경과규정과 최종규정(제 5 장)이라는 5개 장 47개 조문 및 3개의 부속서로 구성된다. 도산규정은 브뤼셀 I 의 적용범위로부터 제외된 영역에서 유럽연합법을 통일한다. 도산규정은 집단적 도산절차(collective insolvency proceedings)에 적용되나 보험회사, 여신기관, 투자기업 및 증권투자회사와 같은 집단적 투자기업 등에는 적용되지 않는데 그에 대하여는 별도 규범이 있다. 도산규정은 청산절차와 갱생절차에 적용되나, 주절차 개시 후에 개시되는 속지적 절차는 청산절차여야 한다. 도산규정은 채무자가 자연인이든 법인이든 상인이든 개인이든 관계없이 적용된다.

2. 국제도산관할

도산규정(제 3 조)은 국제연합 국제무역법위원회(UNCITRAL)가 1997년 5월 채택한 "국제도산에 관한 모델법("모델도산법")"과 유사하게 주절차와 속지적 절차(또는 종절차)를 구분한다. 도산규정은 모델도산법과 달리 직접관할을 규정한다.

1) 주 절 차

채무자의 '주된 이익의 중심지(center of main interests: COMI)'가 소재하는 회원국 법원은 주절차를 개시하는 관할을 가진다. 이는 채무자가 그곳에서 통상적으로 그의 이익을 관리함으로써 제 3 자에 의해 확인될 수 있는 곳이다. 주절차는 보편적 효력을 가진다. 즉 주절차가 개시되면 이는 다른 회원국에서 자동적으로 효력을 가지므로 '주절차 개시를 위한 경주'가 있게 되는데 이는 특히 국제적 기업집단 또는 소속 자회사의 도산 시 현저하다.[47]

---

47) 기업집단 또는 그에 속하는 회사의 도산절차에서 유럽연합에서는 과거 영국법원의 Daisytek 판결 이래 명령과 통제(command and control) 등 의사결정기능에 착안했었으나 유럽사법재판소의 Eurofood 판결(Case C-341/04)은 객관성과 제 3 자의 확인가능성에 주목하였다. 즉 기업집단 전체의 관점에서 COMI를 결정하는 것이 아니라 별개의 법인인 당해 회사만을 독립적으로 판단하여 COMI를 결정해야 한다는 것이다.

2) 속지적 절차(이차적 절차)

채무자의 주된 이익의 중심지가 어느 회원국 영토 내에 있는 경우, 다른 회원국 법원은 채무자가 그 영토 내에 영업소를 가지고 있는 경우에 한하여 속지적 절차를 개시할 수 있다. 속지적 절차의 효력은 당해 회원국 내에 소재하는 재산에 한정된다. 속지적 절차를 허용하는 이유는, 특정한 채무자에 대해 보편적 효력을 가지는 단일한 도산절차를 개시하려는 목표와, 다른 회원국들의 채권자들의 정당한 기대가 회원국들의 국내도산법의 차이로 인하여 무산되는 것을 방지할 필요를 조화시키려는 것이다.

3) 독립적인 속지적 절차(주절차가 개시되지 않은 경우)

주절차의 존재를 전제로 하지 않는 독립적인 속지적 절차는 바람직하지 않고 이는 원칙적으로 주절차에 선행하여 개시될 수 없지만 예외가 있다. 첫째, 주절차가 채무자의 주된 이익의 중심지 소재 회원국법상 개시될 수 없거나(예컨대 국내법상 주절차 개시요건의 미비 또는 채무자가 주절차의 대상이 아닌 경우), 둘째, 회원국에 주소, 상거소 또는 등기된 사무소를 둔 채권자 또는 그 영업소의 영업으로부터 발생하는 채권을 가지는 채권자가 속지적 절차의 개시를 요청하는 경우이다.

3. 도산저촉법(도산국제사법)

원칙적으로 도산절차와 그 효력은 도산법정지법(*lex fori concursus*)에 의하여 규율되나 제 5 조-제15조에 규정된 예외가 있다.[48)]

1) 도산법정지법의 원칙

도산규정은 도산법정지법원칙을 선언하고 도산법정지법이 규율하는 사항 13가지를 예시한다. 반정(*renvoi*)은 배제된다. 저촉법규정은 주절차와 이차적

48) 상세는 석광현, "도산국제사법의 제문제: 우리 법의 해석론의 방향," 「사법」, 제 4 호(사법발전재단, 2008. 6.), 109면 이하 참조.

절차 및 독립적인 속지적 절차에 모두 적용된다. 13가지 사항은 도산절차가 허용되는 채무자의 자격, 재단을 구성하는 자산 및 도산절차 개시 후 채무자 자산의 취급, 채무자 및 도산관재인의 권한, 상계가 원용될 수 있는 요건, 미이행쌍무계약에 대하여 도산절차가 미치는 효력, 소송이 계속한 경우를 제외하고 개별채권자들이 제기한 절차에 대한 도산절차의 효력, 도산절차의 종료 후의 채권자들의 권리와 모든 채권자들에게 해가 되는 법적 행위의 무효, 부인 또는 상대적 무효와 관련되는 규칙 등을 포함한다.

2) 도산법정지법의 원칙에 대한 예외

도산법정지국이 아닌 국가의 당사자들의 정당한 기대와 거래의 확실성을 보호하고자 도산규정은 도산법정지법 원칙에 대한 예외를 규정한다. 중요한 것은 아래와 같다.

(1) 제 3 자의 물권 (제 5 조)

도산절차는 절차 개시 당시 도산법정지국 이외의 회원국에 소재하는 채무자의 자산에 대한 물권에 영향을 미치지 않는다. 이는 채무자의 도산에 대비하여 담보물의 소재지법에 따라 유효한 담보권을 취득한 담보권자의 기대를 보호하려는 것이다.

(2) 상계 (제 6 조)

상계의 허용 여부는 도산법정지법에 따르지만, 도산채무자가 채권자에 대해 가지는 채권(채권자의 입장에서 본 수동채권)의 준거법에 따라 상계가 허용되는 경우에는 도산절차에 불구하고 채권자는 상계할 수 있다.

(3) 미이행쌍무계약

도산절차가 미이행쌍무계약에 미치는 영향은 원칙적으로 도산법정지법에 의하지만 예외가 있다. 첫째, 도산절차가 부동산에 관한 미이행쌍무계약에 미치는 영향은 전적으로 부동산 소재지인 회원국법(제 8 조)에 의하고, 둘째, 도산절차가 미이행쌍무계약인 근로계약에 미치는 영향은 전적으로 당해 계약의 준거법인 회원국법에 의한다(제10조).

(4) 부인권(제13조)

사해행위의 부인에 관하여는 원칙적으로 도산법정지법이 적용되나, 도산규정은 일종의 타협으로서, 그 행위로 인하여 이득을 얻은 자가 사해행위인가의 여부가 문제되는 당해 행위(예컨대 계약)의 준거법이 도산법정지법 이외의 법이고 또한 그 준거법이 그에 대해 이의수단을 허용하지 않음을 증명하는 경우에는 위의 적용을 배제한다.

4. 외국도산절차의 승인

도산규정은 제16조에서 '도산절차를 개시하는 재판'의 승인과, 그 후 재판의 승인을 구분하여 우선 도산절차 개시재판의 승인(제16조) 및 그의 효력(제17조-제24조)에 관하여 규정하고, 후속재판의 승인에 관하여는 별도로 규정한다(제25조).

국제도산관할을 가지는 국가에서 개시된 외국도산의 재판은 다른 회원국에서 자동적으로 승인된다. 다만 외국도산의 재판의 승인 또는 집행의 결과가 승인국 공서에 명백히 반하는 경우 승인 또는 집행은 거부될 수 있다. 외국도산의 재판은 일정요건이 구비되면 자동으로 승인되고, 그에 대한 실질재심사(*révision au fond*)는 금지된다. 만일 결정승인제를 취한다면 절차비용이 증가하고, 장기간의 절차 진행중 채무자가 재산을 반출하거나 채권자가 경쟁적으로 개별집행을 시도할 수 있다. 승인의 결과 도산법정지법에 따른 도산절차 개시의 효력이 다른 회원국들로 확장된다(효력확장설). 다만, 효력의 확장은 주절차와 속지적 절차가 다르다. 주절차를 개시하는 재판은 도산절차개시국법에 따른 절차적 및 실체적 효력을 다른 회원국들에서 발생시키나 ① 도산규정이 달리 정하는 경우와, ② 이차적 절차가 개시된 경우에는 효력의 확장이 제한된다. 한편 속지적 절차의 효력은 당해 회원국 내에 소재하는 재산에 한정되나, 승인의 결과 다른 회원국에서 그 속지적 효력을 다툴 수 없다.[49]

49) 자동승인제를 전제로 효력확장설을 취한 도산규정은 보편주의에 충실하나, 일본 승인원조법과 우리 통합도산법은 결정승인제를 전제로 법원이 재량적 구제를 부여하는 점에서 그와 대비되고, 모델도산법은 결정승인제를 전제로 자동적 효력확장과 재량적 구제

어느 회원국에서 주절차가 개시되고 다른 회원국에서 승인되었음에도 불구하고 채권자는 다른 국가에서 도산절차 외에서 채권의 만족을 받을 수 있는데 이는 도산절차의 기초인 집단적 변제 원칙에 반한다. 따라서 그 경우 채권자는 이를 주절차의 도산관재인에게 반환하여야 한다(제20조 제1항). 또한 채무자의 도산절차가 개시된 결과 도산관재인에게 채무를 이행했어야 함에도 불구하고 제3자가 도산절차의 개시를 알지 못하고 선의로써 채무자에게 이행한 경우 채무는 소멸된 것으로 본다.

5. 이차적 도산절차

외국에서 주절차가 개시되고 그것이 다른 회원국에서 승인되더라도 내국채권자의 보호를 위해 이차적 절차를 개시할 필요가 있다. 이차적 절차는 주절차에 기한 보편주의와 상호승인의 효력을 제한한다. 이차적 절차에 관하여는 그 영토 내에 채무자가 영업소를 가지는 회원국이 국제관할을 가진다.

1) 이차적 절차의 유형과 개시

주절차 개시 후에 개시되는 이차적 절차는 반드시 청산절차여야 한다(제3조 제3항). 그 이유는, 당사자의 영업소가 독자적으로 갱생절차의 대상이 되기는 어렵고, 주절차와 갱생절차인 이차적 절차의 공조는 기술적으로 복잡해서 수행할 수 없다고 간주되었기 때문이었다. 이차적 절차는 회원국의 국내법에 의해 규율되나 도산규정은 다음 두 가지 사항은 직접 규정한다. 첫째, 주절차가 다른 회원국에서 승인되면 이차적 절차를 개시하기 위해 채무자의 지급불능을 증명할 필요가 없다(제27조). 둘째, 이차적 절차를 개시하고자 하는 회원국법에 따라 도산절차의 개시를 신청할 수 있는 자가 이차적 절차의 개시를 신청할 수 있으나, 주절차의 도산관재인도 이를 신청할 수 있다(제29조).

를 결합한 것으로서 위 양자의 중간에 있는 셈이다.

2) 주절차와 이차적 절차의 상호관계(병행절차 간의 조정)

주절차와 이차적 절차는 상호의존적 절차이고, 채권자들은 복수절차에 참가하는 데 이해관계를 가지므로 도산관재인들 간의 공조와 정보제공은 복수절차의 원활한 진행을 위하여 필수적이다. 따라서 도산규정은 주절차와 이차적 절차의 도산관재인은 채무자의 자산가치를 극대화하고 채무자기업을 계속기업으로 판매하거나 채무자의 갱생을 달성하기 위하여 필요한 범위 내에서 정보를 교환하고 공조해야 한다고 명시하고, 이차적 절차의 도산관재인은 주절차의 도산관재인에게 이차적 절차의 자산의 환가 또는 사용에 대해 제안을 제출할 수 있는 조기의 기회를 제공하도록 한다(제31조).

채권자들은 주절차와 이차적 절차에 채권을 신고할 수 있다. 도산규정은 주절차와 이차적 절차의 도산관재인에게 그가 선임된 절차에서 신고된 채권을 다른 절차에서 집단적으로 신고할 의무를 부과한다(제32조 제 1 항, 제 2 항). 이것이 '교차신고(cross-filing)'이다. 채권자가 어느 회원국 도산절차에서 변제받은 뒤 이차적 절차에 참가하더라도 변제받은 것을 도산관재인에게 반환할 의무는 없지만, 동 순위의 채권자 또는 동일한 조에 속한 채권자들이 이차적 절차에서 동등한 배당을 받은 경우에만 분배에 참여할 수 있다(제20조 제 2 항). 이것이 hotchpot rule이다.

6. 외국 채권자들에 대한 통지와 채권자들의 권리 신고

채권자로서는 채무자의 도산절차가 외국에서 개시된다는 것은 여러모로 불편하다. 도산규정은 외국도산절차에 참가하는 채권자의 불편을 고려하고 있다. 외국채권자는 내국도산절차의 신청 및 참가와 관련하여 내국채권자와 동일한 지위를 가진다(무차별원칙). 도산절차가 개시되는 즉시 관할법원 또는 도산관재인은 다른 회원국에 상거소, 주소 또는 등기된 사무소를 가지는, 자신이 알고 있는 채권자에게 고지해야 한다(제40조). 도산규정은 고지에 포함되어야 할 사항을 강행적으로 규정한다.

Ⅶ. 유럽연합의 통일국제사법

현재 다양한 분야의 EU규정들이 유럽연합 국제사법의 주요 법원(法源)을 형성하고 있는데 로마Ⅰ과 로마Ⅱ를 통하여 유럽 국제사법의 총칙의 초석을 간취할 수 있다.[50] 근자에는 더 나아가 통일국제사법전을 제정하자는 제안도 있다. 예컨대 프랑스의 Paul Lagarde 교수는 국제재판관할, 준거법과 외국판결의 승인 및 집행을 모두 아우르는 24개의 조문으로 구성된 통일국제사법전의 초안을 제안하였다.[51] 이는 초기단계의 제안에 불과하지만 그의 채택 여부에 관계없이 앞으로 이를 둘러싼 논의와 그 진전상황을 지켜볼 만한 가치가 있다.

Ⅷ. 결　　론

밀접한 사회·경제·문화적 관련을 맺고 성장해온 유럽연합 국가들은 일찍부터 국제사법규범의 중요성을 깨닫고 이를 통일하고자 노력해왔다. 처음에는 민사 및 상사영역의 다자조약을 체결하였으나 공동체의 결속이 강화됨에 따라 그 법형식을 규정(regulation)으로 전환하였고, 근자에는 가족법과 상속법 분야로 영역을 확대해가고 있다. 절차법영역에서는 다른 회원국의 판결을 외국판결로 취급하던 과거의 태도를 버리고 승인 및 집행 요건을 꾸준히 완화해가고 있는데 이는 통합에 따른 당연한 결과이다. 국제사법규범의 지나친 공동체법화의 정당성에 대하여는 논란이 있고, 규범 간의 상충이 지적되고 있지만, 거대한 국제사법규범체계의 발전은 매우 인상적이다. 유럽연합 국제사법에 대한 연구가 우리 국제사법학을 발전시키는 데 큰 도움이 됨은 두말할 필

50) 개관은 Wulf-Henning Roth, “Europäische Kolloisionsrechtsvereinheitlichung: Überlick-Kompetenzen-Grundfragen,” Eva-Maria Kieninger/Oliver Remien(Hrsgs.), Europäische Kollisionsrechtsvereinheitlichung(Nomos, 2012), S. 11ff. 참조.

51) Rabels Zeitschrift, Band 75(2011), S. 673ff. 참조. 소개는 Jürgen Basedow, “Kodifizierung des Europäischen Internationalen Privatrechts?,” 위 RabelsZ, S. 671ff. 참조.

요도 없다. 또한 한중일 3국이 입법 과정에서 각각 유럽연합의 규범을 참조한 결과 예컨대 계약의 준거법에 관한 3국의 국제사법규범은 커다란 유사성을 보이고 있다. 국제사법규범을 통일하려는 유럽인들의 노력이 뜻밖에도 동북아시아 국제사법규범의 부분적 조화를 초래하였다. 나아가 최근 한중일 3국은 FTA 체결을 위한 협상을 개시하였는데 그와 관련하여 장차 3국의 국제사법규범을 통일하거나 조화시킬 실제적 필요가 있다. 그런 맥락에서도 유럽연합의 경험이 도움이 될 것이다.

제18장 EU 환경법론

Ⅰ. 들어가는 말

유럽연합 환경법의 법적 근거는 유럽연합조약과 유럽기능조약에 명시되어 있다. 유럽연합조약 제 3 조는 공동시장을 기반으로 하는 공동정책의 목적 중 하나로서 경제활동의 조화롭고 균형있는 지속가능한 발전, 높은 수준의 환경보호 및 환경 질의 개선을 제시하고 있으며, 유럽기능조약 제11조는 지속가능한 발전을 추진하기 위하여 유럽기능조약 제 6 조에 규정하고 있는 유럽연합의 모든 정책 및 활동에 환경적 고려가 포함되어야 한다는 점을 명시하고 있다. 즉 유럽연합의 모든 정책영역은 유럽기능조약 제11조에 의거하여 환경보호가 고려되어야 하며, 정책의 수립과 집행에 있어서 환경적 측면에서의 통합적이고 균형적인 영향평가가 이루어져야 함을 의미한다.[1] 이는 환경규정이 유럽기능조약 제191조에서 제193조까지에 명시되어 있는 규정뿐만 아니라 기타 모든 정책과 연계되어 적용될 수 있음을 의미한다. 유럽사법재판소(ECJ) 또한 환경보호의 측면에서 유럽연합의 기본원칙인 '역내 자유로운 이동(free movement)'를 제한하는 것을 예외적으로 인정하고 있다.[2] 이러한 연합의 공동

---

* 본 장은 「외법논집」, 제33권 제 3 호에 실린 필자의 "유럽 환경법의 구조와 동향에 관한 법적 검토"를 대폭 수정, 보완·발전시킨 것임을 밝힌다.

1) Jan H. Jans, *European Environmental Law* (Europa Law Publishing, 2000), pp.17-18.

환경규율과 정책수행은 크게 두 가지 이유에 기인한다. 하나는 유럽연합이 서로 근접해 있기 때문에 수질, 대기 등 회원국 간 국경을 초월한 광범위한 환경문제가 발생할 경우 공동대응이 필요하다는 점이다.[3] 또한 단일유럽법(Single European Act: SEA)을 통한 사람, 자원, 상품의 자유로운 이동을 추구하는 공동시장의 특성상 환경관련 규제가 각 회원국 간 상이할 경우 이러한 규제가 단일시장에서 무역장벽으로 작용하거나 각 국가별로 차등적 규제대응비용을 발생시켜 회원국 간의 공정한 경쟁기반(level playing field)을 왜곡시킬 가능성이 있기 때문이다.

하지만 1957년 당시 6개국에 의해 서명된 로마조약 당시에만 해도 환경에 대한 언급은 없었으며, 공동환경정책에 대해 논의가 시작된 것은 1970년대에 들어서이다. 1972년 스톡홀름에서 개최된 유엔 인간환경회의(UN Conference on the Human Environment)[4]에서 최초로 국제적으로 환경문제에 대하여 논의가 시작된 이후 파리에서 개최된 유럽정상회담에서 연합 차원의 환경정책에 대해 처음으로 공식적인 논의를 시작하였으며 1973년 첫 번째 환경행동프로그램(Environmental Action Program: EAP)이 채택되었다. 이러한 환경행동프로그램은 그 자체로는 법적 구속력이 없지만 공동환경정책의 목표와 우선 순위를 제시하고 환경정책을 구체화하여, 연합을 규율하는 규범체제의 기본을 제공한 바 있다.

오늘날 세계는 경기침체로 인한 경제적 성과의 후퇴를 환경문제의 해결과 결합시킨 녹색성장정책을 펼치고 있다. 재정위기를 겪고 있는 그리스, 이태리 등을 제외한 독일, 프랑스 등 주요 유럽국가의 경우도 탄소배출권거래제도의 출범과 함께 환경과 경기의 부양 및 경제의 성장을 결합한 녹색산업정책을 지속적으로 추진해 오고 있다. 특히 신재생에너지 분야 및 탄소배출감축

2) Stuart Bell, Donald McGillivray, *Environmental Law*, seventh ed.(Oxford University Press, 2008), p. 28.

3) 河村寬治/三浦哲男, 「EU 環境法と企業責任」(信山社, 2004), 29-30면.

4) 1972년 로마클럽은 인구증가와 급속한 산업화로 인한 자원의 소비 증가는 자원의 고갈을 야기시켜 인류의 성장을 한계에 도달하게 만들 것이라 주장하며 성장의 한계(Limits to Growth)보고서를 발표하였다. 이에 국제적으로 환경에 대한 관심이 고조됨에 따라 개최된 국제회의로 최초의 국제적 환경선언문인 인간환경선언(스톡홀름선언)이 채택되었다.

기술 분야는 가장 활발히 추진되고 있는 분야이다.

오늘날 유럽환경법은, 미국이 탄소배출권거래제도, 원자력 문제 등 새로운 환경법 분야에 미온적인 것에 비해, 적극적으로 환경정책을 주도함으로써 세계 환경법의 모델이 되고 있다. 이는 향후 우리나라의 환경법체계의 재구성 및 입법정책상의 시사점을 얻는 데도 매우 유용한 자료라고 생각된다. 유럽환경법에 대한 연구는 각 개별적인 분야에서 그리고 각 학문적 영역에서 세부적으로 이루어지고 있다. 반면 유럽환경법 전체를 개관하며, 통합하여 조망할 수 있는 자료는 그리 많지 않다. 따라서 여기에서는 유럽환경법의 전체 체계를 하나로 묶어 거시적으로 바라볼 수 있는 기회를 갖고자 한다. 더불어 기후변화협약 등으로 인해 연합의 성립 이래 가장 큰 변화를 맞고 있는 유럽환경법의 최근 동향을 법제도적 측면에서 일견해 보고자 한다.

Ⅱ. 제 1 차 규범에 구현된 유럽환경정책의 기본법적 근거

유럽연합에 있어서 제 1 차 규범은 유럽조약과 유럽기능조약을 의미하나, 환경관련 규범은 구체적으로 주로 기능조약에 그 근거를 두고 있음에 따라 유럽환경법의 기본법적인 근거로서의 제 1 차규범을 유럽기능조약을 중심으로 고찰한다.

1. 유럽연합 환경정책의 목표

유럽기능조약은 제191조 제 1 항을 통해 유럽연합의 환경정책목표를 환경의 보호와 환경의 질적 향상, 건강한 삶을 위한 환경의 유지·보호, 환경자원의 건전하고 합리적 이용, 국제적 차원에서의 지역적 혹은 세계적 환경문제를 처리하기 위한 환경협력의 촉진에 두고 있음을 명시하고 있다.

유럽기능조약은 '환경(Umwelt, Environment)'에 관한 명시적인 개념정리를 하고 있지 않으나, 연합차원에서의 규범, 즉 규칙(Verordnung, Regulation), 지침(Richtlinie, Directive), 결정(Entscheidung, Decision) 등을 종합해 볼 때 연합의

규범이 예정하고 있는 환경은 인간생활을 둘러싸고 있으면서 인간의 삶에 영향을 미치는 영속적인 조건을 의미하는 것으로 파악할 수 있다. 이처럼 환경에 대한 명시적인 개념정리가 없다는 점은 환경보호의 필요성이 대두되었을 때 유연하게 법을 적용할 수 있다는 장점이 있지만, 다른 한편으로는 환경법과 관련 법률에 의하여 구속되는 주체의 범위가 불분명하기 때문에 해당법의 적용 시 해석의 오류가 발생 할 수 있다는 단점이 있다. 물론 최종적으로는 유럽사법재판소가 규범의 해석을 통해 이러한 문제를 해결해 줄 수 있지만, 일차적으로 해당 규범을 적용하는 행정당국의 입장 간에는 여전히 해석 및 적용상의 차이가 존재할 수 있다. 한편, 유럽기능조약은 환경의 개념과 결합된 환경자원의 개념에 대해서도 명확한 정의를 내리고 있지 않다.[5)]

'유지(Erhaltung, Preserving)'는 환경이 악화되지 않은 상태를 의미하며, 기능조약은 이를 통해 국가 또는 민간주체들에게 적절한 개입을 통해 환경오염을 줄이고 종국적으로 이를 제거해야 한다는 소극적 측면에서의 의무를 부과하고 있다. 한편 '질적향상(Qualitätverbesserung, Improvement of Quality)'이라 함은 소극적 오염방지 및 제거에서 벗어나 적극적인 환경기술 등의 개발을 통해 현재 상태보다 높은 수준의 환경상태를 구현하는 것을 의미하며,[6)] 이는 최근 기후변화협약에 따른 구체적 행보인 탄소배출권거래제 도입의 간접적인 근거로 기능한다.

'건강의 보호' 역시 환경정책의 중요한 목표중의 하나로서 이는 유럽기능조약 제168조에서 규정하고 있는 연합 보건정책과 밀접한 연관성을 지닌다. 한편 환경자원의 합리적인 이용은 인류가 이용하고 있는 토지, 물, 공기 등과 같은 자원을 경제성의 원칙에 입각하여 과도하게 사용하지 않으며, 재활용함으로써 미래세대가 사용할 수 있는 자원의 규모를 유지시켜 나가는 것을 의미한다.[7)] 이는 오늘날 환경법제에서의 화두 중의 하나인 '지속가능한 성장

5) 유엔 인간환경선언 제 2 원칙에 의할 경우 환경자원은 자연 생태계를 대표하는 공기, 물, 토지, 야생 등을 지칭한다. 이에 대해서는 Stuart Bell, Donald McGillivray, *op cit.*, pp. 24-28 참조.

6) Christian Calliess, EG-Vertrag Art. 174 in Christian Calliess/Matthias Ruffert(Hrsg.), Kommentar zu EU-Vertrag und EG-Vertrag, 2. Aufl.(Luchterhand, 2002), S. 1813.

7) Christian Calliess, a.a.O., S. 1814.

(sustainable development)'과 맞닿아 있으며 구체적으로 연합의 신재생에너지 정책으로 연결되고 있다.

2. 환경정책의 원칙

유럽기능조약 제191조 2항은 연합이 지향해야 할 환경정책의 기본적인 원칙들을 제시하고 있는바, 이는 유럽만의 특별한 원칙이라기보다는 환경정책 및 환경규범에 관한 일반원칙으로 받아들여지고 있는 것들이다. 이들 원칙은 높은 수준의 환경보호 원칙, 사전배려의 원칙, 사전예방의 원칙, 오염자부담의 원칙, 발생원에서의 대응 원칙으로 구성된다.

첫째, '환경에 대한 높은 보호수준의 원칙(Prinzip des hohen Schützniveaus, high level of protection principle)'은 환경보호의 경우, 동일한 보호조치 기준을 각각의 환경적 혹은 자연적 기반이 다른 지역에 적용할 경우 부작용이 발생할 수 있으며, 이를 해소하기 위해서는 지역별 차별성을 고려하여 각 회원국마다 특성에 맞는 환경정책을 수행해야 하지만 가능한 높은 수준의 환경보호를 실천해야 한다는 것을 의미한다.

둘째, '사전예방의 원칙(Vorsorgeprinzip, precautionary principle)'은 확실한 과학적 근거가 없는 경우에도 특정한 상황, 제품 및 물질이 환경 또는 인간의 건강에 악영향을 미칠 리스크가 있는 경우에는 이를 사전에 방지하는 방향으로 조치를 취해야 한다는 원칙이다. 즉, 동 원칙은 아직 구체적으로 위험이 실제화되지 않은 환경리스크에 대한 사전적 대응의 원칙이라고 할 수 있다.[8] 2000년 집행위가 제안한 동 원칙과 관련된 제안서는 사전예방의 원칙의 역내·외 적용기준으로서 규제가 보호수준에 상당해야 한다는 비례성, 규제의 적용이 모든 대상에게 무차별적이야 한다는 차별성 배제, 새로운 규제가 기존의 유사 규제와 상치되어서는 안 된다는 일관성, 잠재적 이익과 사회, 경제적 비용을 비교하여 환경 정책을 결정해야 한다는 비용 편익 분석, 새로이 개발되는 환경보호를 위한 과학기술을 반영하여 환경 정책을 발전시켜야 한다는 새로운

8) Christian Calliess, a.a.O., S. 1822.

과학기술의 고려 등을 제시하고 있다.[9] 그러나 이와 같은 사전예방의 원칙은 유럽연합이 성장호르몬이 주입된 미국산 소고기 수입을 금지시킨 사건[10]의 경우처럼 환경상 대응이 필요한 경우가 불확정적 리스크의 평가와 함께 적용될 경우 논란의 여지가 있다.

셋째, '사전배려의 원칙(Vorbeugeprinzip, prevention principle)'이란 미래예측적이고 형성적인 계획조치들을 통해 환경자원을 이용하는 모든 주체들이 향후에 일어날 수 있는 환경침해적 결과를 가능한 배제하여야 한다는 원칙을 말한다.[11] 이러한 배려의 원칙은 환경침해가 예견 가능할 경우 이를 적극적으로 배제하는 노력을 해야 한다는 의미를 포함하고 있음에 따라 환경피해를 사전적으로 예방해야 한다는 사전예방의 원칙과 연결선상에 있다.

넷째, '오염자부담의 원칙(Verursacherprinzip, polluter pays principle)'은 환경피해의 발생시 해당 피해사실의 방지, 손실보전 및 손해배상에 대한 책임은 해당사실을 야기시킨 즉, 환경오염의 발생에 원인을 제공한 자가 책임을 져야 한다는 원칙을 말하며, 원인자책임의 원칙이라고 하기도 한다.[12] 환경 분야에 원인과 책임의 개념이 함께 최초로 도입된 것은 1972년 OECD의 'Polluter Pays Principle'에 그 기원을 두고 있으며 WEEE 지침 및 REACH 등 유럽연합의 환경관련 법규에서도 동 원칙이 실현되고 있다. 하지만 오염자의 개념과 관련하여 오염자를 특정하는 데 많은 어려움이 있다. 예컨대, 수질 및 대기오염의 경우 오염의 확산이 비교적 짧은 시간에 복합적이면서 광범위하게 일어나기 때문에 각각의 오염자를 특정하는 것에 한계가 있기 때문이다. 아울러 공동불법행위의 논리를 원용한다 하더라도 피해규모가 클 경우 최종적으로는 국가가 오염과 관련된 부담을 떠맡게 된다는 점에서 이러한 상황에서는 오염자부담의 원칙을 엄격히 적용하기가 어렵다. 따라서 오늘날 동 원칙은 복합적

---

9) 외교통상부, 「EU의 무역관련 환경기준」(2007), 5면.

10) 미국이 1989년 성장호르몬이 함유된 미국산 소고기 수입을 전면 금지한 EC의 조치에 불공정행위라고 WTO에 제소한 결과 WTO는 수년간의 조사와 검증 끝에 성장호르몬 소고기가 인체에 유해하다는 증거가 불충분하다며 미국의 입장을 지지하였지만 유럽연합은 이에 동의하지 않음으로써 분쟁이 명확히 해결되지 않았던 사안이다.

11) 홍준형, 「환경법」(박영사, 2005), 101면.

12) 외교통상부, 위의 책, 5면.

환경오염을 일으킬 수 있는 사업자들이 공동의 펀드를 구성하여 환경오염 시 정화비용을 지불하는 방식의 도입으로 그룹책임의 원칙(Gruppen-lastprinzip)화 되어가고 있다.[13)]

한편, 오염자부담의 원칙은 환경과 관련한 정부지원과의 관계에서 상충되는 결과가 발생할 수 있어 양자의 관계에 대한 개념적 정립이 필요하다. 즉, 환경피해의 발생에 있어서 원인자 책임의 원칙은 기본적인 원칙이지만, 이러한 환경피해를 사전에 예방하기 위한 기술개발에 대한 정부의 지원 및 보조금 지급 등은 사회전체적으로 원인자 책임의 규모를 줄여나가기 위한 활동이라는 점에서 엄밀하게 원인자의 행위와 원인자가 아닌 자의 행위가 혼재되고 있다는 점이다. 그러나 기술개발의 지원 등과 같은 정부의 환경유도정책은 종국적으로 환경오염방지를 위해 국가 역시 간접적인 감독책임을 부담한다는 점에서 원인자책임의 관계에서 하나의 연관선상에 있다고 볼 수 있으며, 더 나아가 양자는 상호보완적이라고 할 수 있다.[14)]

다섯째, '발생원에서의 대응원칙(Ursprungsprinzip, source principle)'은 환경오염이 발생한 경우 그 발생원에서 우선적으로 회복되어야 하며, 발생한 장소에서 가능한 가까운 곳에서 오염처리가 이루어져야 한다는 의미로 주로 수질, 대기 및 폐기물과 관련된 환경문제에 적용된다.

3. 환경정책의 실행에 있어서의 고려사항

유럽기능조약 제191조 제3항은 연합의 환경정책의 실행에 있어서 다음과 같은 사항이 고려되어야 함을 규정하고 있다.

첫째, 환경정책의 입안과 수행 및 평가는 이용가능한 과학적 및 기술적 측면의 자료를 기반으로 하여야 한다. 과학 및 기술적 측면의 자료는 국제적으로 인정되는 기준을 사용해야 한다. 예컨대 오염량의 측정 내지 화학물질량의 측정에 관해 과도한 높은 기준을 제시하여 수입을 금지시킬 경우 기술장

13) Wolfgang Kahl, Art. 174 EGV in Rudolf Streinz, EUV/EGV, C. H. Beck, 2003, S. 1718.

14) Siehe, Christian Calliess, a.a.O., S. 1825.

벽의 설치에 따른 WTO 협정위반을 구성하게 된다. 따라서 이러한 기준은 WHO, UN 등의 기관 등에서 사용하는 자료로 구성됨이 일반적이다. 한편 과학 및 기술자료를 기반으로 하여 환경상의 인·허가 등에 제한을 두는 경우, 권리구제절차에 있어서 법원이 이를 판단할 수 있는가도 문제된다. 현재 유럽사법재판소의 입장은 자료의 수집 및 적용에 있어서의 명백한 오류, 권한의 남용 등의 사안이 아니면 과학적 판단에 있어서는 사법적 심사를 자제하고 있다.[15)]

둘째, 유럽연합 환경정책의 수행 또는 지침을 통해서 규율하게 되는 공통사항에 있어서도 연합에 소속되어 있는 각 지역별 특성을 감안한 정책을 구사하여야 함을 규정하고 있다. 여기에서 지역이라 함은 정치적인 측면에서의 국가 영역을 의미하는 것이 아닌 특별한 환경적 요건, 즉 토양, 생태, 기후 등의 요건을 감안한 구역의 획정을 의미한다.

셋째, 환경정책의 수행에 있어서는 비용과 효과에 대한 이익형량이 고려되어야 한다. 즉 환경정책의 수행에 비용편익분석이 수반되어야 함을 말한다. 그러나 여기에서의 비용편익의 측정기준은 순수한 경제적 의미에서의 비용편익이 아닌 기간별로는 단기, 중기, 장기의 그리고 각 영역별로는 경제, 사회, 문화 등의 측면에서의 통합적인 편익분석이 이루어져야 함을 의미한다.[16)]

넷째, 회원국가별 경제 및 사회적 발전상황에 능동적으로 부합하는 환경정책의 수행이 이루어져야 한다. 그러나 연합 차원에서의 조화롭고 균형있는 발전을 고려할 때 각 회원국의 정책은 그 외연상의 한계를 지닌다.

이 밖에도 유럽연합 환경정책의 실행에 있어서 중요한 원칙으로는 보충성의 원칙(Subsidiaritätsprinzip, Subsidiarity principle)을 들 수 있다. 보충성의 원칙은 연합의 모든 정책수행의 기저에 흐르는 일반원칙이다. 그러나 이러한 보충성의 원칙을 어떻게 정의할 것인가는 매우 어려운 문제이다. 왜냐하면 보충성의 원칙은 그 적용사안에 따라 각기 다르게 해석되어 질 수 있기 때문이다. 유럽연합조약 제 5 조 2항을 통해 보충성의 원칙을 정의해보면, 대체적으로 다

15) EuGH Rs. C-40/92, *Commission v. United Kingdom*, May 1992; Wolfgang Kahl, a.a.O., S. 1724.

16) Wolfgang Kahl, a.a.O., S. 1725.

음과 같이 정리할 수 있다. "연합은 자신의 배타적 권한에 속하지 않는 분야에 있어서 상황과 필요성을 중심으로 권한의 배분 및 권한의 공유를 행사하게 되며, 단, 연합의 직접적인 개입은 회원국을 대신하여 개입하는 것이 정당하다는 것이 충분히 증명되어야 하고, 개입의 양과 질의 측면에서 투입에 대한 충분한 이유가 적시되어야 하는"[17]원칙이라고 할 수 있다. 이러한 보충성의 원칙은 유럽기능조약 제 2 조 5항에 적시된 바처럼 "연합의 권한 행사는 회원국의 권한 행사를 지원, 조정 또는 보완하는 데 있으며, 이를 대체하는 것이 아니다"에 투영되어 있으며, 환경관련 정책에 있어서도 마찬가지로 적용되고 있다.[18]

4. 유럽환경정책의 수립

유럽환경정책의 수립에 있어서도 기존의 입법방식과 마찬가지로 lamfulussy process 등을 통해 다층적 구조하에서 관련 기관의 참여를 보장함으로써 연합 내에서의 입법상 민주적 정당성을 제고하고 있다. 환경정책의 경우 환경정책 자체의 의미도 중요하지만 환경정책이 영향을 주는 산업 및 경제관계, 그리고 보건 등 관련 분야가 많음에 따라 절차적 정당성의 보장은 매우 중요한 의미를 갖는다. 따라서 유럽기능조약 제192조 1항에 의거하여 유럽의회와 이사회는 회원국의 대표자들로 구성되는 자문기구인 경제사회위원회와 지역위원회의 자문을 통해 입법적 고려사항들을 수렴하는 절차를 거치게 된다. 그러나 동 조 제 2 항에서 열거하고 있는 특별한 상황 — 재정적 부담을 동반하거나 도시계획, 수자원의 양적 관리, 토지의 사용 등에 영향을 미치는 조치, 그리고 일반적인 에너지 공급구조와는 다른 특별한 에너지 공급구조를 가지고 있는 회원국의 정책선택에 영향을 미치는 경우 — 이 있는 경우에는 이사회는 반드시 유럽의회와 경제사회이사회 그리고 지역위원회의 자문을 거친 후 특별입법절차에 따라 만장일치로 이를 통과시켜야 한다.

17) 전훈, "유럽헌법상의 보충성의 원칙," 「공법학연구」, 제16권 제31호(2005. 12.) 37-38면.
18) Jan H. Jans, *op cit.*, pp. 11-13.

Ⅲ. 제2차규범에 나타난 유럽환경정책의 법·제도적 형태

1. 중장기 환경정책의 목표

1973년부터 시작된 환경행동프로그램은 총 6차까지 진행이 되었는데 환경행동프로그램은 그 자체로는 법적 구속력은 없지만 유럽연합 공동환경정책의 우선순위와 목표를 정의하고 정책목표 달성을 위한 이행방안을 구체화하였다는 점에서 긍정적인 평가를 받고 있다.

2002년 유럽연합 집행위원회는 "우리의 미래, 우리의 선택"이라는 슬로건으로 10년간의 장기적인 정책의 틀과 방향을 제시하는 제6차 환경행동프로그램[19)]을 발표하였으며, 환경 분야에 있어 극복해야 할 4대 우선순위 분야를 명시하였다. 우선순위 분야로는 기후변화 대응, 자연과 생물 다양성 보전, 환경과 건강, 삶의 질 향상, 환경자원 및 폐기물관리가 있다.

기후변화 대응과 관련한 단기목표는 교토의정서에 따른 목표로서, 즉 2012년까지 온실가스 배출량을 1990년대 대비 8% 감축하고, 장기적으로는 2020년까지 20-40% 감축할 것을 목표로 삼고 있다. 이를 이행하기 위한 수단으로는 에너지정책의 활용, 에너지 효율성 증대, 배출권거래제도 확립, 기후변화와 관련된 리서치 시행 등을 제시하고 있다.

자연과 생물 다양성 보존 분야에서는 유럽연합 및 국제적 차원에 있어서의 생물 다양성 손실을 막고 생태계의 보존 및 재건을 목표로 수질 및 대기와 관련된 법규의 시행 및 토양보호를 위한 각종 정책 등을 제시하고 있으며, 환경과 건강 분야에 있어서는 환경오염이 인간건강에 악영향을 미치지 않도록 하기 위한 수질, 대기, 화학물질 관리 정책 또는 소음규제와 관련된 내용을 포함하고 있다.

환경자원 및 폐기물 관리 분야는 자원이용의 효율성 증대를 통해 자원이용의 지속가능성을 높이고, 2050년까지 50% 수준으로 폐기물을 감축하기 위하여 폐기물 재활용 등에 대한 정책방안을 제시하고 있다. 이 밖에도 4대 우

---

19) Decision 1600/2002/EC.

선순위 분야의 효율적인 정책 시행을 위한 세부 시행방안을 아울러 명시하고 있다.

2. 제 2 차규범과 환경법제의 주요규율형식

유럽기능조약을 제 1 차 규범으로 하여 동 조약에서 정하고 있는 목표를 달성하기 위하여 이를 보다 구체화한 형태가 제 2 차 규범인 규칙(Verordnung, Regulation), 지침(Richtlinie, Directive), 결정(Entscheidung, Decision)이다. 물론 광의의 규범에는 권고(Empfehlung, Recommendation), 의견(Stellungsnahme, Opinion) 등도 포함할 수 있지만, 규범이라고 부를 수 있는 것은 구속력을 가지고 있는 규칙, 지침, 결정이며, 권고, 의견은 비록 차후의 입법에 반영될 가능성이 높다하더라도 구속력이 없다는 점에서 엄밀한 의미에서의 규범으로 분류하기는 어렵다.

규칙은 일반적인 강제력을 가지고 있어 국내법화가 필요 없다는 점에서 가장 강력한 수단의 2차규범이다. 지침은 연합 차원에서의 동일한 달성목표는 설정하되, 그 수단과 방법은 회원국의 국내법에 위임함으로써 수범의 방식이 국내법에 의한다. 즉 연합이 규범의 대체적인 외연을 규율하고 회원국이 이를 국내법화하는 과정에서 세부적으로 회원국의 사정에 맞는 규범을 정립하는 것이다. 이를 국내법적 이행(Umsetzung, Implementation)이라고 한다. 그러나 실제로는, 특히 최근 들어, 연합의 지침이 매우 구체적이고 세부적인 면까지도 규율하고 있다는 점에서 국내법에서 특별히 새로운 사항을 변용·규율할 수 있는 여지는 작다고 할 수 있다. 그럼에도 불구하고 지침은 타 규범에 비해 연합 내에서 각 국가의 차이점을 고려할 수 있다는 점에서 효용성이 높은 법원(法源)으로 이용되고 있다. 한편 결정은 각 개별적인 수범자에 대해서 구속력을 가지는 규범을 말하며, 권고나 의견은 법적 구속력은 없으나, 연합의 정책의도 및 목표 또는 자발적인 수범을 유도하는 기능을 가진 법적 수단을 말한다.

한편 규칙, 지침, 결정과 같이 구속력을 지닌 법적 수단에 대해서는 해당 회원국의 의무위반에 대해서 연합차원에서의 제재조치가 가해지게 된다. 의무

위반에 대해 집행위는 해당 회원국에 대하여 위반의 이유를 명시한 의견서를 보내게 되며, 집행위가 정한 기간 내에 회원국 차원에서 적절한 조치가 이루어지지 않을 경우에는 유럽사법재판소에 회부되어 심리가 진행되게 된다(유럽기능조약 제258조, 제260조 2항).[20] 이와 같은 경우는 최근 환경문제에 대한 관심이 크게 대두되면서 환경 분야의 경우에서도 많은 사례를 찾아볼 수 있다. 예컨대 스페인 정부가 연합 지침(Directive 2000/60 EC)에 구현된 물관리 정책에 대해서 정해진 기간 내에 국내법화하지 못한 사례,[21] 룩셈부르크 정부가 온실가스 배출의 상한설정 및 저감에 관한 교토의정서 이행 결정(Decision 2004/280/EC)에 대응하지 못한 사례,[22] 그리스 정부가 원인자책임의 원칙에 입각한 환경피해의 구제에 관한 지침(Directive 2004/35/EC)을 국내법화하지 못한 사례,[23] 영국과 북아일랜드가 선박을 원인자로 한 해양오염에 대한 지침(Directive 2005/35/EC)에 부합한 국내법을 입법하지 못한 사례[24] 등을 들 수 있다.

환경법적 측면에서 연합은 규칙과 지침을 이용한 제 2 차규범을 주로 이용하고 있다. 연합차원에서 예외 없이 적용되어야 하며, 동일한 법적 수단을 통해 강력한 통일성의 유지가 필요한 경우에는 규칙의 방식을 채택하고 있다. 그러나 지역적 특성과 연합 목표라는 양면을 모두 충족시켜야 할 사항에 대해서는 지침을 사용하는바, 지침에서 제시된 목표를 달성하기 위해 필요한 수단과 방법이 구체화된 국내법을 통하여 일반국민에 대해 구속력을 발휘하도록 하고 있다.[25] 오늘날 환경에 관한 문제는 회원국가의 경제 관련 사항에 미

---

20) 집행위가 의견서를 발부하면서 회원국의 자발적 조치를 기대하는 과정을 강제이행의 'first round' 그리고 유럽사법재판소에서 재판이 진행되는 것을 'second round'라고 표현하기도 한다. Hedrmann-Robinson, Martin, *Enforcement of European Union Environmental Law: Legal Issues and Challenges*(Taylor & Francis Routledge, 2007), p. 31

21) C-516/07, *Commission v. Kingdom of Spain*, May 2009.

22) C-390/08, *Commission v. Grand Duchy of Luxembourg*, May 2009.

23) C-368/08, *Commission v. Greece*, May 2009.

24) C-557/08, *Commission v. United Kingdom of Great Britain and Northern Ireland*, July 2009.

25) 지침의 경우 때때로 재판의 과정에서 투과효(Durchwirkungseffekt) 또는 직접효(direct effect)가 인정되는 경우가 발생한다. 투과효라 함은 국내적 입법절차를 거치지 않고도

치는 영향이 크다는 점, 각 국가의 환경인프라의 수준을 고려할 필요가 있다는 점을 고려할 때 개별 국가차원에서의 특성이 고려되지 않을 경우 해당 국가차원에서 규범의 준수효과가 크게 반감된다는 점에서 지침은 매우 중요한 의의를 지님과 동시에 선호되고 있다. 실지로 규칙의 경우 오존층의 보호에 관한 규칙,[26] 폐기물규칙,[27] 화학물질규칙,[28] 생태감사에 관한 규칙,[29] 에코라벨 사용에 관한 규칙[30] 등의 규칙이 있으나[31] 지침의 경우에는 환경정보에 관한 지침,[32] 환경영향평가에 관한 지침[33] 등을 포함한 대부분의 환경관련 규범이 지침의 형식으로 발령되고 있다.[34]

제 2 차규범은 크게 일반총론규범으로서의 제 2 차규범, 오염 및 소음방지를 위한 제 2 차규범, 공간, 환경 및 자원의 보호를 위한 제 2 차규범, 환경보호를 위한 국제협력 총 네 가지 분야로 구분된다. 일반총론규범으로서의 제 2 차규범은 유럽환경법의 제정 및 개정의 기본사항으로 환경행동프로그램(EAP), 오염자부담원칙, 사전예방원칙과 같은 유럽연합 환경정책의 원칙, NGO활동 촉진 프로그램, 환경과 건강전략 등을 포함하고 있으며, 오염 및 소음방지를 위한 제 2 차규범은 크게 핵 안전과 방사성 폐기물, 수질보존과 활용, 대기오염의 모니터링, 소음공해 방지, 화학과 산업위험, 생명공학의 다섯 가지 영역으로 분류할 수 있다. 이와 관련된 대표적인 것은 깨끗한 물의 지속적인 공급을 위한 지상수, 지하수, 해수의 보호를 위한 명확한 규정을 목표로 하는 수

지침이 직접적으로 국민의 권리의무 관계를 규율하게 되는 효과를 말하며 지침이 충분히 특정되어 국내입법 당국이 수단과 방법의 선택여지가 없을 때 주로 나타나게 된다. Hedermann-Robinson, Martin, *op cit.*, p. 219. 그러나 이외에도 회원국이 지침을 국내법화 하지 않은 경우와 회원국이 지침을 잘못 국내법화함으로써 연합법과의 충돌이 발생한 경우에도 지침의 투과효는 발생한다.

26) 구 594/91/EWG, 3093/94/EC로 대체.

27) 구 259/93/EWG, 1013/2006/EC로 대체.

28) 구 1734/88/EWG, 2455/92/EEC로 대체.

29) 구 1836/93/EWG, 761/2001/EC로 대체.

30) 구 880/92/EWG, 1980/2000/EC로 대체.

31) 송동수, "환경오염의 통합적 방지 및 축소에 관한 유럽지침," 「환경법연구」, 제20권, 163면.

32) 90/313/EWG, 2003/4/EC로 대체.

33) 85/337/EWG, 2011/92/EU로 대체.

34) 송동수, 위의 논문, 164면.

질기본지침,[35] 몬트리올 의정서에서 비롯된 오존층 파괴물질인 프레온가스의 사용금지를 규정한 지침[36] 등이 있다. 공간, 환경 및 자원의 보호를 위한 제 2차 규범의 분야는 공간 및 환경의 활용과 효율적인 사용, 야생 동식물의 보호, 폐기물 관리와 청정기술이 세부 분야로 규정되어 있으며, 환경보호를 위한 국제협력은 몬트리올 의정서 및 바젤협약, 생물다양성협약, 기후변화협약 등과 같은 국제환경협약(Multilateral Environmental Agreement: MEA)을 통한 국제협력의 내용을 포함하고 있다.

Ⅳ. 유럽 환경법의 새로운 동향에 대한 법·제도적 검토

1. 산업관련규제의 강화

유럽연합은 유럽기능조약 제34조와 제35조를 통해 회원국 간 상품의 자유로운 이동(Free Movement)을 방해하는 행위를 금지하고 있으며, 유럽기능조약 제36조에서는 이러한 금지사항의 예외로서 인류 및 동·식물의 건강과 삶의 보호를 명시하고 있다.[37] 또한 유럽사법재판소는 합리성의 원칙(rule of reason)에 따라 환경과 관련된 상품의 수입에 있어서 그 제한을 인정하는 판결을 내리고 있다.[38]

무역규제와 관련하여 유럽연합의 환경 관련 규정의 최근 동향은 제품생산과 관련하여 친환경설계를 고려하고 지속가능한 발전을 도모하기 위한 방향으로 진행되고 있다. 제품의 설계, 생산, 유통, 소비에 이르는 전 과정에서 생산자와 소비자에게 더 많은 의무와 책임을 부과하고 있으며, 제품의 친환경적 설계, 환경적합성 평가를 통한 판매규제, 전기전자제품의 유해물질 사용

35) 2000/60/EC, 2009/31/EC에 의해 개정.

36) 2037/2000/EC, 1005/2009/EC로 대체.

37) Jan H. Jans, *op cit.*, pp. 232-248.

38) 일례로 Cassis de Dijion 판결과 관련 유럽헌법재판소는 공중보건과 소비자 보호를 목적으로 하는 무역제한 조치는 인정될 수 있다고 판결을 내렸다. C-120/78, *Rewe-Zentral AG v. Bundesmonopolverwaltung für Branntwein*, Feb. 1979.

제한, 제품의 수거와 재활용체계 구축 등 제품의 친환경적 생산과 소비를 유도하기 위한 규정들이 나타나고 있다. 그 일례로 환경오염의 통합적 방지와 축소에 관한 지침(Integrated pollution prevention and control: IPPC)[39]이 있으며 통합지침은 산업시설물이 환경오염의 가장 주된 원인임을 고려하여 실체법적으로는 산업시설물에 대해서 환경오염방지를 위한 법적 의무를 부과하고 있으며, 절차법적 측면에서 허가절차를 통하여 환경오염유발산업시설물의 설치를 통제하고 있다. 이로써 오늘날 유럽에서는 환경문제의 책임이 국가에서 산업활동의 주체인 기업에게로 옮겨가고 있으며 규제 대상도 사업장 중심에서 해당 사업장이 생산하는 제품을 중심으로 확대되고 있다. 그 구체적인 예로 폐전기전자제품에 관한 지침(WEEE), 특정유해물질 사용제한에 관한 지침(RoHS)이 발령되었으며, 2005년에는 에너지사용제품의 친환경설계지침(EuP), 2008년에는 신화학물질관리제도(REACH)가 제정되었다.

1) 폐전기전자제품처리지침(WEEE) 및 전기전자제품 유해물질제한지침(RoHS)

유럽연합 내에서 전기전자제품관련 폐기물은 일반폐기물 발생증가율의 세 배로 매년 3-5% 증가하는 등 기타 폐기물과 비교하였을 경우 가장 빠른 속도로 증가하고 있다. 이러한 폐전기전자제품의 90%는 매립, 소각 또는 사전처리 없이 취급되고 있으며 이로 인한 토양 및 수질 오염이 증가하고 있는 추세이다.[40] 따라서 제 5 차 환경행동프로그램에서는 사전예방의 원칙에 따라 폐전기전자제품을 규제되어야 할 대상 중 하나로 규정하였으며, 제 6 차 환경행동프로그램에 있어서도 최우선 과제 중 하나로 선정되어졌다. 이에 따라 구체적인 입법의 형태로서 유럽연합은 폐전기전자제품처리지침인 WEEE(Waste Electrical and Electronic Equipment)[41]와 전지전자제품 유해물질제한지침인 RoHS (Restriction of the Use of Hazardous Substances in Electrical and Electronic Equipment)[42]를 공포하였다.

39) 96/61/EC.

40) European Commission, Implementation of the Waste Electric and Electronic Equipment Directive of the EU, Technical Report Series, 2006, p. 1.

41) 2002/96/EC, 2008/34/EC, 2008/35/EC, 2008/112/EC에 의해 개정.

42) 2002/95/EC, 2011/65/EU로 대체.

WEEE지침은 유럽기능조약 제191조 2항에 명시된 오염자부담의 원칙에 근거하여 소비자에 의해 사용된 후 소각, 매립되지 않은 전기전자 장비들을 생산자로 하여금 일정한 비율로 회수(recovery), 재사용(reuse) 및 재활용(recycle) 하도록 의무화한 지침으로 2007년 1월부터 이 비율을 준수하는 기업의 해당 제품만을 EU 역내에서 판매 허용하도록 규정하고 있다. WEEE지침 제3조 1항은 교류 1,000볼트, 직류 1,500볼트 이하의 정격전압으로 사용되는 모든 유형의 전기 및 전자제품을 규제대상으로 규정하고 있으며 부속서1A에 세부 적용대상을 명시하고 있다. 또한 WEEE지침 제10조에 의거 제조업체는 소비자에게 WEEE 분리수거 체계 등 필요한 정보를 제공하여 전기전자제품의 폐기물을 최소화 하는 데 적극 동참하도록 장려해야 하며, 2005년 8월 13일 이후에 출시되는 제품의 경우 유럽표준규격 EN 50419[43]에 따라 상기 지침이 적용되는 대상 제품임을 나타내는 WEEE 마크를 부착하여야 한다. 하지만 회원국 간 처리 방식 및 절차 등의 불일치로 인해 지침의 시행이 원활하게 이루어지지 않음에 따라 집행위는 2008년에 있었던 개정을 통해 지침의 시행관련 절차의 단일화, 기존 지침에 비해 재활용 및 회수율 목표치 상향조정 등의 내용을 규정·보완하였다.

RoHS지침은 폐전기전자제품의 처리 및 재활용과정에서 재활용성을 저해하거나 환경오염문제를 야기할 수 있는 특정 유해물질의 사용을 제한 및 대체하도록 의무화하는 지침이다. 당초 2006년 7월부터 전기전자제품에 대해 납, 카드뮴, 수은, 6가크롬, PBB, PBDE의 사용을 금지할 것을 지침 제4조에 규정하였지만 이러한 유해물질 사용의 전면금지가 불가능하다는 것을 인정, 2005년 유해물질의 최대허용치[44]를 규정한 개정안[45]을 발표하였다. 동 지침의 대상제품은 WEEE지침 부속서 1A에 명시된 카테고리 중 8, 9 제품군에 속해 있는 모니터링 및 제어장비와 의료장비를 제외한 전기전자제품과 백열등, 가정용 조명이며 2006년 7월 1일 이전에 시장에서 판매된 제품은 여기서 제외

43) WEEE 제10조 및 제11조에 의거 유럽 전자기술표준기구(CENELEC)에서 제정한 WEEE 마크 부착에 관한 EU 규격을 말한다.

44) 순물질(homogeneous material)에 대한 납, 수은, 6가크롬, PBB 및 PBDE의 성분은 0.1%, 순물질에 대한 카드뮴의 성분은 중량의 0.01%를 최대허용치로 규정하고 있다.

45) 2005/618/EC, 2011/65/EU로 대체.

된다. 2008년에 있었던 가장 최근의 개정지침[46]에서는 유해물질 대체기술의 발전을 감안하여 기존에 지침의 적용제외대상이었던 모니터링 및 제어장비와 의료장비를 2012년부터 단계적으로 규제대상으로 포함시키고 있다.

2) 에너지사용제품의 에코디자인 지침(EuP)

EuP지침(Eco-design requirements for Energy-Using Products)[47]은 유럽연합 내 기술표준화와 역내 자유로운 교역을 목적으로 에너지를 사용하는 제품 설계 시 제품의 전 과정을 고려하여 환경영향이 최소화되도록 친환경적인 디자인을 의무화하는 기본체계를 규정한 것으로 세부 이행수단 및 준수와 관련하여서는 회원국이 별도의 감독체계를 마련할 수 있도록 규정하고 있다. EuP지침 제1조에 따르면 동 지침의 적용대상은 사람이나 물건의 운송수단을 제외한 전력, 화석 연료 등 에너지를 필요로 하는 제품을 모두 포함한다. 또한 제2조에서 에코디자인은 제품 설계 시 제품의 기능성이나 경제성뿐만 아니라 제품의 전 과정에 걸친 환경성도 동시에 고려하여 설계하는 설계방식이라고 규정하고 있다. 2007년 3월부터 에너지 사용 제품개발 시 친환경 설계체계를 구축하여 제품의 친환경 요구기준을 만족시키고, 제품관련 환경정보를 공개하여야 하며 이러한 세 가지 요건을 만족시킬 경우 CE마크를 부착할 수 있다. 제품의 CE마크는 제품의 기능 또는 품질과 관련된 보증을 의미하는 것이 아니라, 그 제품이 환경 및 소비자의 건강, 안정과 관련된 유럽규정을 준수하여 생산되었다는 의미로 소비자가 제품의 구입 시 EU의 에코디자인 지침에 의거 친환경적 설계단계를 통해 제작되었다는 것을 확인할 수 있는 수단이다.[48]

3) 신화학물질관리제도(REACH)

REACH(Registration, Evaluation, Authorization and Restriction of Chemicals)[49]

---

46) 2008/35/EC.

47) 2005/32/EC, 2009/125/EC로 대체.

48) 외교통상부, 앞의 책, 22면.

49) 1907/2006/EC(이후 일부 개정), 신화학물질관리제도상에서 제시되고 있는 기준들은 우리나라 기업의 대유럽수출에 있어서 반드시 준수해야 할 기준으로 아직도 상당부분의 중소기업들이 동 기준을 충족하지 못해 수출선을 유럽 이외의 지역으로 전환을 모색하

는 유해화학물질 통지 및 라벨링제도[50]등 약 40여 개의 기존 화학물질 관리 법령을 통합하고, 기존 및 신규 화학물질[51]을 단일한 시스템에서 통합하여 관리하는 체제를 말한다. REACH는 기존의 화학물질관리 시스템상에서는 화학물질이 인류 및 환경에 미치는 영향에 대한 정보가 제대로 공급되지 않았다는 점과 그리고 이로 인해 유해물질에 대한 평가가 적절하게 이루어지지 않았다는 반성을 기반으로, 화학물질의 종합적이고 체계적인 관리의 필요성에 따라 도입되었다.[52]

REACH는 인간의 건강과 환경의 보호를 목적으로 역내로 수입되는 수입품을 포함하여 역내에서 거래되고 있는 모든 화학물질에 대한 위험성 평가와 책임소재를 명확히 하기 위해 연간 1톤 이상 제조 및 수입되는 화학물질에 대해 제조자 및 수입자에게 관련 물질을 등록하게 하고 관련 정보를 제공하도록 의무화하였으며 추후 등록된 물질은 평가, 허가 및 제한을 받으며, 미등록된 화학물질에 대해서는 유통금지를 규정하였다. 이는 화학물질로 인한 환경 및 건강상의 위험에 대하여 국가가 일정한 가이드라인을 제시함으로서 화학물질의 관리책임을 산업계로 이전한 효과가 있으며, 생산자 단계에서 미연에 유해화학물질의 배출을 제어함으로써 확산 이후에 대응해야 하는 기존의 환경오염방지체제의 단점을 줄여나갈 수 있다는 장점이 있다. 연합은 REACH 제도의 기술적, 과학적, 행정적 업무를 담당하기 위하여 유럽화학물질관리청(European Chemical Agency: ECHA)을 설립한 바 있다.

REACH의 이행절차로는 크게 사전등록, 등록, 평가, 허가 및 제한이 있다. 사전등록은 기존물질을 대상으로 2008년 6월 1일부터 2008년 12월 1일까지 잠재적 등록대상 물질 또는 제조자 및 수입자 파악을 목적으로 등록 대상이 되는 기존물질의 기본정보를 유럽화학물질관리청에 제출하는 절차로 사전

고 있는 실정이다. REACH의 국내적 대응활동에 대해서는 지속가능경영원(www.bisd.or.kr) 자료 참조.

50) 67/548/EEC.

51) 기존화학물질(existing chemicals)은 1871년 1월 1일부터 1981년 9월 18일 이전에 역내 시장에 유통된 화학물질로 유럽기존화학물질목록(European Inventory of Existing Commercial Chemical Substance: EINECS)에 등록된 물질을 말하며, 신규화학물질(new chemicals)은 1981년 이후에 시장에 유통된 화학물질을 말한다.

52) Environment Directorate General, European Commission, *REACH in brief*, 2007, p. 1.

등록을 마친 경우 최대 11년까지 등록유예를 받을 수 있다. REACH 등록과 관련하여 EU 수입자 및 국내 제조자에 의해 선임된 EU 역내 대리인은 사전 등록된 기존물질과 관련하여 유예 받은 해당 등록기간까지 등록을 완료해야 하며 신규물질 또는 사전 등록되지 않은 기존물질은 EU 시장 출시 전에 기술서류(Technical Dossier: TD)[53] 및 화학물질안전성보고서(Chemical Safety Report: CSR)[54]를 유럽화학물질관리청에 제출하여야 한다.[55] 이후 화학물질관리청은 제출한 서류 및 화학물질에 대한 평가를 실시하고 물질의 허가 여부를 결정한다.

2. 기후변화에 대한 적극적 대응

기후변화협약(UN Framework Convention on Climate Change: UNFCCC)의 체결에 따라 기후변화에 대한 대응이 국제적 이슈로 대두되었으며 교토의정서 발효[56]로 기후변화대응과 관련된 국제환경규범의 수가 급증하고 있다. 이에 따라 유럽연합에 있어서도 환경규범에 대한 새로운 변화가 모색되고 있으며, 저탄소 경제로의 이행을 위한 각종 기후변화대응책을 추진하고 있다. 유럽연합은 2008년 12월 17일 EU의 저탄소 경제 및 에너지 안보 강화를 위한 목적으로 제안된 기후 및 에너지 패키지(Climate Action and Renewable Energy Package)[57]를 채택하였으며 이는 2020년까지 온실가스 배출량을 1990년대 대비 20% 감축하고, 신재생에너지 비율을 20% 증대시키며, 에너지 효율을 20% 향상시킬 것을 목표로 한 20/20/20 by 2020계획을 포함하고 있다. 이는 탄소

53) 연간 1톤 이상 수입 및 제조되는 물질에 대해 필수적으로 요구되는 서류로서, 제조량 또는 수입량에 따른 시험정보 및 등록자명, 물질명 등의 일반적인 정보를 포함하고 있어야 한다.

54) 연간 10톤 이상의 물질에 대해서 특별히 요구되는 서류이다.

55) Environment Directorate General, European Commission, *op. cit.*, pp. 6-10.

56) 1997년 제3차 당사국총회에서 채택되었으며 2001년 마라케쉬에서 개최된 제7차 당사국총회에서 교토의정서 이행방안에 최종 합의하였다. 미국이 비준을 하지 않음에 따라 발효가 되지 않고 있었으나 2004년 11월 러시아의 비준으로 발효요건을 충족, 2005년 발효되었다.

57) COM(2008) 30 final.

배출저감정책과 신재생에너지 정책을 하나의 맥락에서 연결시킴으로서 신재생에너지 사용을 통하여 저감분을 확보하려는 전략이다.

1) 교토메커니즘과 유럽연합의 주도적 역할

교토의정서는 기후변화협약의 구체적인 이행방안을 명시한 의정서로 부속서1에 명시된 국가들은 2012년까지 온실가스를 1990년 대비 5.2% 감축하여야 하며, 이를 이행하기 위한 구속력 있는 개별 국가의 감축 목표치를 설정하였다. 교토의정서는 UN의 주도하에 1997년 교토에서 개최된 제3차 당사국 총회에서 채택되었으며, 이를 활성화하기 위하여 시장원리에 입각한 새로운 온실가스 감축 수단, 즉 교토메커니즘인 배출권거래제(Emission Trading: ET), 청정개발체제(Clean Development Mechanism: CDM), 공동이행제도(Joint Implementation: JI)를 도입하였다. 배출권거래제는 교토의정서 제17조에 규정된 것으로 온실가스 감축의무가 있는 국가들에게 배출쿼터를 부여한 후 동 국가 간 배출권 거래를 허용하는 제도를 말하며, 청정개발체제는 교토의정서 제12조에 의거 부속서1 국가가 의무 감축량을 할당 받지 않은 개발도상국(non-Annex 1)에 투자하여 발생한 온실가스 배출 감축량을 자국의 감축실적으로 인정받을 수 있는 제도이다. 공동이행제도는 교토의정서 제6조에 따라 부속서1 국가 간 투자를 통하여 온실가스 감축량을 인정받을 수 있는 제도를 말한다. 이에 따라 유럽연합은 온실가스를 감축하기 위하여 교토메커니즘을 적극적으로 활용하고 있으며 CDM사업과 JI사업을 통해 발생하는 크레딧을 EU 배출권거래제도(EU Emission Trading Scheme: EU ETS)[58]를 통해 거래하고 있다. 또한 2008년부터 EU-ETS 2기가 시작됨에 따라 CDM 사업으로 발생한 크레딧인 CER(Certificate Emission Reduction)을 거래할 수 있게 되면서 유럽 배출권 거래 시장은 전체 탄소배출권 시장의 주도적 위치를 차지하며[59] 국제적으로 가장 활성화된 배출권 시장으로 자리를 굳히고 있다.

58) 2003/87/EC에 의거 유럽연합 내 기업들 간 배출권 거래를 위해 2005년 1월 개설되었다.
59) 오태현, “EU의 기후변화 대응정책과 시사점,” 「지역연구 시리즈 08-01」, KIEP, 57-58면.

2) 탄소배출권거래제도[60)]

유럽 탄소배출권거래제도는 유럽연합 지침 2003/87/EC를 기반으로 하여 집행위로부터 승인받은 국가별 할당계획과 지침을 구체화한 각국의 배출권거래법을 통해서 이루어지고 있다. 지침은 2003/87/EC의 기본지침과 2004/101/EC의 2004년 개정지침으로 나눌 수 있고, 2003년 지침이 배출권의 할당과 배출권의 거래, 배출권 인증 및 등록, 배출권 정보의 공개 등에 관한 전반적인 규정을 지니고 있으며, 2004년 지침은 CDM(Clean Development Mechanism)과 JI(Joint Implementation)를 규정하고 있다. 그리고 이러한 지침은 탄소배출권거래제도가 구체화됨에 따라 이후 세 차례의 개정을 거치면서 그 틀을 갖추어가고 있다.[61)]

유럽 탄소배출권거래제도의 기본지침이라고 할 수 있는 2003년 지침에 따르면 회원 국가는 저감목표에 따라 국가별 할당계획을 입안한 후 여론수렴과정을 거쳐 이를 확정하고 연합의 승인을 받게 된다. 한편 지침은 배출권 할당의 대상이 되는 업종에 대해 부속서 I에 열거함으로써 국가별 할당계획에 따라 이들 업종의 사업을 영위하는 사업자들에게 배출권(Allowance)을 할당하게 된다. 각 사업자들은 할당된 배출권 이상으로 배출수요가 발생할 경우에는 배출권 시장을 통하여 배출권을 구입하게 된다. 따라서 강제적 배출권 할당은 배출권거래제도의 기반이라고 할 수 있다.

보다 구체적으로 2003년 지침에서 규정하고 있는 할당에 대해서 살펴보면,[62)] 회원국들은 2005년 1월부터 부속서 I에 규정된 에너지산업, 철강산업, 광물산업, 그리고 펄프 산업 등에 대하여 각 기업별 배출량을 제한하였으며, 배출량의 허가에 있어서도 해당 기업에게 배출사항 및 배출시설물의 변경 등에 관한 보고의무를 부과하고 있다.[63)] 이와 동시에 역내 회원국들에게 배출총

60) 탄소배출권 거래제도 부분은 필자의 "탄소배출권 제도설계에 대한 법제도적 검토," 「환경법연구」, 제31권 제 2 호(2009), 한국환경법학회(171-208면) 중 관련내용을 압축·재정리하였음을 밝힌다.

61) 2004년 이후 세 차례의 개정이 있었다; 2008/101/EC, 2009/29/EC, 2009/219/EC.

62) 최승필, 위의 논문(주 60), 176면 이하 참조.

63) 지침 제 4 조(Greenhouse emissions permits), 제 5 조(Applications for greenhouse gas

량을 할당하고 부속서 Ⅲ을 통해 국내 할당 시 재량의 범위를 포함한 할당의 기준(Criteria for National Allocation Plans)[64]을 제시하였다.

할당된 배출권(Assigned Amount Unit: AAU. 최초 할당량)의 경우, 배출권 할당을 두 가지 경우로 나누어 1단계에서는 95%의 무상분배 그리고 5%의 경매(지침 2003 제10조), 2008년부터 시작된 2단계에서는 90%의 무상분배, 10% 경매의 단계별 이행방식을 채택하고 있다(개정지침 2004). 이와 같은 Phase의 구분은 이미 2003년 지침 제11조에서 예정하고 있었으며, Phase 1의 경우 국가할당계획(National Allocation Plan: NAP)을 시행하기 위해 최소 3개월 전에 이를 공표하고 민간의 의견을 수렴하는 절차를 거쳐 EU 집행위의 승인을 얻도록 하였다. 한편 2008년 1월부터 시작되어 2012년까지 적용되는 Phase 2(NAP Ⅱ)의 경우, 정해진 전체 총량의 국내적 할당은 Phase가 시작되기 최소 12개월 전에 이루어지도록 하였다. 그리고 지침은 부속서 Ⅲ에서 언급한 것처럼 신규시장 진입자에 대한 탄소배출권의 할당에 대한 고려가 반드시 필요함을 명시하고 있다.[65]

개발도상국가의 온실가스배출을 줄이기 위한 프로젝트에 투자함으로써 온실가스를 저감한 경우 투자국은 해당 저감분만큼을 자국의 저감분으로 인증받음으로써 이를 거래할 수 있다. 이를 CDM사업이라고 한다. 이와 유사한 형태의 사업이 JI로서 동 사업은 온실가스 저감사업의 대상이 개도국이 아닌 선진국들로서 선진국 상호 간의 협력에 의해서 온실가스를 저감한 경우 역시 동 저감분만큼의 인증권을 획득함으로써 이를 근거로 탄소배출권을 시장에서 거래할 수 있도록 하는 제도를 말한다. 탄소배출권거래제도는 이들 세 가지

---

emission permits), 제6조(Condition for contents of the greenhouse), 제7조(Change relating to installations).

64) 가. 총량은 배출량 저감 계획하에서의 기술적 발전을 고려한 잠재성을 기준으로 할당, 나. 회원국은 국내 할당에 있어서 각 산업들이 달성할 수 있는 기술적 발전을 고려하여 할당, 다. 기업 또는 분야별 할당에 있어서 차별금지, 라. 신규시장 진입자가 탄소할당체제에 참여할 수 있는 방법에 대한 정보 제공, 마. 할당계획을 사전에 공표하고 최종적인 할당계획의 수립 승인 전에 민간으로부터의 의견수렴, 바. 탄소배출권 할당제도가 적용되는 산업에 대한 리스트 제시, 바. 시장에서 경쟁법상의 경쟁체제를 확보할 수 있는 사항에 대한 정보 포함.

65) 지침 제11조(Allocation and issue of allowance).

유형 모두를 포괄하는 것으로서 자국내 저감, 개도국 저감, 선진국 간 협력을 통한 저감에서 나오는 배출권을 거래하게 된다. 2003년 지침 제12조는 이러한 탄소배출권을 거래할 수 있음을 명문화함으로써 유럽탄소배출권 거래제도의 법적 기초를 제공하고 있다.

한편 탄소배출권 거래제도를 위해서는 기본적인 인프라의 구축이 필요한바, 먼저 국내적으로 할당된 탄소배출권을 기록 관리할 수 있는 레지스트리가 필요하며, 다음으로는, 각 사업장의 탄소배출량에 대한 조사, 그리고 저감분의 인증을 위한 인증절차가 구비되어야 한다. 지침은 제19조와 제15조를 통하여 이에 대한 법적 근거를 마련하고 있다.

이와 같은 지침을 근거로 각 회원국은 탄소배출권거래제도와 관련한 입법적 정비를 하여야 하며, 독일 역시 온실가스배출권거래법을 제정하여 시행하고 있다.[66)]

❙독일 온실가스배출권거래법의 구성❙

장(Abschnitt)	조(Artikel)의 주요 내용
1: 일반규정	법의 목적, 적용영역, 정의
2: 승인과 배출감독	배출승인, 배출상황조사 및 보고
3: 배출권의 할당	배출권, 국가할당계획, 할당계획의 수립절차, 배출권할당, 할당절차, 할당결정에 대한 검토, 할당결정에 대한 법적 구제절차, 배출권의 승인, 배출권거래등록부
4: 배출권의 거래	금융기관에 대한 규정의 적용가능성, 배출권의 이전
5: 제재	보고의무, 법위반시의 벌금의 부과
6: 관련 일반규정	기관의 권한, 모니터링, 비용의 처리, 전자적 방식에 의한 관리, 투자펀드

저감된 배출권과 CDM 및 JI를 통해 획득·인증된 탄소배출권을 거래할 수 있는 기관이 필요한바, 현재 유럽연합은 유럽기후거래소(ECX), 유럽에너지거래소(EEX), 블루넥스트(Bluenext), 노르드풀(Nordpool), 클라이막스(Climax)의

66) 최승필, 앞의 논문, 182면.

주요 5개 배출권 거래소를 두고 있으며, 이중에서 ECX는 전세계 배출권 시장의 가장 큰 비중을 차지하고 있다.

▌주요배출권거래소[67]▐

거래소	위치	거래규모 순위	취급상품
유럽기후거래소(ECX)	**런던**	**세계 1위**	**선물/옵션**
유럽에너지거래소(EEX)	라이프찌히	유럽 2-3위	현물/선물, 전력거래포함
블루넥스트(Bluenext)	파리	유럽 2-3위	현물
노르드풀(Nordpool)	리사커	-	현물/선물, 전력거래포함
클라이맥스(Climax)	암스테르담	-	현물
시카고기후거래소(CCX)	시카고	-	선물/옵션

탄소배출권의 거래는 탄소배출권이라는 무형의 권리를 증권으로 표창하여 이를 직접거래하거나, 미래가치의 변동에 연동시켜 선물이나 옵션 등의 파생상품으로 거래하게 된다. 따라서 이에 대한 적절한 감독이 필요함은 물론이다. 현재 ECX의 경우는 영국 금융청(FSA)이 이를 감독하고 있다.[68] 왜냐하면 ECX는 런던에 소재하고 있으며, 유럽연합의 국지감독(모국감독)의 원칙에 따라 해당 금융기관이 등록된 등록국 감독당국이 감독권을 보유하기 때문이다.

3) 신재생에너지 개발과 사용비중의 제고

유럽환경법의 또 다른 특징은 대체에너지의 개발에 관한 사항이다. 유럽연합은 에너지원의 대부분을 역외에 의존하고 있을 뿐 아니라 교토의정서 이행을 위한 온실가스 감축이 의무화됨에 따라 신재생에너지와 같은 친환경에너지 개발에 노력하고 있다. 집행위는 재생에너지 사용 촉진지침 제안을 발표

67) 최승필, 앞의 논문, 186면.

68) ECX, The Carbon Market — How to Trade ECX Emissions Contracts, July 2009, p. 5; Choi, Seung Pil, Legal and Institutional Study on Green Finance, *KLRI Journal of Law and Legislation*, Vol. 1, 2011, p. 196.

하고 재생에너지의 비율을 늘려 2020년까지 사용비중을 20%로 한다는 목표를 설정하였으며, 연차별 재생에너지 사용목표비율도 제시하였다.[69] 유럽의 신재생에너지 정책은 크게 바이오에너지, 태양에너지, 지열에너지, 수소에너지, 조력에너지, 풍력에너지로 나눌 수 있다. 2009년까지 연합은 신재생에너지에 대한 종합적 지침을 가지고 있지 않았으며, 다만 개별적 지침으로 재생가능한 에너지원으로부터 전기에너지를 발생시키기 위한 지침인 2001/77/EC와 바이오에너지의 활용에 관한 2003/30/EC 지침만을 제시하고 있었다. 기후변화협약에 대응하여 연합내에서의 탄소배출량을 줄이기 위한 종합대책을 마련하는 과정에서 이들 모든 재생에너지를 총괄하여 규율할 수 있는 연합차원의 지침 마련의 필요성이 대두되었다. 더구나 연합은 2007년 1월 재생에너지 로드맵을 발표하고 2020년까지 재생에너지 사용비율을 20% 확보한다는 목표를 마련한 바 있어 신재생에너지 지침의 제정은 긴요한 사항이었다. 연합은 탄소배출권제도의 시행과 관련하여 액션플랜과 함께 신재생에너지 관련 지침의 제정을 위해 회원국 간의 합의과정을 거친 결과 2009년 과거 개별적으로 규정되었던 재생에너지 관련 지침을 모두 통합한 새로운 지침인 2009/28/EC[70]를 제정하여 시행하고 있다.

동 지침안의 주요내용은 회원국가에 의무적으로 신재생에너지 사용비율을 부과하고 이를 측정하기 위한 메커니즘의 수립(제 3 조-제 5 조), 또 이를 회원국 간 공동으로 활성화하기 위한 회원국 간 공동프로젝트의 이행(제 7 조-제 8 조), 회원국의 의무로서 자국 내 신재생에너지 생산 및 활용시설에 대한 인증 및 면허의 부여와 규제(제13조),[71] 신재생에너지 사업을 진행하기 위한 정

69) 오태현, 앞의 논문, 60-61면.

70) Directive 2009/28/EC of the European Parliament and of the Council of on the Promotion of the use of energy from renewable sources amending subsequently repealing Directives 2001/77/EC and 2003/30/EC이다.

71) 지침의 제정과정에서 신재생에너지지침의 실질적인 효력을 제고하기 위해서는 각 회원국간 제반규제의 균질화가 필요함은 인식하였으나, 재정적 부담이 있는 사안에 대한 이행의무의 부과는 지침의 수용성을 떨어뜨린다는 점을 고려하여 규제부분에 있어서는 비용이 발생하지 않는 규제를 중심으로 연합차원에서의 규제 균질화를 도모하는 데 주안을 두었다. EREC, Report of Claude Turmes on the Directive on the promotion of the use of energy from renewable source, *EREC Position Paper*, p. 2

보의 공개 및 연수제공(제14조),[72] 신재생에너지의 공급과 전송을 위한 시설의 확보(제16조), 바이오에너지에 대한 지속가능성기준 마련(제17조), 이행상황에 대한 각 회원국의 보고와 집행위의 모니터링(제22조-제23조), 그리고 마지막으로 이와 같은 신재생에너지 사업은 국가의 재정적 지원과 함께 사회 및 산업 전반에 미치는 영향이 크다는 점에서 정책수행의 투명성 제고를 위한 방안(제24조)을 아울러 제시하고 있다.

4) 온실가스저감과 신재생에너지 사업에 대한 금융지원

기후변화협약에 대한 본격적인 대응을 위해 유럽은 이미 상당한 수준의 탄소배출권거래제도를 구축하고 있으며, 그 연장선상에서 신재생에너지 사업을 적극 추진함으로써 양자가 통합적 시너지 효과를 낼 수 있도록 하고 있다. 아울러 연합은 이들 사업을 지원하기 위해 에너지 분야에서 신기술 개발을 위한 사업에 금융지원을 함께 검토하고 있다. 이는 최근 미국발 금융위기 이후 침체에 빠진 경기의 부양이라는 측면에서도 일부 그 맥락을 같이 하고 있는바, 경기의 부양과 재생에너지, 탄소배출을 하나의 범주로 묶는 정책의 일환이다.

신재생 분야에 대한 금융측면[73]의 지원에 대한 법규범으로는 2000년에 발효된 LIFE[74]가 있었다. LIFE는 지침의 형식이 아니라 규칙의 형식을 취하고 있다. 동 규칙의 경우 지원대상의 범위 면에서, 전통적인 환경보존과 신기술의 개발에 관한 사항을 모두 포괄하는 비교적 일반적인 범위의 목표를 가지고 있는 것으로, 현재 논의되고 있는 규칙은 온실가스저감과 신재생에너지, 에너지인프라 확충과 같이 특정사업을 목표로 한다는 점에서 차이를 보인다. 이후 LIFE는 614/2007/EC에 의해 대체된다.

---

72) 정보공개는 신재생에너지 사업의 진행에 있어서 경제성의 제고, 그리고 일반국민으로부터 정당성확보, 그리고 연합 내에서의 신재생에너지 기술의 확산에 목표를 두고 있다.

73) 오늘날 신재생 분야에 대한 금융지원은 소위 녹색금융(Green Finance)이라고 불리우는 환경산업에 대한 금융지원의 중요한 일부분을 구성하고 있다. 녹색금융에 대한 자세한 사항은 주 68 Choi, Seung Pil, *op. cit.*, 참조

74) Regulation(EC) No. 1655/2000 of the European Parliament and of the Council of 17 July 2000 concerning the financial for the Environment(LIFE) 이후 614/2007/EC로 대체.

한편 금융지원의 구체적인 지원체계 및 감시, 감독, 절차 등의 사항은 2009년 제정된 규칙인 663/2009/EC[75]에 규정되어 있다. 현재 시행되고 있는 동 규칙[76]의 주요한 지원대상은 일반사업장에서 배출되는 탄소(Carbon dioxide)를 배기단계에서 저장시킴으로서 이를 대기 중으로 배출시키지 않고 특정한 상태로 변화시켜 지하시설에 매립하는 영구저장 프로젝트와 풍력에너지 개발사업, 그리고 가스와 전기부문의 인프라 확충이다.

지원 사업의 진행을 위해서는 연합 차원에서 예산을 확보하고 지원하는 방식을 취하게 된다. 규칙 제 8 조(전기 및 가스 인프라구축 지원기준), 제14조(풍력에너지 지원기준), 제19조(온실가스저장시설 지원기준)는 지원을 위한 기준을 엄격하게 제시하고 있는바, 이 세 가지의 사업에 공통되는 선정대상 판단기준으로는 프로젝트 접근의 기술적 적정성과 건전성, 자금지원기간 중의 자금지원 패키지의 건전성을 들고 있으며, 구체적인 지원 여부의 결정에 대한 기준으로는 재원지출소요와 기간, 자금지원이 없었을 경우의 프로젝트 진행상 어려움의 정도, 동 자금 지원이 각 회원국의 공공지출과 개인지출에 미치는 파급력의 정도, 사회경제적 영향, 환경에 미치는 영향, 에너지 네트워크에 대한 기여가 열거되고 있다. 한편 이와 같은 자금지원에 대해서도 보충성의 원칙이 아울러 내재되어 있다. 즉 연합차원에서의 자금지원은 회원국의 Matching Fund를 주 내용으로 하는 대응적 조정을 조건으로 하는 것으로 회원국에 일정한 재정상 의무를 부과하게 된다. 따라서 연합은 전기 및 가스 산업과 풍력에너지에 대해서는 자금의 50%만을 지원하게 되며, 나머지에 대해서는 회원국 스스로가 대응예산을 편성해야 한다. 온실가스저장프로젝트에 대해서는 기후변화협약에 따른 직접적 대응의 필요성으로 예산의 80%까지 지원이 가능하도록 하고 있다.

한편, 자금의 투명한 지원 및 운영을 위하여 제25조는 재정사업에 수반되는 도덕적 해이를 방지하고 한정된 재원을 효율적으로 사용하고자 집행위

75) Regulation of the European Parliament and of the Council establishing a programme to aid economic recovery by granting community financial assistance to projects in the field of energy, 2009. 1.

76) 663/2009/EC는 1233/2010/EU에 의해 한 차례 개정.

는 자금의 지원 및 운용에 감독권을 가지하며, 현장실사를 포함한 유럽회계감사원(European Court of Auditors)의 감사를 받도록 규정하고 있다.

3. 원자력의 관리

지난 2011년 발생한 후쿠시마 원전 사고 이후 유럽 내에서도 원자력 발전의 안전성에 대한 논의가 활발히 이루어지고 있다. 그러나 유럽의 경우는 이미 50년대부터 유럽원자력기구(EURATOM)를 통해 원자력에 대한 유럽차원의 공동 관리에 힘쓰고 있으며, 가장 최근에 제정된 규범으로는 2009년 6월 25일 제정되고, 같은 해 7월 22일 발효된 2009/71/Euratom이 있다.

동 지침은 원자력 설비의 핵 안전을 위한 공동체 차원의 기본협정 체결과 회원국들이 높은 수준의 원자력 안전성을 보장할 수 있도록 하는 데 초점이 맞춰져 있으며, 모든 원자력 설비에 적용된다. 회원국들은 지침에 따라 국가 핵 안전 요구 사안을 채택하고, 원자력 설비운영을 위한 라이선스 제도를 도입함과 아울러 라이선스 없이 원자력 설비를 가동하는 것을 금지해야 한다. 이러한 사항들은 지침의 특성에 따라 국내법으로 규율되어야 한다.

원자력 안전의 문제는 원칙적으로 각 국가별 책임에 기반을 두고 있다. 따라서 원자력에 대한 각 개별 국가의 규제당국은 원칙적으로 독립적 행정영역을 보장받는다. 그러나 원자력의 문제는 피해 발생 시 전체 회원국에 확산될 수 있다는 점에서 각 국가 간 협력체계가 중요하다. 따라서 2007년 이사회의 결정에 따라 유럽 원자력 안전 규제자 그룹(European Nuclear Safety Regulators Group: ENSREG)이 설립되었다. 동 그룹의 목적은 원자력 안전 분야의 공동체 차원의 목표 달성에 기여하는 것으로서 역내 국가 간 원자력의 관리에 있어서 중요한 역할을 담당하고 있다.

4. 환경정보의 공개와 투명성의 제고

환경정책의 수행에 있어서 중요한 것 중의 하나가 환경정보의 공개와 투명성제고이다. 행정청은 환경관련 정보를 행정조사 행위를 통해서 획득하거나, 인·허가 등의 행정업무 수행과정에서 부수적으로 입수하게 됨으로써 민간에 비해 높은 수준의 정보를 보유하고 있다. 오늘날 국가의 정책과 입법의 과정에는 민간의 참여가 매우 중요하며, 그 중에서 국민의 권익과 직결되는 사항에 대해서는 행정절차법 등을 통하여 그 참여를 보장하고 있다. 여기에서 이와 같은 참여의 전제가 되는 것이 국민에 대한 정보의 공개이다. 또한 공적인 영역 이외의 사적인 활동에 있어서도 행정정보의 접근성은 산업 및 기업의 예측가능성 제고 및 경쟁기반 또는 더 나아가서 국민의 삶에 직·간접적인 영향을 줌에 따라 공정하고 투명한 정보의 공개가 이루어져야 한다.[77] 오늘날 이와 같은 정보공개는 국가의 역할에 대한 민주적 정당성을 충족시켜주는 중요한 요소가 되고 있으며, 이는 환경의 경우에도 예외가 아니다.

연합은 정보공개의 일반적 목적을 달성하고 이로 인한 정책과 입법의 투명성을 제고하며, 회원국들 간 정보관련 법령의 불일치가 역내시장의 발전에 저해가 되는 것을 막기 위하여 환경정보공개의 수준, 방식, 기준, 권리 및 의무 등에 관한 사항을 규율하고 있는 환경정보의 공공접근에 관한 지침[78]을 제정하여 이를 시행하고 있다.

'환경정보'라 함은 협의의 의미로는 환경의 상태, 환경요소, 환경상의 조치 및 활동, 그리고 환경과 관련된 또는 환경을 보호하기 위한 제반 활동에 관한 기록물, 시각물, 청각물, 전자적 정보 등을 포함한 모든 매체를 의미한다(제 2 조). 한편 광의의 의미로는 인간의 건강과 안전 그리고 식품, 문화, 건축 등의 사항까지도 포함할 수 있다.

회원국은 이와 같은 환경정보를 가능하면 '빨리, 가장 최근'의 자료를 제공해야 할 책무를 지며, 만약 이미 특정한 매체의 형태로 자료가 공개되어 있지 않은 이상, 요구받은 매체의 형태로 자료를 제공해야 한다. 아울러 각 회원국은 이와 같은 환경정보를 컴퓨터 및 전자적 정보처리를 기반으로 한 자료형태로 제공하는 데 있어서 합리적인 노력을 기울여야 한다(제 3 조). 다만

---

77) NVzW, Zugang zu Umweltinformation, NVwZ 2008, Heft 7, S. 791 참조

78) Directive 2003/4/EC of the European Parliament and of the Council of 28 Jan. 2003 on Public access to environmental information and reapling Council Directive 90/313/EC.

제 4 조는 이와 같은 정보공개의 일반사항에 대하여 예외를 규정하고 있는바, a) 해당 행정청이 동 정보를 보유하고 있지 않을 경우, b) 요구가 합리적이지 않을 경우, c) 요구의 범위가 너무 광범위하고 일반적일 경우, d) 요구 대상이 처리 미완료 데이터일 경우, e) 정보의 공개가 공공의 이익에 반할 경우, f) 정보가 행정청의 비밀에 해당하는 경우, g) 공공안전과 국가안보에 관련된 경우, h) 공정한 재판에 영향을 미칠 경우, i) 지적재산권에 해당되는 경우, j) 개인정보를 침해하는 경우, k) 정보제공자의 보호가 필요한 경우 등이다.

회원국 행정청은, 제 6 조에 의하여, 정보공개청구가 받아들여지지 않거나, 부당하게 다루어지거나, 적절하지 않은 답변을 받은 경우에는 국민들이 이를 상급행정청 또는 독립 행정청에서 전심절차로 구제받을 수 있도록 하여야 하고, 이러한 행정심판의 결과에 불복할 경우에는 소송을 통해 권리를 구제받을 수 있도록 하여야 한다. 심판과 소송의 결과는 행정청에 대하여 구속력을 갖는다.

한편 제 8 조는 행정청은 환경정보의 제공 이전에 환경정보의 정확성, 최근성을 보장하기 위하여 권한의 범위 내에서 노력해야 한다는 노력의무를 부과하고 있다.

V. 맺 는 말

유럽연합은 지속가능한 발전을 목적으로 각 회원국의 다양성을 인정하면서도 조화로운 공동환경정책의 수립과 집행을 추진해 오고 있다. 유럽연합의 환경법은 환경을 무시한 성장의 한계에 대한 인식을 바탕으로 자연과 인간의 상호의존적인 관계를 인정하고, 각 회원국의 다양한 특성을 인정하여 중장기적인 연합환경규범을 도출해 냈다는 점에서 그 의의가 크다고 할 수 있다.

1차 법원인 유럽기능조약은 그 근본규범을 제시하고 있으며, 2차 법원 중 주로 지침을 통하여 관련 규정의 목적, 방향, 기본 준수사항을 명시하고 시행과 관련된 구체적인 방안은 회원국이 자국의 특성에 따라 변환시켜 적용할 수 있게 함으로써 회원국 간 실질적 평등을 고려 할뿐만 아니라 각국의 고유한 환경법제와도 조화를 이룰 수 있도록 하고 있다.

오늘날 유럽연합의 각종 환경규제는 국제 환경시장에 있어 선도적인 위치를 점하고 있으며 각종 환경협약을 통해 글로벌 스탠더드로 자리잡고 있다. 유럽연합의 폐전기전자제품처리지침 및 전지전자제품 유해물질사용제한지침은 유럽에서뿐만 아니라 국제적인 차원에서 표준이 되는 환경기준으로 이미 자리 잡았으며 여타 선진국들도 이에 대응하기 위해 각종 유사한 법규범을 제정하고 있다. 우리의 경우에도 이와 같은 유럽환경법의 변화 동향은 향후 환경관련 입법에 있어서 중요한 참고가 될 것으로 생각된다.

한편, 현재 유럽이 직면하고 있는 기후변화협약의 대응에 관한 문제는 포스트 교토체제가 시작되는 2013년 이후에는 우리의 문제로 다가오게 될 것으로 보인다. 따라서 우리 또한 저탄소를 신성장 동력으로 삼아 온실가스 배출량을 줄이고 지속 가능한 발전을 위하여 각종 기후변화대응책 및 적응방안을 실천하는 등 환경문제와 관련한 국제사회의 움직임에 능동적으로 참여하고 대비해 나가야 할 것이다.

제19장 EU 지적재산권법

Ⅰ. 서　　론

발명, 상표, 디자인 등은 오늘날 매우 중요한 경제적 가치를 가지는 재산이다. 이러한 재산을 우리는 그 형체가 없다는 의미에서 무체재산(無體財産)이라고 하며, 인간의 지적 창작의 산물이라는 의미에서 지적재산(知的財産)이라고도 한다. 지적재산권이란 인간의 지적 창작에 관한 권리와 영업 표지(標識)에 관한 권리를 총칭하는 말이다.[1] 특허권, 디자인권, 상표권이나 서비스표권, 저작권, 저작인접권, 지리적 표시, 영업비밀 등 일체의 것, 소위 종래 산업재산권과 저작권이 모두 지적재산권에 포함된다.

EU 지적재산권법은 회원국 간의 조약인 유럽특허협약(Convention on the Grant of European Patents of 5 October 1973: EPC)[2]과 유럽집행위원회, 유럽의회, 이사회 등이 제정한 규칙, 지침 등이 있다. 지적재산권 관련 주요 규칙 및 지침은 다음 표와 같다.

---

1) 세계지적재산권기구(WIPO)설립조약 제 2 조 8항은 "지적재산권이라 함은 문학·예술 및 과학적 저작물, 실연자의 실연, 음반 및 방송, 인간 노력에 의한 모든 분야에서의 발명, 과학적 발견, 디자인, 상표, 서비스표, 상호 및 기타의 명칭, 부정경쟁으로부터의 보호 등에 관련된 권리와 그 밖에 산업, 과학, 문학 또는 예술 분야의 지적 활동에서 발생하는 모든 권리를 포함한다"고 규정하고 있다.

2) 이 협약은 2000. 11. 29.에 개정(Act revising the Convention on the Grant of European Patents(European Patent Convention) of 5 October 1973)되었다.

분　야	규칙 및 지침
특　허	생명공학발명의 법적 보호에 관한 지침(European Parliament and Council Directive 98/44/EC of 6 July 1998 on the Legal Protection of Biotechnological Inventions).
디 자 인	디자인의 법적 보호에 관한 지침(Directive 98/71/EC of the European Parliament and of the Council of 13 October 1998 on the legal protection of designs [European Design Directive]).
	EU 디자인규칙(Council Regulation (EC) No. 6/2002 of 12 December 2001 on Community designs [European Community Design Regulation]).
상　표	EU 상표 지침(First Council Directive 89/104/EEC of 21 December 1988 to approximate the laws of the Member States relating to trade marks [European Trade Mark Directive]).
	EU 상표규칙(Council Regulation (EC) No. 40/94 of 20 December 1993 on the Community trade mark [European Community Trade Mark Regulation]).
저 작 권	EU 소프트웨어 지침(Council Directive 91/250/EEC of 14 May 1991 on the legal protection of computer programs [European Software Copy-right Directive]).
	EU 대여권 지침(Council Directive 92/100/EEC of 19 November 1992 on rental right and lending right and on certain rights related to copyright in the field of intellectual property [European Rental Right Directive]).
	EU 위성방송 및 재송신 지침(Council Directive 93/83/EEC of 27 September 1993 on the coordination of certain rules concerning copyright and rights related to copyright applicable to satellite broadcasting and cable retransmission [European Satellite and Cable Copyright Directive]).
	EU 저작권보호기간 지침(Council Directive 93/98/EEC of 29 October 1993 harmonizing the term of protection of copyright and certain related rights [European Copyright Protection Term Directive]).
	EU 데이터베이스 지침(Directive 96/9/EC of the European Parliament and of the Council of 11 March 1996 on the legal protection of data-

	bases [European Database Directive]).
	EU 저작권 지침(Directive 2001/29/EC of the European Parliament and of the Council of 22 May 2001 on the harmonisation of certain aspects of copyright and related rights in the information society [European Information Society Copyright Directive]).
	EU 재판매권 지침(Directive 2001/84/EC of the European Parliament and of the Council of 27 September 2001 on the resale right for the benefit of the author of an original work of art [European Resale Right Directive]).
기 타	EU 배치설계 지침(Council Directive 87/54/EEC of 16 December 1986 on the legal protection of topographies of semiconductor products [European Semiconductor Directive]).
	EU 공동체신품종규칙(Council Regulation (EC) No. 2100/94 of 27 July 1994 on Community plant variety rights [European Community Plant Variety Rights Regulation]).
	EU 농산물 지리적 표시보호규칙(Council Regulation (EC) No. 510/2006 of 20 March 2006 on the protection of geographical indications and designations of origin for agricultural products and foodstuffs).
	EU 지적재산권집행 지침(Directive 2004/48/EC of the European Parliament and of the Council of 29 April 2004 on the enforcement of intellectual property rights [European IP Enforcement Directive]).

Ⅱ. 특 허

현재 EU 내에서 보호되는 특허는 회원국 국내특허와 유럽특허로 대별된다. 나아가 특허 부여와 특허권의 행사도 가능한 단일특허인 공동체 특허(Community Patent) 창설을 위한 노력이 진행 중에 있다.

EU에서의 특허출원 경로는 ① 직접 국내출원, ② 특허협력조약(Patent Cooperation Treaty: PCT)에 따른 PCT 국내출원, ③ EPC에 의한 출원, ④ 국내출원 — EPC출원, ⑤ Euro PCT 출원이 있는데, 2개국 이상의 특허출원은 이 경로들을 결합함으로써 출원인 또는 발명자에게 유리한 방법을 제공한다. 예컨대, 직접 국내출원은 출원인이 단지 한 국가에서만 보호를 받고자 하는 경우에는 가장 빠르고 저렴한 방법이지만, 2개국 이상 출원할 경우 훨씬 많은 경비와 시간이 소요된다. 한편, EPC에 의한 출원은 유럽국가에서 통일화된 특허출원 절차를 가지므로, 여러 국가를 지정할 때에는 다른 경로보다 경제적이지만, 특허조사 및 심사기간이 길기 때문에 조속한 권리실현에는 어려움이 존재한다. 다수의 유럽국가에 특허출원을 할 경우에는 우선 국내출원을 통하여 선출원의 지위를 얻은 후 유럽 특허청(European Patent Office: 이하 EPO)을 지정(선택)관청으로 하여 국제 출원하는 Euro-PCT출원이 바람직하며, 소수의 국가에 출원할 경우에는 경비 절감을 위하여 PCT 국내출원 또는 직접 국내출원도 고려할 수 있다. 이하에서는 EPC를 중심으로 자세히 설명한다.

1. 유럽특허협약

1) 개　　요

유럽특허협약(EPC)은 유럽공동체의 회원국 여부에 관계없이 특허발명을 보호하기 위한 협력을 강화하기 위하여 1973년 10월 5일에 체결되어 1977년 10월 1일부터 시행되고 있다. EPC에 의하여 설립된 EPO는 통일화된 특허출원절차에 의하여 체결국들에서 국내특허와 동일한 효력을 갖는 유럽특허를 허여한다. 일단 허여된 유럽특허는 지정된 체결국의 특허청으로 이송되어 해당국의 국내특허권과 동일한 효과를 갖는다. 따라서 특허권의 행사와 침해소송은 해당국의 국내법에 적용을 받게 된다. 그러나 해당국 법원에 의한 유럽특허의 무효는 EPC의 조항에 근거하여야 하며 그 효과는 해당국에서만 한정이 되고 허여된 다른 체결국에서는 영향을 미치지 아니한다.

EPC는 유럽특허부여에 관한 조약으로 유럽법을 의미한다. 2010년 1월 1일 현재 36개 회원국 국가의 국내 특허의 집합이 목적인데, 1개 특허출원으로 36개 체약국 중 지정국가에서 특허권이 발생한다. 다만 회원국 전담법원이 EU특허 침해소송과 무효심판을 담당한다.

EPC는 본조약과 시행규칙(Implementing Regulation)으로 구성되어 있고,[3)] 심사의 지침이 되는 심사 편람(Guideline for Examination)이 있다. 이런 규정 등을 바탕으로 심사관은 특허 심사를 진행하는데 출원 내용을 완전히 이해한 후 특허성(Patentability)을 판단한다. DG1에서 작성한 조사보고서(Search report)를 참고하여 발명의 신규성(Novelty)과 진보성(Inventive step)의 판단을 하고 모든 것을 종합하여 1차 거절이유서(First official letter)를 출원인에게 통지한 후 출원인의 의견서 및 보정서를 받고 재심사하는 절차는 우리와 동일하다. 그러나 EPO는 3인의 기술심사관에 의한 합의체 공동 심사를 하고, 별도의 조사보고서에 의해서 신규성과 진보성 판단을 철저하게 한다.

2) 유럽특허청

유럽특허청(EPO)은 독일 뮌헨에 본부를 두고 5개의 지청으로 구분되어 있다. 또한 네덜란드의 헤이그, 독일의 베를린과 오스트리아의 빈에 사무소를 가지고 있다. EPO는 출원국(Receiving Section), 심사국(Examining Divisions), 이의신청국(Opposition Divisions), 법률국(Legal Division) 및 심판부(Boards of Appeal)와 확대심판부(Enlarged Board of Appeal)로 구성되어 있는데, 실무는 5개의 부, 즉 Directories-General(DG)1(Operations), DG2(Operational Support), DG3(Appeal), DG4(Administration) 및 DG5(Legal/International Affairs)를 중심으로 행해진다.

(1) DG1의 역할

DG1의 주요 업무는 특허출원 접수, IPC분류,[4)] 특허 문헌 검색, 출원 공

---

3) EPC는 본조약 178개 조문과 시행규칙 165개 조문으로 구성되어 있는데, 본 조약은 총칙 및 조직 규정(제 1 조-제51조), 특허실체법(제52조-제74조), 유럽특허출원(제75조-제86조), 유럽특허허여절차(제90조-제98조), 이의절차(제99조-제105조), 항고절차(제106조-제112조), 공동규정(제113조-제134조), 국내법과의 관계(제135조-제141조), 특별규정(제142조-제149a조), PCT에 의한 국제출원(제150조-제153조), 최종규정(제164조-제178조)으로 구성되어 있다.

4) International Patent Classification(IPC) 분류는 각국의 독자적인 특허분류를 통일시킬 목적으로 체결된 국제특허분류에 관한 Strassbourg협정에 따라 체계화된 국제특허분류 체계를 지칭한다.

개, 조사보고서 작성 및 특허 문헌의 수집 및 관리 등이다. 유럽 특허출원서는 36개의 체약국 특허청과 뮌헨, 베를린, 비엔나 및 헤이그 지청에서 접수가 되고 모든 출원은 헤이그의 DG1 출원과(Receiving Section)로 집중된다. 유럽 출원이 접수된 후에 출원일이 확정되고 1개월 이내에 출원 번호가 통지된다. 취하되지 않은 출원은 조사심사국에서 전문 분야별로 IPC분류된다. 해당심사관이 조사를 한 후 조사보고서(search report)가 도면, 상세한 설명 및 특허 청구의 범위를 토대로 작성된다. 또한, 이 보고서는 공개 공보에 실리고 동시에 인용된 참증의 사본과 함께 출원인에게 통지된다. 출원된 유럽 특허출원의 명세서는 출원일로부터(또는 우선일로부터) 18개월 후에 즉시 공개된다. 공개되는 것은 명세서, 도면, 특허청구의 범위, 초록(Abstract) 및 조사보고서가 공개되고 조사보고서가 공개되지 못한 경우에는 따로 공개된다.

(2) DG2의 역할

심사 청구가 있고 수수료 납부가 끝난 모든 출원 서류는 조사보고서와 관련 문헌들과 함께 DG1에서 뮌헨의 DG2로 이관된다. DG2에 이관된 출원 서류는 IPC분류에 따라 EPO Internal Classification 관련 기술 분야의 해당 심사국으로 이송된다. DG2 심사부(examination division)의 구성은 3인의 합의체로 심사한다. 통상 담당심사관(Primary examiner), 제 2 심사관(Second examiner), 의장(Chairman)으로 구성되고 모두 그 사건에 적합한 기술심사관(technical examiner)이다. 담당심사관이 일을 주관하여 처리하나 최종적으로 합의체에서 심리한 후 투표하여 결정한다. 심사관은 조사보고서에 있는 인용참증을 가지고 특허 요건(EPC 제52조-제57조)을 충족하는지를 검토하여 상세하고 논리적인 거절이유통지를 하게 되는데, 출원인은 제기된 논점에 대하여 2개월 내지 4개월 이내에 의견서를 제출하여야 한다.

(3) DG3 (항고심판소) 의 역할

DG1, DG2에서 출원 절차나 심사 과정에서 출원인이 심사관의 행정에 대해서 항고심판소인 DG3에 불복을 신청할 수 있다.

2. 특허출원절차

발명을 한 자가 특허를 받으려면 특허출원을 하여야 한다. 특허출원은 서면에 의하며, 그 출원은 특허법령이 정하는 형식에 맞추어야 한다.[5] 특허출원을 한 자는 출원내용에 미비한 사항이나 기재상의 하자가 있으면 일정범위 내에서 보정을 할 수 있으며, 하나의 출원서에 둘 이상의 발명이 기재되고 있을 때에는 발명별로 분할출원을 할 수 있다.

EPC는 유럽특허를 받을 수 있는 자에 대하여, 자연인, 법인 또는 관계 법률에 의하여 법인과 동등한 것으로 인정되는 단체는 유럽특허출원을 제출할 수 있도록 하였다(EPC 제58조). 출원인의 국적 및 출원인의 체약국 내에서의 영업종사 여부를 묻지 않는다. 다만, 체약국 내에 주소 또는 영업소를 가지고 있지 아니한 자는 출원 제출 이외의 모든 행위에 대하여는 유럽특허청 명부에 그 성명이 등록된 전문직 대리인에 의하여 출원해야 한다(EPC 제133조, 제134조).

1) 출원절차

특허출원이란 발명에 대하여 특허를 받을 수 있는 권리를 가진 자가 EPO에 대하여 발명의 공개를 조건으로 일정한 발명에 관하여 특허권의 부여를 요구하는 의사표시 행위를 말한다. 출원인은 엄격한 서식에 따라 특허출원을 하여야 함은 물론 법이 요구하는 언어주의, 서면주의 등의 제 원칙에 부합되게 출원절차가 행해져야 한다.

(1) 출원 형식

특허출원은 1발명 1특허출원이 원칙이지만 예외적으로 둘 이상의 발명이 "하나의 총괄적 발명의 개념을 형성하는 1군의 발명(관련복수발명)에 해당될 때 1특허출원이 가능"하다(EPC 제82조). 유럽특허출원은 어떤 언어로도 출원서 작성이 가능하되, 다만, 출원일 2월 이내에 유럽 특허청 공용어(영어, 불어, 독

---

5) 유럽특허출원에 관한 자세한 설명은, 박동식, 「유럽특허법」(서울: 세창출판사, 2009), 10면 이하 참조.

어) 중 하나로 된 번역문이 제출되어야 한다(EPC 第14조 2항). 상기 사항이 완비되는 경우에 출원인에게 특허출원일과 출원번호를 통지해 준다(EPC 제90조). 또한 출원일확정을 받기 위해서는 ⓐ 유럽특허청구의 의사표시, ⓑ 출원인 신원 또는 연락수단 정보, ⓒ 명세서 또는 이전 출원의 인용(reference)의 3개 항목만이 필요하다(시행규칙 제40조 1항).

출원서의 양식은 EPO 형식을 이용하여야 하며, 출원서는 ⓐ 유럽특허부여신청, ⓑ 발명의 명칭, ⓒ 출원인의 성명, 주소 ⓓ 대리인의 성명, 주소, ⓔ 분할출원의 경우는 원 유럽특허출원 번호, ⓕ 조약 제61조 1항(b)의 경우에 원유럽특허출원번호, ⓖ 우선권주장에 관한 사항, ⓗ 체약국의 지정, ⓘ 출원인 또는 대리인의 서명, ⓙ 첨부서류의 목록, ⓚ 발명자의 표시를 포함한다(시행규칙 제26조 6항).

(2) 명 세 서

명세서(description), 즉 발명의 상세한 설명서는 기술개발의 성과인 발명을 문장을 통하여 표현하는 부분으로서 거기에는 발명을 구체적으로 기재하여 공표시키고 공표된 발명 중에서 보호대상을 특정시키는 일을 한다. 명세서에는 ⓐ 발명의 명칭,[6] ⓑ 발명기술 분야, ⓒ 배경기술, ⓓ 종래기술의 문제점, 해결방안, 효과 등 발명의 내용, ⓔ 도면에 관한 설명,[7] ⓕ 실시예, ⓖ 발명의 산업상 이용가능성을 기재하여야 한다. 명세서는 발명의 진보성 등의 판단을 위한 기준이 되고, 발명의 내용을 제 3 자에게 공개하는 기술문헌의 역할을 하기 때문에, 그 발명이 속하는 기술 분야에서 통상의 지식을 가진 자가 용이하게 실시할 수 있을 정도로 충분히 기재되어 있는가를 판단하기 위한 기준과 관련이 있다. 또한 발명에 대한 상세한 설명은 청구범위를 뒷받침해야 한다(EPC 第84조). 이의 중요한 기능은 ① EPC 제52조를 충족시키는 발명의 공개, ② 발명이 구체적으로 어떻게 실시되는가를 보여주는 실시예의 제공(EPC 제83조), ③ 청구범위의 뒷받침(EPC 제84조)에 있다.

6) 발명의 명칭은 당해 발명의 분류·정리·검색 등을 용이하게 하기 위하여 기재하는 난을 말하며 발명의 내용을 간단명료하게 기재하여야 한다.

7) 이 부분은 명세서에 도면을 첨부한 경우에만 기재하는 난으로서 예컨대, 제 1 도는 평면도, 제 2 도는 입면도, 제 3 도는 단면도와 같이 기재한다.

(3) 특허청구범위

특허청구범위(claims)는 특허발명의 보호대상과 발명의 구성을 특정하는 부분이므로 보호를 받고자 하는 사항을 기재하여야 한다. 이 경우 그 보호대상을 발명은 1 또는 2 이상의 청구항으로 기재할 수 있다. 다항제는 통상적으로 독립항과 종속항으로 기재한다. 특허청구범위에는 전제부(1st part)에 선행기술로 인식되는 발명의 분야를 기재하고, 특징부(2nd part)에는 보호를 받고자 하는 발명의 기술적 특징을 기재하여야 한다. 발명이 공지 구성요소의 결합에 특징이 있는 경우 반드시 이른바 "two-part form"으로 기재하여야 하며, 도면이 포함된 경우 도면번호를 병기하여야 한다.

2) 출원의 보정, 분할 및 우선권 주장

출원보정이란 특허출원서의 형식(방식)이나 출원내용에 미비점 또는 흠결이 있는 경우 최초 출원의 동일성을 유지하는 범위 내에서 그것을 보충 또는 정정하는 것을 말한다. 출원의 보정은 출원 후 보정(EPC 제123조 2항)과 특허허여 후 보정(EPC 제123조 3항)으로 구별되며, 유럽특허출원이나 유럽특허의 권리범위를 확대하는 청구범위의 보정은 허용되지 않는다.

분할출원이란 둘 이상의 발명을 하나의 특허출원으로 한 경우('원출원'이라 한다) 당해출원인이 그 출원 일부의 발명을 별개의 출원으로 새롭게 출원하는 것('분할출원'이라 한다)을 말한다(EPC 제76조). 분할출원은 원출원 발명의 내용을 벗어나지 않는 범위 내에서만 가능하다.

EPC 제88조 1항의 규정에 의하면 파리조약 우선권 주장을 하고자 하는 출원인은 규칙에 따라 우선권을 주장하며 관련 서류를 제출하여야 한다. 또, 우선권 주장을 하고자 하는 자는 선출원의 출원일, 출원국가 및 출원번호를 적시하여야 하며(시행규칙 제52조 1항), 우선권 주장은 출원과 동시에 하는 것이 권장되나, 최선 우선일로부터 16개월 이내에도 가능하며(시행규칙 제52조 2항), 우선권 주장의 정정은 우선일로부터 16개월 이내 또는 본 출원의 출원일로부터 4개월 이내 중 빠른 날까지 가능하다(시행규칙 제52조 3항).

3) 조사 및 심사절차

(1) 조사절차

출원과는 출원공개 전에 형식적 요건에 대하여 심사한다(EPC 제91조). 특허출원일이 확정된 특허출원서는 시행규칙에서 정하고 있는 사항 및 지정수수료 납부 등에 대한 방식심사를 거쳐 미비된 사항들은 기간을 지정하여 보정시키며, 보정되지 아니한 출원은 포기한 것으로 간주된다.

방식심사를 통과한 출원은 한 명의 심사조사관으로 구성된 조사부로 이송된다. EPC제도하에서는 특허출원에 관하여 조사와 심사를 구분하여, 조사는 조사부에서, 출원의 실체심사는 심사부에서 전속적으로 이루어지고 있다. 즉 출원과에서 출원일이 확정된 출원은 조사심사국에서 전문분야별로 IPC 분류가 된 후, 해당분야 심사관이 조사를 한 후 조사보고서가 도면, 상세한 설명 및 특허청구범위를 토대로 작성되어(EPC 제92조), 공보에 게재되고 동시에 인용된 참증의 사본과 함께 출원인에게 통보된다.

(2) 출원공개

출원공개란 특허출원 후 출원일로부터 18개월이 경과된 출원을 심사진행 여부에 관계없이 출원내용을 일반공중에게 공표하는 제도를 말한다(EPC 제93조). 또한 EPC는 출원공개시기의 경과 전이라도 출원인의 신청에 의해 공개되도록 하여 출원인의 손실보전의 기회를 확대하여 출원인을 보호하기 위함이다. 출원공개의 대상은 명세서, 도면, 특허청구범위, 초록 및 조사보고서이다. 출원이 공개된 경우 출원인은 출원공개 후 특허권 설정등록전에 업으로서 출원발명을 무단실시한 자에 대하여 상당한 보상금을 청구할 수 있는 권리를 가진다(EPC 제67조 2항). 다만, 이러한 권리의 실현은 국내법 절차의 문제에 해당하는데, 이러한 임시적 보호권은 출원공개일로부터 지정국에서 발효된다.

(3) 심사청구

출원심사청구란 특허출원에 대해 실질적인 심사의 개시를 요구하는 출원인 등의 의사표시절차를 말하며, 본 제도에 의해 심사청구가 있는 출원에 대해서만 출원의 선후와 관계없이 심사청구순에 따라 심사하게 된다. 심사청구할 수 있는 자는 출원인이고(EPC 제94조 2항), 심사청구기간은 유럽특허공보에 유럽조사보고서의 발행 후 6개월 이내(EPC 제94조 2항)이다. 심사청구는 이를 취하할 수 없고(EPC 제94조 2항), 심사청구가능 기간 내에 심사의 청구가 없을 때에는 그 특허출원은 취하한 것으로 본다(EPC 제94조 3항). 이는 출원인이 진정으로 권리화를 원하는 의사가 없다고 볼 수 있기 때문이다.

3. 특허 요건과 거절이유

EPC는 등록주의·심사주의의 채택하에 심사청구를 전제조건으로 하여 특허출원에 대한 특허적격성을 심사관에 의해 평가받게 하고 그 특허적격성의 요건에 관한 규정을 거절이유에 규정하여 이에 해당하는 경우 거절결정의 대상이 된다. EPC는 심사관의 거절이유에 관한 근거규정을 한정열거주의로 규정하고 있다. 즉 특허출원에 대해 심사한 결과 법정된 거절이유를 발견할 수 없을 때 또는 거절이유가 발견된 경우라도 출원인이 보정 등에 의하여 종국적으로 거절이유를 해소한 경우에는 특허결정(EPC 제97조 2항), 특허출원에 대해 심사의 결과 법정된 거절이유가 존재하고 출원인이 거절이유를 해소하지 못한 경우에 당해 특허출원에 대한 특허성을 부인하는 거절결정(EPC 제97조 1항)을 내린다.

1) 발명의 성립성

(1) 개 요

EPC 제52조 1항에 의하면 유럽특허는 신규의 발명으로서 산업상 이용이 가능하고, 진보성이 있는 경우에 부여한다. 즉 발명으로서 특허가능하기 위해서는 반드시 산업상 이용성(industrial application)과 함께 신규(new)이고, 진보성(inventive step)의 특허 요건을 만족하여야 한다. 또한 발명은 보호받고자 하는 발명의 기술적 특징(technical character)이 청구항에 정의되어 있어야 하고(시행규칙 제29조 1항), 기술적 문제 및 그의 해결 방법도 정의되어 있어야만 한다(시행규칙 제27조 1항). 한편 EPC는 발명이 특허를 받기 위해서는 기술적 발전 또는 유용한 효과를 가져올 수 있어야 한다고 명시적 또는 묵시적으로 규정하고 있지 않다. 그러나 심사기준에 의하면 이러한 경제적인 효과들은 진보성을 판단하는 데 중요한 요소가 될 수 있다고 한다.

(2) 발　명

EPC는 발명에 대한 정의규정을 가지고 있지 않다. 그러나 EPC 제52조 2항은 발명으로 보지 않는 것을 예시적으로 ① 발견, 과학적 이론, 또는 수학적 방법, ② 미적 창작물, ③ 정신 활동,[8] 게임 또는 비즈니스 방법(Method for Doing Business) 또는 컴퓨터 프로그램, ④ 정보의 제시 등을 열거하고 있다.

주목할 것은 발명에서 배제되는 것은 모두 추상적이거나(발견, 과학적 이론) 또는 비기술적인 것(미적 창작물, 정보의 제시)이라는 점이다. 즉 EPC 제52조 2항에서 의미하는 발명은 구체적이고 기술적인 성격을 가지고 있는 것이어야 한다.[9] 발명의 성립성 판단기준은 기술(technicality)의 존재 여부에 달려 있다. EPC 제52조 1항에서의 발명의 특허적격성을 판단하는 경우에는 다음 두 가지 점에 유의하여야 한다.[10] 첫째, 2항의 특허성 제한은, 유럽특허출원 또는 유럽특허가 당해 보호대상 "그 자체(as such)"에 관련된 경우에 한하여 적용된다(제52조 3항). 둘째, 심사관은 청구된 발명을 전체로 보아서 선행기술에 비하여 기여가 있는지를 판단하기 위하여, 청구의 형식과 종류에 관계없이 그 내용에 초점을 두어야 한다.

만일 이러한 기여가 기술적 성격을 갖지 않는다면, EPC 제52조 1항의 발명에 해당하지 않는다. 따라서 청구항이 디자인이나 구체적인 기재정보를 가진 알려진 제조품이라면 기술에 대한 기여는 보통 단지 심미적 창작물이거나 정보의 제공에 해당한다. 마찬가지로 만일 컴퓨터 프로그램이 테이프나 디스크 등의 형태로 청구된 경우, 기술적 기여는 단지 컴퓨터 프로그램에 불과하

---

8) 정보의 단순처리는 정신적인 것으로 간주되어 왔다. 따라서 데이터가 물리적인 현상을 나타내지 않거나, 장치의 물리적·기술적 기능을 제어하는 데 사용되지 않으면 그러한 클레임은 특허받을 수 없다. EPO 기술심판부는 *Koch & Sterzel* 사건(EPA ABl. 1988, 19, 22, 24-Röntgeneinrichtungen/Koch & Sterzel)에서 정보의 재생산을 위한 데이터의 단순처리는 기술적인 효과에 해당되지 않기 때문에 특허 대상이 아니라고 하였다.

9) EPO, *Guidelines for examination in the European Patent Office*, Part C. Chapter Ⅳ. para. 2. 1(http://www.epo.org/patents/law/legal-texts/guidelines.html).

10) *Ibid*., para. 2. 2.

다. 이러한 경우 청구항은 특허배제대상 그 자체에 관련되므로 특허가 부여되지 않는다. 반면 컴퓨터와 결합된 컴퓨터 프로그램이 기술적 견지에서 컴퓨터를 다르게 작동시킨다면 이러한 결합은 특허를 받을 수 있다.

한편 EPC 제52조 1항에서의 발명이 존재하는지의 여부에 대한 기준은 발명이 산업상 이용가능성, 신규성 및 진보성을 가지고 있는지의 여부와는 별개이며 구별된다는 점에 주의하여야 한다.[11)]

(3) 컴퓨터프로그램

일견하면 소프트웨어는 EPC 제52조 2항(c)에 의하여 특허보호 가능한 발명에서 제외되고 있는 것으로 생각된다. 왜냐하면 컴퓨터프로그램(programs for computers) 및 비즈니스를 하는 방법(Method for Doing Business)은 유럽특허협약 제52조 2항에서 불특허 대상으로 규정되어 있기 때문이다. 그러나 2항 규정의 특허성 제한은, 유럽특허출원 또는 유럽특허가 당해 보호대상 자체(as such)에 관련되어 있는 경우에 한하여 적용된다(제52조 3항). EPC 제52조 3항은 2항의 특허 제외 사유의 내용과 직접 관련을 갖는 그 자체인 경우에 한하여 특허성을 제한한다는 것이다. 즉, 컴퓨터프로그램을 예로 들면 발명대상이 컴퓨터프로그램 그 자체라면 2항의 규정에 의해 특허를 받을 수 없지만 컴퓨터프로그램을 이용한 기계(machine) 또는 처리과정(process)인 경우는 컴퓨터프로그램을 이용하고는 있지만 컴퓨터프로그램 그 자체(as such)는 아니므로 3항의 규정에 따라 특허의 대상이 될 수 있다. 여기서 컴퓨터프로그램 '자체'란 무엇인가라는 의문이 발생한다. 이 문제에 관련한 규정을 역사적으로 검토해 보면, 본질적인 규정이 아니라 형식적인 규정이라는 결론에 도달하게 된다.

프로그램이 프로그램 자체로서 기재되어진 경우 펀치카드와 프로그램리스트 등과 같은 프로그램 그 자체의 발명에 관한 기재내용의 심사 및 조사는 매우 어렵다. 따라서 이러한 프로그램이 출원되서는 안 된다. 소정의 '컴퓨터프로그램 자체란 무엇인가'라고 하는 문제는 과거의 사안을 검토하여 조사해 보아야 한다. 과거의 사안에 비추어 보면 '컴퓨터프로그램의 자체'에 대하여

---

11) *Ibid.*

다음의 것이 나타나고 있다. 즉, '내용 또는 용도에 관계없이 컴퓨터프로그램의 자체, 즉 컴퓨터에서 해독가능하거나 실행가능한 형식과 같은 기본적 형식의 컴퓨터프로그램(예를 들면, 펀치카드, 명령어 번역이 가능한(compile) 프로그램코드 등)'이 이에 해당한다. 따라서 컴퓨터프로그램이 내용 또는 용도에 관계없이 컴퓨터프로그램의 자체, 즉 컴퓨터에서 해독가능하거나 실행가능한 형식과 같은 기본적 형식의 컴퓨터프로그램에 의하여 청구되지 않은 경우, 이러한 발명은 EPC 제52조 3항에 규정되어 있는 특허보호 가능한 발명에서 제외되어서는 아니 된다.

2) 특허 요건

(1) 신규성 (제54조)

유럽특허법의 발명은 선행기술을 포함하지 않으면 새로운 것으로 간주한다. 이 선행기술은 간행물이나 공지, 공개 등에 의해서 유럽출원이 출원일 전에 일반공중에게 이용가능한 상태에 놓여진 모든 것으로 정의된다. 우리나라의 동일성 판단에서 다루는 단순한 관용수단의 전환, 부가, 삭제나 단순한 재료의 변환 또는 균등치환 등은 EPO에서 진보성 판단에서 취급되고 있다. 즉 EPO에서의 신규성 범위는 대단히 좁다고 볼 수 있다.

한편, 유럽특허협약은 신규성의제와 관련하여 가장 엄격한 제도를 운영하고 있다.[12] 신규성의제 적용을 위한 유예기간(grace period)도 6개월일 뿐만 아니라 적용대상도 매우 한정적이다. 유럽특허협약 제55조는 명백한 남용과 공식적인 또는 공식적으로 인정된 국제박람회에서 전시된 경우에 한하여 비자기적용 공개(non-prejudicial disclosures) 적용의 대상으로 규정하고 있다.

(2) 진보성 (제56조)

진보성 요건에 대해서는 EPC 제56조에서 "발명선행기술과 비교하여 해당기술 분야에서 통상의 지식을 가진 자에게 자명하지 아니 할 때는 진보성이 있는 것으로 본다"라고 규정하고 있다. EPO에서는 진보성 심사 시 청구항과 참증의 대비 도표를 이용한다. 진보성의 평가방법에 대해서도 과제해결방법

12) 정차호, "한-EU FTA에서의 특허 관련 쟁점," 「산업재산권」, 제26호(2008. 8), 4-17면.

(problem to solution approach)이라고 하는 방법이 있다.[13] 이는 출원에 관한 명세서에서 발명의 과제를 특정하고, 그 과제에 직면한 당업자를 상정한 경우, 제일 근사한 종래기술에서 문제가 제기된 주제사항에 당업자가 유도되는지 여부를 평가함으로써, 진보성의 유무를 판단하는 것이다. 기교적으로 할 수 있는 것이라는 비판도 있지만, 진보성의 평가를 객관화하는 과정을 발전시킨 방법이고, 심사부의 실무는 이것에 의하고 있다.

(3) 불특허사유

EPC 제53조 1항은 신규성, 진보성 및 상사상의 이용성 등의 특허 요건을 충족하는 발명일지라도, 공서양속에 반하는 발명은 특허하지 않는다는 취지를 규정하고 있다. 또한 EPC 제53조 3항은 "외과적 처치 또는 치료에 의한 인간 또는 동물의 처치방법 및 인간 또는 동물에 실시되는 진단방법에 대해서는 특허를 허여하지 않는다"고 규정하고 있다.

(4) 공개 (명세서의 기재)

명세서의 기재에 대하여는 EPC 제83조(발명의 공개)와 EPC 제84조(청구의 기재)가 정하고 있다.[14] EPC 제84조는 "클레임은 보호를 구하고자 하는 사항을 규정하여야 한다. 클레임은 명확하고 간결하여야 하며, 상세한 설명의 기재에 의하여 지지되어야만 한다"고 규정하고 있다. 그리고 심결례에 의하면 EPC 제84조는 청구가 기술적으로만 이해할 수 있는 것은 아니고, 발명의 필수적인 모든 특징이 나타나 있는 것을 요청하는 것으로 해석되고 있다. 여기서, 발명에 필수적인 특징(essential features)이란 출원에 관한 기술적 과제를 해결하기 위한 필요한 모든 사항이고, 목적으로 하는 결과를 얻기 위하여 필요한 모든 사항을 의미하는 것이라 한다.[15]

---

13) 이에 대해서는, Brand-Dohrn · Gruber · Muir, *Europäisches und Internationales Patentrecht,* 4. Aufl.(Munich, C. H. Beck, 1998), S. 149-151; Rudolf Kraßer, *Patentrecht,* 5. Aufl.(Munich, C. H. Beck, 2004), S. 298-302.

14) 한편, 유럽심사기준의 규칙27(1)(b)와 29(10)(b)에 의하면 발명은 명세서에 그 기술이 속하는 분야와, 해결하고자 하는 기술적 과제 및 기술적 해결수단을 기재하고 발명자가 보호하고자 하는 기술적 특징요소를 청구항에 명확히 기재하도록 하고 있다.

15) Lang/Warner, in Hacon/Pagenberg, *Consise European Patent Law*, 2. ed.(Rijin:

4. 심판, 이의신청 및 취소

출원과, 심사부, 이의부 결정에 대하여 출원인은 항고심판(Appeals)을 청구할 수 있으며, 결정통지를 받은 후 2개월 이내에 청구할 수 있다. 또 항고심판청구서는 DG3에 접수되면 해당 심사부로 이관되어 심사부는 재차 심사하여 그 결정을 번복할 수 있다. 만일 심사부 또는 이의부에서 그 결정을 번복하지 않는 경우에는 DG3의 항고 심판부로 다시 이송되어 3인-5인 합의체에 의하여 심리가 진행되고, 청구인의 신청이 있으면 구두심리가 활용된다.

EPO의 이의신청인은 특허허여일(공고일) 부터 9개월 이내에 ① 특허성 결여, ② 명세서의 기재불비, ③ 새로운 사항의 추가를 이유로 이의신청을 할 수 있다(EPC 제99조, 제100조). 이의신청의 절차는 실체심사의 형식과 유사하고 필요에 따라서 구두심리를 행할 수도 있다. 이의신청심사는 3인의 심사관으로 구성된 이의심사부에서 심사하며 3인의 심사관 중 주심사관은 원래 심사를 담당한 심사관이며 다른 두 사람은 심사에 참여하지 않은 심사관으로 구성된다. 유럽특허는 지정국의 국내법에 의한 국내법원의 판결에 의하여 취소될 수 있다(EPC 제138조). 취소사유는 이의신청이유에 ① 유럽특허의 청구범위가 넓게 허여된 경우, ② 특허권자가 특허출원할 자격이 없는 경우가 추가되어 있다.

5. 특 허 권

유럽특허권은 유럽특허공보에 공고된 날로부터 효력이 발생되며, 유효기간은 출원일로부터 20년간이다. 유럽특허권은 체결국 특허청이 부여한 특허권과 동일한 효력이 인정된다.

의약품 및 농약은 관련된 특허발명을 실시하기 위해서 관련 기관의 허가나 등록을 받아야 하고, 그러한 허가나 등록을 받기 위해서는 안전성(safety) 및 유효성(efficacy)이 입증되어야 한다. 그런데, 필요한 관련 절차에 상당한 기간이 소요되므로 특허권자는 그 기간만큼 특허발명을 실시할 수 없게 되어

Wolters Kluwer, 2008), p. 102.

의약품 또는 농약 분야의 특허권은 타 분야의 특허권에 비하여 특허발명을 실시할 수 있는 기간이 실질적으로 짧아지는 문제가 발생한다.

따라서 그와 같은 문제점을 해결하기 위하여, EU의 보충보호확인서(Supplementary Protection Certificate: SPC)[16]는 제품의 시판을 위해 법률적 승인이 필요하고 또한 그러한 승인을 얻기 위해서는 장기간이 필요한 경우 그러한 기간을 보상하기 위한 제도이다.[17] SPC의 기간은[18] EEA에서의 판매승인 허가일에 종속되는데 ① 허가일이 특허출원일부터 5년 이내이면, SPC는 인정되지 않고, ② 허가일이 특허출원일부터 5년 이상 10년 이하이면, SPC는 그 5년이 경과하는 때부터 허가일까지의 기간만큼 인정되며, ③ 허가일이 특허출원일부터 10년 이후이면 최대 5년까지만 인정된다.

6. 특허침해소송제도

유럽특허에 대한 침해문제는 EPO에서 다루지 않고 그 특허가 효력을 갖는 국내법원에 의하여 다루어진다. 따라서 유럽 내 특허침해소송은 브뤼셀 규칙[19]에 따라 EU회원국 각국의 제 1 심법원에 제기되어야 한다. 그러나 EU회원국 간에는 브뤼셀 규정이 적용되어 관할 원칙이 공평하게 적용되나 외국기

---

16) http://en.wikipedia.org/wiki/Supplementary_protection_certificate.

17) EU의 SPC는 두 개의 법률에 근거한다. 첫째는 의약품에 대한 SPC 신설에 관한 1992. 6. 18. 자 Council Regulation(EEC) No. 1768/92이고, 이는 1993. 1. 2. 발효하였다. 둘째는 식물신품종보호에 관한 SPC 신설에 관한 1996. 7. 23. 자 Regulation(EC) No. 1610/96 of the European Parliament and of the Council로서, 이는 1997. 2. 8. 발효되었다.

18) Regulation(EEC) No. 1768/92 Article 13(Duration of the certificate)

1. The certificate shall take effect at the end of the lawful term of the basic patent for a period equal to the period which elapsed between the date on which the application for a basic patent was lodged and the date of the first authorization to place the product on the market in the Community reduced by a period of five years.
2. Notwithstanding paragraph 1, the duration of the certificate may not exceed five years from the date on which it takes effect.

19) Council Regulation(EC) No. 44/2001 of 22 December 2000 on jurisdiction and the recognition and enforcement of judgments in civil and commercial matters.

업은 관할이 중복적으로 불리하게 적용된다. 예를 들어, 프랑스에서는 원고가 프랑스 국민이므로 관할이 인정될 수 있고, 독일에서는 독일 내에 피고의 재산이 있다는 이유로 관할이 인정될 수 있고, 영국에서는 피고가 일시적으로 영국에 체재하며 소장을 송달받았다는 이유로 관할이 인정될 수 있다.[20]

이러한 이유로 유럽에서는 소위 "forum shopping"에 따라서 원고와 피고의 편리함, 승률 등이 매우 달라지는 폐단이 있게 된다. 그래서 현재의 특허소송과 관련된 고비용, 법적 불확실성, "forum shopping" 등의 문제를 해결하기 위해 유럽특허소송협정(European Patent Litigation Agreement: EPLA)이 제안되었다.[21] EPLA는 유럽 내 특허침해소송의 통일된 절차를 마련하는 데에 일차적 목표가 있고, 두 번째로는 공동항소법원을 마련하고 더욱 중요하게는 회원국 법원에서 이루어진 판결이 다른 회원국에 동일한 효과를 가지도록 한다. EPLA는 1999년에 파리정부간회의에서 처음으로 제안되었고 2006년에는 본격적인 논의가 있었으나 여러 문제로 인하여 더 이상 진척되지 못하고 있다.[22]

Ⅲ. 디 자 인

1. 디자인 관련 EU 입법동향

EU는 EU디자인 지침(Directive 98/71/EC)에 의거 지침이행을 위한 회원국의 법령에 관한 조화·통일화를 먼저 시도한 바 있다. 아울러 EU 디자인규칙(Council Regulation (EC) No. 6/2002) 및 관련 집행위원회 규칙[23]에 의거하여 공

20) 손경한·박진아, "한-EU 자유무역협정상 지적재산권 규정," 「통상법률」, 통권 제76호 (2007) 19면.

21) http://www.epo.org/patents/law/legislative-initiatives/epla.html.

22) 정차호, 앞의 논문, 13면.

23) (1) Commission Regulation (EC) No. 2246/2002 of 16 December 2002 on the fees payable to the Office for Harmonization in the Internal Market(Trade Marks and Designs) in respect of the registration of Community designs, [2002] OJ L 341/54. (2) Commission Regulation (EC) No. 216/96 of 5 February 1996 laying down the

동체디자인제도가 출범하였다. 이로써 2003년부터 유럽상표디자인청(The Office for Harmonization in the Internal Market in Alicante: OHIM)[24]에서 공동체 디자인 출원을 접수하여 왔으며 출원인은 OHIM 또는 각 회원국의 특허청(수리관청)에 출원서를 제출할 수 있게 되었다. 공동체디자인 이사회규칙에 의하여 OHIM에 등록된 공동체디자인은 회원국의 디자인법에 의한 디자인으로서 취급되는 것이 아니며, 동규칙에 따라 회원국 전역에 효력이 미친다.

또한 EU는 최근 디자인의 국제등록에 관한 헤이그조약(Geneva Act of the Hague Agreement Concerning the International Registration of Industrial Designs)에도 정부간기구로서 가입하여 47번째 회원이 되었다. EU는 2007년 9월 24일 자로 WIPO 사무국에 기탁서를 제출하였고, 2008년 1월 1일부터 EU에 대하여 효력이 발생하였다. 이로써 상표와 마찬가지로 디자인도 OHIM을 지정하여 EU회원국에 일시에 출원·등록하는 효과를 얻을 수 있게 된다.

2. EU의 공동체디자인제도

1) 디자인의 성립요건

EU의 공동체 디자인으로 보호되려면 먼저 디자인으로서의 다음과 같은 성립요건을 갖추어야 한다. 공동체디자인 이사회규칙에 의하면 디자인이라 함은 디자인이란, 물품자체의 선, 윤곽, 색채, 모양, 형상, 구조, 재료 또는 그것의 장식의 특징을 통한 물품 전체 또는 물품 일부의 외관을 말한다. 여기서 물품이란, 포장, 그래픽 문양, 인쇄상의 타이프 페이스(단 컴퓨터 프로그램은 제외)를 포함하는 공업적 또는 수공업적 제품을 말한다. 또한 물품은 분해하고 조립할 수 있는 다수의 부품으로 이루어진 '합성물'도 포함한다. 나무, 금속 등 물품을 위한 특정재료 자체는 공동체 디자인으로 보호될 수 없다. 출원된 디자인을 보호하는 것은 물품의 '외관'이어서 물품이 나무로 만들어진 사실은

---

rules of procedure of the Boards of Appeal of the Office for Harmonization in the Internal Market(Trade Marks and Designs), [1996] OJ L 28/11.

24) 스페인의 알리칸트 시에 소재하는 공공기관으로 유럽공동체 상표와 디자인업무를 맡고 있다.

그 물품의 외관에 무엇인가를 부가하였다는 것을 의미한다.

따라서 부여된 권리는 나무로 된 특정물품을 생산하는 것에 대한 독점·배타권이 아니므로 경쟁자는 자기의 디자인이 신규성, 독특성(Individual character) 등의 요건을 충족한다면 나무로 된 물품도 만들 수 있다.[25] 나아가 완성품(Complex Products)뿐만 아니라 그 부품(Component part)에 대하여 공동체 디자인으로 등록이 가능하다. 예를 들면 자동차는 완성품이고 뒷거울, 범퍼, 본넷, 라이트는 부품이 되는 것이다. 그러나 이러한 부품들은 완성품과는 달리 제한된 보호범위를 갖는다. 따라서 제 3 자는 완성품의 '수리'를 위한 경우에는 특별히 이들 부품을 생산하여 판매하더라도, 이는 부품에 대한 등록공동체디자인권을 침해한 것은 아니다.

2) 보호요건

공동체디자인등록을 받기 위해서는 디자인의 성립요건을 충족하여야 하고, ① 신규성, ② 독특성, ③ 공개 요건 등을 충족하여야 하며 ④ 부등록사유에 해당되지 말아야 한다.

디자인이 신규라고 인정되는 것은 동일 디자인이 당해 디자인의 등록 출원일, 또는 우선권이 주장되어 있는 경우에는 우선일 이전에 공지되지 않은 경우이다. 사소한 점에 있어서만 서로 다른 디자인은 동일한 것으로 간주한다(디자인규칙 제 5 조).

디자인이 독특성을 갖는다고 인정되는 것은, 사려 깊은 사용자(informed user)가 받는 당해 디자인의 전체적 인상이 당해 디자인의 등록 출원일, 또는 우선권이 주장되어 있는 경우에는 우선일 이전에 공지된 어떤 디자인과도 다른 경우이다(디자인규칙 제 6 조). 독특성을 평가하는 경우 당해 디자인을 개발할 때의 디자이너의 자유도(degree of freedom)를 고려하여야만 한다.

EU 디자인규칙 제 6 조에 의하면,

---

25) 즉, 나무로 된 인형의 디자인권자가 갖는 독점·배타권은 그런 외관을 갖는 인형에 미치는 것이지 나무로 된 다른 외관의 인형에까지 미치는 것이 아니다. 김원오·이경규·김병일, 「한-EU FTA 협상에 따른 상표·디자인 분야 제도 정비 방안에 관한 연구」(서울: 특허청, 2009), 53면.

"1. 디자인은 사려 깊은 사용자(informed user)가 그 디자인에 대해 갖는 전체적인 인상(overall impression)과, 다음과 같은 때에 공지된(made available to the public) 디자인에 대해 갖는 전체적인 인상이 다른 경우에는 특이성이 있다:

(a) 미등록디자인의 경우에는 보호를 구하는 디자인이 최초로 공지된 날 이전(In case of UCD before the date when design has first been made available to the public)

(b) 등록디자인의 경우에는 보호를 구하는 디자인의 등록을 위한 출원일(우선권 주장시에는 우선일) 이전(In case of RCD before the date of filling the application or alternatively the date of claimed priority)

2. 특이성을 평가함에 있어서는 디자인 개발에 대한 디자이너의 자유도(the degree of freedom)를 고려하여야 한다"고 규정하고 있다.

이와 같이 독특성은 기존의 디자인에서 사소한 변형(trivial variation) 이상이어야 하며 변형의 정도는 전체적 인상을 기준으로 사려 깊은 사용자(informed user)의 관점에서 판단하는 것으로 되어 있다. EU의 독특성 요건과 한국의 용이창작성 요건은, 모두 디자인의 객관적 창작성을 담보할 수 있도록 하기 위한 요건이라는 점, 개별적 특성보다는 전체적 인상에 비중을 두고 판단하는 점과 물품의 동종성을 전제로 하지 아니하고 디자인 일반으로부터 해당 여부를 판단하는 것도 동일하지만, 용이창작성은 국내외 공지된 디자인은 물론 국내 주지형상으로부터도 그 해당 여부를 판단하지만 독특성 요건은 공지된 디자인으로부터만 다른 점을 판단한다는 점, 판단의 주체라는 측면에서 용이창작성은 당업자(통상의 지식을 가진 자)를 기준으로 하는 반면, 독특성은 사려 깊은 사용자(informed user)를 기준으로 한다는 점에서 차이가 있다.[26]

또한 EU 디자인규칙 제5조 및 제6조의 적용에 있어서, 디자인이 등록 내지 그 밖의 방법으로 발행된 경우, 또는 전시되어 상거래에 사용되거나 또는 그 밖의 방법으로 개시된 경우에, 그 사정이 공동체 내에서 영업 중인 관련 사업으로 특화된 업계 통상의 지식으로서 알려지지 않은 경우를 제외하고

26) 앞의 책, 59면.

는 공적으로 이용할 수 있는 것으로 간주한다. 단, 디자인이 명시 혹은 묵시의 비밀유지 의무하에서 제3자에게 개시된 것만을 이유로 공적으로 이용 가능한 것으로 간주해서는 안 된다(디자인규칙 제7조 1항). 다만, 다음의 조건에서 회원국의 등록 디자인권의 보호가 요구되고 있는 디자인이 공개적으로 이용되고 있는 경우, 제5조 및 제6조의 적용에 관하여 개시를 고려해서는 안 된다(디자인규칙 제7조 2항). 그리고 디자이너, 그 승계인, 또는 정보를 제공받아 또는 디자이너 또는 그 승계인에 제소된 결과로 제3자에 의해 개시된 경우, 그 개시가 출원일 또는 우선권이 주장되어 있는 경우에는 우선일 전의 12개월 사이에 이루어진 경우에는 2항의 규정은 디자이너 또는 그 승계인에 관련된 남용의 결과로서 당해 디자인이 공적으로 이용되는 경우에 적용되는데, 남용 행위의 결과로서 등록공동체디자인권 또는 당해 회원국의 등록디자인권이 발생한 경우는 해당되지 않는다(디자인규칙 제7조 3항).

한편, 디자인의 등록요건을 갖춘 디자인이라 할지라도 기술적 기능에 지배되는 디자인 및 호환성을 실현하는 디자인(제8조), 공서양속에 반하는 디자인(제9조)의 경우에는 등록될 수 없다.

3) 공동체디자인의 보호방법과 보호유형

회원국은 등록된 디자인을 공동체디자인규칙 및 지침의 규정에 적합한 배타권을 부여하여 보호하여야 한다. 또한 디자인은 신규이면서 독자성이 있는 범위에서 디자인권에 의해 보호되어야만 한다. 나아가 합성물의 일부분을 구성하는 제품의 디자인은 ① 당해 부분이 복합물품에 편입되었을 때, 복합물품의 통상의 사용법[27]을 따르는 동안 외부로부터 볼 수 있는 경우와 ② 눈에 보이는 부품의 특징이 그것 자체로 신규성 및 독자성의 요건을 만족하는 경우에만 신규성 및 독자성이 있는 디자인으로 인정된다.

공동체 디자인의 보호유형은 등록공동체디자인(Registered Community Design: RCD)과 미등록공동체디자인(Unregistered Community Design: UCD)으로 구별된다. 등록디자인권의 보호기간이 최소한 5년 이상이어야 하며 5년 단위로

27) “통상의 사용법”이란 최종 소비자의 사용을 의미하며, 보수·서비스 및 수리를 의미하지 않는다.

최대 출원일로부터 25년까지 보호받을 수 있고, 미등록디자인의 권리도 등록디자인과 동일한 독점배타적 권리를 부여하고 그 보호기간은 공지된 날로부터 최소한 3년이다.

UCD 제도는 등록디자인뿐만 아니라 미등록디자인에 대해서도 배타적 권리를 부여하는 EU 특유의 제도이다. 미등록공동체디자인의 보호방법은 저작권적 보호방식을 취하며 다음과 같이 등록공동체디자인과는 차이점이 있다.[28)]

▌RCD와 UCD의 비교▐

항 목	RCD	UCD
관장기구	OHIM	각국 디자인 등록 관청
보호되는 권리	배타권: 동일한 디자인을 가진 물품의 제조, 대여, 진열, 수입, 수출, 사용, 저장 금지	모방금지권: 상업적으로 동일 디자인을 모방(copy) 사용 금지(저작권적 보호)
보호기간	5년의 존속기간 최대 25년(제12조)	공중이 처음으로 이용할 수 있는 날로부터 3년(제11조)
출원절차	출원 후 심사를 거쳐 등록된 권리로 보호됨	출원절차 없음 분쟁 시 권리 존재를 입증하여야 할 의무

Ⅳ. 상 표

1. 상표 관련 EU 입법동향

EU는 EU상표 지침(First Council Directive 89/104/EEC)에 의거 지침이행을 통한 회원국의 상표법령에 관한 조화·통일화를 시도한 바 있다. 아울러 EU상표규칙(Council Regulation (EC) No. 40/944)에 의거하여 출범한 공동체상표제도

28) 김원오, “한-EU FTA에서 상표 및 디자인 분야의 쟁점,” 「산업재산권」, 제26호(2008. 8), 40면.

(CTM)는 1996년 4월 1일부터 유럽상표디자인청(OHIM)에서 출원을 접수하여 왔다. 이러한 유럽 공동체상표제도는 등록주의, 선원주의, 심사주의, 등록 전 이의신청제도, 상품의 국제분류 채택, 다류 1출원제도 채택 등 상표제도의 근간이 동일하다. 그러나 구체적인 등록요건의 상이, 상대적부등록사유, 권리불요구제도 등에서 우리 상표제도와 다양한 차이점도 보이고 있다.

EU에서는 2004년 10월 1일 자로 상표의 국제등록에 관한 마드리드의정서 가입이 발효되었다. 이로써 의정서에 근거한 국제상표등록 출원시에 EU를 지정할 수 있게 되었다. EU 상표출원을 담당하고 있는 OHIM의 거절이 없으면 EU회원국 27개국에서 보호를 받을 수 있게 되어 OHIM에 CTM 상표출원을 한 효과를 누릴 수 있게 되었다. 또한 EU는 1995년 6월 상표법조약(TLT)에 서명하였으나 비준하지 아니한 상태이다.

EU의 공동체상표는 출원인이 직접 OHIM을 통하여 출원하거나 회원국의 특허청을 경우하여 OHIM에 출원할 수 있다. 이러한 경로로 출원·등록된 EU의 공동체상표는 EU 전역에 대하여 상표권의 효력이 미친다. 회원국은 자국의 영역 내에 최소한 1, 2심 법원인 공동체상표법원을 두어야 하며, 이 법원은 공동체상표에 과한 침해소송 및 소극적 침해확인 소송에 대한 재판관할권을 행사한다.[29]

2. EU의 공동체상표제도

1) 상표의 성립요건

EU이사회 지침 제2조 및 EU 공동체상표규칙 제4조에 의하면, 상표는 한 기업의 상품 또는 서비스를 다른 기업의 그것과 식별할 수 있는 표지로서 정의하고 상표의 구성요소로서 특히 성명을 포함한 문자, 도형, 철자, 숫자 그리고 상품의 형상이나 포장의 형태와 같이 "사실적으로 표현할 수 있는 표지"라면 어떠한 표지라도 공동체상표로서 등록될 수 있도록 넓게 인정하고 있다. 따라서 유럽에서는 상표의 개념에 색채상표, 입체상표 및 소리상표 등이 폭넓게 포함되고 있다.

29) 이는 공동체디자인의 경우에도 마찬가지로 적용된다.

2) 상표의 보호요건(등록요건)

OHIM은 상표의 등록요건을 심사 시, 절대적 거절이유(규칙 제7조)와 상대적 거절이유(규칙 제8조)로 구분하여 법적 취급을 달리하고 있다.

절대적 거절이유에는 ① 공동체상표의 정의규정에 부합하지 않는 상표, ② 식별력이 결여된 상표, ③ 성질표지상표(기술적(記述的) 표장만으로 구성된 상표), ④ 관용화된 기호나 표시만으로 된 상표, ⑤ 형상만으로 된 기호, ⑥ 공공정책이나 도덕원리에 반하는 상표, ⑦ 공중을 기만할 우려가 있는 상표, ⑧ 국장(國章), 공공인장(파리협약 제6조의 3에서 열거하고 있는 것 포함)으로서 관련 당국의 승인이 없는 것이 해당되며, 이러한 절대적 거절사유는 직권조사사유이며 이의신청절차가 없다. 상대적 거절이유로는 ① 선출원·등록된 상표가 존재하는 경우, ② 대리인이나 대표자가 원상표권자의 허락 없이 자신의 명의로 출원한 상표 등이 있으며, 이러한 상대적 거절이유의 심사는 선행권리자의 이의신청 제기 시에 심사가 개시되며, 이의신청절차가 존재한다.

3) 공동체상표의 보호

공동체 상표권의 효력은 등록을 통해 발생하며(규칙 제6조), 존속기간은 출원서 제출일로부터 10년이고 신청에 의해 매 10년마다 갱신이 가능하다. 공동체상표는 EU 전지역에 걸쳐 효력이 미치는 단일성을 가지며 공동체 전체에 걸쳐 동일한 효력을 가진다. 공동체상표권자는 제3자가 등록상표와 동일한 상표를 등록상표의 지정상품과 동일한 상품 등에 사용하거나 등록된 상표를 상업적으로 사용하여 혼동을 초래한 경우뿐만 아니라 상표의 식별력 또는 명성을 부당하게 이용하는 상표의 사용을 금지할 수 있는 배타적 권리를 갖는다(규칙 제9조). 다만 공동체상표권은 규칙 제12조에서 법정하고 있는 공정이용에 해당하는 효력제한, 권리소진에 의한 효력제한(규칙 제13조) 및 사용침묵에 의한 제한(규칙 제53조)의 요건을 충족하는 경우에는 배타적 권리의 행사가 제한된다.

Ⅴ. 저 작 권

인터넷과 디지털 정보기술은 디지털화된 형식으로 저작권을 침해할 가능성이 높기 때문에 저작권법은 정보회사에서 중요한 의미를 가진다. 특히 저작권 분야는 단순히 국내법적 문제가 아니라 국제적인 관심사항도 포함하기 때문에 EU는 1995년 저작권적 보호의 점증하는 의미를 인식하고 정보회사의 저작권과 저작인접권에 관한 녹서(Green Paper)[30]를 준비하였다. 이는 전자우편, 월드와이드웹, 전자거래 시대에 상이한 국내 저작권 규정을 통하여 유럽역내시장의 분열을 초래하지 않도록 하기 위하여 유럽 수준의 통일적인 법적 영역을 구축하기 위한 것이다. 특히 전자거래에 대한 유럽연합 지침이 공표되면서 저작권에 대하여도 저작권자가 권리자로서 누릴 보호 이익과 이용자를 고려한 보호, 양자의 충돌 문제를 해결하기 위한 방안을 강구할 필요성이 제기되었다.

그 결과 2001년 6월 22일 정보사회에 있어서 저작권 및 유사 보호권의 특정 관점의 조화를 위한 EU 저작권 지침(2001/29/EC)이 제정되었다. 그러나 유럽연합은 그 이전에도 컴퓨터프로그램 또는 데이터베이스와 같은 개별적 대상들에 대한 규율 원칙을 만들어 왔다. 예컨대, 컴퓨터프로그램에 대하여는 1991년 5월 14일 EU 소프트웨어 지침, 데이터베이스에 대하여는 1996년 3월 11일 EU 데이터베이스 지침이 제정된 바 있다.

유럽집행위원회는 2008년 7월 16일, 실연가와 실연기록의 권리보호기간을 실연으로부터 95년으로 연장(지금까지는 50년)을 유럽의회 및 EU이사회에 요청하는 권고와 연구·학술·교육을 위한 지식의 유통촉진에 대한 저작권의 역할에 관한 녹서(Green Paper on copyright in the knowledge economy)를 공표한 바 있다. 후자는 장기적인 저작권정책을 논의함에 있어서 필요한 쟁점을 정리한 것인데, 도서관 등의 예외규정, 장애인의 이용, 연구·교육목적의 이용에 관련한 예외규정에 대해서 다루고 있다.[31]

---

30) *Grünbuch* Case, 19. Juli 1995, KOM(95) 382.

31) The Commission adopted a Green Paper on copyright in the knowledge economy

1. EU 소프트웨어 지침

EU회원국에서의 프로그램보호제도가 상이함은 소프트웨어산업에 관한 한 자본과 상품의 자유로운 이동과 유통에 방해가 될 수 있다.[32] 이러한 문제점을 해결하기 위하여 유럽공동체위원회는 컴퓨터프로그램의 법적 보호에 관한 지침을 만드는 작업에 착수하여 1989년 1월에 지침안을 마련하였다. 이 지침안에 대하여 이해관계 있는 단체들의 의견개진과 전문가들에 의한 광범위한 논의와 개정을 거쳐 EU이사회는 EU 소프트웨어 지침을 확정·공포하였다.

EU 소프트웨어 지침은 원칙적으로 컴퓨터프로그램을 저작권으로 보호하고자 함과 동시에 이에 대해 제한된 범위의 컴퓨터프로그램에 대한 역분석을 허용하고, 또한 컴퓨터프로그램의 유통촉진을 도모하기 위하여 각 회원국의 국내입법으로 최초판매 후의 배포권 소진을 정할 수 있도록 한다. 또한 본 지침은 각 회원국이 컴퓨터프로그램을 저작권으로 보호함에 있어 부여하여야 할 최소한의 보호수준을 정한 것으로 그 보호의 구체적 내용과 방법은 각 회원국에 일임하고 있다.

2. EU 대여권 지침

유럽공동체이사회는 대여 및 대출[33]과 관련하여 저작권 보호를 받는 저작물 및 관련 권리의 보호를 받는 대상물에 대해 회원국들이 정한 법률 및 절차에 대한 법적 보호의 차이가 역내시장의 완성과 적절한 기능을 방해하는

---

http://ec.europa.eu/internal_market/copyright/copyright-infso/copyright-infso_en.htm#greenpaper(2010. 1. 11.).

32) 유럽공동체는 단일시장 내에서 자본과 노동, 그리고 상품과 서비스의 자유로운 이동과 유통을 확보함으로써 규모의 경제를 실현하는 것을 목적으로 지침(directives)과 규칙(regulations)을 통해 단일시장 내 각국의 법제도를 조화 또는 통일시키는 작업을 진행하고 있다.

33) 이 지침에서 '대여'라 함은, 일정 기간 동안 직·간접적인 경제적 혹은 상업적 이익을 목적으로 공중의 이용에 제공하는 것을 말하며(대여권 지침 제 1 조 2항), '대출'이라 함은 일정 기간 동안 직·간접적인 경제적 혹은 상업적 이익을 목적으로 하지 않고 공중의 이용에 제공하는 것으로서, 공공시설을 통하여 이루어지는 경우를 말한다(동 지침 제 1 조 3항).

무역의 장벽이며, 경쟁을 왜곡시키는 근원으로 간주하고 관련 법제도의 조정을 위하여 EU 대여권 지침을 제정하였다.

동 지침은 대여 및 대출에 의하여 저작권 보호를 받는 저작물 및 관련 권리의 보호를 받는 대상물의 적절한 보호, 그리고 고정권, 복제권, 배포권, 방송권 및 공중전달권에 의하여 관련 권리의 보호를 받는 대상물의 보호를 주된 내용으로 하고 있다. 동 지침은 집중관리단체에 권리의 관리를 위탁하지 않고 유보해야 하는 저작자 및 실연자에게도 포기할 수 없는 공정한 보상청구권을 부여할 것을 규정하고 있다(대여권 지침 제4조). 또한, 회원국은 공공대출에 관한 제1조에 규정한 배타적 권리인 대여권과 대출권을 규정하지 않을 수 있으나, 저작자가 그런 공공대출로 최소한의 보상금을 받는 경우에 한한다(대여권 지침 제5조).

3. EU 위성방송 및 재송신 지침

유럽공동체이사회는 공동체 내의 경계선을 넘어 전송되는 방송, 특히 위성 및 유선방송은 공동체의 목적과 정치, 경제, 사회, 문화 및 법적 목적을 추구하는 가장 중요한 방법 중의 하나로 간주하고, 이사회는 텔레비전 방송활동의 장려를 위한 회원국들의 법률, 규칙 또는 행정 규정의 조정에 관한 1989년 10월 3일의 89/552/EEC 지침을 채택하여, 유럽 텔레비전 프로그램의 배포 및 제작의 증진, 광고와 후원의 증진, 미성년자의 보호, 그리고 답변권에 관한 규정을 두도록 하고 있다. 그러나 저작권에 대한 회원국간 법규의 차이와 법적인 모호성 때문에 다른 회원국으로부터 전송된 프로그램의 경계선을 넘는 위성방송 및 유선재송신과 관련하여 달성하고자 하는 이들 목적은 여전히 방해를 받고 있다. 이것은 저작권자들의 저작물이 보상금 지급 없이 이용될 위기에 처해 있고, 또한 여러 회원국의 배타적 권리자 개개인들이 그들의 권리 이용을 금지당하고 있다는 것을 의미한다. 특히, 법적 모호성은 공동체 내에서 프로그램의 자유로운 배포를 방해하는 직접적인 장애물이다. 현재 저작권의 적용상 직접위성에 의한 공중전달과 통신위성에 의한 공중전달 간에는 차이가 있다. 오늘날 두 가지 형태의 위성으로 개인적 수신이 가능하기 때문에 더 이상 서로 다른 법적 취급의 정당성은 없다.

EU 위송방송 및 재송신 지침은 통신위성으로 송신되는 프로그램에 대한 회원국간 차별대우를 종식시키기 위하여 제정되었다. 동 지침에 따라 회원국은 지침규정에 따라 저작자에게 저작물의 위성에 의한 공중전달을 허락할 배타적 권리를 부여해야 한다(위송방송 및 재송신 지침 제2조). 또한 회원국은 다른 회원국에서 송신된 프로그램을 자국에서 유선재송신하는 경우에 적용할 수 있는 저작권 및 관련 권리가 준수되어야 한다는 것과, 그와 같은 재송신이 저작권자, 관련 권리자 및 유선방송국 간의 개별약정 혹은 단체약정에 기초하여 이루져야 한다는 것을 보장해야 한다(위송방송 및 재송신 지침 제8조 1항).

4. EU 저작권보호기간 지침

문학 및 예술저작물의 보호를 위한 베른협약과 실연자, 음반제작자 및 방송사업자의 보호를 위한 국제협약(로마협약)은 권리 보호의 최저 기간만을 규정하고, 보다 긴 보호기간을 정할 자유를 체약국에 위임하고 있다. 일부 회원국은 이러한 위임받은 권한을 행사했다. 또한, 일부 회원국은 로마협약의 당사국이 되지 않았다.

저작권 및 관련 권리의 보호기간을 규제하는 국내법들 간에 차이가 있어서 결과적으로 상품의 자유이동 및 서비스를 제공할 자유를 방해하고, 그리고 공동시장에서의 경쟁을 왜곡시키기 쉽다. 따라서 EU이사회는 역내시장의 원활한 기능을 위해서는 회원국의 법률이 공동체 전역에서 동일한 보호기간을 인정하도록 조정하기 위하여 동 지침을 제정하였으며, 조정 대상에는 보호기간 자체만을 포함하는 것이 아니라, 각 보호기간의 기산일자와 같은 이행사항도 포함된다.

동 지침은 공동체 내에서 문학 및 예술 창작활동의 균형 있는 발전을 이끌 법적 환경을 조성하고자 하는 욕구를 충족시키는 높은 수준의 보호를 확보하기 위해 저작권의 보호기간을 저작자 사후 70년으로 조정하거나 저작물이 합법적으로 공중의 이용에 제공된 후 70년으로 조정하고(저작권 보호기간 지침 제1조), 그리고 관련 권리(저작인접권)는 보호기간이 시작된 후 50년으로 조정할 것을 규정하고 있다(저작권 보호기간 지침 제 3 조).

5. EU 데이터베이스 지침

EU 데이터베이스 지침은 유럽연합 내에서 데이터베이스의 법적 보호를 위하여 각 회원국에게 필요한 최소한의 조치를 취할 의무를 부과한다.

EU 데이터베이스 지침 제 1 조 2항은 데이터베이스를 "체계적이거나 조직적인 방법으로 배열하고 전자적이거나 그 밖의 다른 수단에 의하여 개별적으로 접근이 가능한 독립적인 저작물, 자료 또는 기타 소재의 수집물"이라고 정의함으로써 전자적인 데이터베이스(electronic databases)뿐만 아니라 비전자적인 데이터베이스(hard copy compliations)도 보호한다.[34)]

데이터베이스를 보호함에 있어 본 지침은 당해 데이터베이스가 그 소재의 선택과 배열에 독창성이 있는지 여부에 따라 그 보호방법을 달리하고 있다. 데이터베이스의 소재의 선택과 배열에 독창성이 있는 경우에는 편집저작물로서 보호되고, 독창성이 없는 경우에도 데이터베이스 제작자에게 독자적인 권리(*sui generis* right), 즉 "데이터베이스 내용의 전부 또는 양적으로나 질적으로 실질적인 부분을 추출[35)]하거나 재이용[36)]하는 행위를 금지할 권리"가 부여된다(EU 데이터베이스 지침 제 7 조). 이 권리는 데이터베이스가 저작권이나 그 밖의 권리로 보호받을 수 있는지 여부와 관계없이 부여된다(EU 데이터베이스 지침 제 7 조 4항). 이러한 권리를 향유할 수 있는 자는 "데이터베이스 내용의 취득, 검증 또는 표현에 대하여 양적으로나 질적으로 상당한 투자를 한 자"로서(EU 데이터베이스 지침 제 7 조 1항), 소재를 창작적인 방법으로 선택 또는 배열하는 데이터베이스 제작자와는 다르다.

---

34) EU 데이터베이스 지침 이유서(14).

35) 추출이란 "데이터베이스 내용의 전부나 실질적인 부분을 특정 수단이나 방식으로 영구적 또는 일시적으로 다른 매체에 옮기는 것"(EU 데이터베이스 지침 제 7 조 2항(a))을 의미한다.

36) 재이용이란 "복제물의 배포, 대여, 온라인 그 밖의 송신 방법으로 데이터베이스 내용의 전부나 실질적인 부분을 공중의 이용에 제공하는 것"(EU 데이터베이스 지침 제 7 조 2항(b))을 말한다.

그러나 데이터베이스 제작자의 독자적인 권리는 ① 비전자적인 데이터베이스를 사적 목적으로 추출 또는 재이용하거나,[37] ② 비상업적 범위 내에서 출처를 명시하는 조건으로 과학적 조사연구를 위한 설명 목적으로 이용하거나, ③ 공증, 행정 또는 사법 절차에 이용하는 경우에는 제한된다. 또한, 데이터베이스 제작자의 권리는 데이터베이스의 적법한 이용자가 비실질적인 부분을 특정 목적으로 추출하거나 재이용하는 것에 대해서도 미치지 않는다(EU 데이터베이스 지침 제 8 조 1항). 다만, 데이터베이스 이용자는 데이터베이스 내용의 비실질적인 부분을 반복적이고 조직적으로 추출하거나 재이용하여 데이터베이스 제작자의 통상적인 이용을 저해하거나 정당한 이익을 부당하게 침해해서는 안 된다(EU 데이터베이스 지침 제 7 조 5항).

데이터베이스 제작자의 독자적인 권리는 데이터베이스 제작이 완료된 해의 1월 1일부터 15년간 존속한다(EU 데이터베이스 지침 제10조 1항). 데이터베이스에 대한 계속적인 추가, 삭제 또는 변경이 누적되어 새로운 실질적인 투자로 간주되는 경우 새로운 투자의 결과로 나타난 데이터베이스는 새로운 보호기간의 적용을 받는다(EU 데이터베이스 지침 제10조 3항).

6. EU 저작권 지침

EU 저작권 지침(2001/29/EC)은 저작권자에게 일시적 복제와 영구적 복제권(EU 저작권 지침 제 2 조), 통신권 및 공중전달권(동 지침 제 3 조), 배포권(동 지침 제 4 조)을 인정하고 있는데, 그 구체적 내용은 다음과 같다.

첫째, 일시적인 복제는 일정한 경우 저작권의 침해로부터 면제되는데, 면제되기 위하여서는 임시적 복제행위가 일시적 또는 부수적이며 기술적 과정에서 불가결하거나 필수적인 부분이며 오직 유일한 목적으로 ① 네트워크에서 중간매개자가 제 3 자간의 통신을 가능하게 하거나 ② 저작물이나 다른 대상을 합법적으로 사용할 수 있도록 하는 것이어야 하며, 독립적인 경제적 중요성을 가지지 않아야 한다(EU 저작권 지침 제 5 조). 여기서 "합법적으로 사용하는 것"이란 권리자의 허락을 받거나 법률상 제한이 없어야 한다고 지침이유(33)에서

37) 따라서 전자적인 데이터베이스는 사적으로 추출하거나 이용할 수 없게 된다.

설명하고 있지만 사실상 이러한 구성요건을 충족하기란 쉽지 아니하다.

둘째, 저작권 지침의 복제권(EU 저작권 지침 제 2 조)에 대해서는 회원국에서 다음의 경우 예외 또는 제한을 규정할 수 있는데, ① 저작권자가 공정한 보상을 받는 것을 조건으로 하여, 사진기술이나 이와 유사한 효과를 가지는 방법에 의하여, 종이나 이와 유사한 매체에 복제하는 경우, ② 저작권자가 공정한 보상을 받는 것을 조건으로 하여, 사적 이용이나 직·간접적으로 상업적이지 않은 목적을 위하여, 자연인이 복제하는 경우, ③ 직·간접적으로 경제적이거나 상업적인 이용을 위한 것이 아닌, 일반인이 접근할 수 있는 도서관, 교육기관이나 박물관, 기록보존소 등에 의한 특정의 복제행위, ④ 방송기구가 자신의 설비를 이용한 저작물의 임시적인 녹음(ephemeral recordings)을 하는 경우, ⑤ 저작권자가 공정한 보상을 받는 것을 조건으로 하여, 병원이나 교도소와 같은 비상업적인 목적을 수행하는 사회기관이 방송을 복제하는 경우 등에 대한 규정들이다. 이러한 규정은 공정이용의 원리를 적용한 것으로 프로그램저작권자가 공정한 보상을 받을 수 있거나 직·간접적으로 경제적이거나 상업적인 이용을 위한 것이 아닌, 즉 비영리적인 경우에는 회원국은 이 범위 내에서 일시적 복제의 예외 또는 제한을 할 수 있다.

셋째, 복제권·통신권 및 공중전달권의 경우, ① 교육이나 과학연구를 위하여 전시의 목적으로 이용하는 경우, ② 장애인의 이익을 위하여 장애와 직접 관련되고 비상업적인 성격의 사용을 하는 경우, ③ 현안의 경제적, 정치적, 종교적 주제에 관해 공표된 출판물이나 방송된 저작물 기타 이와 동일한 성격의 대상을, 보도기관이 복제하거나, 일반인에게 통신하거나 이용가능하게 하는 경우, ④ 이미 적법하게 일반인에게 이용가능하게 된 저작물이나 기타의 저작물과 관계되는 것을 조건으로 하여, 비판이나 논평을 위하여 인용하는 경우, ⑤ 공공의 안전을 위하거나 행정·입법·사법절차를 적절하게 이행하거나 보고하는 것을 보장하기 위한 사용, ⑥ 공개적인 강의나 정치적 연설이나 이와 유사한 저작물이나 기타의 저작물을 사용하는 것, ⑦ 종교적인 의식이나 공공 기관이 공식적인 의식에 사용하는 것, ⑧ 건축저작물이나 조각저작물과 같이 공공장소에 영구적으로 위치해있는 저작물의 이용, ⑨ 저작물이나 기타의 저작물을 부수적으로 다른 저작물에 포함시키는 경우, ⑩ 예술저작물의 공개적인 전시나 판매를 광고할 목적으로 사용하는 경우, ⑪ 풍자만화(caricature), 패러디, 모방작품(pastiche)의 목적으로 사용하는 경우, ⑫ 설비의 전시나 수리와 관련된 사용의 경우, ⑬ 예술저작물을 빌딩이나 빌딩을 재건축하기 위한 목적으로 도면이나 설계도의 형태로 사용하는 경우, ⑭ 개인에게 저작물이나 기타의 저작물을 통신하거나 이용하도록 함으로써, 연구나 개인적 연구를 위한 사용, ⑮ 아날로그 이용에만 관계되고 유럽공동체 내에서 상품이나 서비스의 자유로운 유통에 영향을 주지 않는다는 것을 조건으로 하여, 국내입법에서 저작권에 대한 예외나 제한이 이미 존재하는 경우, 중요성이 약한 그 밖의 경우에서의 사용 등에 대하여 회원국이 저작권의 예외나 제한을 규정할 수 있다고 함으로써, 복제권 및 공중전달권이 제한될 수 있도록 하고 있다(EU 저작권 지침 제5조 3항).

또한 EU 저작권 지침에서는 저작자에게 일시적 및 영구적으로 복제권을 인정하되 일정한 제한과 예외를 규정하고 있다. 유럽연합의 저작권 지침은 두 가지 형태의 저작권 제한을 포함하고 있다. 하나는 기술적 진보에 필수적이고 통합적인 부분을 구성하는 일시적 복제에 대한 예외이고, 다른 하나는 저작권이 제한되는 구체적인 경우를 나열한 열거 조항이다.[38] 열거 조항에 포함되어 있는 저작권 제한은 TRIPs 협정과 마찬가지로 3단계 시험을 그대로 따르고 있다(EU 저작권 지침 제5조 5항). 또한 저작권 지침은 저작권에 대한 예외나 제한은 저작물을 정상적으로 이용하는 것과 충돌되지 않으며 저작권자의 적법한 이익을 부당하게 손상하지 않는 특정의 경우에만 적용되어야 한다고 "저작권제한 3단계 테스트"를 규정하고 있다.

유럽연합 저작권 지침은 회원국들이 지침에 따라 국내법에서 규정하는 예외 또는 제한의 목적을 달성하기 위하여 권리자들과 그 밖의 관련 당사자들 간의 약정 체결과 이행을 포함하여 권리자들이 취하는 자발적인 조치를 권장하도록 하고, 합리적인 기간 내에 그와 같은 자발적인 조치 또는 협정이 없는 경우에, 회원국들은 권리자들이 적용된 기술 조치를 변경하거나 그 밖의 다른 방법을 통하여 그러한 예외나 제한의 수혜자들에게 그로부터 혜택을 얻

38) Daniel J. Gervais, "Towards a New Core International Copyright Norm: The Reverse Three-Step Test," March 2004, p. 21.

을 수 있는 적절한 수단을 제공하도록 보장하기 위해 적절한 조치를 취하여야 한다고 규정하고 있다(EU 저작권 지침 제6조).

7. EU 재판매권 지침

추급권 또는 재판매권이란(droit de suite, Folgerecht, artist's resale right, resale royalty right)이란 타인에게 양도한 미술저작물이 공매(公賣)되는 경우에 미술저작물의 저작자인 미술가가 그 재판매대금 중에서 일정율의 금액을 배분받는 권리를 말한다. 미술저작물의 추급권 제도에 관한 최초의 입법례는 프랑스에서 시작되었는데, 이 제도는 독일, 이탈리아, 벨기에, 스페인, 룩셈부르크, 포르투갈 등 대륙법계 국가에서 주로 인정되어 왔다. 베른협약 제14조의3에서도 추급권을 명시하고 있지만 그 행사 요건과 금액, 그리고 절차에 관해서는 가입국의 국내법에 위임하고 있다.

EU의 유럽의회와 이사회는 2001년 6월 6일 조정위원회에서 승인된 공동선언문의 취지하에 EU 재판매권 지침[39]을 2001년 9월 27일 브뤼셀에서 채택하였다. 이 지침에 의하면 각 회원국은 2006년 1월 1일 이전에 필요한 법률, 규칙 및 행정적 규정을 발효시켜야 한다. 이에 따라 최근 영국을 비롯한 15개 EU회원국에서 재판매권의 도입이행이 완료되었다.[40]

Ⅵ. 지리적 표시

100여 년 전부터 일부 유럽국가에서 실시해 오던 원산지명칭보호제도를

---

39) 원저작물의 저작자의 이익을 위한 재판매권에 관한 2001년 9월 27일 유럽의회와 이사회의 2001/84/EC 지침(Directive 2001/84/EC of the European Parliament and of the Council of 27 September 2001 on the resale right for the benefit of the author of an original work of art).

40) EU 추급권 지침의 주요내용에 대해서는, 계승균, "독일저작권법상 추급권에 관한 연구," 「창작과 권리」, 제48호(2007), 180-202면; 김원오, "EU 및 그 주요 회권국의 추급권 입법 동향," 「계간 저작권」, 제79호(2007), 23면 이하.

1992년 EU가 출범함에 따라 전체 회원국에 확대·적용하는 과정에서 지리적 표시보호로 다소 완화하여 EU차원에서 이를 등록·보호하고 있다. 즉 1992년 7월 14일 EU이사회는 농업생산물 및 식료품에 대한 지리적 표시 및 원산지 표시의 보호에 관한 유럽연합 '규칙 2081/92호'를 공포하였다. '규칙 2081/92호'은 그 해 7월 말 유럽연합 관보에 공표되었다. 규칙이 공포된 후 이에 대한 반응은 각양각색이었으나 대체적으로 매우 회의적이었다. 특히 이 규칙에 의해 창출된 공동체법에 의한 보호제도가 이해관계집단의 의견을 많이 배제한 채 탄생하였고, 따라서 매우 많은 문제점을 안고 있다는 비판이 있다.[41)]이어 '규칙 2081/92호'은 2006년 3월 20일 자의 '이사회규칙 510/2006호'에 의해 대체되었으나 그 기본 골격은 동일하다.

1. 농산품 등의 지리적 표시 보호제도

1) 보호대상품 (제 1 조)

'이사회규칙 510/2006호'는 농산물과 식료품에 대한 지리적 표시를 다룬다. 동 규칙의 적용대상 품목은 '로마조약 부속서 I'에 기재된 농산품 및 식료품 40품목[42)]과 이 규칙의 '부속서 I'에 열거된 식료품 6품목,[43)] '부속서 II'에 열거된 '농산물 8품목[44)]의 원산지명칭 및 지리적 표시의 보호에 관한 준칙'에

41) Knaak, Der Schutz geographischer Herkunftangaben im neuen Markengesetz, GRUR 1995, 104. 또한, 유럽연합 규칙의 유효성 및 국내법과의 관계에 대한 비판적 견해로는, Tilmann, Grundlage und Reichweite des Schutzes geographischer Herkunftsangaben nach der VO/EWG 2081/92, GRUR Int. 1993, 610, 612; Beier/Knaak, Der Schutz der geographischen Herkunftsangaben in der Europäischen Gemeinschaft-Die neueste Entwicklung, GRUR Int. 1993, 602, 608; Knaak, a.a.O., S. 110.

42) 로마조약 부속서 II: 축산물류(살아있는 동물, 식육 및 내장류, 낙농제품, 새의 알, 천연꿀), 수산물류(어류, 갑각류, 연체동물), 원료농산물류(식용야채(채소), 식용 식물의 뿌리 및 괴경(감자, 고구마 등의 덩이줄기), 식용 과일 및 나무열매(밤, 호두, 개암 등), 사탕수수 및 무), 기호식품류(커피, 차, 향신료 등(양념류 포함)), 코코아류, 가공식품류(곡류식품: 오트밀, 콘플레이크 등), 맥아, 전분, 글루텐, 이룰린(저당 다당류).

43) 부속서 I: 맥주, 천연탄산수, 샘물(용천수), 식물성 음료수(식물 추출물엑기스 조제), 밀가루 및 기타 조제품(빵, 비스켓, 과자, 케이크류 등), 천염검 및 수지(Natural gums & resins).

44) 부속서 II: 건초(Hay), 방향수(Essential oils).

규정된 품목이다.[45)]

2) 보호의 종류(제2조)

'이사회규칙 510/2006호'는 EC 집행위원회에 의하여 운영되는 등록부에 등록되는 지리적 표시를 원산지명칭보호(Protected Designation of Origin: 'PDO')와 지리적 표시보호(Protected Geographical Indication: 'PGI')의 개념으로 구분하고 있다.

(1) 원산지 명칭 보호(PDO)의 의미

'이사회규칙 510/2006호'는 원산지명칭의 정의에 관하여 원산지표시의 보호에 관한 리스본조약의 정의를 따르고 있다(규칙 제2조 2항 a). 즉 농수산물 또는 가공식품의 특정 품질, 명성 또는 그 밖의 특성이 본질적으로 특정지역에서 비롯된 경우에 그 지역에서 생산(Production)되고 가공(Process)되고 조리(Preparation)된 농수산물 또는 가공식품임은 나타내는 표시를 말한다.

▌〈그림 1〉 Protected Designation of Origin(PDO)▐

(2) 지리적 표시 보호(PGI)의 의미

PGI는 농수산물 또는 가공식품의 특정 품질, 명성 또는 그 밖의 특성이 본질적으로 특정지역에서 비롯된 경우에 그 지역에서 생산(Production)되거나 가공(Process)되거나 조리(Preparation)된 농수산물 또는 가공식품임은 나타내는 표시를 말한다.

---

45) 부속서 I과 II(97추가)의 내용은 제15조에 규정된 절차에 따라 수정될 수 있다.

▌〈그림 2〉 Protected Geographical Indication (PGI) ▌

(3) 전통적 품질 보호 (TSG) 의 의미

TSG는 이는 원산지를 말하는 것이 아니라 생산물의 성분 또는 제조방법 등 전통적 특성을 강조하는 것이다.

▌〈그림 3〉 Traditional Speciality Guaranteed (TSG) ▌

(4) 원산지 명칭보호 (PDO) 와 지리적 표시보호 (PGI) 의 차이점

PDO는 상품 원료의 생산으로부터 가공에 이르는 전 과정이 해당지역 내에서 이루어진 상품에 대한 원산지표시보호의 개념이고 PGI는 상품 원료의 생산이나 가공 중 어느 한 쪽만 해당지역 내에서 이루어진 경우의 상품에 대한 지리적 표시에 대하여 보호를 부여하는 것으로 PDO가 좀 더 엄격한 보호기준을 가지고 있다고 하겠다.[46)]

---

46) 예를 들어 원료를 외지에서 가져오더라도 어느 지역의 특수한 제조방법에 의해 생산되면 PGI에 해당되며 보호수준은 PDO와 동일하다.

3) 보호내용

'이사회규칙 510/2006호'는 그 보호요건을 충족하고 집행위원회에 의하여 원산지표시 및 지리적 표시의 등록부에 등록된 지리적 표시에 대하여 포괄적인 보호를 부여하고 있다. 등록된 지리적 표시의 보호내용은 첫째, 미등록상품의 지리적 표시 사용으로부터 보호되고, 둘째, 진정한 원산지를 표시하였더라도 "유형," "타입," "모방" 등의 표현을 병기한 지리적 표시의 사용으로부터 보호된다. 셋째, 지리적 표시에 대해 오인을 야기하는 용기나 포장 혹은 광고물에 의한 침해로부터 보호되고, 마지막으로 지리적 표시 상품이 일반명칭(종류표시)으로 간주되는 상품의 일부로 포함될 때 해당 상품이 종류표시로 간주되는 것으로부터 보호된다(제13조 1항). 등록된 지리적 표시가 갖는 또 다른 권한으로는 이 표시가 일반명칭(종류표시)화하는 것으로부터 보호된다는 점이다(규칙 제13조 3항). 그리고 지리적 표시와 유사한 명칭의 상표 등록은 거부된다. 다만 지리적 표시의 실시 이전에 선의로 등록된 상표는 이의 적용을 받지 않게 하고 있다(규칙 제14조 1항 및 2항). 한편 원칙적으로 상표와 원산지표시 또는 지리적 표시는 각각 별도로 공존할 수 있다. 그러나 지리적 표시의 등록과 연관하여 주목할 규정으로는, 지리적 표시와 경합관계에 있는 상표에 있어서 그 상표의 명성과 사용기간에 비추어 지리적 표시의 등록이 소비자의 혼동을 유발할 수 있게 될 때 지리적 표시의 등록을 거절하게 한 점을 들 수 있다(제14조 3항). 즉 규정 제14조 3항은 원산지표시 또는 지리적 표시로 인하여 거래에 오인의 우려가 있는 경우 저명상표를 보호하기 위하여 원산지표시의 등록을 허용하지 않고 있다. 즉 이 경우에는 주지의 구 상표와 새로운 지리적 표시 사이의 충돌을 우선원칙에 따라 해결하고 있다.

2. 와인(wine) 시장 공동조직에 관한 이사회규칙 479/2008

EU에서 농산품 및 식료품에 관한 지리적 표시는 '이사회규칙 510/2006호'에 의하여 보호되고 있지만, 와인에 대해서는 별도의 EC 규칙을 제정하여 상세하게 보호하고 있다. 최근 2008년 4월에 새로운 EC 규칙 479/2008호가 이사회에서 성립되어 시행되고 있다.

EU의 와인 보호는 1962년 시작한 EU의 공통농업정책(Common Agricultural Policy: CAP)의 일환으로서 실시되었다.[47] 1979년에 '와인의 공동시장조직에 관한 이사회규칙'(EEC 337/79[48])으로서 통합정리된 와인보호법제는 여러 번의 개정을 거쳐, 1999년에 이사회규칙 EC 1493/1999호[49]로서 성립됨에 따라, EU 내의 와인의 지리적 표시뿐만 아니라, 산지·제법·품질 등에 대해서 상세하고 엄격한 와인의 보호 및 규제를 정하고 있다.

EC 규칙 479/2008은 '지리적 표시'의 개념을 무역 관련 지적재산권에 관한 협정(Agreement on Trade-Related Aspects of Intellectual Property Rights: TRIPs) 제22조 1항에 기초하여 정의하고 있으며, EC 규칙 479/2008호의 지리적 표시와 원산지명칭의 개념은 '이사회규칙 510/2006호'에서의 개념정의와 큰 차이는 없다. 다만, 원산지명칭(designation of origin)은 지중해연안과 서남아시아가 원산지인 유럽종 포도, 즉 Vitis vinifera 품종을 재배하여 만든 와인에만 사용되고, 지리적 표시(geographical indication)는 Vitis vinifera 품종과 다른 품종을 교배하여 재배된 포도를 가지고 생산한 와인에 사용된다. 또한 원산지명칭(designation of origin)은 특정 '영토(territory) 내의 지역 또는 지방'에서 재배된 포도를 원료로 하여 생산된 와인에 대하여 사용되지만, 지리적 표시(geogra- phical indication)는 그 와인에 표시된 지역에서 생산된 와인의 비중이 85% 이상이면 사용할 수 있다(제34조 1항(b)(iii)).

Ⅶ. 지적재산권 집행

EU의 지적재산권 집행과 가장 관련이 있는 것으로 EU 지적재산권 집행

47) CAP의 자세한 설명은 http://ec.europa.eu/agriculture/faq/index_en.htm#base.

48) OJ L 54, 5. 3. 1979, pp. 1-7(http://eur-lex.europa.eu/Notice.do?val=72949:cs&lang=en&list=72949:cs,&pos=1&page=1&nbl=1&pgs=10&hwords=&checktexte=checkbox&visu=#texte).

49) OJ L 179, 14. 7. 1999, pp. 1-4(http://eur-lex.europa.eu/LexUriServ/LexUriServ.do?uri=OJ:L:1999:179:0001:0084:EN:PDF).

지침을 들 수 있는데, 이는 EU회원국 내의 지적재산권 침해 구제에 대한 통일을 목표로 한 것이다.[50] 당해 지침의 제20조에서는 채택일로부터 2년 이내인 2006년 4월 29일까지 국내법으로 동 지침을 이행할 것을 요구하고 있다.[51]

회원국들이 상표위조 및 저작물 불법복제에 강력하게 대응할 수 있도록 하기 위해 제정된 EU 지적재산권 집행 지침은 전문[52] 32개조를 포함하여 총 5장 22조로 구성되어 있으며 지침의 목적 및 범위, 증거수집 및 보전조치, 정보청구권, 잠정적 및 예방적 구제조치, 본안판결에 의한 조치, 대체적 조치 등의 수단, 절차 및 구제조치, 손해배상 등에 관하여 규정하고 있다. 동 지침의 주요 내용은 한-EU FTA 지적재산권 집행 분야의 내용과 큰 차이는 없다.[53]

Ⅷ. 결 론

EU에서 우리나라 기업들의 지적재산권 분쟁 가능성이 매우 높아지고 있는 상황임에도 불구하고, 국내 기업의 지적재산권 분쟁 대응능력은 매우 부족한 실정이다. 우리나라 기업이 유럽에 진출하려면 유럽 지적재산권제도의 정확한 이해가 선행되어야 한다. 유럽은 지적재산권 법제의 통일 정책을 수립·시행하고 있음에도 불구하고 국가별로 특허 등 산업재산권제도, 산업재산권 관련 심판 및 소송제도가 다르게 운영되고 있기 때문에 유럽 산업재산권제도를 정확하게 이해하는 데 어려움이 많다. 그러나 지적재산권은 EU 및 회원국

50) 지침의 주요 내용과 입법에 관련된 자료는 다음 웹페이지에 정리되어 있다. http://ec.europa.eu/internal_market/iprenforcement/index_en.htm#directive.

51) 박덕영, "한-EU FTA 지적재산권 집행 분야 주요 쟁점," 「산업재산권」, 제26호(2008. 8), 107-135면; 최상필, "EU의 지적재산권 시행 지침," 「인터넷법연구」, 제3권 제2호(2004. 12), 235면.

52) 이른바 Recital로서 지침의 입안 근거 및 목적에 대해 서술하고 있다. 지침이 EU의 관할사항인지, 보충성의 원칙에 부합하는지 여부에 대한 근거가 되며, 지침 해석의 근거가 되기도 한다.

53) 한-EU FTA 협정문 제10장은 지적재산에 대해 규정하고 있는데, 특히 제3절(제10.41조 내지 제10.69조)에서 지적재산 집행에 대해 다루고 있다. 여기에는 일반적 의무, 민사조치·절차 및 구제, 형사집행, 온라인서비스제공자(OSP)의 책임, 국경조치, 행동규범 등이 언급되어 있다.

차원에서 보호되고 있기 때문에, 회원국간 법령 조화가 동 분야 역내시장 통합 심화의 큰 과제이다.

EU는 지적재산권 관련 주요 규칙 및 지침의 개정을 통하여 지속적으로 회원국의 지적재산 보호수준 및 보호내용 등에 조화를 이루기 위한 노력을 하고 있는데, 특히, 특허 전문법원의 설치를 통한 유럽특허 관할은 유럽 지적재산권 분야의 핵심과제일 것이다.

제20장 한 - EU FTA 협정

Ⅰ. 서 론

2007년 5월 제1차 협상을 개최한 이후, 8차에 걸친 공식협상과 통상장관회담 및 수석대표회담 등을 거쳐 2009년 10월 협정문 가서명을 완료한 한-EU 자유무역협정(FTA)은 양측에 실질적인 경제적 효과를 가져올 뿐만 아니라 한-EU 양자관계 전반에도 크게 기여할 것으로 기대된다.

27개 회원국으로 구성된 EU는 GDP 측면에서 세계 제1위 경제권이며, 우리나라에게는 제2위 교역상대이고 우리나라에 대한 제2위 투자국이다. 한-EU FTA를 통해 우리나라는 EU라는 세계 최대시장에 대한 교두보를 확보한 셈이다. EU는 미국보다도 평균관세율이 높고, 특히 우리의 주요 수출품목인 자동차(10%), TV 등 영상기기(14%), 섬유·신발(최고 12-17%) 등의 관세율이 높기 때문에 우리 업계에 한-미 FTA에 못지 않는 가시적인 혜택이 발생할 것으로 예상된다.

한-EU FTA의 효과는 단순히 상품 및 서비스의 시장개방뿐만 아니라 상품, 서비스교역 및 투자를 포함한 경제관계 전반에 걸쳐 분쟁해결 및 협의채널 등 제도적인 틀을 제공함으로써 양자 간의 경제관계가 안정적으로 성장할 수 있는 기반을 조성할 것으로 기대되며, 이러한 경제관계의 성장 및 심화는 그동안 상대적으로 주목받지 못해 왔던 한국과 유럽 간의 양자관계를 획기적으로 발전시키는 계기가 될 것으로 평가된다. 이러한 차원에서 한-EU FTA에 대한 이해는 단순히 경제통상적인 차원을 넘어 한국과 유럽 간의 양자관계 전반을 규율하는 법률적인 틀로서도 매우 중요할 것으로 보인다.

약 1,000페이지에 달하는 협정을 짧은 글에서 모두 상세하게 설명하는 것은 불가능하므로 이하에서는 협정전반에 걸쳐 적용되는 공통적인 사항들과, 상품, 서비스, 지적재산 등 분야별 주요 합의내용들을 간략히 살펴본 후 향후 협정의 이행에 큰 역할을 담당할 분쟁해결절차에 대해 알아보고자 한다.[1)]

Ⅱ. 협정개관

1. 협정의 구조

한-EU FTA 협정은 크게 15개의 장(chapter)과 이에 따른 부속서(Annexes)와 부록(Appendix), 그리고 3개의 의정서(Protocol)로 구성되어 있다. 이들 장, 부속서 및 의정서들은 모두 협정의 불가분의 일부를 구성한다. 이 외에 서비스 분야 4개의 양해(understanding)가 있다. 서비스 분야 4개의 양해는 협상과정에서 양측의 공통적인 이해를 반영한 것으로 이 중 우편개혁계획에 관한 양해는 비구속적인 내용이다.

---

1) 동 원고는 2009년 10월 공개된 영문 가서명본에 근거하여, 일부 용어들은 국문 정본상의 법률적 용어와 차이가 있을 수 있다. 또한 동 원고의 내용은 필자의 개인적인 견해이며, 외교통상부의 공식적인 견해와는 무관함을 밝혀 둔다.

▌한 - EU FTA 협정문 구조 및 주요 내용[2)]▐

	장	장의 명칭	주요 내용
상품	제 1 장	목적 및 정의	자유무역지대 창설 목적 및 협정 내용을 명확히 하기 위한 정의 규정
	제 2 장	상품에 대한 내국민대우 및 시장접근 －관세양허부속서 －비관세부속서	FTA의 기본원칙인 비차별원칙과 상대국시장에 대한 자유로운 접근 규정 • 관세 철폐 및 감축 계획 규정 • 비관세조치 합리화 및 개선을 위한 약속
	제 3 장	무역구제	반덤핑, 세이프가드 관련 규정
	제 4 장	무역에 대한 기술장벽	기술규정, 표준, 적합성판정절차의 무역 제한 효과 최소화 도모
	제 5 장	위생 및 식물위생조치	인간 및 동식물 위생 보호 및 무역에 대한 부정적 효과 최소화를 위한 규범 및 협력
	제 6 장	관세 및 무역원활화	물품의 통관을 신속히 하기 위한 조치
서비스	제 7 장	서비스, 설립 및 전자상거래 －서비스양허부속서	서비스, 투자 및 전자상거래 활성화를 위한 자유화 규범 및 협력조항 • 서비스 분야 양허 개선 계획
	제 8 장	지불 및 자본이동	경상 및 자본수지 계정에 포함되는 외환거래 자유화
규범	제 9 장	정부조달	민자사업을 포함한 정부조달시장 접근 확대
	제10장	지적재산	저작권, 상표권, 특허권, 지리적 표시 보호 기준 및 집행 관련 절차
	제11장	경 쟁	경쟁법 집행 관련 협력 및 보조금에 의한 경쟁왜곡 방지
	제12장	투 명 성	협정 이행과 관련되는 국내법령 등 신속 공포 상대국 및 이해관계인에게 의견제시 기회 보장
	제13장	무역과 지속가능발전	무역자유화 진전에 따른 환경 및 노동 보호 수준 저하 방지

2) 외교통상부 보도자료, 2009. 10. 15. 첨부(한 - EU FTA 설명 자료) 35면 내용을 일부 수정.

기타	제14장	분쟁해결	협정문 위반 여부 판정과 이행절차
	제15장	제도 및 최종규정	무역위원회 설치, 협정문 개정 및 발효 절차
의정서	1	원산지의정서 -품목별원산지기준부속서	특혜원산지 기준 일반원칙 • 품목별 특성을 고려한 개별 원산지판정기준
	2	세관상호지원의정서	기존 한-EU간 세관지원협정을 협정문에 편입
	3	문화협력의정서	시청각 분야 등 문화 분야 전반에서의 협력 증진

2. 운영기구

한-EU FTA 협정은 협정의 이행과 관련한 최고 협의기관으로 양측 통상장관을 공동 의장으로 하는 "무역위원회"를 설치하도록 하고 있다. 무역위원회는 협정의 이행을 감독하고 협정상 설치된 특별위원회, 작업반 및 기타 기구의 업무를 감독하며, 협정의 개정 여부를 검토한다. 무역위원회는 우리나라와 EU에서 매년 교대로 개최된다. 무역위원회가 실제로 개최되고 있지 않는 동안에도 업무가 중단되는 것은 아니며, 각종 통보사항 접수 등의 업무는 계속 수행하게 된다.[3)]

협정은 무역위원회 산하에 전문위원회로서 상품무역 위원회, 서비스무역·설립 및 전자상거래 위원회, 위생 및 식물위생조치위원회, 관세위원회, 무역과 지속가능발전 위원회, 한반도역외가공지역위원회의 설치를 규정하고 있다. 이외에도 문화협력위원회가 문화협력의정서에 따라 설치된다. 또한 무역위원회의 산하에 작업반으로서, 자동차 및 부품 작업반, 의약품 및 의료기기 작업반, 화학물질 작업반, 무역구제 협력작업반, 상호인정협정 작업반, 정부조달작업반, 지리적표시 작업반 등도 설치된다. 무역위원회는 필요한 경우 또 다른 위원회나 작업반의 설치를 결정할 수 있다.

3) 예를 들어 협정 분쟁해결절차는 패널설치 요청을 피소당사자와 무역위원회에 서면으로 요청하도록 규정(제14.3조).

한-EU FTA 협정의 특징은 협정의 이행을 위해 각종 운영기구를 규정하고 있을 뿐만 아니라 협정의 이행과정에서 의사결정들이 구체적으로 어떤 기구에서 어떤 형태로 이루어지는가에 대해 비교적 상세하게 규정하고 있다는 점이다. 예를 들어 상품의 관세철폐 가속화에 대해서는 무역위원회에서 결정하고, 관세할당운용에 관한 기술적 사항들은 상품무역 위원회에서 결정한다. 무역위원회는 이 협정의 목적을 달성하기 위하여 협정에 규정된 경우 모든 사안에 대해 결정하는 권한을 보유한다(제15.4조).

3. 일반 및 최종 조항

한국어 및 EU의 공식언어 22개[4]를 포함하여 총 23개 언어로 된 협정문은 모두 동등한 정본이다. 협정은 양측이 각자의 국내절차를 완료하였음을 증명하는 서면통보를 교환한 날로부터 60일 경과 후 또는 양측이 합의하는 다른 날에 발효한다. 문화협력의정서의 경우에는 우리나라의 유네스코 문화다양성협약[5] 비준이 선행되어야 한다. 즉 국내절차 완료 통보 이전 우리나라가 문화다양성협약 비준절차를 완료했을 경우 전체협정과 함께 적용될 수 있으나, 그렇지 않은 경우에는 문화다양성협약 비준 후 3개월 첫째 날부터 적용된다. 양측간 서면으로 합의 시 협정 개정이 가능하며, 일방이 협정을 종료할 의사를 서면으로 통보할 수 있고, 6개월 후에 협정의 효력은 종료된다.

한-EU FTA의 특징은 정식발효 이전에도 양국이 필요한 조치를 완료할 경우 잠정발효시킬 수 있도록 한 점이다. 양측이 각각 잠정발효에 필요한 절차를 완료한 것으로 통보한 날 이후 다음 달 첫째 날부터 한-EU FTA는 잠정적으로 적용된다. 우리의 경우는 발효를 위해 국회비준동의까지 다 받아야 하므로 정식발효와 잠정발효간 절차상 큰 차이가 없지만 EU의 경우는 27개

---

4) 불가리아어, 체크어, 에스토니아어, 덴마크어, 화란어, 영어, 핀란드어, 프랑스어, 독일어, 그리스어, 헝가리어, 이탈리아어, 라트비아어, 리투아니아어, 몰타어, 폴란드어, 포르투갈어, 루마니아어, 슬로바크어, 슬로바니아어, 스페인어, 스웨덴어. EU의 공식언어 중에 아일랜드어는 포함되지 않는다.

5) *The UNESCO Convention on the Protection and Promotion of the Diversity of Cultural Expressions* adopted in Paris on 20 October 2005.

회원국의 대표로 구성된 이사회의 승인이 있을 경우 협정을 잠정 발효시킬 수 있고(니스조약 제300.2조 및 리스본조약 제218.5조), 이후 유럽의회의 동의 및 개별회원국들의 비준 등을 거쳐 정식 발효된다.[6] 협정의 잠정적용은 27개 회원국으로 구성된 EU의 특성상 개별회원국들의 비준절차 등으로 정식발효가 지나치게 지연되는 것에 대비한 것으로, EU는 지금까지 체결한 FTA 중 EU 공동체의 배타적 권한 사항에 해당하는 부분에 대해서는 잠정적용을 활용해 왔다. 예를 들어 2002년 11월 서명된 EU-칠레 FTA의 경우, 협정내용 중 배타적 권한에 해당하는 부분은 2003년 2월부터 잠정 적용하였다. 공동권한 사항을 포함하는 전체협정은 2003년 2월 EU 의회의 동의 및 2003년 6월부터 2005년 1월까지의 회원국 비준을 거쳐, 2005년 3월 1일 정식 발효되었다.

2009년 12월 1일 발효된 리스본조약에 따라 공동통상정책에 대한 EU 의회의 권한이 강화되었으나, 협정의 발효절차 측면에서 크게 변경된 것은 없다. 리스본조약하에서 공동통상정책 관련 사항은 EU 의회의 동의대상이 된다. 니스조약 체제(니스조약 제300.3조)하에서도 한-EU FTA는 ① 공동체 예산에 중요한 영향을 미치는 조약, ② 기본골격을 구성하는 조약에 해당하여 의회의 동의 대상이었으므로 EU 의회의 동의절차가 새롭게 추가된 것은 아니다. 한편, 공동통상정책 중 니스조약하에서 EU 공동체와 개별 회원국간 공동권한사항이었던 문화·시청각 서비스, 교육 서비스 및 사회보건 서비스가 리스본조약하에서는 EU 공동체의 배타적 권한으로 규정됨에 따라 한-EU FTA의 대부분의 내용이 잠정적용의 대상이 될 수 있게 되었다.

6) 협정내용 중 배타적 공동체 권한사항이 아닌 회원국과의 공동 권한사항이 포함되어 있을 경우 개별 회원국들의 비준도 필요하다.

Ⅲ. 협정 분야별 주요 내용[7)]

1. 상 품

상품교역분야는 협정 제 2 장부터 제 6 장에서 다루고 있고 원산지 규정의 경우 원산지 의정서에서 별도로 다루고 있다. 제 4 장 무역에 대한 기술장벽 및 제 5 장 위생 및 식물위생조치는 기본적으로 WTO상의 권리·의무를 재확인하고 있고 제 6 장은 통관절차에 관한 다소 기술적인 내용이므로 이하에서는 제 2 장에서 규정하고 있는 시장접근, 제 3 장의 무역구제제도와 의정서에서 다루고 있는 원산지 규정에 대해 간략히 살펴보고자 한다.

1) 상품 시장접근

한-EU FTA는 품목별로 규정된 원산지 기준을 충족하는 상품에 대해, 협정문 부속서 2-A에 규정된 관세철폐 일정에 따라 각 상품의 관세를 단계적으로 철폐하도록 규정하고 있다. 이때 철폐의 기준이 되는 관세율은 품목별로 관세철폐 일정에 명시되어 있다. 협정은 발효 3년 후부터 일방 당사국이 요청할 경우 품목별 관세철폐 일정의 가속화를 위한 협의를 시작할 의무를 부과하고 있다(제 2.5 조 4항).

관세철폐 결과와 관련, 공산품·임산물, 농산물, 수산물의 3개 그룹으로 나누어 협상을 진행하였기 때문에 이 세 그룹별로 결과를 살펴보고자 한다. 물론 협정문 부속서 2-A에 규정된 관세철폐 일정은 이 세 그룹의 결과를 통합하여 우리 측 일정과 EU측 일정으로 작성되어 있다.

공산품·임산물 분야에서 한-EU 양측은 전 품목에 대해 관세를 철폐하기로 하였으며, 품목 수 및 수입액 모두에 있어 한국에 보다 유리한 비대칭적 관세철폐 의무 이행에 합의하였다. 수입액 기준으로 EU측은 즉시철폐 구간에서 7.4%, 3년 내 조기철폐 구간에서 1.5%를 한국에 비해 더 많이 철폐하였

7) 제 3 절(Ⅲ)은 한-EU FTA 상세설명자료(2009. 10, 관계부처 합동) 및 외교통상부 보도자료(2009. 10. 15.) 첨부물(한-EU FTA 설명자료)의 관련 내용을 발췌·재구성한 것이다.

다. 아울러, EU측은 모든 품목의 관세를 5년 이내 철폐하기로 한 반면, 한국측은 7년 구간을 단독 사용함으로써, 의료용 전자기기·건설 중장비·순모직물·합판 등 일부 민감산업에 대한 보호장치를 확보하였다.

농산물에서도 양측간 경쟁력 차이를 감안하여 비대칭적인 개방수준에 합의하였다. 우리 측은 농업의 민감성을 최대한 반영하는 데 노력하여, 우리 측의 주요 민감품목에 대해 양허제외, 현행관세 유지, 계절관세 도입, 10년 이상 장기 철폐, 농산물 세이프가드 적용 등 예외적 취급을 확보하였고, EU측의 경우 농산물 시장을 전반적으로 조기 개방하여, 대EU 주요 수출품목 및 수출 유망품목은 대부분 즉시 철폐되었다.

수산물의 경우도 양측간 경쟁력 차이를 감안하여 비대칭적인 개방수준에 합의하였다. 수산물의 경우 우리 측은 주요 수산물의 민감성 보호에 중점을 두되, 우리의 수출여건 개선노력도 병행하였다. 우리 측은 민감도별로 철폐기간을 차별화하여, 주요 민감품목에 대해 현행관세를 유지하거나 10년 이상 장기로 관세 철폐하는 등 예외적 취급을 확보하였고, EU는 수산물 시장을 전반적으로 조기 개방하여 모든 품목의 관세가 5년 내 완전 철폐된다.

최근 양자통상현안에서 관세장벽보다는 비관세장벽이 더 심도있게 다루어지고 있는 현실을 고려하여 한-EU FTA는 관세철폐뿐만 아니라 비관세 분야에 대해서도 규정하고 있다. 자동차 및 자동차 부품, 전기전자, 의약품, 화학물질 등 4개 분야에 대해 부속서를 마련하여 이에 따른 의무를 이행하도록 하고 있고, 협정 발효 3년 후 일방 당사국이 요청할 경우 상품 관련 비관세 부속서에 따른 의무의 확대를 위한 협의를 시작할 의무를 부과하고 있다(제2.14조 2항).

2) 무역구제

한-EU FTA에서도 일반적인 FTA와 마찬가지로 양자 세이프가드를 도입하고 있다. 즉 FTA에 따른 관세감축이 원인이 되어 국내산업에 심각한 피해가 발생할 경우, MFN 관세율까지 관련 상품에 대한 특혜관세율을 인상할 수 있도록 하고 있다. 이러한 양자 세이프가드는 관세철폐 후 10년까지 발동 가능하다.[8] 양자 세이프가드와 별도로 농산물 세이프가드도 도입하여 일부 민감

8) 한-미 FTA의 경우 발효 후 10년 또는 10년 이상 관세철폐 대상 품목의 경우 관세철

한 농산물에 대해 미리 정해둔 물량을 초과하여 수입될 경우, 해당 농산물에 대한 특혜관세율을 MFN 관세율 또는 부속서 3에 규정된 관세율 중 낮은 수준까지 인상할 수 있도록 하였다. 개별품목별 농산물 세이프가드 도입 여부 및 기준물량은 부속서 3에 명시되어 있다. 양자세이프가드 도입에도 불구하고 양측은 WTO 협정에 따른 다자 세이프가드 조치를 발동할 수 있다. 다만, 동일한 상품에 대해 양자 세이프가드와 다자 세이프가드를 동시에 발동할 수 없도록 제한하고 있다. 한 - 미 FTA와 달리, 섬유제품에 대한 세이프가드 조치는 따로 규정하지 않고 있다.

반덤핑 및 상계관세와 관련하여 한 - EU FTA 협정은 몇 가지 중요한 WTO 플러스 요소를 포함하고 있다. 협정은 반덤핑 조사개시 15일 전까지 상대국에 반덤핑 조사신청서 접수 사실을 통보하도록 하고 있다.[9] 또한 덤핑마진이 수출가액의 2% 미만일 경우 반덤핑 관세 부과를 금지하는 미소기준(*de minimis*)을 WTO 반덤핑 협정 제5.8조에 따른 원심(original investigation)뿐만 아니라, 신규수출자 재심, 상황변화 재심 등 재심(review)에도 적용됨을 명시하고 있다.[10] 반덤핑 또는 상계 관세는 덤핑 마진 또는 보조금 마진이 국내산업 피해를 제거할 수 있는 수준보다 높을 경우, 국내산업 피해를 제거할 수 있는 수준까지만 부과 가능하다("Lesser Duty Rule").[11] 비합산(non-cumulation) 검토 의무도 부과하여 다수 국가로부터 수입되는 상품이 반덤핑 또는 상계 관세 관련 조사의 대상이 되는 경우, 상대국으로부터의 수입을 합산하는 것이 적절한지 검토해야 할 의무를 부과하고 있다.[12] 아울러 반덤핑 또는 상계 관세 부과 전에 공익을 고려하도록 노력할 것을 규정하고 있다.[13] 반덤핑 및 상계 관세 조항은 FTA 분쟁해결절차에서 제외되나, 중개절차(Mediation)는 적용 가능하다.

한 - EU 협정상 상계관세는 제 3 장(무역구제)에서 다루고 있으나 보조금에

폐기간까지 발동 가능하다.

9) WTO 반덤핑 협정에는 조사 개시 전 통보 의무만 있다(WTO 반덤핑 협정 제5.5조).

10) WTO 반덤핑 협정상 미소기준은 원심에 대해서만 규정이 있을 뿐, 재심에 대해서는 적용 여부가 불분명하다.

11) WTO 반덤핑 및 SCM 협정상 Lesser Duty Rule은 바람직한 것으로만 규정되어 있을 뿐 그 적용의무가 있는 것은 아니다(WTO 반덤핑 협정 제9.1조, SCM 협정 제19.2조).

12) WTO 반덤핑 협정상 합산 여부는 조사당국의 재량이다(WTO 반덤핑 협정 제3.3조).

13) WTO 반덤핑 협정상 관련 규정은 없다.

관한 규범은 제11장(경쟁)에서 다루고 있다. 양측은 국제무역에 영향을 미치는 한도 내에서 보조금 지급으로 야기된 경쟁왜곡을 제거 또는 시정하기 위해서 최선의 노력을 다할 것을 합의하고 보조금의 정의 및 특정성은 WTO 보조금 협정 제 1 조(보조금의 정의) 및 제 2 조(특정성)에 따르도록 하고 있다. 서비스, 농·수산 보조금은 적용대상에서 제외된다. 단, 서비스 분야 보조금의 경우 다자차원에서의 발전을 고려, 서비스 분야에 적용될 보조금 규율의 발전을 위해서 노력하고, 이와 관련하여 협정발효 후 3년 내에 의견교환을 하기로 합의하였다.

금지보조금의 범위와 관련, 한-EU FTA는 WTO 협정에서 규정하고 있는 금지보조금에 추가하여 다음 2가지 유형의 보조금을 금지보조금으로 규정하고 있다. 첫째, 기간 또는 양적인 측면에서 무제한적인 보증에 따라 지급되는 보조금, 둘째, 신뢰할 만한 회생계획이 없이 상당한 자구노력을 하지 않는 부실기업을 지원하는 보조금이 그것이다. 객관적 기준 및 조건에 따라 부여되는 중소기업 보조금은 이러한 금지보조금에 포함되지 않으며, 일시적 유동성 지원이나 공공서비스 공급비용 보상 및 석탄산업 지원은 두 번째 보조금에서 예외이다. 상기 두 유형의 보조금은 WTO 보조금협정에서는 조치가능보조금에 해당되어 보조금 지급 시, 피해를 입은 상대국이 상계관세를 부과할 수 있으나, 한-EU FTA에서는 금지보조금으로 규정되었다. 다만, 발동요건 및 효과를 WTO 보조금 협정상의 조치가능보조금과 유사하게 규정함으로써 추가적인 의무부담은 실질적으로 없는 것으로 보인다.

3) 원산지기준

FTA에 있어서는 원산지기준이 매우 중요하다. 아무리 관세가 철폐되었다고 하더라도 원산지기준을 충족시키지 못하면 관세특혜를 받을 수 없기 때문이다. 한-EU FTA에서는 FTA 특혜원산지 판정기준 중 완전생산기준, 실질적 변형기준 등 원산지 판정의 일반원칙은 협정문에서, 각 품목에 대한 개별적 원산지 판정기준(PSR)은 부속서에 규정하고 있다. 부속서에 규정된 품목별 원산지 기준에서는 각 품목별 생산과정, 교역패턴과 글로벌 아웃소싱 추세를 반영한 정교한 원산지 판정기준을 마련하고 있다. EU측은 그간 EU가 체결한 FTA에서 고수해 온 엄격한 결합기준 원칙(세번변경기준과 부가가치기준)을 처음으로 선택기준(세번변경기준 또는 부가가치기준)으로 수정하였다.

양국은 제품의 원산지 판정에서 역외산 재료(non-originating material)가 양국이 합의한 품목별 원산지기준을 충족하지 못하더라도 제품 가격(공장도가)의 10% 미만으로 사용된 경우에는 원산지를 인정하기로 합의하였다. 이를 흔히 미소기준(*de minimis*)이라고 하는데 이러한 미소기준은 원산지기준 판정의 효율성을 위해 대부분 FTA에 반영되어 있다. 단, 섬유류(50-63류)에 대해서는 일반 미소기준을 적용하지 않고 주해서(Introductory Notes)에 규정되어 있는 별도의 섬유미소기준을 적용하기로 규정하였다.

한-EU FTA에서는 대체사용 가능한 재료 및 물품을 사용하여 생산한 물품에 대하여는 판정의 간소화 및 무역편의 증진을 위해 재고관리법에 따라 원산지를 판정하는 일종의 특례를 인정하고 있다. 상품의 제조에 사용되는 원산지 및 비원산지 재료가 서로 동일하고 대체가능하여 이들의 재고를 서로 구분하여 보관하는 데 상당한 비용과 중대한 어려움이 있는 경우, 물리적으로 구분하는 대신 구분 회계기법을 사용할 수 있도록 규정하고 있다. 회계기법은 당해 상품이 제조된 당사국에서 적용가능한 일반적으로 인정되는 회계원칙에 따라 기록, 유지되어야 한다.

일반적인 원산지 문제는 아니지만 한-EU FTA에서 관세환급 및 개성공단 문제가 원산지 차원에서 논의되었고 원산지 의정서에 관련내용이 규정되어 있으므로 여기서 좀 더 살펴보고자 한다.

관세환급이란 우리나라의 관세환급특례법에 따라 수출용 원자재의 경우 원자재 수입시 납부한 관세를 추후 환급해 주는 제도이다. 우리나라가 유지하고 있는 관세환급제도에 대해 EU측은 협상초기부터 동 제도가 우리 수출업자에 대한 이중의 혜택이며, 중국산 등 제3국산 제품이 한국을 통해 우회수출될 가능성이 있다며 이를 금지할 것을 강력히 요구하였다. 협상결과 양측은 현행 관세환급제도를 계속 유지하되, 다만 협정 발효 5년 후부터 특정 요건을 충족할 경우에, 해당 품목에 대한 관세환급 한도를 제한할 수 있는 세이프가드 조치를 도입하기로 하였다.

개성공단의 경우 일반적인 원산지 규정의 예외를 적용, 개성공단 제품이 한국산과 동일한 특혜관세를 부여받을 수 있는 구체적인 제도적 틀을 마련하였다. 구체적인 사항들은 양국간 "한반도역외가공지역위원회(Committee on Outward Processing Zones on the Korean Peninsula)"에서 논의하도록 하였다. 역외가공지역(OPZ) 내에서 생산된 제품은 일정 요건하에 한국산과 동일한 특혜관세를 부여받으며, 개성공단 외 다른 북한지역도 OPZ로 선정될 수 있도록 하였다.

관세환급 세이프가드 제도

□ 관세환급에 대한 검토 실시

- 협정 발효 5년 후부터 일방 당사국의 요청이 있을 경우 관세환급제도에 관해 공동으로 검토(Review) 실시

□ 관세환급 세이프가드 발동 요건

- 기본원칙: 상대국 동종제품과의 경쟁조건에 부정적인 영향을 미칠 수 있는 역외산 원자재 조달방식(sourcing pattern)의 변화가 입증될 경우 발동 가능
- 구체적 요건: ① 최종재의 상대국 수출이 크게 증가하고, ② 최종재에 포함된 역외산 원자재의 대세계 수입증가율(FTA 비체결국으로부터의 수입에 국한)이 최종재의 상대국 수출증가율을 크게 초과
- 경감요인: 역외산 원자재의 수입증가가 국내 소비 증가 등 상대국 수출용도 이외의 수요에 기인한 경우, 상기 증가율의 경감요인으로 고려
- 상대국 동종제품과의 경쟁조건에 미치는 영향도 고려

□ 관세환급 세이프가드 발동절차

- 관세환급제도 검토결과 세이프가드 발동요건을 충족한 것으로 입증될 경우 일방 당사국이 해당품목에 대한 관세환급 제한을 위한 협의요청
- 발동요건 충족 여부에 대한 양측간 이견 존재 시 한-EU FTA 분쟁해결절차 적용(객관적인 패널을 구성하여 결정)
- 패널에서 세이프가드 발동요건이 있다고 판정하면, 해당품목에 대해 환급되는 관세를 5%로 제한

※ 현재 실행관세율이 8%인 품목의 경우 5%만 환급됨

한반도 역외가공지역 위원회 개요

ㅁ 구성 및 운영

양국 공무원으로 구성, 협정 발효 1년 후 개최(매년 1회 개최 또는 양국 합의 시 수시 개최 가능)

ㅁ 기 능

- OPZ가 될 수 있는 지리적 구역을 지정
- 동 지역이 위원회가 마련한 OPZ 지정기준의 충족 여부의 판정
- OPZ의 생산품이 특혜관세를 받기 위해 OPZ에서 추가될 수 있는 총 투입가치의 최대 비율을 설정

2. 서비스교역

1) 협정문 개요

서비스·투자 분야는 국경간 서비스, 설립, 전자상거래를 포괄적으로 규율하는 제7장과 이를 뒷받침하는 자본이동에 관한 제8장으로 구성되어 있다. 제8장에서는 경상 및 자본거래로 인한 자금의 국경간 이동을 허용하되, 필요한 경우 이에 대한 제한을 가할 수 있도록 하였고 특히 외환위기와 같은 경제위기 시 외화유출입을 통제할 수 있는 단기 세이프가드 조치를 취할 수 있도록 하였다. 제7장은 원칙적으로 모든 분야에서의 서비스교역 및 경제적 활동을 위한 설립을 적용대상으로 설정하고 있으나, "정부조달, 보조금, 정부권한행사,[14] 고용을 목적으로 하는 자연인의 이동"은 적용 범위에서 제외하고 있다. 그 밖에도 "시청각서비스(방송서비스 포함), 연안해운서비스, 항공운송 서비스"는 협정 적용대상 서비스에서 배제되며, "핵연료 채굴·제조·처리, 군수품 및 전쟁물자 제조" 분야의 비서비스업 역시 적용대상에서 배제된다.

제7장의 대상이 되는 국경간 서비스공급(Cross-border Supply of Services)이란 한 당사자의 영역으로부터 다른 당사자의 영역으로 서비스를 공급하는

14) 시장성, 경쟁성이 결여되어 정부에 의해 공급되는 서비스(예: 일반 법집행)를 의미한다.

경우 및 한 당사자의 영역 내에서 다른 당사자의 소비자에게 서비스를 공급하는 경우를 모두 말한다. 즉 GATS에서 이야기하는 mode 1과 mode 2를 포함하는 개념이다. 설립(Establishment)이란 경제적 활동을 할 목적으로 법인을 구성·인수·유지하거나, 지사 또는 대표사무소를 창설·유지하는 행위로서 서비스업과 비서비스업(제조업, 광업 등) 분야의 상업적 주재를 포괄하는 개념이다. GATS의 mode 3이 여기에 해당하나 협정의 설립은 비서비스업에 대한 투자도 포함된다. 국경간 서비스공급과 설립에 대해 협정은 내국민대우 의무, 시장접근 제한조치 도입금지 의무, 최혜국대우 의무 등을 규정하고 있다. 내국민대우 의무란 상대국 서비스공급자 및 설립에 대해 자국의 서비스공급자 및 설립에 비해 불리하지 않은 대우를 부여해야 한다는 의무이며 시장접근(Market Access) 제한 조치 도입 금지의무는 서비스공급자 및 설립의 수 혹은 사업의 범위를 한정하는 양적 제한이나 설립시 사업자의 법적 형태를 제한하는 규제의 도입을 금지하는 규정이다. 최혜국대우(Most Favored Nation) 의무란 상대국 서비스공급자 및 설립에 대해 제 3 국의 서비스공급자 및 설립에 비해 불리하지 않은 대우를 부여해야 한다는 규정이다. 최혜국대우 의무는 한-EU FTA 협정의 발효 이전에 서명된 FTA에 대해서는 적용되지 아니한다.

위에서 언급한 의무를 지켜야 하는 당사국의 조치는 법령, 규정, 절차, 결정, 행정행위 등 형태를 불문하고 협정 당사국에 의해 취해지는 모든 조치를 의미하며, 중앙정부뿐만 아니라 지방정부, 정부의 위임을 받아 행해지는 비정부기관의 모든 조치를 포함하므로 따라서 27개 EU회원국 산하의 지방정부도 협정문상 의무를 부담하며, 이에 위배되는 조치가 있을 경우 양허안에 유보할 필요가 있다. 또한 자연인과 함께 협정의 보호대상이 되는 '법인'은 협정 당사국의 법에 의해 조직되는 모든 형태의 법적 실체를 의미하여 설립 목적은 불문하고 있다. 다만 실질적으로 영업 활동을 수행하는 경우만 협정 적용대상에 포함함으로써 소위 '서류상 회사'는 적용을 배제하고 있다. 설립과 관련 협정은 투자보호 재검토(Review) 조항을 별도로 규정하고 있다. 한-EU FTA에서는 수용·보상, 투자자-국가간 분쟁해결절차 등 투자보호 내용이 포함되지 않았는데 이는 협상당시 EU법체계상 투자보호관련 협상권한은 회원국들이 보유하고 있어 EU 집행위가 이를 협상할 권한이 없었기 때문이다. 다만 향후 투자보호와 관련된 협상 권한이 EU 집행위에 부여될 경우, 재검토를 통해 투자보호 관련 내용을 협정문에 반영할 수 있도록 재검토 조항을 별도로 규정하고 있다.

국경간 서비스 무역, 설립에 대한 의무와 함께 서비스 무역 및 설립과 관련한 인력의 일시입국 문제도 협정의 중요한 요소이다. 협정은 상업적 주재가 허용된 분야의 "핵심인력(key personnel: 관리자, 전문인력, 사업방문자로 구성), 대졸연수생, 상용서비스판매자"에 대해서는 일정한 체류요건을 전제로 자유로운 이동을 허용하고 있고,[15] 특히 대졸연수생을 인력이동 대상에 신규로 포함시킴으로써 청년층의 상호 인력 교류를 촉진하고 있다. 단, 계약서비스 공급자 및 독립전문가에 대해서는 추후 WTO의 도하 라운드 협상 결과를 반영하여 포함시키기로 합의하였다.

협정은 자의적 또는 정당화될 수 없는 국가간 차별수단이거나 위장된 제한 조치가 되어서는 안 된다는 전제조건하에 "공공안전, 공중도덕·질서, 인간·동식물의 생명 및 건강 보호, 문화재보호, 천연자원 보존, 사생활 보호" 등을 위한 제한 조치를 예외로서 허용하고 있다.

2) 양 허 안

협정은 Negative 방식을 채택하고 있는 한-미 FTA와 달리 양허표에 기재한 분야만 개방하는 Positive 방식(GATS 방식)을 채택하고 있다. 우리나라의 양허표는 크게 두 부분으로 구성되는데, 서비스업 분야에 대한 국경간 거래·투자·인력이동을 규율하는 서비스 양허표와, 비서비스업 분야에 대한 투자를 규율하는 설립 양허표로 구성된다. EU의 양허표는 국경간 거래, 설립, 인력이동 등 3개 분야로 구분되어 있다.

양허수준을 보면, 전반적으로 한-미 FTA와 유사한 수준으로 평가된다. 전문직(법률·회계·세무) 서비스, 사업·운송·유통·건설·금융 서비스 등 대부분 분야에서 한-미 FTA와 유사한 수준으로 개방하였고, 경쟁력 제고가 필요한 일부 통신서비스 및 환경서비스에서 추가적으로 개방하였다. 통신서비스 관련

15) 관리자 및 전문인력에 대해서는 3년까지, 사업방문자는 1년에 90일까지, 대졸연수생은 1년까지, 상용서비스판매자는 1년에 90일까지 체류를 허용하고 있다.

협정 발효 2년 후에 한－EU 방송사간 방송신호 전송에 한해 국제위성전용 회선서비스에 대한 상업적 협약체결 의무를 면제하였고, 환경서비스에서는 협정 발효 5년 후에 생활하수처리시설 민간위탁 경쟁 입찰시 EU 기업에 대해 비차별 대우 부여를 개시하게 된다. 다만 생활하수 분야에 대해 지자체·공기업 독점과 같은 포괄적 규제 권한을 유보하였다. 전체적으로 양측의 개방내용을 보면 WTO 서비스 분류 155개 분야 기준으로 EU측의 개방 범위는 총 139개 분야로 우리 측의 115개 분야보다 훨씬 넓은 수준이다.

우리 측은 주요 서비스에 대한 규제권한을 유보하고 있는데, 우선 공교육(유·초·중·고), 의료 및 사회서비스 등 공공성이 강한 분야에 대해서는 미개방하였고 다만 한－미 FTA에서와 마찬가지로 고등교육(대학교) 및 성인교육 분야의 경우 현행 법령 수준에서 개방하였다. 전기·가스 등 외국인투자촉진법상 외국인투자 제한업종은 현행 규제 수준을 유보함으로써 기간산업에 대한 규제 권한을 유지하고 있으며, 기타 "총·포·도검류의 취급, 사회적 취약계층에 대한 대우, 국가소유 전자·정보 시스템"에 대해서는 포괄적으로 유보하고 있다.

3) 문화협력의정서

한－EU FTA에서 시청각 분야는 서비스협정 적용대상에서 제외된다. 그러나 한－EU FTA 협정의 일부분으로서 문화협력의정서를 체결하여 양측은 시청각물 공동제작, 공연예술, 출판물, 문화재 보호 등 문화 분야 전반에서 상호 협력을 강화할 수 있게 되었다. 특히, 의정서는 우리나라와 EU회원국 간의 공동제작물에 대해 각국에서 시장접근 관련 제도상 혜택을 부여하도록 하고 있다. 문화협력의정서에서 규정하는 일정기준[16)]을 충족하는 공동제작물은 우리나라와 EU회원국에서 자국물로 인정되어, 각 당사자 영역에서 쿼터제도 우회가 가능하다. 이로써 우리나라와 EU회원국 간의 새로운 공동제작협정 협

---

16) 애니메이션은 EU회원국 3개국 이상이 참여하고 양측 기여도가 각각 35% 이상인 경우, 영화 등 기타 시청각물은 EU회원국 2개국 이상이 참여하고 양측 기여도가 각각 30% 이상인 경우 우리나라 및 EU의 제작물로 인정한다. 다만 EU회원국 국적별 기여도는 각 10% 이상이어야 한다.

상 및 기존의 공동제작협정 이행을 장려하고 공동제작 시청각물에 대한 재정 지원의 근거를 마련했다고 볼 수 있다. 문화협력의정서는 유네스코 문화다양성협약[17] 비준을 적용요건으로 하고 있으나, 문화다양성협약 가입 여부 및 시점은 우리나라가 결정하는 시점에 따르도록 하고 있다.

3. 지적재산권

지적재산에 대해서는 협정 제10장에서 다루고 있다. 협정은 지리적 표시, 저작권 및 저작 인접권, 상표, 디자인, 특허 등에 관한 보호를 규정하고 있고 민사 및 형사를 포함한 지적재산권 보호의 집행에 관한 규정을 포함하고 있다. 이하에서는 협정의 가장 특징적인 분야인 지리적 표시 보호와 저작권 그리고 지적재산권 집행에 대해 간략히 살펴보고자 한다.

1) 지리적 표시의 보호

지리적 표시(Geographical Indications: GI)란 상품의 특정 품질, 명성 또는 그 밖의 특성이 본질적으로 지리적 근원에서 비롯되는 경우, 특정 지역, 지방 또는 국가를 원산지로 하는 상품임을 명시하는 표시로서 협정에서는 구체적으로 우리나라의 농산물품질관리법 및 주세법, EU의 관련 이사회규정(Council Regulation)에서 언급하고 있는 지리적 표시를 의미한다. 협정에서 보호되는 지리적 표시는 농산물 및 식품, 포도주(착향 포도주 포함), 증류주로 한정되는데 보호대상이 되는 구체적인 지리적 표시는 부속서에 기재되어 있다(한국: 64개, EU: 162개) 양측의 주요 지리적 표시를 보면, 우리의 경우 보성녹차, 순창전통고추장, 이천쌀, 고려홍삼, 진도홍주, 고창복분자 등이며, EU는 보르도, 부르고뉴, 샴페인, 꼬냑, 스카치위스키, 까망베르드노르망디 등이다.

부속서에 기재된 양국의 지리적 표시는 상품의 종류와 상관없이 다음의 3가지 행위로부터 보호된다. 첫째, 상품의 지리적 출처에 대하여 대중의 오인

---

17) 유네스코 문화다양성협약(2005. 10월 채택, 2007. 3월 발효)은 ① 당사국의 문화다양성 보호 및 증진 권리 인정, ② 시청각 공동제작 등 국제협력 및 정보공유, ③ 조정절차 마련을 주 내용으로 하고 있다.

을 유발하는 방식으로 진정한 산지가 아닌 지역을 원산지로 표시하거나 암시하는 행위로부터 보호된다. 둘째, 진정한 산지가 표시되거나, 지리적 표시가 번역 또는 음역되어 사용되거나, 또는 "종류," "유형," "양식," "모조품" 등의 표현이 수반되는 경우에도, 해당 지리적 표시에 나타난 장소를 원산지로 하지 아니하는 유사상품에 지리적 표시를 사용하는 행위로부터 보호된다. 셋째, 파리협약 제10조의 2[18]의 의미 내에서의 불공정경쟁을 구성하는 행위로부터 보호된다. TRIPs협정 제23조는 포도주·증류주 지리적 표시의 경우에만 상품의 출처에 대해 소비자를 오인시키는 방법으로 사용되는지 여부와 관계없이 보호를 부여하고 있으나,[19] 한-EU FTA는 농식품에도 포도주·증류주와 동일한 수준의 보호를 부여함으로써, 농식품 지리적 표시의 보호수준을 강화하고 있다.

협정발효 후, 지리적 표시의 보호범위를 침해하는 상표가 유사상품에 출원된 경우, 거절 또는 등록 시 무효의 대상이 된다. 선행상표(한-EU FTA 발효 전에 출원 또는 등록된 상표, 사용에 의해 식별력이 확립된 상표)의 사용은 지리적 표시의 보호와 상관없이 보장된다. 또한, 까망베르, 체다, 에멘탈, 브리 등은 지리적 표시가 아니라 제품의 유형을 나타내는 일반명칭으로서 EU 지리적 표시의 보호와 상관없이 계속 사용 가능하다. 보호대상 지리적 표시는 협정발효 후에도 양측의 합의에 의하여 추가될 수 있으며, 지리적 표시에 관한 협력 및 대화를 위한 작업반이 설립되어, 지리적 표시의 추가 및 삭제 결정, 지리적 표시에 관한 입법 및 정책 관련 정보교환 등의 업무를 수행한다.

---

18) 파리협약 제10조의 2(불공정경쟁)는 산업 및 상업상 정직한 관행에 어긋나는 모든 경쟁행위를 불공정경쟁으로 정의하고, 이러한 불공정경쟁에 대하여 회원국에게 효과적인 보호를 부여할 것을 규정하고 있다. 특히, 혼동을 야기하는 행위, 허위주장, 대중의 오인을 유발하는 행위를 금지하고 있다.

19) WTO TRIPs 협정 제22조(모든 지리적 표시에 대해 적용)는 대중에게 출처를 오인하게 하는 방식으로 지리적 표시를 사용하는 것을 금지하고 있으나, 제23조는 특히, 포도주·증류주 지리적 표시를 표시된 지역에서 유래하지 않는 포도주·증류주에 사용하는 경우, 출처오인 여부를 불문하고, 진정한 원산지가 표시되거나 지리적 표시가 번역되어 사용되거나 또는 "종류," "유형," "양식," "모조품" 등의 표현이 수반되는 경우에도 사용을 금지하도록 규정하고 있다.

2) 저 작 권

협정은 한-미 FTA에서와 같이 기존의 저작권 보호기간인 50년을 저작자 생존기간 및 사후 70년으로 연장하되, 보호기간 연장시점을 협정 발효 후 2년간 유예하고 있다. 그리고 방송사업자에게 "TV 방송물을 상영하는 대가로 입장료를 받는 행위"를 허락하거나 금지할 수 있는 권리를 부여하고 있고, 권리자 추정 규정을 방송사업자에게도 적용하여 민사소송 시 반대의 증거가 없는 한, 통상적인 방식으로 방송사업자로 표시되어 있는 자를 방송물에 대한 저작인접권자로 추정하도록 하고 있다.

협상과정에서 추급권의 인정 여부가 논의된 바 있다. 추급권 또는 재판매권(Artists' Resale Right)이란 미술품이 재판매될 때 작가(저작자)가 판매액의 일정 몫을 받을 수 있는 권리로서 1920년 프랑스에서 처음으로 도입되어 현재 기초예술이 발달한 유럽을 중심으로 40개국에서 시행되고 있고 EU차원에서는 2001년 추급권 지침을 통해 회원국에게 추급권 도입을 강제하고 있다.[20] 1948년 베른협약에서도 채택되었으나, 각국이 도입 여부를 결정할 수 있으며, 우리나라는 아직까지 도입하지 않고 있다. 양국은 협정발효 후 2년 이내에 한국에서의 추급권 도입의 적절성 및 실행가능성에 대한 협의를 하기로 합의하였다.

협정은 저작물에 대한 기술적 보호조치를 우회하는 행위 및 기술적 보호조치를 우회할 수 있는 수단 등의 제공행위를 금지하고 있다. 다만, 기술적 보호조치를 우회하는 행위의 경우, 이용자가 고의·과실이 없는 경우 저작권 침해가 성립되지 않는다. 또한 권리관리정보(Rights Management Information)[21]를 고의로 제거·변경하는 행위와 고의로 권리관리정보가 제거·변경된 저작물 등을 배포·공연·방송 또는 전송하거나 배포의 목적으로 수입하는 행위를 금지하고 있다.

---

20) 박덕영·이일호, 「국제저작권과 통상문제」(서울: 세창출판사, 2009), 102면.

21) 저작물, 권리자, 이용조건 등을 식별하는 정보로서 저작물에 부착되거나 그 공연·방송 또는 전송에 수반되는 것을 지칭한다.

3) 지적재산권 집행

협정은 사법당국이 소송의 당사자 또는 증인인 침해자 또는 협정상 규정된 그 밖의 다른 인에게 지적재산권을 침해하는 상품과 서비스의 근원 및 유통망에 관한 정보 제공을 명령할 수 있도록 보장하고 있고 사법당국에 지적재산권 보호와 관련된 각종 명령을 내릴 수 있는 권한 부여 의무를 규정하고 있다. 또한 중개자의 서비스가 저작권 및 저작인접권, 상표권, 지리적 표시를 침해하는 제3자에 의해 이용될 때, 권리자가 동 중개자에 대해서도 중간금지명령 또는 금지명령을 신청할 수 있도록 허용하고 있다. 중개자의 범위는 각 당사국의 법령으로 정하되, 침해물품을 배달하거나 배포한 자 및 온라인서비스 제공자(Online Service Provider: OSP)를 포함한다. 또한 온라인서비스 제공자를 세 개 유형으로 구분(단순도관/캐싱/호스팅), 유형별로 지적재산권 침해에 대한 기여도가 다른 점을 감안, 차등화된 면책규정을 적용하고 있다.[22] 온라인서비스 제공자가 지적재산권 침해행위, 서비스이용자에 의해 제공된 정보 및 서비스이용자의 신원확인을 가능하게 하는 정보를 수사기관에 제공할 의무를 도입할 수 있음도 규정하고 있다.

협정은 통관보류조치 적용대상 및 절차를 일부 확대하였다. 즉 적용대상을 현행 "상표권, 저작권 및 저작인접권 침해상품"에서 "특허·디자인·지리적 표시·식물신품종권 침해상품"에까지 확대하였다. 단, 특허 및 디자인의 경우 시행을 위해 사전준비가 필요함을 고려, 협정발효 후 2년간 시행 유예하고 있다. 적용절차도 환적의 경우, 직권에 의한 통관보류조치뿐만 아니라 이해관계자의 신청에 의한 통관보류조치가 가능하도록 규정하였다.

Ⅳ. 분쟁해결절차

FTA 발효 후 협정상의 의무 이행을 확보하고 필연적으로 발생할 수밖에

22) 한-미 FTA는 온라인서비스 제공자를 ① 단순도관, ② 캐싱, ③ 웹 사이트 링크 및 ④ 게시판 기능의 4가지 유형으로 분류하여 책임수준을 차별화하고 있다.

없는 양 당사자간 분쟁을 신속하고 효율적으로 해결한다는 측면에서 분쟁해결절차는 협정의 이행에 매우 중요한 역할을 담당하게 된다. 한 - EU FTA에서는 협정 제14장에서 일반 분쟁해결절차를 규정하고 있으며, 일부 분야에 대해서는 해당 장에 그 분야에만 적용할 수 있는 특별 분쟁해결절차를 규정하고 있다. 협정은 상세한 중재절차(Rules of Procedure for Arbitration)와 중재패널위원 및 중개인들이 준수해야 할 행동강령(Code of Conduct for Members of Arbitration Panels and Mediators)에 대해서도 부속서의 형태로 규정하고 있다.[23)]

1. 일반 분쟁해결절차

1) 개　　요

한 - EU FTA 분쟁해결절차는 WTO 분쟁해결절차 및 우리나라가 그동안 체결해 온 FTA와 유사하게 ① 당사국간 협의 → ② 패널 설치 → ③ 패널 판정 보고서 제출 → ④ 패널 판정의 이행의 순서로 진행된다.

협의는 서면요청 후 30일 이내 개최되어야 하며, 당사자들이 달리 합의하지 않는 한 서면요청 후 30일 이내 종결되는 것으로 간주된다. 관세당국간 행정적 협력(제2. 17조) 및 관세환급(원산지 의정서 제14조) 등의 경우, 별도의 협의절차를 규정하고 있으며, 분쟁해결절차와 관련하여 이러한 협의가 제14장의 분쟁해결절차상의 협의를 대체하는 것으로 간주된다.

협의를 통해 분쟁이 해결되지 않을 경우 제소 당사자는 중재패널 설치를 요구할 수 있다. 한 - EU FTA의 경우 한 - 미 FTA에 규정된 것과 같은 중재패널 설치 전 특정 위원회 회부 절차는 규정되어 있지 않다. 중재패널은 패널설치 90일 이내(30일 연장가능)에 조사결과, 관련규정의 적용가능성, 조사결과 및 권고에 대한 기본 논리를 제시하는 잠정 보고서를 제출해야 하며, 패널설치 120일(30일 연장가능) 이내에 최종 보고서를 제출해야 한다.

한 - EU FTA 분쟁해결절차는 이러한 일반적인 시한설정에 대한 예외로서 긴급사안의 경우 보다 신속히 패널 심리 및 최종보고서를 작성하도록 규정하

---

23) 부속서 14-B, 부속서 14-C.

고 있다. 긴급사안은 WTO 및 기타 FTA에서 일반적으로 규정하고 있는 부패가능상품 뿐 아니라 계절상품에 대해서도 적용된다. 계절상품이란 대표기간 중 수입이 계절적 요인으로 그해의 특정기간에 집중되는 상품으로서, 부패가능 상품은 주로 농수산물에 국한되는 측면이 있으나, 계절상품의 경우 공산품도 적용대상이 된다. 살충제, 스키장비, 독감예방 백신 등을 계절상품의 예로 들 수 있다. 한편 자동차 비관세조치 및 관세환급 세이프가드에 대한 분쟁도 긴급사안으로서 다루어진다.

중재패널은 3인의 중재인으로 구성되며, 이 3명의 중재인이 모두 선정된 날을 분쟁해결절차상 패널설치 시점으로 기산한다. 패널설치 요청 후 10일 이내 패널구성에 합의하지 못하면, 당사자들은 무역위원회 의장에게 미리 작성된 명부에서 추첨을 통해 3명을 선정하도록 요청해야 한다. 1명은 제소 당사자가 제안한 개인 중, 1명은 피소 당사자가 제안한 개인 중 선발하며, 나머지 1명은 당사자들이 의장역할을 수행하도록 선정한 자들 중에서 정한다. 무역위원회는 협정발효 6개월 이내에 중재인으로 활동할 수 있는 15명의 명부를 작성해야 한다. 각 당사자는 5명씩을 제안하고 당사자들은 의장역할을 수행할 5명을 당사자 국민이 아닌 사람들 중에서 선정해야 한다. 중재인은 법과 국제무역에 전문지식 및 경험을 지니고 있어야 하며, 독립적이고 개인자격으로 업무를 수행하며 분쟁과 관련하여 어떤 조직이나 정부로부터 지시를 받거나 어떤 당사자 정부와 연계되어서는 안 된다. 문화협력의정서 및 금융서비스 분야에서는 별도의 패널 중재인 선정 방식을 규정하고 있다. 패널은 가능한 컨센서스로 결정을 내리도록 하고 있으나 불가능할 경우 다수결에 따르도록 하고 있고 중재인의 반대의견은 공표되지 아니한다.

한－미 FTA와 비교할 때 한－EU FTA에서는 비위반제소를 분쟁해결 대상으로 삼지 아니하고, 투자자－국가간 분쟁해결절차는 도입되지 않았다는 차이점이 있다. 비위반제소는 WTO 규범에 규정되어 있으나, 제소 건수가 미미하고 실제 채택된 사례도 없다.[24] 한－EU FTA에서는 비위반제소 규정을 두는 효용이 크지 않다는 점을 고려하여 이를 도입하지 않았다. 투자자－국가간

24) Peter Van den Bossche, *The Law and Policy of the World Trade Organization*, pp. 183-186.

분쟁해결절차(ISD)의 경우 협상당시 EU 공동체와 회원국간 권한배분에 있어서 EU 공동체가 투자자유화에 관한 권한은 보유하고 있으나, 투자보장 관련 권한은 아직 회원국이 보유하고 있었기 때문에 한-EU FTA에는 포함되지 않았다.[25)]

2) 패널판정의 이행문제

이행조치와 관련, 협정은 WTO 협정 및 기존 FTA 협정상의 분쟁해결절차와 비교하여 보다 상세한 이행절차를 규정하고 있다. 우선 중재패널 판정 이후 30일 이내 패소 당사자는 판정결과 이행을 위해 필요한 기간을 통보해야 한다. 협정은 합리적 이행기간에 대해 양 당사자가 합의에 이르지 못할 경우 합리적 이행기간 결정을 위한 패널절차를 규정하고 있다. 즉 승소 당사자는 패소 당사자의 통보 20일 이내에 원 중재패널에 합리적 이행기간을 결정해 줄 것을 요청해야 하며, 패널은 동 요청 20일 이내 이에 대한 판정을 내려야 한다.

합리적 기간이 결정되면 동 기간이 종료되기 전에 패소 당사자는 이행조치를 통보해야 한다. 한-EU FTA에서는 이행에 필요한 합리적 기간만 승소 당사자와 합의하여 정하고, 이행의 수단 및 방법은 패소 당사자가 자율적으로 결정하도록 하였다. 이는 승소 당사자가 패소 당사자의 국내절차에 불필요하게 간섭할 여지를 최소화하고 패소 당사자 재량으로 국내법의 제·개정 또는 제도의 개선 등 적절하고 효과적인 수단을 선택하게 하기 위한 것이다. 물론 승소 당사자가 이행수단에 이의가 있을 시 이를 패널절차에 불복할 기회를 보장하고 있다. 즉 통보된 이행조치의 합치 여부에 대해 이의가 있을 경우 승소 당사자는 원 중재패널에 이에 대한 판정을 요청할 수 있고 패널은 동 요청 45일 이내에 이에 대해 판정해야 한다.

판정결과 이행조치 불합치로 판정될 경우 패소 당사자는 보상을 해야 하며 불합치 판정 후 30일 이내 보상에 대해 합의를 이루지 못할 경우 승소 당

25) 우리나라는 2009. 10월 현재 EU 27개 회원국 중 22개국과 투자협정(BIT)을 체결하고 있으며, 그중 2개국(영국, 프랑스)을 제외한 나머지 모든 협정에서 ISD조항을 포함하고 있다.

사자는 보복조치를 취할 수 있다. 단 조치 10일 전에 이를 통보해야 하고, 보복조치의 동등성 여부에 대해 이견이 있을 경우 패소 당사자는 보복조치 통보 후 10일 이내에 원 중재패널에 이에 대한 판정을 요청할 수 있다. 패널이 보복조치가 일치하는 것으로 판정할 때까지는 보복조치를 할 수 없다. 패널은 동 요청 이후 30일 이내에 판정해야 한다.

보복조치가 취해진 후, 패소 당사자는 새로운 이행조치를 통보하면서 승소 당사자의 보복조치 종료를 요구해야 한다. 통보 후 30일 이내에 새로운 이행조치의 합치 여부에 대해 이견이 있을 경우 승소 당사자는 다시 원 중재패널에 이에 대한 판정을 요구하여야 하며, 패널은 동 요청 후 45일 이내 판정을 하여야 하며 합치되는 것으로 판정될 경우 보복조치는 종료되어야 한다. WTO 분쟁해결절차의 경우 이행 여부에 대한 패널절차와 보복조치의 승인을 위한 DSB 승인 절차 간에 소위 “sequencing” 문제가 발생한다.[26] 즉 보복조치 승인을 위해서는 이행 여부에 대한 판정이 선행되어야 함이 합리적으로 보이나, WTO 분쟁해결절차는 양 절차간 우선순위에 대한 명확한 규정이 없고 오히려 WTO 판례는 보복조치의 승인이 이행패널의 결정보다 먼저 이루어 질 수 있다는 주장을 지지하고 있다.[27] 한-EU FTA에서는 이행조치에 대한 패널과정이 보복조치에 대한 패널과정보다 우선하도록 명확히 하고 있기 때문에 이러한 문제점은 발생하지 않는다.[28]

---

26) David Palmeter and Petros C. Mavroidis, *Dispute Settlement in the World Trade Organization Practice and Procedure*, 2nd ed.(Cambridge: Cambridge University Press), pp. 278-280.

27) Petros C. Mavroidis, Proposals for Reform of Article 22 of the DSU, *The WTO Dispute Settlement System 1995-2003*, Vol. 18, edited by Federico Ortino and Ernst-Ulrich Petersmann, p. 64.

28) 한-미 FTA의 경우는 동일 패널에서 보복조치의 동등성 여부 및 패소국의 이행 합치성을 동시에 판정하도록 하여 “sequencing” 문제를 해결하고 있다.

❙ 한-EU FTA 일반·긴급 분쟁해결절차[29] ❙

단 계	일반절차	긴급절차
협의 개최	협의 요청 이후 30일 이내 개최	협의 요청 이후 15일 이내 개최
패널 설치 요청	협의 요청 이후 30일 이내 해결 실패	협의 요청 이후 15일 이내 해결 실패
패널 설치	패널 설치 요청 이후 10일 이내	패널 설치 요청 이후 10일 이내
패널 설치까지 총 소요기간	40일	25일
중간보고서 제출	패널 설치 이후 90일 이내 (30일 연장 가능)	패널 설치 이후 45일 이내 (15일 연장 가능)
최종보고서 제출	패널 설치 이후 120일 이내 (30일 연장 가능)	패널 설치 이후 60일 이내 (15일 연장 가능)
최종보고서 제출까지 총소요기간	160일 (30일 연장 가능)	85일 (15일 연장 가능)
보고서 관련	패소국은 최종보고서 제출 이후 30일 이내 보고서 통보 보고서 비합의 시 20일 이내 원패널 소집 원패널은 20일 이내 보고서 결정	좌 동
불이행 관련 보상 및 의무정지	이행 점검 요청 이후 45일 이내 원패널 결정 합리적 이행기간 종료 이후 30일 이내 보상합의 실패 시 10일 이내 의무정지	좌 동
의무정지 이후 이행 검토	패소국 요청 이후 30일 이내 비합의 시 패널 설치 이후 45일 이내 결정	좌 동
분쟁해결 총 소요기간	390일+합리적 기간 (30일 연장 가능)	315일+합리적 기간 (15일 연장 가능)

29) 외교통상부 자료.

3) 패널 절차의 투명성

패널 절차의 투명성을 제고하기 위해 중재패널의 심리는 원칙적으로 공개된다. 다만, 양 당사자가 합의하는 경우 부분적으로 또는 전체적으로 심리를 비공개할 수 있고, 특히 당사자의 서면입장 및 주장이 상업적 비밀정보를 포함하는 경우에는 비공개 회의로 진행한다. 심리가 비공개로 진행되는 경우 양 당사자는 심리의 비밀을 유지해야 할 의무가 있으나, 패널에 제출된 서면입장에 대해 다른 쪽 당사자가 요청하는 경우 15일 이내에 대중에게 공개될 수 있는 요약본을 제공해야 한다.

양 당사자의 이해관계가 있는 자연인 또는 법인은 외부조언자의 서면(*amicus curie* brief)을 중재패널에 제출할 수 있다. 그러나 이러한 서면입장은 패널설치로부터 10일 내 제출되고, 간결해야 하며 패널이 검토 중인 사실적이고 법적인 문제와 직접적으로 관련되어야 한다. 패널은 이러한 정보를 양 당사자에게 공개해야 하며, 양 당사자는 이에 대한 의견을 제출할 수 있는 기회가 보장된다.

4) WTO 분쟁해결절차와의 관계

원칙적으로 WTO 분쟁해결절차와 FTA 분쟁해결절차는 별도의 절차이다. 협정은 FTA상의 분쟁해결절차에 제소한다고 해서 WTO 협정에서 규정하고 있는 어떠한 조치를 취하는 것을 저해하지 않는다고 규정하고 있다. FTA 협정을 근거로 WTO 분쟁해결기구의 판정에 따른 보복조치를 금지할 수 없으며, 또한 반대로 WTO 협정을 원용하여 FTA 협정상의 보복조치를 금지할 수도 없다.

협정은 아울러 소위 “Forum Shopping” 문제, 즉 복수 분쟁해결수단의 관할중복에 따른 문제점을 최소화하기 위해 두 가지 분쟁해결수단 선택조항을 도입하고 있다. 우선 한 당사자의 동일한 조치가 한-EU FTA 협정과 WTO 협정상의 각각 다른 의무를 동시에 침해하는 경우이다. 제소 당사자는 FTA 절차 또는 WTO 절차 가운데 하나를 선택할 수 있되, 대신 선택한 절차가 종료해야 나머지 절차를 개시할 수 있다. 이 경우는 두 가지 포럼의 활용을 모두 인정하되 다만 제소시기를 제한하는 것이다. 다시 말해 일방 당사자의 특정 조치가 한-EU FTA 협정상의 의무 A를 위반하는 동시에 WTO 협정상의 의무 B를 동시에 위반한다고 했을 때, 먼저 FTA 분쟁해결 포럼을 선택했다면 FTA 절차에서 의무 A에 대한 판정결과 후, WTO 분쟁해결절차에 의무 B 위반 여부에 대해 거듭 제소할 수 있다.

두 번째는 해당조치가 한-EU FTA와 WTO 협정상 '동일한 의무'를 위반하였을 경우이다. 이 경우 협정은 제소국이 선택한 분쟁해결수단에서 절차적 또는 관할적인 이유로 판정 도출에 실패하지 않는 한, FTA 분쟁해결수단과 WTO 분쟁해결수단 가운데 하나만을 선택하도록 하고 있다. 이 경우는 앞의 경우와 달리 분쟁해결수단 자체를 제한하는 것이다. 다시 말해 일방 당사자의 특정조치가 한-EU FTA 협정 및 WTO 협정상 동일한 의무 A(예를 들어 상품무역에 있어 내국민대우 의무)를 위반한다고 했을 때, 먼저 FTA 분쟁해결수단을 선택했다면 FTA 절차 후, WTO 협정상 동일한 의무 위반을 이유로 WTO 분쟁해결절차에 제소할 수 없다.

이러한 분쟁해결수단 활용의 제한은 동일 규범에 관하여 각 분쟁해결수단이 서로 상충되게 판정하는 결과를 방지하기 위한 것으로 협정은 패널의 규범 해석에 있어서도 FTA상 의무가 WTO협정상의 의무와 같은 것인 경우, 패널은 WTO 분쟁해결기구에서 수립된 관련 해석과 합치된 해석을 채택하도록 명문화함으로써 WTO 분쟁해결절차와 잠재적 충돌 가능성을 최소화하고 있다.

2. 특별 분쟁해결절차

1) 개 요

한-EU FTA상의 특별 분쟁해결절차는 제14장의 일반 분쟁해결절차와의 관계를 기준으로 크게 3가지 유형으로 나눌 수 있다. 첫 번째 유형은 일반 분쟁해결절차가 아예 적용되지 않는 사안들이다. 제 3 장의 무역구제 조치중 다자세이프가드, 반덤핑 및 상계관세 조치가 이에 해당한다. 또한 제 5 장의 SPS, 제11장의 경쟁, 제13장의 지속가능발전 관련 사안도 일반 분쟁해결절차의 대상이 되지 아니하며, 협정 제6.14조는 관세사안에서의 상호행정지원에 관한 의정서 제9.1조(지원제공 의무의 예외)에 대한 사안도 일반 분쟁해결절차에 제소할 수 없다고 규정하고 있다.

이렇게 FTA상의 분쟁해결절차를 원천적으로 배제한 이유로는 우선 FTA 협정이 WTO 협정상의 의무와 동일 또는 유사한 사안을 적용하고 있는 경우, FTA 분쟁해결절차 결과 WTO 다자차원의 해석과 다른 별도의 해석이 나오는 것을 방지하기 위한 목적을 생각해 볼 수 있다. 물론 앞에서 살펴본 바와 같이 이러한 우려 때문에 일반 분쟁해결절차에서도 FTA 협정과 WTO 협정상 동일한 의무에 관련되는 분쟁의 경우 FTA 절차와 WTO 절차 중 하나만을 선택하도록 되어 있고 FTA 분쟁해결 패널이 WTO 분쟁해결기구에서 수립된 관련 해석과 합치된 해석을 채택하도록 명문화하고 있지만, 서로 다른 해석 시 발생할 가능성을 더욱 확실하게 차단하기 위해 FTA상의 분쟁해결절차를 아예 배제한 것이다. 또한 사안의 특수성을 고려할 때 분쟁해결절차를 적용하는 것이 적절치 않다고 판단되는 경우도 있을 수 있다.

이렇게 일반 분쟁해결절차가 적용되지 않는 사안과 관련해서 분쟁이 발생하였을 때, 분쟁의 이유가 된 조치가 WTO 협정상의 의무위반에 해당할 경우에는 WTO 분쟁해결절차를 이용할 수 있으며, WTO 협정과 무관한 분쟁의 경우에는 한-EU FTA에 따라 설치된 각 관련 위원회 및 작업반에서 이를 조정해 나갈 수 있다. 지속가능발전의 경우 별도의 협의절차를 특별히 규정하고 있다.

두 번째 유형은 원칙적으로 제14장의 일반 분쟁해결절차를 적용하되, 일부 내용에 대해서 변경하여 적용하는 사안들이다. 이에는 사안의 시급성을 고려하여 절차를 단축시키기 위한 것과 해당 분야에 보다 전문성을 갖춘 자들을 패널 중재인으로 선정하기 위해 중재인 선정에 관한 별도 규정을 갖고 있는 것으로 구분할 수 있다. 자동차 및 관세환급의 경우가 전자에 해당하며, 금융서비스, 문화협력 의정서 등이 후자에 해당한다. 예를 들어 금융서비스와 관련한 분쟁의 경우 제14장의 분쟁해결절차가 일반적으로 적용되나 패널구성에 관해서는 별도의 규정(제7. 45)을 두고 있다. 패널위원 선발방식은 일반절차와 유사하나 패널위원은 금융서비스 공급자에 대한 규제를 포함, 금융서비스 관련법과 실무에 전문성이 있는 인사들로 구성되어야 한다.

세 번째 유형은 일반 분쟁해결절차가 적용되지만 이에 추가하여 중개절차도 가능한 사안들이다.

협정은 비농산물의 시장접근과 관련된 비관세조치의 경우 일반 분쟁해결절차와 함께 이를 보완하기 위한 중개절차를 마련하고 있다.

2) 지속가능발전(노동 및 환경)

제13장(교역과 지속가능발전)에 해당하는 노동 및 환경문제에 대해서는 협정이행과 관련하여 이견이 발생할 경우, 분쟁해결절차로 회부하는 대신 1차적으로 정부간 협의[30)]를 통하여 해결하고, 해결되지 않을 경우 전문가패널(Panel of Experts)[31)]을 통해 해결하도록 하였다.

또한 분쟁해결절차는 아니지만 협정이행과정에서 시민단체의 참여를 보장하는 방법으로 양측이 각각 노동과 환경 분야 자문단체(Domestic Advisory Group)를 설치·운영하고, 시민사회대화체로 양국의 자문단체 구성원이 만나는 시민사회포럼(Civil Society Forum)을 개최하여 동 분야의 이행에 대해 논의한다.

지속가능발전 협의절차

□ 정부간 협의(Government Consultations)

- 협의는 한쪽 당사자가 서면 요청서를 전달한 후 신속히 시작
- 국제노동기구 또는 관련 다자간 환경 기구 또는 기관의 활동을 반영하며, 양측 합의 시 이들 기구나 기관의 자문을 구할 수 있음
- 추가 논의 필요시 '지속가능발전 위원회' 소집을 요청할 수 있고, 지속가능발전 위원회'의 해결책은 원칙적으로 공개

30) 협정은 정부간 협의를 위해 연락처(Contact Point)를 설치하고, 정부의 고위관리로 구성되는 지속가능발전 위원회(Committee on Trade and Sustainable Development)를 설립할 것을 규정하고 있다.

31) 전문가패널의 결정은 법적 구속력 없는 권고에 해당되고, 무역제재와 연계되지 않는다.

□ 전문가 패널 (Panel of Experts)

- 정부간 협의요청이 전달된 90일 이후 협의를 통해 만족스럽게 다루어지지 아니한 사안의 검토를 위해 전문가패널의 소집 요청가능, 당사자의 요청 후 2개월 이내 소집
- 패널 설치 요청을 받을 경우 30일 이내에 전문가 명단에서 각 당사국이 1명씩 전문가를 선정하고 선정된 2명의 전문가가 의장을 결정
  * 협정 발효 시 양 당사자는 15인의 전문가 명단 합의(의장으로 역임할 수 있는 비당사자 국민 5인 포함)
- 전문가 패널은 전문가 선정일로부터 90일 이내에 양 당사자에게 보고서를 제출(전문가 패널 권고의 이행상황은 '지속가능발전 위원회'에서 점검)

3) 자동차 분쟁해결절차

자동차는 우리나라의 대 EU 공산품 수출의 18.5%(04-06년 평균)를 차지하는 등 양국 교역에 있어 매우 중요한 품목이다. 이를 고려하여 협정은 자동차 비관세조치 관련 분쟁해결 요청에 대하여 일반적인 분쟁해결절차보다 신속한 절차를 도입하였다. 자동차 비관세조치 관련 분쟁은 부패가능상품이나 계절상품에 해당하는 긴급사안에 준하여 처리하도록 하여, 협의 개최 시부터 중재패널의 최종보고서 제출 시까지의 소요기간을 일반적인 160일에서 100일로 단축하였다. 패널 결과 자동차 비관세조치 관련 협정 위반으로 판정된 조치의 시정을 위해 입법조치가 필요하지 않는 경우 합리적인 이행 기간은 통상 90일을 초과해서는 안 되며, 어떠한 경우에도 150일을 초과하지 않도록 명시함으로써 분쟁해결절차의 조속한 완료를 도모하고 있다. 그러나 합리적인 이행 기간을 거치지 아니하고 특혜관세 이전 관세로 복귀하는 소위 "Snap-back" 제도는 도입되지 않았다.

4) 문화협력의정서

EU는 문화 문제는 통상협정의 대상이 아니라는 강한 입장을 견지하여 왔으며, 이에 따라 시청각 분야는 한-EU FTA의 서비스 협정 적용대상에서

제외되었다. 그러나 협정의 일부분으로서 문화협력의정서를 체결하여 시청각물 공동제작, 공연예술, 출판물, 문화재 보호 등 문화 분야 전반에서 한 - EU 양측 간의 협력강화를 도모하고 있다. 이러한 특수성을 감안하여 문화협력의정서 관련 분쟁의 경우에는 무역위원회가 분쟁해결절차의 진행을 관할하는 일반적인 분쟁과 달리 그 절차의 진행을 문화협력위원회가 관할하도록 하고 있다. 통상 분야 전문가가 아닌 문화 관련 전문가를 중재인으로 선정하도록 하고, 중재판정 결과를 이행함에 있어 문화 분야와 기타 분야 간의 교차보복을 상호 금지하고 있다.

5) 비농산물 비관세조치 중개절차

제14장에서 규정하고 있는 분쟁해결절차는 사법적인 분쟁해결 절차 성격이 강하기 때문에 특정 조치의 위법성 여부를 두고 당사자간 공격과 방어에 의하여 승패를 결정하게 되므로 비교적 오랜 시일이 소요되는 문제점이 존재한다. 협정에서는 이러한 문제점을 보완하기 위하여 특정조치의 위법성 여부를 판정하기보다 더 신속하고 효율적으로 상호 만족스러운 현안해결에 중점을 두고 접근하는 방안으로 중개절차(Mediation)를 도입하였다. 이는 사안에 대하여 전문적 지식을 보유한 이해관계 없는 중개인(Mediator)이 협의를 진행하고, 합리적인 해결방안을 권고하는 등 단순한 협의보다는 체계적인 방식으로, 특별위원회 및 작업반 등 당사국들이 참가하는 양자 협의채널만으로는 특정 쟁점에 대한 해결이 어려운 상황에서 이해관계 없는 제3자의 도움으로 상호 만족할 수 있는 결론을 도출하기 위해 도입된 것이다.

이러한 중개제도는 무역 원활화 차원에서 신속하고 효율적인 개선 방안을 모색하는 절차로서, 기존의 분쟁해결 제도를 교체·대체하는 것이 아니라, 이를 보완하는 것이다. 협정은 중개절차가 분쟁해결 절차의 전심절차가 아님을 명시하고 있고 중개절차에서 상대방이 취하였던 입장, 상대방이 중개절차의 결론을 수용하겠다는 의사를 표명한 사실, 중개인이 제안한 해결안 등을 분쟁해결 절차에서 증거로 사용할 수 없다고 명시하고 있다. 현재 WTO DDA 비농산물 분야 협상에서 비관세장벽문제와 관련하여 한 - EU FTA에서 도입되는 신속분쟁해결절차와 비슷한 중개절차의 도입을 모색 중이다.

▌중개절차 개요[32)]▌

단계 명칭	내 용	기 한	비 고
절차신청서 (Initial Request) 제출 (신청국)	① 문제된 비관세조치의 존재, ② 교역상의 피해, ③ 양자간의 관계를 기술		
답변서(Response) 제출 (피신청국)	신청서에 대한 대응	신청서 접수일로부터 20일	
중개인 선임 (양 당사국 합의)		답변서 접수일로부터 늦어도 15일	합의에 의한 중개인 선임, 단 미합의시 자유무역위원회 의장이 선임
상세진술서 제출 (신청국)	해당 비관세조치 및 그 효과에 대한 기술을 중개인에게 제출	중개인 선임으로부터 10일	
의견서 제출 (피신청국)	상세진술서에 대한 의견을 중개인에게 제출	상세진술서 제출로부터 20일	
해결안 제출 (mediator)	상호만족할 수 있는 해결안을 중개인이 제시	중개인 선임으로부터 60일	단, 법적 구속력 없음
해결안에 대한 양 당사국 합의 및 피신청국에 의한 이행	합의안 이행 후 신청국에 이를 서면통지	지체없이 이행	

중개인은 해당 분야의 전문가로 선임되며, 각 당사자는 중개절차 참여에 따른 자신의 비용을 부담하며 중개인 비용을 포함하여 행정적인 사안으로 발생된 비용은 양측이 분담한다. 절차 개최지는 원칙적으로 피요청 당사자 영토로 규정함으로써 요청 당사자의 부담이 더 크도록 하여 절차 신청의 남발을 방지하고 있다. 일방 당사자의 중개 절차 요청에 대해 상대방 당사자는 이를

32) 한-EU FTA 상세설명자료, 2009. 10, 관계부처 합동, 155면.

호의적으로 고려해야 한다. 중개절차 적용범위는 비농산물시장접근(Nom-Agricultural Market Access: NAMA) 및 무역구제 등 관련 무역규범으로 하되, WTO DDA 협상결과에 따라 확대할 수 있도록 하였다.

V. 결 론

이상에서 한 - EU FTA의 분쟁해결절차를 비롯한 전반적인 특징을 살펴보았다. 북미자유무역협정(North American Free Trade Agreement: NAFTA) 계열 FTA의 성격을 포함하고 있는 한 - 미 FTA와 달리, 한 - EU FTA는 전반적으로 그동안 EU가 체결해 온 FTA의 특징을 반영하고 있다. 또한 27개국의 회원국으로 구성된 공동체로서 EU 공동체와 개별 회원국간 권한 배분 문제로 인해, 협정의 권리와 의무의 주체에 대한 표현 등에 있어 우리로서는 다소 생소한 표현도 발견할 수 있다.

한 - 미 FTA 협정과 한 - EU FTA 협정이 모두 발효될 경우 우리나라는 동아시아 FTA의 중심국가로서 부상할 것이 기대된다. 국제통상규범의 발전 차원에서도 향후 WTO 체제를 보완해 나갈 FTA 관련 규범 논의에 있어서 한 - 미 FTA 협정과 한 - EU FTA 협정을 모두 체결한 우리나라가 이러한 국제사회의 논의를 주도하는 데 큰 역할을 할 수 있을 것으로 보인다. 향후 한 - EU FTA가 발효하게 되면 그 이행과정에서 EU법에 대한 더욱 심도 있는 이해가 요구될 것이다.

찾아보기

ㅁ

ㅂ

ㅇ

ㅈ

ㅊ

공저자 약력 / 저서·논문

▮ 강병근

서울대학교 법과대학 법학사
고려대학교 대학원 법학석사
영국 University of Edinburgh Ph.D.
(현) 고려대학교 법학전문대학원 교수
법무부 국제거래법 연구단 연구위원
UNCITRAL 중재실무작업반회의 정부대표단 자문
대한국제법학회 이사

국제투자법에 따른 계약상 권리의 보호, 강원법학, 제28권, 2009
ICSID 중재제도 연구, 법무부, 2006
국제인권법(공동), 세창출판사, 2005
국제소송의 판결례 — ITC 사건을 중심으로 —, 한림대학교 출판부, 2003
국제중재의 기본문제, 소화출판사, 2000

▮ 김병일

연세대학교 경영학과 경영학사
연세대학교 대학원 법학석사
연세대학교 대학원 법학박사과정 마침
Ludwigs-Maximilians Universität Dr. iur.
(현) 한양대학교 법학전문대학원 교수
특허청 상표법·디자인보호법개정추진반 위원
서울지방변호사회 특허연수원 강사(상표법·부정경쟁방지법 담당)
Houston Law Center Visiting Professor
Oxford University(College of St. Peters) Academic Visitor

Markenverletzung und Schadensersatz im koreanischen Recht, GRUR Int. 2004 (공동, SSCI)
Protection Against Unfair Competition in Korea, 28 IIC 361-390, 1997 (SSCI)
Rechtsgrundlage des Schutzes vor unlauteren Wettbewerb in Korea, GRUR Int. 1997 (SSCI)
지적재산권 라이선스 거절과 경쟁법, 경제법연구, 제 6 권 제 1 호, 2007
키워드광고와 상표권 침해, 디지털재산법연구, 제 7 권 제 1 호, 2007
한미FTA의 저작권 집행분야 주요 쟁점 및 그 이행에 관한 고찰, 계간 저작권, 2007

▮ 김정환

연세대학교 법학과 법학사
연세대학교 대학원 법학석사
독일 Goettingen 대학교 법학박사
(현) 서울시립대학교 법학전문대학원 교수
국민대학교 법과대학 조교수

Korrespondenz des Anstiftervorsatzes mit der Anstifterhandlung, Cuvillier, 2006
저작권법상 범죄의 비친고죄화에 대한 형사법적 검토, 산업재산권, 2007
정범행위에 대한 방조자의 고의, 형사법연구, 2007
형법 제31조 제 2 항 및 제 3 항에 대한 검토, 연세대 법학연구, 2007
정당방위의 기본사상으로서 법질서수호원리? — 독일에서의 논의를 중심으로 —, 비교형사법연구, 2006
형법 제31조 제 1 항 "교사"의 해석, 형사법연구, 2006

공저자 약력 저서 · 논문

▮ 김희상

서울대학교 경제학과 경제학사 *summa cum laude*
영국 Oxford University(University College) Foreign Service Programme
영국 Edinburgh University 법학석사(LL.M.)
(현) 駐벨기에 / EU 대한민국대사관 참사관
외교통상부 자유무역협정 상품양허협상과장 / 협상총괄과장
한-EU FTA 원산지협상 분과장 / 법률검토회의 실무수석대표
외교부 세계무역기구과 / 외교부 북미통상과
駐제네바 대한민국대표부 1등서기관
駐인도 대한민국대사관 1등서기관

인도 의약품특허제도와 WTO/TRIPS 협정, 통상법률, 2007
제로잉에 대한 WTO 분쟁해결 결과 및 DDA 규범협상에서의 논의동향 연구, 통상법률, 2005
DDA 규범협상 동향, 나라경제, 2004
쌀관세화 유예연장 협상절차와 주요 쟁점, 나라경제, 2004

▮ 박덕영

연세대학교 법과대학 졸업
연세대학교 대학원 법학석사, 법학박사
국비유학시험 합격(국제법 분야)
영국 University of Cambridge 법학석사(LL.M.)
영국 University of Edinburgh 박사과정 마침
프로그램심의 조정위원회 수석연구원 / 지적재산권팀장
숙명여자대학교 법과대학 조교수
사법시험, 외무고시, 행정고시, PSAT 출제위원
대한국제법학회 연구이사, 부회장
(현) 연세대학교 법학전문대학원 부교수
연세대학교 법학연구원 부원장 / EU법센터장
Yonsei Law Journal 편집위원장
외교통상부 FTA 민간자문위원 / 기후변화정책 자문위원
국방부 국방기관 평가위원
한국국제경제법학회 회장

국제투자협정과 ISDS(번역), 한국학술정보, 2012
EU법 기본판례집(번역), 연세대학교 출판부, 2012
세계주요국의 기후변화법제, 한국학술정보, 2012
기후변화와 통상문제(번역), 박영사, 2012
국제투자법(공저), 박영사, 2012
신 국제경제법(국제경제법학회 공동), 박영사, 2012
법학입문(공동) / 국제법 기본조약집(편저), 박영사, 2011
국제법(공동), 박영사, 2010
국제경제법 기본조약집(편저), 박영사, 2010
미국법과 법률영어(번역), 박영사, 2009
국제저작권과 통상문제(공동), 세창출판사, 2009
WTO EC-석면사건과 첫 환경예외의 인정, 국제법학회논총(2006) 외
국제법, 국제통상법, 저작권 분야 논문 다수

공저자 약력 / 저서·논문

▮ 석광현

서울대학교 법과대학 졸업
사법연수원 수료(11기)
독일 프라이부르그 법과대학 LL.M.
서울대학교 대학원 졸업(법학박사)
해군법무관(1981. 8.-1984. 8.)
金·張法律事務所 변호사(1984. 9.-1999. 2.)
한양대학교 법과대학 교수(1999. 3.-2007. 9.)
(현) 서울대학교 법학전문대학원 교수
정부대표단의 고문으로 다수의 헤이그국제사법회의, UNCITRAL과 UNIDROIT 회의 참가

국제물품매매계약의 법리: UN통일매매법(CISG) 해설, 박영사
국제상사중재법연구 제 1 권, 박영사
國際裁判管轄에 관한 硏究, 서울대학교 출판부
國際私法과 國際訴訟 제 1 권 - 제 5 권, 박영사
클라우드 컴퓨팅의 규제 및 관할권과 준거법
계약외채무의 준거법에 관한 유럽연합 규정(로마 Ⅱ)
1993년 헤이그국제입양협약 외 다수

▮ 신현윤

연세대학교 법학과 법학사
연세대학교 대학원 법학석사
독일 Universität Freiburg i. Br. 법학박사(Dr. iur.)
(현) 연세대학교 법학전문대학원장, 교수
Washington College of Law 연구교수(Faculty Fellow)
한국경쟁법학회 회장 / 비교상사법학회 회장
한국상사판례학회 부회장

최근 북한 재정 금융법제의 변화와 입법적 과제, 상사판례연구, 제20집 제 3 권, 2007
大·中小企業의 相生的 協力을 위한 市場競爭保護, 법제연구, 통권 제30호, 2006
북한의 외국투자관련 법제정비의 최근 동향과 평가, 북한법연구, 통권 제 9 호, 2006
韓國公正取引委員會における審決構造と手續について改善方案, 北大法學論集, 第54卷 第6號, 北海道大學校 法科大學, 2004

▮ 안춘수

연세대학교 법학과 법학사
연세대학교 대학원 법학석사
독일 Muenster 대학교 법학박사
(현) 연세대학교 법학전문대학원 교수
한국비교사법학회 총무이사
한국비교사법학회 회장

Das Internationale Schuldvertragsrecht Südkoreas im Vergleich zum deutschen Internationalen Schuldvertragsrecht, 1989 Münster
헌법, 국제사법, 그리고 가족법, 가족법연구, 제18권 제 2 호, 2004. 9
保證등 재산 없는 家族員의 共同責任引受의 效力, 비교사법 제 5 권 제 2 호, 1998. 12
瑕疵擔保法上의 問題點, 民事法學 제11, 12호, 1995

공저자 약력 / 저서·논문

▮ 이근관

서울대학교 법과대학 법학사
Georgetown University Law Center LL.M.
University of Cambridge Ph.D.

(현) 서울대학교 법학전문대학원 교수
해군사관학교 교수부 법학교관
건국대학교 법과대학 조교수
일본 九州大學 법학연구원 조교수

1948년 이후 남북한 국가승계의 법적 검토, 서울국제법연구, 제16권 제 1 호, 2009
특집: 「서울대학교 법학(法學)」 반세기: 분야별 연구성과와 경향; 「서울대학교 법학(法學)」 50년의 성과와 경향: 국제법 분야, 서울대학교 법학, 2009
문화재의 기원국반환의 최근 동향 — 이탈리아 사례를 중심으로 —, 서울국제법연구, 제15권 제 1 호, 2008
한반도 종전선언과 평화체제 수립의 국제법적 함의, 서울대학교 법학, 2008

▮ 이성덕

서울대학교 법과대학 법학사
서울대학교 대학원 법학과 법학석사
영국 Oxford 대학교 D.Phil.

(현) 중앙대학교 법학전문대학원 교수
홍익대학교 법경대학 교수
대한국제법학회 부회장, 편집위원
국제경제법학회 이사
Duke Law School Visiting Scholar

유럽연합의 이중용도 물품 수출통제제도에 대한 검토, 중앙법학, 제11집 제 3 호, 2009
유럽공동체에 있어서 조약의 직접효력과 직접취소소송, 통상법률, 제80호, 2008
영사보호와 관련한 ICJ 관련 판결에 대한 분석 및 검토, 국제법학회논총, 제52권 제 2 호, 2007
유럽공동체법상 부작위소송에 대한 재검토, 중앙법학, 제 9 집 제 4 호, 2007
유럽공동체법상 직접취소소송의 재검토, 홍익법학, 제 8 권 제 1 호, 2007
유럽연합의 전자통신서비스 규제제도, 중앙법학, 제 9 집 제 2 호, 2007

▮ 이주윤

연세대학교 문학사
연세대학교 대학원 법학석사, 법학박사
독일 Saarland University 유럽법석사 (Master of European Law)

(현) 한국법제연구원 초청연구원
연세대학교 법학연구원 전문연구원
연세-SERI EU센터 박사후 연구원
백석대학교, 인천대학교, 연세대학교 법과대학 시간강사

신법학개론(공저), 박영사, 2011
국제법 주요판례집(공편), 연세대학교 출판부, 2004
Underlying Problems and Solutions relating to the Increasing Workload of the ECtHR in view of Protocol No. 14, 국제법학회논총, 제54권 제 3 호, 2009

공저자 약력 | 저서·논문

■ 이철우

서울대학교 법과대학 법학사
서울대학교 대학원 법학과 법학석사
Georgetown University Law Center LL.M.
London School of Economics and Political Science Ph.D.
(현) 연세대학교 법학전문대학원 교수
Garvey Schubert Barer Visiting Professor, University of Washington School of Law
한국법사회학회 회장 / 한국이민학회 차기회장

국적과 법, 그 기원과 미래(공저), 고려대학교 법학연구원, 2010
Citizenship, Nationality, and Legal Status, in Immanuel Ness (ed.), *Encyclopedia of Global Human Migration*, Oxford: Wiley-Blackwell, 2013
How Can You Say You're Korean? Law, Governmentality and National Membership in South Korea, *Citizenship Studies*, Vol. 16, No. 1, 2012
South Korea: The Transformation of Citizenship and the State-Nation Nexus, *Journal of Contemporary Asia*, Vol. 40, No. 2, 2010

■ 전광석

연세대학교 법과대학 및 대학원 법학사, 법학석사
독일 뮨헨 대학교 법과대학 법학박사
(현) 연세대학교 법학전문대학원 교수
한국사회정책학회 회장, 한국헌법판례연구학회 회장, 한국헌법학회 차기회장, 한국공법학회 부회장
독일 막스프랑크 외국 및 국제사회법연구소, 미국 버클리 로스쿨 방문교수
헌법재판소 헌법연구위원

법학개론(공저), 전정판, 2010
한국사회보장법론, 제 9 판, 2012
한국헌법론, 제 7 판, 2011
국민기초생활보장법의 수급요건에 관한 입법평가(공저), 2009
독일 사회보장법과 사회정책, 2008
사회변화와 입법(공저), 2008
복지국가의 기원(역), 2006
국제사회보장법론, 2002
한국의 노동법 개정과 노사관계(공저), 2000
헌법판례연구, 2000
한국사회와 장애인정책(공저), 2011
사회보장법(공저), 2011
사회보장법학, 1993

■ 채형복

계명대학교 법과대학 법학사, 대학원 법학석사
프랑스 엑스마르세유3대학 법학박사
(현) 경북대학교 법학전문대학원 교수
외교통상부 정책자문위원
한국유럽학회 부회장

국제원산지제도, 높이깊이, 2012
EU의 법률정보검색과 활용, 2012
핵심 유럽연합(EU)법, 국제환경규제 기업지원센터, 2011
영한대역 리스본조약, 국제환경규제 기업지원센터, 2010
국제법, 법영사, 2009
국제인권법, 높이깊이, 2009
유럽연합법, 한국학술정보, 2009
EU 반덤핑법, 높이깊이, 2009

공저자 약력 / 저서·논문

▮최승필

한국외국어대학교 법학사, 법학석사
독일 Würzburg대 법과대학원(Dr.iur.)
한국은행 근무(국제수지팀 외채 및 IIP 과장 등/Economist)
한국외국어대학교 홍보실장
(현) 한국외국어대학교 법학전문대학원 교수
국회입법지원위원
한국환경법학회 국제이사

Multilateralism & Regionalism in Global Economic Governance(공저), Routledge, London, 2011
신 국제경제법(공저), 박영사, 2012
바이오안전성의정서의 추가의정서로서의 손해배상에 관한 문제, 환경법연구, 2012. 5
브라질 환경법의 구조와 기후변화의 법제적 대응, 중남미연구, 2011. 2
탄소배출권 제도설계에 대한 법제도적 검토, 환경법연구, 2009. 8

▮홍복기

연세대학교 법학과 및 대학원 법학사, 법학석사, 법학박사
독일 함부르크 막스프랑크 국제비교사법연구소 초빙교수
미국 스탠포드 로스쿨에서 회사법연구
(현) 연세대학교 법학전문대학원 교수, 연세대학교 부총장
한국비교사법학회 회장, 한국상사판례학회 회장, 한국경제법학회 회장, 한국상사법학회 회장, 금융감독원 금융분쟁조정위원, 증권선물거래소 증권분쟁조정위원장, 연세대학교 법과대학장, 법무대학원장, 법학전문대학원장 역임
대법원 법관인사위원회 위원, 사법정책자문위원회 위원, 법제처 법령심사위원회 위원, 법무부 정책자문위원

주식회사법(공저), 박영사, 2010
회사법강의, 제 2 판, 법문사, 2010
EU회사법, 법문사, 2000
사외이사제도에 관한 입법론적 연구
지배주주의 충실의무/감사기관의 독립성
M&A의 방어대책에 관한 입법례
주식회사의 경영구조의 변화와 그 전망
사외이사제도의 정착과 그 활성화

▮홍성필

서울대학교 법과대학 법학사
서울대학교 대학원 법학석사 및 박사과정 마침
Yale Law School LL.M/JSD
(현) 연세대학교 법학전문대학원 교수
APF(Asia-Pacific Forum of National Human Rights Institutions) ACJ(Advisory Council of Jurists) 한국위원
World Bank-ICSID 조정인(Conciliator)
대한상사중재원 중재인
북한인권시민연합 기획이사

국제인권침해에 대한 일본내 소송의 국제법적 연구
다국적 기업의 인권책임
국제인권발전에 대한 한국여성의 기여와 역할
국제해양법의 국내적 적용에 관한 고찰
국제인권에 비추어 본 북한의 인권
일본의 전후책임인식과 이행에 대한 국제법적 평가
북한급변시 개입의 국제법적 정당성 연구 — 한국의 경우를 중심으로 —
투자중재에 있어서 투자적법성 요건에 관한 연구

제 2 판
EU법 강의

2010년 9월 15일 초판발행
2012년 10월 1일 제 2 판 인쇄
2012년 10월 5일 제 2 판 발행

공저자 박덕영 외 16인
발행인 안 종 만
발행처 (주) 박영사
서울특별시 종로구 평동 13-31번지
전화 (733) 6771 FAX (736) 4818
등록 1959. 3. 11. 제300-1959-1호(倫)

www.pybook.co.kr e-mail: pys@pybook.co.kr

저자와
협의하여
인지첩부를
생략함

정 가 38,000원 ISBN 978-89-6454-863-9